SERHII PLOKHY

DAS TOR EUROPAS
DIE GESCHICHTE
DER UKRAINE

Aus dem Englischen von
Anselm Bühling, Bernhard Jendricke,
Stephan Kleiner, Stephan Pauli
und Thomas Wollermann

HOFFMANN UND CAMPE

Die Originalausgabe erschien 2015
(ebenso wie die aktualisierte Ausgabe 2021)
unter dem Titel *The Gates of Europe.*
A History of Ukraine bei Basic Books, New York.

1. Auflage 2022
Copyright © 2015, 2021 Serhii Plokhy
Für die deutschsprachige Ausgabe
Copyright © 2022 Hoffmann und Campe Verlag, Hamburg
www.hoffmann-und-campe.de
Umschlaggestaltung: Lisa Busch © Hoffmann und Campe
Umschlagillustration: © Raja Nandepu
Satz: Dörlemann Satz, Lemförde
Gesetzt aus der Adobe Garamond Pro und Bison
Druck und Bindung: GGP Media GmbH, Pößneck
Printed in Germany
ISBN 978-3-455-01526-3

HOFFMANN
UND CAMPE

Ein Unternehmen der
GANSKE VERLAGSGRUPPE

Gewidmet dem ukrainischen Volk

INHALT

EDITORISCHE NOTIZ

ZUR SCHREIBWEISE UKRAINISCHER EIGENNAMEN

Wir haben uns bewusst dafür entschieden, in dieser Geschichte der Ukraine die ukrainischen Namen für ukrainische Städte, Flüsse und Personen zu benutzen.

Viele Orts- und Flussnamen der Ukraine sind uns in Deutschland bislang vor allem in der russischen Schreibweise geläufig. Dies gilt etwa für die Hauptstadt, die wir als Kiew kennen, im Ukrainischen allerdings Kyjiw heißt. Ebenso wird der Dnjepr, der größte Fluss der Ukraine (und nach Wolga und Donau der drittlängste Europas), im Land selbst Dnipro genannt. Odesa oder Donbas werden mit einem S geschrieben, wobei dieses stimmlos gesprochen wird.

Manches mag auf den ersten Blick ungewöhnlich erscheinen. Wir denken jedoch, dass dies nur konsequent ist, wenn man, dem Ansatz dieses Buches folgend, den Versuch unternimmt, die Geschichte des Landes und seiner Menschen in Deutschland von der Dominanz der russischen Geschichtsschreibung zu lösen.

Es sei hinzugefügt, dass Landschaftsbezeichnungen wie Bukowina, Wollhynien, Galizien etc. in der in Deutschland üblichen Schreibweise belassen wurden.

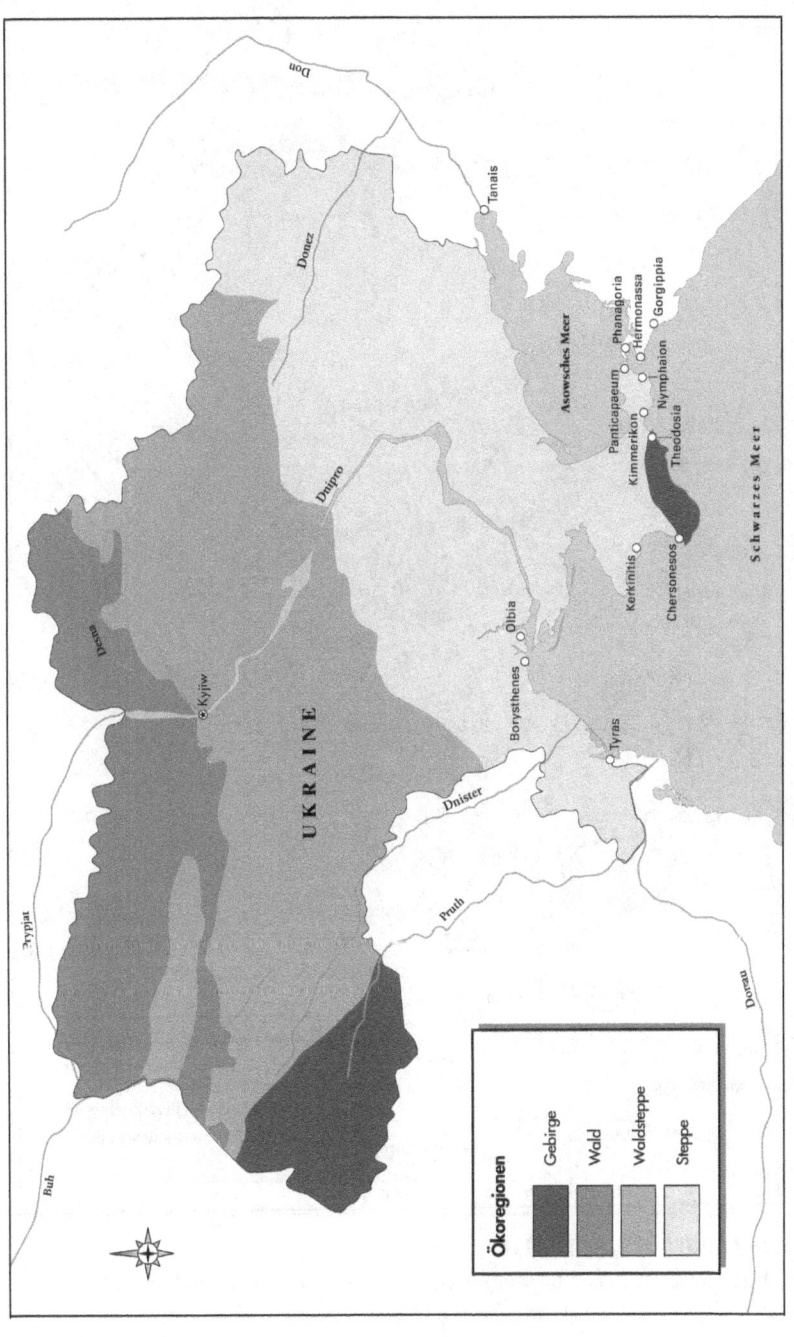

DIE GRIECHISCHEN SIEDLUNGEN, 770 V. CHR. – 100 V. CHR.

Ökoregionen

- Gebirge
- Wald
- Waldsteppe
- Steppe

UKRAINE

Kyjiw

Schwarzes Meer

Asowsches Meer

Tanais

Phanagoria
Panticapaeum
Hermonassa
Gorgippia
Kimmerikon
Nymphaion
Theodosia
Kerkinitis
Chersonesos

Olbia
Borysthenes
Tyras

Don
Donez
Dnipro
Desna
Dnister
Pruth
Buh
Syrjedn
Donau

DIE KYJIWER RUS, 980–1054

Quelle: Zenon E. Kohut, Bohdan Y. Nebesio und Myroslav Yurkevich, *Historical Dictionary of Ukraine* (Lanham, Toronto, Oxford 2005).

DIE FÜRSTENTÜMER DER RUS, CA. 1100

Quelle: *The Cambridge Encyclopedia of Russia and the Former Soviet Union*
(Cambridge 1994).

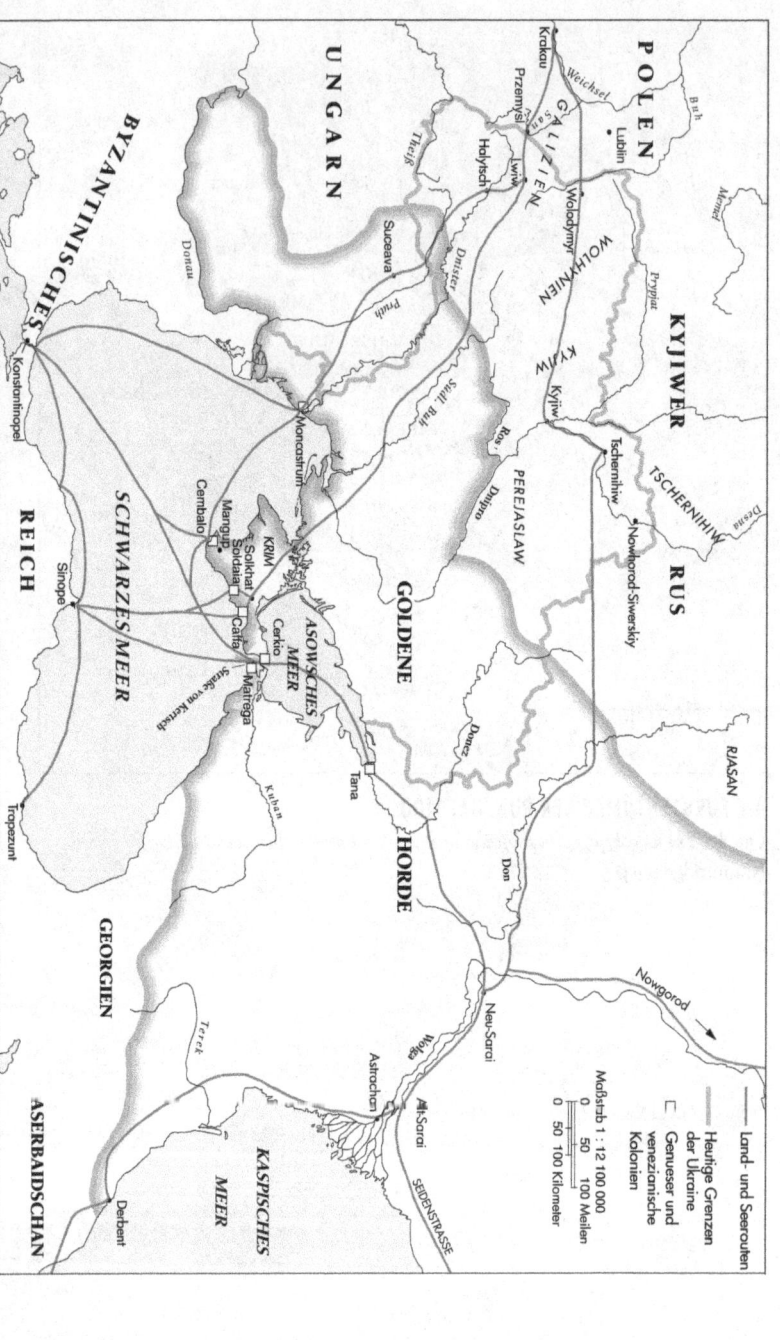

DIE GOLDENE HORDE, CA. 1300 Quelle: Paul Robert Magocsi, *A History of Ukraine: The Land and Its People* (Toronto 2010), S. 117.

DIE ADELSREPUBLIK POLEN-LITAUEN VOM 16. BIS 18. JAHRHUNDERT

Quelle: Wolodymyr Kubijowytsch und Danylo Husar Struk (Hrsg.), *Encyclopedia of Ukraine*, vol. IV (Toronto 1993).

DAS KOSAKEN-HETMANAT, CA. 1650

Quelle: Mychajlo Hruschewskyj, *History of Ukraine-Rus'*, vol. IX, bk. 1 (Edmonton und Toronto 2005).

Das Hetmanat und die
umliegenden Gebiete
in den 1750er Jahren

Das Hetmanat

RUSSISCHES

REICH

Desna

Dnipro

Starodub

POLEN-LITAUEN

Tschernihiw

Nischyn

Pryluky

Kyjiw

Perejaslaw

Lubny

Hadjatsch

KOSAKEN DER

Myrhorod

Charkiw

SLOBODA-UKRAINE

Poltawa

Isjum

SLAWENO-SERBIEN

NEUSERBIEN

SAPOROGER KOSAKEN

Saporoger Sitsch

TATAREN

Asowsches Meer

OSMANISCHES REICH

Bahçesaray

Schwarzes Meer

| 0 | 100 | 200 | 300 km |
| 0 | 50 | 100 | 150 | 200 mi |

DAS HETMANAT UND DIE UMLIEGENDEN GEBIETE IN DEN 1750ER JAHREN

Quelle: Zenon E. Kohut, *Russian Centralism and Ukrainian Autonomy: Imperial Absorption of the Hetmanate, 1760s–1830s* (Cambridge 1988), S. xiv.

OSTSEE

1795

1772

Polazk

Kaunas

Wizebsk

RUSSLAND

Kaliningrad
(Königsberg)

Vilnius

Smolensk

Gdańsk
(Danzig)
1772

PREUSSEN

LITAUEN

Mahiljou

1795

1793

1795

1793

Warschau

Brest

BREST

Prypjat

1772

Warthe

LUBLIN

B

Tschernihiw

Desna

1795

WOLHYNIEN

1793

1795

Luzk

BELS

KYJIW

Kyjiw

Krakau

1772

Lwiw

S

Schytomyr

GALIZIEN

Ros'

TRANSKARPARTIEN

San

ZIEN

Südl.

Dnister

Buh

PODOLIEN

BRAZLAW

Kamjanez

ÖSTERREICH

BUKOWIN

1774

MOLDAWIEN

Copyright © by Paul Robert Magocsi

OSMANISCHES REICH

- •• Internationale Grenzen, 1770
- - - Grenze Litauens, 1770
—— Grenze der heutigen Ukraine
1772 Datum Landerwerb

Erwerbungen bis 1795

Österreich-Ungarn

Russland

Preußen

0   50   100 Meilen
0   50   100 Kilometer
Maßstab 1 : 9,000,000

DIE TEILUNGEN POLENS

Quelle: Paul Robert Magocsi, *A History of Ukraine: The Land and Its People* (Toronto 2010), S. 319.

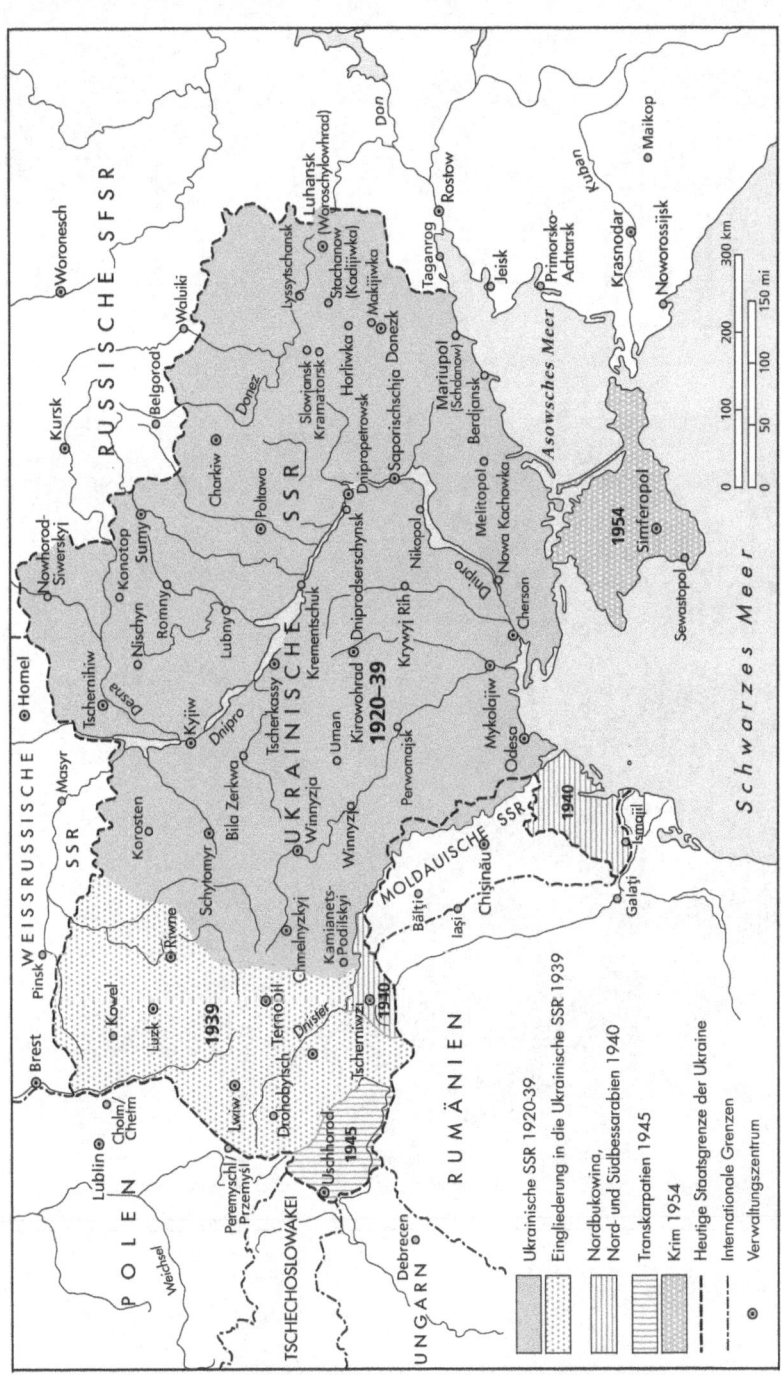

DIE SOWJETISCHE UKRAINE Quelle: Wolodymyr Kubijowytsch und Danylo Husar Struk (Hrsg.), *Encyclopedia of Ukraine, Vol. 5* (Toronto 1993), S. 441.

DIE UKRAINE BEI AUSBRUCH DES KRIEGES 2022

VORWORT

Dieses Buch wurde kurz nach Beginn des russisch-ukrainischen Krieges im Jahr 2014 geschrieben, der mit der völkerrechtswidrigen Annexion der Krim, der hybriden Kriegsführung im Donezbecken und der Bildung der beiden Marionettenstaaten Donezk und Luhansk durch Russland einherging. Im Jahr 2021 hatte ich die 2015 erschienene Originalausgabe dieses Buches bereits um ein Kapitel ergänzt, und ich war mir ziemlich sicher, dass für einige Zeit keine weitere Aktualisierung nötig sein würde. Das erwies sich als Irrtum.

Fast unmittelbar nach Erscheinen der Neuauflage setzten Entwicklungen ein, die meine ursprüngliche Zuversicht, dass das Buch auf absehbare Zeit aktuell bleiben würde, ins Wanken brachten. Im Juli 2021 veröffentlichte Wladimir Putin einen langen Essay mit dem Titel »Über die historische Einheit der Russen und Ukrainer«, der dem Vernehmen nach von ihm selbst verfasst worden war. Darin wiederholte der russische Präsident seine altbekannte These, derzufolge eine ukrainische Nation gar nicht existiere, sondern Russen und Ukrainer ein einziges Volk bildeten.

Im Februar 2022 bemühte der russische Präsident erneut die Geschichte und behauptete in einer langen Fernsehansprache, die Ukraine als Staat sei ein künstliches Gebilde der Bolschewiki und insbesondere Lenins. Dies erwies sich nicht als bloße Geschichtslektion, sondern als Rechtfertigung für eine offiziell als »militärische Spezialoperation« bezeichnete Maßnahme – in Wirklichkeit eine massive, unprovozierte Invasion und ein erbarmungsloses, willkürliches Bombardement der Ukraine durch Flugzeuge und Artillerie.

Der Großangriff, der in den frühen Morgenstunden des 24. Februar 2022 begann, wurde von der Behauptung begleitet, Russen und

Ukrainer seien ein einziges Volk, sowie von einer verfälschenden Darstellung der Ursprünge und der Geschichte der Ukraine, ihrer langen Tradition einer eigenständigen Identität und ihrer ebenso langen Geschichte des Widerstands gegen ausländische Besatzer. Die Kosten dieses Großangriffs an Menschenleben und Zerstörung sind gewaltig.

Putins »militärische Spezialoperation« scheiterte schon bald, was nicht nur ihre Planer, sondern auch Beobachter in aller Welt überraschte. Kyjiw fiel keineswegs, wie vorhergesagt, binnen 72 Stunden, der ukrainische Präsident floh nicht außer Landes, obwohl ihm dafür Hilfe angeboten wurde, und die ukrainischen Streitkräfte, über die die Welt nur wenig wusste, leisteten erbitterte Gegenwehr und zwangen die Russen zum Rückzug aus der Region Kyjiw und der Nordukraine. Nicht nur Ukrainer, auch ethnische Russen und Russischsprachige in vorübergehend besetzten Städten und Dörfern der Südukraine marschierten unbewaffnet und mit ukrainischen Fahnen in Händen den russischen Panzern entgegen. Die Menschen in der Ukraine schlossen sich über ethnische, sprachliche und kulturelle Grenzen hinweg zusammen, um ihren demokratischen Staat zu verteidigen, und der jüdische Präsident des Landes wurde zu einem weltweiten Symbol für die Widerstandskraft und den Mut der Ukraine.

Kann die Geschichte erklären, was heute in der Ukraine vor sich geht? Sie kann auf jeden Fall die Wurzeln der gegenwärtigen Entwicklungen aufzeigen und, so hoffe ich, dazu beitragen, künftige Entwicklungen zu erkennen. Die Ukraine, erst vor kurzem ins Blickfeld der Weltöffentlichkeit gerückt, hat eine lange, dramatische und faszinierende Geschichte, die oft von den großen Narrativen der Imperien, die das Land jahrhundertelang beherrschten, überlagert wird. Holt man diese Geschichte unter den Trümmern der imperialen Unterdrückung und der entstellenden Darstellungen hervor, lässt sich die demokratische und europäische Ausrichtung der modernen ukrainischen Gesellschaft erkennen.

Die Ukraine, die größte postsowjetische Republik nach Russland und nun das Ziel russischer Aggression, war schon lange vor Beginn des derzeitigen Krieges ein Schlachtfeld. Im Gegensatz zu ihren ostslawischen Nachbarn und heutigen Erzfeinden Russland und Belarus erschuf und pflegte die Ukraine nach ihrer Unabhängigkeit eine demokratische politische Kultur gemäß den Forderungen ihrer aktiven Zivilgesellschaft. Nun aber ist sie von einem diktatorischen, hypernationalistischen Russland bedroht, das sein Imperium wiedererrichten und nicht nur die Staatlichkeit, Bevölkerung, Wirtschaft, Infrastruktur, Geschichte und Kultur, sondern sogar die Idee der Ukraine selbst auslöschen will.

Die große Aufmerksamkeit, mit der die Weltöffentlichkeit die russische Aggression gegen die Ukraine verfolgt, ist der Tatsache geschuldet, dass hier ein exemplarischer Kampf ausgefochten wird – auf der einen Seite die Länder, die für eine auf demokratischen Regeln basierende internationale Ordnung mit ihren Grundprinzipien der Souveränität und territorialen Integrität der Nationalstaaten eintreten, auf der anderen Seite die antidemokratischen Kräfte, die diese Ordnung zerstören wollen. Das Bestreben des Putin-Regimes, Gebiete mit beträchtlicher russischer oder russischsprachiger Bevölkerung zu annektieren, um sie in die »russische Welt« zu zwingen, erinnert fatal an den Traum der Nazis von einem Großdeutschland und ihre Methoden. Der Angriff auf die Ukraine als Ganzes mutet tatsächlich auch wie die Wiederkehr der imperialen Kriege der Vergangenheit an.

Diese Parallelen zeigen, wie wichtig die ukrainische Geschichte für das Verständnis der heutigen Welt ist, vor allem aber für das Verständnis der Entwicklungen in der Ukraine selbst. Der Exkurs in die ukrainische Geschichte ermöglicht es, die Ursprünge der ukrainischen Identität zu erkunden und zu erkennen, wie die Ukrainer trotz der Spaltungen – aufgezwungen von den verschiedenen Imperien, die ihr Land nicht nur jahrzehnte-, sondern jahrhundertelang beherrschten – zu einer Nation zusammenwuchsen. Viele Gegebenheiten des gegenwärtigen Krieges lassen sich aus der Geschichte der Ukraine im 20. Jahrhundert verstehen, insbesondere den umfangreichen und heftigen Kämpfen auf ukrainischem Territorium in den beiden Weltkriegen. Ebenso erklärt sich die Widerstandskraft, mit der die Ukrainer der russischen Aggression im Jahr 2022 begegnen, letztlich aus der Geschichte der unabhängigen Ukraine.

Die Veränderungen in der ukrainischen Gesellschaft seit dem Euromaidan von 2014 – der »Revolution der Würde«, wie dieses Ereignis in der Ukraine genannt wird – und dem anschließenden russischen Angriff auf die Krim sowie den Donbas sind die wichtigsten Faktoren, die den immensen Widerstand des ukrainischen Volkes gegen die russische Aggression im Jahr 2022 erklären. Das alte Sprichwort, dass Generäle einen neuen Krieg so planen, wie sie den vorherigen geführt haben, hat sich dieses Jahr bewahrheitet. Die russischen Angreifer in der Ukraine erwarteten, das Land vorzufinden, das sie 2014 angegriffen hatten, aber sie trafen auf ein ganz anderes. Von der Frage, wie und warum diese neue Gesellschaft entstanden ist, handelt das letzte Kapitel dieses Buches, das in der ursprünglichen Ausgabe natürlich nicht enthalten war.

Als es nun an die Veröffentlichung dieser deutschen Ausgabe ging, war ich mir mit dem Verlag einig, dass es nur eine begrenzte Anzahl von Bearbeitungen und Änderungen in den letzten Kapiteln und im Nachwort des Buches geben sollte. Die Hauptargumente, mit denen ich die Bedeutung der Geschichte für das Verständnis der ersten Phase des Krieges 2014/2015 verdeutlichte, haben nichts von ihrer Gültigkeit eingebüßt und bieten nun eine Perspektive für die Entwicklungen des Jahres 2022. Die Zurückweisung imperialer Dominanz, der Aufbau einer Nation, die Schaffung einer auf liberal-demokratischen Werten basierenden Gesellschaft und die Integration in Europa bleiben die grundlegenden Faktoren für die langfristige Entwicklung der Ukraine.

Serhii Plokhy
Wien, 7. Juni 2022

EINLEITUNG

Die Ukrainer können vermutlich ebenso zu Recht mit ihrer Rolle bei der Veränderung der Welt prahlen wie die Schotten und andere Nationen, über die es in Büchern heißt, sie hätten den Lauf der Menschheitsgeschichte geprägt. Als die ukrainischen Bürger im Dezember 1991 massenhaft an den Urnen für ihre Unabhängigkeit stimmten, beförderten sie damit auch die mächtige Sowjetunion in den Mülleimer der Geschichte. Die Ereignisse in der Ukraine hatten damals große internationale Auswirkungen und veränderten tatsächlich den Lauf der Geschichte: Eine Woche nach dem ukrainischen Referendum löste sich die Sowjetunion auf, und US-Präsident George H. W. Bush erklärte den endgültigen Sieg des Westens nach dem langen und aufreibenden Kalten Krieg.

Das nächste Mal sah die Welt die Ukraine im November 2004 auf den Fernsehbildschirmen, als feierlich in Orange gekleidete Menschen in Massen die Plätze und Straßen von Kyjiw füllten, faire Wahlen forderten und ihren Willen bekamen. Die »Orange Revolution« war Namensgeberin einer Reihe von »farbigen Revolutionen«, die autoritäre Regime von Serbien bis zum Libanon und von Georgien bis Kirgistan erschütterten. Die farbigen Revolutionen veränderten zwar nicht die postsowjetische Welt, hinterließen aber ein bleibendes Vermächtnis und die Hoffnung, dass sie sich eines Tages ändern würde. Im November und Dezember 2013 erschienen die Ukrainer abermals in den Fernsehnachrichten weltweit, als sie erneut auf die Straßen von Kyjiw strömten, diesmal, um eine engere Anbindung an die Europäische Union zu unterstützen. In einer Zeit, in der die Begeisterung für die EU in ihren Mitgliedsländern auf einen Tiefpunkt sank, überraschte und inspirierte die Bereitschaft der Ukrainer, bei

Minusgraden Tage, Wochen und Monate auf der Straße auszuharren, die Bürger in West- und Mitteleuropa.

Die Ereignisse in der Ukraine nahmen Anfang 2014 eine unerwartete und tragische Wendung, als eine Konfrontation zwischen den Demonstranten und den Regierungstruppen die fast straßenfestartige Atmosphäre der Proteste gewaltsam beendete. Vor laufenden Fernsehkameras setzten Bereitschaftspolizei und Scharfschützen der Regierung scharfe Munition ein und verwundeten und töteten im Februar 2014 Dutzende proeuropäische Demonstranten. Diese Bilder schockierten die Welt. Gleiches gilt für die russische Annexion der Krim im März 2014 und später in jenem Frühjahr für Moskaus hybride Kriegsführung in der ostukrainischen Region Donbas. Im Juli sorgte der Abschuss eines malaysischen Passagierflugzeugs mit fast 300 Menschen an Bord durch prorussische Separatisten dafür, dass aus dem russisch-ukrainischen Konflikt ein wahrhaft internationaler wurde. Die Entwicklungen in der Ukraine hatten erhebliche Auswirkungen auf das Geschehen in Europa und der Welt und veranlassten Politiker, von einem »Kampf um die Zukunft Europas« und einer Rückkehr des Kalten Krieges in genau jenem Teil der Welt zu sprechen, in dem er 1991 angeblich beendet worden war.

Was hat die Ukraine-Krise ausgelöst? Welche Rolle spielt die Geschichte bei diesen Ereignissen? Was unterscheidet die Ukrainer von den Russen? Wer hat Anspruch auf die Krim und auf die Ostukraine? Warum hat das, was in der Ukraine geschieht, große internationale Auswirkungen? Diese Fragen, die in den letzten Jahren immer wieder gestellt wurden, verdienen eine umfassende Antwort. Um die den aktuellen Ereignissen in der Ukraine zugrunde liegenden Tendenzen und ihre Auswirkungen auf die Welt zu verstehen, muss man bis zu ihren Wurzeln zurückgehen. Das ist, ganz allgemein gesprochen, die Hauptaufgabe dieses Buchs, das ich in der Hoffnung geschrieben habe, die Geschichte möge Einblicke in die Gegenwart geben und dadurch die Zukunft beeinflussen. Mag es auch schwierig, wenn nicht gar unmöglich sein, den Ausgang und die langfristigen Folgen der gegenwärtigen Ukraine-Krise oder die Zukunft der Ukraine als Nation vorherzusagen, so kann uns die Reise in die Geschichte doch helfen, der Flut der täglichen Nachrichten einen Sinn zu geben, und es uns ermöglichen, auf die Ereignisse mit Bedacht zu reagieren und so ihren Ausgang zu gestalten.

In diesem Buch wird die lange Geschichte der Ukraine von den Zeiten Herodots bis zum Untergang der UdSSR und zum aktuellen russisch-ukrainischen Konflikt dargelegt. Doch wie soll man mehr als zwei Jahrtausende Geschichte eines Landes von der Größe Frankreichs, das heute fast 46 Millionen Einwohner zählt und im Laufe seines Bestehens Abermillionen hatte, auf ein paar Hundert Seiten zusammenfassen? Man muss eine Auswahl treffen, wie es Historiker schon immer getan haben. Ihre Ansätze unterscheiden sich jedoch. Der Begründer der modernen ukrainischen Geschichtsschreibung, Mychajlo Hruschewskyj (1866–1934), der selbst in diesem Buch vorkommen wird und nach dem der Lehrstuhl für ukrainische Geschichte an der Harvard University benannt ist, betrachtete sein Forschungsfeld als die Geschichte einer Nation, die seit Menschengedenken existierte und Phasen der Blüte, des Niedergangs und des Wiederauflebens kannte, wobei Letzteres in der Schaffung der ukrainischen Eigenstaatlichkeit im Verlauf und in der Folge des Ersten Weltkriegs gipfelte.

Hruschewskyj erhob die ukrainische Geschichte zu einem eigenständigen Forschungsgebiet, doch viele seiner Kritiker und Nachfolger haben seinen Ansatz infrage gestellt. Während Hruschewskyjs Schüler den Schwerpunkt auf die Geschichte der ukrainischen Eigenstaatlichkeit legten, erzählten sowjetische Historiker die Geschichte der Ukraine als eine des Klassenkampfes; manche westliche Autoren wiederum hoben den multiethnischen Charakter der Ukraine hervor, und heute wenden sich immer mehr Wissenschaftler einem transnationalen Ansatz zu. Diese letztgenannten Trends in der Geschichtsschreibung der Ukraine und anderer Nationen haben meine eigene Darstellung beeinflusst. Außerdem habe ich mir die jüngste kulturelle Wende in der Geschichtswissenschaft und der Forschung zur Geschichte von Identitäten zunutze gemacht. Die Fragen, die ich stelle, sind unmissverständlich gegenwartsbezogen, aber ich tue mein Bestes, um moderne Identitäten, Loyalitäten, Gedanken, Mo-

tivationen und Empfindungen nicht auf die Vergangenheit rückzu-
projizieren.

Beim Titel des Buches, *Das Tor Europas*, handelt es sich natürlich um eine Metapher, allerdings um keine, die man auf die leichte
Schulter nehmen oder als Marketing-Gag abtun sollte. Europa ist ein
wichtiger Teil der ukrainischen Geschichte, so wie die Ukraine ein
Teil der europäischen Geschichte ist. Am westlichen Rand der eurasischen Steppe gelegen, stellt die Ukraine seit Jahrhunderten ein Tor zu
Europa dar. War das Tor zuweilen aufgrund von Kriegen und Konflikten geschlossen, half die Ukraine, Invasionen aus dem Osten oder
dem Westen abzuwehren. War es jedoch offen wie zumeist im Laufe
der ukrainischen Geschichte, diente das Land als Brücke zwischen
Europa und Eurasien und erleichterte den Austausch von Menschen,
Waren und Ideen. Über die Jahrhunderte hinweg war die Ukraine
auch ein Treffpunkt (und ein Schlachtfeld) verschiedener Reiche, von
den Römern bis zu den Osmanen, von den Habsburgern bis zu den
Romanows. Im 18. Jahrhundert wurde die Ukraine von Sankt Petersburg und Wien, Warschau und Istanbul aus regiert; im 19. Jahrhundert hatten nur noch die Russen und die Österreicher dort das Sagen.
In der zweiten Hälfte des 20. Jahrhunderts herrschte allein Moskau
über den größten Teil der ukrainischen Gebiete. Jedes dieser Reiche
beanspruchte Land und Beutegut, hinterließ seine Spuren in der
Landschaft und im Charakter der Bevölkerung und trug dazu bei,
ihre einzigartige »Grenzidentität« und ihr besonderes Ethos zu formen.

Das Nationale ist für mich eine wichtige – wenngleich nicht do-
minante – Analysekategorie und ein Element der Geschichte, das
zusammen mit der sich ständig verändernden Idee von Europa den
Charakter meines Narrativs bestimmt. Dieses Buch erzählt die Geschichte der Ukraine innerhalb der von den Ethnographen und Kartographen des späten 19. und frühen 20. Jahrhunderts definierten
Grenzen, die oft (aber nicht immer) mit den Grenzen des heutigen
ukrainischen Staates übereinstimmten. Es zeichnet die Entwicklung
der Ideen und Identitäten nach, die diese Gebiete miteinander verbinden, von der Zeit des mittelalterlichen Kyjiwer Staates, der in der
Geschichtsschreibung als »Kyjiwer Rus« bezeichnet wird, bis zum

Aufkommen des modernen Nationalismus, und erläutert die Ursprünge des modernen ukrainischen Staates und seiner Nation. Im Mittelpunkt stehen dabei die Ukrainer selbst als größte demographische Gruppe, die sich im Laufe der Zeit als wichtigste Kraft bei der Schaffung der heutigen Nation und des heutigen Staates erwiesen hat. Mein Buch beschäftigt sich aber auch mit den Minderheiten in der Ukraine, insbesondere mit den Polen, Juden und Russen, und behandelt die moderne multiethnische und multikulturelle ukrainische Nation als einen nicht abgeschlossenen Entwicklungsprozess. Die ukrainische Kultur existierte stets in einem gemeinsamen Raum mit anderen Kulturen und musste sich schon früh unter diesen »anderen« zurechtfinden. Die Fähigkeit der ukrainischen Gesellschaft, innere und äußere Grenzen zu überschreiten und die durch sie geschaffenen Identitäten zu verarbeiten, ist das Hauptmerkmal der Geschichte der Ukraine, wie sie in diesem Buch dargestellt wird.

Man könnte die Geschichte entlang der politischen Geschehnisse auf internationaler wie auf nationaler Ebene erzählen, doch beim Verfassen dieses Buches schienen mir Geographie, Ökologie und Kultur die nachhaltigsten und damit langfristig prägendsten Faktoren zu sein. Die heutige Ukraine ist, aus der Perspektive der lang anhaltenden kulturellen Trends betrachtet, ein Produkt der Interaktion zweier sich verschiebender Grenzen, von denen die eine durch die Trennlinie zwischen der eurasischen Steppe und den osteuropäischen Parklandschaften und die andere durch die Spaltung zwischen dem östlichen und dem westlichen Christentum definiert wird. Die erstgenannte Grenze war auch jene zwischen den sesshaften und den nomadischen Völkern und schließlich zwischen dem Christentum und dem Islam. Die zweite geht auf die Teilung des Römischen Reichs zwischen Rom und Konstantinopel zurück und markiert die bis heute bestehenden Unterschiede in der politischen Kultur zwischen dem Osten und dem Westen Europas. Die Verschiebung dieser Grenzen im Laufe der Jahrhunderte hat eine Reihe einzigartiger kultureller Merkmale hervorgebracht, die das Fundament der heutigen ukrainischen Identität bilden.

Man kann die Geschichte der Ukraine nicht erzählen, ohne auf die

Geschichte ihrer Regionen einzugehen. Der kulturelle und soziale Raum, der durch die Grenzverschiebungen entstanden ist, war nicht homogen. Als sich die staatlichen und imperialen Grenzen über das von Ukrainern bevölkerte Territorium hinweg bewegten, entstanden unterschiedliche kulturelle Räume, die schließlich die Grundlagen der ukrainischen Regionen bildeten – das ehemals ungarisch beherrschte Transkarpatien, das ehemals österreichische Galizien, die polnisch dominierten Regionen Podolien und Wolhynien, das kosakische linke Ufer des Dnipro mit seinem Unterlauf, die Sloboda-Ukraine und schließlich die Schwarzmeerküste und das Donezbecken, die in der russischen Kaiserzeit kolonisiert wurden. Im Unterschied zu den meisten meiner Vorgänger versuche ich, die Geschichte der verschiedenen Regionen (etwa der russisch und österreichisch beherrschten Teile der Ukraine) nicht in getrennten Abschnitten zu behandeln, sondern sie gemeinsam zu betrachten und ihre Entwicklung innerhalb eines bestimmten Zeitraums aus einer vergleichenden Perspektive darzustellen.

Abschließend noch ein paar Worte zur Terminologie. Die Vorfahren der modernen Ukrainer lebten in Dutzenden von vormodernen und modernen Fürstentümern, Königreichen und Imperien, und im Laufe der Zeit nahmen sie verschiedene Namen und Identitäten an. Die beiden wichtigsten Begriffe, mit denen sie ihr Land bezeichneten, waren »Rus« und »Ukraine«. (Im kyrillischen Alphabet wird Rus mit Русь geschrieben: Dem letzten Buchstaben folgt ein Weichheitszeichen, das die palatalisierte Aussprache des vorangehenden Konsonanten anzeigt – die deutsche wissenschaftliche Transkription wäre Rus'.) Der Begriff »Rus«, den die Wikinger im 9. und 10. Jahrhundert in die Region brachten, wurde von den Bewohnern der Kyjiwer Rus übernommen, als die Wikingerfürsten und -krieger bei ihnen Einzug hielten und slawisiert wurden. Die Vorfahren der heutigen Ukrainer, Russen und Belarussen adaptierten den Namen »Rus« in verschiedenen Ausprägungen, vom skandinavischen / slawischen »Rus« bis zum hellenisierten »Rossija«. Im 18. Jahrhundert übernahm das russische Zarenreich letztere Form als offiziellen Namen seines Staates.

Für die Ukrainer gab es je nach Epoche und Region, in der sie lebten, unterschiedliche Bezeichnungen: In Polen hießen sie Rusinen, im Habsburgerreich Ruthenen und im Russischen Reich Kleinrussen. Im Laufe des 19. Jahrhunderts beschlossen die ukrainischen Nationalisten, der Verwirrung ein Ende zu setzen, indem sie auf den Namen »Rus« verzichteten und sich klar vom Rest der ostslawischen Welt, insbesondere von den Russen, abgrenzten und sich als »Ukrainer« bzw. als »ukrainisch« titulierten. So definierten sie fortan ihr Land und ihre ethnische Gruppe sowohl im Russischen Reich als auch in Österreich-Ungarn. Der Name »Ukraine« hat seinen Ursprung im Mittelalter und bezeichnete in der frühen Neuzeit den Kosakenstaat in der Dnipro-Ukraine. In der kollektiven Vorstellung der Aktivisten des 19. Jahrhunderts galten die Kosaken, von denen die meisten lokaler Herkunft waren, als Inbegriff der Ukrainer. Um die Vergangenheit der Rus mit der ukrainischen Zukunft zu verbinden, nannte Mychajlo Hruschewskyj sein zehnbändiges Hauptwerk *Geschichte der Ukraine-Rus*. In der Tat muss jeder, der heute über die ukrainische Vergangenheit schreibt, zwei oder sogar mehr Begriffe verwenden, um die Vorfahren der modernen Ukrainer zu benennen.

In diesem Buch gebrauche ich »Rus« vorwiegend, aber nicht ausschließlich in Bezug auf die mittelalterliche Zeit, »Ruthenen«, um die Ukrainer der frühen Neuzeit zu bezeichnen, und »Ukrainer«, wenn ich über die Neuzeit schreibe. Seit der Gründung des unabhängigen ukrainischen Staates im Jahr 1991 werden alle seine Bürger als »Ukrainer« bezeichnet, unabhängig von ihrer ethnischen Herkunft. Dieser Sprachgebrauch spiegelt die aktuellen Konventionen der akademischen Geschichtsschreibung wider, und obwohl er für eine gewisse Komplexität sorgt, hoffe ich, dass er nicht zu Verwirrung führt.

»Kommt, und ihr werdet sehen«, schrieb der anonyme Autor der *Geschichte der Rus*, eines der Gründungswerke der modernen ukrainischen Historiographie, am Ende seines Vorworts. Ich kann meine Ausführungen mit keiner besseren Einladung abschließen.

I

AN DER PONTISCHEN GRENZE

KAPITEL 1

DER RAND DER WELT

D er erste Chronist der Ukraine war kein Geringerer als Herodot, der Vater der Geschichtsschreibung. Diese Ehre ließ er sonst nur Ländern und Völkern der mediterranen Welt zuteilwerden. Die Ukraine – ein Gebiet aus Steppen, Bergen und Wäldern nördlich des Schwarzen Meers, das die Griechen als *Pontos euxeinos* (gastliches Meer, von den Römern zu *Pontus euxinus* latinisiert) bezeichneten – war ein wichtiger Teil dieser Welt und von ganz besonderer Bedeutung. Den Mittelpunkt der Welt des Herodot bildeten die Stadtstaaten des antiken Griechenlands; von dort erstreckte sie sich südwärts bis nach Ägypten und im Norden bis zur Krim und zu den pontischen Steppen. War Ägypten ein Land der antiken Kultur und Philosophie, die es zu studieren und nachzuahmen galt, so war das Gebiet der heutigen Ukraine im Wesentlichen eine Grenzregion, wo die griechische Zivilisation auf ihr barbarisches Alter Ego traf. Sie war die erste Grenze einer politischen und kulturellen Sphäre, die später als die westliche Welt bezeichnet werden sollte. Dort begann der Westen, sich selbst und sein Anderes zu definieren.

Herodot, im Griechischen als Hēródotos bekannt, stammte aus Halikarnassos, einer griechischen Stadt in der heutigen Türkei. Im 5. Jahrhundert v. Chr., als er lebte, schrieb und seine *Historien* vortrug, gehörte sein Geburtsort zum Perserreich. Herodot verbrachte einen Großteil seiner Zeit in Athen, lebte aber auch in Süditalien und bereiste das Mittelmeer und den Nahen Osten, unter anderem Ägypten und Babylon. Als Bewunderer der athenischen Demokratie schrieb er in ionischem Griechisch, doch seine Interessen waren so weit gespannt, wie sie zu dieser Zeit nur sein konnten. Seine später in neun Bücher unterteilten *Historien* befassten sich mit den Ursprüngen der griechisch-persischen Kriege, die 499 begannen und bis Mitte des 5. Jahrhunderts v. Chr. andauerten. Einen wesentlichen Teil dieser Zeit erlebte Herodot selbst, und er erforschte das Thema noch dreißig Jahre lang nach dem Ende der Kriege im Jahr 449. Für Herodot war dieser Konflikt ein epochaler Kampf zwischen Freiheit und Sklaverei – der Freiheit, wie sie die Griechen praktizierten, und der Sklaverei der Perser. Obwohl seine politischen und ideologischen Sympathien eindeutig den Griechen galten, wollte er in seiner Geschichte beiden Seiten gerecht werden. Nach seinen eigenen Worten war ihm daran gelegen, »die Erinnerung an die Vergangenheit dadurch zu bewahren, dass man die erstaunlichen Errungenschaften sowohl der Griechen als auch der Barbaren festhält«.

Herodots Interesse am »barbarischen« Teil der Geschichte lenkte seinen Blick auf die pontischen Steppen. Im Jahr 512 v. Chr., dreizehn Jahre vor Beginn der Kriege, fiel Dareios der Große, der bei weitem mächtigste Herrscher des Perserreichs, in die Region ein, um sich an den Skythen zu rächen, die ihn genarrt hatten. Die Skythenkönige, nomadische Herrscher über ein riesiges Gebiet nördlich des Schwarzen Meers, hatten Dareios verleitet, zur Verfolgung ihres hoch mobilen Heers den langen Weg von der Donau bis zum Don zu marschieren, ohne sich ihm jedoch in einer Schlacht zu stellen. Das war eine schwere Demütigung für einen Herrscher, der anderthalb Jahrzehnte später eine große Bedrohung für die griechische Welt darstellen sollte. In seinen *Historien* scheute Herodot keine Mühe, alles zu berichten, was er über die geheimnisvollen Skythen und ihr Land, ihre Sitten und ihre Gesellschaft wusste oder gehört hatte. Trotz seiner ausgedehnten Reisen scheint er die Region nie selbst bereist zu haben, sodass er sich auf die Erzählungen anderer verlassen musste. Doch seine detailreiche Beschreibung der Skythen und der von ihnen beherrschten Länder und Völker machte ihn nicht nur zum ersten Geschichtsschreiber, sondern auch zum ersten Geographen und Ethnographen der Ukraine.

Das Land nördlich des Schwarzen Meers wurde in der Zeit um 45 000 v. Chr. erstmals von Neandertalern, vermutlich Mammutjägern, besiedelt, wie wir aus archäologischen Ausgrabungen ihrer Wohnstätten wissen. Im 5. Jahrtausend v. Chr. zogen Angehörige der sogenannten Cucuteni-Trypillja-Kultur in das Waldsteppen-Grenzgebiet zwischen Donau und Dnipro, betrieben dort Viehzucht und Ackerbau, errichteten große Siedlungen und stellten Tonstatuen sowie bunte Keramik her. Etwa 3500 Jahre v. Chr. domestizierten die Menschen in den pontischen Steppen das Pferd und brachten ein Jahrtausend später die indogermanischen Sprachen nach Mitteleuropa.

Bevor Herodot begann, Teile seines Werks auf öffentlichen Festen in Athen vorzutragen, wussten die meisten Griechen nur sehr wenig über das Gebiet nördlich des Schwarzen Meers. Sie hielten es für ein Land der Wilden und für einen Spielplatz der Götter. Manche glaubten, Achilles, der Held des Trojanischen Krieges und der *Ilias* von Homer, habe dort auf einer Insel an der Mündung der Donau oder des Dnipro seine letzte Ruhe gefunden. Auch die Amazonen, die Kriegerinnen der griechischen Mythologie, die sich die rechte Brust abschnitten, um ihren Bogen besser spannen zu können, sollen dort gelebt haben, angeblich nahe dem Don. Und dann gab es noch die wilden Taurer auf der Krim, einer Halbinsel, die die Griechen Taurica nannten. Ihre Fürstin Iphigenia zeigte kein Erbarmen mit Reisenden, die das Pech hatten, vor den Stürmen des Schwarzen Meers an den gebirgigen Küsten der Krim Zuflucht zu suchen. Sie opferte sie der Göttin Artemis, die sie vor dem von ihrem Vater Agamemnon verhängten Todesurteil bewahrt hatte. Nur wenige wollten in so gefährliche Gegenden reisen wie jene, die an das »gastliche Meer« angrenzten, zumal dieses Meer sehr schwer zu befahren und für seine heftigen Stürme berüchtigt war, die wie aus dem Nichts auftraten.

Die Griechen hörten zum ersten Mal von den Ländern und Völkern nördlich des Schwarzen Meers durch das Kriegervolk der Kimmerer, das in Anatolien auftauchte, nachdem die Skythen sie im 8. Jahrhundert v. Chr. aus den pontischen Steppen vertrieben hatten. Die nomadisch lebenden Kimmerer zogen zunächst in den Kaukasus und später nach Süden in Richtung Kleinasien, wo sie auf mediterrane Kulturen mit einer langen Tradition der Sesshaftigkeit und kultureller Errungenschaften trafen. Dort galten die Nomadenkrieger als

Inbegriff der Barbaren, ein Ruf, der sogar in der Bibel festgehalten wurde, wo der Prophet Jeremia sie wie folgt beschreibt: »Sie führen Bogen und Schwert, sind grausam und ohne Erbarmen. Sie brausen daher wie ein ungestümes Meer und reiten auf Rossen, gerüstet als Kriegsleute, gegen dich.« Das Bild der Kimmerer als wilde Krieger hat auch in die moderne Populärkultur Einzug gehalten. Arnold Schwarzenegger verkörperte 1982 in einem erfolgreichen Hollywoodfilm den Kimmerer-König Conan den Barbaren – eine fiktive Figur, die sich 1932 der Schriftsteller Robert E. Howard ausgedacht hatte.

Die Krim und die Nordküste des Schwarzen Meers wurden im 7. und 6. Jahrhundert v. Chr. Teil der griechischen Welt, nachdem die Kimmerer gezwungen waren, ihre Heimat zu verlassen. Daraufhin entstanden in der Region griechische Kolonien, die meisten gegründet von Siedlern aus Milet, einem der mächtigsten griechischen Staaten jener Zeit. Sinope an der Südküste des Schwarzen Meers, ebenfalls eine Gründung von Mileten, entwickelte sich zu einer eigenständigen Mutterkolonie. Zu den Kolonien am Nordufer gehörten Panticapaeum in der Nähe der heutigen Stadt Kertsch, Theodosia an der Stelle des heutigen Feodossija und Chersonesos unweit der heutigen Stadt Sewastopol, alle drei auf der Krim gelegen. Die mit Abstand bekannteste miletische Kolonie war jedoch Olbia am Zusammenfluss des Südlichen Buh mit dem noch größeren Dnipro, die vereint ins Schwarze Meer münden. Die Stadt verfügte über Steinmauern, eine Akropolis und einen Tempel für Apollo Delphinios. Nach Angaben von Archäologen umfasste Olbia in seiner Blütezeit mehr als 48 Hektar. Bis zu 10 000 Menschen lebten in der Stadt, die eine demokratische Regierungsform pflegte und vertraglich geregelte Beziehungen mit ihrer Mutterstadt Milet unterhielt.

Olbias Wohlstand wie auch der anderer griechischer Städte und Emporien (Handelsplätze) in der Region hing von guten Beziehungen zur einheimischen Bevölkerung in den pontischen Steppen ab. Zur Zeit der Stadtgründung und während ihrer Blüte im 5. und 4. Jahrhundert v. Chr. handelte es sich bei den Einheimischen um Skythen, einen Zusammenschluss von Stämmen iranischen Ursprungs. Die Griechen von Olbia und ihre Nachbarn lebten nicht nur Seite an Seite und trieben Handel, sondern vermischten sich auch, sodass eine große Bevölkerung mit halb griechischen, halb »barbarischen« Wurzeln entstand, in deren Bräuchen sich griechische und lokale Traditionen verbanden. Olbias Kauf- und Seeleute verschifften Getreide, Trockenfisch und Sklaven nach Milet und in andere Teile Griechenlands und brachten von dort Wein, Olivenöl und griechische Handwerksprodukte mit, darunter Textilien und Metallwaren, die sie auf den lokalen Märkten feilboten. Es gab auch Luxusartikel aus Gold, wie wir aus Ausgrabungen von Hügelgräbern skythischer Könige wissen. Die Steppen der Südukraine sind voll von solchen Begräbnisstätten, die heute größtenteils zu kleinen Erdhaufen zusammengeschrumpft sind und im Ukrainischen als *kurhan* bezeichnet werden.

Das bei weitem eindrucksvollste Stück des sogenannten Skythengoldes, ein dreiteiliges Pektorale, wurde 1971 in der Südukraine entdeckt und ist heute im Ukrainischen Museum für historische Schätze in Kyjiw zu bewundern. Das wahrscheinlich aus dem 4. Jahrhundert v. Chr. stammende Pektorale, das einst die Brust eines Skythenkönigs zierte, gibt einen Einblick in das Innenleben der skythischen Gesellschaft und Wirtschaft. In seiner Mitte sind zwei kniende, bärtige Skythen dargestellt, die einen Schafspelzmantel halten. Angesichts des Materials, aus dem das gesamte Pektorale besteht, erinnert dies an das Goldene Vlies der Argonauten – ein Symbol für Autorität und Königtum. Rechts und links der zentralen Szene befinden sich Abbildungen von domestizierten Tieren – Pferde, Kühe, Schafe und Ziegen. Daneben sind skythische Sklaven zu sehen, von denen einer eine Kuh und ein anderer ein Mutterschaf melkt. Das Pektorale lässt kaum Zweifel daran, dass die Skythen in einer von Männern dominierten Gesellschaft von Steppenkriegern lebten, deren Wirtschaft auf der Viehzucht beruhte.

Während die Bilder von Skythen und domestizierten Tieren uns in die skythische Welt einführen, erzählen uns die auf dem Pektorale abgebildeten wilden Tiere mehr darüber, wie sich die Griechen die äußerste Grenze ihrer Welt vorstellten, als über das wirkliche Leben in den pontischen Steppen. Löwen und Panther jagen Wildschweine und Hirsche, während geflügelte Greife – die mächtigsten Tiere der griechischen Mythologie, halb Adler, halb Löwe – Pferde angreifen, mithin die wichtigsten Tiere der skythischen Lebensweise. Das Pektorale ist ein ideales Symbol nicht nur für den griechischen Kulturtransfer, sondern auch für die Interaktion der griechischen und skythischen Welt in den pontischen Steppen.

Diese Verflechtung der Kulturen ermöglichte es Herodot, die Art von Informationen über das skythische Leben zu sammeln, die keine archäologische Ausgrabung liefern könnte. Der Gründungsmythos der Skythen gehört sicherlich in diese Kategorie. »Wie nun die Skythen sagen, sei das jüngste von allen ihr Volk«, schreibt Herodot in seinen *Historien*. Angeblich stammten sie von einem gewissen Targitaos ab, der drei Söhne hatte. »Zu der Zeit von deren Herrschaft seien aus dem Himmel goldene Geräte gekommen, ein Pflug, ein Joch, eine Streitaxt und eine Schale, und auf das skythische Land gefallen«, fährt Herodot in seiner Erzählung vom skythischen Gründungsmythos fort. Die beiden älteren Brüder versuchten, die buchstäblichen Himmelsgeschenke an sich zu nehmen, aber da schlugen aus ihnen Flammen, und erst dem jüngsten Bruder gelang es, sie aufzuheben und zu behalten. Er wurde sofort als oberster Herrscher des Reichs anerkannt und ließ den Skythenstamm entstehen, der als die Königlichen Skythen bekannt wurde. Sie beherrschten die pontischen Steppen und hüteten das Gold, das vom Himmel gefallen war. Die Skythen betrachteten sich offenbar als einheimische Bevölkerung, sonst hätten sie nicht behauptet, dass die Eltern ihres Gründers Targitaos ein Himmelsgott und eine Tochter des Borysthenes waren, der heute als Dnipro, Hauptfluss des Reichs, bekannt ist. Der Mythos lässt vermuten, dass die Skythen, obwohl sie von Nomaden regiert wurden, sich auch als Ackerbauern verstanden. Zu den Werkzeugen, die ihnen vom Himmel geschenkt wurden, gehörte nicht nur ein Joch, sondern auch ein Pflug, ein deutliches Zeichen für eine sesshafte Kultur.

Herodot beschrieb die Skythen als eine in Reiter und Ackerbauern aufgeteilte Gemeinschaft, die jeweils ihre eigene ökologische Nische in der nördlichen Schwarzmeerregion besetzten. Am rechten Ufer des

Dnipro, von einem nach Süden fahrenden Schiff aus gesehen, direkt oberhalb der griechischen Kolonie Olbia, von deren Einwohnern und Besuchern Herodot den größten Teil seines Wissens über die Region bezog, lokalisierte er einen Stamm namens Kallipeden, bei dem es sich vermutlich um die Nachkommen der Verbindung zwischen Griechen und örtlichen Skythen handelte. Im Norden, entlang des Dnister und nördlich der von den Königlichen Skythen beherrschten Steppen, lebten die Alazonier, die »es in allem sonst ebenso halten wie die Skythen, sie bauen aber Getreide an und nehmen es zu sich, ebenso wie Zwiebeln, Knoblauch, Linsen und Hirse«. Nördlich der Alazonier, am rechten Ufer des Dnipro, lebten laut Herodot die skythischen Pflugleute, die Getreide für den Verkauf anbauten. Am linken Ufer des Flusses verortete er die skythischen Ackerbauern, auch Borysthener genannt. Diese Stämme würden sich deutlich von den Skythen im Süden unterscheiden, die die pontischen Steppen bewohnten.

Für Herodot gehörten die Gebiete entlang des Dnipro zu den fruchtbarsten der Welt:

> Der Borysthenes, nach dem Istros [Donau] der größte, ist unserer Meinung nach auch der ergiebigste nicht nur von den skythischen Flüssen, sondern auch von allen anderen mit Ausnahme des Nils in Ägypten; mit dem kann man ja keinen anderen Fluss vergleichen. Von den übrigen aber ist der Borysthenes der ergiebigste, der zudem die schönsten und bekömmlichsten Weiden für die Herden und entschieden die besten und meisten Fische aufweist; er bietet das süßeste Trinkwasser und fließt rein unter trüben Gewässern hin; die Saat wächst an ihm am besten, und das Gras ist, wo man nichts ansät, am fettesten.

Eine sehr zutreffende Beschreibung. Der schwarze Boden des Dniprobeckens gilt noch immer als einer der fruchtbarsten der Welt und brachte der heutigen Ukraine den Beinamen »Kornkammer Europas« ein.

Die von Ackerbauern besiedelten Gebiete am mittleren Dnipro

waren noch nicht das Ende des von Herodot beschriebenen Grenz-
landes. Auch im Norden gab es Völker, über die nicht nur die Griechen in den Kolonien, sondern auch die Skythen verschiedener Cou-
leur wenig oder nichts wussten. Diese Völker bewohnten die äußerste
Grenze. Am rechten Ufer des Dnipro wurden sie Neurier genannt;
auf der linken Seite, weiter östlich und nördlich, bezeichnete man sie
einfach als Kannibalen. Herodot konnte nicht viel über sie berichten,
aber die Verortung der Neurier in den Prypjatsümpfen an der heutigen ukrainisch-belarussischen Grenze entspricht einer der möglichen
Heimatregionen der antiken Slawen, in der einige der ältesten ukrainischen Dialekte zu finden sind.

Vertraut man Herodot und seinen Quellen, so war das Skythen-
reich ein Verbund ethnischer Gruppen und Kulturen, wobei die
geographischen und die ökologischen Gegebenheiten den Platz jeder
Gruppe in der Gesamtstruktur des Gemeinwesens und seiner Arbeitsteilung bestimmten. Griechen und hellenisierte Skythen bewohnten
die Küste und wirkten als Vermittler zwischen der mediterranen Welt
Griechenlands und dem Hinterland, sowohl in Bezug auf den Handel
als auch auf die Kultur. Die wichtigsten Handelsprodukte – Getreide
und Trockenfisch sowie Sklaven – stammten aus den Parklandschaften oder den Waldsteppen. Um zu den Häfen am Schwarzen Meer
zu gelangen, mussten diese Waren, vor allem Getreide und Sklaven,
die von den Königlichen Skythen bewohnten Steppen durchqueren.
Somit kontrollierten sie den Handel und behielten dabei den Großteil der Erlöse für sich, wobei sie einen Teil ihres Goldschatzes in den
Grabhügeln der Region hinterließen. Die von Herodot beschriebene
Gliederung in Küste, Steppe und Wald wurde zu einer der wichtigsten Unterteilungen der ukrainischen Geschichte, die Jahrhunderte,
wenn nicht Jahrtausende überdauerte.

Die in den Historien beschriebene vielschichtige skythische Welt ging
im 3. Jahrhundert v. Chr. zu Ende. Die Römer, die im 1. Jahrhundert
v. Chr. die Kontrolle über die griechischen Kolonien im nördlichen
Schwarzmeergebiet übernahmen und sie unter ihren Schutz stellten,
bekamen es mit anderen Herrschern der Steppe zu tun.

Aus dem Osten traf ein neues Nomadenvolk ein, die Sarmaten. Sie besiegten, verdrängten und ersetzten schließlich die skythischen Reiter, die die Handelswege zwischen den landwirtschaftlichen Regionen und den griechischen Kolonien überwachten. Die Neuankömmlinge waren wie die Skythen iranischer Abstammung. Herodot, der sie östlich des Don verortete, berichtete von einer Legende, derzufolge sie von Skythen und Amazonenfrauen abstammten, die aus griechischer Gefangenschaft entkommen waren. Wie die Skythen setzten sich auch die Sarmaten aus verschiedenen Stämmen zusammen und herrschten über eine Vielzahl von Völkern, darunter die Roxolanen, Alanen und Jazygen. Die Sarmaten kontrollierten die pontischen Steppen ein halbes Jahrtausend lang, bis ins 4. Jahrhundert n. Chr. Auf dem Höhepunkt ihrer Macht dominierten sie über das gesamte Gebiet von der Wolga im Osten bis zur Donau im Westen und drangen in Mitteleuropa bis zur Weichsel vor.

Die Sarmaten waren eine nicht minder einschüchternde Macht in der Region, als es die Skythen gewesen waren, aber wir wissen viel weniger über sie. Das liegt vor allem daran, dass der Handel zwischen den griechischen Kolonien und dem ukrainischen Hinterland (und damit der Informationsfluss), der unter den Skythen floriert hatte, unter den Sarmaten fast zum Erliegen kam. Sie vertrieben die Skythen auf die Krim, wo die ehemaligen Herrscher des Reichs ein neues Königreich gründeten, das als Scythia Minor bekannt wurde. Die Skythen kontrollierten die Halbinsel und die nördlich an sie anschließenden Steppen, einschließlich der griechischen Kolonien. In der übrigen pontischen Steppe dominierten die Sarmaten, die aber keinen Zugang zu den Kolonien hatten. Die Skythen ihrerseits verloren die Herrschaft über die Steppe und das Hinterland. Der Konflikt zwischen den neuen und den alten Herren der Steppe untergrub den lokalen Handel und Wohlstand und mit der Zeit auch die Sicherheit der griechischen Kolonien (die Skythen und andere Nomaden forderten Geld und Waren von den Kolonisten, egal ob der Handel florierte oder nicht). Ein weiterer, ebenso mächtiger Faktor, der den Handel beeinträchtigte, war das Erscheinen neuer Lieferanten von landwirtschaftlichen Erzeugnissen für die Märkte am Mittelmeer.

Getreide kam nun aus Ägypten und dem Nahen Osten über Handelsrouten, die durch die Eroberungen Alexanders des Großen und den Aufstieg des Römischen Reichs gesichert waren, an die Küsten der Ägäis und des Ionischen Meeres.

Als die Römer im 1. Jahrhundert v. Chr. ihren Einflussbereich bis zum Nordufer des Schwarzen Meers ausdehnten, belebten sie einen Teil des früheren Handels wieder, indem sie den griechischen Kolonien, die nun unter ihrer Kuratel standen, ein gewisses Maß an Sicherheit verschafften; aber das erwies sich bestenfalls als ein unaufhörlicher Kampf. Ovid (Publius Ovidius Naso), der von Kaiser Augustus im Jahr 8 n. Chr. an einen Ort namens Tomis an der Schwarzmeerküste im heutigen Rumänien verbannt wurde und dort zehn Jahre später starb, hinterließ uns eine anschauliche Beschreibung der Gefahren des täglichen Lebens in einer griechischen Seekolonie an der Wende zum 1. Jahrtausend n. Chr.:

> Unzählige Stämme ringsum drohen mit erbittertem Krieg und sehen es als Schande an, ohne Plünderung zu leben. Draußen ist man nirgends sicher: Der Hügel wird von brüchigen Mauern und seiner günstigen Lage verteidigt. [...] Die Festung bietet uns kaum Schutz: Und selbst die barbarische Menge in ihrem Inneren, gemischt mit Griechen, flößt Angst ein, denn die Barbaren leben unter uns, von Gleich zu Gleich, und besetzen auch mehr als die Hälfte der Häuser.

Dieser traurige Zustand, verursacht durch die feindseligen Beziehungen zu den »barbarischen« Nachbarn und den Mangel an Sicherheit, konnte nur ein schlechtes Licht auf den Zustand der einst blühenden Kolonien der Region werfen. Dion Chrysostomos, ein griechischer Redner und Philosoph, der angeblich die Stadt Olbia (zu seiner Zeit als Borysthenes bekannt) am Ende des 1. Jahrhunderts n. Chr. besucht hatte, hinterließ einen anschaulichen Bericht über eine Kolonie im Niedergang:

Die Stadt Borysthenes entspricht, was ihre Größe betrifft, aufgrund ihrer immer wiederkehrenden Einnahme und ihrer Kriege nicht ihrem antiken Ruhm. Denn da die Stadt nun schon so lange inmitten von Barbaren liegt – Barbaren, die auch noch die kriegerischsten von allen sind –, befindet sie sich ständig im Kriegszustand. [...] Aus diesem Grunde war das Glück der Griechen in dieser Gegend sehr gering; einige von ihnen vereinten sich nicht mehr zu Städten, andere fristeten als Gemeinden ein kümmerliches Dasein, und es waren meist Barbaren, die zu ihnen strömten.

Dergestalt war der Zustand der griechischen Kolonien mehr als ein Jahrhundert nach der Ankunft der Römer. Die Region erlangte nie wieder den Wohlstand, das Handelsvolumen und die Verbindungen mit dem Hinterland, die sie zu Zeiten Herodots genossen hatte. Ständig im Krieg oder in Angst vor einem Krieg mit der einheimischen Bevölkerung, wussten die Kolonisten nur wenig über ihre Nachbarn. »Der Bosporus, der Don, die skythischen Sümpfe liegen jenseits davon«, schrieb Ovid, als er von seinem Exil in Tomis aus nach Norden und Osten blickte, »eine Handvoll Namen in einer Region, die kaum bekannt ist. Weiter dahinter gibt es nichts als unbewohnbare Kälte. Ach, wie nahe bin ich dem Ende der Welt!«

Ovids Zeitgenosse Strabon, Autor der berühmten *Geographika*, wusste mehr über die pontischen Steppen als der berühmte römische Exilant. Von Strabon erfahren wir die Namen der sarmatischen Stämme und die von ihnen beherrschten Gebiete. Ihm zufolge waren die Jazygen und Roxolanen »Wagenbewohner« oder Nomaden, aber der gefeierte Geograph verrät uns buchstäblich nichts über die sesshafte Bevölkerung der Waldsteppengebiete um den Dnipro, ganz zu schweigen von den bewaldeten Gebieten weiter nördlich. Anders als Ovid lebte er jedoch nicht unter den Völkern der Region, und seine Quellen waren auch nicht so gut wie jene von Herodot. Sie wussten nichts über die »Nordländer«, und Strabon beklagte sich über ihre Unwissenheit »in Bezug auf die übrigen Völker, die als nächste im Norden siedeln; denn ich weiß weder etwas über die Bastarnen noch die Sauromaten [= Sarmaten], noch, mit einem Wort, irgendeines der Völker, die oberhalb des Pontus wohnen, auch weiß ich nicht, wie weit sie vom Atlantik entfernt sind und ob ihre Länder an ihn grenzen.«

Strabons Informanten kamen aus einer der Kolonien, aber während Herodot zahlreiche Hinweise auf den Dnipro gab, schien Strabon der Don vertrauter zu sein. Seine Quellen stammten wahrscheinlich aus Tanais, einer griechischen Kolonie an der Donmündung, die zum Bosporanischen Königreich gehörte, dem mächtigsten Zusammenschluss griechischer Kolonien, der mit der Ankunft der Römer wiederbelebt wurde. Für Strabon hatte der Don eine besondere Bedeutung. Er bildete die östlichste Grenze Europas, womit im ägäischen Heimatland die geographische Ausdehnung der griechischen Präsenz gemeint war. Europa lag westlich des Don, während östlich davon Asien begann.

So befanden sich die ukrainischen Gebiete zu Beginn des 1. Jahrtausends n. Chr., als die Römer zu den pontischen Kolonien vordrangen, erneut am Rande dessen, was zur westlichen Zivilisation werden sollte. Die Nordgrenze der hellenischen Welt war nun zur Ostgrenze Europas geworden. Dort sollte sie fast zweitausend Jahre lang bleiben, bis der Aufstieg des Russischen Reichs im 18. Jahrhundert die Karte Europas revidierte und seine Ostgrenze an den Ural verschob.

Die Aufteilung der pontischen Steppen in einen europäischen und einen asiatischen Teil hatte zur Zeit der Römer keine große Bedeutung. Strabon schrieb über die Sarmaten sowohl am linken als auch am rechten Ufer des Don, und Ptolemäus, einer seiner Nachfolger, berichtete im 2. Jahrhundert n. Chr. über zwei Sarmatien, ein europäisches und ein asiatisches – eine Unterscheidung, die in den Werken der europäischen Geographen noch anderthalb Jahrtausende lang fortwirken sollte. Wichtiger als die imaginäre Ostgrenze Europas war die reale zivilisatorische Grenze zwischen den mediterranen Kolonien am Nordufer des Schwarzen Meers und den Nomaden der pontischen Steppen. Im Gegensatz zu den griechischen Kolonien mit ihren Befestigungsanlagen war diese Grenze nie in Stein gemeißelt, sondern bildete vielmehr eine breite Zone der Interaktion zwischen Kolonisten und Einheimischen, in der sich Sprachen, Religionen und Kulturen vermischten und neue kulturelle und soziale Realitäten schufen.

Die alles entscheidende Grenze zwischen den Steppennomaden und den Ackerbauern der Waldsteppengebiete, die Herodot noch kannte, wurde für Strabon unsichtbar. Ob sie gänzlich verschwand oder die mediterranen Autoren einfach nichts von ihr wussten, ist schwer zu sagen. Geographische und ökologische Bedingungen blieben gleich, doch die Bevölkerung wurde wahrscheinlich eine andere. Jedenfalls weigerte sie sich Mitte des 1. Jahrtausends n. Chr., als wir das nächste Mal in den Schriften der gelehrten Griechen auf die Region stoßen, an Ort und Stelle zu bleiben.

KAPITEL 2

DIE ANKUNFT DER SLAWEN

W ährend die Beziehungen der Griechen zu den Völkern der ukrainischen Steppen in den letzten vorchristlichen Jahrhunderten weitgehend von Handel und kulturellem Austausch geprägt waren, blieb den Römern in den ersten nachchristlichen Jahrhunderten nichts anderes übrig, als Handel und Krieg miteinander zu verbinden. Ihre Beziehungen zu den Steppenvölkern wurden im 4. Jahrhundert vorwiegend kriegerisch, als eine Periode begann, die in der älteren Geschichtsschreibung als »Invasion der Barbaren« bezeichnet wurde und heute als Völkerwanderungszeit bekannt ist. In dieser Epoche begannen Volksgruppen und Stämme aus Eurasien und Osteuropa in großem Umfang Richtung Mittel- und Westeuropa zu ziehen, was unter dem Druck der »Barbaren« in der zweiten Hälfte des 5. Jahrhunderts zum Zusammenbruch des Römischen Reichs führte. Der östliche Teil des Reichs, in der Historiographie als Byzanz bezeichnet, war zwar geschwächt, überstand jedoch den Ansturm der Steppennomaden und der sie begleitenden Ackerbauern aus dem Norden. Byzanz blieb bis zur Mitte des 15. Jahrhunderts bestehen.

Die Ukraine spielte im Drama der Völkerwanderung eine bedeutende Rolle. Einige der Hauptakteure der Invasionen, die den Untergang des Römischen Reichs bewirkten, lebten in der Ukraine oder zogen durch ihr Gebiet. Zu ihnen gehörten die Goten und Hunnen, Letztere angeführt von ihrem König Attila. In den pontischen Steppen beendeten die Wanderungsbewegungen die lange Periode, in der die Region von Nomadenstämmen iranischer Herkunft, darunter die Skythen und die Sarmaten, beherrscht worden war. Die Goten waren germanischer Abstammung, während die Hunnen, von denen die meisten Forscher annehmen, dass sie ihren Ursprung in den

Steppen der Mongolei haben, in Begleitung zahlreicher zentralasiatischer Stämme in die Region kamen. Mitte des 6. Jahrhunderts waren die Hunnen wieder verschwunden, ersetzt durch turksprachige Stämme.

Alle oben genannten Akteure der Völkerwanderung kamen irgendwann einmal in die Ukraine, herrschten über die Steppen, blieben eine Weile und verließen sie schließlich wieder. Eine Gruppe jedoch, die durch die Umwälzungen der Wanderungsbewegung zum Vorschein kam, weigerte sich, die Bühne zu verlassen. Die Rede ist von den Slawen, einem Bündnis von Stämmen, die sprachlich und kulturell definiert und in verschiedenen politischen Formationen vertreten waren. Die indoeuropäischen Ursprünge ihrer Sprachen legen nahe, dass sie zwischen dem 7. und 3. Jahrtausend v. Chr. aus dem Osten nach Europa zogen und sich somit in Osteuropa niederließen, lange bevor Herodot die Region und ihre Bewohner erstmals beschrieb. Da sie die bewaldeten Gebiete nördlich der pontischen Steppen als ihre Heimat beanspruchten, blieben sie für die mediterranen Autoren während des größten Teils ihrer frühen Geschichte unsichtbar.

Zu Beginn des 6. Jahrhunderts n. Chr. erlangten die Slawen erstmals allgemeine Aufmerksamkeit, als sie in großer Zahl an den Grenzen des Byzantinischen Reichs erschienen, das durch die Goten und Hunnen geschwächt worden war, und auf den Balkan zogen. Jordanes, ein byzantinischer Autor gotischer Abstammung aus dem 6. Jahrhundert, unterschied zwei große Gruppen unter den Slawen seiner Zeit. »Obwohl ihre Namen heute unter verschiedenen Clans und Orten verstreut sind«, schrieb er, »werden sie hauptsächlich Sklavinen und Anten genannt.« Die Sklavinen verortete er zwischen Donau und Dnister, während er den Anten das Gebiet zwischen Dnister und Dnipro »in der Biegung des pontischen Meeres« zuschrieb. Sprachliche Befunde deuten darauf hin, dass die angestammte Heimat der Slawen in den Wäldern und der Waldsteppenzone zwischen dem Dnipro und der Weichsel lag, hauptsächlich in Wolhynien (auf Ukrainisch *Wolyn*) und den Prypjatsümpfen der heutigen Ukraine. Zur Zeit des Jordanes müssen die Slawen aus ihren Waldgebieten in die Steppen vorgedrungen sein, was für Kaiser Justinian den Großen ein ernstes Problem darstellte.

Justinian regierte das Byzantinische Reich zwischen 527 und 567 und war ehrgeizig genug, eine Wiederherstellung des gesamten Römischen Reichs im Osten wie im Westen zu unternehmen. So beschloss er, an der Donaugrenze, wo das Reich unaufhörlichen Angriffen lokaler Stämme ausgesetzt war, in die Offensive zu gehen. Von Prokopios, einem byzantinischen Autor des 6. Jahrhunderts, der einen detaillierten Bericht über Justinians Kriege hinterlassen hat, wissen wir, dass Chilbudius, ein dem Kaiser persönlich nahestehender Heerführer, in den frühen 530er Jahren in den Krieg nördlich der Donau geschickt wurde. Er errang etliche Siege über die Anten, die es Justinian ermöglichten, seinem Kaisertitel den Zusatz »Anticus« (Bezwinger der Anten) hinzuzufügen. Doch der Erfolg war nur von kurzer Dauer. Drei Jahre später fiel Chilbudius in der Schlacht, und Justinian kehrte zu der alten Politik zurück, die Grenze entlang der Donau zu verteidigen, anstatt zu versuchen, sie zu erweitern.

Justinian griff auf die alte römische Taktik des »Teile und herrsche« zurück. Ende der 530er Jahre kämpften die Anten, ermutigt und angespornt von Byzanz, bereits gegen die Sklavinen, während byzantinische Generäle beide Gruppen für die kaiserliche Armee rekrutierten. Dennoch gingen die slawischen Überfälle weiter. Während des Krieges mit den Sklavinen gelang es den Anten, in die byzantinische Provinz Thrakien auf dem östlichen Balkan einzudringen. Sie plünderten das Land und nahmen zahlreiche Gegner als Sklaven mit zurück ans linke Donauufer. Nachdem sie ihr zerstörerisches Potenzial unter Beweis gestellt hatten, boten die Anten dem Reich ihre Dienste an. Justinian nahm sie unter seine Fittiche und wies ihnen die verlassene griechische Stadt Turris nördlich der Donau als ihr Hauptquartier zu.

Wie viele andere Feinde des Reichs wurden die Anten zu dessen Verteidigern und erhielten dafür regelmäßige Zahlungen aus der kaiserlichen Schatzkammer. Sie versuchten, ihren Status zu verbessern, indem sie behaupteten, den besten General des Kaisers, besagten Chilbudius, gefangen genommen zu haben, den sie als ihren Anführer anerkannt sehen wollten. Da Justinian Chilbudius den Titel des *magister militum*, des Befehlshabers aller kaiserlichen Truppen in der Region, verliehen hatte, hätte eine solche Anerkennung die Anten zu legitimen Bürgern des Reichs und nicht nur zu dessen Torwächtern gemacht. Der Plan ging jedoch nicht auf, da der echte Chilbudius ja schon lange tot war. Der Mann, der sich für ihn ausgegeben hatte, wurde gefangen genommen und zu Justinian gebracht, und die Anten mussten den Status von *foederati*, von Bundesgenossen und nicht von Bürgern, des großen Reichs akzeptieren.

Wer waren diese neuen Verbündeten des Byzantinischen Reichs? Wie sahen sie aus? Wie kämpften sie? Woran glaubten sie? Prokopios betonte mehr als einmal, die Anten und die Sklavinen hätten Sprache, Religion und Bräuche geteilt. Wir können also seine recht detaillierte Beschreibung der slawischen Lebensweise beiden Gruppen zuordnen. Prokopios zufolge lebten die Slawen als Halbnomaden »in erbärmlichen Hütten, die sie weit voneinander errichteten«. Sie wechselten ständig ihre Behausungen. Die slawischen Krieger waren »außergewöhnlich groß gewachsene und kräftige Männer«. Über ihr Aussehen hat Prokopios Folgendes zu berichten: »Ihr Körper und ihr Haar sind weder sehr hell noch blond, noch neigen sie gänzlich zum dunklen Typus, sondern sie sind alle leicht rötlich gefärbt.« Die Slawen lebten ein »hartes Leben, ohne körperlichen Annehmlichkeiten Beachtung zu schenken [...] und [waren] ständig und zu jeder Zeit mit Schmutz bedeckt; sie [waren] jedoch in keiner Weise niederträchtig oder bösartig, sondern bewahrten den hunnischen Charakter in seiner ganzen Einfachheit«.

Obwohl mit Schmutz bedeckt, gingen die Slawen unter dem Banner der Demokratie in die Geschichte ein. »Denn diese Völker«, schrieb Prokopios, »die Sklavinen und die Anten, werden nicht von einem einzigen Mann regiert, sondern sie haben von alters her unter einer Demokratie gelebt, und folglich wird alles, was ihr Wohlergehen betrifft, ob zum Guten oder zum Schlechten, dem Volk übertragen.« Sie zogen gern halb nackt ins Gefecht, aber im Gegensatz zu den mittelalterlichen Schotten in Mel Gibsons Hollywood-Blockbuster *Braveheart* waren sie bescheidener, wenn es um ihre Geschlechtsteile ging. »Wenn sie sich in die Schlacht begeben«, schrieb Prokopios, »gehen die meisten von ihnen zu Fuß gegen den Feind, tragen kleine Schilde und Speere in der Hand, aber sie tragen nie ein Korselett. Einige von ihnen haben nicht einmal ein Hemd oder einen Mantel an, sondern ziehen ihre Hosen bis zu den Schamteilen hoch und stellen sich ihren Gegnern im Kampf.«

Weitere Informationen über die slawische Art der Kriegsführung stammen aus dem byzantinischen *Strategikon*, das um das Jahr 600 verfasst und dem Kaiser Maurikios zugeschrieben wird. Der Autor beschäftigt sich ausführlich mit den Slawen, die die Donaugrenze überschritten und sich auf dem Balkan niederließen. Zwar bezeichnet er sie als gastfreundlich gegenüber Reisenden, aber als unbekümmerte Geister, die sich nur ungern an Verträge hielten oder der Mehrheitsmeinung anschlossen. In ihrer Heimat nördlich der Donau bauten sie ihre Behausungen in Wäldern entlang der Flüsse und in sumpfigen Gebieten, die für Eindringlinge schwer zugänglich waren. Ihre bevorzugte Taktik war der Hinterhalt. Sie kämpften nicht gern auf offenem Feld und hielten wenig von regelmäßigen militärischen Formationen. Als Waffen dienten ihnen kurze Speere, Holzbögen und kurze Pfeile, deren Spitzen zuweilen mit Gift präpariert waren. Ihre Gefangenen machten sie zu Sklaven, aber nur für eine gewisse Dauer.

Auch über die slawische Religion hatte Prokopios Interessantes zu berichten. Die Slawen waren alles andere als Monotheisten. »Sie glauben, dass ein Gott, der den Blitz macht, der alleinige Herr aller Dinge ist, und sie bringen ihm Vieh und alle anderen Opfer dar«, schrieb er. Die Slawen huldigten zwar einem Hauptgott, gaben aber keineswegs ihre alten Gewohnheiten der Naturverehrung und der Opfergaben auf. Wie Prokopios schrieb, »beten sie [...] sowohl Flüsse als auch Nymphen und andere Geister an, und sie opfern all diesen auch und treffen dabei ihre Weissagungen«. Der byzantinische Autor war nicht überrascht, dass die Slawen ihren Göttern Opfer darbrachten, denn diese Tradition teilten sie mit den vorchristlichen Römern; ihn erstaunte vielmehr, dass sie nicht die christliche Religion annahmen, wie es andere kaiserliche Untertanen lange zuvor schon getan hatten.

»Sie kennen sie nicht und geben auch nicht zu, dass sie irgendeine Macht unter den Menschen hat«, stellte Prokopios mit einiger Verwunderung, wenn nicht gar Enttäuschung, fest. »Aber wann immer der Tod vor ihnen steht, sei es durch Krankheit oder den Beginn eines Krieges, geloben sie, dass sie, wenn sie dem Tod entgehen, dem Gott sofort ein Opfer für ihr Überleben darbringen werden; und wenn sie ihm entgehen, opfern sie genau das, was sie gelobt haben, und denken, dass ihre Sicherheit mit ebendiesem Opfer erkauft worden ist.«

Was Prokopios und andere byzantinische Autoren über die Slawen berichten, wird durch archäologische Funde aus der Ukraine bestätigt. Die Anten werden gewöhnlich mit der Penkiwka-Kultur in Verbindung gebracht, die nach einer Siedlung in der Ukraine benannt ist. Die Träger dieser Kultur lebten im 6., 7. und frühen 8. Jahrhundert in der ukrainischen Waldsteppenzone zwischen den Flüssen Dnister und Dnipro und besiedelten beide Ufer des Dnipro. Zu diesem Gebiet gehörten auch die von Jordanes den Anten zugewiesenen Territorien. Wie die Anten und Sklavinen des Prokopios lebten die Penkiwka-Stämme in einfachen, in den Boden gegrabenen Behausungen. Auch sie wechselten häufig ihre Wohnstätten. Die Siedlungen wurden bewohnt, verlassen und neu besiedelt, was darauf hindeutet, dass ihre Bewohner eine Art Wanderfeldbau betrieben. Aus der Archäologie wissen wir auch (was Prokopios nicht wusste), dass die Penkiwka-Stämme befestigte Städte besaßen, die als Hauptquartiere der lokalen Herrscher und als Zentren administrativer und militärischer Macht fungierten.

Die Zeit, in der die Slawen eine unabhängige Rolle in der Region spielten, endete im frühen 7. Jahrhundert, als der Einfall der Awaren, eines Bündnisses turksprachiger Stämme aus der nordkaspischen Steppe, das Gemeinwesen der Anten zerstörte.

Die Awaren hinterließen in der Region schlechte Erinnerungen, von denen einige bis ins 11. und 12. Jahrhundert andauerten, als christliche Kyjiwer Mönche Teile einer historischen Aufzeichnung verfassten, die später als *Nestorchronik* oder als »Erzählung vergangener Jahre« bekannt wurde. Der erste Teil der Chronik basiert auf lokalen Legenden in Verbindung mit byzantinischen Quellen. Laut der *Nestorchronik* führten die Awaren »Krieg gegen die Slawen und bedrängten die Duleben, die selbst Slawen waren« – ein Verweis auf einen slawischen Stamm, der entlang des Flusses Buh lebte. »Sie taten sogar den dulebischen Frauen Gewalt an«, berichtet der Chronist. »Wenn ein Aware eine Reise unternahm, ließ er weder ein Pferd noch einen Ochsen anspannen, sondern befahl, drei, vier oder fünf Frauen vor seinen Wagen zu spannen und ihn ziehen zu lassen.« Ein solches Verhalten wurde jedoch mit göttlichem Zorn bestraft. »Die Awaren waren groß von Gestalt und stolz im Geiste, und Gott vernichtete sie«, fährt der Chronist fort. »Sie kamen alle um, und kein einziger Aware überlebte. Noch heute gibt es in der Rus ein Sprichwort, das lautet: ›Sie kamen um wie die Awaren.‹«

Als Herrscher der pontischen Steppen wurden die Awaren von den Bulgaren und dann den Chasaren abgelöst, die das Zeitalter der Wanderungen beendeten und bis zum Ende des 7. Jahrhunderts relativen Frieden in der Region schufen. Die Chasaren hinterließen bei den ehemaligen Untertanen der Awaren in den ukrainischen Steppen wesentlich bessere Erinnerungen. »Dann kamen die Chasaren zu ihnen, als sie in den Hügeln und Wäldern lebten«, schrieb ein Kyjiwer Chronist über die Dnipro-Slawen, »und verlangten Tribut von ihnen.« Dem Chronisten zufolge zahlten die Einheimischen, die zuvor dem slawischen Stamm der Drewlanen (»Waldmenschen«) unterstanden, den Tribut mit Schwertern – ein Zeichen des Trotzes und ein Versprechen zukünftiger Rache. Abgesehen von der Nacherzählung dieser Legende, die die Kyjiwer, die sich zur Tributzahlung an die Chasaren bereit erklärt hatten, entlastete, ließ der Kyjiwer Chronist wenig Feindseligkeit gegenüber den Invasoren erkennen.

Die Chasaren konnten ihre Vorherrschaft im Grenzland zwischen Wald und Steppe nicht vollständig sichern; der Dnipro bildete mehr oder weniger die Grenze ihres Einflussbereichs in den Waldgebieten. Die an Frieden und Handel interessierte turkstämmige chasarische Elite war offen für fremde Einflüsse. So begrüßten die Chasaren eine christliche Mission in ihrem Land und ließen sogar das Judentum zu, was zu einer Legende über die chasarischen Ursprünge des osteuropäischen Judentums führte. Der geographische Mittelpunkt des von den Chasaren geschaffenen Gemeinwesens lag in den unteren Regionen der Wolga und des Don, wobei die wichtigsten Zentren Itil an der Wolga und Sarkel am Don waren. Die chasarische Elite erlangte ihren Reichtum durch die Kontrolle der Handelswege, von denen die Wolga-Route ins Persische Reich und in die arabischen Länder bei weitem die wichtigste war. Anfangs stellte sie sogar die Dnipro-Route ins Byzantinische Reich in den Schatten.

In den 620er Jahren schlossen die Chasaren einen Vertrag mit Byzanz, das zu diesem Zeitpunkt seine Präsenz an der nördlichen Schwarzmeerküste wiederhergestellt hatte. Olbia, das im 4. Jahrhundert von den Goten erobert worden war, war für immer verloren, aber die byzantinischen Befehlshaber sicherten sich ein Stück Land an der Südküste der Krim, das durch einen Gebirgszug von den Steppen der Halbinsel geschützt war. Dort, in Chersonesos, entstand das Verwaltungszentrum des byzantinischen Teils der Krim. Die wichtigsten Städte wurden zu Zeiten Kaiser Justinians mit Garnisonen ausgestattet, und das Reich rekrutierte die Krimgoten – eine Splittergruppe, die in der Region blieb, nachdem ihre Brüder und Schwestern nach Westen, zunächst nach Mitteleuropa und dann bis zur Iberischen Halbinsel, gezogen waren – zum Schutz der kaiserlichen Besitzungen. Kaiserliche Ingenieure halfen den Goten, ihre Höhlenstädte hoch in den Bergen der Krim zu befestigen. Die Chasaren verbündeten sich mit den Byzantinern gegen die Perser und Araber und versuchten, die Handelswege zum reichsten Markt der Welt – Konstantinopel – offen zu halten.

Was wissen wir über die in der Ukraine lebenden Slawen zu der Zeit, als die Chasaren deren östliche und zentrale Teile kontrollierten? Mehr als über frühere Perioden, aber auch nicht sehr viel mehr. Unsere wichtigste und manchmal einzige Quelle sind die viel später verfassten Aufzeichnungen eines Kyjiwer Chronisten. Archäologische Funde belegen, dass Kyjiw, das zum westlichsten Außenposten der Chasaren in der ukrainischen Waldregion wurde, vor der Wende zum 6. Jahrhundert entstand. Aber erst die *Nestorchronik* gibt Aufschluss darüber, warum der Ort so bedeutsam war und für die Besiedlung ausgewählt wurde. Einer örtlichen Legende zufolge hatte die Gründung von Kyjiw mit dem nahe gelegenen Flussübergang zu tun. Die Einwohner behaupteten, die Stadt sei von ihrem lokalen Herrscher, Kyj, gegründet worden, dessen zwei Brüder den Hügeln ihren Namen gaben, während der Fluss, der durch Kyjiw fließt und in den Dnipro mündet, nach ihrer Schwester Lybid benannt wurde. Eine Statue dieser vier Stadtgründer steht am Flussufer und ist heute eines der wichtigsten Wahrzeichen der ukrainischen Hauptstadt.

Der Kyjiwer Chronist zählte zwölf slawische Stämme westlich der Karpaten. Im Norden erstreckten sich ihre Siedlungen bis zum Ladogasee in der Nähe des heutigen Sankt Petersburg, im Osten bis zum Oberlauf der Wolga und der Oka, im Süden bis zum Unterlauf des Dnister und dem mittleren Dniprogebiet. Diese Slawen waren die Vorläufer der heutigen Ukrainer, Russen und Belarussen. Sprachwissenschaftler bezeichnen sie aufgrund von Dialektunterschieden, die sich ab dem 6. Jahrhundert entwickelten, als Ostslawen und grenzen sie damit von den Westslawen – den Vorläufern der heutigen Polen, Tschechen und Slowaken – sowie von den Südslawen ab, zu denen Serben, Kroaten und andere slawische Völker des ehemaligen Jugoslawien zählen.

Sieben der zwölf vom Kyjiwer Chronisten benannten Stämme lebten im Gebiet der heutigen Ukraine, entlang der Flüsse Dnipro, Dnister, Buh, Prypjat, Desna und Sosch. Nur einige dieser Stämme standen unter der Kontrolle der Chasaren. Sie unterschieden sich in ihren Oberhäuptern und ihrer Politik, scheinen aber die gleichen oder recht ähnliche Sitten und Gebräuche wie ihre Nachbarn gepflegt zu haben. Diesen Eindruck vermittelte zumindest der Kyjiwer Chronist, ein christlicher Mönch. Für ihn waren die Angehörigen aller fremden Stämme nichts anderes als Wilde. »Sie lebten im Wald wie wilde Tiere und aßen alles Unreine«, schrieb er mit verächtlichem Blick auf seine heidnischen Vorgänger und Zeitgenossen.

Archäologischen Funden zufolge waren die Ostslawen eher sesshaft. Sie lebten in Dörfern, bestehend aus Blockhäusern, zwischen vier und dreißig an der Zahl. Die Dörfer wiederum bildeten einen

Verbund, in dessen Mitte die Slawen eine Befestigung errichteten, die bei einem feindlichen Angriff als militärisches Hauptquartier diente. Die Slawen betrieben Ackerbau und Viehzucht. Sie hatten ihre eigenen Stammesführer, und vermutlich praktizierten sie wie die von Prokopios beschriebenen Slawen eine Militärdemokratie. Wie die Anten und die Sklavinen betrachteten sie den Donnergott, den sie Perun nannten, als ihre Hauptgottheit.

Im Vergleich zu den Slawen des Prokopios hatten die vom Kyjiwer Chronisten beschriebenen Slawen in Bezug auf die Körperpflege einige Fortschritte erzielt. Der Chronist legt dem heiligen Andreas, dem Apostel, der das Christentum nach Kyjiw gebracht haben soll, folgende Worte in den Mund: »Ich sah das Land der Slawen, und als ich unter ihnen war, bemerkte ich ihre hölzernen Badehäuser. Sie erwärmen sie bis zur äußersten Hitze, ziehen sich sodann aus, und nachdem sie sich mit einer scharfen Flüssigkeit gesalbt haben, nehmen sie junge Zweige und peitschen ihre Körper aus. Sie peitschen sich sogar so heftig aus, dass sie kaum lebend wieder herauskommen.«

Der Kyjiwer Chronist, der in der Nähe von Kyjiw lebte und dort wahrscheinlich auch aufgewachsen war, hatte keine Hemmungen, sich über ein Badeverfahren lustig zu machen, das bei den Bewohnern im Norden des heutigen Russlands und in Skandinavien beliebt war und es immer noch ist. Noch vernichtender ließ er sich aber über die alten vorchristlichen Bräuche seiner Landsleute aus, die er für barbarisch hielt. »Die Drewlanen«, schrieb der Chronist über die ehemaligen Herrscher von Kyjiw, »lebten auf bestialische Weise und wie Vieh. Sie brachten sich gegenseitig um, verzehrten alles Unreine, und es gab keine Heirat unter ihnen, stattdessen fielen sie über die Jungfrauen her.« Dem Chronisten zufolge verhielten sich auch andere slawische Stämme ähnlich. »Bei ihnen gab es keine Eheschließungen«, schrieb er, »sondern nur Feste in den Dörfern. Wenn sich das Volk zu Spielen, Tänzen und anderen teuflischen Vergnügungen versammelte, verschleppten die Männer bei diesen Gelegenheiten jene Frauen, mit denen sie sich verständigt hatten. In der Tat hatten sie sogar zwei oder drei Frauen pro Mann.«

Es wäre falsch, die Schilderung des Chronisten über die slawischen

Heiratspraktiken – oder vielmehr das Fehlen derselben – als Beschreibung einer Norm und nicht einer Abweichung zu verstehen. Der Kyjiwer Chronist, ein christlicher Eiferer einer späteren Zeit, kämpfte natürlich gegen alle Abweichungen von der christlichen Moral und richtete seine Aufmerksamkeit auf Jugendfeste, die der etablierten Institution der Ehe zuwiderliefen. Ibrāhīm ibn Ya'qūb, ein maurischer Jude aus Córdoba, der Mitte des 10. Jahrhunderts die Länder der Westslawen bereiste, stellte fest, dass die slawischen Ehen sehr beständig waren und der Erhalt von Mitgift eine der wichtigsten Möglichkeiten zur Anhäufung von Reichtum darstellte. Seinen Beobachtungen nach wurde jedoch sowohl von jungen Männern als auch von jungen Frauen erwartet, dass sie vor der Heirat sexuelle Erfahrungen sammelten. »Ihre Frauen begehen, wenn sie verheiratet sind, keinen Ehebruch«, schrieb Ibrāhīm ibn Ya'qūb. »Aber ein Mädchen, das sich in einen Mann verliebt, geht zu ihm und stillt seine Lust. Heiratet ein Mann ein Mädchen und stellt fest, dass sie noch Jungfrau ist, sagt er zu ihr: ›Wenn etwas Gutes in dir wäre, hätten die Männer dich begehrt, und du hättest sicher jemanden gefunden, der dir deine Jungfräulichkeit nimmt.‹ Dann schickt er sie zurück und befreit sich von ihr.«

Wir wissen herzlich wenig über die Slawen, die vor dem 10. und 11. Jahrhundert das ukrainische Gebiet besiedelten. Was wir wissen, stammt im Großen und Ganzen entweder von ihren byzantinischen oder gotischen Gegnern oder von christlichen Eiferern späterer Jahrhunderte, wie dem Kyjiwer Chronisten, der in den Slawen kaum mehr als Anhänger heidnischen Aberglaubens sah. In beiden Berichten werden sie als Barbaren beschrieben, die entweder das christliche Reich oder christliche Dogmen und Rituale bekämpften. Was von den Chronisten ignoriert wurde und uns weitgehend unerschlossen bleibt, ist der Prozess ihrer meist friedlichen Kolonisierung Osteuropas. Diese führte sie von ihrer Heimat, die zum Teil in den nordwestlichen Regionen der heutigen Ukraine lag, tief in den Balkan im Süden, über die Weichsel und in Richtung Oder im Westen, bis zur Ostsee im Norden und zu den Flüssen Wolga und Oka im Osten. Die Slawen waren Ackerbauern, die auf die Invasionen der Nomaden folgten, denn die Nomaden, die »Geschichte machten«, wussten in der Regel nichts mit einem Land anzufangen, das nicht Steppe war und auf dem ihre Tiere folglich nicht weiden konnten. Die slawischen Kolonisierungswellen verliefen dagegen langsam und meist friedlich, und was sich aus ihnen ergab, sollte sich als nachhaltig erweisen.

KAPITEL 3

WIKINGER AM DNIPRO

W ie fast überall in Europa ging auch in der Ukraine die Ära der Völkerwanderung in die Wikingerzeit über, die vom Ende des 8. bis zur zweiten Hälfte des 11. Jahrhunderts dauerte. Natürlich bedeutete das Ende der »Barbareninvasionen« nicht das Ende der Invasionen an sich. Die neuen Aggressoren kamen aus dem heutigen Schweden, Norwegen und Dänemark. Es waren die Wikinger, in Westeuropa auch als Normannen und in Osteuropa als Waräger bekannt. Sie plünderten, unterjochten und beherrschten ganze Länder oder Teile davon, veränderten auch einige der bestehenden Gemeinwesen und schufen neue.

Wann begann das alles? Wir haben ein genaues Datum für den Anbruch der Wikingerzeit in Großbritannien: den 8. Juni 793. An diesem Tag überfielen und plünderten Wikingerpiraten, die wahrscheinlich von Norwegen aus aufgebrochen waren, ein christliches Kloster auf der Insel Lindisfarne vor der englischen Küste. Sie ertränkten einige der Mönche im Meer und verschleppten andere in die Sklaverei, bevor sie mit den Schätzen des Klosters auf ihren Langbooten wieder abzogen. Im selben Jahrzehnt tauchten die Wikinger/ Normannen, die später der französischen Provinz Normandie ihren Namen gaben, an Frankreichs Küsten auf. Das Zeitalter der Wikinger hatte begonnen.

Der byzantinische Hof kam spätestens 838 erstmals mit den Wikingern in Kontakt, als Gesandte des Königs von Rus (Rhos) in Konstantinopel erschienen und dem Reich Frieden und Freundschaft anboten. Sie waren aus dem Norden angereist, wollten aber aus Angst vor feindlichen Stämmen nicht auf demselben Weg zurückkehren, sodass der Kaiser sie über das Gebiet des heutigen Deutschlands zurückschickte. Am Hof von Ludwig dem Frommen, einem Sohn des berühmten Frankenkönigs Karl des Großen, hielt man sie für Schweden oder Nordmänner und verdächtigte sie der Spionage. In Wirklichkeit waren sie wohl alles andere als Spione und hatten guten Grund, auf ihrem Rückweg nach Nordeuropa Angriffe zu befürchten – entweder von slawischen Stämmen oder, was wahrscheinlicher war, von Nomaden der pontischen Steppen.

Die Begegnung zwischen Byzanz und den Wikingern, die so friedlich begann, endete bald in einer Konfrontation. Im Jahr 959 sorgte eine Wikingerflottille im Mittelmeer für Aufsehen. Im Jahr darauf fuhr ein weiterer Verband von Schiffen den Dnipro hinunter, segelte über das Schwarze Meer in die Meerenge des Bosporus und griff Konstantinopel an. Wie im Falle des Raubzugs der Wikinger in Lindisfarne kennen wir das genaue Datum: Am 18. Juni 860 begannen die Wikinger die Hauptstadt des mächtigen Byzantinischen Reichs zu belagern. Die Stadt und das Reich wurden überrumpelt, da Kaiser Michael zu dieser Zeit gerade an der Spitze seiner Truppen in Kleinasien kämpfte. Seine Flotte befand sich in der Ägäis, wo sie das Reich nicht nur vor den Arabern, sondern auch vor den Wikingern verteidigte, die im Jahr zuvor dort aufgetaucht waren. Niemand hatte erwartet, dass sie auch aus dem Norden kommen würden.

Die Invasoren waren für eine lange Belagerung nicht gerüstet und vermochten die Stadtmauern nicht zu durchbrechen, aber sie griffen die Vorstädte an, plünderten Kirchen und Herrenhäuser, töteten oder ertränkten jeden, der Widerstand leistete, und versetzten die Einwohner in Angst und Schrecken. Dann durchquerten sie den Bosporus, segelten in das Marmarameer und setzten ihre Plünderungen auf den Prinzeninseln nahe der Hauptstadt fort. Patriarch Photios, der oberste christliche und kaiserliche Repräsentant der Stadt, flehte in seinen Predigten und Gebeten um göttlichen Beistand. In einer seiner Ansprachen schilderte er die Hilflosigkeit der Bewohner gegenüber den Invasoren: »Die Boote fuhren an der Stadt vorbei, und ihre Besatzungen erhoben die Schwerter, als drohten sie der Stadt mit dem Tod durch das Schwert, und alle menschliche Hoffnung schwand von den Menschen, und die Stadt fand nur Halt durch die

Zuflucht zu Gott.« Am 4. August waren die Angreifer verschwunden, und Photios schrieb das wundersame Überleben der Stadt dem Schutz durch die Muttergottes zu. Daraus entwickelte sich schließlich eine Legende, die zur Grundlage für den späteren Festtag Pokrova wurde. Es entbehrt nicht der Ironie, dass sich das Fest in Byzanz selbst nie etablierte, wohingegen es in der Ukraine, in Russland und in Belarus – den Ländern, aus denen die Wikinger gekommen waren, um Konstantinopel anzugreifen – äußerst populär wurde.

Die Wikinger, die die byzantinische Hauptstadt im Sommer 860 angriffen, waren Photios und seinen Zeitgenossen nicht unbekannt. Der Patriarch bezeichnete sie als Rus, so wie sich die Gesandten der Wikinger 838 genannt hatten. Photios behauptete sogar, sie seien Untertanen von Byzanz gewesen, überließ es aber späteren Gelehrtengenerationen, die diesbezüglichen Einzelheiten herauszufinden. Wer waren sie? Die Suche nach einer Antwort erstreckte sich über die letzten zweieinhalb Jahrhunderte, wenn nicht noch länger. Die meisten Forscher glauben heute, das Wort »Rus« sei skandinavischen Ursprungs. Byzantinische Autoren, die auf Griechisch schrieben, entlehnten es höchstwahrscheinlich von den Slawen, die es wiederum von den Finnen übernommen hatten, für die der Begriff »Ruotsi« der Bezeichnung der Schweden diente – auf Schwedisch bedeutete das Wort »Männer, die rudern«. Und sie ruderten in der Tat. Zuerst über die Ostsee in den Finnischen Meerbusen, dann weiter über den Ladogasee, den Ilmensee und den Weißen See bis zum Oberlauf der Wolga – dem Fluss, der später zum Inbegriff Russlands wurde und zu jener Zeit einen wesentlichen Teil der sarazenischen (muslimischen) Route zum Kaspischen Meer und in die arabischen Länder bildete.

Die Wikinger der Rus, ein Verbund aus norwegischen, schwedischen und wahrscheinlich finnischen Nordmännern, kamen zunächst hauptsächlich als Händler und nicht als Eroberer nach Osteuropa, da es in den dortigen Wäldern wenig zu plündern gab. Die wahren Schätze lagen im Nahen Osten, jenseits der Länder, von denen sie nur das Recht auf Durchreise benötigten. Aber nach dem zu urteilen, was wir über die Wikinger der Rus wissen, hielten sie Handel und

Krieg – oder besser gesagt, Handel und Gewalt – nie für unvereinbar. Schließlich mussten sie sich unterwegs verteidigen, da die lokalen Stämme ihre Anwesenheit nicht sehr schätzten. Und der Handel, den sie betrieben, war mit Zwang verbunden, denn sie handelten nicht nur mit Produkten des Waldes – Pelzen und Honig –, sondern auch mit Sklaven. Um in deren Besitz zu kommen, mussten die Wikinger eine gewisse Kontrolle über die einheimischen Stämme ausüben und ihnen als Tribut Waren abverlangen, die sie über die Sarazenenroute verschiffen konnten. Diese tauschten sie auf den kaspischen Märkten gegen arabische Silberdirhams ein, von denen Archäologen später große Mengen entdeckten. Sie markieren die Handelsroute der Wikinger von Skandinavien bis zum Kaspischen Meer.

Das Problem war, dass die Wikinger nicht als Erste dieses Geschäftsmodell ersonnen hatten. Sie standen in Konkurrenz mit den Chasaren, deren Herrscher den Handel an Wolga und Don dominierten und von den lokalen Stämmen Tribut eintrieben. Die Chasaren hatten auch Byzanz auf ihrer Seite, und einige Forscher sind der Ansicht, dass die Rus Konstantinopel als Vergeltung für den von Byzanz unterstützten Bau der chasarischen Festung Sarkel angriffen. Sarkel liegt am linken Ufer des Don und verschaffte den Chasaren die vollständige Kontrolle über den Handel am Asowschen Meer. Die Chasaren hatten auch einen Außenposten in Kyjiw an der Handelsroute des Dnipro, aber ihre Herrschaft erstreckte sich nicht auf die Waldgebiete westlich des Flusses, und sie verloren bald auch die Kontrolle über Kyjiw.

Die *Nestorchronik*, die primäre Quelle unseres Wissens über diese Zeit, berichtet von einem Kampf um die Stadt, der 882 zwischen verschiedenen Gruppen von Wikingern ausgetragen wurde. Zwei ihrer Stammesführer, Askold und Dir (die Grabstätte des Ersteren kann noch heute in Kyjiw besichtigt werden), wurden von Helgi getötet, den der Chronist als Oleh bezeichnet. Er eroberte die Stadt, angeblich im Auftrag des Hauses Rjurik (in der Chronik Rurik genannt), das bereits über Nowgorod im heutigen Nordrussland herrschte. Obwohl man viele Details dieser Geschichte infrage stellen kann und sollte, einschließlich ihrer wackeligen Chronologie (der

Chronist rekonstruiert vieles auf der Grundlage späterer byzantinischer Quellen), spiegelt die Legende wahrscheinlich die tatsächliche Konsolidierung der Macht einer Gruppe von Wikingern in den bewaldeten Regionen Osteuropas zwischen dem heutigen Welikij Nowgorod und Kyjiw wider.

Der größte Teil der vorhandenen Literatur bezeichnet diese Region als Gebiete entlang der Handelsroute »von den Warägern zu den Griechen«, aber neuere Forschungen lassen vermuten, dass, falls es eine solche Route wirklich gab, sie nicht vor der zweiten Hälfte des 10. Jahrhunderts benutzt wurde und einige Teile davon stärker frequentiert waren als andere. Manche Forscher sprechen deshalb lieber von einer Dnipro-Schwarzmeer-Route. Auch wenn die Wikinger nicht die Ersten waren, die diesen kürzeren Handelsweg nutzten, so haben sie ihn doch wiederbelebt, als sie auf der »Sarazenenroute« entlang der Wolga zunehmend Probleme bekamen. Im Laufe des vorangegangenen Jahrhunderts hatten innere Unruhen im Reich der Chasaren die Wolga-Route unsicher gemacht. Etwa zur gleichen Zeit störte das arabische Vordringen im Mittelmeerraum den byzantinischen Handel mit Südeuropa. Die Chasaren versuchten, ihren byzantinischen Verbündeten (und sich selbst) zu helfen, indem sie als Vermittler für den Handel Konstantinopels mit dem Nahen Osten fungierten, der nun über das Schwarze und das Asowsche Meer abgewickelt wurde. Die nördliche Handelsroute erlangte für die Griechen eine neue Bedeutung, wahrscheinlich eine größere als je zuvor seit den Tagen Herodots. Zu dieser Zeit waren die wichtigsten Güter, die in den Süden geliefert wurden, nicht mehr Getreide aus der ukrainischen Waldsteppe, sondern Sklaven, Honig, Wachs und Pelze aus den weiter nördlich gelegenen Waldgebieten. Das wertvollste Produkt, das die Wikinger zurückbrachten, war Seide. Die Wikinger der Rus sicherten sich ihre Handelsprivilegien in Konstantinopel, indem sie zunächst 911 und dann 944 Verträge mit Byzanz schlossen.

Der byzantinische Kaiser Konstantin VII. Porphyrogennetos erklärte in seinem um 950, kurz nach dem Abschluss des zweiten Vertrags, entstandenem Werk *De Administrando Imperio*, dass die Waren von slawischen Stämmen stammten, die von den Wikingern kontrolliert wurden. »Wenn der Monat November beginnt«, schrieb der Kaiser, »verlassen ihre Führer zusammen mit der gesamten Rus sofort Kyjiw und gehen auf die *poliuddia*, was so viel bedeutet wie ›Rundgang‹, das heißt in die slawischen Gebiete der Vervianer und Dregowitschen und Kriwitschen und Sewerjanen und der übrigen Slawen, die der Rus tributpflichtig sind.« Manche Stämme fügten sich, andere rebellierten. Die Drewlanen, die am rechten Ufer des Dnipro lebten und einst Kyjiw beherrscht hatten, zahlten den Wikingern einen Tribut von »einem Marderfell pro Kopf«. Doch als die Abgabe von Jahr zu Jahr höher wurde, revoltierten die Drewlanen schließlich.

Die Beschreibung des Aufstands der Drewlanen und seiner anschließenden Niederschlagung in der *Nestorchronik* gibt uns einen frühen Einblick in die Kyjiwer Welt, die im 10. Jahrhundert von den Wikingerfürsten beherrscht wurde.

Der *Nestorchronik* zufolge griffen die rebellischen Drewlanen Helgis Nachfolger Ingvar (den der Kyjiwer Chronist als Ihor bezeichnet) an und töteten ihn. Zur Erklärung des Aufstands schreibt der Chronist: »Die Drewlanen hörten, dass er sich [...] näherte und berieten sich mit Mal, ihrem Fürsten, und sagten: ›Wenn ein Wolf unter die Schafe kommt, wird er die ganze Herde einzeln reißen, sofern er nicht getötet wird. Wenn wir ihn jetzt nicht töten, wird er uns alle verderben.‹« Die Drewlanen handelten wie geplant und brachten Ingvar um. Dann aber unternahmen sie etwas noch Verwegeneres. Der Drahtzieher des Umsturzes, der Drewlanen-Fürst Mal, machte Ingvars Witwe Helga einen Heiratsantrag, die wir aufgrund ihrer Bedeutung in der slawischen und insbesondere ukrainischen Geschichtstradition mit der ukrainischen Form ihres Namens Olha (russisch: Olga) bezeichnen wollen. Der Chronist erklärte, Mal habe die Vermählung angeboten, um Ingvars jungen Sohn Swjatoslaw (skandinavisch: Sveinald) unter seiner Aufsicht zu haben.

Diese Geschichte lässt vermuten, dass die Gefolgsleute der Wikinger und die lokalen slawischen Eliten nicht nur wegen der Tributzahlungen aneinandergerieten, sondern dass es dabei auch um die Kontrolle der Wikinger über den Handel und das gesamte Reich ging. Mal wollte eindeutig Ingvars Platz als Herrscher einnehmen, nicht nur als Ehemann von Olha. Doch Olha überlistete Mal, indem sie ihn und seine Gefolgschaft auf ihre Kyjiwer Burg einlud, nur um sie dann bei lebendigem Leib zu verbrennen, angeblich in dem Boot, mit dem sie gekommen waren. Dann rief sie eine weitere Gruppe von Heiratsvermittlern aus der Drewlanen-Elite zu sich und tötete sie ebenfalls, diesmal in einem Badehaus. Sie ließ ihren Gästen mitteilen, sie würde sie erst empfangen, wenn sie sich gewaschen hätten. Die Drewlanen hatten offenbar keine Ahnung, was ein skandinavisches Dampfbad war. Es wurde bald sehr heiß. Sie verbrühten sich alle zu Tode.

Die Tatsache, dass Boote und Badehäuser wichtige Elemente der nordischen Kultur waren, offenbart die skandinavischen Wurzeln dieser Legende. Zu den Bestattungsritualen der Rus und der Skandinavier gehörte das Verbrennen der Verstorbenen in einem Boot. Die Geschichte verdeutlicht aber auch die geringe Macht der Wikinger in Kyjiw. Bevor Olha Mal lebendig verbrennen ließ, scheint sie sich vergewissert zu haben, dass die Kyjiwer auf ihrer Seite stehen würden. Auf ihren Rat hin weigerten sich die ahnungslosen Drewlanen, zu Olhas Burg zu Pferd oder zu Fuß zu gelangen, und verlangten stattdessen, dass die Einheimischen sie in einem Boot dorthin brachten, was die Kyjiwer verärgerte. »Sklaverei ist unser Los« – so sollen sie sich der Chronik zufolge beklagt haben. Bevor Olha gegen die Drewlanen ins Feld zog, setzte sie insgesamt drei Gruppen von deren Anführern mit einer List außer Gefecht. Da es ihr nicht gelang, den Rest des Stammesheers zu besiegen und dessen Festung einzunehmen, brannte sie sie nieder und griff erneut zu einer List. All das wäre nicht nötig gewesen, hätten die Wikinger in Kyjiw eine überwältigende Mehrheit gehabt.

Swjatoslaw Ihorowytsch, Sohn der Fürstin Olha, ist der erste Kyjiwer Herrscher, von dem wir eine physische Beschreibung haben. (Der Kyjiwer Chronist betont zudem, dass auch dessen Mutter Olha nicht nur klug, sondern auch sehr schön gewesen sei, aber es gibt keine überlieferte Darstellung von ihr.) Der byzantinische Chronist Leo Diaconus, der Swjatoslaw persönlich kennenlernte, schilderte das Aussehen des Rus-Fürsten, der Anfang der 960er Jahre die Herrschaft von seiner Mutter übernahm. Er soll von mittlerer Größe und breitschultrig gewesen sein, einen buschigen Schnurrbart getragen haben, den Kopf kahl geschoren, aber mit einem blonden Haarbüschel als Zeichen seiner adligen Herkunft. Der Fürst hatte blaue Augen und eine kurze breite Nase, trug ein einfaches weißes Gewand, und nur sein goldener Ohrring, verziert mit einem Rubin und zwei Perlen, verriet seinen hohen Rang. Die Begegnung fand im Juli 971 statt, als Leo seinen Kaiser, Johannes Tzimiskes, auf einem Feldzug in Bulgarien begleitete.

Das Aufeinandertreffen mit dem byzantinischen Kaiser war eher ein Tiefpunkt als ein Höhepunkt von Swjatoslaws militärischer Laufbahn, die mit dem Krieg seiner Mutter gegen die Drewlanen begonnen hatte. Als sie ihre Truppen in die offene Schlacht gegen die rebellischen Stammesangehörigen geführt hatte, war dem jungen Swjatoslaw die Ehre zuteilgeworden, den Kampf zu eröffnen. »Als beide Truppen zur Schlacht bereit waren«, schrieb der Chronist, »schleuderte Swjatoslaw seinen Speer gegen die Drewlanen. Doch der Speer streifte nur knapp die Ohren des Pferdes und schlug gegen sein Bein, denn der Fürst war noch ein Kind. Da sagten Sveinald und Asmund [die Befehlshaber der Wikinger von Olhas Heer]: ›Der Fürst hat den Kampf bereits begonnen; zieht weiter, ihr Vasallen, dem Fürsten nach.‹« Swjatoslaw wuchs zu einem Krieger heran, der mit seinem Gefolge die Härten des militärischen Lebens teilte und auf seinen Feldzügen den Sattel seines Pferdes als Kopfkissen benutzte. Leo Diaconus sah ihn, wie er mit seinen Männern in einem Boot ruderte und sich nur durch seine sauberere Kleidung von ihnen unterschied.

Während seiner kurzen Herrschaft – er übernahm die volle Macht in den frühen 960er Jahren und fiel 972 in einer Schlacht, wahrscheinlich im Alter von nur dreißig Jahren – unternahm Swjatoslaw einige erfolgreiche Feldzüge. Manchen Forschern zufolge gingen die Wikinger der Rus in der zweiten Hälfte des 10. Jahrhunderts vom Handel zum Krieg über, um die Verluste auszugleichen, die sie erlitten, als die nach jahrzehntelanger Ausbeutung erschöpften Minen Zentralasiens kein Silber mehr abwarfen und der durch die zentralasiatischen Silbermünzen angeheizte osteuropäische Handel zum Erliegen kam. In seiner ersten militärischen Expedition unterwarf Swjatoslaw den letzten der ostslawischen Stämme, der noch von den Chasaren beherrscht wurde. Es handelte sich dabei um die Wjatitschen, die im Becken der Oka im Umland des heutigen Moskaus lebten. Danach rückte Swjatoslaw gegen die Chasaren selbst vor. In einer Reihe von Feldzügen eroberte er Sarkel, die chasarische Festung im Dongebiet, und machte sie zu einem Außenposten der Rus, plünderte dann Itil, die Hauptstadt des chasarischen Khaganats an der Wolga, und schlug die Wolgabulgaren, die Vasallen der Chasaren waren. Nachdem es das Khaganat nicht mehr gab und der Kampf zwischen den Chasaren und den Wikingern um die Loyalität der slawischen Stämme so gut wie beendet war, erkannten sie alle nun die Vormachtstellung Kyjiws an.

Doch Swjatoslaw verbrachte nicht viel Zeit in seiner Hauptstadt. Am liebsten hätte er sie an die Donau verlegt. Diese Idee kam ihm während eines Balkanfeldzugs, den er Ende der 960er Jahre gegen Byzanz führte. Der Chronist berichtet, dass Swjatoslaw seine Hauptstadt an die Donau verlegen wollte, weil die meisten Waren aus seinen Ländern über diesen Fluss befördert wurden. Wahrscheinlich ging es ihm nicht in erster Linie um eine Landnahme, sondern um die Kontrolle über eine der wichtigsten Handelsrouten der damaligen Zeit. Zwei seiner Vorgänger auf dem Kyjiwer Thron, Helgi (Oleh) und Ingvar (Ihor), hatten für die Händler der Rus, die auf den reichen byzantinischen Märkten ihre Geschäfte tätigten, eine Vorzugsbehandlung erwirkt. Der Legende nach gelang es Helgi sogar, seinen Schild an die Tore von Konstantinopel zu nageln. Zwar nahm er die Stadt nicht ein, er soll aber vom Kaiser wertvolle Handelskonzessionen erhalten haben.

Swjatoslaw engagierte sich auf dem Balkan im Auftrag der Byzantiner, die ihn dafür bezahlten, dass er ihre Feinde, die Balkanbulgaren, attackierte. Er vernichtete das bulgarische Heer und besetzte einen Großteil ihres Landes. Die Byzantiner hatten erwartet, dass er dieses Gebiet an sie abtrat, doch Swjatoslaw erteilte ihnen eine Abfuhr. Daraufhin bestach Byzanz die Petschenegen, einen neuen

Nomadenstamm in den pontischen Steppen, um sie zu einem Angriff auf Kyjiw zu bewegen. Dies zwang Swjatoslaw zur Rückkehr nach Hause, wo er mit den Petschenegen verhandelte, aber 969 war er wieder in Bulgarien. Im Jahr darauf belagerte er die byzantinische Stadt Adrianopel, das heutige Edirne, weniger als 250 Kilometer von Konstantinopel entfernt. Dadurch in Panik versetzt, schickte Kaiser Johannes Tzimiskes einen seiner besten Heerführer los, um die Belagerung aufzuheben. Bald darauf marschierte der Kaiser selbst nach Bulgarien und umzingelte die verbliebenen Reste von Swjatoslaws Streitmacht, worauf dieser sich zurückziehen musste.

Leo Diaconus war Zeuge des ersten und letzten Treffens Swjatoslaws mit Johannes Tzimiskes. Als Gegenleistung für das Versprechen, keinen Krieg gegen das Reich zu führen, Bulgarien zu verlassen und auf jegliche Ansprüche auf die südliche Krim zu verzichten, gewährte der Kaiser Swjatoslaw und seinem Gefolge die sichere Heimreise. Es sollte Swjatoslaws letzter Feldzug gewesen sein. Er starb auf dem Rückweg nach Kyjiw, als er und seine Truppen bei den Stromschnellen des Dnipro, die sich über rund 65 Kilometer erstreckten, ihre Boote verließen. Diese Stromschnellen gibt es nicht mehr, seit dort in den frühen 1930er Jahren ein riesiger Staudamm errichtet wurde. Zu Swjatoslaws Zeit jedoch hatten die Reisenden keine andere Wahl, als die größten Stromschnellen auf dem Landweg zu umgehen. »Wenn die Rus mit ihren Schiffen zu den Stromschnellen kommen und sie nicht passieren können, sofern sie nicht ihre Schiffe aus dem Fluss heben und sie auf den Schultern vorbeitragen, fallen die Männer des Volkes der Petschenegen über sie her, und da sie nicht zwei Dinge auf einmal tun können, sind sie leicht zu besiegen und in Stücke zu schneiden«, schrieb Konstantin VII. Porphyrogennetos weniger als ein Vierteljahrhundert vor Swjatoslaws Tod.

Da Swjatoslaw zwangsläufig an Land gehen musste, hatten die petschenegischen Reiter wahrscheinlich die Möglichkeit, ihn anzugreifen und zu töten. Der Stammesführer der Petschenegen soll aus Swjatoslaws Schädel einen Trinkbecher gefertigt haben. Gerüchten zufolge hatte Johannes Tzimiskes den Petschenegen einen Wink gegeben und war der Drahtzieher hinter dem Angriff. Doch Swjatoslaws Tod in der Steppe am Ufer des Dnipro deutete auf ein größeres Problem hin, das weder er noch seine Vorgänger hatten lösen können. Trotz aller Macht, die sie in Kyjiw und in den weiten Wäldern nördlich der Stadt besaßen, waren sie nicht in der Lage, das Steppengebiet vollständig zu kontrollieren oder sich auch nur einen sicheren Durchgang durch diese Region zu verschaffen. Dies machte es den Kyjiwer Herrschern unmöglich, das Nordufer des Schwarzen Meers zu sichern und die wirtschaftlichen und kulturellen Möglichkeiten der mediterranen Welt in vollem Umfang zu nutzen. Der Sieg über die Chasaren reichte nicht, um den Weg zum Meer zu öffnen.

Historiker haben Swjatoslaw als den »letzten Wikinger« bezeichnet. Seine militärischen Expeditionen und seine Idee, Kyjiw aufzugeben und in eine neue Hauptstadt zu ziehen, um den Handel zwischen dem Byzantinischen Reich und den Städten Mitteleuropas zu kontrollieren, lassen darauf schließen, dass er wenig Interesse daran hatte, das von seinen Vorgängern erschaffene und durch seine eigenen Feldzüge erweiterte Reich zu verwalten. Swjatoslaws Tod markierte das Ende der Wikingerzeit in der Ukraine. Zwar spielten die Gefolgsleute der Waräger noch immer eine wichtige Rolle in der Geschichte Kyjiws, doch Swjatoslaws Nachfolger versuchten, ihre Abhängigkeit von den ausländischen Kriegern zu verringern. Sie konzentrierten sich auf die Herrschaft über das Reich, das sie besaßen, und nicht auf die Eroberung eines weiteren irgendwo anders.

KAPITEL 4

DAS BYZANZ DES NORDENS

Schon in den ersten Berichten über die Rus-Fürsten am Dnipro ist von der Anziehungskraft die Rede, die das Byzantinische Reich auf sie ausübte. Was die Hunnen und die Goten nach Rom gelockt hatte, zog die Händler-Krieger der Wikinger in die byzantinische Hauptstadt Konstantinopel: irdische Reichtümer, Macht und Prestige. Die Wikinger beabsichtigten nie den Sturz von Byzanz, aber sie versuchten, dem Reich und seiner Hauptstadt so nahe wie möglich zu kommen, und unternahmen eine Reihe von Feldzügen zur Eroberung Konstantinopels.

Mit Swjatoslaws Tod im Jahr 972 endete eine wichtige Periode in der Geschichte der Rus und ihrer Beziehungen zu ihrem mächtigen Nachbarn im Süden. Für die nächsten beiden Generationen von Kyjiwer Herrschern war die Verbindung mit Konstantinopel nicht weniger erstrebenswert, als sie für Swjatoslaw gewesen war. Doch seinen Nachfolgern ging es nicht nur um Geld und Handel, sondern auch um das, was Byzanz verkörperte: Dominanz, Ansehen und erlesene Kultur. Anstatt Konstantinopel zu erobern, wie es ihre Vorgänger versucht hatten, beschlossen sie, es am Dnipro nachzuahmen. Dieser Wandel in den Beziehungen der Rus zu den byzantinischen Griechen und die neuen Erwartungen der Kyjiwer Fürsten traten während der Herrschaft von Swjatoslaws Sohn Wolodymyr und dessen Sohn Jaroslaw deutlich zutage. Die beiden regierten das Kyjiwer Reich insgesamt mehr als ein halbes Jahrhundert lang, und ihnen wird oft das Verdienst zugeschrieben, es zu einem echten mittelalterlichen Staat gemacht zu haben – mit einem mehr oder weniger klar umgrenzten Territorium, einem Regierungssystem und nicht zuletzt einer Ideologie. Diese stammte zum großen Teil aus Byzanz.

Als Fürst von Kyjiw war Swjatoslaws Sohn Wolodymyr weniger kriegerisch und ehrgeizig als sein Vater, dennoch sollte er sich bei der Verwirklichung seiner Ziele als erfolgreicher erweisen. Er war 15 Jahre alt, als sein Vater an den Stromschnellen des Dnipro zu Tode kam. Wolodymyr hatte Brüder, die den Thron ebenfalls für sich beanspruchten, aber eine neue Welle skandinavischer Einwanderer erleichterte ihm den Weg zur Macht. Bevor er einem seiner Brüder den Kyjiwer Thron entriss, verbrachte Wolodymyr mehr als fünf Jahre als Flüchtling in Skandinavien, der angestammten Heimat seines Clans. Mit einem neuen Wikingerheer kehrte er in die Rus zurück. Dem Chronisten zufolge forderten Wolodymyrs Krieger nach der Einnahme Kyjiws Entlohnung. Daraufhin versprach er, ihnen die Tributzahlungen der örtlichen Stämme zu überlassen, konnte die Zusage aber nicht einlösen. Zur Entschädigung übertrug er den Befehlshabern der Wikinger die lokale Verwaltung in den Festungen, die er an der Steppengrenze errichtete. Dem übrigen Heer stellte er anheim, einen Feldzug gegen Byzanz zu unternehmen; allerdings wies er sein Volk an, dieses Heer nicht in die Städte zu lassen und es an der Rückkehr zu hindern.

Auch nach seiner Thronbesteigung blieben die Wikingertruppen für Wolodymyrs Heer unentbehrlich, aber aus den Schilderungen der *Nestorchronik* gehen die ernsten Spannungen zwischen ihm und seinem Gefolge hervor, die seine Herrschaft kennzeichneten. Diese »zweite Ankunft« der Wikinger unterschied sich deutlich von der ersten. Jetzt kamen sie nicht mehr als Händler oder Herrscher, sondern als Söldner im Dienste eines Herrschers, der selbst von Wikingern abstammte, sich aber in erster Linie seinem Fürstentum verpflichtet sah. Wolodymyr dachte nicht im Traum daran, seine Hauptstadt an die Donau zu verlegen. Er war zufrieden mit den Möglichkeiten, die sich am Dnipro boten. Wolodymyr machte schließlich nicht nur mit der enormen Macht des fürstlichen Gefolges Schluss, sondern auch mit dem Einfluss der Stammeseliten. Er entmachtete sie, indem er seinen Söhnen und Angehörigen seines Hauses die Leitung verschiedener Teile seines Reichs übertrug und damit die Voraussetzung für die Entstehung künftiger Fürstentümer unter der Schirmherrschaft von Kyjiw schuf.

Die Wikingerzeit war somit in der Rus, dem nach den Wikingern benannten Land, zu Ende. Dieser Wandel schlug sich auch in der *Nestorchronik* nieder. Anfänglich schrieben ihre Autoren, das fürstliche Gefolge bestehe aus Wikingern, einheimischen Slawen und Finno-Ugren. Der Sammelname für die ersten beiden Gruppen lautete Rus, ging aber mit der Zeit auf sämtliche Mitglieder des Fürstengefolges, dann auf sämtliche Untertanen aller Art und schließlich auf das Land insgesamt über. Die Begriffe »Rus« und »Slawe« wurden im Laufe des 10. und 11. Jahrhunderts austauschbar. Dies erschließt sich sowohl aus der *Nestorchronik* als auch aus byzantinischen Berichten der Zeit.

Im Jahr 980 bestieg Wolodymyr den Thron. Das erste Jahrzehnt seiner Herrschaft führte er Krieg und sorgte dafür, dass das von seinem Vorgänger geschaffene Reich zusammenblieb. Er folgte Swjatoslaws Fußstapfen und schlug erneut die Chasaren und die Wolgabulgaren, festigte seine Macht über die Wjatitschen im Okabecken und stieß nach Westen bis zu den Karpaten vor, wo er den Polen etliche Festungen abnahm, darunter die Stadt Peremyschl (Przemyśl) an der heutigen polnisch-ukrainischen Grenze. Sein Hauptaugenmerk galt jedoch der Südgrenze, weil dort die Siedlungen der Rus ständig von den Petschenegen und anderen Nomadenstämmen angegriffen wurden. Wolodymyr verstärkte die Grenzverteidigung durch den Bau von Befestigungen entlang der Flüsse, darunter die Sula und der Trubisch. Besiedeln ließ er diese Gebiete mit Kriegsgefangenen und Untertanen aus anderen Teilen des Reichs. Die aus Eroberungen hervorgegangene Rus suchte nun Stabilität, indem sie ihre Grenzen verteidigte, anstatt die Grenzen anderer Staaten anzugreifen.

Unter Wolodymyrs Herrschaft änderten sich auch die Beziehungen Kyjiws zu Byzanz. Während sein Vorgänger auf dem Kyjiwer Thron, Helgi, mutmaßlich Truppen gegen Byzanz geschickt hatte, um Handelspräferenzen zu erlangen, und Swjatoslaw dasselbe tat, um neue Gebiete auf dem Balkan zu erobern, fiel Wolodymyr im Frühjahr 989 auf der Krim ein – aus Gründen der Verehelichung, wenn nicht gar der Liebe. Er belagerte die byzantinische Stadt Chersonesos und forderte die Hand der Schwester von Kaiser Basileios II. Einige Jahre zuvor hatte der Kaiser Wolodymyr um militärischen Beistand gebeten und ihm im Gegenzug die Heirat mit seiner Schwester Anna versprochen. Wolodymyr schickte seine Truppen dem Kaiser zu Hilfe, doch der hatte es nicht eilig, sein Versprechen einzulösen. Nach dieser Ohrfeige weigerte sich Wolodymyr, auch noch die andere Wange hinzuhalten, und griff stattdessen das Kaiserreich an. Seine Taktik ging auf. Von der Nachricht über den Fall von Chersonesos aufgeschreckt, schickte Basileios seine Schwester Anna auf die Krim. Sie traf mit einem Gefolge ein, dem auch zahlreiche christliche Geistliche angehörten.

Wolodymyrs Heiratsantrag wurde gegen die Zusicherung genehmigt, dass der Barbarenführer (als der der Herrscher von Kyjiw in Konstantinopel angesehen wurde) zum Christentum übertreten würde; er erklärte sich einverstanden. Seine Taufe leitete die Christianisierung der Kyjiwer Rus ein und eröffnete ein neues Kapitel in der Geschichte der Region. Nach der Rückkehr der Hochzeitsgesellschaft nach Kyjiw ließ Wolodymyr das Pantheon der heidnischen Götter, einschließlich des mächtigsten von ihnen – Perun, dem Donnergott –, von einem Hügel über dem Dnipro entfernen, und die christlichen Geistlichen tauften die Kyjiwer Bevölkerung. Die Christianisierung der Rus hatte begonnen – ein langer und schwieriger Prozess, dessen Abschluss Jahrhunderte dauern sollte.

Unserer Hauptquelle über die Taufe der Rus, der *Nestorchronik*, zufolge hatten muslimische Bulgaren, jüdische Chasaren, christliche Deutsche in Vertretung des Papstes und ein griechischer Gelehrter im Auftrag des byzantinischen Christentums – der Religion, die Wolodymyr schließlich wählte – Wolodymyr bedrängt, ihren jeweiligen Glauben anzunehmen. Die Geschichte über die Glaubenswahl, wie sie in der *Nestorchronik* berichtet wird, ist natürlich in vielerlei Hinsicht naiv. Aber sie belegt, dass der Kyjiwer Herrscher reale Alternativen hatte, bevor er sich für eine bestimmte Glaubensrichtung entschied. Wolodymyr wählte die Religion des stärksten Landes in der Region, eines Landes, in dem der Kaiser als kirchlicher Würdenträger keineswegs weniger wichtig, sondern sogar wichtiger war als der Patriarch. Durch seine Entscheidung für das Christentum erlangte er das Prestige, in eine kaiserliche Familie einzuheiraten, was den Status seines Hauses und seines Reichs unmittelbar erhöhte. Auch Wolodymyrs Wahl seines Taufnamens verweist auf die Gründe für seinen Übertritt zum Christentum: Er entschied sich für denselben Namen wie der Kaiser, Basileios, was darauf schließen lässt, dass er in Byzanz ein politisches und religiöses Vorbild sah, dem er zu Hause nacheifern wollte. Eine Generation später verglichen Kyjiwer Geistliche wie etwa der Metropolit Hilarion ihn und seine Taufe der Rus mit Kaiser Konstantin und dessen Rolle bei der Einführung des Christentums als Staatsreligion des Römischen Reichs.

Die politische und kirchliche Elite von Byzanz half Wolodymyr mit Sicherheit dabei, die »richtige Wahl« zu treffen. Sie war zwar unglücklich über die Heirat, aber nicht über den Glaubenswechsel. Die Byzantiner hatten schon bald nach dem Angriff der Rus-Wikinger auf Konstantinopel im Jahr 860 begonnen, Missionare in die Region zu entsenden. Damals hatte Patriarch Photios von Konstantinopel, jener Geistliche, dem wir die Beschreibung des Wikingerangriffs verdanken, einen seiner besten Schüler, Kyrill von Thessaloniki (Konstantin von Saloniki), auf die Krim und anschließend in das Chasaren-Khaganat entsandt. Zusammen mit seinem Bruder Methodios entwickelte Kyrill das glagolitische Alphabet zur Übertragung christlicher Texte in die slawischen Sprachen. Die beiden wurden später als Slawenapostel bekannt und heiliggesprochen. Schon lange vor Wolodymyrs Bekehrung gab es Versuche, die Kyjiwer Herrscher zum Glaubensübertritt zu bewegen, wie die Geschichte seiner Großmutter Olha bezeugt, die unter dem Namen Helena die erste bekannte christliche Herrscherin und die erste Christin in Kyjiw wurde. Neben der Verbreitung des Christentums begannen die byzantinischen Eliten, Einfluss auf die »barbarischen« Herrscher und Völker zu gewinnen, die keine beeindruckenden Stammbäume und wenig Kultur, dafür aber eine große Zerstörungskraft besaßen.

Nach der Bekehrung Wolodymyrs schuf der Patriarch von Konstantinopel die Metropolie der Rus, eine der wenigen kirchlichen Provinzen, die nach ihrer Bevölkerung und nicht nach der Stadt benannt wurde, in der der Bischof oder Metropolit residierte. Der Patriarch behielt sich das Recht vor, Metropoliten zu ernennen, die der Kirche der Rus vorstanden – zumeist waren es Griechen. Der Metropolit wiederum bestimmte über die Ernennung der Bischöfe, die in der Regel aus den Reihen der örtlichen Elite stammten. Die ersten Klöster wurden auf der Grundlage eines byzantinischen Statuts gegründet. Das Kirchenslawische, die erste Schriftsprache der Kyjiwer Rus, diente ursprünglich vor allem als Übersetzungshilfe, um griechische Texte für die lokale Elite verständlich zu machen. Wolodymyr legte mittels Verordnungen die Rechte und Privilegien des Klerus fest und spendete ein Zehntel seiner Einkünfte der Kirche. Das Christentum in der Kyjiwer Rus begann an der Spitze und bewegte sich langsam auf der sozialen Leiter nach unten, wobei es sich entlang der Flüsse und Handelsrouten vom Zentrum zur Peripherie hin ausbreitete. In einigen abgelegenen Gebieten, vor allem im Nordosten der Rus, widersetzten sich heidnische Priester jahrhundertelang der neuen Religion, und Kyjiwer Missionare, die sich bis dorthin vorwagten, bezahlten dies noch im 12. Jahrhundert mit ihrem Leben.

Wolodymyrs Entscheidung hatte tiefgreifende Auswirkungen auf sein Reich und auf die Geschichte Osteuropas insgesamt. Anstatt den Krieg mit Byzanz fortzusetzen, ging die neue Rus ein Bündnis mit dem einzigen verbliebenen Teil und Fortführer des Römischen Reichs ein und öffnete sich damit den politischen und kulturellen Einflüssen der mediterranen Welt. Es sollte sich als schicksalhaft erweisen, dass Wolodymyr die Rus nicht nur in die christliche Welt einführte, sondern sie auch zu einem Element des östlichen Christentums machte. Viele der sich daraus ergebenden Folgen sind heute noch genauso bedeutsam wie an der Wende zum 2. Jahrtausend.

Wolodymyr brachte der Rus das Christentum, aber es blieb seinen Nachfolgern überlassen zu bestimmen, was dies für die Politik, die Kultur und die internationalen Beziehungen des Reichs bedeuten würde, und der Rus einen Platz in der christlichen Gemeinschaft der Völker unter der Führung des byzantinischen Kaisers zu sichern. Keiner von Wolodymyrs Nachfolgern war dabei wichtiger als sein Sohn Jaroslaw. Während Jaroslaws Großvater Swjatoslaw in die Geschichte als »der Tapfere« einging und sein Vater Wolodymyr als »der Große«, erlangte Jaroslaw Berühmtheit als »der Weise«. Man hätte ihn auch als den »Gesetzgeber« oder »Erbauer« bezeichnen können, was darauf verweist, dass die wichtigsten Erfolge seiner Herrschaft, die von 1019 bis 1054 weit über ein Vierteljahrhundert dauerte, nicht auf dem Schlachtfeld erzielt wurden, sondern im Bereich des Friedens und der Kultur, des Aufbaus eines Staats und einer Nation.

Eines der bleibenden Vermächtnisse Jaroslaws ist ein mächtiges Bauwerk. »Jaroslaw errichtete die große Zitadelle in Kyjiw, in deren Nähe das Goldene Tor steht«, schrieb der Chronist. Das Goldene Tor war der Haupteingang der neuen Stadtmauer, die der Fürst um das Gebiet errichten ließ, das Archäologen später als Jaroslawstadt bezeichneten. Die Ähnlichkeit des Goldenen Tors von Jaroslaw mit dem Tor von Konstantinopel, das als Triumphbogen und offizieller Eingang zur kaiserlichen Hauptstadt diente, ist kaum zu übersehen. Das Kyjiwer Goldene Tor bestand aus Stein (ebenso wie ein Teil der Mauer, die die Burg umgab), und seine Fundamente sind noch immer sichtbar. Auf ihnen wurde in den frühen 1980er Jahren eine Nachbildung des alten Tores errichtet.

Das auffälligste Bauprojekt Jaroslaws war die Sophienkathedrale, die außerhalb der Stadtmauern lag. Dieses beeindruckende Gotteshaus ist mit fünf Schiffen, fünf Apsiden, drei Galerien und dreizehn Kuppeln ausgestattet. Die Wände bestehen aus Granit und Quarzit, die durch Ziegelreihen voneinander getrennt sind; im Inneren zieren Mosaiken und Fresken die Wände und Decken. Der Bau wurde spätestens im Jahr 1037 abgeschlossen. Die Forschung ist sich einig, dass Jaroslaw nicht nur den Namen der Kathedrale und die wichtigsten Gestaltungselemente von der Hagia Sophia in Konstantinopel entlehnt hat, sondern auch die Architekten, Ingenieure und Steinmetze aus dem Byzantinischen Reich zu sich rief. Er ließ nicht bloß Stadtmauern und Kirchen, sondern auch die Hauptstadt seines Reichs nach dem Vorbild der schönsten und mächtigsten Stadt errichten, die die Rus je gesehen hatten: Konstantinopel.

Der Kyjiwer Chronist schrieb Jaroslaw das Verdienst zu, neben dem Bau von Kirchen und der Förderung der christlichen Religion auch großen Wert auf Bildung und Gelehrsamkeit gelegt zu haben. »Er beschäftigte sich mit Büchern und las sie ständig, bei Tag und Nacht«, berichtet die *Nestorchronik*. »Er versammelte viele Schriftgelehrte und übersetzte aus dem Griechischen ins Slawische. Er schrieb und sammelte viele Bücher, durch die wahre Gläubige unterrichtet werden und religiöse Bildung genießen.« Mit der Herrschaft Jaroslaws begann die Alphabetisierung der Kyjiwer Rus, die das Kirchenslawisch übernahm, das in dem von den Heiligen Kyrill und Methodios eigens für die Slawen geschaffenen Alphabet geschrieben wurde, damit die auf Griechisch verfassten Texte übersetzt werden konnten. Lehrer, Texte und die Sprache selbst kamen aus Bulgarien in die Rus, dessen Herrscher das Christentum bereits vor den Kyjiwer Fürsten angenommen hatten.

Unter der Herrschaft Jaroslaws, so der Chronist, wurden in Kyjiw Texte nicht nur gelesen, sondern auch übersetzt. Bald entstanden zudem Originalschriften. Die *Predigt über Gesetz und Gnade*, die zwischen 1037 und 1054 von dem von Jaroslaw ernannten Metropoliten Hilarion verfasst wurde, ist eines der ersten Beispiele für ein solches Originalwerk. Die *Predigt* trug dazu bei, die erst kurz zuvor christianisierte Rus in die Familie der christlichen Nationen aufzunehmen, und verglich – wie bereits erwähnt – Fürst Wolodymyr mit Kaiser Konstantin. Eine weitere wichtige Entwicklung war der Beginn der Geschichtsschreibung in Kyjiw. Die meisten Forscher gehen davon aus, dass die erste Kyjiwer Chronik in den 1030er Jahren, während Jaroslaws Herrschaft und wahrscheinlich in der Sophienkathedrale entstand. Erst später wurde die Chronikarbeit in das Kyjiwer Höhlenkloster verlegt, das byzantinische Klöster zum Vorbild hatte und dessen Ursprünge auf das Ende der Herrschaft Jaroslaws zurückgehen.

Wenn Kyjiw sich Konstantinopel zum Vorbild nahm, so eiferten andere Städte des Reichs Kyjiw nach. In Polazk und Nowgorod entstanden neue Sophienkirchen (in Nowgorod hatte es zuvor eine Holzkirche dieses Namens gegeben), und die Stadt Wladimir im Nordosten der Rus erhielt später ihr eigenes Goldenes Tor. Noch wichtiger waren die Alphabetisierung und die Bildungsförderung in den regionalen Zentren, wodurch das frühe Kyjiwer Monopol auf das Studium von Texten und die Geschichtsschreibung aufgehoben wurde. Nowgoroder Gelehrte begannen schon bald ebenfalls, historische Aufzeichnungen zu verfassen, wobei die ursprünglich in Kyjiw entstandene Chronik als Grundlage diente. Von einem Nowgoroder Chronisten erfahren wir, dass Jaroslaw der Weise nicht nur ein Liebhaber von Büchern und ein Erbauer von Burgen und Kirchen war, sondern auch ein Gesetzgeber.

Nachdem er in Kyjiw an die Macht gekommen war, belohnte Jaroslaw Nowgorod, wo er im Auftrag seines Vaters Wolodymyr als Fürst gedient hatte, mit bis dahin nicht gewährten Freiheiten. Dies war ein Zeichen der Anerkennung für die Hilfe der Stadt bei Jaroslaws Kampf um den Kyjiwer Thron. Der Nowgoroder Chronist verband dieses Einräumen von Sonderrechten und Privilegien mit Jaroslaws Gesetzeskodex, der als *Ruska Prawda*, als »Russische Wahrheit«, Berühmtheit erlangte – eine Festschreibung des Gewohnheitsrechts, die enorme Auswirkungen auf das Rechtssystem der Kyjiwer Rus und ihrer Nachfolgestaaten hatte. Wir wissen nicht, ob die »Russische Wahrheit« tatsächlich unter Jaroslaw verfasst wurde, und wahrscheinlich geschah dies erst später unter seinen Nachfolgern. Aber gewiss wäre dies vor Jaroslaw nicht möglich gewesen – vor seiner Herrschaft gab es einfach keine gebildeten Menschen, die eine solche Aufgabe hätten bewältigen können.

Dem Vorbild Konstantinopels und den byzantinischen Kaisern nachzueifern bedeutete, nicht bloß ein gewisses Maß an Legitimität, sondern auch an Unabhängigkeit zu erlangen. Dies aber musste die Griechen in Konstantinopel verärgern. Wir wissen von mindestens zwei Ereignissen, bei denen Jaroslaw seine Eigenständigkeit gegenüber dem Kaiserreich unter Beweis stellte. Das erste war die Ernennung des aus der Rus stammenden Hilarion, des Verfassers der berühmten *Predigt über Gesetz und Gnade*, zum Metropoliten der Rus anstelle eines aus Konstantinopel entsandten griechischen Prälaten. In diesem

Fall maßte sich Jaroslaw die Rolle an, die die byzantinischen Kaiser in ihrer Kirche spielten, aber seine Entscheidung war auch eine Provokation gegenüber dem Patriarchen von Konstantinopel, der sich das Recht vorbehalten hatte, die Metropoliten der Rus zu ernennen. Die Berufung Hilarions war in der Kirche der Rus selbst umstritten, und Kyjiw kehrte nach dem Tod Jaroslaws im Jahr 1054 zur alten Praxis zurück – es oblag fortan wieder Konstantinopel, Hilarions Nachfolger in die Hauptstadt der Rus zu schicken.

Jaroslaw forderte Konstantinopel 1043 erneut direkt heraus, als eine Flottille der Rus unter der Führung eines seiner Söhne bei Konstantinopel auftauchte und Geld forderte; andernfalls würde ein Angriff auf die Stadt erfolgen. Der Grund für diesen Rückfall in wikingerzeitliche Geschäftspraktiken mit Byzanz ist nicht klar. Waren Jaroslaws Bemühungen, aus Kyjiw ein neues Konstantinopel zu erschaffen, zu kostspielig, und gingen ihm die Mittel aus? Darüber können wir nur spekulieren. Vielleicht war es ein Ausdruck der Unzufriedenheit mit etwas, was die Byzantiner zuvor getan hatten, oder ein Wink mit dem Zaunpfahl, dass man die Rus nicht unterschätzen sollte. Was auch immer der Grund war, die Griechen weigerten sich zu zahlen und zogen es vor zu kämpfen. Zwar besiegte die Flottille der Rus die byzantinische Flotte, wurde selbst aber durch einen Sturm fast zerstört und kehrte mit leeren Händen nach Kyjiw zurück. Die Praktiken der Wikinger zahlten sich nicht mehr aus.

Betrachtet man die byzantinischen Bemühungen um die Bekehrung der Rus zum Christentum, die unmittelbar nach dem ersten Angriff der Rus auf Konstantinopel im Jahr 860 einsetzten, als Mittel zur Beendigung solcher Angriffe und zur Absicherung friedlicher Beziehungen mit der barbarischen Rus, dann erreichten diese Bemühungen während der Herrschaft Jaroslaws eindeutig ihr Ziel. Im Großen und Ganzen unterhielt Jaroslaw anders als seine Vorgänger friedliche und sogar freundschaftliche Beziehungen zu Byzanz. Doch die Religion war kaum der Hauptgrund für das weitgehend gewaltfreie Verhältnis des Kyjiwer Fürsten zum Reich. Unter Jaroslaw war die Expansion nicht mehr das Hauptziel der Rus-Fürsten. Ihre Priorität lag darin, das Erreichte zu bewahren und über ihr Land zu regieren; dabei konnte ein verbündetes Byzanz als Quelle von Wissen und Prestige viel mehr bieten als ein feindlich gesinntes Byzanz.

Unter Jaroslaws Herrschaft wurde die Rus ein vollwertiges Mitglied der christlichen Gemeinschaft der Nationen. Spätere Historiker titulierten ihn als den »Schwiegervater Europas«, weil er seine Schwestern und Töchter mit europäischen Staatsoberhäuptern verheiratete. Die Übernahme des byzantinischen Christentums durch seinen Vater und der anschließende Import kultureller Einflüsse aus Konstantinopel in die Rus waren wichtige Voraussetzungen für diese Entwicklung. Im Unterschied zu seinem Vater war Jaroslaw nicht mit einer byzantinischen Fürstin verheiratet, aber sein Sohn Wsewolod vermählte sich mit einer Tochter des byzantinischen Kaisers Konstantin IX. Jaroslaw selbst heiratete eine Tochter von Olaf Eriksson (Olof Skötkonung), dem König von Schweden – ein Anklang an die auf die Wikinger zurückgehenden Ursprünge der Dynastie. Seine Tochter Elysaweta (Elisabeth) wurde Gemahlin von Harald Hardråde, dem König von Norwegen. Sein Sohn Isjaslaw heiratete eine Schwester des polnischen Königs Kasimir, der bereits mit einer der Schwestern von Jaroslaw vermählt war. Jaroslaws Tochter Anastassija wurde Gattin von Andreas I. von Ungarn, und eine andere Tochter, Anna, verehelichte sich mit Heinrich I. von Frankreich.

Was auch immer die politischen Gründe für diese Ehen gewesen sein mögen, rein kulturell gesehen kamen sie den europäischen Herrschern mehr zugute als den Kyjiwer Fürsten. Annas Beispiel zeigt dies am besten. Im Gegensatz zu ihrem Gemahl konnte Anna lesen und ihren Namen schreiben, was darauf hindeutet, dass das Lob des Kyjiwer Chronisten auf Jaroslaw und seine Liebe zu Büchern und seine Förderung der Bildung nicht übertrieben war.

KAPITEL 5

DIE SCHLÜSSEL ZU KYJIW

D er Begriff »Kyjiwer Rus« ist ebenso wie »Byzanz« späteren Ursprungs – die Zeitgenossen dieser Reiche verwendeten diese Namen nicht. Erst im 19. Jahrhundert war in der Geschichtswissenschaft von der »Kyjiwer Rus« die Rede. Heute versteht man darunter das Staatswesen mit seinem Zentrum in Kyjiw, das zwischen dem 10. Jahrhundert und Mitte des 13. Jahrhunderts bestand, bis es unter dem Ansturm der Mongolen zerfiel.

Wer ist der rechtmäßige Erbe der Kyjiwer Rus, und wer hält die sprichwörtlichen Schlüssel zu Kyjiw in der Hand? Diese Fragen haben einen Großteil der Historiographie über die Rus in den letzten 250 Jahren geprägt. Anfänglich konzentrierte sich die Debatte auf die Herkunft der Rus-Fürsten – waren sie Skandinavier oder Slawen? – und weitete sich dann ab Mitte des 19. Jahrhunderts zum Disput zwischen Russland und der Ukraine darüber aus, wer der rechtmäßige Erbe der Kyjiwer Rus sei. Die Querelen im 20. Jahrhundert um die sterblichen Überreste Jaroslaws des Weisen, dessen Herrschaft im vorherigen Kapitel behandelt wurde, verdeutlichen die Intensität dieses Streits.

Nach seinem Tod am 28. Februar 1054 wurde Jaroslaw in der von ihm erbauten Sophienkathedrale beigesetzt. Seinen Leichnam bettete man in einen Sarkophag aus weißem Marmor, verziert mit Schnitzereien, die ein christliches Kreuz und mediterrane Pflanzen darstellten, darunter Palmen, die in der Kyjiwer Rus keineswegs heimisch waren. Einer Theorie zufolge war der Sarkophag – eine steinerne Verkörperung des byzantinischen Kulturimperialismus – einst die letzte Ruhestätte eines byzantinischen Würdenträgers gewesen und entweder von marodierenden Wikingern oder geschäftstüchtigen Griechen nach

Kyjiw gebracht worden. Der Sarkophag befindet sich immer noch an Ort und Stelle, die Gebeine Jaroslaws des Weisen jedoch verschwanden 1943 während der deutschen Besatzung. Offenbar gelangten sie in den Besitz ukrainisch-orthodoxer Hierarchen in den Vereinigten Staaten, denn nach dem Krieg wurden sie in Manhattan gesichtet. Vermutlich befinden sie sich heute in der Kirche der Heiligen Dreifaltigkeit in Brooklyn.

Was könnte es für einen Grund gegeben haben, die sterblichen Überreste von Fürst Jaroslaw in die Vereinigten Staaten zu bringen? Die Antwort darauf hat nichts mit amerikanischem Kulturimperialismus zu tun, sondern steht in engem Zusammenhang mit dem ukrainischen Anspruch auf das Erbe der Kyjiwer Rus. Ukrainische Geistliche, die aus ihrer Heimat flohen, nahmen die Reliquien an sich, um zu verhindern, dass sie der vorrückenden Sowjetarmee in die Hände fielen. Die Sorge, die Reliquien könnten bei einer Rückführung nach Kyjiw in Russland landen, erklärt, warum sich die Vorsteher der Brooklyner Kirche standhaft weigern, die Frage der Überreste Jaroslaws mit Vertretern der ukrainischen Regierung zu erörtern.

Sowohl die Ukrainer als auch die Russen betrachten Jaroslaw den Weisen als einen ihrer bedeutendsten mittelalterlichen Herrscher, und sein Porträt ziert Banknoten beider Länder. Auf dem ukrainischen Geldschein ist Jaroslaw mit einem ukrainischen Schnurrbart in der Tradition des Fürsten Swjatoslaw und der ukrainischen Kosaken abgebildet. Der russische 1000-Rubel-Schein hingegen zeigt das Denkmal für den legendären Gründer der russischen Stadt Jaroslawl, die 17 Jahre nach seinem Tod erstmals in einer Chronik erwähnt wurde. Auf der Banknote trägt Jaroslaw einen Bart in der Art Iwans des Schrecklichen und der Moskowiter Zaren seiner Zeit.

War Jaroslaw nun ein russischer oder ein ukrainischer Herrscher, oder, wenn keines von beidem zutrifft, was könnte dann seine »wahre« Identität und die seiner Untertanen gewesen sein? Am besten beginnen wir die Diskussion dieser Fragen, indem wir uns auf die Jahrzehnte nach seinem Tod konzentrieren. Jaroslaws Ableben beendete eine Epoche in der Geschichte der Kyjiwer Rus – die der Konsolidierung des Reichs – und eröffnete eine andere, in der sie eine ähnliche Entwicklung wie das Karolingerreich nahm. Kaum ein Jahrhundert nach dem Tod seines Gründers Karls des Großen (814) zerfiel das Karolingerreich in mehrere kleinere Staaten. Die Gründe für den Niedergang und den Fall der beiden Reiche unterschieden sich nicht sehr: anhaltende Probleme bei der Thronfolge, Kämpfe innerhalb der Herrscherdynastie, der Aufstieg lokaler politischer und wirtschaftlicher Zentren und die Unfähigkeit, Bedrohungen und Interventionen von außen wirksam zu begegnen. Die langfristige Folge ihres Zusammenbruchs war der Aufstieg von Staaten, die oft als Vorläufer moderner Nationen gelten: Frankreich und Deutschland im Falle der Karolinger, die Ukraine und Russland im Falle der Kyjiwer Rus.

Fürst Jaroslaw, der Weise, der er war, sah die Schwierigkeiten voraus, die seine Familie nach seinem Ableben heimsuchen würden. Wahrscheinlich erinnerte er sich daran, wie lang und blutig sein eigener Weg zur Alleinherrschaft gewesen war. Er begann 1015 mit dem Tod seines Vaters Wolodymyr und endete erst rund zwanzig Jahre später im Jahr 1036, als sein Bruder Mstyslaw, mit dem er das Reich teilen musste, verstarb. Diese beiden Jahrzehnte waren geprägt von zahlreichen Schlachten und Konflikten, die erst mit dem Tod von Jaroslaws zahlreichen Brüdern endeten. Zwei von ihnen, Borys und Hlib, wurden des Kyjiwer Throns beraubt, sie erlangten aber den Status von Heiligen und werden heute als Märtyrer verehrt. Manche Historiker verdächtigen Jaroslaw, die Ermordung der beiden beauftragt zu haben. Jedenfalls wollte er gegen Ende seines Lebens offenbar einen ähnlichen Bruderkrieg unter seinen Söhnen vermeiden.

Der *Nestorchronik* zufolge hinterließ Jaroslaw ein Testament, in dem er sein Reich unter seinen Söhnen aufteilte und jedem ein eigenes Fürstentum zuwies. Der älteste Bruder sollte den Thron von Kyjiw erhalten, der nicht nur mit den Ländereien von Kyjiw und Nowgorod verbunden war, sondern auch mit der obersten Macht über die übrigen Fürsten. Die anderen Brüder würden unter seiner Schirmherrschaft und Aufsicht in ihren eigenen Reichen herrschen. Für den Kyjiwer Thron war vorgesehen, dass er von den älteren Brüdern auf die jüngeren überging, bis eine Fürstengeneration ausstarb.

Die neue Generation würde sodann den Zyklus von vorne beginnen, angefangen beim ältesten Sohn des ältesten Bruders. Die meisten Forscher bezweifeln die Echtheit von Jaroslaws Testament, aber ob es nun von ihm stammte oder nicht, es spiegelt die nach Jaroslaws Tod vorherrschende Praxis wider.

Jaroslaw hatte fünf überlebende Söhne, von denen vier in dem »Testament« erwähnt werden. Nur drei von ihnen sollten nach dem Tod ihres Vaters die oberste Macht erlangen. Der Kyjiwer Thron ging an den ältesten überlebenden Sohn, Isjaslaw, aber er teilte die Macht mit zwei seiner Brüder, die in Tschernihiw und Perejaslaw regierten, zwei Städten in unmittelbarer Nähe von Kyjiw. Gemeinsam bildeten sie ein informelles Triumvirat, dessen Entscheidungen für die übrigen Rurikiden-Fürsten – die Kyjiwer Herrscherdynastie, die auf den legendären Rurik zurückgeht – so gut wie bindend waren. Die Triumvirn begegneten Angriffen auf ihre Macht, indem sie einen ihrer Brüder, der über Polazk (im heutigen Belarus) herrschte, festnehmen und in Kyjiw inhaftieren ließen. Ihre Hauptstädte wurden zu den Zentren dessen, was in den Chroniken der Rus als das »Land der Rus« bezeichnet wird.

Der Begriff war nicht ganz neu. Metropolit Hilarion hatte ihn bereits in seiner *Predigt über Gesetz und Gnade* verwendet, er stammt demnach schon aus der Zeit Jaroslaws des Weisen. Seine weiteste Verbreitung fand der Begriff im späten 11. und frühen 12. Jahrhundert, als die Triumvirn bereits von der Bühne abgetreten waren und ihre Söhne und Neffen versuchten, mit den verschiedenen Zweigen der Familie alte Rechnungen zu begleichen und gleichzeitig Angriffe aus dem Süden abzuwehren. Wolodymyr Monomach, Enkel Jaroslaws des Weisen und des byzantinischen Kaisers Konstantin IX. Monomachos, machte Karriere, indem er seine Loyalität gegenüber dem Land der Rus bekundete. Als Sohn eines der Triumvirn wurde er Fürst von Perejaslaw, einem riesigen Gebiet, das sich von den Grenzlandsteppen im Süden bis zu den nordöstlichen Wäldern um Moskau erstreckte und von dem rebellischen Stamm der Wjatitschen besiedelt war.

Monomachs Hauptsorge galt jedoch nicht den Wjatitschen, die

sich der Christianisierung widersetzten und gelegentlich Kyjiwer Mönche umbrachten, die zu ihrer Bekehrung ausgesandt worden waren, sondern den zunehmenden nomadischen Aktivitäten an der Südgrenze des Fürstentums. Gerade als es den Fürsten der Rus gelungen war, der Petschenegen Herr zu werden (Jaroslaw hatte sie 1036 besiegt), tauchten neue, aggressivere Stämme an den Grenzen des Kyjiwer Reichs auf. Es handelte sich um die Polowzer (auch Kumanen genannt), die gegen Ende des 11. Jahrhunderts einen Großteil der eurasischen Steppe vom Fluss Irtysch im Osten bis zur Donau im Westen kontrollierten. Die Fürstentümer der Rus konnten den Angriffen der Polowzer allein nicht standhalten. Sie mussten ihre Kräfte bündeln, und niemand bestand mehr darauf als der Fürst von Perejaslaw, Wolodymyr Monomach, dem ein Chronist die Organisation einer Reihe erfolgreicher Feldzüge gegen die Polowzer zuschreibt.

Monomach, dem sehr an der Einheit des Landes der Rus gelegen war, wollte das System der fürstlichen Erbfolge reformieren. Auf einem mit Monomachs Hilfe organisierten Fürstentag in der Stadt Ljubetsch im Jahr 1097 beschlossen die Fürsten, das schwerfällige und konfliktträchtige Regelwerk der lateralen (horizontalen) Erbfolge abzuschaffen, das von Jaroslaw dem Weisen eingeführt worden war. Anstatt die Fürstensitze zwischen den Söhnen und Enkeln der Triumvirn wechseln zu lassen, bis einer schließlich nach Kyjiw gelangte, sollte jeder in seinem eigenen Gebiet herrschen. Nur die Nachkommen von Jaroslaws ältestem Sohn Isjaslaw sollten den Kyjiwer Thron besteigen. Doch das System funktionierte in der Praxis nicht. Monomach selbst hielt sich nicht daran, als er 1113 den Kyjiwer Thron beanspruchte, und auch seine Nachfolger taten es nicht. In weniger als vierzig Jahren, zwischen 1132 und 1169, lösten in der Hauptstadt achtzehn Herrscher einander ab, vier mehr als in der gesamten bisherigen Geschichte des Kyjiwer Reichs.

Die meisten der neuen Fürsten kamen durch einen Putsch oder eine feindliche Übernahme nach Kyjiw. Jeder schien diese Stadt besitzen zu wollen, und wer auch nur eine Chance witterte, versuchte sein Glück. Im Jahr 1169 wurde dieses Muster jedoch durchbrochen, als das Heer eines der mächtigsten und ehrgeizigsten Fürsten der Rus, Andrij Boholjubskyj (in Russland bekannt als Andrei Bogoljubski) aus dem Fürstentum Wladimir-Susdal im heutigen Russland, Kyjiw einnahm. Er selbst erschien dort nicht, sondern schickte stattdessen seinen Sohn in die Schlacht. Nach der Eroberung plünderten die Sieger die Stadt zwei Tage lang. Der Fürst lehnte es ab, nach Kyjiw zu ziehen und dort seine Hauptstadt zu errichten.

Boholjubskyjs Vorliebe für seine eigene Hauptstadt Wladimir am Fluss Kljasma spiegelte die Veränderungen in Politik, Wirtschaft und Gesellschaft der Rus im 12. Jahrhundert wider. Die großen Fürstentümer an der Peripherie der Kyjiwer Welt wurden reicher und stärker, während in Kyjiw selbst und in der mittleren Dnipro-Region ständig innere Unruhen herrschten. Das Fürstentum Galizien am Fuße der Karpaten in der heutigen Westukraine trieb mit dem Segen Konstantinopels Handel mit dem Balkan entlang der Donau. Die dortigen Fürsten waren für ihre gewinnbringenden Geschäfte nicht auf die Dnipro-Route angewiesen. Im Fürstentum Wladimir-Susdal machte Boholjubskyj erfolgreich den Bulgaren den Wolgahandel streitig. Nowgorod im Nordwesten wiederum bereicherte sich durch den Ostseehandel. Kyjiw und die Handelsroute über den Dnipro hatten zwar immer noch eine gewisse Bedeutung, und das Handelsvolumen stieg trotz der Feindseligkeit der Polowzer sogar, doch die Dnipro-Route war nicht mehr die einzige oder gar wichtigste wirtschaftliche Lebensader des Reichs.

Als die lokalen Fürsten immer reicher und mächtiger wurden, versuchten sie, Autonomie oder sogar Unabhängigkeit von Kyjiw zu erlangen. Sie hatten allen Grund, sich hauptsächlich den von ihren Vätern und Großvätern geerbten Ländern verbunden zu fühlen und nicht dem mythischen Land der Rus um Kyjiw, Tschernihiw und Perejaslaw. Andrij Boholjubskyj war einer der Ersten, der dies tat. Während seine Plünderung von Kyjiw im Jahr 1169 tiefe Narben im Gedächtnis der Einwohner hinterließ, unternahm er weitere, nicht weniger offensichtliche Versuche, sich als unabhängiger Herrscher zu behaupten. Alles begann damit, dass Andrij gegen den Willen seines Vaters Juri Dolgoruki die Stadt Wyschhorod bei Kyjiw verließ und in den Nordosten zog. Juri, der 1147 Moskau gegründet hatte, vertrat eine alte Denkweise. Als Sohn von Monomach hatte er das Fürstentum Susdal aus seinem Erbe herausgelöst und es weiter ausgebaut und gestärkt. Sein oberstes Ziel war jedoch der Kyjiwer Thron, den er mit Hilfe seiner Macht als Fürst von Susdal erlangte. Er starb im Amt und wurde in einer Kyjiwer Kirche beigesetzt.

Dolgorukis rebellischer Sohn verfolgte andere Pläne. Er verlegte die Hauptstadt seines Fürstentums von Susdal nach Wladimir und tat sein Bestes, um es zu einem Kyjiw an der Kljasma zu machen. Andrij verließ Wyschhorod nicht mit leeren Händen, sondern er nahm eine lokale Ikone der Jungfrau Maria (Theotokos) mit, die später als Wladimirer Gottesmutter berühmt wurde. Die Verbringung einer religiösen Reliquie aus der Kyjiwer Region nach Wladimir ist eine perfekte Metapher für Boholjubskyj: die Verlagerung der symbolischen Macht der Hauptstadt der Rus von Süden nach Norden. Ihre Bedeutung wurde noch durch die Tatsache verstärkt, dass Kyjiw als Sitz des Metropoliten der ganzen Rus diente. Andrij, der sein Reich nie als Teil der Rus betrachtet hatte, wollte eine eigene Metropolie. Um 1162, sieben Jahre vor der Plünderung Kyjiws, schickte er deshalb eine Gesandtschaft nach Konstantinopel und bat um die Erlaubnis, einen eigenen Kandidaten als neuen Metropoliten einzusetzen. Sein Wunsch wurde ihm verwehrt – eine große Enttäuschung für den ehrgeizigen Herrscher, der bereits alle notwendigen Vorbereitungen für die Errichtung eines Metropoliesitzes getroffen hatte. Die neu errichtete Mariä-Entschlafens-Kathedrale mit goldenen Kuppeln, die der goldkuppeligen Michaelskathedrale in Kyjiw nicht unähnlich ist, war für einen Metropoliten vorgesehen, diente aber schließlich nur einem Bischof.

Ein weiteres Projekt von Andrij Boholjubskyj mit zweifelsfrei Kyjiwer Wurzeln war der Bau eines Goldenen Tors. Sowohl die Kathedrale als auch das Goldene Tor stehen heute noch und erinnern an die Ambitionen des Fürsten von Wladimir. Wie Jaroslaw der Weise vor ihm eiferte Andrij der kaiserlichen Hauptstadt nach, um seine Unabhängigkeit von ihr zu behaupten. Interessanterweise gingen Andrijs Anlehnungen noch weiter als jene Jaroslaws: Er übernahm von Kyjiw nicht nur Ikonen, Ideen und Namen für seine architektonischen Projekte in Wladimir, sondern versah auch örtliche Wahrzeichen mit Kyjiwer Namen. So wurden sogar die Flüsse in der nordöstlichen Rus nach ihren Kyjiwer Vorbildern benannt: Lybid, Potschajna und Irpin.

Jaroslaw der Weise und Andrij Boholjubskyj waren beide Fürsten der Rus und teilten wahrscheinlich eine ähnliche ethnisch-kulturelle Identität, aber ihre Bauprojekte verdeutlichen, dass ihre Verbundenheit mit dem Land der Rus unterschiedlich ausgeprägt war. Jaroslaws Loyalität galt eindeutig Kyjiw und seinem riesigen Reich, das sich von dieser Stadt bis nach Nowgorod erstreckte. Das unterschied ihn von Swjatoslaw, der keine solche Bindung empfand, und auch von Wolodymyr Monomach, der sich vor allem der Rus um Kyjiw, Tschernihiw und Perejaslaw verpflichtet fühlte. Andrij war anders als seine Vorgänger mit seinem eigenen Erbland innerhalb des größeren Reichs der Rus verbunden. Wir sollten diese unterschiedlichen Loyalitäten der Rus-Fürsten im Zusammenhang mit der Entwicklung vielfältiger Rus-Identitäten betrachten, wie sie aus den Rus-Chroniken und -Rechtstexten hervorgehen.

Die Verfasser der *Nestorchronik* (die mühsame Aufgabe, Ereignisse aufzuzeichnen und zu kommentieren, wurde von einer Mönchsgeneration an die nächste weitergegeben) mussten in ihrer Erzählung drei verschiedene historische Identitäten miteinander in Einklang bringen: die Rus-Identität der skandinavischen Herrscher von Kyjiw, die slawische Identität der gebildeten Eliten und die lokale Stammesidentität. Während die Kyjiwer Herrscher und ihre Untertanen den Namen Rus annahmen, wurde die mit diesem Namen verbundene slawische Identität, nicht die skandinavische, zur Grundlage ihrer Selbstidentifikation. Die meisten Untertanen der Rurikiden, die ihr Reich vom slawischen Kernland aus regierten, waren Slawen. Noch wichtiger ist, dass die Verbreitung der slawischen Identität über die Kyjiwer Region hinaus eng mit der Annahme des byzantinischen Christentums und der Einführung des Kirchenslawischen als Sprache der Liturgie, der Predigten und des intellektuellen Diskurses der Rus verbunden war. Das Christentum erschien sowohl in den slawischen als auch in den nichtslawischen Teilen des Kyjiwer Reichs im Gewand slawischer Sprachen und slawischer Kultur. Je mehr die Rus christlich wurde, desto mehr wurde sie auch slawisch. Die Kyjiwer Chronisten verknüpften die lokale Geschichte mit dem breiteren Kontext der Entwicklung der Balkanslawen und, noch weiter gefasst, mit der Geschichte von Byzanz und des Weltchristentums.

Auf lokaler Ebene wich die Stammesidentität langsam, aber sicher der Identifikation mit den lokalen Fürstentümern – den Zentren der militärischen, politischen und wirtschaftlichen Macht, die mit Kyjiw verbunden waren. Dies zeigt sich in der Chronik an den Stellen, wo nicht mehr auf einheimische Stämme, sondern auf die Fürstenstädte der verschiedenen Länder verwiesen wird. So schreibt der Chronist über das Heer, das 1169 Kyjiw plünderte, es bestehe aus Leuten aus Smolensk (nicht aus Radimitschen), aus Bewohnern aus Susdal (nicht aus Wjatitschen) und aus Menschen aus Tschernihiw (nicht aus Sewerjanen). In den Ländern, die unter Kyjiwer Herrschaft standen, herrschte ein Gefühl der Einheit, und trotz der Konflikte und Kriege zwischen den Rurikiden-Fürsten wurden die Bewohner dieser Länder als »die unseren« angesehen, im Gegensatz zu Menschen von anderswo und Heiden. Entscheidend war die Anerkennung der Autorität der Rus-Fürsten, und als turksprachige Steppennomaden sich dieser Autorität unterwarfen, galten sie fortan als »unsere Heiden«.

Die politische und verwaltungstechnische Vereinigung der verschiedenen Stammesgebiete hatte eine Vereinheitlichung ihrer Sozialstruktur zur Folge. An ihrer Spitze standen die Fürsten der Rurikiden-Dynastie, genauer gesagt die Nachkommen Jaroslaws des Weisen. Ihnen unterstanden die Mitglieder des fürstlichen Gefolges – ursprünglich Wikinger, jedoch auch immer mehr Slawen, die sich mit den lokalen Stammeseliten zu einer aristokratischen Schicht, den Bojaren, zusammenschlossen. Sie waren Krieger, aber in Friedenszeiten verwalteten sie das Reich. Die Bojaren waren die wichtigste landbesitzende Schicht, und je nach Fürstentum hatten sie mehr oder weniger Einfluss auf die Entscheidungen des Fürsten. Zu den Privilegierten gehörten auch die Kirchenhierarchen und ihre Dienerschaft.

Die übrige Bevölkerung entrichtete Steuern an die Fürsten. Die

Bürger, zu denen auch Kaufleute und Handwerker zählten, verfügten über eine gewisse politische Macht, die sie auf Stadtversammlungen ausübten, wo sie über Angelegenheiten der lokalen Verwaltung entschieden. Gelegentlich, wie in Kyjiw, oder regelmäßig, wie in Nowgorod, bestimmten diese Versammlungen bei der Nachfolge der lokalen Fürsten mit. Die Bauern, die den größten Teil der Bevölkerung ausmachten, besaßen keine politische Macht. Sie unterteilten sich in freie Bauern und halb freie Leibeigene. Letztere konnten ihre Freiheit verlieren, in der Regel aufgrund von Schulden, und sie nach deren Begleichung oder nach einer bestimmten Zeit zurückerhalten. Dann gab es noch die Sklaven – Krieger oder Bauern, die man bei Feldzügen gefangen genommen hatte. Die Versklavung von Kriegern konnte vorübergehend sein, die von Bauern war jedoch dauerhaft.

Die im Gesetzbuch der Rus festgelegten Strafen für die verschiedenen Verbrechen verdeutlichen am besten die hierarchische Struktur der Gesellschaft der Kyjiwer Rus. Da die Gesetzgeber bestrebt waren, Blutfehden abzuschaffen oder einzudämmen und die fürstlichen Kassen zu füllen, führten sie für die Tötung verschiedener Personengruppen Geldstrafen ein, die an die fürstliche Schatzkammer zu entrichten waren. Die Strafe für die Tötung eines Mitglieds des fürstlichen Gefolges oder Haushalts (Bojaren) betrug 80 Hrywnja, für einen freien Mann im fürstlichen Dienst 40 Hrywnja, für einen Händler 12 Hrywnja, für einen Leibeigenen oder Sklaven 5 Hrywnja, wobei es durchaus legal war, einen Sklaven zu töten, wenn er einen freien Mann geschlagen hatte. Zwar galten in den verschiedenen Regionen der Kyjiwer Rus unterschiedliche Gewohnheitsrechte, doch trug die Einführung eines gemeinsamen Rechtskodex ebenso wie die Verbreitung des Christentums und der von Kyjiw ausgehenden kirchenslawischen Kultur dazu bei, das Reich homogener zu machen. Wie es scheint, setzte sich dieser Prozess gerade in dem Moment durch, als die politische Zersplitterung des Kyjiwer Reichs fast unvermeidlich wurde: Die rasche und enorme Zunahme der Zahl der Rurik-Fürsten, die eigene Fürstentümer anstrebten, die Weite des Kyjiwer Reichs und die unterschiedlichen geostrategischen und wirtschaftlichen Interessen seiner Regionen untergruben ein Gemeinwesen, dem es eine

Zeit lang gelungen war, die Länder zwischen Ostsee und Schwarzem Meer zu vereinen.

Der Wandel in den geopolitischen Zielen der Kyjiwer Fürsten, von Jaroslaw dem Weisen bis Andrij Boholjubskyj, verdeutlicht ihre schwindende politische Verbundenheit mit dem gesamten Reich der Kyjiwer Rus und eine stärkere Hinwendung zu einer Reihe von Fürstentümern, die sich durch den Begriff »Land der Rus« definierten, und schließlich zu peripheren Fürstentümern, die stark genug wurden, um Kyjiw im 12. und frühen 13. Jahrhundert Konkurrenz zu machen. Historiker sehen in diesen auf Fürstentümern basierenden Identitäten die Ursprünge der modernen ostslawischen Nationen. So gilt das Fürstentum Wladimir-Susdal als Vorläufer des Großfürstentums Moskau und schließlich des modernen Russlands. Belarussische Historiker suchen im Fürstentum Polazk nach den Wurzeln des Landes. Und ukrainische Historiker sehen im Fürstentum Galizien-Wolhynien die Grundlagen des ukrainischen Nationalstaats. All diese Identitäten führen jedoch letztlich zurück nach Kyjiw, was den Ukrainern einen einzigartigen Vorteil verschafft: Sie können nach ihren Ursprüngen suchen, ohne jemals ihre Hauptstadt zu verlassen.

KAPITEL 6

PAX MONGOLICA

D ie Kyjiwer Rus, ein Gemeinwesen ohne allgemein anerkanntes Geburtsdatum, hat zumindest ein eindeutiges Sterbedatum: den 7. Dezember 1240. An diesem Tag eroberten neue Invasoren aus den eurasischen Steppen, die Mongolen, die Stadt Kyjiw.

In vielerlei Hinsicht markierte die mongolische Invasion der Rus eine Rückkehr der Steppe als die vorherrschende Kraft in der Politik, der Wirtschaft und bis zu einem gewissen Grad auch in der Kultur der Region. Denn sie beendete die Unabhängigkeit der in den Waldgebieten beheimateten Gemeinschaften und Gesellschaften, die eine Zeit lang in den Grenzen der Kyjiwer Rus vereint waren, und ihre Fähigkeit, Verbindungen mit der Schwarzmeerküste (vor allem der Krim) und darüber hinaus bis in die mediterrane Welt aufrechtzuerhalten. Die Mongolen drehten die Uhr zurück in die Zeit der Chasaren, Hunnen, Sarmaten und Skythen, als Steppenvölker das Hinterland kontrollierten und von den Handelsrouten zu den Häfen am Schwarzen Meer profitierten. Die Mongolen waren jedoch eine viel stärkere Militärmacht als alle ihre Vorgänger, denen es bestenfalls gelungen war, den westlichen Teil der eurasischen Steppe zu beherrschen, gewöhnlich vom Wolgabecken im Osten bis zur Donaumündung im Westen. Die Mongolen hingegen geboten zumindest anfangs über das gesamte Territorium vom Amur und von den Steppen der Mongolei im Osten bis zur Donau und zur ungarischen Tiefebene im Westen. Sie errichteten die Pax Mongolica, ein von den Mongolen dominiertes Konglomerat von abhängigen und halb abhängigen Gebieten, wovon das Land der Rus ein peripherer, aber wichtiger Teil wurde.

Die Ankunft der Mongolen zerstörte die Illusion der politischen

Einheit des Kyjiwer Reichs und setzte der sehr realen kirchlichen Einheit des Rus-Landes ein Ende. Die Mongolen erkannten zwei Hauptzentren der Fürstenherrschaft in der Rus an: die Fürstentümer Wladimir-Susdal im heutigen Russland und Galizien-Wolhynien in der zentralen und westlichen Ukraine. Konstantinopel folgte diesem Beispiel und spaltete die Metropolie der Rus in zwei Teile auf. Die politische und kirchliche Einheit der Rus mit Kyjiw als Zentrum war damit zerfallen. Die Fürsten von Galizien und Wladimir waren nunmehr damit beschäftigt, in ihren jeweiligen Gebieten eigene Rus-Länder zu errichten. Obwohl die beiden Fürstentümer denselben Namen, »Rus«, für sich beanspruchten, verfolgten sie sehr unterschiedliche geopolitische Wege. Beide hatten ihre Dynastien von Kyjiw geerbt, das auch die Quelle des rusischen Rechts, der Schriftsprache sowie der religiösen und kulturellen Traditionen war. Beide befanden sich nun unter fremder mongolischer Herrschaft. Doch sie unterschieden sich in der Art ihrer Abhängigkeit von den Mongolen.

In den Ländern des heutigen Russlands, die von Wladimir aus regiert wurden, dauerte die mongolische Präsenz bis zum Ende des 15. Jahrhunderts und wurde schließlich als »Tatarenjoch« bezeichnet, benannt nach den turksprachigen Stämmen, die Teil der mongolischen Heere gewesen waren und in der Region verblieben, nachdem die nicht sehr zahlreichen Mongolen abgezogen waren. Die Ansicht, dass die mongolische Herrschaft extrem lang und äußerst repressiv gewesen sei, ist ein Kennzeichen der traditionellen russischen Geschichtsschreibung und beeinflusst immer noch die Interpretation dieser Periode der osteuropäischen Geschichte als Ganzes. Im 20. Jahrhundert jedoch stellten die Vertreter der eurasischen Schule der russischen Historiographie diese negative Haltung gegenüber der Mongolenherrschaft infrage. Die Geschichte der mongolischen Präsenz auf ukrainischem Territorium liefert zusätzliche Korrektive zur traditionellen Verurteilung des »Tatarenjochs«. In der Ukraine, die von den galizischen und wolhynischen Fürsten regiert wurde, griffen die Mongolen weniger hart und repressiv durch als in Russland. Auch war ihre Herrschaft dort von kürzerer Dauer und endete schon

Mitte des 14. Jahrhunderts. Dieser Unterschied sollte sich tiefgreifend auf das Schicksal der beiden Länder und der dort siedelnden Menschen auswirken.

Das plötzliche Erscheinen der Mongolen auf der Weltbühne war das Ergebnis von Entwicklungen, die in den Steppen der heutigen Mongolei stattgefunden hatten. Im Jahr 1206 vereinigte Temüdschin, ein lokaler Stammes- und Heerführer, eine Reihe von Stammesverbänden und nahm den Titel eines Khans der mongolischen Horden an. Dschingis Khan, wie Temüdschin nach seinem Tod genannt wurde, verbrachte den Großteil seines ersten Jahrzehnts als oberster Mongolenherrscher mit dem Kampf gegen die Chinesen, deren Länder er als Erstes in sein rasch expandierendes Reich eingliederte. Die nächste große Beute war Zentralasien, westlich von China entlang der Seidenstraße. Nachdem 1220 die Städte Buchara, Samarkand und Kabul in mongolische Hand gefallen waren, folgte der Kampf gegen die Polowzer und die Wolgabulgaren, die bis 1223 (zusammen mit einigen Rus-Fürsten) besiegt wurden. Zu dieser Zeit fielen die Mongolen auch auf der Krim ein und eroberten die Festung Sudak, eines der wichtigsten Handelszentren an der Seidenstraße, das damals zum Polowzerreich gehörte.

Vor seinem Tod im Jahr 1227 teilte Dschingis Khan sein Reich unter seinen Söhnen und Enkeln auf. Die westlichen Gebiete, die damals Zentralasien und die Steppen östlich der Wolga umfassten, gingen an zwei seiner Enkel. Einer von ihnen, Batu Khan, war mit seinem Erbe unzufrieden und dehnte die Grenzen seines Herrschaftsbereichs immer weiter nach Westen aus. Dieser Vorstoß wird als die mongolische Invasion in Europa bezeichnet. Im Jahr 1237 belagerten und eroberten die Mongolen Rjasan an der Ostgrenze des Fürstentums Wladimir-Susdal. Dessen Hauptstadt Wladimir fiel Anfang Februar 1238. Als sich die Verteidiger in der von Andrij Boholjubskyj errichteten Mariä-Entschlafens-Kathedrale verschanzten, setzten die Mongolen das Gebäude in Brand. Städte, die sich mit besonderer Entschlossenheit verteidigten, wurden vollständig niedergemetzelt. So etwa Koselsk, das nach siebenwöchiger Belagerung fiel. Die Fürsten der Rus widersetzten sich dem mongolischen Ansturm so gut sie konnten, aber da sie gespalten und desorganisiert waren, konnten sie der hoch mobilen und gut koordinierten mongolischen Reiterei nichts entgegensetzen.

Als die Mongolen im November 1240 nach Kyjiw vorrückten, hinterließ ihr riesiges Heer einen schrecklichen Eindruck bei den Verteidigern. »Und nichts war mehr zu hören als das Quietschen seiner [Batus] Karren, das Brüllen seiner unzähligen Kamele und das Wiehern seiner Pferdeherden, und das Land der Rus war voller Feinde«, schrieb der Chronist. Nachdem die Kyjiwer sich geweigert hatten zu kapitulieren, ließ Batu Khan Katapulte herbeischaffen, um die Stadtmauern zu zerstören, die zu Zeiten Jaroslaws des Weisen aus Steinen und Baumstämmen errichtet worden waren. Die Bürger eilten in die Mariä-Entschlafens-Kathedrale, der ersten Steinkirche, die Wolodymyr zur Feier seiner Taufe hatte erbauen lassen. Doch das Gewicht der vielen Menschen und ihrer Habseligkeiten erwies sich als zu schwer für die Mauern, die einstürzten und die Schutzsuchenden unter sich begruben. Die Sophienkathedrale blieb zwar intakt, wurde aber wie andere Kirchen der Stadt ihrer wertvollen Ikonen und Gefäße beraubt. Die Sieger plünderten Kyjiw; die wenigen Überlebenden verharrten in Angst und Schrecken in den Ruinen der einst prächtigen Hauptstadt, deren Herrscher es mit Konstantinopel hatten aufnehmen wollen. Giovanni da Pian del Carpine, Botschafter von Papst Innozenz IV., der im Februar 1246 auf dem Weg zum Mongolen-Khan durch Kyjiw kam, beschrieb die Folgen des mongolischen Angriffs so: »Als wir durch dieses Land reisten, stießen wir auf unzählige Schädel und Knochen toter Menschen, die auf dem Boden herumlagen.«

Kyjiw erlitt durch den Mongolensturm einen tödlichen Schlag und sollte jahrhundertelang nicht zu seiner früheren Bedeutung und seinem Wohlstand zurückfinden. Die Bevölkerung des Kyjiwer und Perejaslawer Landes gab die Region jedoch nicht völlig auf und zog auch nicht in das Wolga- und Okabecken, wie manche russischen Historiker im 19. Jahrhundert annahmen. Wenn die Bewohner des Kyjiwer Landes aus dem Steppengrenzland fliehen mussten, hatten sie reichlich Möglichkeiten, näher ihrer Heimat in den Wäldern der Nordukraine entlang der Flüsse Prypjat und Desna einen sicheren Zufluchtsort zu finden. Es ist kein Zufall, dass die ältesten ukrainischen Dialekte in den Wäldern des Prypjat und den Ausläufern der Karpaten gesprochen wurden – Gebiete, die durch Wälder, Sümpfe und gebirgiges Gelände vor Angriffen durch Nomaden geschützt waren.

Nachdem Kyjiw an die Mongolen gefallen war, herrschte es nicht mehr über andere, sondern wurde selbst von Fremden regiert. Der Leiter der Stadtverteidigung, ein Militärkommandant namens Dmytro, unterstand Fürst Danylo, dem Herrscher von Galizien und Wolhynien in der heutigen Westukraine. Fürst Danylo hatte die Hauptstadt der Rus im Jahr zuvor in Absprache mit Fürst Mychajlo von Kyjiw unter seinen Schutz genommen. Mychajlo war geflohen, nachdem er sich zunächst gegen die Mongolen gewehrt hatte, dann aber seine wichtigste Festung, die Stadt Tschernihiw, an sie verlor und schließlich seinen Widerstand aufgab.

Danylo von Galizien (Daniel Romanowitsch) war ein aufstrebender Stern am politischen Himmel der Rus. Wie Dschingis Khan hatte auch er schon als Kind seine Eltern verloren. Er war vier Jahre alt, als 1205 sein Vater Roman, den der Chronist den »Alleinherrscher der Rus« nennt, im Kampf gegen die Polen fiel. In den Jahren zuvor war es Roman, zu dessen Patrimonium ursprünglich das Fürstentum Wolhynien gehörte, gelungen, die Kontrolle über das benachbarte Fürstentum Galizien zu erlangen und damit Herrscher über alle Gebiete der Rus westlich von Kyjiw zu werden. Danylo und sein jüngerer Bruder Wasylko erbten zwar den Titel, nicht aber die Besitztümer ihres Vaters. Diese wurden ihnen von rivalisierenden Fürsten der Rus sowie von rebellischen galizischen Bojaren und später von Polen und Ungarn streitig gemacht. Erst 1238, im Jahr des mongolischen Angriffs auf die nordöstliche Rus, konnte Danylo die Kontrolle über Wolhynien und Galizien zurückgewinnen und einen eigenen Woiwoden (auf Ukrainisch eigentlich: *Wojewoda*), einen militärischen Befehlshaber, in Kyjiw einsetzen.

Die Mongoleninvasion stellte nicht nur Danylos Fähigkeiten als Herrscher und Militärbefehlshaber auf die Probe, sondern auch sein Talent als Diplomat unter Beweis. Als der mongolische Militärkommandant von Danylo verlangte, seine Hauptstadt Halytsch an die Mongolen zu übergeben, suchte er Batu Khan in dessen Hauptstadt Sarai an der Wolga auf. Schon vor Danylo hatten andere Rus-Fürsten beim Khan vorgesprochen, um ihm die Treue zu schwören und das *yarlyk* des Khans zu erhalten, also das bedingte Recht, über ihre Fürstentümer zu herrschen. »Trinkst du schwarze Milch, unser Getränk, den Stutenkumys?«, habe laut dem Chronisten der Khan gefragt. »Bisher habe ich sie noch nicht getrunken. Aber wenn du es befiehlst, werde ich es tun«, antwortete Danylo und bezeugte dem Khan dadurch Respekt und Gehorsam. Auf diese metaphorische Weise beschrieb der Chronist Danylos Unterwerfung und seine Aufnahme in die mongolische Elite.

Dem Chronisten missfiel allein schon der Gedanke, dass christliche Rus-Fürsten den heidnischen Mongolen-Khans die Treue geloben könnten, und er schilderte drei mögliche Verhaltensweisen der Fürsten gegenüber den Mongolen. Das Beispiel des Fürsten Mychajlo von Tschernihiw stieß beim Chronisten auf größte Zustimmung. Da Mychajlo sich geweigert habe, auf Batus Befehl hin vor einem Busch den Kotau zu machen und seiner christlichen Religion abzuschwören, sei er auf Geheiß des Khans getötet worden. Fürst Jaroslaw von Wladimir-Susdal hingegen habe sich für die Apostasie entschieden. Da er bereit gewesen sei, sich vor dem Busch zu verbeugen, wurde er vom Chronisten verdammt. Und Danylo schließlich habe die dritte Alternative repräsentiert – weder eine vollständige Zurückweisung noch die totale Unterwerfung unter die mongolische Herrschaft. Dem Chronisten zufolge, der mit Danylo sympathisierte, kniete der Fürst nicht vor dem Busch nieder und verriet also auch nicht seinen christlichen Glauben, sondern trank Kumys und akzeptierte auf diese Weise die weltliche Autorität des Khans.

Tatsächlich verlangten die Mongolen von den Rus-Fürsten niemals, ihren Glauben aufzugeben, und zeigten gegenüber der orthodoxen Kirche im Allgemeinen ein Höchstmaß an Toleranz. Die vom Chronisten vorgenommene Unterscheidung zwischen drei Verhaltensmodellen bezeugt gleichwohl die sehr realen Abstufungen in der Zusammenarbeit der Rus-Fürsten mit den mongolischen Herrschern und in ihrem Widerstand gegen sie. Fürst Mychajlo, der auf Befehl von Batu umgebracht wurde, weigerte sich 1239, vor den Mongolen die Waffen zu strecken, und tötete sogar die Gesandten, die der Khan geschickt hatte, um seine Kapitulation entgegenzunehmen. Jaroslaw von Wladimir hingegen war der Erste der Rus-Fürsten, der den Mongolen die Treue schwor, was ihm den Titel eines Großfürsten der Rus und das Recht einbrachte, seinen Woiwoden in Kyjiw einzusetzen. Er blieb den Mongolen treu bis zu seinem Tod im Jahr 1246, ebenso wie sein Sohn und Nachfolger Oleksandr Newskyj (Alexander Newski), den die russisch-orthodoxe Kirche später aufgrund seiner Rolle bei der Verteidigung der Rus gegen westliche Angreifer – die Schweden und den Deutschritterorden – heiligsprach. Danylo schlug einen anderen Weg ein: Er gelobte Batu Khan zwar die Treue, hielt sich aber nicht lange an seinen Schwur.

Danylo erhielt von Batu Khan den *yarlyk* für Galizien und Wolhynien als Gegenleistung für sein Versprechen, Tribut zu zahlen und an den mongolischen Feldzügen in der Region teilzunehmen. Die mongolische Oberhoheit schützte ihn nicht nur vor den Ansprüchen rivalisierender Rus-Fürsten auf sein Territorium, sondern auch vor aggressiven Nachbarn im Westen und Norden. Danylo nutzte die neue Atmosphäre politischer Stabilität, um den wirtschaftlichen Aufschwung seines Reichs einzuleiten. Es war weniger verwüstet als andere Teile der Ukraine und bevorzugtes Ziel für Flüchtlinge aus den steppennahen Gebieten, in denen die Mongolen ihre Vorposten hatten und direkte Kontrolle ausübten. Glaubt man den Chronisten der Rus, so zogen die wirtschaftlichen Möglichkeiten in den wolhynischen und galizischen Städten, die unter dem Schutz des Fürsten Danylo standen, viele Flüchtlinge aus der Kyjiwer Region an.

Danylo verlegte seine Hauptstadt weiter weg von der Steppe in die neu gegründete Stadt Cholm (das heutige Chełm in Polen), die er zu einem bedeutenden Wirtschaftszentrum ausbauen wollte. »Als Fürst Danylo sah, dass Gott diesen Ort begünstigte, begann er, Siedler herbeizurufen – Deutsche und Rus, Angehörige anderer Stämme und Ljachen [Polen]«, schrieb der Chronist. »Sie kamen tagein, tagaus. Sowohl Jünglinge als auch Meister aller Art flohen [hierher] vor den Tataren – Sattler, Bogenschützen und Pfeilmacher, Schmiede von Eisen, Kupfer und Silber. Und es herrschte Geschäftigkeit, und sie füllten die Felder und Dörfer um die Stadt mit Wohnhäusern.« Cholm war nicht das einzige Objekt von Danylos Bestrebungen. Er gründete neue Städte – wie Lwiw, die künftige Hauptstadt der Region, die 1256 erstmals in der Chronik erwähnt und nach Danylos Sohn Lew benannt wurde – und befestigte alte.

Unter der Herrschaft von Danylo und seinen Nachfolgern vereinigte das galizisch-wolhynische Fürstentum den größten Teil der damals besiedelten ukrainischen Gebiete. Deren Aufstieg war auf politische, wirtschaftliche und kulturelle Vorgänge zurückzuführen, die die Macht von Kyjiw schwächten und die Entstehung von Grenzfürstentümern begünstigten. Die mongolische Invasion erleichterte diese Entwicklung. Manche Historiker sind der Ansicht, dass die Fürsten der Rus den Mongolen entgegenkamen, wenn ihnen das Wohlergehen ihrer Untertanen am Herzen lag. Die mongolische Herrschaft – so das Argument – brachte der Region Stabilität und Handel. Es stimmt, Kyjiw wurde verwüstet und brauchte Jahrhunderte, um sich davon zu erholen. Aber diese langfristigen Auswirkungen hatten mehr mit der Verlagerung der Handelsrouten vom Dnipro zum Don und zur Wolga im Osten und zum Dnister im Westen zu tun als mit dem Ausmaß der Zerstörung.

Auch die mongolische Eroberung der Krim war alles andere als verheerend. Entgegen der landläufigen Meinung, die sich auf die frühe Geschichtsschreibung stützt, brachten die Mongolen die Krimtataren nicht auf die Halbinsel. Sie erleichterten lediglich deren Übernahme durch die turksprachigen Kiptschak (Polowzer/Kumanen), die lange vor der mongolischen Invasion begann. Die Festung Sudak, die in den 1220er Jahren von den Mongolen eingenommen wurde, verlor im Laufe der Zeit an Bedeutung gegenüber Feodossija oder Caffa, das zunächst unter venezianischer, dann unter genuesischer Herrschaft zu einem wichtigen Handelszentrum wurde. Die Krim blieb auch während der Mongolenherrschaft ein kommerzieller Umschlagplatz der Region, der die eurasischen Steppen mit der Welt des Mittelmeers verband.

Die Mongolen waren in der zweiten Hälfte des 13. Jahrhunderts eine starke, aber oft abwesende Macht in der Ukraine, und die Herrscher von Galizien-Wolhynien wollten sich diesen Umstand zunutze machen. Sie versuchten, von der Goldenen Horde unabhängig zu werden, indem sie lokale Bündnisse schlossen.

Danylo konzentrierte seine Außenpolitik darauf, die Beziehungen zu seinen westlichen Nachbarn wiederherzustellen und Allianzen zur Unterstützung eines künftigen Aufstands gegen die Mongolen zu schmieden. Im Jahr 1246 traf er auf dem Rückweg von seinem Besuch bei Batu Khan den päpstlichen Gesandten Giovanni del Carpine, aus dessen Bericht über die Zerstörung Kyjiws durch die Mongolen wir bereits zitiert haben. Sie sprachen über die Aufnahme von Beziehungen zwischen Danylo und dem Papst. Nach seiner Rückkehr nach Galizien schickte Danylo einen orthodoxen Geistlichen nach Lyon, dem damaligen Sitz des Papsttums, um direkten Kontakt aufzunehmen. Papst Innozenz IV. wollte, dass die Fürsten der Rus ihn als ihr religiöses Oberhaupt anerkannten. Danylo wiederum versuchte den Papst auf seine Seite zu ziehen, um sich die Unterstützung der katholischen Herrscher Mitteleuropas gegen die Mongolen zu sichern.

Diese mit Hilfe von del Carpine hergestellte Verbindung zwischen dem galizischen Fürsten und dem Papst führte schließlich dazu, dass Innozenz IV. 1253 eine Bulle erließ, in der er die christlichen Herrscher Mitteleuropas und des Balkans zur Beteiligung an einem Kreuzzug gegen die Mongolen aufrief. Er sandte auch seinen Legaten zu Danylo und verlieh ihm die Krone eines christlichen Königs. So wurde aus dem Fürsten Danylo König Daniel, *rex ruthenorum*, König der Rus. Danylo erhielt nicht nur die Unterstützung des Papstes, sondern schloss zudem ein Bündnis mit dem König von Ungarn, der sich bereit erklärte, seine Tochter mit Danylos Sohn zu verheiraten. Sein anderer Sohn heiratete die Tochter eines österreichischen Herzogs. Im Jahr 1253 begann Danylo schließlich, ermutigt durch die Zusage von Beistand aus Mitteleuropa, mit Militäraktionen gegen die Mongolen. Schon bald übernahm er die Kontrolle über Teile von Podolien und Wolhynien, die unter mongolischer Herrschaft gestanden hatten. Der Zeitpunkt für seine Offensive hätte nicht besser gewählt werden können, denn Batu, Khan der Goldenen Horde, starb 1255, und seine beiden Nachfolger regierten jeweils nur weniger als ein Jahr.

Es dauerte fünf Jahre, bis die Mongolen mit einem neuen Heer nach Galizien und Wolhynien zurückkehrten, um diese Gebiete wieder in ihren Besitz zu bringen. Genau zu diesem Zeitpunkt wäre die Unterstützung des Westens von entscheidender Bedeutung gewesen, doch sie blieb aus. Die mitteleuropäischen Herrscher ignorierten die päpstliche Bulle, die sie zu einem Kreuzzug gegen die Mongolen aufforderte. Auch die ehelichen Bindungen erwiesen sich als wenig hilfreich, da sich Ungarn gerade von einer Niederlage gegen die Tschechen erholte. Also stand Danylo der neuen mongolischen Streitmacht allein gegenüber. Deren Heerführer Burundai, der an der Spitze einer großen Armee in Galizien-Wolhynien eintraf, verlangte von Danylo die Teilnahme an Feldzügen gegen die Litauer und die Polen und zerstörte damit die Bündnisse, die Danylo in der Region geschlossen hatte. Außerdem forderte Burundai, dass Danylo die Befestigungen schleifte, die er um seine Städte herum errichtet hatte – das Fürstentum sollte für mögliche Offensiven aus der Steppe angreifbar werden. Danylo fügte sich und erklärte sich erneut zum Vasallen der Mongolen.

Danylos Pakt mit dem Papst in den 1250er Jahren hatte seinen Preis, nicht nur im Hinblick auf den Kreuzzug gegen die Mongolen, sondern auch hinsichtlich seiner Beziehungen zum orthodoxen Klerus sowohl in Konstantinopel wie auch zu Hause in der Rus. Nach der Plünderung Konstantinopels im Jahr 1204 durch die Teilnehmer des Vierten Kreuzzugs wurde die Spaltung zwischen der östlichen und der westlichen Christenheit zu mehr als nur einer Frage theologischer und juristischer Nuancen. Sie entwickelte sich zu offener Feindschaft, die in der Rus durch die von Konstantinopel entsandten Metropoliten noch verschärft wurde. Danylo gelang es schließlich, den Widerstand des örtlichen Klerus gegen sein Bündnis mit Rom zum Schweigen zu bringen, nicht aber den von Konstantinopel. Als 1251 Danylos Schützling als Metropolit der ganzen Rus, der ehemalige Bischof von Cholm, Kyrill, nach Byzanz kam, um sich segnen zu lassen, wurde er unter der Bedingung als Metropolit bestätigt, dass er nicht in Galizien residierte, dessen Fürst bekanntermaßen mit dem Papst konspirierte. Kyrill, der aus Galizien stammte, zog daraufhin in das Fürstentum Wladimir-Susdal.

Die Verlegung des Metropolitensitzes wurde 1299, während der Amtszeit von Kyrills Nachfolger, einem griechischen Metropoliten namens Maximos, offiziell. Im Jahr 1325 verlegte ein anderer galizischer Repräsentant, Metropolit Petro, den Sitz dann nach Moskau. Dies trug erheblich zum Aufstieg der Moskauer Fürsten als Führer der nordöstlichen Rus – des Kerns des modernen Russlands – bei. Die mongolische Herrschaft über einen Großteil dessen, was heute Russland ist, war viel strenger und währte länger als ihre Herrschaft über andere Territorien der Rus. Die Gebiete um Moskau lagen einfach näher am Kern der Länder, über die die Khane der Goldenen Horde geboten. Die Mongolen schufen das Amt des Großfürsten der Rus, um die Verwaltung ihres Reichs und die Eintreibung von Tributzahlungen zu erleichtern. Das Amt hatten zunächst die Fürsten von Wladimir-Susdal inne, was jedoch später von den beiden führenden Fürstentümern der Region, Moskau und Twer, angefochten wurde. Letztlich gingen die Moskauer Fürsten, die »Inhaber« des Metropolitensitzes, als Sieger aus dem Kampf um das Amt und, was noch wichtiger war, um die Herrschaft über den mongolischen Teil der Rus hervor.

Der Sitz wurde von Kyjiw nach Wladimir verlegt, und Moskau erhielt den Namen »Metropolie der ganzen Rus«. Als Ausgleich gestattete Konstantinopel den Galiziern im Jahr 1303 die Gründung einer eigenen Metropolie. Dieses neue Bistum, das in der Stadt Halytsch, der Hauptstadt des Fürstentums Halytschyna, lateinisch Galicia, eingerichtet wurde, bezeichnete man als »Metropolie der Kleinen Rus«. Es umfasste sechs der fünfzehn Eparchien (Diözesen), die einmal unter der Gerichtsbarkeit von Kyjiw gestanden hatten. Dazu gehörten nicht nur die Eparchien auf dem Gebiet der heutigen Ukraine, sondern auch die Eparchie von Turau im heutigen Belarus. Der Begriff »Kleine Rus«, den die Griechen nach Ansicht mancher Forscher als »innere« oder »engere« Rus verstanden, war geboren. Viel später wurde er zum Zankapfel in den Auseinandersetzungen um die ukrainische nationale Identität, wobei die Bezeichnung »Kleinrussen« im 20. Jahrhundert jenen Ukrainern zugeschrieben wurde, die sich ihrer Selbstidentifikation nach als Teil einer gesamtrussischen Einheit verstanden.

Durch die Invasion der Mongolen und ihrer anhaltenden Präsenz in den pontischen Steppen standen die Eliten der Rus erstmals vor dem Dilemma, zwischen dem Osten und dem Westen wählen zu müssen. Der Osten wurde sowohl durch die Steppennomaden als auch durch die christliche Tradition von Byzanz repräsentiert, der Westen hingegen von den mitteleuropäischen Herrschern, die die kirchliche Autorität des Papstes anerkannten. Dadurch befanden sich die Postkyjiwer Eliten in den Gebieten der heutigen Ukraine an einer der wichtigsten politischen und kulturellen Bruchlinien Europas. Sie wagten einen Balanceakt, der ihre faktische Unabhängigkeit von Ost und West um mindestens ein weiteres Jahrhundert verlängerte.

Historiker betrachten das Fürstentum Galizien-Wolhynien oft als den letzten unabhängigen Staat in den ukrainischen Gebieten bis zum Aufstieg des Kosaken-Hetmanats Mitte des 17. Jahrhunderts. Dieses Urteil bedarf einer gewissen Einschränkung. Obwohl Galizien-Wolhynien häufig mit den Khans der Goldenen Horde im Streit lag und gelegentlich auch Krieg führte, blieb es bis zum Ende seines Bestehens in den 1340er Jahren ein tributpflichtiger Vasall. Als Gegenleistung für den Tribut gewährten die Khane den galizisch-wolhynischen Herrschern völlige Unabhängigkeit in ihren inneren Angelegenheiten. Auf internationaler Ebene profitierte Galizien-Wolhynien bis zum Schluss von der Pax Mongolica. Die Schwächung und letztlich der Zusammenbruch dieser internationalen Ordnung in Osteuropa beschleunigten den Untergang von Galizien-Wolhynien als einheitlicher Staat.

Dessen Zerfall begann mit einem Ereignis, das heute trivial erscheint, für mittelalterliche und frühneuzeitliche Gemeinwesen jedoch von großer Bedeutung war: dem Aussterben eines Herrscherhauses, in diesem Fall der galizisch-wolhynischen Fürstendynastie. Im Jahr 1323 starben die beiden Urenkel Danylos: Manche Historiker glauben, dass sie im Kampf gegen die Mongolen ihr Ende fanden – eine Schlacht, die zu dieser Zeit die falsche war. Da Danylo keine weiteren männlichen Nachkommen hinterließ, übernahm Fürst Boleslaw von Masowia in Polen, ein Neffe mütterlicherseits des verstorbenen Fürsten, das Fürstentum. Der gebürtige Katholik Bolesław trat zur Orthodoxie über und änderte seinen Namen in Jurij – für ihn war der politische Preis eindeutig eine Messe wert. Das genügte dem lokalen Adel der Rus, den Bojaren, jedoch nicht, die ihren neuen Herrscher verachteten, weil er ihre Interessen vernachlässigte und sich auf den Rat von Leuten verließ, die er aus Polen mitgebracht hatte. Im Jahr 1340 vergifteten die Bojaren Jurij-Bolesław, den letzten Herrscher, der sich selbst als *dux totius Russiae Minoris* (Führer / Herzog der gesamten Kleinen Rus) bezeichnet hatte, was zu einer Periode lang anhaltender Kämpfe um Galizien-Wolhynien und schließlich zum Untergang des Fürstentums führte. In der zweiten Hälfte des 14. Jahrhunderts wurde das ehemals mächtige Fürstentum in zwei Teile aufgespalten, wobei Galizien und das westliche Podolien an Polen und Wolhynien an das Großfürstentum Litauen fielen.

König Kasimir III. von Polen war der Hauptakteur im Drama der polnischen Übernahme Galiziens. Im Jahr 1340 versuchte er erstmals, Lwiw einzunehmen, die galizische Hauptstadt aus den 1270er Jahren. Die lokalen Eliten, angeführt vom galizischen Bojaren Dmytro Dedko, wandten sich an die Mongolen und wehrten den polnischen Angriff mit deren Hilfe ab. Doch Kasimir kehrte 1344 zurück, und diesmal gelang es ihm, einen Teil des Fürstentums zu erobern. Nach Dedkos Tod besetzten polnische Truppen 1349 Lwiw und den Rest des galizisch-wolhynischen Territoriums. Litauische und lokale Truppen vertrieben sie zwar im folgenden Jahr aus Wolhynien, die Polen behielten aber ihre Besitzungen in Galizien. Mitte des 14. Jahrhunderts zogen Hunderte polnischer Adliger aus anderen Teilen des

Königreichs nach Galizien auf der Suche nach Land, das ihnen im Austausch für militärische Dienste angeboten wurde. Aus Kasimirs Sicht war der unter Bedingungen zugesprochene Landbesitz ein Mittel, um sicherzustellen, dass der Adel seine Pflicht zur Verteidigung der neuen Provinz nicht vernachlässigte.

Das Königreich Polen gliederte die Gebiete der Rus in Galizien und Westpodolien erst in den 1430er Jahren als Woiwodschaft der Rus (Ruthenien) und Woiwodschaft Podolien vollständig ein. Zu dieser Zeit fanden auch die Forderungen des lokalen Adels (sowohl des polnischen als auch des ukrainischen) nach bedingungslosem Landbesitz Gehör. Die bei weitem wichtigste politische Entwicklung im Zusammenhang mit der Eingliederung Galiziens und Teilen Podoliens in das Königreich Polen war, dass die politischen Rechte, die die polnischen Adligen genossen, auf den lokalen Adel ausgeweitet wurden. Dazu gehörte das Recht, an den Dietinen, den lokalen Adelsversammlungen, teilzunehmen, in denen nicht nur örtliche Belange, sondern auch Staatsangelegenheiten und außenpolitische Fragen erörtert wurden. Die Adligen erhielten darüber hinaus das Recht, Vertreter für die Reichstage des gesamten Königreichs zu wählen, und da die Verteidigung des galizisch-podolischen Grenzgebiets gegen Einfälle von Steppenstämmen zwischen dem 14. und 16. Jahrhundert immer wichtiger wurde, nutzten sie dieses Recht, um ihre Interessen an den Höfen durchzusetzen.

Die Integration Galiziens und Westpodoliens in das Königreich Polen öffnete die Region für den Einfluss des polnischen Modells der Adelsdemokratie, des deutschen Modells der städtischen Selbstverwaltung und der Vorzüge der italienischen Renaissancebildung, sie hatte aber auch ihren Preis, einen Preis, den mancher Historiker der Ukraine für zu hoch hält: Die Region verlor ihren halb selbstständigen Status und die Bojarenaristokratie ihre fürstliche Macht und ihre Dominanz in der Lokalpolitik. Die kulturelle Polonisierung betraf nicht nur die Aristokratie, sondern auch den lokalen Adel; die Handwerker der Rus wurden immer schneller aus den Städten verdrängt, und die Orthodoxie bekam starke Konkurrenz durch die römisch-katholische Kirche.

Das Großfürstentum Litauen bot ein weiteres Modell für die Eingliederung ukrainischer Gebiete in ein fremdes Staatswesen. Litauen
hatte Wolhynien in einem erbitterten Wettstreit mit seinen polnischen Rivalen übernommen; es erlangte auch die Kontrolle über das
Kyjiwer Land, das im Gegensatz zu Galizien-Wolhynien bis zum
14. Jahrhundert mehr oder weniger direkt unter mongolischer Herrschaft gestanden hatte. Im Unterschied zum polnischen Modell war
das litauische dem Erhalt des politischen Einflusses, des sozialen Status und der kulturellen Traditionen der lokalen Eliten förderlicher.

Das Großfürstentum wurde in der ersten Hälfte des 14. Jahrhunderts zu einem Akteur auf der ukrainischen Bühne. Das verdankte es
seinem berühmtesten Herrscher, dem Großfürsten Gediminas, einem
erfolgreichen Reichsgründer und Ahnherr der litauischen Herrscherdynastie. Berichten zufolge gelang es Gediminas im frühen 14. Jahrhundert, einen eigenen Fürsten in Kyjiw einzusetzen. Dies scheint
keine unmittelbaren Auswirkungen auf den Status des Fürstentums
gehabt zu haben, aber das sollte sich ändern, als die litauischen Fürsten mit Unterstützung lokaler Gefolgsleute begannen, die Tataren
weiter in die Steppe hinauszudrängen. Die Entscheidungsschlacht
fand 1362 am Fluss Syni Wody in der heutigen Zentralukraine statt.
Dort besiegten Truppen der Litauer und der Rus unter der Führung
von Gediminas' Sohn Algirdas die Streitmacht der Nogai-Tataren,
des führenden Stammes der Goldenen Horde in den pontischen
Steppen. Dank diesem Erfolg konnte das Großfürstentum Litauen
seine Grenzen nach Süden bis zur Dnistermündung an der Schwarzmeerküste verschieben. Das Großfürstentum wurde so nicht nur zu
einem mächtigen Nachfolger der Kyjiwer Rus, sondern auch zum
Beherrscher des größten Teils der ukrainischen Länder.

Die Litauer schickten Vertreter ihrer Gediminiden-Dynastie in die
Rus, und es zeigte sich, dass Gediminas' Nachkommen dort schneller
heimisch wurden als ihre rurikidischen Vorgänger aus dem 10. Jahrhundert. Litauische Herrscher heirateten in einheimische Familien
der Rus ein und nahmen bereitwillig den orthodoxen Glauben und
slawisch-christliche Namen an. Die überwältigende Dominanz der
Rus im kulturellen Bereich erleichterte die litauische Akkulturation.

Selbst die litauische Elite, die bis ins 15. Jahrhundert hinein heidnisch geblieben war, erkannte nun die Autorität der byzantinischen Orthodoxie an. Die Kanzleisprache der Rus, die auf dem Kirchenslawischen basierte, das Ende des 10. Jahrhunderts von christlichen Missionaren nach Kyjiw gebracht worden war, diente im gesamten Großfürstentum als Verwaltungssprache; das Gesetzbuch, das im 16. Jahrhundert als Litauisches Statut bekannt wurde, war eine Version des Gesetzeskodex *Ruska Prawda*. In jeder Hinsicht, mit Ausnahme der dynastischen Kontinuität, wurde das Großfürstentum Erbe der Kyjiwer Rus. Manche Historiker bezeichneten es deshalb nicht als litauischen Staat, sondern als litauisch-rusisches oder sogar rusisch-litauisches Gemeinwesen.

Als das Königreich Polen und das Großfürstentum Litauen den größten Teil der ukrainischen Gebiete übernahmen, brachte dies politische, soziale und kulturelle Veränderungen mit sich. Die beiden Staaten verfolgten eine sehr unterschiedliche Politik in Bezug auf die Aufnahme und Assimilation der Eliten und der Gesellschaft der Rus. In beiden Fällen sind jedoch ähnliche Tendenzen zu beobachten, die dazu führten, dass die Rus-Fürstentümer ihre Autonomierechte verloren. Ende des 15. Jahrhunderts wurden sie von der politischen Landkarte der Region getilgt, und so endete die Fürstenära, die in der Kyjiwer Rus im 10. Jahrhundert begonnen hatte.

II

BEGEGNUNG ZWISCHEN OST UND WEST

KAPITEL 7

DIE ENTSTEHUNG DER UKRAINE

N achdem die ukrainischen Territorien Ende des 14. Jahrhunderts in das Königreich Polen und das Großfürstentum Litauen eingegliedert waren, bestimmten die Politik dieser beiden Staaten sowie ihr Verhältnis zueinander das politische, wirtschaftliche und kulturelle Leben der Ukraine. Von großer Bedeutung für die Zukunft der ukrainischen Gebiete war dabei eine Reihe von Verträgen, die Polen und Litauen zwischen dem 14. und 16. Jahrhundert miteinander schlossen.

Im Jahr 1385 unterzeichnete der 33-jährige Herrscher von Litauen, Jogaila, der sich »Großfürst der Litauer und Herr der Rus« von Gottes Gnaden nannte, in der Stadt Krewa (heute in Belarus) einen mit den Vertretern der zwölfjährigen Jadwiga, die den Titel »König« von Polen führte, ausgehandelten Heiratsvertrag. Als Gegenleistung für den polnischen Thron war er bereit, für sich und sein Reich den katholischen Glauben anzunehmen und mit Polen eine Union einzugehen. Ein Jahr später wurde Jogaila zum König von Polen gekrönt. Und wiederum ein Jahr danach, 1387, brachte eine vereinte polnische und litauische Streitmacht Galizien erneut unter die Herrschaft des polnischen Königreichs.

Auf den in Krewa ausgehandelten Vertrag folgten weitere Bündnisabkommen, die das Verhältnis zwischen den beiden Ländern vertieften und schließlich in der Lubliner Union (1569) gipfelten, mit der die polnisch-litauische Adelsrepublik, auch Polen-Litauen oder *Rzeczpospolita* genannt, begründet wurde. Die Grenzen zwischen dem Königreich und dem Großfürstentum innerhalb Polen-Litauens wurden neu gezogen, wobei der größte Teil der ukrainischen Gebiete dem Königreich zugeschlagen wurde und die belarussischen Gebiete innerhalb der Grenzen des Großfürstentums verblieben. Die Vereinigung Polens und Litauens führte also zur Trennung von Ukraine und Belarus; in dieser Hinsicht kann man die Bedeutung der Union von Lublin kaum überschätzen. Sie legte den Grundstein für das Territorium der heutigen Ukraine und die Identifizierung seiner Eliten mit diesem Gebiet.

Aus der Sicht der Rus-Eliten im Großfürstentum Litauen brachte die Vereinigung mit dem Königreich Polen nichts als Ärger. Die unmittelbare Folge der Union von Krewa war der Verlust des Einflusses der Rus auf den Großfürsten, der seinen Sitz nicht nur nach Krakau und damit außerhalb des Fürstentums verlegte, sondern auch zum Katholizismus konvertierte und damit ein mögliches Vorbild für seine Brüder schuf, von denen einige orthodoxen Glaubens waren. Damit schwanden die Hoffnungen der orthodoxen Hierarchen, im letzten heidnischen Reich Europas das byzantinische und nicht das römische Christentum zu etablieren.

Die eigentliche Bedrohung für den politischen Status der Rus kam jedoch 1413, als die Union von Horodło, die in der Geschichtsschreibung als dynastisches Bündnis gilt, die Union von Krewa, eine Personalunion zwischen dem Königreich Polen und dem Großfürstentum Litauen, weiterentwickelte. Der zwischen Jogaila, nun unter dem Namen Władysław II. Jagiełło König von Polen, und seinem Vetter Vytautas, dem Großfürsten von Litauen, geschlossene Vertrag weitete viele Rechte und Privilegien des polnischen Adels, einschließlich des Rechts auf uneingeschränkten Landbesitz, auf den litauischen Adel aus. Fast fünfzig polnische Adelsfamilien erklärten sich bereit, fortan ihr Wappen gemeinsam mit einer Familie aus dem Großfürstentum zu führen. Der Haken an der Sache war, dass nur katholische litauische Familien zum Zuge kamen. Die orthodoxe Elite ging bei der Vergabe neuer Rechte und Privilegien leer aus. Damit begann die Diskriminierung der Eliten der Rus auf staatlicher Ebene. Ohne die neuen Privilegien waren die orthodoxen Adligen letztlich von hohen Ämtern in der zentralen Verwaltung des Großfürstentums ausgeschlossen. Obendrein entstand die Union von Horodło unmittelbar, nachdem einer ihrer Schöpfer, Großfürst Vytautas, die Autonomie der Rus beschnitten hatte, indem er den Fürsten von Wolhynien und die Herrscher einiger anderer Ländereien durch seine eigenen Getreuen ersetzte.

Kurz nach dem Tod von Vytautas im Jahr 1430 ergab sich für die Eliten der Rus Gelegenheit, ihrer Unzufriedenheit über diese Beeinträchtigung ihres Status Luft zu machen. Im Nachfolgekampf um den litauischen Thron, der sich zu einem Bürgerkrieg ausweitete, unterstützten die Adligen der Rus, angeführt von den wolhynischen Bojaren, mit Fürst Švitrigaila einen eigenen Kandidaten. Sein Rivale, Fürst Žygimantas, gewährte daraufhin 1434 die von der Union von Horodło garantierten Rechte und Privilegien auch den orthodoxen Eliten des Großfürstentums und konnte damit den Krieg zu seinen Gunsten entscheiden. Die Fürsten und Adligen der Rus in Wolhynien und im Kyjiwer Land blieben Žygimantas gegenüber zwar misstrauisch, doch ihre Unterstützung für Švitrigaila schwand, und so kehrte im Großfürstentum wieder halbwegs Frieden ein. Die Tatsache, dass die Religionszugehörigkeit nun nicht länger für Unmut unter den Rus-Eliten sorgte, verschaffte dem litauischen Hof im Übrigen mehr Handlungsspielraum für seine anhaltenden Bemühungen, die Autonomie der Ländereien und Fürstentümer der Rus einzuschränken.

Im Jahr 1470 löste der Großfürst und König von Polen, Kasimir IV., mit dem Fürstentum Kyjiw das letzte Überbleibsel der Fürstenära auf. Zehn Jahre später schmiedeten die Kyjiwer Fürsten ein Mordkomplott gegen Kasimir, um einen der ihren als König einzusetzen. Das Vorhaben scheiterte jedoch, und die Rädelsführer wurden verhaftet; die übrigen Verschwörer mussten aus dem Großfürstentum fliehen. Damit zerschlugen sich endgültig die Hoffnungen auf eine Wiederherstellung des Fürstentums der Kyjiwer Rus und der damit verbundenen Lebensweise. Zu Beginn des 16. Jahrhunderts fanden sich auf der politischen Landkarte der Ukraine und in ihrer institutionellen, sozialen und kulturellen Verfasstheit nur noch wenige Spuren der nun zwei Jahrhunderte zurückliegenden Periode, in der Galizien-Wolhynien sich bemüht hatte, die mongolische Oberhoheit abzuschütteln und eine eigenständige Kraft in der Region zu werden.

Das Recht und die Sprache der Rus hatten noch Bestand, verloren aber allmählich ihre frühere Vorherrschaft. Diese konstitutiven Elemente der rusischen Kultur gerieten mehr und mehr ins Hintertreffen gegenüber den römischen Einflüssen und der polnischen Sprache, die nach der Union von Krewa im Großfürstentum die erste Stelle einnahmen.

Das 16. Jahrhundert war in ganz Europa geprägt von der Stärkung der königlichen Autorität, der Zentralisierung der Staatsmacht und der Regulierung politischer wie gesellschaftlicher Gepflogenheiten. Die Kehrseite war der wachsende Widerstand des Adels gegen die Ausweitung der königlichen Macht, der im Fall Polen-Litauens von den Adelshäusern des Großfürstentums ausging, von denen viele tief in der fürstlichen Tradition der Kyjiwer Rus und Galizien-Wolhyniens verwurzelt waren. Mitte des 16. Jahrhunderts ließ der Widerstand der Eliten gegen die wachsende königliche Macht allerdings nach, da sich das Großfürstentum zunehmend von außen bedroht sah und auf die Hilfe Polens angewiesen war. Die Gefahr kam aus dem Osten, wo sich im Laufe des 15. Jahrhunderts eine neue starke Macht herausgebildet hatte: das Großfürstentum Moskau.

Im Jahr 1476 erklärte Großfürst Iwan III., der erste Moskauer Herrscher, der sich Zar nannte, die Unabhängigkeit seines Reichs von der Horde und verweigerte die Tributzahlungen an die Khane. Sein Ziel war die »Sammlung der russischen Erde«, das heißt der Zusammenschluss aller Rus-Länder. Nachdem ihm dies mit Nowgorod, Twer und Wjatka gelungen war, erhob er auch Anspruch auf die Rus-Gebiete außerhalb des ehemaligen Mongolenreichs, darunter die der heutigen Ukraine. In den letzten Jahrzehnten des 15. Jahrhunderts gerieten das neu geschaffene Moskauer Zarenreich und das Großfürstentum Litauen in langwierige Auseinandersetzungen um das Erbe der Kyjiwer Rus. Moskau ging in die Offensive, und zu Beginn des 16. Jahrhunderts mussten die Großfürsten die Herrschaft des Zaren über zwei ihrer ehemaligen Territorien, Smolensk und Tschernihiw, anerkennen. Damit errang Moskau zum ersten Mal die Kontrolle über einen Teil der heutigen Ukraine.

Die Ausdehnung Moskaus nach Westen, die zu Beginn des 16. Jahrhunderts von den Großfürsten gestoppt worden war, setzte sich in der zweiten Hälfte des Jahrhunderts fort. Im Jahr 1558 griff Iwan der Schreckliche, der tatkräftige und charismatische, aber auch unberechenbare, brutale und letztlich selbstzerstörerische Zar von Moskau, Livland an, das an das Großfürstentum angrenzte und Teile des heutigen Lettland und Estland umfasste. Dieser Livländische Krieg, in den schließlich auch Schweden, Dänemark, Litauen und Polen verwickelt wurden, sollte bis 1583 dauern, mithin ein Vierteljahrhundert. Im Jahr 1563 überquerten Moskauer Truppen die Grenzen des Großfürstentums, nahmen die Stadt Polazk ein und plünderten Wizebsk, Schklou und Orscha (alle im heutigen Belarus gelegen). Diese Niederlage brachte den litauischen Kleinadel dazu, einer Vereinigung des Großfürstentums mit Polen zuzustimmen.

Im Dezember 1568 berief Sigismund Augustus, König von Polen und Großfürst von Litauen, zwei Reichstage in Lublin ein, einen für das Königreich und einen für das Großfürstentum, auf denen die Bedingungen für die neue Union ausgehandelt werden sollten. Die Unterredungen begannen vielversprechend, beide Seiten einigten sich auf die gemeinsame Wahl des Königs, einen gemeinsamen Reichstag beziehungsweise ein Parlament und eine weitgehende Autonomie für das Großfürstentum. Allerdings wollten die Magnaten, hochadlige Großgrundbesitzer, die ihnen gehörenden königlichen Ländereien nicht zurückgeben, was die Hauptforderung des polnischen Adels war. Daraufhin packten die litauischen Gesandten ihre Sachen, riefen ihr adliges Gefolge zusammen und reisten ab. Dies sollte sich als Fehler erweisen. Die Litauer hatten nicht damit gerechnet, dass der Reichstag des Königreichs Polen nun mit dem Segen des Königs Dekrete erließ, welche die Provinzen des Großfürstentums eine nach der anderen der Gerichtsbarkeit des Königreichs Polen unterstellten.

Die litauischen Magnaten, die befürchtet hatten, dass Moskau ihre Ländereien einkassierte, verloren diese nun an Polen. Um eine feindliche Übernahme durch ihren mächtigen polnischen Partner zu verhindern, kehrten die Litauer nach Lublin zurück, um dort ein von den polnischen Gesandten diktiertes Abkommen zu unterzeichnen.

Doch nun war es zu spät. Im März 1569 ging die Woiwodschaft Podlachien an der ethnischen ukrainisch-belarussisch-polnischen Grenze an Polen. Wolhynien folgte im Mai, und am 6. Juni, einen Tag vor der Wiederaufnahme der polnisch-litauischen Gespräche, wurden auch die Kyjiwer und die podolischen Gebiete an Polen übertragen. Den litauischen Adligen blieb nichts weiter übrig, als sich mit der neuen Realität abzufinden – sich weiterhin gegen die Vereinigung zu stemmen, hätte noch größere Verluste zur Folge gehabt. Jan Matejko, ein bedeutender polnischer Maler des 19. Jahrhunderts, porträtierte auf seinem meisterhaften Historiengemälde *Lubliner Union* den Hauptgegner der Union, Mikalojus Radvila, wie er vor dem König kniet, aber zugleich das Schwert gezückt hat.

Die Union von Lublin schuf einen neuen polnisch-litauischen Staat mit einem einzigen Herrscher, gewählt vom Adel des gesamten Reichs, und einem einzigen Parlament. Sie gewährte die Freiheiten des polnischen Adels auch dem des Großfürstentums Litauen, das seine eigenen Ämter, sein Schatzamt, sein Rechtssystem und seine Armee behielt. Der neue Staat, das Gemeinwesen der Polnischen Krone und des Großfürstentums Litauen oder kurz *Rzeczpospolita*, war ein gleichsam föderales Gebilde, das vom geographisch erweiterten und politisch gestärkten Königreich Polen dominiert wurde. Die ukrainischen Woiwodschaften verleibte sich das Königreich nicht als Gesamtheit, sondern einzeln ein, ohne ihnen dafür mehr zu garantieren als den Gebrauch der ruthenischen (mittelukrainischen) Sprache als Gerichts- und Amtssprache und den Schutz der Rechte der orthodoxen Kirche.

Auf dem Reichstag von Lublin vertraten die lokalen Adligen – Fürsten und Bojaren, also dieselbe Schicht, die sich der Union in Litauen widersetzt hatte – die ukrainischen Gebiete. Doch im Gegensatz zu den litauischen Adligen sprachen sich die ukrainischen Vertreter für den Beitritt zum Königreich aus, verlangten aber Garantien für ihre Gesetze, ihre Sprache und ihre Religion. Warum stimmten die ukrainischen Eliten, insbesondere die Fürstenfamilien, einem solchen Abkommen überhaupt zu? Diese Frage ist deshalb von so großer Bedeutung, weil die neue Grenze zwischen Polen und Litauen später die Grundlage für die administrative Aufteilung werden sollte, aus der sich die heutige Grenze zwischen der Ukraine und Belarus ergab.

Schlossen sich die ukrainischen Provinzen des Großfürstentums dem Königreich Polen an, weil sie sich in ihrer Identität und Lebensweise von Belarus unterschieden, oder führte die Grenze von Lublin erst dazu, dass diese beiden ostslawischen Völker sich auseinanderentwickelten? Für Sprachunterschiede zwischen Ukrainern und Belarussen in der Mitte des 16. Jahrhunderts gibt es keine Anhaltspunkte. In den ukrainisch-belarussischen Grenzgebieten werden heute ukrainisch-belarussische Mischdialeke gesprochen. Dies dürfte im 16. Jahrhundert nicht anders gewesen sein, sodass es nahezu unmöglich ist, allein mit sprachlichen Kriterien eine klare Trennlinie zu ziehen. Allerdings dürfte die Lubliner Grenzziehung, die sich an den Grenzen der historischen Rus-Länder orientierte, Unterschiede verstärkt haben, die sich schon länger abzeichneten. Historisch gesehen unterschieden sich das Kyjiwer Land und Galizien-Wolhynien deutlich von den belarussischen Gebieten im Norden: Vom 10. bis zum 14. Jahrhundert waren sie Kerngebiete unabhängiger oder halb unabhängiger Fürstentümer. Im 15. und 16. Jahrhundert entwickelten die ukrainischen Gebiete auch durch ihre Lage an der Peripherie des Großfürstentums Litauen und die Herausforderungen, denen sie an der offenen Steppengrenze ausgesetzt waren, einen vom Rest der litauischen Welt verschiedenen Charakter.

Anders als der litauische Adel sahen die ukrainischen Eliten kaum Vorteile darin, die faktische Unabhängigkeit des Großfürstentums Litauen zu erhalten, war dieses doch schlecht dafür gerüstet, dem wachsenden Druck der Krim- und Nogai-Tataren zu widerstehen. Das Königreich Polen mochte dem Großfürstentum im Krieg gegen Moskau helfen, aber es war unwahrscheinlich, dass es den Ukrainern bei ihren ständigen Scharmützeln mit den Tataren beistand. Die Eingliederung der Grenzprovinzen in das Königreich konnte dazu führen, dass sich diese Haltung änderte. Wie auch immer, die ukrainischen Fürsten stimmten der Vereinigung ihrer Gebiete mit Polen zu. Es gibt keine Anhaltspunkte dafür, dass sie diesen Schritt jemals bereuten. Die wolhynischen Fürstenfamilien behielten nicht nur ihre Besitztümer, sondern konnten sie unter der polnischen Schutzherrschaft noch erheblich vergrößern.

Kostjantyn Ostroskyj, der bei weitem einflussreichste der lokalen Fürsten, entschied das Schicksal der Union, indem er dem König seine Unterstützung zusicherte. Er behielt seine alten Ämter als Hauptmann der Stadt Wolodymyr und Woiwode von Kyjiw. Außerdem vergrößerte er seinen Landbesitz. Ende des 16. Jahrhunderts gebot Ostroskyj über ein riesiges Reich, das 40 Burgen, 1000 Städte und 13 000 Dörfer umfasste, die sich alle im persönlichen Besitz des Fürsten befanden. Anfang des 17. Jahrhunderts hatte sein Sohn Janusch in seinen privaten Schatztruhen Gold, Silber und Münzen im Wert von zwei Jahreshaushalten der gesamten polnisch-litauischen Adelsrepublik angehäuft. Ostroskyj allein vermochte ein Heer von 20 000 Soldaten und Reitern aufzustellen – das Zehnfache der königlichen Armee in den Grenzgebieten. An verschiedenen Punkten seiner Laufbahn rechnete sich Ostroskyj Chancen auf den polnischen wie den Moskauer Thron aus. Der Kleinadel hatte diesem mächtigen Magnaten, in dessen wirtschaftlicher und politischer Abhängigkeit er stand, nichts entgegenzusetzen. So verfügte Ostroskyj stets über ein umfangreiches Netz adliger Gefolgsleute, die bei lokalen Versammlungen und den Reichstagen von Polen-Litauen seine Interessen vertraten. Weder der lokale Adel noch der König oder der Reichstag wagten es, die Autorität dieses ungekrönten Königs der Rus infrage zu stellen. Der Reichstag untersagte den Fürsten, in Kriegszeiten ein eigenes Heer aufzustellen, doch angesichts der ständig drohenden Überfälle der Tataren an der Steppengrenze konnte das stehende Heer der polnisch-litauischen Adelsrepublik schlecht auf die militärische Schlagkraft der Fürsten verzichten.

Die Ostroskyjs waren die wohlhabendsten unter den ukrainischen Fürsten, die ihren Reichtum und ihren Einfluss nach der Union von Lublin beibehalten und ausbauen konnten, aber sie waren nicht die einzigen. Von nicht geringem Einfluss war auch die wolhynische Fürstenfamilie Wyschnewezkyj. Fürst Mychajlo Wyschnewezkyj dehnte seine wolhynischen Besitztümer, die im Vergleich zu denen von Ostroskyj allerdings eher unbedeutend waren, in die Gebiete östlich des Dnipro aus. Diese Regionen waren teils unbesiedelt, teils in der Zeit der Mongolenherrschaft verlassen worden und nun Überfällen durch die Nogai- und Krimtataren schutzlos ausgesetzt. Die Familie Wyschnewezkyj weitete ihre Ländereien in diese Steppengebiete aus, indem sie dort Siedlungen, Städte und Klöster gründete. Die Besitzungen der Wyschnewezkyjs am linken Ufer des Dnipro, also in der östlichen Ukraine, konnten sich bald mit denen der Ostroskyjs in Wolhynien messen. Diese beiden Fürstenfamilien waren die größten Landbesitzer in der Ukraine.

Die Veränderungen, die sich aus der Union von Lublin für die Region ergaben, kamen den wolhynischen Fürsten zugute, die vor allen anderen die Kolonisierung der Steppengrenzgebiete vorangetrieben hatten. Die Schaffung eines kleinen, aber mobilen stehenden Heeres durch die polnische Krone, das aus den Erträgen der königlichen Domänen finanziert wurde, half, Tatarenüberfälle abzuwehren und die weitere Besiedlung der Steppe zu fördern. Ein weiterer wichtiger Anreiz für die Kolonisierung der Steppengrenzgebiete war ihre Einbeziehung in den Ostseehandel. Mit der steigenden Nachfrage nach Getreide auf den europäischen Märkten begann die Entwicklung der Ukraine zur späteren Kornkammer Europas. Zum ersten Mal seit den Tagen von Herodot wurde ukrainisches Getreide wieder auf ausländischen Märkten angeboten. Bauern, die der Leibeigenschaft in den näher an den Regierungszentren gelegenen Gebieten zu entfliehen suchten, wanderten in Scharen in die Region ein. Sie bevölkerten die Steppe im ukrainischen Grenzgebiet, wo Fürsten und Adlige Siedlungen errichteten, in denen Neuankömmlinge einen längeren Zeitraum keine Fronarbeit zu leisten und keine Abgaben zu zahlen hatten, wofür sie im Gegenzug das Land erschlossen.

Die Migration nach Osten eröffnete den ukrainischen Juden neue wirtschaftliche und kulturelle Möglichkeiten. Nach vorsichtigen Schätzungen stieg zwischen 1550 und 1650 die Zahl der Juden in der Ukraine um das Zwölffache von etwa 4000 auf über 50000. Sie gründeten neue Gemeinden, errichteten Synagogen und eröffneten Schulen. Doch die neuen Möglichkeiten hatten ihren Preis, gerieten die Juden in der Ukraine doch zwischen Bauern und Landbesitzer und deren gegensätzliche Interessen. Ursprünglich waren diese beiden Gruppen orthodoxen Glaubens. Mitte des 17. Jahrhunderts, als viele Fürsten zum Katholizismus konvertierten und immer mehr polnische Adlige in das Gebiet kamen, standen die Juden zwischen den orthodoxen Leibeigenen mit ihren Ressentiments und deren geldgierigen katholischen Herren. Eine Konstellation, die nichts Gutes verhieß.

Entgegen den Erwartungen von König Sigismund Augustus vermochte die Union von Lublin den aufrührerischen Adel nicht zu befrieden. Eher verschaffte sie Ostroskyj und anderen ukrainischen Fürsten noch mehr Gewicht. Allerdings beschränkt sich deren Geschichte nicht auf die Anhäufung von Reichtum und die Aneignung von Land. Zum ersten Mal seit dem Untergang des galizisch-wolhynischen Fürstentums befassten sich Fürsten auch mit Kultur- und Bildungsprojekten. Dieser kulturelle Aufbruch, zu dem es auf beiden Seiten der neuen polnisch-litauischen Grenze kam, wurde durch die politischen Bestrebungen der Fürsten befördert und stand in direktem Zusammenhang mit den religiösen Konflikten jener Zeit.

Ein Beispiel für die Verknüpfung von Politik, Religion und Kultur ist die Familie Radvila im Großfürstentum Litauen. Der Hauptgegner der Union von Lublin, Mikalojus Radvila Rudasis, war auch der Führer des polnischen und litauischen Calvinismus und Gründer einer calvinistischen Schule. Sein Vetter, Mikalojus Radvila Juodasis (der Schwarze), finanzierte den Druck der ersten vollständigen polnischen Bibelübersetzung, die in der Stadt Brest an der ethnischen ukrainisch-belarussischen Grenze erschien. In den 1570er Jahren startete Kostjantyn Ostroskyj sein eigenes verlegerisches Projekt in der wolhynischen Stadt Ostroh. Dort versammelte Ostroskyj ein Team von Gelehrten, das griechische und kirchenslawische Bibeltexte verglich, die kirchenslawischen Übersetzungen korrigierte und den bis dahin verbindlichsten Text der Heiligen Schrift in der orthodoxen Sphäre publizierte. Es handelte sich um ein wahrhaft internationales Projekt, dessen Mitarbeiter nicht nur aus Litauen und Polen, sondern auch aus Griechenland anreisten, während die Bibelexemplare, über die sie sich beugten, aus so unterschiedlichen Orten wie Rom und Moskau stammten. Im Jahr 1581 wurde die Ostroher Bibel (in Deutschland meist Ostroger Bibel genannt) in einer Auflage von schätzungsweise 1500 Exemplaren gedruckt. Etwa 400 davon sind bis heute erhalten.

Die Tatsache, dass eine kirchenslawische Bibelübersetzung zuerst in Ostroh und nicht in Konstantinopel oder Moskau erschien, zeugt von der gestiegenen Bedeutung, die die Ukraine in der damaligen orthodoxen Welt erlangt hatte. Ostroskyj begnügte sich nicht mit diesem Bibeldruck. Er sorgte für die Publikation zahlreicher Werke sowohl in kirchenslawischer als auch in ruthenischer Sprache, die für die Gläubigen weitaus zugänglicher war, und die Einrichtung einer Schule für die orthodoxe Jugend, die jener ähnelte, welche Radvila für die Calvinisten gegründet hatte, bot den akademischen Kreisen des Fürsten weitere Entfaltungsmöglichkeiten. Doch auch damit waren Ostroskyjs Ambitionen nicht erschöpft. Offenbar hegte er Pläne, den Patriarchenthron von Konstantinopel nach Ostroh zu verlegen. Wenn es dazu auch nicht kommen sollte, so wurde Ostroh im späten 16. Jahrhundert doch immerhin das vielleicht bedeutendste Zentrum der orthodoxen Gelehrsamkeit.

Ostroskyj, der ungekrönte König der Rus, suchte nach einer historischen und religiösen Rechtfertigung für die Rolle, die er tatsächlich in der Region einnahm. Die Einleitungstexte der Ostroher Bibel und die Autoren der von ihm herausgegebenen Werke stellen ihn in die Tradition der religiösen und pädagogischen Arbeit, wie sie in der Rus von den Fürsten Wolodymyr dem Großen und Jaroslaw dem Weisen begonnen worden war. »Wolodymyr erleuchtete das Volk durch die Taufe, während Kostjantyn [Ostroskyj] ihm das Licht der Schriften der heiligen Weisheit brachte«, schrieb einer der Herausgeber der Bibel. Er fuhr fort: »Jaroslaw schmückte Kyjiw und Tschernihiw mit Kirchenbauten, / während Kostjantyn die eine universelle Kirche aus Schriften errichtete.« Der namhafte Theologe Herassym Smotryzkyj, höchstwahrscheinlich Verfasser der eben zitierten Verse, stammte aus der »polnischen Rus«, womit Galizien und das westliche Podolien gemeint sind. Dort waren die ruthenischen (ukrainischen und belarussischen) Adligen und Bürger schon viel früher in den Genuss der polnischen Renaissancebildung gekommen als die Elite im Großfürstentum Litauen.

Einige der bedeutendsten Mitglieder des von Ostroskyj zusammengestellten und unterstützten internationalen Gelehrtenteams besaßen einen polnischen Hintergrund. Aus den Reihen des polnischen Adels stammende Panegyriker zeigten in ihren Lobreden auf Ostroskyj wenig Interesse an seiner Förderung der orthodoxen Sache, hoben dafür aber besonders seine Bedeutung als mehr oder weniger unabhängiger Herrscher hervor. Und während die orthodoxen Gelehrten Ostroskyj in eine Reihe mit Wolodymyr und Jaroslaw zu stellen versuchten, strichen die polnischen seine historischen Verbindungen zu Danylo Halyzkyj heraus, dem berühmtesten Herrscher aus Ostroskyjs Heimat Wolhynien. Die Polen, die den Ostroskyjs sowie den Fürsten Saslawskyj, die mit den Ostroskyjs durch Heirat verbunden waren, dienten, entwarfen für ihre Gönner gleichsam einen neuen historischen und politischen Raum, der nicht durch die bestehenden Grenzen der orthodoxen Kirche oder die ruthenischen (ukrainischen und belarussischen) Gebiete des Großfürstentums Litauen definiert war. Dieser Raum war die »Polnische Rus« – das orthodoxe Gebiet des Königreichs Polen. Indem sie auf der alten Landkarte der orthodoxen Rus die von der Lubliner Union festgelegten Grenzen einzeichneten, schufen die Panegyriker eine historische und politische Realität, die später zu einer geographischen Blaupause für die Bildung der modernen ukrainischen Nation werden sollte.

Die Sichtbarmachung der Lubliner Grenzen beschränkte sich nicht auf Kunst und Schrifttum, sie betraf auch die Kartographie im eigentlichen Sinne. Eine in den 1590er Jahren von Tomasz Makowski angefertigte Karte zeigte die neue Grenze zwischen der polnischen und der litauischen Rus – oder nach heutigen Begriffen zwischen der Ukraine und Belarus. Sie trug den Titel »Das Großfürstentum Litauen und die angrenzenden Territorien« und bildete unter anderem die ukrainischen Gebiete mit dem Verlauf des Dnipro ab. Die Wissenschaft geht davon aus, dass Kostjantyn Ostroskyj das Material für den ukrainischen Teil der Karte beisteuerte. Der Gebietsbezeichnung »Ukraine« fand wahrscheinlich dank dem Fürsten oder seinen Mitarbeitern den Weg in die Makowski-Karte. Das Wort bezeichnete einen Teil des Landes südlich der neuen Grenze und bezieht sich auf das Gebiet am rechten Ufer des Dnipro, das sich von Kyjiw im Norden bis Kaniw im Süden erstreckte. Wenn man dem Kartographen Glauben schenkte, gab es jenseits von Kaniw wilde Steppen, die als *campi deserti citra Boristenem* (wilde Felder diesseits des Borysthenes) bezeichnet wurden. »Ukraine« umfasste also einen großen Teil der Steppe im Grenzgebiet der Region. Es scheint sich um ein aufblühendes Gebiet mit zahlreichen Burgen und Siedlungen gehandelt zu haben, die auf früheren Karten noch nicht verzeichnet waren. Die andere Bezeichnung dieser Region auf der Karte lautete *Volynia ulterior* (äußeres Wolhynien), ein Ausdruck, der die enge Verbindung zwischen der neuen »Ukraine« und dem alten Wolhynien, der Heimat der Ostroskyjs, betonte.

Die Union von Lublin schuf einen neuen politischen Raum, der vor allem von der orthodoxen Fürstenelite beherrscht und ausgebeutet wurde, die durch die Union keineswegs an Prestige und Macht verlor, sondern im Gegenteil gewann. Als die intellektuellen Gefolgsleute der Fürsten begannen, diesen Raum mit Inhalt zu füllen, der den politischen Ambitionen ihrer Herren entsprach, suchten sie in der Geschichte nach Parallelen und Vorläufern wie den Taten von Wolodymyr dem Großen, Jaroslaw dem Weisen und Danylo Halyzkyj. Bei all ihrer Hinwendung zur Vergangenheit schufen sie tatsächlich etwas Neues. Aus ihrer Erfindung sollte schließlich die »Ukraine« werden, ein Begriff, der in der Region zum ersten Mal während dieser Wiederbelebung der Fürstenmacht im 16. Jahrhundert auftauchte. Es dauerte einige Zeit, bis der Name und der durch die Lubliner Union entstandene neue Raum deckungsgleich wurden.

KAPITEL 8
DIE KOSAKEN

I m 15. und 16. Jahrhundert ereignete sich in der ukrainischen Steppe ein tiefgreifender politischer, wirtschaftlicher und kultureller Wandel. Zum ersten Mal seit den Tagen der Kyjiwer Rus zog sich die Siedlungsgrenze nicht mehr in Richtung der Prypjatsümpfe und der Karpaten zurück, sondern fing an, sich nach Osten und Süden auszudehnen. Linguistische Untersuchungen zeigen, dass zwei große Gruppen ukrainischer Dialekte, die polissischen und karpato-wolhynischen, von Norden beziehungsweise Westen her miteinander zu verschmelzen begannen und sich nach Osten und Süden vorschoben. Das wiederum ließ eine dritte Gruppe von Steppendialekten entstehen, die heute auf ukrainischem Gebiet von Schytomyr und Kyjiw im Nordwesten bis Saporischschja, Luhansk und Donezk im Osten und im Südosten bis nach Krasnodar und Stawropol im heutigen Russland gesprochen werden. Diese Vermischung der Dialekte spiegelt die Bevölkerungsverschiebungen im Allgemeinen wider.

Die Ursprünge dieses tiefgreifenden Wandels lagen in der Steppe selbst. Der Kampf, der Mitte des 14. Jahrhunderts innerhalb der Goldenen Horde, auch bekannt als Kyptschak-Khanat, begann, führte Mitte des 15. Jahrhunderts zu deren Zerfall. Das Khanat der Krim, das Khanat Kasan und das Khanat Astrachan traten die Nachfolge der Horde an, waren allerdings sämtlich nicht in der Lage, sie wieder zu einen, und teilweise büßten sie sogar ihre Unabhängigkeit ein. Die Krim wurde 1449 unter der Führung eines Nachfahren von Dschingis Khan, Devlet Giray, von der Goldenen Horde unabhängig. Die von ihm begründete Giray-Dynastie sollte bis ins 18. Jahrhundert herrschen, allerdings blieb sein Reich nicht lange unabhängig. Von 1478 an wurde das Khanat zu einem Vasallenstaat des Osmanischen

Reichs – jenes riesigen türkisch dominierten muslimischen Staatsgebildes, das Byzanz im Laufe des 14. und 15. Jahrhunderts den Rang als größte Macht im östlichen Mittelmeer und am Schwarzen Meer ablaufen sollte. Die Osmanen, die 1453 Istanbul, das frühere Konstantinopel, zu ihrer Hauptstadt erklärten, brachten die Südküste der Krim unter ihre Kontrolle und machten dort die Hafenstadt Kaffa, das heutige Feodossija, zu ihrem Zentrum. Die Girays beherrschten die Steppengebiete der Krim nördlich der Berge sowie die Nomadenstämme der südlichen Ukraine, deren mächtigster die Nogaier-Horde im 16. Jahrhundert werden sollte.

Sicherheitserwägungen und wirtschaftliche Interessen ließen auch die Osmanen in dieser Region aktiv werden. Ihr Augenmerk galt insbesondere Sklaven. Seit jeher war der Sklavenhandel von großer Bedeutung für die Wirtschaft der Region gewesen, doch nun wurde er zum dominierenden Zweig. Das Osmanische Reich, dessen islamische Gesetze nur die Versklavung von Nichtmuslimen erlaubten und gleichzeitig die Freilassung von Sklaven befürworteten, hatte ständig Bedarf an frischen Arbeitskräften. Die Nogai- und die Krimtataren versuchten ihn zu decken, indem sie ihre Sklavenraubzüge in die Gebiete nördlich der pontischen Steppen ausdehnten und weit über die Grenzgebiete hinaus in die Ukraine und das Land südlich von Moskau vordrangen. Mit dem Sklavenhandel ergänzten die Nogai-Tataren, was sie durch Viehzucht, und die Krimtataren, was sie durch Viehzucht und sesshafte Formen des Ackerbaus erwirtschafteten. Schlechte Ernten führten zu häufigeren Überfällen auf den Norden und dazu, dass mehr Sklaven auf die Krim verschleppt wurden.

Alle fünf Routen, die von den Tataren für ihre Sklavenraubzüge in besiedeltes Gebiet genutzt wurden, führten durch die Ukraine. Zwei verliefen östlich des Dnister nach Westpodolien und dann nach Galizien, zwei weitere jenseits des Südlichen Buh nach Westpodolien und Wolhynien, dann ebenfalls nach Galizien; die letzte führte durch die spätere Sloboda-Ukraine rund um Charkiw in das Gebiet südlich von Moskau. Während die Nachfrage nach Getreide im 16. Jahrhundert dazu geführt hatte, dass die ukrainischen Ländereien in den baltischen Handel einbezogen wurden, so war ihre Verbindung

zum Handel im Mittelmeerraum weitgehend auf die Sklavenraubzüge der Tataren zurückzuführen. Die Ukrainer, die die absolute
Mehrheit der Bevölkerung in den Steppengrenzgebieten nördlich
des Schwarzen Meeres ausmachten und sich dort angesiedelt hatten, um Getreide anzubauen, wurden das Hauptziel und die Opfer
der auf Sklaven angewiesenen Wirtschaft des Osmanischen Reichs.
Die ethnischen Russen nordöstlich der Krim waren kaum weniger
betroffen.

Michael der Litauer, der Mitte des 16. Jahrhunderts von einer
Reise auf die Krim berichtet, gibt eine Unterhaltung mit einem
dort ansässigen Juden wieder, die einen Eindruck vom Ausmaß des
Sklavenhandels vermittelt: »Angesichts dessen, dass unsere Leute
ständig als Gefangene dorthin geschafft werden, so viele, dass man
sie unmöglich zählen kann, fragte er uns, ob unser Land vor Menschen wimmele und woher eine solch unzählige Menge Sterblicher
komme.« Schätzungen zufolge landeten im Verlauf des 16. und des
17. Jahrhunderts zwischen 1,5 und 3 Millionen Ukrainer und Russen
auf den Sklavenmärkten der Krim. Kinder und Jugendliche erzielten
die höchsten Preise. Ihre Schicksale waren sehr unterschiedlich. Die
meisten männlichen Sklaven wurden auf den osmanischen Galeeren
oder für die Feldarbeit eingesetzt, Frauen mussten gewöhnlich Haus-
arbeit erledigen. Einige hatten Glück – sofern man das in diesem
Zusammenhang sagen kann. Begabte junge Männer konnten in der
osmanischen Verwaltung Karriere machen, allerdings zumeist als
Eunuchen. Einige Frauen wurden in die Harems der Sultane und
ranghoher Persönlichkeiten aufgenommen.

Ein ukrainisches Mädchen namens Roxolana wurde die Lieblings-
frau des mächtigsten osmanischen Sultans, Suleimans des Prächtigen, der von 1520 bis 1566 regierte. Ihr Sohn trat unter dem Namen
Selim II. seine Nachfolge an. Unter dem Namen Hürrem widmete
sich Roxolana wohltätigen Werken und ließ einige der großartigsten
osmanischen Bauten errichten. Dazu gehört das Badehaus der Haseki
Hürrem Sultan in unmittelbarer Nähe der Hagia Sophia in Istanbul nach Plänen des osmanischen Meisterarchitekten Mimar Sinan.
Im Verlauf der letzten beiden Jahrhunderte lieferte das Leben von

Roxolana Stoff für zahlreiche Romane und eine Reihe ukrainischer und türkischer Verfilmungen. Natürlich waren ihr Schicksal und ihre Karriere eine Ausnahme, nicht die Regel.

Die Überfälle der Tataren und der Sklavenhandel hinterließen tiefe Narben im ukrainischen Gedächtnis. Das Schicksal der Versklavten war Gegenstand zahlreicher *Dumkas* – ukrainischer epischer Lieder, die das Schicksal der Gefangenen beklagten, ihre Fluchtversuche aus der Krimsklaverei beschrieben und die Männer besangen, die zu ihrer Befreiung auszogen. Diese Volkshelden waren als Kosaken bekannt. Sie kämpften gegen die Tataren, überfielen die Osmanen mit Schiffen und befreiten gelegentlich auch Sklaven.

Wer waren diese Kosaken? Die Antwort darauf hängt davon ab, welchen Zeitraum man betrachtet. Wir wissen mit Sicherheit, dass die ersten Kosaken Nomaden waren. Die Bezeichnung ist türkischen Ursprungs und meint je nach Kontext einen Wächter, einen freien Mann oder einen Freibeuter. Die ersten Kosaken waren all dies zugleich. Sie bildeten kleine Gruppen und lebten in der Steppe abseits der Siedlungen und Lager ihrer Stämme. Als Fischer, Fallensteller oder auch als Banditen lebten sie von dem, was ihnen die Steppe bot. Diese war von zahlreichen Handelsrouten durchzogen, und die frühen Kosaken überfielen Händler, die ohne ausreichenden Schutz unterwegs waren. Davon, dass es in der Steppe auch Kosaken gab, die nicht aus dem Osten oder Süden, sondern aus dem Norden, dem besiedelten Gebiet des Großfürstentums Litauen, kamen, erfahren wir erstmals im Zusammenhang mit einem solchen Überfall auf Kaufleute.

Im Jahr 1492, als Christoph Kolumbus auf einer Karibikinsel landete, die er San Salvador nannte, und König Ferdinand und Königin Isabella ein Edikt zur Ausweisung der Juden aus Spanien unterzeichneten, machten die Kosaken zum ersten Mal auf der internationalen Bühne von sich reden. Der Krim-Khan beschwerte sich in jenem Jahr bei Großfürst Alexander von Litauen darüber, dass dessen Untertanen aus den Städten Kyjiw und Tscherkassy am Unterlauf des Dnister ein tatarisches Schiff geplündert hätten. Der Großfürst stellte weder in Abrede, dass es sich um Personen aus seinem Hoheitsgebiet, noch dass es sich um Raub gehandelt haben könnte. Er wies seine Grenzbeamten (der von ihm verwendete Begriff war »die ukrainischen Beamten«) an, die Kosaken ausfindig zu machen, denen man den Überfall ankreidete. Die Täter sollten hingerichtet und ihre Habe, zu der natürlich auch die gestohlenen Güter zu zählen waren, an einen Vertreter des Khans übergeben werden.

Falls Alexanders Befehle ausgeführt wurden, so zeigten sie keine dauerhafte Wirkung. Schon im folgenden Jahr beschuldigte der Krim-Khan Kosaken aus Tscherkassy, einen Moskauer Botschafter überfallen zu haben. Im Jahr 1499 verwüsteten Kosaken die Umgebung der Tatarenfestung Otschakiw an der Dnipro-Mündung. Der Khan erwog daraufhin, den Dnipro bei Otschakiw mit Ketten zu sperren, um die Kosaken daran zu hindern, über den Fluss das Schwarze Meer zu erreichen. Es sieht nicht so aus, als ob dieser Plan jemals umgesetzt worden wäre oder irgendeinen Einfluss auf das Treiben der Kosaken gehabt hätte. Auch die Beschwerden des Khans beim Großfürsten führten zu nichts.

In den litauischen Grenzgebieten versuchte man einerseits, die Kosakenüberfälle zu stoppen, andererseits machte man sich die Kosaken zunutze, um die Grenze gegen die Tataren zu verteidigen. Im Jahr 1553 schickte der Großfürst den Hauptmann von Tscherkassy und Kaniw, Fürst Dmytro Wyschnewezkyj, ins Gebiet jenseits der Stromschnellen am Unterlauf des Dnipro, um eine kleine Festung zu errichten, die Expeditionen der Kosaken flussabwärts verhindern sollte. Wyschnewezkyj setzte für diese Aufgabe auch Kosaken ein, die seine Untertanen waren. Dem Krim-Khan war diese Kosakenfestung natürlich ein Dorn im Auge, und so entsandte er vier Jahre später eine Armee, um Wyschnewezkyj von dort zu vertreiben. In der volkstümlichen Überlieferung wurde Fürst Wyschnewezkyj als der erste Hetman der Kosaken – ein Titel, den sonst die polnische Armee ihrem Oberbefehlshaber gab – und als mutiger Kämpfer gegen die Tataren und Osmanen zu einem populären Helden.

Mitte des 16. Jahrhunderts waren in den Gebieten südlich von Kyjiw zahlreiche neue Siedlungen entstanden. »Und die Kyjiwer Region, glücklich und blühend, ist auch reich an Menschen, denn am Borysthenes und seinen Zuflüssen gibt es zahlreiche bevölkerungsreiche Städte und viele Dörfer«, schrieb Michael der Litauer. Er erklärt auch, was die Siedler dort hinbrachte: »Einige suchen sich der väterlichen Autorität zu entziehen, der Sklaverei, dem Frondienst, [der Strafe für] Verbrechen, Schulden oder etwas anderem; andere werden von [der Region] wegen des reichlicheren Wildes und der belebteren Orte angezogen, besonders im Frühjahr. Und nachdem sie ihr Glück in den dortigen Festungen versucht haben, kehren sie nie wieder von dort zurück.« Nach Michaels Beschreibung zu urteilen, ergänzten die Kosaken ihre Einkünfte aus der Jagd und dem Fischfang durch Raubzüge. Laut seiner Schilderung war manche armselige, schmutzige Kosakenhütte »gefüllt mit teurer Seide, Edelsteinen, Zobel und anderen Pelzen und Gewürzen«. Er fand dort »Seide billiger als Leinen und Pfeffer billiger als Salz«. Mit diesen begehrten Waren und Luxusgütern aus dem Osmanischen Reich waren Händler nach Moskau oder ins Königreich Polen unterwegs gewesen.

Ursprünglich lebten die Kosaken in Siedlungen entlang der Flüsse Prypjat und Dnipro. Bis zum Ende des 16. Jahrhunderts hatten sich ihnen viele Bauern der Region angeschlossen, wodurch sich ihre Zahl beträchtlich erhöhte. Dieser Bevölkerungszuwachs beendete die Ungewissheit über die politische, ethnische und religiöse Identität der Kosaken – ob sie nun Krim- und Nogai-Tataren, ukrainische Untertanen von Fürsten und Königen oder eine Mischung aus allen Völkern und Religionen waren. Die überwiegende Mehrheit der Kosaken bestand aus Ukrainern, die aus den riesigen Ländereien oder Latifundien der Magnaten und den Gütern des Kleinadels stammten und dem entfliehen wollten, was Historiker die »zweite Leibeigenschaft« nennen. Wie in Kapitel 7 beschrieben, versuchten die Magnaten und Adligen, Siedler in ihre neu erworbenen Ländereien im ukrainischen Grenzgebiet zu locken, wo das Leben aufgrund der anhaltenden Bedrohung durch Tatarenüberfälle unsicher war, und sie taten dies, indem sie ihnen dafür eine zeitlich befristete Steuerfreiheit gewährten. Lief diese Frist ab, zogen viele Bauern tiefer in die ungesicherten Steppengebiete hinaus, um auch weiter der Besteuerung zu entgehen. Nicht wenige von ihnen schlossen sich den Kosaken an und radikalisierten sich.

Die Besiedlung der Ukraine – des Steppengrenzlands am mittleren Abschnitt des Dnipro, wie es auf der im vorigen Kapitel erwähnten Karte von Tomasz Makowski verzeichnet ist – war ein gemeinsames Projekt der Fürsten Wolhyniens und der Dnipro-Kosaken. Im Jahr 1559 wurde Kostjantyn Ostroskyj Woiwode von Kyjiw und damit Vizekönig der riesigen Gebiete der Dnipro-Ukraine. Sein Zuständigkeitsbereich erstreckte sich bis nach Kaniw und Tscherkassy, und so war er auch für die Kosaken verantwortlich, die mit ihren Raubzügen gegen die Tataren und Osmanen die weitere Besiedlung der Steppengebiete einerseits ermöglichten, andererseits aber behinderten. Ostroskyj bemühte sich erstmals darum, Kosaken für den Militärdienst zu rekrutieren, weniger, um sie im Kampf einzusetzen, sondern eher, um sie aus den Gebieten unterhalb der Stromschnellen wegzulocken und eine gewisse Kontrolle über diese widerspenstige Truppe zu erlangen. Der Livländische Krieg erhöhte den Bedarf an Kämpfern an der litauischen Grenze zu Moskau, und in den 1570er Jahren wurden mehrere Kosakeneinheiten aufgestellt, die bis zu 500 Mann zählten.

Die Neuorganisation der Kosaken von Milizen im Dienste der lokalen Grenzsicherung zu militärischen Einheiten unter dem Kommando von Armeeoffizieren leitete eine neue Ära in ihrer Geschichte ein. Mit ihr kam auch der Begriff »Registerkosaken« auf. Kosaken, die in den Militärdienst eintraten, wurden in einem »Register« geführt, mussten keine Steuern zahlen und unterstanden nicht der lokalen Gerichtsbarkeit. Außerdem erhielten sie einen Sold. Natürlich gab es keinen Mangel an Männern, die in dieses Register aufgenommen werden wollten, doch die polnische Krone rekrutierte stets nur eine begrenzte Anzahl. Sold und Privilegien gab es nur während des aktiven Dienstes. Doch viele, die erst gar nicht in das Register aufgenommen oder am Ende eines Krieges oder Feldzuges aus ihm gestrichen wurden, wollten auf diesen Status nicht verzichten, was zu endlosen Streitigkeiten mit den Grenzverantwortlichen führte. Mit der Einrichtung des Registers hatte die Regierung ein Problem gelöst, aber ein neues geschaffen.

Im Jahr 1590 verfügte der Reichstag der Adelsrepublik Polen-Litauen die Aufstellung einer Streitmacht von 1000 Registerkosaken zum Schutz der ukrainischen Grenzgebiete vor den Tataren und zugleich zum Schutz der Tataren vor den nicht registrierten Kosaken. Der König erließ zwar die entsprechende Verordnung, doch hatte das keine großen Folgen. Im Jahr 1591 brach in der Ukraine der erste Kosakenaufstand aus. Die Kosaken, die bis dahin die osmanischen Besitzungen – das Krim-Khanat, das Fürstentum Moldau (ein Vasallenstaat des Osmanischen Reichs, oft auch als »Moldawien« bezeichnet) und die Schwarzmeerküste – bedrängt hatten, wandten ihre Energie nun nach innen. Sie rebellierten nicht gegen den Staat, sondern gegen ihre eigenen »Paten« – die wolhynischen Fürsten, insbesondere Fürst Janusch Ostroskyj und seinen Vater Kostjantyn Ostroskyj. Janusch war Befehlshaber von Bila Zerkwa, einer bedeutenden Kosakenfestung südlich von Kyjiw. In dieser Funktion unterstand er seinem Vater Kostjantyn, dem Woiwoden von Kyjiw. Das Vater-Sohn-Gespann hatte die Region fest im Griff. Kein Adliger wagte es, die Ostroskyjs herauszufordern, die ihren Besitz durch Übernahme von Ländereien des Kleinadels beständig vergrößerten.

Eines der adligen Opfer der Ostroskyjs, Kryschtof Kosynskyj, war allerdings selbst Kosakenanführer. Als Janusch Ostroskyj ihm sein Land wegnahm, das er als königliche Schenkung erhalten hatte, begnügte sich Kosynskyj nicht mit einer ohnehin nutzlosen Beschwerde beim König, sondern versammelte seine Kosaken und griff die Burg Bila Zerkwa, das Hauptquartier des jüngeren Ostroskyj, an. Eine Privatarmee, die von den Ostroskyjs und Fürst Oleksandr Wyschnewezkyj, ebenfalls aus einem Fürstengeschlecht Wolhyniens entstammend, aufgestellt wurde, besiegte ihn schließlich. Die Fürsten schafften es, den Aufstand niederzuschlagen, ohne am Königshof um Hilfe zu bitten. Es liegt eine gewisse Ironie darin, dass die Paten der Kosaken ihre widerspenstigen Kinder mit Hilfe anderer Kosaken abstraften, die in ihren privaten Diensten standen. Der bei weitem bekannteste Kosakenführer von Ostroskyj war Seweryn Nalywajko. Er führte die Ostroskyj-Kosaken in die Schlacht gegen Kosynskyjs Armee und sammelte anschließend die versprengten Kosaken in den

Steppen Podoliens ein, um sie so weit wie möglich von den Besitzungen der Ostroskyjs wegzuführen.

Die Ostroskyjs konnten das rebellische Wesen der Kosaken jedoch nur begrenzt unter Kontrolle bringen und steuern. Die Kosaken wählten ihren eigenen Befehlshaber, dem sie in der Schlacht folgten, konnten ihn aber nach dem Ende einer Expedition auch wieder absetzen oder sogar hinrichten, falls er gegen ihre Interessen handelte. Auch bestanden innerhalb der Kosaken starke Differenzen, die sich nicht auf Spannungen zwischen registrierten und nicht registrierten Männern beschränkten. Die Registerkosaken rekrutierten sich aus der Klasse der kosakischen Grundbesitzer, die in Städten und Siedlungen zwischen Kyjiw und Tscherkassy wohnten. Im Zusammenhang mit dem königlichen Dienst konnten sie besondere Rechte erwerben. Es gab aber auch eine andere Gruppe, die Saporoger Kosaken, viele von ihnen ehemalige Bauern. Sie errichteten auf den Inseln unterhalb der Stromschnellen eine befestigte Siedlung, die nach der Holzpalisade, die sie zum Schutz umgab, Sitsch genannt wurde. Bis dorthin reichte der Arm des Königs nicht. Sie verursachten die meisten Probleme mit den Krimtataren und waren in unruhigen Zeiten Anlaufstelle für unzufriedene Städter und Bauern, die sich in die Steppe absetzten.

Seweryn Nalywajko, der von Ostroskyj damit beauftragt wurde, unter den Kosaken – größtenteils entlaufene Bauern – Ordnung zu schaffen, fand sich bald in einem schwierigen Bündnis mit den widerspenstigen Saporogern wieder. Von 1596 an handelte er nicht mehr auf Geheiß von Ostroskyj, sondern auf eigene Faust als Anführer eines Aufstands, der den von Kosynskyj in den Schatten stellte. Anfang der 1590er Jahre hatte eine Reihe von Missernten zu einer Hungersnot geführt. Viele Bauern hatten in der Folge die Höfe der Adligen verlassen und sich den Kosaken angeschlossen. Diesmal konnten die Fürsten nicht genügend eigene Gefolgsleute aufbieten, um den Aufstand niederzuschlagen, und riefen deshalb die königliche Armee unter der Führung des Befehlshabers der polnischen Streitkräfte zu Hilfe. Im Mai 1596 umzingelte das polnische Heer das Kosakenlager am linken Ufer des Dnipro. Die »alten« oder städtischen Kosaken ließen nun die »neuen« im Stich und lieferten Nalywajko gegen das

Versprechen einer Amnestie an die Polen aus. Der einstige Unter-
gebene des Fürsten, der sich zum Kosakenrebellen gewandelt hatte,
wurde in Warschau hingerichtet. Chronisten und Poeten der Romantik verklärten ihn zum Märtyrer für die Sache der Kosaken und der
Orthodoxie, unter ihnen der russische Dichter Kondratij Rylejew, der
1826 seinerseits wegen Aufstands gegen die Herrschenden hingerichtet werden sollte.

Ende des 16. Jahrhunderts wurden die Kosaken nicht nur zu einem
Faktor in der Außenpolitik Polen-Litauens und des Osmanischen
Reichs, auch die mittel- und westeuropäischen Mächte begannen sie
wahrzunehmen. Im Jahr 1594 reiste Erich von Lassota im Auftrag
Rudolf II., seines Zeichens Kaiser des Heiligen Römischen Reichs,
zu den Saporoger Kosaken und unterbreitete ihnen das Angebot, sich
dem Krieg seines Herrn gegen das Osmanische Reich anzuschließen.
Drei Jahre später kam ein päpstlicher Gesandter, Alessandro Comuleo, in ähnlicher Mission. Von diesen Besuchen ist nicht viel mehr
überliefert als das, was sich Comuleos Briefen und Lassotas Tagebuch
entnehmen lässt. Ihre Beschreibungen der demokratischen Ordnung
der Saporoger Sitsch haben unser Wissen über die frühe Geschichte
der Kosaken bereichert. Doch nicht nur in Wien und Rom sprach
man von diesen, bald sollten sie auch in Paris und London von sich
reden machen und für Moskau eine große Bedrohung darstellen.
   Die ukrainischen Kosaken, die ihre internationale Karriere in den
1550er Jahren im Dienst von Zar Iwan dem Schrecklichen begonnen
hatten, statteten Moskau im ersten Jahrzehnt des 17. Jahrhunderts
einen ungebetenen Besuch ab. Zu dieser Zeit befand sich das Zarenreich in einer schweren wirtschaftlichen, dynastischen und politischen Krise, die als »Zeit der Wirren« in die Geschichte einging.
Auslöser war eine Reihe verheerender Hungersnöte, unter anderem
verursacht durch die Kleine Eiszeit – eine Kälteperiode, die von etwa
1350 bis 1850 dauerte und etwa zu dieser Zeit ihren Höhepunkt erreichte. Das traf Moskau denkbar ungünstig – die Dynastie der Rurikiden war erloschen, und mehrere Adelsclans zweifelten die Legitimität der neuen Herrscher an. Die dynastische Krise konnte erst 1613

mit der Wahl des ersten Romanow-Zaren auf den Moskauer Thron beendet werden. In der Zwischenzeit versuchten mehrere Thronanwärter, von denen einige sich als Nachkommen Iwans des Schrecklichen ausgaben, ihr politisches Glück und öffneten damit ausländischen Interventionen Tür und Tor.

Während des langen Interregnums unterstützten die Kosaken zwei Hochstapler, die nacheinander behaupteten, der unter ungeklärten Umständen ums Leben gekommene Zarewitsch Dmitri zu sein, und Anspruch auf den Moskauer Thron erhoben. Bis zu 10 000 Kosaken schlossen sich dem Heer des Feldhetmans der polnischen Krone Stanisław Żółkyiewski an, als dieser 1610 auf Moskau marschierte. Die Einmischung der Kosaken in die Moskauer Angelegenheiten endete auch nicht mit der drei Jahre später folgenden Wahl von Zar Michail Romanow, dem Begründer der bis zur Revolution von 1917 bestehenden Dynastie, auf den Moskauer Thron. Auch 1618 stand wieder ein ukrainisches Kosakenheer von 20 000 Mann den polnischen Truppen bei der Belagerung der Hauptstadt bei. Mit ihrer Hilfe konnte Polen den Krieg zu günstigen Bedingungen beenden. Dazu gehörte die Abtretung des Gebiets von Tschernihiw an Polen, welches das Großfürstentum Litauen zu Beginn des 16. Jahrhunderts an Moskau verloren hatte. Bis zur Mitte des 17. Jahrhunderts sollte Tschernihiw ein wichtiger Teil der Kosakenwelt werden. Doch wie immer halfen die Kosaken den polnischen Königen bei der Durchsetzung ihrer außenpolitischen Ziele und behinderten sie zugleich. So gelang es der polnisch-litauischen Adelsrepublik nicht, für den Krieg mit Moskau die erhoffte Unterstützung durch das Osmanische Reich zu erhalten, was zum Teil auf die nie abreißenden Raubüberfälle der Kosaken an der osmanischen Küste zurückzuführen war.

Im Jahr 1606 fuhren die Kosaken mit ihren Langbooten, »Möwen« (*Tschaika*) genannt, den Dnipro hinunter und erstürmten Warna, eine der stärksten osmanischen Festungen am westlichen Schwarzmeerufer. Im Jahr 1614 plünderten sie Trabzon an der Südostküste, und im folgenden Jahr drangen sie in den Hafen von Istanbul am Goldenen Horn ein und raubten die Vororte aus, so wie die Wikinger es rund 750 Jahre zuvor getan hatten. Doch während die Wikinger mit Konstantinopel auch Handel getrieben hatten, waren die Expeditionen der Kosaken reine Piratenüberfälle, wie sie in anderen Küstenregionen vom Mittelmeer bis zur Karibik vorkamen. Sie waren allein auf Raub, Rache und, wie die ukrainischen Volkslieder zu erzählen wissen, auf die Befreiung leidgeprüfter Sklaven aus. Im Jahr 1616 überfielen sie Kaffa, das Zentrum des Sklavenhandels an der Krimküste, und befreiten dort sämtliche Gefangenen.

Der Sultan, sein Hof und die ausländischen Botschafter erlebten fassungslos einen Kosakenüberfall nach dem anderen auf das mächtige Osmanische Reich. Die christlichen Herrscher konnten die Räuber nun ernsthaft als potenzielle Verbündete in einem Krieg gegen die Osmanen in Erwägung ziehen. Der französische Botschafter in Istanbul, Graf Philippe de Harlay von Césy, schrieb im August 1620 an König Ludwig XIII.: »Jedes Mal wenn die Kosaken hier am Schwarzen Meer auftauchen, erbeuten sie trotz ihrer schwachen Kräfte unglaubliche Reichtümer und verbreiten so viel Angst und Schrecken, dass man die türkischen Soldaten nur mit Knüppelschlägen dazu bringt, gegen sie mit den Galeeren auszurücken, die der Grandseigneur [der Sultan] mit großer Mühe dorthin schickt.«

Während Graf Philippe seinen König über die Unfähigkeit der Osmanen informierte, den Seeexpeditionen der Kosaken Einhalt zu gebieten, dachten die Berater des 16-jährigen Sultans Osman II. darüber nach, wie man an zwei Fronten Krieg führen könnte: gegen die polnische Armee zu Lande und gegen die Kosaken zur See. Im Sommer 1620 marschierte ein osmanisches Heer in Richtung des Flusses Pruth in der heutigen Republik Moldau gegen Polen-Litauen, zu dessen Heer auch private Kosakenarmeen polnischer und ukrainischer Magnaten gehörten. Vordergründig stellte der Feldzug eine Strafaktion gegen die Adelsrepublik dar, weil diese nichts gegen die Kosakenüberfälle auf die Osmanen unternahm. Das Ziel war jedoch in Wahrheit weiter gefasst. Die Osmanen versuchten, ihre Vasallen in der Region vor dem wachsenden Einfluss Polen-Litauens zu schützen. Die polnische Armee, die etwa 10 000 Soldaten zählte, und die osmanische Armee, nach manchen Schätzungen doppelt so groß, trafen im September 1620 in der Nähe der Stadt Ţuţora an der heutigen

Grenze zwischen der Republik Moldau und Rumänien aufeinander. Die Schlacht dauerte zwanzig Tage und endete mit einer vernichtenden Niederlage für Polen-Litauen.

Da die Adelsrepublik über kein stehendes Heer verfügte, gerieten der Hof und das ganze Land in Panik. Alle erwarteten, dass die Osmanen nun zum Sturm auf Polen ansetzen würden. Und das taten sie auch. Im darauffolgenden Jahr zog ein noch viel größeres osmanisches Heer von schätzungsweise 120 000 Mann unter Führung des Sultans in Person durch Moldau in Richtung Polen-Litauen. Letzteres bot seinerseits eine etwa 40 000 Mann starke Streitmacht auf, die zur Hälfte aus ukrainischen Kosaken bestand, angeführt von Petro Konaschewytsch-Sahajdatschnyj, dem Helden des Kosakenüberfalls von 1616 auf Kaffa und zwei Jahre später Befehlshaber ihres Marsches auf Moskau. Die Schlacht währte einen ganzen Monat und wurde an den Ufern des Dnister in der Nähe der von den Osmanen belagerten Festung Chotyn ausgetragen.

Die Schlacht von Chotyn endete ohne eindeutigen Sieger, doch Warschau feierte den Ausgang dennoch als Triumph für das Königreich Polen. Immerhin hatte es das riesige osmanische Heer an seiner Grenze zum Stehen gebracht und einen Friedensvertrag aushandeln können, der ihm keine Gebietsverluste brachte. Allen war klar, dass dieser Ausgang ohne die Kosaken so gut wie unmöglich gewesen wäre. Zum ersten Mal – und das auch nur für kurze Zeit – wurden die Kosaken zu den Lieblingen der gesamten polnisch-litauischen Adelsrepublik. In Büchern, die bald nach der Schlacht erschienen, wurde Petro Konaschewytsch-Sahajdatschnyj, dessen Denkmal heute im Kyjiwer Stadtteil Podil am Anfang der nach ihm benannten Straße steht, als einer der größten polnischen Krieger gefeiert.

Dank dem militärischen Erfolg in Chotyn konnten die Kosaken nun in Polen-Litauen auch politische und soziale Forderungen stellen. Die wichtigste war die Erhebung zumindest der Kosakenoffiziere, wenn nicht sämtlicher Kosakenkämpfer, in den Adelsstand. Als Petro Konaschewytsch-Sahajdatschnyj 1622 in Kyjiw an Verwundungen starb, die er in Chotyn erlitten hatte, schrieb Kassijan Sakowytsch,

Rektor der Kyjiwer Schule der Bruderschaft, Verse zum Tod des Kosaken-Hetmans, die bald über die Druckerpresse des Kyjiwer Höhlenklosters verbreitet wurden. Darin pries er die Kosaken als Erben der Kyjiwer Fürsten, die zu Zeiten der Kyjiwer Rus Konstantinopel erstürmt hatten. Sakowytsch zufolge hatten die Kosaken für die »Goldene Freiheit« gekämpft und sich diese auch verdient – ein Schlüsselwort, das die Rechte und Freiheiten meinte, die auch der polnisch-litauische Adel genoss. »Alle streben inbrünstig danach, sie zu erlangen«, schrieb Sakowytsch. »Aber sie kann nicht jedem gegeben werden, sondern nur denen, die das Vaterland und den Herrn verteidigen. Die Ritter gewinnen sie durch ihre Tapferkeit im Krieg: nicht mit Geld, sondern mit Blut wird sie erkauft.« Mit einer Anerkennung als Ritter wären die Kosaken nur einen Schritt vom Adelsstand entfernt gewesen.

Am Ende schafften die Kosaken diesen gesellschaftlichen Aufstieg nicht. Ihre Forderung, auf dem Reichstag von 1632 an der Königswahl teilzunehmen, die allein Adligen vorbehalten war, wurde abgelehnt. Diese Demütigung folgte auf eine Reihe von militärischen Niederlagen. Die Kosakenaufstände von 1625 und 1630 wurden niedergeschlagen. In Chotyn waren sie mit 20000 Kriegern beteiligt gewesen, doch nun wurde das Register zunächst auf 6000 und dann auf 8000 Kosaken beschränkt. In den Jahren 1637 und 1638 erhoben sich die Kosaken erneut, nur um wieder eine Niederlage durch die königliche Armee einzustecken. Sie nahmen für sich in Anspruch, nicht nur für ihre Freiheiten als Kosaken, sondern auch für den orthodoxen Glauben zu kämpfen. Das brachte ihnen zunächst Unterstützung ein, doch dann bemühte sich die Regierung mehr um die orthodoxe Kirche, die daraufhin ihre Verbindung zu den Kosaken lockerte. Während 1630 noch ein Teil des Kyjiwer Klerus die Kosaken unterstützt hatte, stießen ihre Forderungen dort 1637 und 1638 auf taube Ohren, und sie fühlten sich verraten. Die von der Druckerei des Höhlenklosters herausgegebenen Panegyriken galten nun nicht mehr kosakischen Hetmanen, sondern orthodoxen Adligen, die gegen sie gekämpft hatten.

Nach der Niederschlagung der Kosakenaufstände von 1637 und

1638 suchte man nach einer langfristigen Lösung. Der relativ einfache Vorschlag: Man bot den Kriegern einen legalen Status unter der Bedingung an, dass sie sich in die Rechts- und Sozialstruktur Polen-Litauens unter einer neuen, vom König eingesetzten und von der Regierung anerkannten Führung einfügten. Die Kosakenverordnung von 1638 kam den Forderungen der Offizierselite der Kosaken weit entgegen. Sie erkannte die Kosaken als selbstständigen Stand mit eigenen Rechten und Privilegien an, die nicht auf die Zeit des Militärdienstes beschränkt blieben, einschließlich des Rechts, diesen Status und ihren Grundbesitz an ihre Nachkommen zu vererben. Die Regierung ergriff Maßnahmen, den neu anerkannten Stand zu kontrollieren, indem sie den Zugang anderer Bevölkerungsschichten beschränkte, insbesondere der Städter, mit denen die Kosaken des Steppengrenzgebiets zusammenlebten.

Außerdem reduzierte die polnische Obrigkeit die Zahl der Registerkosaken auf 6000 (die Quote von 1625) und unterstellten sie dem Großhetman der Krone, dem Oberbefehlshaber der polnischen Armee. Der Kosakenkommissar und die sechs Kosakenobersten waren allesamt polnische Adlige. Der höchste Rang, den Kosaken in ihrer eigenen Armee nun bekleiden konnten, war der des Hauptmanns. Die sechs Regimenter mussten im Turnus als Garnisonstruppen in der Saporoger Sitsch dienen, der Rebellenhochburg der Kosaken unterhalb der Stromschnellen. Um die Piratenüberfälle der Kosaken zu unterbinden und die Beziehungen zu den Osmanen zu verbessern, wurde die 1635 errichtete und später von den Kosaken niedergebrannte Festung Kodak an den Stromschnellen des Dnipro wiederaufgebaut. Der damit beauftragte Architekt war ein französischer Ingenieur, Guillaume Levasseur de Beauplan, der 1639 auch die erste Karte der Ukraine anfertigte – das steppenartige Grenzgebiet Polen-Litauens, einschließlich der Woiwodschaften Podolien, Brazlaw und Kyjiw. Beauplans zahlreiche Karten der Region führten zur Verbreitung des Namens »Ukraine« unter den europäischen Kartographen der zweiten Hälfte des 17. Jahrhunderts.

Nachdem die Kosaken bis zu einem gewissen Grad befriedet und versorgt waren, der Dnipro als Zugang zu Expeditionen ins Schwarze

Meer geschlossen und die Saporoger Sitsch unter Kontrolle war, begann für die polnisch-litauische Adelsrepublik ein Jahrzehnt, das als Goldener Frieden bekannt wurde. Die Kolonisierung der Steppengebiete wurde fortgesetzt, und die Adligen bauten ihre Besitztümer und Latifundien aus. Die Bevölkerung wuchs mit dem Zuzug neuer Magnaten, neuer Bauern und jüdischer Siedler, die in einer neuen Rolle als Mittelsmänner von der wirtschaftlichen Blüte zu profitieren suchten. Wie sich jedoch herausstellte, war dies die Ruhe vor dem Sturm. Eine neue und viel gewaltigere Kosakenrevolte braute sich zusammen.

Die Kosaken waren weit gekommen – aus kleinen Gruppen von Fischern und Fallenstellern, die die Steppen südlich von Kyjiw durchstreiften, hatten sie sich zu Siedlern neuer Ländereien entlang der Steppengrenze entwickelt, von privaten Milizionären im Dienste von Fürsten zu Kämpfern einer unabhängigen Truppe, die bis in ferne Länder mit Respekt betrachtet wurde, und schließlich von Flüchtlingen und Abenteurern zu Mitgliedern einer geschlossenen militärischen Bruderschaft, die eine eigenständige Gesellschaftsordnung entwickelte und von der Regierung nicht nur Geld, sondern auch die Anerkennung ihres Kriegerstatus einforderte. Der polnische Staat konnte nur dann von der militärischen Macht und vom wirtschaftlichen Potenzial der Kosaken profitieren, wenn er auch ihren sozialen Forderungen nachkam. Wie die weitere Entwicklung wiederholt zeigen sollte, war das nicht so leicht zu bewerkstelligen.

KAPITEL 9

DIE REFORMATION IM OSTEN

N ach einer der vielen Klischeevorstellungen über die heutige Ukraine ist das Land zwischen dem orthodoxen Osten und dem katholischen Westen gespalten. In Samuel Huntingtons Bestseller *Kampf der Kulturen* findet sich eine Karte, auf der die Trennlinie zwischen einer östlichen und westlichen christlichen Zivilisation mitten durch die Ukraine gezogen wird. Demnach liegen die westlichen Regionen des Landes, einschließlich Galizien und Wolhynien, auf der katholischen Seite der Kluft, der Rest der Ukraine auf der orthodoxen. Doch sobald man diese Karte näher betrachtet, stellt man fest, dass es im angeblich katholischen Teil des Landes nur sehr wenig römischen Katholizismus gibt. Wolhynien ist überwiegend orthodox, und in Galizien leben zwar viele Katholiken, aber sie machen nicht die Mehrheit der Gläubigen aus. Zudem ist es nicht so einfach, ihre Kirchen und Gottesdienste von denen der Orthodoxen zu unterscheiden, da die meisten ukrainischen Katholiken den orthodoxen Ritus praktizieren.

Doch man sollte Nachsicht mit den Kartographen haben. In einem Land wie der Ukraine ist es schwierig, wenn nicht gar unmöglich, irgendwo eine klare Trennungslinie zu ziehen. Das gilt für sämtliche kulturellen Grenzen, wenn auch die Existenz einer hybriden Kirche, die Elemente des östlichen und des westlichen Christentums vereint, die Sache noch komplizierter macht. Diese Kirche trug ursprünglich den Namen Unierte Kirche, worin sich ihr Zweck ausdrückt, diese Elemente zu vereinen. Heute ist sie als Ukrainische griechisch-katholische Kirche bekannt, wobei »griechisch« sich auf den byzantinischen Ritus bezieht, oder einfach als Ukrainische Katholische Kirche. Sie stellt den bei weitem erfolgreichsten institutionellen Versuch dar, eines der ältesten Schismen der christlichen Welt zu überbrücken. Diese Kirche entstand im späten 16. Jahrhundert, einer Zeit, in der politische und religiöse Modelle des Westens nach Osten vordrangen und dort von traditionell orthodoxen Ländern auf je eigene Weise adaptiert wurden. Dieser Prozess stieß in den dortigen Gesellschaften jedoch nicht selten auf Widerstand und wachsendes Selbstbewusstsein. Sowohl die Aufnahme westlicher Einflüsse als auch der Widerstand gegen sie fanden ihren Niederschlag in der ukrainischen Orthodoxie, die in der ersten Hälfte des 17. Jahrhunderts als Antwort auf die Herausforderungen aus dem Westen einen tiefgreifenden Wandel erfuhr.

Die prowestliche Bewegung entwickelte sich in der orthodoxen Kirche der Rus schon Anfang der 1590er Jahre als Reaktion auf eine Krise der Metropolie Kyjiw. Die Kirche verfügte über weitläufigen Landbesitz, und der Adel sah in Kirchenämtern vor allem eine Möglichkeit zur Versorgung seiner männlichen Nachkommen. Entsprechend gering waren die religiösen Motive der Kandidaten – diese lockte vor allem der Reichtum der Kirche. So wurden Bischöfe und Archimandriten führender Klöster oft mit Unterstützung weltlicher Wohltäter der Kirche vom König ernannt, ohne überhaupt ein Ordensgelübde abzulegen. Die Priester und nicht selten auch die Bischöfe hatten lediglich eine Grundausbildung. Und selbst wenn sie mehr Wissen hätten erwerben wollen, es gab nicht die dafür nötigen Einrichtungen. Unterdessen begannen calvinistische und katholische Schulen und Kollegien, ihre Türen für die Söhne orthodoxer Adliger zu öffnen. Insbesondere die Jesuiten taten sich dabei hervor, indem sie beispielsweise in Vilnius nahe der belarussischen Grenze eine Schule einrichteten, die bald zu einer Akademie ausgebaut werden sollte; eine andere gründeten sie in Jarosław in Galizien.

Die Situation in der Metropolie Kyjiw glich durchaus jener, wie sie vor der Reformation und dem Beginn der katholischen Erneuerungsbestrebungen in anderen Teilen Europas geherrscht hatte. In vielerlei Hinsicht ging alles seinen gewohnten Gang, und trotzdem empfanden Teile der orthodoxen Elite die Lage als Krise. Die katholische Kirche in Polen-Litauen durchlief mit Hilfe von jesuitisch geführten Schulen und Akademien einen Modernisierungsprozess, was unweigerlich eine Herausforderung für die unreformierte Orthodoxie darstellte. Die publizistischen und pädagogischen Aktivitäten des Kreises um Fürst Kostjantyn Ostroskyj waren eine erste Antwort auf diese Herausforderung. Die orthodoxen Bruderschaften – Organisationen von Kaufleuten und Handwerkern der Rus in den größeren ukrainischen Städten – waren ebenfalls besorgt über den Zustand ihrer Kirche. Die reichste und einflussreichste unter ihnen, die Bruderschaft von Lwiw, stand im Konflikt mit ihrem Bischof, dem sie Korruption vorwarf und den sie daher als Belastung für ihr Verhältnis zu den dominierenden Katholiken empfand. Im Jahr 1586 gelang es den Bürgern von Lwiw, ihre Unabhängigkeit vom Bischof durchzusetzen, und 1591 eröffneten sie ihre eigene Schule, weil sie nicht mehr auf seine Initiative warten wollten.

Die orthodoxen Hierarchen gerieten in eine unhaltbare Lage: Innerhalb der katholisch regierten polnisch-litauischen Adelsrepublik hatten sie einen geringeren Status als die katholischen Bischöfe, die Mitglieder des Senats waren und direkten Zugang zum König hatten. Ostroskyj und andere Fürsten und Adlige hielten sich für die wahren Herren der Kirche. Die Bruderschaften befanden sich in offener Revolte und untergruben das Monopol des Bischofs, über die Lehre der Kirchendogmen zu bestimmen. Und der Patriarch von Konstantinopel sprang den Bischöfen nicht bei, sondern nahm sogar die Rebellen in Schutz – diese wussten, wie sie sich den Hierarchen, der knapp bei Kasse war, geneigt machen konnten. Eine Lösung für die verfahrene Situation bot sich unvermittelt durch die Idee einer Vereinigung mit Rom. Die von den orthodoxen Hierarchen favorisierte Vision dieser Kirchenunion orientierte sich an dem Modell, das auf dem gemeinsamen katholisch-orthodoxen Konzil von Florenz im Jahr 1439 erörtert worden war. In den letzten Jahren von Byzanz waren sowohl der Kaiser als auch der Patriarch verzweifelt bemüht gewesen, das Reich vor den osmanischen Angriffen zu retten. Rom bot zwar Hilfe an, allerdings unter der Bedingung, die beiden Kirchen unter päpstlicher Autorität zu vereinen. In dieser Notlage stimmte Byzanz zu, seine Kirche Rom unterzuordnen und die orthodoxen Dogmen durch katholische zu ersetzen. Insbesondere kamen sie mit den Katholiken in der äußerst wichtigen Frage des *filioque* überein, dem Bekenntnis, dass der Heilige Geist nicht nur von Gottvater, sondern auch von Gottes Sohn, Jesus Christus, ausgehe. Es gelang ihnen jedoch, die Priesterehe, die griechische Sprache und die byzantinische Liturgie beizubehalten. Allerdings wurde diese Union nach dem Fall von Byzanz wieder aufgelöst.

Im Sommer 1595 unternahmen nun zwei orthodoxe Bischöfe die weite Reise nach Rom und überbrachten ein Schreiben der orthodoxen Hierarchen mit der Bitte an den Papst, sie unter Bedingungen ähnlich denen, wie sie einst für die Union von Florenz vorgesehen waren, in die katholische Kirche aufzunehmen. Papst Clemens VIII. empfing die Gesandtschaft und begrüßte die »Rückkehr« der Bischöfe und ihrer Kirche mit einer Zeremonie in der Konstantinhalle im Vatikan. Ausgestattet mit einer päpstlichen Bulle und zahlreichen Breven für den König und andere Würdenträger von Polen-Litauen, kehrten die Bischöfe nach Hause zurück, um ein Kirchenkonzil einzuberufen, das den Abschluss der Union verkünden und die Übernahme des römischen Kirchenrechts durch die Metropolie Kyjiw verkünden sollte. Der König arrangierte erfreut Zeitpunkt und Ort des Konzils: Es sollte im Oktober 1596 in der Stadt Brest an der polnisch-ukrainisch-belarussischen Grenze stattfinden.

Eine Weile schien es, als sei die Angelegenheit erfolgreich abgeschlossen – der Papst, der König und die Bischöfe, alle wollten die Union. Probleme machten allerdings die Gläubigen, genauer gesagt, die wichtigsten Interessengruppen innerhalb der Kirche. Dazu gehörten Fürst Ostroskyj und andere orthodoxe Magnaten wie er, die Mitglieder der Bruderschaften, die Mönche und ein großer Teil des niederen Klerus. Die Magnaten waren bestrebt, die Kontrolle über die Kirche nicht zu verlieren – im Zeitalter der Reformation war sie ein wertvolles politisches und religiöses Kapital, das man nicht leichtfertig aufgab; die Bruderschaften wollten Reformen von unten und sich nicht mehr der Macht der Bischöfe beugen; Archimandriten, die Klöstern vorstanden, ohne selbst das Mönchsgelübde abgelegt zu haben, wollten weiterhin kirchlichen Grundbesitz verwalten; und einige der Mönche, Geistlichen und einfachen Gläubigen fürchteten, die Sache der heiligen orthodoxen Kirche zu verraten, wenn sie sich vom Patriarchen in Konstantinopel abwandten. Es war eine sehr eigene, aber mächtige Koalition aus Reformern und Konservativen, wahren Gläubigen und Opportunisten, die die Pläne Roms, Warschaus und der orthodoxen Hierarchen gefährdete.

Fürst Kostjantyn Ostroskyj, der wohl mächtigste Mann der Ukraine, war entschlossen, die Kirchenunion zu verhindern. Sollte sie nach den Plänen der Bischöfe umgesetzt werden, fürchtete er, die Kontrolle über die Kirche zu verlieren und nicht mehr wie bisher die Orthodoxie als Instrument in den Auseinandersetzungen mit dem König nutzen zu können, was den ruthenischen Fürsten bis dahin eine besondere Rolle in der Gesellschaft der polnisch-litauischen Adelsrepublik gesichert hatte. Offenbar fühlte er sich auch persönlich hintergangen. Einer der beiden Bischöfe, die sich mit der Bitte um die Union nach Rom begeben hatten, war sein alter Freund Hypatios Pociej (in der Ukraine bekannt als Ipatij Potij), den Ostroskyj überredet hatte, seine politische Karriere aufzugeben, um Bischof zu werden und die Kirche zu reformieren. Ostroskyj erklärte Pociej, er sei für die Union, aber nur, falls der Patriarch von Konstantinopel zustimme. Pociej, der wusste, dass eine solche Zustimmung nicht zu erwarten war, sprach sich für eine Union ohne Konstantinopel aus. Sein Gefährte auf der Reise nach Rom war Bischof Kyrylo Terlezkyj gewesen, der nicht nur der Exarch, also der persönliche Vertreter des Patriarchen von Konstantinopel war und damit dessen Interessen in der Region zu vertreten hatte, sondern auch Bischof der Eparchie Wolhynien – Ostroskyjs Hochburg.

Voller Zorn hatte der alte Fürst den beiden Bischöfen noch Bewaffnete nachgesandt, um sie abzufangen, bevor sie Rom erreichten, doch sie waren unbehelligt angekommen. Nun also machte sich Ostroskyj in Begleitung einer kleinen Armee von Unterstützern, bestehend aus orthodoxen Adligen und ihrer Gefolgschaft, auf den Weg nach Brest zum Konzil. Beistand erhielt er auch von seinen protestantischen Verbündeten, den litauischen Adligen. Einer von ihnen bot sein Haus als Tagungsort für das Kirchenkonzil an, da der König befohlen hatte, die orthodoxen Kirchen der Stadt zu schließen. Die Vertreter des Königs kamen mit ihren eigenen bewaffneten Gefolgsleuten in Brest an. Angesichts dieser angespannten Atmosphäre musste man befürchten, dass die Beratungen über eine Kirchenunion nicht bloß scheitern, sondern in einer blutigen Auseinandersetzung enden konnten.

Das Konzil von Brest, wie es in der Geschichtsschreibung genannt wird, hat im Grunde als solches nie stattgefunden, da es sich in eine katholische und eine orthodoxe Versammlung aufspaltete. Das katholische Konzil, an dem unter anderem der orthodoxe Metropolit und die meisten Bischöfe teilnahmen, verkündete die Union. Am orthodoxen Konzil, dessen Vorsitz ein Vertreter des Patriarchen von Konstantinopel führte, nahmen unter anderem zwei orthodoxe Bischöfe sowie zahlreiche Archimandriten und Vertreter des niederen Klerus teil. Sie weigerten sich, der Union beizutreten, und bekräftigten ihren Treueschwur gegenüber dem Patriarchen von Konstantinopel. Damit war die Metropolie Kyjiw gespalten, denn ein Teil erklärte seine Loyalität gegenüber Rom. Das Schisma der Metropolie vollzog sich entlang einer klaren geographischen Trennlinie: Galizien mit Lwiw und Przemyśl blieb orthodox, Wolhynien und die belarussischen Eparchien hingegen unterstützten die neue Unierte Kirche. Die Situation in den Gemeinden war jedoch wesentlich komplexer, als es diese etwas allgemeine Aufteilung vermuten lässt. Die Religionszugehörigkeit spaltete manche Familie, während einzelne Pfarreien und Klöster mehrfach ihre Zugehörigkeit wechselten.

Trotz des starken Widerstands hielt der König an der Union von Brest fest. Er erkannte nur ein einziges Konzil von Brest an – jenes, welches die Union verkündet hatte – und betrachtete fortan nur die Unierte Kirche als legitime christliche Ostkirche in seinem Land. Zwei Bischöfe, zahlreiche Klöster, Tausende von Kirchen und Hunderttausende, wenn nicht Millionen orthodoxe Gläubige galten nun als Gesetzesbrecher. Der orthodoxe Adel führte auf lokalen Versammlungen und den Reichstagen von Polen-Litauen die Auseinandersetzungen weiter und beklagte, der königliche Hof würde die dem Adel garantierte Religionsfreiheit missachten. Das war keineswegs aus der Luft gegriffen: In den 1570er Jahren, unmittelbar nach dem Tod von Sigismund Augustus, hatten die protestantischen Adligen die Religionsfreiheit zu einem zentralen Bestandteil der »Artikel« gemacht, zu denen sich jeder gewählte König von Polen durch Eid zu bekennen hatte.

Nun unterstützten die protestantischen Adligen ihre orthodoxen Standesgenossen, die Reichstage verwandelten sich in Schauplätze erbitterter Religionsstreitigkeiten und machten die »Annahme des griechischen Ritus durch die Nation der Rus« zu einer immer dringlicher erhobenen Forderung. Bis zum Tod von König Sigismund III. im Jahr 1632 kam es jedoch zu keiner wesentlichen Änderung. Mehr als dreißig Jahre lang existierte die orthodoxe Kirche ohne offiziellen Status oder Anerkennung. Neue Bischöfe konnten nur mit königlicher Zustimmung ernannt werden, und so setzten die Unierten einfach darauf, dass die orthodoxe Kirche von selbst erlöschen würde, wenn die Bischöfe, die sich der Union verweigert hatten, verstarben. Die orthodoxe Kirche überlebte nur durch ihren Ungehorsam gegenüber dem König und seiner Verwaltung. Anstatt also die königliche Macht zu stärken, hatte die Union von Brest sie untergraben. Wie schon die Union von Lublin führte auch diese Kirchenunion zu völlig anderen Ergebnissen als denen, die ihre Urheber erwartet hatten.

Der Kampf für und gegen die Union beschränkte sich nicht nur auf die Reichstage, sondern wurde durch Publikationen auch in einer viel breiteren Öffentlichkeit ausgetragen. In der Ukraine und in Belarus kam es zu einer rasanten Zunahme von Abhandlungen, Protesten, Angriffen und Gegenangriffen, die heute unter dem allgemeinen Begriff »polemische Literatur« zusammengefasst werden. Anfangs herrschte auf beiden Seiten Mangel an geeigneten Autoren für diese religiöse Auseinandersetzung, weshalb jeweils polnische Unterstützer in die Bresche sprangen. Zu jenen, die mit ihrer Feder für die Union stritten, gehörte Piotr Skarga, ein Jesuit, der am Konzil von Brest teilgenommen hatte. Ostroskyj nutzte die Talente eines seiner protestantischen Getreuen, um sich zu wehren. Von da an schrieben die Protestanten unter Pseudonymen, meist griechischen, um ihre orthodoxe Herkunft und die Autorität ihrer Texte zu unterstreichen. Außerdem verfassten sie die meisten früheren Traktate in polnischer

Sprache, die sie auch in der späteren Zeit weiterhin verwendeten, als lokale Autoren begannen, in ruthenischer Sprache zu schreiben.

Im Laufe der Zeit konnten sowohl die Unierten als auch die Orthodoxen auf Autoren aus ihrem jeweils eigenen Milieu bauen, die sich mit der Gegenseite über religionspolitische, kirchengeschichtliche und theologische Fragen auseinandersetzten. Bei den Orthodoxen tat sich hier besonders Meletij Smotryzkyj hervor, Sohn von Herassym Smotryzkyj, einem der Herausgeber der Ostroher Bibel. Der vielseitig begabte Meletij Smotryzkyj verfasste auch die erste Grammatik des Kirchenslawischen, die das Standardwerk für die folgenden zwei Jahrhunderte werden sollte. Gemessen an der Zahl der Publikationen, waren die Orthodoxen aktiver als die Unierten, vielleicht weil ihnen andere Möglichkeiten zur Verteidigung ihrer Sache und die Unterstützung der Gerichte fehlten.

Die Union von Brest und der Aufstieg der Kosaken hatten zur Folge, dass sich die beiden wichtigsten kulturellen Trennlinien der Ukraine, die christlich-muslimische Grenze und die christliche Ost-West-Grenze, Richtung Süden beziehungsweise Osten verschoben. Das wiederum führte zu einer Reihe bedeutender Veränderungen im wirtschaftlichen, sozialen und kulturellen Leben der Ukraine. Eine der wohl symbolträchtigsten bestand darin, dass die Stadt Kyjiw zum ersten Mal seit dem Mongolensturm Mitte des 13. Jahrhunderts wieder ins Zentrum der ukrainischen Geschichte rückte. In der ersten Hälfte des 17. Jahrhunderts sollte die altehrwürdige Stadt zum Dreh- und Angelpunkt der orthodoxen Reformation werden. Diese stellte den Versuch der orthodoxen Kirchen von Konstantinopel bis Moskau dar, mit den Entwicklungen von Reformation und Gegenreformation in Europa gleichzuziehen und sich in diesem Prozess selbst zu erneuern.

Die Wiederbelebung Kyjiws als religiöses und kulturelles Zentrum setzte im frühen 17. Jahrhundert ein, als die Stadt Zufluchtsort für orthodoxe Intellektuelle aus Galizien wurde. Hier boten sich ihnen bessere Bedingungen für ihre theologische und pädagogische Arbeit als in der Westukraine, wo Warschau die Orthodoxen zunehmend unter Druck setzte, sich der Union mit Rom anzuschließen. Entscheidend für die Entwicklung Kyjiws zu einem orthodoxen Zentrum war die trotz der Union von Brest fortbestehende orthodoxe Kontrolle über das Kyjiwer Höhlenkloster – die bei weitem reichste Mönchsgemeinschaft in der Ukraine und Belarus. Im Jahr 1615 verlegte der Archimandrit des Klosters, Jelyssej Pletenezkyj, die einst vom orthodoxen Bischof von Lwiw geleitete Druckerei nach Kyjiw. Aus Lwiw und Galizien kamen jedoch nicht nur die Druckerpresse, sondern auch Autoren, Lektoren und Drucker, die unter Pletenezkyjs Führung und in seinem Schutz ein neues geistiges Zentrum schufen. Im selben Jahr gründete sich in Kyjiw eine orthodoxe Bruderschaft, die nach dem Vorbild der Bruderschaft von Lwiw eine eigene Schule eröffnete. Diese Schule sollte sich später zu einem Kolleg westlichen Stils entwickeln, während die Druckerei bis zu Pletenezkyjs Tod im Jahr 1624 elf Bücher veröffentlichte. Zu dieser Zeit hatte Kyjiw Ostroh und Vilnius als Hauptsitz der orthodoxen Verlagstätigkeit abgelöst.

Seit dem späten 16. Jahrhundert war die Region südlich von Kyjiw de facto zu einem von den Kosaken beherrschten Gebiet geworden, was den Aufstieg Kyjiws zum religiösen, pädagogischen und kulturellen Zentrum gegen die polnische katholische Autorität begünstigte. Die Kosaken trugen vor allem in zweierlei Hinsicht zur Wiederbelebung Kyjiws bei. Erstens reduzierte ihre Anwesenheit die Gefahr von Tatarenüberfällen, sodass religiöse Dissidenten dort einen halbwegs sicheren Lebens- und Arbeitsort vorfanden. Das galt auch für die Mönche und Bauern, die auf den Feldern des Höhlenklosters arbeiteten und die Einnahmen erwirtschafteten, die für die Buchproduktion und die Schulen unerlässlich waren. Zweitens boten die Kosaken den orthodoxen Flüchtlingen aus Galizien den nötigen Schutz, als die Kyjiwer Mönche unter wachsenden Druck seitens der polnischen Regierung in Warschau gerieten. Im Jahr 1610 versprach ihr Hetman schriftlich, einen Vertreter der unierten Metropolie zu töten, der nach Kyjiw geschickt worden war, um dort die Orthodoxen zu bekehren. Acht Jahre später ließen die Kosaken diese Drohung wahr werden und ertränkten den Mann im Dnipro. »Was andere Völker durch Worte und Reden zu erreichen versuchen, schaffen die Kosaken durch ihre Taten«, schrieb der orthodoxe Gelehrte Jow Borezkyj, der sich zeitweise als Verteidiger der Kosaken hervortat.

Die Kosaken spielten auch eine entscheidende Rolle bei der Weihe neuer kirchlicher Würdenträger – ein äußerst wichtiger Beitrag, der die orthodoxe Kirche vor dem Aussterben bewahrte. Die Kirche sah im Grunde ihrem Untergang entgegen, da es ihr aufgrund der Weigerung des Königs, Weihen zu vollziehen, an Bischöfen mangelte. Im Herbst 1620 überredete Petro Konaschewytsch-Sahajdatschnyj, der mit Abstand bekannteste und angesehenste Kosakenführer jener Zeit, den Patriarchen Theophanes von Jerusalem, der sich auf einer Reise durch die Ukraine befand, neue Bischöfe zu weihen. Dies hauchte nicht nur der orthodoxen Metropolie neues Leben ein, sondern machte Kyjiw auch wieder zur Kirchenhauptstadt. Letzteres ergab sich fast zwangsläufig. Der König erkannte den neuen Metropoliten Jow Borezkyj nicht an und erließ den Befehl, ihn zusammen mit den neuen Hierarchen zu verhaften. Dies machte es Borezkyj unmöglich, weiter in Nawahrudak zu leben, einer Stadt in der Nähe von Vilnius, die seit dem 14. Jahrhundert Residenz der orthodoxen Metropoliten gewesen war. Ihm blieb nichts anderes übrig, als sich in Kyjiw niederzulassen, dem Zentrum der von den Kosaken kontrollierten Dnipro-Region. Die orthodoxe Kirche hatte nun mit den Kosaken eine eigene Armee, während die Kosaken orthodoxe Ideologen und eine Druckerei bekamen, die ihre sozialen und politischen Anliegen zu verbreiten halfen.

Das kosakisch-orthodoxe Bündnis wurde für Warschau insbesondere im Herbst 1632 zum Problem, als die Armee des russischen Zaren die Grenze überschritt und versuchte, Smolensk und andere in der Zeit der Wirren verlorene Gebiete zurückzuerobern. Dieser Vorstoß traf Polen-Litauen unvorbereitet, denn ihm standen nur wenige Soldaten für die Grenzverteidigung zur Verfügung. Die Lage war nicht unähnlich jener des Jahres 1621, als Sahajdatschnyj das Land in der Schlacht von Chotyn gerettet hatte. Erschwerend kam hinzu, dass die Adelsrepublik nach dem Tod von Sigismund III. im Frühjahr mit der langwierigen Wahl eines neuen Königs beschäftigt war. Der Tod des Monarchen, der entscheidend an der Union von Brest mitgewirkt hatte, stellte für die polnisch-litauischen Eliten der *Rzeczpospolita* sowohl ein Problem als auch eine Gelegenheit dar, die Religionskrise auf neue Weise anzugehen. Anstatt die religiösen Differenzen zu mildern, hatte die Union die Gesellschaft der Rus gespalten und für viel Unmut gegen die Regierung gesorgt.

Die Lösung, die Warschau schließlich für dieses Problem anstrebte, war die »Annahme des griechischen Ritus durch die Nation der Rus«. Die orthodoxe Kirche sollte demnach anerkannt werden und die gleichen Rechte und Privilegien wie die unierte Kirche erhalten. Mit dem Abkommen, das auf dem Reichstag mit Vertretern des orthodoxen Adels ausgehandelt und vom designierten König Władysław IV. unterstützt wurde, erreichte man bestimmte politische Ziele. Kurzfristig sicherte man sich damit die Loyalität der Orthodoxen gegenüber der *Rzeczpospolita* und die Unterstützung der Kosaken im Smolensker Krieg. Darüber hinaus aber trieb die Anerkennung der Kirche durch die königliche Regierung einen Keil zwischen die orthodoxen Hierarchen und die Kosaken. Die Kirche benötigte für ihr Überleben nicht länger den Beistand der Kosaken und orientierte sich fortan an Warschau.

Aus Sicht der Befürworter des Abkommens erforderte die Annäherung der orthodoxen Kirche an die Monarchie eine neue Kirchenführung. Zur Stärkung der Fraktion des »Friedens mit Warschau« wählten die orthodoxen Teilnehmer des Reichstags einen neuen Metropoliten, Petro Mohyla. Bei seinem Einzug in Kyjiw ließ Mohyla seinen Vorgänger verhaften und in ein Verlies des Kyjiwer Höhlenklosters werfen. Als ehemaliger Offizier der polnischen Armee und Archimandrit des Höhlenklosters wusste der neue orthodoxe Führer, was er zu tun hatte. Und als jemand, der Smotryzkyj und Borezkyj nahegestanden hatte, hatte Mohyla wenig Verwendung für die Kosaken oder ihre Schützlinge in der Kirche. Außerdem besaß er die volle Unterstützung des Königshofs – schließlich war er der Spross einer Herrscherfamilie.

Petro Mohyla war zwar nicht von königlichem Geblüt, aber als Sohn des orthodoxen Herrschers (Hospodar) des Fürstentums Moldau gehörte er zweifellos der polnisch-litauischen Aristokratie an. Nun ließ er sich von seinen Panegyrikern als neuer Führer der Rus preisen. Damit trat er an die Stelle von Fürsten wie Ostrøskyj und von Kosaken wie Sahajdatschnyj, die von orthodoxen Intellektuellen als Erben und Nachfolger der Kyjiwer Fürsten Wolodymyr des Großen und Jaroslaw des Weisen glorifiziert worden waren. »Man erinnere sich, wie berühmt die Rus früher war, wie viele Schutzherren sie hatte«, schrieb einer der Huldiger »im Namen« der Sophienkathedrale, dem architektonischen Vermächtnis des Fürsten Jaroslaw, die nun von Mohyla wiederaufgebaut wurde. »Heute gibt es nur noch wenige; die Rus will dich haben.«

Mohyla widmete sich mit großem Engagement der Aufgabe, Kirchen aus der Rus-Ära zu restaurieren; nicht wenige ließ er komplett wiederaufbauen. Unter »Restaurierung« verstand man Mitte des 17. Jahrhunderts allerdings etwas anderes als heute. Wie man am Beispiel der Sophienkathedrale sehen kann, versuchten Mohyla und seine Architekten keineswegs, die ursprüngliche byzantinische Formensprache zu rekonstruieren. Der neue Stil, in dem sie ihre Kirchen »restaurierten«, kam aus dem Westen und war vom europäischen Barock beeinflusst. Die Sophienkathedrale, wie wir sie heute kennen, ist ein perfektes Beispiel für die Mischung kultureller Stile und Strömungen, die das Wesen von Mohylas Tätigkeit als Metropolit ausmachte. Das Innere der Kathedrale schmücken byzantinische Fresken, doch ihr Äußeres ist das einer Barockkirche.

Die Öffnung des byzantinischen Erbes für westliche Einflüsse und die Anpassung der orthodoxen Kirche an die Herausforderungen von Reformation und Gegenreformation waren die Triebfedern der Neuerungen, die Mohyla im kirchlichen und pädagogischen Bereich anstrebte. In Falle der Architektur kamen die Vorbilder nicht einfach nur aus dem Westen, sondern insbesondere aus der katholischen Sphäre. Die Unierten und die Orthodoxen konkurrierten miteinander darum, sich nach dem Vorbild der Katholiken zu reformieren, ohne zu viel von ihrem byzantinischen Erbe preiszugeben. Allerdings konnten die Orthodoxen ihre Schüler und Studenten nicht wie die Unierten nach Rom und an Jesuitenkollegs in Mittel- und Westeuropa schicken. Mohyla nahm sich auch dieses Problems an und gründete das erste orthodoxe Kolleg in Kyjiw, das den Lehrplan der Jesuiten an orthodoxe Bedürfnisse anpasste. Dieses Kolleg, das 1632 durch die Vereinigung der Schule der Kyjiwer Bruderschaft mit der Schule des Höhlenklosters entstand, wurde später als Kyjiwer Mohyla-Akademie bekannt und zählt heute zu den führenden Universitäten der Ukraine. Seit dem 17. Jahrhundert und bis in unsere Tage ist sie die am stärksten westlich orientierte Universität des Landes.

Mohyla machte Kyjiw zum führenden Publikationszentrum in den orthodoxen Gebieten der polnisch-litauischen Adelsrepublik und darüber hinaus. Die Bücher, die in den 1640er Jahren in Kyjiw erschienen, fanden bis weit über die Grenzen der Ukraine hinaus Leser. Zu ihnen gehörte das *Liturgicon*, die erste systematische Darstellung der orthodoxen liturgischen Praktiken. Ein anderes mit dem Titel *Bekenntnis des orthodoxen Glaubens* stellte die erste ausführliche Diskussion der Grundlagen des orthodoxen Glaubens dar und bot im Stil eines Katechismus Antworten auf 260 Fragen. Um 1640 geschrieben, wurde es 1643 von einem Konzil der östlichen Patriarchen gebilligt und 1645 in Kyjiw veröffentlicht. Das stark von katholischen Vorbildern beeinflusste *Bekenntnis* war eine Antwort auf den protestantisch orientierten Katechismus von 1633, der von Patriarch Kyrillos Loukaris von Konstantinopel herausgegeben worden war. Die Tatsache, dass die östlichen Patriarchen seine Publikation genehmigt hatten, machten das Buch zu einem Standardwerk für die gesamte orthodoxe Welt, einschließlich des russischen Zarenreichs.

Die von Mohyla initiierten Bildungs- und Publikationsprojekte sollten in erster Linie die Reform der Kyjiwer Orthodoxie fördern. Mit einem gut ausgebildeten Klerus, einem klar definierten Glaubensbekenntnis und standardisierten liturgischen Praktiken bemühte sich der Metropolit, die Macht der Bischöfe in der Kirche zu stärken, die kirchliche Disziplin zu festigen und die Beziehungen zu den königlichen Behörden zu verbessern. All diese Maßnahmen waren eine Antwort auf die Herausforderungen der Reformation und der Gegenreformation – Kennzeichen der Konfessionalisierung des religiösen Lebens in ganz Europa. »Konfessionalisierung« umfasste eine Reihe von Dingen. Im Verlauf des 16. Jahrhunderts bemühten sich alle Kirchen entlang der katholisch-protestantischen Trennlinie, Glaubensbekenntnisse zu formulieren, ihre Kleriker auszubilden, die Disziplin zu stärken und die liturgischen Praktiken in Zusammenarbeit mit den weltlichen Behörden zu standardisieren. Mitte des 17. Jahrhunderts schlossen sich die Orthodoxen unter der Führung von Petro Mohyla diesem allgemeinen europäischen Trend an.

Bemerkenswert ist, dass hierbei nicht Moskau oder Konstantinopel die führende Rolle einnahm, sondern Kyjiw, eine Stadt, die seit der Mongoleninvasion von 1240 in der orthodoxen Welt kaum noch eine Rolle gespielt hatte. Für diese Entwicklung gab es außer den bereits genannten eine Reihe weiterer Gründe. Nach der Zeit der Wirren waren die Moskauer Patriarchen nicht nur von der westlichen, sondern auch von der östlichen christlichen Welt isoliert, da sie glaubten, dass es außerhalb des Moskauer Zarenreichs keine wahre Religion gebe. Konstantinopel, das unter der Kontrolle der Osmanen stand, versuchte Reformen nach protestantischem Vorbild, kam damit aber nicht sehr weit. Im Jahr 1638 wurde Patriarch Kyrillos Loukaris, der neun Jahre zuvor ein orthodoxes Glaubensbekenntnis (*Confessio*) auf Lateinisch veröffentlicht hatte, das stark von der protestantischen Lehre beeinflusst war, unter dem Vorwurf, einen Kosakenangriff auf das Osmanische Reich angestiftet zu haben, auf Befehl des Sultans erwürgt. Im selben Jahr wurde er von einem Kirchenkonzil in Konstantinopel wegen seiner theologischen Ansichten mit dem Kirchenbann belegt. Aus dem Wettstreit zwischen Mohyla und Loukaris sowie zwischen katholischen und protestantischen Modellen zur Reform der Orthodoxie ging Mohylas Modell als Sieger hervor. Seine Reformen sollten die orthodoxe Welt noch anderthalb Jahrhunderte lang nachhaltig beeinflussen.

Die Union von Brest spaltete die ruthenische (ukrainische und belarussische) Gesellschaft Polen-Litauens im Allgemeinen und die ukrainischen Eliten im Besonderen in zwei Kirchen – eine Spaltung, die bis heute besteht. Die Kämpfe um das Schicksal der Union führten jedoch auch dazu, dass sich diese Gesellschaft ihrer Gemeinsamkeiten aus Geschichte, Kultur und religiöser Tradition viel bewusster wurde. Trotz aller verbalen Schärfe und gelegentlicher physischer Gewalt trug dieser Kampf dazu bei, dass eine neue, pluralistisch geprägte politische und religiöse Atmosphäre entstehen konnte, die Diskussionen und Meinungsverschiedenheiten zuließ. Die Lage der Ukraine an der religiösen Grenze zwischen dem westlichen und dem östlichen Christentum brachte nicht nur eine »Grenzkirche« hervor, die Elemente der beiden christlichen Traditionen vereinte (eine spezielle Eigenschaft, die oft nur den Unierten zugeschrieben wird), sondern zwei. Auch die Orthodoxen nahmen in ihrem Versuch, sich in den Jahrzehnten nach der Union von Brest zu reformieren und an die neue Zeit anzupassen, kulturelle Strömungen aus dem Westen auf. Im frühen 17. Jahrhundert war es in der Ukraine noch schwieriger als heute, eine klare Linie zwischen dem christlichen Osten und dem christlichen Westen zu ziehen.

Die Auseinandersetzungen über die Union von Brest trugen dazu bei, die Gesellschaft der Rus auf beiden Seiten der religiösen Kluft aus einem langen geistigen Schlaf zu wecken. Zu den kontrovers diskutierten Themen gehörten die Taufe der Rus, die Geschichte der Kyjiwer Metropolie, die Rechte der Kirche und der Länder der Rus unter den litauischen Fürsten und die der Orthodoxen unter der Union von Lublin sowie die königlichen Dekrete und Reichstagsbeschlüsse der Folgezeit. Wer des Lesens und Schreibens kundig war und an den politischen, sozialen und religiösen Entwicklungen seiner Zeit teilnahm, konnte in diesen Streitigkeiten ein Gefühl der Identität entwickeln, wie es zuvor nicht existiert hatte. Mochten die Kontrahenten in religiösen Fragen auch uneins sein, so zeigten sie doch höchste Achtung vor dem Gebilde, das sie die ruthenische Nation (*narod Ruski*) nannten und in dessen Interesse sie ihrer Überzeugung nach diese Kämpfe führten.

KAPITEL 10

DER CHMELNYZKYJ-AUFSTAND

D er Kosakenaufstand, der im Frühjahr 1648 begann und als »Chmelnyzkyj-Aufstand« in die Geschichte einging, war der siebte große Kosakenaufstand seit dem Ende des 16. Jahrhunderts. Die vorigen sechs hatte die polnisch-litauische Adelsrepublik niederschlagen können, aber diesen bekam sie nicht in den Griff. Er veränderte die politische Landkarte der gesamten Region und ließ den Kosakenstaat entstehen, den viele als die Grundlage der modernen Ukraine betrachten. Mit diesem Aufstand begann außerdem eine lange Periode der Verwicklung Russlands in ukrainische Angelegenheiten; zugleich gilt er weithin als historischer Beginn der Beziehungen zwischen Russland und der Ukraine als eigenständigen Nationen.

Der Chmelnyzkyj-Aufstand nahm auf genau dieselbe Weise seinen Anfang wie der erste Kosakenaufstand, den 1591 Kryschtof Kosynskyj angeführt hatte – mit einem Streit um Landbesitz zwischen einem Magnaten und Bohdan Chmelnyzkyj, einem Kleinadligen und Kosakenoffizier. Niemand hätte von dem damals 53-Jährigen, der dem König in zahlreichen Schlachten treu gedient hatte und nach dem Aufstand von 1638 Kosakenkanzler geworden war, erwartet, dass er einen Aufstand anführen würde. Nachdem ihm der Vasall eines ranghohen Beamten sein Gut Subotiw weggenommen hatte, wandte sich Chmelnyzkyj zunächst an die Gerichte. Dort wurde seine Klage nicht nur abgewiesen – seine mächtigen Gegner ließen ihn daraufhin sogar ins Gefängnis werfen. Er floh zur Saporoger Sitsch, wo ihn die aufständischen Kosaken als einen der ihren aufnahmen und zu ihrem Hetman wählten. Das war im März 1648. Der Goldene Friede war vorbei, ein neuer und noch viel größerer Aufstand hatte begonnen.

Bis zu diesem Zeitpunkt hatte sich alles wie bei früheren Kosakenaufständen entwickelt, doch das sollte Chmelnyzkyj ändern. Bevor er nach Norden marschierte, Städte eroberte und sich der polnisch-litauischen Armee entgegenstellte, wandte er sich auf der Suche nach Verbündeten zunächst nach Süden. In einer dramatischen Abkehr von der in der Steppenregion üblichen Politik trug er dem Krim-Khan seine Freundschaft an und offerierte ihm zugleich eine einmalige Chance. Der Khan zögerte, erlaubte aber seinen Vasallen, der Nogaier-Horde nördlich der Krim, sich den Kosaken anzuschließen. Für Chmelnyzkyj und die Kosakenrebellen war dies ein großer Coup. Heute stellt man sich Kosaken gewöhnlich als Reitervolk vor, doch Mitte des 17. Jahrhunderts waren sie in Wahrheit meist Fußsoldaten. Eine eigene Kavallerie war zu kostspielig; allenfalls Adlige konnten sich den Unterhalt eines oder mehrerer kampftauglicher Pferde leisten. Dieses Problem hatte Chmelnyzkyj durch sein frisch geschmiedetes Bündnis mit den Tataren, die zu Pferd kämpften, nun gelöst. Fortan konnten die Kosaken nicht nur schwach befestigte Grenzstädte angreifen oder sich selbst in befestigten Lagern verschanzen, sondern auch der polnischen Armee in offener Feldschlacht gegenübertreten.

Es dauerte nicht lange, bis das Bündnis seine erste Bewährungsprobe bestand. Im Mai 1648 besiegten die Kosaken gemeinsam mit den Tataren zwei polnische Armeen, die eine in der Nähe des Flusses Schowti Wody (Gelbes Wasser) an den nördlichen Zugängen zur Saporoger Sitsch, die andere in der Nähe der Stadt Korsun in der mittleren Dnipro-Region. Zum Erfolg der Kosaken trug neben der Beteiligung der fast 4000 Reiter zählenden Kavallerie der Nogaier an beiden Schlachten auch die Entscheidung von etwa 6000 Registerkosaken bei, ihre polnischen Herren im Stich zu lassen und sich dem Chmelnyzkyj-Aufstand anzuschließen. Das polnische stehende Heer wurde vernichtend geschlagen. Ihre beiden Oberbefehlshaber, der Krongroßhetman und der Kronfeldhetman, gerieten mit Hunderten Offizieren in die Gefangenschaft der Tataren.

Für Polen-Litauen war die unerwartete Niederlage ein Schock, Chmelnyzkyj und seine engsten Anhänger hingegen konnten ihr Glück kaum fassen. Der Hetman hatte gar keinen Plan, wie es nun weitergehen sollte. Im Juni 1648 – die polnische Armee war geschlagen und die Adelsrepublik in Aufruhr – gönnte sich Bohdan Chmelnyzkyj eine Art Sommerpause und zog sich in seine Heimat Tschyhyryn zurück, um über die weiteren Schritte nachzudenken. Doch die Rebellen wollten nicht weiter abwarten. Mit einer Versammlung der altgedienten Registerkosaken in der Nähe von Bila Zerkwa, einer Stadt südlich von Kyjiw, begann sich der Volksaufstand rasch auf die übrige Ukraine auszuweiten. Beflügelt von den Nachrichten über die Siege der Kosaken, schritten Bauern und Stadtbewohner zur Tat, überfielen die Güter der Großgrundbesitzer, setzten deren fliehenden Privatarmeen nach, rechneten mit Adligen ab und machten Jagd auf katholische Priester. Doch am meisten hatten die Juden der Ukraine unter dem Bauernaufstand des Sommers 1648 zu leiden.

Bereits in den ersten Briefen, die Chmelnyzkyj zu Beginn des Aufstands an die Behörden schickte, wurden jüdische Pächter erwähnt. Der Kosaken-Hetman beklagte sich über die »unerträglichen Ungerechtigkeiten«, die den Kosaken durch die königliche Verwaltung, die Obersten – die polnischen Befehlshaber der Registerkosaken – und »sogar« durch die Juden widerfahren seien. Chmelnyzkyj erwähnte die Juden nur beiläufig und ordnete sie an dritter oder gar vierter Stelle der Kosakenfeinde ein, doch die Aufständischen in der Ukraine rechts des Dnipro, wo die Juden von Juni 1648 an massiven Angriffen ausgesetzt waren, hatten ihre eigenen Prioritäten. Sie überfielen und töteten viele Juden, hauptsächlich Männer, was im Verlauf von drei Sommermonaten zur Auslöschung ganzer Gemeinden führte. Die genaue Zahl der Opfer ist nicht bekannt, auch nicht, wie viele Juden vor dem Aufstand in dieser Region gelebt hatten, aber den Schätzungen der meisten Experten zufolge fielen den Pogromen 14000 bis 20000 Juden zum Opfer – erschreckend viele für diese Epoche und diese Region, denn trotz ihrer raschen wirtschaftlichen Entwicklung war die Ukraine im 17. Jahrhundert relativ dünn besiedelt.

Jüdische und ukrainische Historiker des 20. Jahrhunderts haben besonders die sozialen Ursachen der Feindseligkeit gegenüber den Juden in der Dnipro-Ukraine jener Zeit betont. Die Konkurrenz zwischen jüdischen und christlichen Kaufleuten und Handwerkern in den Städten und Dörfern sowie die Rolle der jüdischen Pächter als Mittelsmänner zwischen Adligen und Bauern hatten sicher ihren Anteil an den Pogromen, die durch den Kosakenaufstand entfesselt wurden. Doch sollte man auch die religiösen Motive nicht aus den Augen verlieren. Das Bekenntnis zu einem Glauben war auf beiden Seiten der christlich-jüdischen Trennlinie von großer Bedeutung für die soziale Identität der Menschen. Nicht umsonst bezeichnete der bekannteste jüdische Chronist der Massaker, Nathan Hannover, die Angreifer als »Griechen«, womit er sich auf ihren orthodoxen Glauben bezog, nicht auf ihre Nationalität. Einige Rebellen betrachteten es als ihre religiöse Pflicht, die Juden, die dem Massaker entkommen waren, zu bekehren. Der erzwungene Übertritt zum Christentum rettete vielen jüdischen Männern das Leben. Einige von ihnen schlossen sich den Kosaken an, andere kehrten zum Judentum zurück, sobald die Todesgefahr ausgestanden war.

Als Chmelnyzkyj und seine Armeen im Herbst 1648 damit begannen, westlich des Dnipro vorzurücken, hatten sie Juden, polnische Adlige und katholische Priester in der gesamten Region bis zu den polnischen Hochburgen Kamjanez in Podolien und Lwiw in Galizien getötet. Auch die Unierten waren verschwunden, entweder waren sie Richtung Westen gezogen oder zur Orthodoxie konvertiert. Letzteres war keine allzu große Hürde, da sich die beiden ostchristlichen Kirchen nur in Rechtsfragen unterschieden. Die wenigsten Menschen kümmerten sich um Dogmen oder verstanden sie auch nur. Die neu aufgestellte polnische Armee versuchte den gemeinsamen Marsch der Kosaken und Tataren nach Westen aufzuhalten, erlitt jedoch bei Pyljawa in Podolien erneut eine schwere Niederlage. Am Ende des Jahres belagerten die Kosaken und Tataren Lwiw und die Stadt Zamość an der ethnischen polnisch-ukrainischen Grenze. Doch dann stoppten sie den Vormarsch. Politische, nicht militärische Erwägungen führten zum Ende der Offensive, denn zwischen den Kosakenarmeen und Warschau standen keine Truppen mehr.

Bohdan Chmelnyzkyj ging es inzwischen nicht mehr wie noch in den ersten Monaten des Aufstands lediglich um die Verteidigung der

Rechte und Privilegien der Kosaken, aber auch nicht um die bloße Zerstörung des polnisch-litauischen Staates. Der Kosaken-Hetman erläuterte sein neues Programm polnischen Abgesandten, die mit ihm im Januar und Februar 1649 in der Stadt Perejaslaw südöstlich von Kyjiw verhandelten. Chmelnyzkyj erklärte, er sei nun der alleinige Herr der Rus, und drohte damit, die Polen hinter die Weichsel zurückzudrängen. Offenbar sah er sich als Erben der Fürsten der Kyjiwer Rus.

Ganz in diesem Sinne arrangierte er im Dezember 1648 seinen triumphalen Einzug in Kyjiw. Der Kyjiwer Metropolit begrüßte den Hetman dort ebenso wie der Patriarch von Jerusalem, der Chmelnyzkyj als Fürst ansprach und ihm seinen Segen für den Krieg mit den Polen erteilte. Auch die Professoren und Studenten des von Mohyla gegründeten Kyjiwer Kollegs jubelten dem neuen Führer der Rus zu. Sie bezeichneten ihn als Moses, weil er das Volk der Rus aus der polnischen Gefangenschaft geführt habe. Nie hätten sie es gewagt, ihrem vorigen Schutzherrn, Metropolit Mohyla, der zwei Jahre zuvor, im Dezember 1647, gestorben war, eine solche Ehrung anzutragen. Der Kosaken-Hetman war nicht mehr nur Kämpfer für die Sache der Kosaken, sondern hatte die Führung der gesamten Nation übernommen. Der Weg zur Sicherung der Rechte des Volkes der Rus bestand in der Schaffung eines »Fürstentums« oder eines Staates. Dies war eine revolutionäre Entwicklung. Die Kosaken, die am Rande der Gesellschaft und im Widerstand gegen ein fest gefügtes Gemeinwesen gelebt hatten, dachten nun darüber nach, einen eigenen Staat zu gründen.

Die Grenzen des neuen Staates wurden im Kampf gezogen, dessen wichtigste Schlacht im Sommer 1649 in der Nähe der Stadt Sboriw in Podolien stattfand. Dort griffen Chmelnyzkyjs Truppen, unterstützt von den Krimtataren unter Khan Islam III. Giray, die Armee des neuen polnischen Königs Johann II. Kasimir an. Die Schlacht endete mit einem Sieg der Kosaken, die mit Hilfe ihrer Verbündeten von der Krim die Polen zur Unterzeichnung eines Abkommens zwangen, in dem der offiziell autonome, in Wirklichkeit aber völlig selbstständige Kosakenstaat innerhalb der Adelsrepublik anerkannt wurde.

Der König stimmte zu, die Registerkosaken auf 40 000 zu erhöhen. (Tatsächlich erreichte die Kosakenarmee in Sboriw mit bewaffneten Bauern und Städtern eine Stärke von 100 000 Mann.) Die Kosaken erhielten das Recht, sich in den drei östlichen Woiwodschaften Polen-Litauens niederzulassen – faktisch über sie zu herrschen. Es handelte sich um die Woiwodschaften Kyjiw, Brazlaw und Tschernihiw; sie bildeten das Gebiet des neuen Kosakenstaates, der als Hetmanat in die Geschichte eingehen sollte. Ein großer Teil davon lag in den Steppengebieten, die polnische und französische Kartographen früherer Jahrzehnte als »Ukraine« bezeichnet hatten. Das Hetmanat sollte bald unter ebendiesem Namen bekannt werden.

Das Oberhaupt des neuen Staates und zugleich sein militärischer Befehlshaber war der Hetman. Er regierte das Kosakenreich mit Hilfe seines Generalstabs, der aus einem Kanzler, einem Artilleriekommandeur, einem Generalrichter und anderen Würdenträgern bestand. Die Militärdemokratie der frühen Kosakenzeit, die auch in den ersten Monaten des Aufstandes noch eine wichtige Rolle gespielt hatte, gehörte der Vergangenheit an. Die Generalräte, an denen jeder Kosake hatte teilnehmen dürfen, wichen den Räten der Obersten und der Mitglieder des Generalstabs, die über die wichtigsten Angelegenheiten entschieden. Da der Aufstand gegen das Latifundiensystem die alte Wirtschaft zerstört und ihre wichtigsten Kräfte, darunter die Juden, getötet oder vertrieben hatte, während die Bauern sich nun zu Kosaken erklärten und keine Lust mehr hatten, die Felder des Adels zu bestellen, füllte der neue Staat seine Kasse mit Hilfe von Kriegsbeute, Zöllen und der Besteuerung von Getreidemühlen.

Das alte Verwaltungssystem von Polen-Litauen bestand zwar theoretisch fort, auch wurde das Amt des Woiwoden von Kyjiw durch einen königstreuen orthodoxen Adligen bekleidet, faktischer Herrscher war jedoch der Kosaken-Hetman, der dem König über sein Tun und Lassen keinerlei Rechenschaft ablegte. Die Kosaken führten in den von ihnen kontrollierten Gebieten ein Regierungssystem ein, das auf ihrer Erfahrung im Grenzgebiet beruhte. Ihre Gesellschaftsorganisation trug militärische Züge und war auch von der Armeeorganisation und Verwaltung des Osmanischen Reichs beeinflusst.

Sie teilten das Territorium des Hetmanats in »Regimenter« ein und übertrugen einem Oberst die Verantwortung für die Verwaltung, die Rechtsprechung und die Steuererhebung, vor allem aber für die militärische Organisation eines jeden Regiments. Jedes dieser zwanzig Regimenter, benannt nach der jeweils größten Stadt, war verpflichtet, ein kampfbereites Kosakenregiment aufzustellen. Auch auf der Ebene der kleineren Städte und Dörfer wurde diese in einer Person konzentrierte Verantwortlichkeit für militärische, administrative und juristische Belange eingeführt. Sie wurden von einem Kosakenhauptmann geleitet, dessen Hauptaufgabe darin bestand, im Kriegsfall eine Kompanie – eine Hundertschaft – aufzustellen.

Das Bündnis mit den Krimtataren ermöglichte den Kosaken zu Beginn des Aufstands einen zwei Jahre währenden Siegeszug. Es band Chmelnyzkyj in das geopolitische Netz des Osmanischen Reichs ein, das in der nördlichen Schwarzmeerregion eine Reihe von Vasallenstaaten unterhielt. Dazu gehörten die Krim, das Fürstentum Moldau und die Walachei (Teil des heutigen Rumänien), deren Verhältnis zu Istanbul Chmelnyzkyj ein Vorbild für seine unabhängige Stellung gegenüber dem König lieferte, ohne die hart erkämpfte Eigenstaatlichkeit der Kosaken aufzugeben. Die Kosaken-Ukraine war bereit, ebenfalls ein Vasallenstaat unter dem Protektorat des Sultans zu werden – das war der Kern der Verhandlungen, die Chmelnyzkyj im Frühjahr und Sommer 1651 mit Istanbul führte. In der Vorbereitung einer weiteren großen Konfrontation mit Polen-Litauen unterzeichnete er sogar ein Dokument, in dem er die Oberhoheit des Sultans anerkannte.

Im Gegenzug wollte Chmelnyzkyj sofortigen Schutz – osmanische Truppen, die sich der polnischen Armee entgegenstellten, wie dies 1620 bei Țuțora und 1621 bei Chotyn der Fall gewesen war. Die Osmanen hatten jedoch gerade alle Hände voll zu tun mit Seeschlachten gegen die Venezianer. Anstatt eigene Truppen zu entsenden, befahlen die Berater des neunjährigen Sultans Mehmed IV. dem Krim-Khan, Chmelnyzkyj militärisch zu unterstützen. Das war nicht im Sinne des Hetmans: Die Krimtataren hatten ihre eigenen Interessen und versuchten, den Konflikt in der Region so lange wie möglich am Köcheln zu halten, um einen entscheidenden Sieg der Kosaken über Polen-Litauen zu verhindern. So war es 1649 bei Sboriw geschehen, als der Khan einen Frieden mit dem König aushandelte, anstatt Chmelnyzkyj zu helfen, die polnische Armee zu besiegen. Dies konnte sich leicht wiederholen.

Und so geschah es auch, und zwar unter den denkbar ungünstigsten Umständen. Im Sommer 1651 machten sich die Krimtataren bei einer Schlacht in der Nähe der Stadt Berestetschko in Wolhynien mitten im Gefecht aus dem Staub, was dazu führte, dass der Kern der Kosakenarmee eingekesselt und vernichtend geschlagen wurde. Chmelnyzkyj, der dem Khan mit einigen Getreuen nachsetzte, um ihn zur Umkehr zu bewegen, wurde zur Geisel seines Verbündeten. Nach seiner Freilassung bemühte er sich darum, seine Armee neu zu organisieren und den vollständigen Untergang des Kosakenstaates zu verhindern. Sein Vertrauen auf die Hilfe der Krimtataren hatte zu einer Katastrophe geführt. Im Herbst 1651 handelte Chmelnyzkyj ein neues Abkommen mit Polen-Litauen aus: Seine Registerkosaken wurden auf 20000 Mann halbiert, das Kosakengebiet auf die Woiwodschaft Kyjiw reduziert – Brazlaw und Tschernihiw sollten wieder direkt der Adelsrepublik unterstellt werden. Da diese Bedingung nicht erfüllt wurde, war ein weiterer Krieg unabwendbar.

Der Kosakenstaat brauchte neue Verbündete. Chmelnyzkyj hatte insbesondere das Fürstentum Moldau im Auge, das zwar offiziell ein Vasallenstaat der Osmanen war, aber traditionell einen Balanceakt zwischen Istanbul und Warschau vollführte. Im Jahr 1650 hatte der Kosaken-Hetman Moldau zu einem formellen Bündnis gezwungen, indem er eine Kosakenarmee entsandte und den Moldauer Herrscher Vasile Lupu dazu brachte, einer Verlobung seiner Tochter Ruxandra mit Chmelnyzkyjs Sohn Tymofij zuzustimmen. Nach der Niederlage der Kosaken bei Berestetschko versuchte Lupu erfolglos, dieses Arrangement zu lösen. 1652 schickte Chmelnyzkyj erneut Tausende Kosaken als »Heiratsvermittler« ins Fürstentum Moldau. Unterwegs besiegten sie ein großes polnisches Heer in der Schlacht bei Batih und feierten anschließend die Hochzeit von Tymofij und Ruxandra am Hof von Vasile Lupu. Auf diese Weise gelang Chmelnyzkyj die Aufnahme in den Club der international anerkannten Herrscher.

Doch aus der Allianz mit den Osmanen und ihren Vasallen ergaben sich für Chmelnyzkyj nur begrenzte Möglichkeiten. Dies wurde im Herbst 1653 schmerzlich deutlich, als die Kosaken in der Nähe der Stadt Schwanez in Podolien eine weitere Schlacht gegen die königliche Armee schlugen. Wieder erwiesen sich die Krimtataren als unzuverlässige Verbündete, verhinderten sie doch, dass die Kosaken die Schlacht gewannen. Der Waffengang endete so, wie es sich der Krim-Khan wünschte: ohne eindeutigen Ausgang. Das Königreich Polen und das Kosaken-Hetmanat kehrten zu der Vereinbarung zurück, die sie in Sboriw getroffen hatten: 40 000 Registerkosaken und drei Woiwodschaften unter der Kontrolle der Kosaken. Alle wussten, dass es sich auch diesmal nur um einen Waffenstillstand handelte, nicht um einen tragfähigen Kompromiss oder einen dauerhaften Frieden. Die Kosaken wollten die gesamte Ukraine und Teile von Belarus, während der König und insbesondere der Reichstag den Kosaken noch nicht einmal die Herrschaft über die drei östlichen Woiwodschaften zugestehen wollten, die sie de facto kontrollierten.

Chmelnyzkyj und der Kosakenstaat mussten sich nach anderen Verbündeten umsehen. Ein Kompromiss mit Polen-Litauen schien nicht in Sicht, und alleine konnten die Kosaken es mit einem so mächtigen Feind nicht aufnehmen. Die Krimtataren ermöglichten es ihnen allenfalls, sich gegen die Polen zu behaupten, aber nicht, sie zu besiegen. Die Osmanen wiederum wollten keine Truppen schicken, und das Bündnis mit Moldau endete für Chmelnyzkyj in einer persönlichen Tragödie. Im September 1653 wurde sein ältester Sohn, der 21-jährige Tymofij, bei der Verteidigung der Festung Sutschawa (im heutigen Rumänien) gegen die vereinigten Streitkräfte der Walachei und Transsylvaniens getötet, deren Anführer gegen das Bündnis zwischen Chmelnyzkyj und Lupu waren. Ende Dezember 1653 bestattete Chmelnyzkyj seinen Sohn auf seinem Gut Subotiw bei Tschyhyryn. Eine Legende besagt, dass er in der dortigen Elias-Kirche beigesetzt wurde, einem bis heute erhaltenen Beispiel barocker Architektur in der Kosakensteppe, das auf ukrainischen Banknoten abgebildet ist. Mit dem Tod von Tymofij zerschlugen sich auch die Pläne des alternden Hetmans, sein Land in das politische Netzwerk der Osmanen zu integrieren.

Der Wendepunkt in der Internationalisierung des Chmelnyzkyj-Aufstands kam am 8. Januar 1654 in der Stadt Perejaslaw. An diesem Tag schworen Bohdan Chmelnyzkyj und eine eilends versammelte Gruppe von Kosakenoffizieren dem neuen Herrscher der Ukraine, Zar Alexei I., dem Romanow-Herrscher auf dem Thron des Großfürstentums Moskau, die Treue. Damit begann die lange und komplizierte Geschichte der russisch-ukrainischen Beziehungen. Im Jahr 1954 feierte die Sowjetunion mit großem Pomp das 300-jährige Jubiläum dieser »Wiedervereinigung« der Ukraine mit Russland. Dahinter steckt die Vorstellung, die gesamte Ukraine habe sich in Perejaslaw für den Zusammenschluss mit Russland entschieden und die Souveränität des Zaren akzeptiert. Was 1654 in Perejaslaw tatsächlich geschah, war weder eine Wiedervereinigung der Ukraine mit dem Zarenreich Russland (das von Peter I. in »Russisches Kaiserreich« umgewandelt werden sollte) noch die Wiedervereinigung zweier »Brudervölker«, wie sowjetische Historiker behaupteten. Niemand in Perejaslaw oder Moskau dachte oder sprach 1654 in ethnischen Begriffen.

Bohdan Chmelnyzkyjs Rede auf der Kosakenrada, der Versammlung der Kosakenoffiziere, die sich in den Papieren der Moskauer Gesandtschaft erhalten hat, vermittelt einen Eindruck davon, wie der ukrainische Hetman sein Vorgehen darstellte und erklärte:

Wir haben einen Rat einberufen, der dem ganzen Volk offensteht, damit ihr mit uns zusammen einen von vier Herrschern wählt, wen immer ihr wollt: Der erste ist der türkische Zar [Sultan], der uns schon oft durch seine Gesandten angetragen hat, uns unter seine Herrschaft zu begeben; der zweite ist der Krim-Khan; der dritte ist der polnische König, der uns, wenn wir es wünschen, noch in seine frühere Gunst aufnehmen wird; der vierte ist der orthodoxe Herrscher der Großen Rus, der Zar, Großfürst Alexei Michailowitsch, der östliche Herrscher der ganzen Rus, den wir nun schon seit sechs Jahren mit unaufhörlichen Bitten für uns herbeigewünscht haben. Wählt nun, wen ihr wollt!

Das waren zweifellos mit Bedacht gewählte Worte von Chmelnyzkyj. Die Entscheidung war längst gefallen: Er und die Kosakenoffiziere hatten sich für den Herrscher von Moskau entschieden. Dem Bericht des Botschafters zufolge appellierte der Hetman in seiner Argumentation an die orthodoxe Solidarität seiner Zuhörer. Die Teilnehmer der Kosakenrada hätten daraufhin laut und klar ihren Wunsch nach dem »östlichen« orthodoxen Zaren als ihrem Herrscher zum Ausdruck gebracht.

Es klang wie eines der vielen religiös begründeten Bündnisse der Reformation und der Gegenreformation: Der Dreißigjährige Krieg, in dem die Länder Europas sich vor allem entsprechend ihrer religiösen Identität positioniert hatten, war erst fünf Jahre zuvor zu Ende gegangen. Es ist weder den Moskauer noch den ukrainischen Eliten vorzuwerfen, dass sie sich nicht als Brüder und Angehörige ein und derselben Rus-Nation betrachteten. Beide Seiten konnten nur über Dolmetscher miteinander kommunizieren, und Chmelnyzkyjs Briefe an den Zaren sind in den russischen Archiven größtenteils in von solchen Dolmetschern angefertigten Übersetzungen enthalten. Die Tradition der Kyjiwer Rus war zwar im historischen Gedächtnis noch vorhanden und spiegelte sich im Glauben wider, wirklich existent war sie aber doch eher nur noch in Form einiger weniger handgeschriebener Chroniken.

Vier Jahrhunderte des Lebens unter unterschiedlichen politischen Bedingungen und unter der Herrschaft verschiedener Staaten hatten die seit langem bestehenden sprachlichen und kulturellen Unterschiede verstärkt, die das künftige Belarus und die künftige Ukraine vom künftigen Russland trennen sollten. Diese Unterschiede traten zutage, als Chmelnyzkyj und seine Obersten mit dem russischen Gesandten Wassili Buturlin die Bedingungen des Abkommens besprechen wollten. Buturlin versicherte ihnen, dass der Zar sie besser behandeln werde, als der polnische König es getan hatte, lehnte aber weitere Verhandlungen ab. Auf Chmelnyzkyjs Einwand, sie seien es gewohnt, mit dem König und seinen Vertretern zu verhandeln, erwiderte Buturlin, der polnische König könne als Wahlmonarch nicht mit einem erblichen russischen Zaren verglichen werden. Er weigerte sich auch, einen Eid auf die weitreichenden Versprechen zu leisten, die er den Kosaken gegeben hatte: Der Zar, so Buturlin, schwöre seinen Untertanen keinen Eid. Schließlich willigte Chmelnyzkyj, der so schnell wie möglich die Hilfe der Moskauer Soldaten auf dem Schlachtfeld benötigte, ein, sich dem Zaren durch Schwur zu verpflichten, ohne von ihm einen entsprechenden Eid zu erhalten.

Die Kosaken betrachteten das Abkommen von Perejaslaw als beiderseits bindenden Vertrag. Für Chmelnyzkyj bedeutete dies, dass er und seine Leute sich unter das Protektorat des Zaren begaben. Sie versprachen Loyalität und Militärdienst als Gegenleistung für den Schutz Moskaus. Der Zar sah in den Kosaken jedoch nichts anderes als neue Untertanen, denen er zwar bestimmte Rechte und Privilegien eingeräumt hatte, ansonsten aber zu nichts verpflichtet war. Was seinen Anspruch auf die neuen Gebiete betraf, dachte er in dynastischen Kategorien. Von seinem Standpunkt aus betrachtet, übernahm er, was ihm ohnehin als rechtmäßiges Erbe zustand: die Städte Kyjiw, Tschernihiw und Perejaslaw.

Was auch immer die rechtlichen und ideologischen Grundlagen des Perejaslaw-Abkommens waren, der Zar löste Buturlins Versprechen ein und gewährte den Kosaken, wozu der polnische König nie seine Zustimmung gegeben hatte: die Anerkennung eines eigenen Staats, ein Kosakenregister von 60 000 Mann und einen privilegierten Status für den Kosakenstand. Außerdem gestand er ihnen die Rechte zu, die andere Gesellschaftsschichten unter den polnischen Königen genossen.

In erster Linie legte das Abkommen aber den Grundstein für ein Militärbündnis. Eine Westgrenze für das Kosakengebiet wurde nicht bestimmt – es stand den Kosaken frei, sie selbst mit ihren Säbeln zu ziehen. Die Armeen Moskaus und der Kosaken traten an getrennten Fronten in den Krieg gegen Polen-Litauen ein: Die Kosaken, unterstützt von einem Moskauer Korps, führten die Offensive in der Ukraine, innerhalb der Grenzen des Königreichs Polen, an; die Moskauer Truppen starteten ihre Offensive bei Smolensk und zogen Richtung Westen durch Belarus und dann nach Litauen, nördlich der Lubliner Grenze zwischen dem Großfürstentum und dem Königreich. Die gemeinsame Offensive der Moskauer mit den Kosaken brachte unerwartete Ergebnisse. Während die polnischen und litauischen Truppen 1654 mit Unterstützung des Krim-Khans dem Angriff aus dem Osten noch standgehalten hatten, brach die polnisch-litauische Gegenoffensive im Sommer und Herbst 1655 zusammen: Die Kosaken belagerten erneut Lwiw, und die Truppen des Zaren marschierten in Vilnius ein, die Hauptstadt des Großfürstentums.

Dies war der Beginn einer Ära, die in der polnischen Geschichte als die »Schwedische Sintflut« bekannt ist. Nicht nur die vereinte moskowitisch-kosakische Armee drang weit auf polnisch-litauisches Territorium vor, im Juli 1655 starteten auch die Schweden eine Offensive über die Ostsee. Im Oktober befanden sich sowohl Warschau als auch die alte polnische Hauptstadt Krakau in schwedischer Hand. Aufgeschreckt durch die Aussicht auf einen völligen Zusammenbruch Polens und eine massive Ausdehnung Schwedens, das nun Anspruch auf die von den moskowitischen Truppen eroberten Teile des Großfürstentums Litauen erhob, schlossen Moskauer Diplomaten im Herbst 1656 in Vilnius ein Abkommen mit Polen-Litauen, das die polnisch-moskowitischen Feindseligkeiten beendete. Chmelnyzkyj und die Kosakenführung waren empört darüber, dass sie nicht an diesen Verhandlungen teilnehmen durften. Der Separatfrieden mit Polen bedeutete für die Kosaken, dass sie in der Konfrontation mit ihrem traditionellen Feind wieder allein dastanden. Aus ihrer Sicht verletzte der Zar damit ihnen gegenüber seine Hauptverpflichtung aus dem Vertrag von Perejaslaw – den militärischen Schutz seiner Untertanen.

Bohdan Chmelnyzkyj ignorierte das moskowitisch-polnische Abkommen und schickte seine Armee, um einem Verbündeten Schwedens, dem protestantischen Herrscher von Transsylvanien, im Kampf gegen die Polen beizustehen. Damit stand sogar das Militärbündnis zwischen dem Zaren und den Kosaken infrage. Seit dem Eintritt Schwedens in den Krieg mit Polen war Chmelnyzkyj auf der Suche nach neuen Verbündeten gewesen. Die Schweden schienen entschlossen, Polen-Litauen zu zerstören, genau das, was auch Chmelnyzkyj wollte. Entsprechende Verhandlungen über den Abschluss eines ukrainisch-schwedischen Abkommens, das der Adelsrepublik ein Ende setzen und die Eingliederung nicht nur der Ukraine, sondern auch von Teilen des heutigen Belarus in den Kosakenstaat garantieren sollte, bekamen nun durch den Verrat des Zaren an der Ukraine – so die Sicht des Hetmans – neue Dringlichkeit.

Chmelnyzkyj erlebte den Abschluss dieser neuen Bündniskonstellation jedoch nicht mehr. Bei seinem Tod im August 1657 standen der von ihm geschaffene Staat und die von ihm geführten Kosaken an einem Scheideweg. Formell hatte sich Chmelnyzkyj an die Abmachungen von Perejaslaw mit dem Zaren gehalten, obwohl er der Ansicht gewesen war, dass Bündnis sei zerbrochen. Die Ereignisse dort wurden zu einem wichtigen Teil des umfangreichen und widersprüchlichen Vermächtnisses des alten Hetmans. Im 18. Jahrhundert rühmten ihn Chronisten der Kosaken kaum weniger, als es die Professoren und Studenten des Kyjiwer Kollegs bei seinem Einzug in Kyjiw im Dezember 1648 getan hatten. Sie priesen ihn als Vater der Nation, als Befreier seines Volkes vom polnischen Joch und als Hetman, der das bestmögliche Abkommen mit dem Zaren ausgehandelt hatte: In ihren Augen waren die Vertragsbestimmungen von Bohdan Chmelnyzkyj, die der Zar nach Perejaslaw gebilligt hatte, eine Art Magna Charta der ukrainischen Freiheitsrechte im Russischen Reich.

KAPITEL 11

DIE TEILUNGEN

Der Chmelnyzkyj-Aufstand war der Beginn einer langen Reihe von Kriegen, deretwegen die folgenden Jahrzehnte als »Ruin« in die ukrainische Geschichtsschreibung eingingen. Die Zerstörungen und die Entvölkerung der ukrainischen Gebiete, insbesondere jener rechts des Dnipro, brachten das wirtschaftliche, politische und kulturelle Leben der Region weitgehend zum Erliegen. Die bedeutendste langfristige Folge der Kriege war jedoch die Aufteilung der Ukraine entlang des Flusses zwischen dem Zarenreich und Polen. Die Dniprogrenze wurde zu einem bestimmenden Faktor in der frühneuzeitlichen ukrainischen Geschichte – manche halten sie selbst heute noch für relevant –, beeinflusste sie doch die kulturellen und zum Teil auch die politischen Prioritäten der Ukrainer beiderseits der ehemals polnischen Grenze.

Bohdan Chmelnyzkyj hatte das Territorium des Kosakenstaats vergrößern, nicht zersplittern wollen. Doch schon bald nach dem Tod des alten Hetmans im August 1657 zeigte sich Uneinigkeit in der Offizierskaste der Kosaken, die schließlich zur Spaltung des Hetmanats führte. Auslöser war die umstrittene Nachfolge für das höchste Amt im Land – ein Problem, das mehr als nur ein mittelalterliches und frühneuzeitliches Gemeinwesen plagte. Chmelnyzkyj wollte eine Dynastie begründen, und so sorgte er noch kurz vor seinem Tod dafür, dass die Wahl des Hetmans auf seinen Sohn Jurij fiel, einen kränklichen, von Epilepsieanfällen geplagten 16-jährigen Jüngling. Die weitere Entwicklung wird jedem bekannt vorkommen, der *Boris Godunow* von Alexander Puschkin gelesen hat. Ein mit allen Wassern gewaschener Höfling, der zum Regenten des Jungen bestimmt worden war, stellte diesen kalt – im ukrainischen Fall allerdings ohne

Blutvergießen – und sorgte dafür, dass er selbst zum Anführer gewählte wurde.

Damit nahm das Drama, das zu den Teilungen führen sollte, seinen Lauf. Chmelnyzkyj hatte intendiert, dass die Thronfolge wie in Polen ablaufen sollte, dass also die Mitglieder ein und derselben Dynastie nacheinander zum Monarchen gewählt würden, doch es entstand eher ein System wie im Fürstentum Moldau, wo letztlich die Osmanen bestimmten, wer die Führung übernahm – oder abgesetzt wurde. Der Unterschied war allerdings, dass in der Ukraine gleich drei Großmächte mitmischten: der Zar in Moskau, Polen und das Osmanische Reich. Ganz gleich, wer am Ende in diesem Pokerspiel die Oberhand behielt, die Kosaken waren in jedem Fall auf der Verliererseite. Ihre Nachfolgeregelung erwies sich als völlig untauglich und trug zur Destabilisierung der gesamten Region bei.

Der Mann, der den Kommandostab des Hetmans übernahm, nachdem er Jurij Chmelnyzkyj im Herbst 1657 ausgebootet hatte, hieß Iwan Wyhowskyj. Er hatte einen völlig anderen Lebensweg und eine völlig andere Karriere hinter sich als Bohdan Chmelnyzkyj. Als Spross einer angesehenen orthodoxen Adelsfamilie hatte Iwan Wyhowskyj keine Probleme mit der Anerkennung seines Adelsstatus. Seine Wahl zum Hetman war ein Sieg für die Adligen innerhalb der Kosakenelite, die den Offizieren gegenüberstanden, den altgedienten Recken des Kosakenregisters aus der Zeit vor 1648. Sehr aufschlussreich war in diesem Zusammenhang, wen Wyhowskyj als neuen Generalkanzler auswählte. Der Posten ging nicht an einen erfahrenen Kosakenoffizier, sondern an einen ukrainischen Magnaten, dessen Latifundien in Konkurrenz zu denen der Wyschnewezkyj-Fürsten standen. Sein Name war Jurij Nemyrytsch.

Der für damalige Verhältnisse außerordentlich gebildete Nemyrytsch gehörte dem radikalen Flügel der polnischen Reformation an, dessen Mitglieder als Antitrinitarier bekannt waren – Christen, die das Dogma der Trinität Gottes ablehnten. (Ein Begründer des Unitarismus, Joseph Priestley, brachte ihre religiösen Vorstellungen im späten 18. Jahrhundert in die Vereinigten Staaten.) Nemyrytsch besuchte eine Schule der Antitrinitarier in Polen und zog dann nach Westeuropa, wo er Vorlesungen an den Universitäten von Leiden und Basel, laut einigen Quellen auch in Oxford und Cambridge besuchte. Während der Zeit der Schwedischen Sintflut in Polen schlug er sich auf die Seite eines protestantischen Glaubensbruders, König Karls X. von Schweden. Bald war er jedoch von den Schweden enttäuscht und konvertierte zum orthodoxen Glauben, freundete sich mit Bohdan Chmelnyzkyj an und zog in die Ukraine zu den Kosaken, in die Nähe seiner Besitztümer, die ihm der Hetman zurückgab.

Nachdem die adlige Fraktion unter Iwan Wyhowskyj die Macht übernommen hatte, begann es in den Reihen der Kosaken zu brodeln. Die Kämpfer unterhalb der Stromschnellen des Dnipro machten aus ihrer Ablehnung keinen Hehl. Dort war Chmelnyzkyj im Frühjahr 1648 zum Hetman gewählt worden. Seitdem hatte der neue Kosaken-staat, der nördlich der Steppe, im besiedelten Gebiet des mittleren Dnipro, entstanden war, ihnen nicht nur ihr Recht auf die Wahl ihres Hetmans genommen, sondern obendrein auch noch ihren Namen – das Hetmanat hieß offiziell das Saporoger Kosakenheer. Die Saporo-ger fühlten sich missachtet und forderten die Neuwahl des Hetmans auf ihrem Gebiet unterhalb der Stromschnellen. Sie bestritten die Le-gitimität von Wyhowskyjs Wahl, und einige Kosakenobersten hatten ein offenes Ohr für sie und boten ihnen ihre Unterstützung an. Eine nicht geringe Rolle spielte dabei, dass Moskau die Opposition gegen Wyhowskyj dadurch unterstützte, dass es den Saporoger Kosaken das Recht zubilligte, direkt mit Vertretern des Zaren zu kommunizieren. Moskau versuchte die Uneinigkeit in den Reihen der Kosaken zu nutzen, um den Hetman zu schwächen, damit dieser gar nicht erst auf den Gedanken kam, so aufmüpfig wie sein Vorgänger Bohdan Chmelnyzkyj zu werden.

Das ließ sich Wyhowskyj nicht gefallen. Im Juni 1658 griff seine Armee, unterstützt von den Krimtataren, die Saporoger und ihre Ver-bündeten unter den Kosaken des Hetmanats unweit der Stadt Pol-tawa am linken Ufer des Dnipro an. Wyhowskyj ging zwar siegreich aus diesem Kampf hervor, doch die Zahl der Gefallenen war gewal-tig. Nach manchen Schätzungen starben an die 15 000 Krieger. Zum ersten Mal seit 1648 hatten Kosaken gegen Kosaken gekämpft – es sollte der Anfang vom Ende ihres Staates sein. Wyhowskyj wusste ganz genau, dass Moskau hinter den Rebellen stand. Doch wie sollte er sich schützen?

Der Hetman war überzeugt, wie einst Chmelnyzkyj eine an Bedingungen gebundene Abmachung mit dem Zaren getroffen zu haben (er nannte es eine »freiwillige Unterwerfung«), die er jederzeit aufkündigen konnte, wenn der Herrscher in Moskau sich nicht an seinen Teil der Verabredung hielt. Der Zar sah das völlig anders: Bedingungen waren für ihn allein etwas, was er seinen Untertanen aufzwingen konnte. Während sich Chmelnyzkyj in seiner Enttäuschung über den Zaren nur an die Schweden und Osmanen hatte wenden können, bot sich seinen Nachfolgern eine weitere Option – ein neues Abkommen mit Polen. Die Kosaken waren fest in das politische System Polens eingebunden, kannten seine Stärken und Schwächen und glaubten, ein Wiedereintritt ihres Landes in die *Rzeczpospolita* bei weitgehendem Erhalt ihrer Autonomie sei nicht nur wünschenswert, sondern auch möglich.

Im September 1658 berief Wyhowskyj eine Kosakenrada in der Stadt Hadjatsch am linken Ufer des Dnipro ein, auf der die Bedingungen für eine Rückkehr des Hetmanats unter die Herrschaft der polnischen Könige besprochen wurden. Der daraus resultierende polnisch-kosakische Vertrag von Hadjatsch trug die Handschrift von Jurij Nemyrytsch, der rechten Hand Wyhowskyjs. Im Grunde wurden mit dem Vertrag die Träume wahr, die der ukrainische Adel in der ersten Hälfte des 17. Jahrhunderts gehegt hatte. In den Auseinandersetzungen um die Union von Brest hatten die orthodoxen Adligen eine etwas realitätsfremde Auslegung der Union von Lublin vertreten, wonach nicht nur das Großfürstentum Litauen, sondern auch die Ländereien der Rus in Polen-Litauen als gleichberechtigter Partner innerhalb der *Rzeczpospolita* anerkannt seien. Nemyrytsch beschloss nun, diese Vorstellung in die Tat umzusetzen, indem er das Hetmanat zum Fürstentum der Rus umgestaltete, das als gleichberechtigter dritter Partner neben Polen und Litauen dem Staatenbund beitreten sollte.

Der Chmelnyzkyj-Aufstand hatte zwar dafür gesorgt, dass sich Teile der polnischen Elite gegenüber dem Gedanken eines Fürstentums der Rus aufgeschlossener zeigten, andererseits war es durch den Aufstieg des Kosakenstaats schwieriger geworden, ein Gebiet, das seine eigene politische und gesellschaftliche Organisation entwickelt hatte, wieder in das Königreich einzugliedern. Um den Forderungen der Kosakenelite aus der Zeit vor 1648 Genüge zu tun, bot die Union von Hadjatsch nun an, tausend Kosakenfamilien sofort und anschließend jährlich hundert weiteren in jedem Kosakenregiment den Adelstitel zu gewähren. Die Union erfüllte aber nicht nur die gesellschaftlichen Forderungen der Kosaken, sondern ging auch auf die religiösen Bedenken der Kosaken und des Adels ein. Demnach sollten nur Angehörige des orthodoxen Bekenntnisses im neuen Fürstentum Verwaltungsposten bekleiden dürfen. Interessanterweise enthielt der Vertrag auch eine Klausel über das von Petro Mohyla gegründete Kyjiwer Kolleg, das als Akademie anerkannt wurde. Den Adligen, die den Vertrag auf der Seite der Kosaken aushandelten, ging es ganz offensichtlich um mehr als nur um die Rechte der Kosaken.

Die Nachricht von der Unterzeichnung des Vertrags mit Polen veranlasste den Zaren zu einem Aufruf an die Kosaken, sich gegen den »Verräter« Wyhowskyj aufzulehnen. Moskauer Truppen und Wyhowskyj feindlich gesinnte Kosaken, darunter auch Saporoger, übernahmen daraufhin die Kontrolle über die südlichen Teile des Hetmanats. Im Frühjahr 1659 meldete sich Wyhowskyj mit einem eigenen Appell zu Wort, in dem er erklärte, dass der Zar seine Vereinbarung mit den Kosaken verletze und in ihre Rechte und Freiheiten eingreife. Er trommelte seine Verbündeten von der Krim zusammen und griff die vorrückende Moskauer Armee an. Die Schlacht von Konotop, die im Juni 1659 in der Nähe der heutigen russisch-ukrainischen Grenze ausgetragen wurde, endete mit einem triumphalen Sieg Wyhowskyjs. Das etwa 70 000 Mann starke moskowitische Heer wurde geschlagen, bis zu 15 000 Soldaten wurden getötet und ein Großteil der moskowitischen Kavallerie niedergemetzelt. Die Tataren zogen weiter und plünderten die südlichen Grenzgebiete des Moskauer Reichs. In

Moskau selbst machten Gerüchte die Runde, der Zar bereite seine Flucht vor.

Doch so weit kam es nicht. Auch nach Wyhowskyjs Sieg bei Konotop hielten die Moskauer Garnisonen in der Ukraine nämlich stand, und die Revolte der Kosaken gegen Wyhowskyj flackerte stärker auf. Die Nachricht von der Annahme des Vertrags von Hadjatsch durch den polnischen Reichstag gab ihr zusätzliche Nahrung. Die vom Reichstag gebilligte Fassung missachtete schließlich eine ganze Reihe von Zusagen, die Wyhowskyj von den polnischen Unterhändlern erhalten hatte. So wurde das Gebiet des neuen Fürstentums auf die Woiwodschaften Kyjiw, Brazlaw und Tschernihiw beschränkt, obwohl der Hetman auch das Gebiet der heutigen Westukraine, einschließlich Wolhynien und Podolien, beansprucht hatte. Außerdem wurde die Zahl der Kosaken auf 30 000 begrenzt, zu denen 10 000 Söldner hinzukamen, also insgesamt 40 000 Mann, mithin 20 000 weniger, als Chmelnyzkyj unmittelbar nach Perejaslaw mit dem Zaren ausgehandelt hatte. Jurij Nemyrytsch reiste persönlich nach Warschau, um vor dem Reichstag für die Sache der Ukraine zu werben. »Wir sind in Freiheit geboren, in Freiheit aufgewachsen und kehren als freie Menschen zu ihr zurück«, sagte er den Abgeordneten. Sie stimmten der Union zu, allerdings nicht in der von Nemyrytsch und Wyhowskyj gewünschten Form. Als Wyhowskyj den überarbeiteten Text sah, sagte er dem Kurier, dies sei sein Todesurteil.

Die Mehrheit der Kosakenelite hielt Wyhowskyj nun für einen Verräter. Nemyrytsch fand in einem Scharmützel mit Wyhowskyjs Gegnern den Tod, die übrigen zum polnischen Reichstag entsandten Kosaken wurden auf einer von den Feinden des Hetmans einberufenen Rada hingerichtet. Wyhowskyj selbst musste fliehen. Er hatte alle Schlachten gewonnen, sei es gegen seine Gegner in den eigenen Reihen bei Poltawa, sei es gegen die moskowitischen Truppen bei Konotop, aber die Auseinandersetzung über das Verhältnis zu Polen hatte er verloren. Er trat als Hetman zurück und ging in die Westukraine, wo er Hauptmann von Bar in Podolien wurde, behielt aber seinen Titel als Woiwode von Kyjiw und den damit verbundenen Sitz im polnischen Senat. Dies war die einzige Bestimmung des Vertrags von Hadjatsch, die tatsächlich umgesetzt wurde.

Mit dem Hetmanat von Wyhowskyj hatte ein neues Kapitel in der Geschichte der ukrainischen Kosaken begonnen – eines, das von internen Streitigkeiten und Bruderkriegen geprägt war. Da die Streitmacht der Kosaken zur Verteidigung des Hetmanats nicht ausreichte, musste ein Hetman vor allem bestrebt sein, die Reihen zusammenzuhalten und geschickt zwischen den Großmächten der Region zu manövrieren. Eine Aufgabe, der nur wenige gewachsen waren. Chmelnyzkyj der Ältere hatte es stets geschafft, die Disziplin unter seinen Kosakenoffizieren aufrechtzuerhalten, und wenn er sie, wie mit Oberst Maxym Krywonis geschehen, der die Massaker von 1648 angezettelt hatte, zur Strafe an eine Kanone fesseln und in manchen Fällen sogar hinrichten ließ. Wyhowskyj war hingegen daran gescheitert, die Einheit des Kosakenreichs zu wahren. Die Aufgabe wurde nun erneut an Bohdan Chmelnyzkyjs Sohn Jurij übertragen, der nach der Absetzung von Wyhowskyj zum zweiten Mal zum Hetman gewählt wurde. Damit war man zwar wieder auf dem Weg zu einer Dynastie, doch die Probleme der Ukraine waren noch genauso ungelöst wie eh und je.

Im Herbst 1659 kam Jurij mit der Unterstützung von Kosakenoffizieren an die Macht, die hofften, sich mit dem Zaren zu Bedingungen einigen zu können, die nicht schlechter als die einst vom Vater des neuen Hetmans ausgehandelten waren. Damit verkalkulierten sie sich allerdings. Kaum hatten Jurij Chmelnyzkyj und seine Anhänger die Verhandlungen mit den Moskauern aufgenommen, merkten sie, dass sie in eine Falle getappt waren. Eine neue Kosakenrada, die auf Initiative eines moskowitischen Woiwoden einberufen und von einer 40 000 Mann starken Armee des Zaren umstellt wurde, bestätigte die Wahl des jungen Chmelnyzkyj, allerdings zu Bedingungen, die weit hinter den von seinem Vater ausgehandelten Rechten und Privilegien zurückblieben. Von nun an bedurfte die Wahl des Hetmans der ausdrücklichen Genehmigung des Zaren, und auch Beziehungen zu anderen Mächten und die Ernennung von Offizieren waren nur mit

Zustimmung Moskaus gestattet. In allen größeren Städten des Hetmanats sollten Garnisonen des Moskauer Zarenreichs eingerichtet werden.

Die Tatsache, dass Wyhowskyj zu Polen übergelaufen war, hatte nun allerdings nicht, wie von dessen Gegner erhofft, zu weiteren Zugeständnissen seitens Moskaus geführt, sondern zu einer Beschneidung der bisherigen Rechte des Hetmanats. Die Vertreter des Zaren wollten bei dessen Untertanen keine Zweifel aufkommen lassen, dass sie einen Bruch des Bündnisses mit Moskau nicht dulden würden. Im Januar 1660 unterstrichen die moskowitischen Woiwoden dies mit einer Botschaft an den jungen Chmelnyzkyj. Sie lieferten den Leichnam von Danylo Wyhowskyj, dem Bruder des ehemaligen Hetmans und Vetter von Jurij Chmelnyzkyj, der während eines gescheiterten Angriffs auf die moskowitische Garnison in Kyjiw in ihre Hände gefallen war, in der Residenz des jungen Hetmans auf dem Landgut seiner Familie in Subotiw ab. Der Kosake war zu Tode gefoltert worden. Als der Hetman in den Sarg blickte, brach er in Tränen aus. »Sein gesamter Körper war von Peitschenhieben zerfetzt, seine Augen waren herausgerissen und die Augenhöhlen mit Silber ausgegossen, seine Ohren mit einem Bohrer herausgedreht und ebenfalls mit Silber ausgegossen«, schrieb ein zufällig anwesender polnischer Diplomat. »Man hatte ihm die Finger abgeschnitten. Seine Beine waren entlang der Adern aufgeschlitzt worden. Mit einem Wort, ihm war unvorstellbare Grausamkeit angetan worden.«

Der Versuch des Zaren und seiner Leute, den jungen Hetman und sein Gefolge auf diese Weise einzuschüchtern, verfehlte allerdings seine Wirkung. Aus derselben Quelle ist zu entnehmen, dass die Übersendung der verstümmelten Überreste des Kosakenoffiziers nicht nur den jungen Chmelnyzkyj zum Weinen brachte, sondern auch für helle Empörung an seinem Hof sorgte. Die junge Witwe von Danylo Wyhowskyj verfluchte die Mörder. Die Rache folgte noch im selben Jahr. Im Herbst 1660 wechselten Chmelnyzkyj der Jüngere und seine Truppen während einer Schlacht zwischen einer Armee des Zaren und polnischen Truppen, die von Krimtataren unterstützt wurden, die Seiten und schworen dem polnischen König die Treue. Die Moskauer Armee wurde besiegt, ihr Befehlshaber verbrachte zwanzig Jahre in Gefangenschaft auf der Krim.

Dieser Sieg der Polen war zwar eine Befriedigung für die Kosaken, half aber nicht, das Hetmanat zu sichern. Die Kosaken waren wieder bei den Polen untergeschlüpft, allerdings unter noch ungünstigeren Bedingungen als in der vom polnischen Reichstag gebilligten Fassung des Vertrags von Hadjatsch. In der neuen Abmachung wurde der Name Fürstentum der Rus, auf den die Kosaken bei der Abfassung des Vertrags von Hadjatsch so großen Wert gelegt hatten, kurzerhand gestrichen. Jedes Mal wenn die Kosaken im endlosen moskowitisch-polnischen Krieg um die Kontrolle über die Ukraine die Seite wechselten, verloren sie ein weiteres Stück ihrer Souveränität. Der Druck, den die weitaus mächtigeren Gegner – das Moskauer Zarenreich und das Königreich Polen – auf die Kosakengemeinschaft ausübten, wurde für das Hetmanat bald zu stark, sodass es entlang des Dnipro in zwei Teile zerbrach.

Als Jurij Chmelnyzkyj 1660 sein Hauptquartier am rechten Ufer des Dnipro errichtete, wählten die Regimenter am linken Ufer mit Unterstützung Moskaus einen eigenen Hetman. Chmelnyzkyj sandte wiederholt Expeditionen aus, um die rebellischen Regimenter zur Räson zu bringen, jedoch vergebens. Die Region lag nahe der moskowitischen Grenze, und die Militärgouverneure des Zarenreichs festigten ihren dortigen Einfluss. Anfang 1663 trat der 22-jährige Hetman in völliger Verzweiflung zurück und ging in ein Kloster. Dies war das offizielle Ende des vereinigten Hetmanats. Im selben Jahr wählten die Kosaken vom rechten Dnipro-Ufer einen Hetman, der sich Polen unterordnete, die vom linken Ufer einen, der die Souveränität Moskaus anerkannte. Vier Jahre später, 1667, unterzeichneten moskowitische und polnische Diplomaten den Vertrag von Andrussowo, einen Waffenstillstand, der die Kosaken-Ukraine aufteilte, wobei das linke Ufer an das Moskauer Zarenreich und das rechte Ufer an Polen fiel.

Das alte Hetmanat verschwand nicht kampflos von der Weltbühne. Oberst Petro Doroschenko, Spross einer der bekanntesten Kosakenfamilien, führte die Gegner einer Teilung des Staates, den viele als ihr wahres Vaterland betrachteten, in die Schlacht. Doroschenkos Großvater war in den 1620er Jahren Kosaken-Hetman gewesen, sein Vater Oberst unter Bohdan Chmelnyzkyj. Der aus Tschyhyryn stammende Petro begann seinen Dienst am Hof des Hetmans. Nach seiner Beförderung zum Oberst führte er als Mitglied diplomatischer Gesandtschaften unter anderem Verhandlungen mit Schweden und Polen und leitete eine Delegation in Moskau. Als Anhänger von Jurij Chmelnyzkyj ging er schließlich in die rechtsufrige Ukraine und wurde 1665 von den dortigen Kosaken zum Hetman gewählt.

Die drohende Teilung versetzte die Kosakenelite in hellen Aufruhr. Doroschenko gewann die Wahl mit dem Versprechen, ein weiteres Mal den Aufstand gegen Polen zu wagen und die Ukraine zu beiden Seiten des Dnipro wieder zu vereinen. Dabei setzte er wie schon Bohdan Chmelnyzkyj auf die Unterstützung der Krimtataren. Gemeinsam griffen sie im Herbst 1667 die polnischen Armeen an und zwangen den König, dem rechtsufrigen Hetmanat Autonomie zu gewähren. Daraufhin überquerte Doroschenko den Dnipro und übernahm die Kontrolle auch über die linksufrige Ukraine, die sich bereits im Aufstand gegen Moskau befand. Die Beamten des Zaren hatten sich mit dem Versuch unbeliebt gemacht, eine Volkszählung als Grundlage für die Erhebung von Steuern durchzuführen. Als man dann noch von der in Andrussowo beschlossenen Teilung der Ukraine hörte, war eine offene Revolte ausgebrochen.

Doroschenko, bereits Hetman der Kosaken am rechten Ufer, wurde nun auch vom linken Ufer zum Hetman gewählt. Damit war das Kosaken-Hetmanat trotz seiner von zwei Großmächten beschlossenen Teilung wiedervereint. Allerdings war dies nicht von langer Dauer. Schon bald musste Doroschenko die Ukraine links des Dnipro verlassen, um abermals einen Angriff der Polen abzuwehren und sich mit einem neuen, von den Polen unterstützten Hetman auseinanderzusetzen. Unterdessen besetzten Moskauer Truppen das linke Ufer. Die letzte Hoffnung Doroschenkos waren nun die Osmanen. Im Juli 1669 schickte Sultan Mehmed IV. ihm neue Amtsinsignien, darunter den Kommandostab eines Hetman und ein Banner. Der Sultan war bereit, Doroschenko und seinen Kosaken unter den gleichen Bedingungen wie den Herrschern von Moldau und der Walachei Schutz zu gewähren: Sie mussten jederzeit auf seinen Wink hin ihre Soldaten für ihn mobilisieren. Die von Istanbul beanspruchten Gebiete umfassten nicht nur die kosakische Ukraine beiderseits des Dnipro, sondern auch die Gebiete der Rus bis zur Weichsel im Westen und zur Memel im Norden.

Es war ein ehrgeiziges Vorhaben, aber die Umstände schienen günstig, dass die Kosaken diesmal den Traum realisieren konnten, den Chmelnyzkyj der Ältere zwanzig Jahre zuvor gehegt hatte: sämtliche Rus-Länder der *Rzeczpospolita* unter ihre Kontrolle zu bringen. Diesmal steuerten die Osmanen nicht nur die Insignien des Hetmans bei, sondern stellten auch ein Heer bereit. Im Jahr 1672 überquerte eine 100 000 Mann starke osmanische Armee die Donau und zog, unterstützt von ihren Vasallen auf der Krim, in der Walachei und im Fürstentum Moldau sowie nun auch von den Kosaken, gegen die polnischen Streitkräfte. Sie rückten viel weiter vor als Chotyn, wo mehr als ein halbes Jahrhundert zuvor die Entscheidungsschlacht geschlagen worden war, und belagerten die Festung Kamjanez in Podolien. Die auf einem hohen Felsen gelegene und von einer tiefen Schlucht umgebene Festung galt als uneinnehmbar, fiel den Osmanen aber dennoch nach zehntägiger Belagerung in die Hände. Bald darauf stand das Heer des Sultans vor Lwiw. Die Polen baten um Frieden und verzichteten auf ihren Anspruch auf Podolien und das mittlere Dniprogebiet. Doroschenko und seine Anhänger jubelten.

Doroschenkos Hoffnungen sollten allerdings bald enttäuscht werden. Die Osmanen übernahmen die direkte Kontrolle der Festung Kamjanez und der angrenzenden Region Podolien, während die Kosaken anstelle eines unabhängigen Staates ihre alten Besitzungen am Mittellauf des Dnipro zurückerhielten. Eine Ausweitung der Offensive auf das linke Ufer oder nach Norden bis Wolhynien und Belarus war nicht vorgesehen. Doch damit fingen Doroschenkos Probleme erst an. Für große Empörung sorgte es, dass die Osmanen einige christliche Kirchen in Moscheen umwandelten und dass sie den Krimtataren erlaubten, in der Region auf Sklavenjagd zu gehen. Die Unterstützung für Doroschenko schrumpfte ebenso schnell wie die

Bevölkerung des rechten Ufers, das er nominell kontrollierte. Immer mehr Bewohner flohen Richtung Westen und Osten, sodass sich das Gebiet in eine Einöde verwandelte. Viele wechselten auf das linke Ufer des Dnipro, wo die Russen die Opposition der Kosakeneliten niederschlugen, einen ihnen genehmen Hetman einsetzten und die Wirtschaft wieder in Schwung zu bringen versuchten. Die desolaten Zustände am rechten Ufer sollten, wie bereits erwähnt, dazu führen, dass diese Periode der ukrainischen Geschichte als »Ruin« bezeichnet wird.

Damit waren die Tage Doroschenkos auf der politischen Bühne der Ukraine gezählt. Anstatt die Ukraine unter einem lockeren osmanischen Protektorat zu vereinen, hatte er eine weitere Teilungsmacht in die Region gebracht – und zwar eine, die sich als noch zerstörerischer erweisen sollte als alle ihre Vorgänger. Als 1676 moskowitische Truppen, unterstützt von ihren Verbündeten, den Kosaken des linken Ufers, den Dnipro überquerten und auf Doroschenkos Hauptstadt Tschyhyryn zumarschierten, dankte der Kosaken-Hetman ab und schwor dem Zaren die Treue. Sein Leben wurde verschont, und als Belohnung dafür, dass er sich letztlich besonnen hatte, erhielt er den Titel eines Woiwoden und diente dem Zar in Wjatka (heute Kirow), fast 900 Kilometer östlich von Moskau. Er durfte sich in das Dorf Jaropolez in der heutigen Oblast Moskau zurückziehen, heiratete eine russische Adlige (zu ihren Nachfahren gehört Puschkins Ehefrau Natalia) und starb im Jahr 1698. Ausgerechnet ein Verein aus dem ukrainischen Podolien, jener Region, die am meisten unter der Herrschaft der von Doroschenko in die Ukraine geholten Osmanen zu leiden gehabt hatte, ließ 1999 die kleine Kapelle über seinem Grab wiederaufbauen.

Die direkte osmanische Herrschaft über Teile der Ukraine sollte nicht lange währen – die Osmanen maßen diesem Gebiet an der Peripherie ihres Reichs keine allzu große Bedeutung bei, und sie benötigten ihre Kräfte anderswo, vor allem im Mittelmeerraum. Schon im Todesjahr Doroschenkos fiel Podolien wieder unter polnische Kontrolle. Die Osmanen waren von der Bildfläche verschwunden, und die moskowitisch-polnische Grenze am Dnipro, gegen die Doroschenko 1666 rebelliert hatte, war vollständig wiederhergestellt. Der Kosakenstaat war nicht gänzlich verschwunden, aber sein Territorium und seine Autonomie, ganz zu schweigen von seiner Unabhängigkeit, waren stark beschnitten worden; sein Überleben beschränkte sich auf die linksufrige Ukraine. Das Land der Kosaken hatte in der ersten Hälfte des 17. Jahrhunderts eine Blütezeit erlebt und dank seinem Bevölkerungsreichtum, seiner Wirtschaftsleistung und militärischen Stärke die Großmächte der Region herausfordern können, war aber nicht in der Lage gewesen, dauerhaft zu halten, was es in dieser Kosakenrevolution gewann. Die Kosaken hatten überall um Bündnisse geworben, angefangen mit der Krim, dem Osmanischen Reich bis hin zu Moskau, Schweden und Polen. Dauerhafter Erfolg blieb ihnen verwehrt – nicht nur die Einheit der Kosaken-Ukraine, auch die der ukrainischen Länder überhaupt ging verloren. Bis zum Ende des 18. Jahrhunderts sollte der größte Teil der ehemals von Polen kontrollierten Ukraine zwischen Warschau und Moskau aufgeteilt bleiben. Diese Teilung hatte tiefgreifende Auswirkungen auf die ukrainische Identität und Kultur.

KAPITEL 12

DIE ENTSCHEIDUNG VON POLTAWA

D as Kosaken-Hetmanat, das unter der Oberhoheit der Moskauer Zaren nur am linken Ufer des Dnipro überlebte, wurde zum Experimentierfeld für gleich mehrere Versuche der Nationenbildung. Einer dieser Versuche, eng mit dem Namen »Ukraine« und der Auffassung vom Hetmanat als einem eigenständigen Gemeinwesen und Vaterland der Kosaken verbunden, wurde zur Grundlage der weiteren Entwicklung der modernen ukrainischen Identität. Ein anderer, verknüpft mit dem offiziellen russischen Namen für das Hetmanat, »Kleinrussland«, legte die Basis für das, was später als »Kleinrussentum« bekannt wurde, jene Tradition, die Ukraine als eine Art »Russland von minderer Bedeutung« und die Ukrainer als Teil einer umfassenderen russischen Nation zu behandeln.

Beide Auffassungen koexistierten im Hetmanat schon vor dem letzten großen Kosakenaufstand, der 1708 von Hetman Iwan Masepa angeführt wurde. Masepas Revolte richtete sich gegen Moskau und den offiziellen Gründer des Russischen Reichs, Zar Peter I., den Großen. Sie endete mit einer Niederlage, als die Russen die schwedische Armee besiegten, die Karl XII. in die Ukraine geführt hatte. Die Schlacht von Poltawa im Jahr 1709 bedeutete eine Wende im Schicksal des Kosaken-Hetmanats und der gesamten Ukraine. Das Scheitern Karls XII. war ein doppelter Schlag für Masepa und seine Idee von der Ukraine als einem von Russland unabhängigen Staatsgebilde. In den darauffolgenden Jahren wurden Geschichte und Kultur der Ukraine zunehmend unter dem Aspekt ihrer Verbundenheit mit Russland betrachtet, also auch im offiziellen Diskurs des Hetmanats immer mehr unter der kleinrussischen Perspektive erörtert. Der Gedanke, dass die Ukraine ein von Russland getrenntes Gemeinwesen, ein genuines Vaterland und sogar eine eigenständige Nation sei, ging nicht völlig unter, rückte aber für mehr als ein Jahrhundert aus dem Fokus.

In den letzten Jahrzehnten des 17. Jahrhunderts hatte Moskau die Ukraine links des Dnipro unter seiner Kontrolle. Das lag nicht allein an der militärischen Überlegenheit des Zarenreichs, sondern auch an seiner größeren Flexibilität im Vergleich zu den Konkurrenten. So sehr die Zaren die Wahl jedes neuen Hetmans nutzten, um die Rechte und Privilegien, die dem Hetmanat unter Bohdan Chmelnyzkyj gewährt worden waren, zu beschneiden, sie wussten auch, wann sie nachgeben mussten. Im Jahr 1669, inmitten des von Petro Doroschenko angeführten Aufstands, willigte Moskau ein, zu Bedingungen zurückzukehren, die denen Chmelnyzkyjs nahekamen. Dies geschah zu einer Zeit, als Polen auf seiner Seite des Flusses den Kosaken ihre dort weitaus geringeren Rechte noch stärker beschnitt. Das Ergebnis war nicht schwer vorherzusehen: Das linke Ufer zog neue Siedler aus den Kosakengebieten unter polnischer Herrschaft an und blühte wirtschaftlich auf, während das rechte Ufer buchstäblich verödete. Die Zaren gewährten ihren Kosaken mehr Rechte, konnten sie aber auch als Untertanen halten.

Der ökonomische Aufschwung am linken Ufer führte in relativ kurzer Zeit zu einer neuen wirtschaftlichen und kulturellen Blüte Kyjiws. Das dortige Kolleg nahm den Unterricht wieder auf, die Professoren, die in den 1650er Jahren aus der Stadt geflohen waren, begrüßten eine frische Generation von Studenten. Neue Fächer wurden unterrichtet, neue Gedichte geschrieben und neue Theaterstücke aufgeführt. Die ukrainische Barockliteratur, im frühen 17. Jahrhundert von Meletij Smotryzkyj begründet, erreichte ihren Höhepunkt mit Werken von Dichtern wie Iwan Welytschkowskyj und in der Prosa von Lasar Baranowytsch, einem ehemaligen Professor des Kollegs, der Erzbischof von Tschernihiw wurde. Sein Schüler Symeon Polozkyj machte den Stil der Kyjiwer Barockliteratur in Moskau bekannt, wo er zur Entstehung der weltlichen Literatur Russlands beitrug. Die neuen Texte, Methoden und Ideen aus Kyjiw, die in der zweiten

Hälfte des 17. Jahrhunderts den Weg nach Moskau fanden, führten zu einer Spaltung der orthodoxen Kirche des Landes. Während der Zar und der Patriarch Reformen im Stil von Petro Mohyla unterstützten, rebellierten die Konservativen und sammelten sich um die Führer der Altgläubigen. Es war keineswegs ein Zufall, dass die Bezeichnung, welche die offizielle Kirche für sie verwendete, *Raskolniki* oder Schismatiker, aus dem Ukrainischen (*Roskolnyky*) stammte.

Kulturelle Einflüsse gab es jedoch in beide Richtungen. Während die Kyjiwer Kleriker westliche Kulturmodelle aus der Ukraine nach Moskau brachten, bedienten sie sich ihrerseits aus dem dortigen Arsenal politischer Ideologien. Deren Dreh- und Angelpunkt war die Vorstellung, der orthodoxe Zar stelle den Mittelpunkt eines neuen politischen und religiösen Universums dar. Die orthodoxen Vordenker der polnisch-litauischen Adelsrepublik, die lange Zeit keinen König aus ihren Reihen gehabt hatten, ergriffen die Gelegenheit, in eine idealisierte orthodoxe Welt einzutreten, die von der byzantinischen Vision einer harmonischen Verbindung zwischen einem autokratischen Herrscher und der einzig wahren Kirche inspiriert war. Am Ende überwogen jedoch handfestere Erwägungen den Idealismus. Bereits in den 1620er Jahren hatten die neu geweihten orthodoxen Bischöfe, die von Warschau stark unter Druck gesetzt worden waren, in Moskau Unterstützung und einen möglichen Zufluchtsort gesucht. Der Wunsch nach dem Schutz des Zaren verstärkte sich noch nach dem Abkommen von Perejaslaw (1654) und erreichte seinen Höhepunkt mit dem Waffenstillstandsvertrag von Andrussowo (1667), der die Kosaken-Ukraine in zwei Hälften teilte.

Gemäß dem Vertrag sollte Kyjiw, damals am rechten Ufer des Dnipro gelegen, nach einer zweijährigen Übergangszeit in polnischen Besitz übergehen. Doch die Aussicht, sich erneut der Herrschaft eines katholischen Königs zu unterwerfen, versetzte den Kyjiwer Klerus in Panik. Unter Aufbietung der gesamten rhetorischen Kunstfertigkeit, die die Geistlichen im Kyjiwer Kolleg und an den Jesuitenschulen Europas erworben hatten, versuchten sie den Zaren dazu zu bewegen, die Stadt Kyjiw unter seiner Kontrolle zu behalten. Damit hatten sie durchaus Erfolg. Inokentij Gisel, der Archimandrit des Kyjiwer

Höhlenklosters und eine der führenden Persönlichkeiten in der Kampagne zur »Überredung des Zaren«, setzte alles daran, Kyjiw unter zaristischer Herrschaft zu halten und gleichzeitig die Unabhängigkeit der Kyjiwer Metropolie zu bewahren. Das Endergebnis sah etwas anders aus. In den 1670er Jahren behielt der Zar die Kontrolle über die Stadt, doch im nächsten Jahrzehnt gelang es den moskowitischen Beamten und ihren Anhängern in der Ukraine, die Metropolie Kyjiw aus der Zuständigkeit Konstantinopels in die Moskaus zu überführen. Dieser Transfer erfolgte 1685, und so kam der Kyjiwer Klerus zwar, wie gewünscht, unter die Fittiche des Zaren, büßte dafür aber seine Unabhängigkeit ein.

Aus den Kämpfen um das Schicksal Kyjiws ging einer der einflussreichsten Texte des vormodernen Russischen Reichs hervor, das erste gedruckte »Lehrbuch« der Geschichte der Rus, das im Höhlenkloster unter der Aufsicht von Gisel veröffentlicht wurde. Es trug den barock verschlungenen Titel *Synopsis oder kurze Sammlung aus verschiedenen Chroniken über den Ursprung des slawisch-russischen Volkes, der ur-anfänglichen Fürsten der von Gott beschützten Stadt Kiew, über das Leben des heiligen rechtgläubigen Großfürsten von Kiew und der ganzen Rus, des ersten Selbstherrschers Wladimir [d. i. Wolodymyr].* Es erschien 1674, zu einer Zeit, als Kyjiw mit einem osmanischen Angriff rechnete und Polen die Stadt vom Zaren zurückforderte. In der *Synopsis* wird Kyjiw als erste Hauptstadt der Moskauer Zaren und als Geburtsort der Moskauer Orthodoxie bezeichnet – folglich als ein Ort, den man nicht ohne weiteres den Ungläubigen oder Katholiken überlassen konnte. Ausführungen über die slawisch-russische Nation, die nach Ansicht der Autoren der *Synopsis* das Moskauer und das Kosaken-Hetmanat in einem politischen Gebilde vereinte, taten ein Übriges. Damit war die Grundlage für den Mythos geschaffen, dem die meisten Russen bis heute anhängen: dass nämlich die Ursprünge ihrer Nation in Kyjiw lägen. Im 17. Jahrhundert dachten die Moskauer Eliten jedoch noch nicht in Begriffen nationaler Identität. Erst im 19. Jahrhundert lernten die Architekten des Russischen Reichs die innovative Idee der Kyjiwer Mönche zu schätzen, die Bewohner Moskaus und der Ukraine als Angehörige einer einzigen Nation zu betrachten.

Die Krise, die zur Teilung der Ukraine zwischen Moskau und Polen führte, zwang nicht nur den Kyjiwer Klerus, sondern auch die Offiziersschicht der Kosaken, ein neues Identitätsmodell zu entwickeln. Die Kosakenelite war in dieser Hinsicht deutlich unabhängiger vom Klerus geworden: Das Kyjiwer Kolleg zählte zu seinen Absolventen inzwischen nicht bloß Priester und Bischöfe, sondern auch Kosakenoffiziere, darunter eine Reihe Hetmane. Mochten sich die Geistlichen ihre Heimat nicht ohne einen orthodoxen Zaren vorstellen, die Kosakenoffiziere konnten gut und gerne auf den Herrscher in Moskau verzichten. Sie leisteten ihren Eid auf das gemeinsame »Vaterland« der Kosaken, das sich an beiden Ufern des Dnipro erstreckte.

Bis 1663, als die Ukraine faktisch zum ersten Mal geteilt wurde, hatten die Kosakenoffiziere mit dem Begriff »Vaterland« entweder die gesamte Adelsrepublik oder das Königreich Polen gemeint. Zur Zeit des Vertrags von Hadjatsch (1658) wurde ihnen die Oberhoheit des polnischen Königs auch mit dem Appell schmackhaft gemacht, dass dies eine Rückkehr in ihr polnisches Vaterland bedeute. Die Einstellung dazu änderte sich jedoch nach der Teilung. Ein Hetman nach dem anderen begann in seinen Rundbriefen für die Einheit ihres ukrainischen Vaterlandes – des Hetmanats zu beiden Seiten des Flusses – zu plädieren. Nach dem Vertrag von Andrussowo schworen sie sämtlich, auch Petro Doroschenko und Jurij Chmelnyzkyj, die Interessen des ukrainischen Vaterlandes stets über alles andere zu stellen. Das Vaterland der Kosaken ging über das Saporoger Kosakenheer hinaus – es war ein viel tiefer sitzendes Objekt der Kosakentreue. Es umfasste nicht nur das Kosakenheer, sondern auch das Gebiet und sämtliche Bewohner des Hetmanats. Dieses Vaterland nannten sie Ukraine. Ab 1667 begann sich der Begriff beiderseits des Dnipro bei den Kosaken durchzusetzen.

Der letzte Kosaken-Hetman, der versuchte, das linke und das rechte Ufer unter seiner Herrschaft zu vereinen, war Iwan Masepa (1639–1709). Auf den Banknoten der unabhängigen Ukraine sind nur zwei der vielen ukrainischen Hetmane abgebildet. Einer ist Bohdan Chmelnyzkyj, dessen Konterfei den Fünf-Hrywnja-Schein ziert, der zweite Iwan Masepa auf dem Zehn-Hrywnja-Schein. Außerhalb der Ukraine, insbesondere im Westen, ist Masepa sicher bekannter als Chmelnyzkyj: Voltaire, Lord Byron, Alexander Puschkin und Victor Hugo verarbeiteten sein Leben und seine Taten in ihren Werken. Er wurde zur Figur europäischer Opern und nordamerikanischer Theaterstücke und erlangte unter der französischen Schreibweise seines Namens – Mazeppa – als Herrscher wie als Liebhaber unsterblichen literarischen Ruhm. Während seiner Zeit als Hetman standen die Begriffe Vaterland, Ukraine und Kleinrussland wieder heftig in der Diskussion. Das Resultat seiner Regierungszeit war die Herausbildung einer neuen Art von kleinrussischer Identität.

Masepas Hetmanat war von längerer Dauer als das all seiner Vorgänger, er hatte das Amt mehr als zwei Jahrzehnte (1687–1709) inne und starb eines natürlichen Todes. Das war an sich schon eine Leistung. Einer seiner Vorgänger war getötet, ein anderer hingerichtet worden. Seine beiden unmittelbaren Vorgänger wurden unter dem Vorwurf des Verrats von Moskauer Woiwoden verhaftet und nach Sibirien verbannt, auch ihre Familien blieben nicht verschont. Um sein Amt als Hetman, seine Freiheit oder gar sein Leben zu verlieren, musste man sich nicht gegen den Zaren verschwören oder versuchen, sich den Polen, Osmanen oder Schweden anzuschließen. Es genügte, bei den Moskauer Höflingen in Ungnade zu fallen.

Masepas Lebensweg ist typisch für das Schicksal der Kosaken in den letzten Jahrzehnten des 17. Jahrhunderts. Der Hetman entstammte einer adligen orthodoxen Familie der linksufrigen Ukraine. Nach dem Besuch des Kyjiwer Mohyla-Kollegs und einer Jesuitenschule in Warschau wurde er in Westeuropa als Artillerist ausgebildet. Anschließend schlug der junge Masepa eine diplomatische und militärische Laufbahn am Hof des polnischen Königs ein. Später schloss er sich Hetman Petro Doroschenko an, geriet jedoch in die Gefangenschaft der mit Moskau verbündeten Saporoger Kosaken. Nach einer Legende, die erstmals Voltaire aufgriff, führte ihn eine dramatisch endende Liebesaffäre zu den Saporogern. Ein polnischer Offizier, dessen Frau er zur Geliebten genommen hatte, ließ Masepa angeblich nackt auf ein Pferd binden und in die Steppe hinausjagen. Die

Saporoger Kosaken sollen ihn halb tot gefunden und gesund gepflegt haben. Man mag dies nun glauben oder nicht, wahr ist sicherlich, dass die Saporoger Masepas Karriere bei den Kosaken einen kräftigen Schub verliehen haben. Sie schickten ihren Fang zu Hetman Iwan Samojlowytsch, der den hochgebildeten und weit gereisten Offizier in seine Dienste nahm.

Masepa war einer der vielen hochrangigen und einfachen Kosaken, Städter wie Bauern, die in den letzten Jahrzehnten des 17. Jahrhunderts von der rechtsufrigen in die von den Russen kontrollierte linksufrige Ukraine wechselten. Die politische Stabilität der Region in Verbindung mit der relativ weitgehenden Autonomie, die dem Hetmanat von den Zaren gewährt wurde, verlieh der Wirtschaft und dem kulturellen Leben neuen Schwung, wovon – wie schon zu Zeiten Petro Mohylas – vor allem Kyjiw als Sitz des Metropoliten, das Höhlenkloster und die Kyjiwer Akademie profitierten. Nachdem er selbst Hetman geworden war, bemühte sich Masepa nach Kräften, die Wirtschaft weiter anzukurbeln und das religiöse und kulturelle Leben seines Herrschaftsgebiets zur Blüte zu bringen.

Hetman Masepa gab die Restaurierung von Kirchen in Auftrag, die während der langen Kosakenkriege gelitten hatten. Dazu gehörten auch die Sophienkathedrale, um die sich zuvor schon Mohyla bemüht hatte, sowie die Mariä-Entschlafens-Kathedrale und die Dreifaltigkeitskirche im Höhlenkloster – allesamt Bestandteil des architektonischen Erbes aus der Zeit der Kyjiwer Rus. Auch neue Kirchen ließ er errichten, darunter die Gottesmutter-Geburtskirche im Höhlenkloster und zahlreiche weitere in Kyjiw sowie in seiner Hauptstadt Baturyn in der nordöstlichen Ecke des Hetmanats unweit der Grenze zum Zarenreich. Die meisten Kirchen außerhalb des Höhlenklosters überstanden die 1930er Jahre nicht. Eine nach der anderen wurden sie bei der Umgestaltung Kyjiws zu einer wahrhaft sozialistischen Hauptstadt von den Bolschewisten abgerissen. Die von Masepa in Auftrag gegebenen Klostergebäude und ein Teil der Klostermauern sind jedoch noch erhalten und zeugen nicht nur von seinen großzügigen Vorstellungen, sondern auch vom Reichtum des Hetmans. Es gab damals in Kyjiw überhaupt zum ersten Mal seit der

Zeit von Mohyla wieder eine nennenswerte Bautätigkeit. Der Stil der architektonischen Zeugen aus dieser Zeit wurde als Kosaken- oder Masepa-Barock bekannt.

Im Unterschied zu allen seinen Vorgängern gelang es Masepa, sowohl die wirtschaftliche als auch die politische Macht in seinen Händen zu konzentrieren. Das lag an der beispiellosen Unterstützung, die er von ganz oben erhielt – Zar Peter der Große schätzte Masepa als treuen Diener. Während Peters Machtkampf mit seiner Halbschwester, Prinzessin Sofia, hatte sich Masepa auf die Seite des zukünftigen Herrschers gestellt. Dafür verlieh ihm der Zar als Erstem seinen neu gestifteten Andreasorden, die damals höchste Auszeichnung. Wenn Kosakenoffiziere, wie dies oft vorkam, ihren Hetman beim Zaren anzuschwärzen versuchten oder ihn gar des Verrats bezichtigten, gab Peter der Große dies umgehend an Masepa weiter. Ganz entgegen der alten Gepflogenheit Moskauer Herrscher versuchte er nicht, solche Intrigen gegen den Hetman der Kosaken für sich auszunutzen. Im Gegenteil, das Vertrauen Peters des Großen in Masepa wurde nur noch größer, und er bewies es ihm dadurch, dass er ihm erlaubte, seine Denunzianten aus den Reihen der Kosakenelite hinrichten zu lassen.

Das Bündnis zwischen Peter dem Großen und Masepa fand ein jähes Ende im Herbst 1708, auf dem Höhepunkt des Großen Nordischen Krieges (1700–1721), den Moskau und Schweden mit Unterstützung ihrer jeweiligen Verbündeten im Baltikum miteinander ausfochten. Zu Beginn des Krieges schien Schweden die Oberhand zu haben. Nachdem der junge und ehrgeizige Schwedenkönig Karl XII. Moskaus Verbündeten August den Starken von Polen besiegt und zur Abdankung gezwungen hatte, marschierte er auf Moskau. Peter der Große bemühte sich, den Vormarsch des Gegners mit der Taktik der verbrannten Erde aufzuhalten.

Diese zerstörerischen Maßnahmen weckten alten Unmut bei den Kosaken, die sich nun von Peter dem Großen ab- und Karl XII. zuwandten. Die Kosakenobersten beklagten sich bereits seit Jahren bei Masepa darüber, dass der Zar Kosakenregimenter außerhalb des Hetmanats einsetzte, insbesondere zum Graben von Kanälen in und um Sankt Petersburg, der zukünftigen Hauptstadt des Russischen Reichs, die der Zar 1702 gegründet hatte. Die Männer starben reihenweise an den Folgen von Kälte und Krankheiten. Außerdem drohten neue Steuern und Verwaltungsreformen dem Hetmanat den Status einer privilegierten Enklave zu nehmen und es zu einem regulären Gouvernement des Moskauer Staates zu machen. All dies, so argumentierten die Obersten, verstoße gegen das von Bohdan Chmelnyzkyj mit Moskau geschlossene Schutzabkommen.

Masepa korrespondierte daraufhin mit den polnischen Verbündeten Karls XII. und lotete seine außenpolitischen Möglichkeiten aus, blieb aber unentschlossen. Erst als der schwedische König auf seinem Weg nach Moskau einen Abstecher in die Ukraine unternahm und der Zar sich weigerte, den Kosaken durch die Entsendung von Soldaten zu helfen – Masepa sollte das Hetmanat allein verteidigen und die Städte und Dörfer auf Karls Weg niederbrennen –, gab der Hetman den Forderungen seiner Obersten nach und wechselte die Seiten. Moskau wollte offenbar seine Hauptverpflichtung, die Verteidigung des Hetmanats, wie sie in zahlreichen Vereinbarungen festgehalten war, nicht erfüllen. Damit sah man sogar in der linksufrigen Ukraine die Zeit gekommen, über andere Optionen nachzudenken. Die Kosakenoffiziere begannen, die Bedingungen des fünfzig Jahre alten Vertrags von Hadjatsch zu studieren. Im November 1708 verließ Masepa mit einer Gruppe vertrauenswürdiger Höflinge und einem kleinen Trupp Kosaken seine Hauptstadt Baturyn und schloss sich dem vorrückenden Heer Karls XII. an.

Um sein Vorhaben geheim zu halten, verzichtete Masepa vor seiner plötzlichen Abreise aus Baturyn darauf, im Hetmanat Stimmung gegen Peter den Großen zu machen. So klug dies im Hinblick auf seine persönliche Sicherheit gewesen sein mochte, für den Aufstand hatte es schwerwiegende Folgen. Als Peter der Große erfuhr, dass Masepa abtrünnig geworden war, schickte er ein Korps unter dem Kommando seiner rechten Hand, Alexander Menschikow, in die Ukraine, wo keine Kosaken mobilisiert worden waren, die sich ihm hätten entgegenstellen können. Den Moskauer Truppen gelang es, die Hetmanats-Hauptstadt Baturyn zu überrumpeln und Waffen und Lebensmittel zu erbeuten, die Masepa dort für seine eigene Armee und die Schweden eingelagert hatte. Noch schwerer traf die Einnahme von Baturyn die ukrainische Gesellschaft im Ganzen. Menschikow befahl ein Massaker an der Bevölkerung. Mehr als 10 000 Verteidiger und Bürger von Baturyn, darunter auch Frauen und Kinder, starben durch die Hand der Eroberer. Archäologen finden in Baturyn, das nicht nur eine Touristenattraktion, sondern auch eine Ausgrabungsstätte ist, immer wieder Skelette, die sich diesem Ereignis zuordnen lassen. Menschikows Botschaft war klar und unmissverständlich: Überläufern wird kein Pardon gegeben.

Damit war der Kampf um die Loyalität der Kosaken und der Einwohner des Hetmanats entbrannt. Peter der Große führte ihn vor allem über Proklamationen, auf die Masepa in gleicher Weise antwortete. Der sogenannte Krieg der Proklamationen dauerte vom Herbst 1708 bis zum Frühjahr 1709. Der Zar beschuldigte Masepa des Verrats, beschimpfte ihn als Judas und dachte sich sogar einen Schmähorden des Heiligen Judas aus, den er ihm nach seiner Gefangennahme verleihen wollte. Masepa wies die Anschuldigungen zurück. In der Tradition von Wyhowskyj sah er das Verhältnis zwischen dem Zaren und dem Hetman als ein vertragliches. Seiner Meinung nach hatte der Zar die Rechte und Freiheiten der Kosaken verletzt, die Bohdan Chmelnyzkyj und seinen Nachfolgern garantiert worden waren. Seine Loyalität, argumentierte der Hetman, gelte nicht dem Herrscher, sondern dem Kosakenheer und dem ukrainischen Vaterland, der ukrainischen Nation. »Moskau, das heißt die großrussische Nation, hat unsere kleinrussische Nation von jeher gehasst; in Böswilligkeit ist Moskau seit langem entschlossen, unsere Nation ins Verderben zu stürzen«, schrieb Masepa im Dezember 1708.

Der Krieg der Proklamationen, das entschlossene Vorgehen der Moskauer Truppen und die Wahl eines neuen Hetmans auf Befehl Peters des Großen spalteten die Anhänger Masepas weiter. Dieselben Kosakenobersten, die Masepa eben noch zur Rebellion gedrängt hatten, wollten ihm nun aus Angst vor Vergeltung ihre Männer nicht mehr zur Verfügung stellen. Viele schlossen sich der Moskauer Seite an. Bei den einfachen Kosaken, Städtern und Bauern fand Masepa ebenfalls wenig Unterstützung. Die Bevölkerung zog den orthodoxen Zaren einem katholischen, muslimischen oder, soweit es Masepa betraf, auch einem protestantischen Herrscher jederzeit vor. Als es schließlich zum Showdown zwischen Karl XII. und Peter dem Großen kam, standen mehr Kosaken auf Moskauer als auf schwedischer Seite.

Anfang Juli 1709 trat ein schwedisches Korps von 25 000 Mann einem doppelt so großen moskowitischen Heer auf den Feldern nahe der Stadt Poltawa gegenüber. Auf beiden Seiten wurden die Kosaken bloß als Hilfstruppen eingesetzt, was nicht nur die Tatsache widerspiegelt, dass man ihrer Loyalität nicht so richtig traute, sondern auch, dass sie den regulären europäischen Armeen nicht gewachsen waren: Die einst gefürchtete Kampfstärke der Kosaken gehörte der Vergangenheit an. Zwischen 3000 und 7000 Kosaken unterstützten Masepa und die Schweden; mindestens dreimal so viele schlossen sich der Moskauer Seite an. Die zahlenmäßige Überlegenheit seines Gegners schreckte Karl XII. nicht ab, hatte er doch in der Vergangenheit schon viel größere russische und polnische Heere geschlagen. Doch diese Schlacht verlief anders. Nach einem im Feindesland verbrachten Winter war seine Armee geschwächt. Karl XII., der seine Truppen in der Regel persönlich in die Schlacht führte, war einige Tage zuvor verwundet worden und delegierte das Kommando nicht an einen einzigen Befehlshaber, sondern an mehrere Offiziere, was während der Schlacht für Verwirrung in den schwedischen Reihen sorgen sollte.

Das Ergebnis war ein triumphaler Sieg für die Moskauer Seite. Karl XII. und Masepa mussten aus der Ukraine fliehen und Zuflucht im osmanischen Moldau suchen. Iwan Masepa starb im Herbst 1709 im Exil in der moldauischen Stadt Bender. Fünf Jahre dauerte es, bis Karl in sein Königreich zurückkehren konnte. Historiker betrachten die Schlacht von Poltawa oft als Wendepunkt im Großen Nordischen Krieg. Durch eine merkwürdige Fügung des Schicksals wurde der militärische Konflikt um die Kontrolle des Baltikums auf einem ukrainischen Schlachtfeld entschieden. Die Schlacht leitete das Ende der Hegemonie Schwedens in Nordeuropa ein und war der Beginn von Russlands Aufstieg zur europäischen Großmacht. Die Folgen der Schlacht von Poltawa waren jedoch nirgendwo so dramatisch zu spüren wie dort, wo sie geschlagen worden war.

Der Sieg Moskaus eröffnete eine neue Phase in den Beziehungen zwischen dem Kyjiwer Klerus und dem Zarenstaat. Im Herbst 1708 hatte der Zar den Metropoliten von Kyjiw gezwungen, Masepa als Verräter zu verurteilen und gegen ihn den Bann auszusprechen. Nach der Schlacht hielt der Rektor des Kyjiwer Kollegs, Teofan Prokopowytsch, der Masepa zuvor mit dem Fürsten Wolodymyr verglichen hatte, vor dem Zaren eine lange Predigt, in der er seinen ehemaligen Wohltäter verurteilte. Was Masepa als Verrat betrachtet hätte, war in den Augen Peters des Großen eine Loyalitätserklärung. Prokopowytsch wurde später der Chefideologe der Reformen Peters des Großen. Er unterstützte das Streben des Zaren nach absoluter Macht und lieferte ihm die Rechtfertigung dafür, den Thron nicht nach der natürlichen Erbfolge weiterzugeben: Peter der Große ließ seinen Sohn Alexei wegen Hochverrats vor Gericht stellen und in der Haft sterben. Prokopowytsch war auch der Hauptautor des *Geistlichen Reglements*, nach dessen Ideen Peter der Große den Patriarchen als Kirchenoberhaupt ablöste und in der orthodoxen Kirche die Herrschaft des Heiligen Synods unter dem Vorsitz eines weltlichen Beamten einführte. Auf ihn geht auch die Idee zurück, Peter als »Vater des Vaterlandes« zu bezeichnen, eine Ehrenbezeichnung, die er und andere Kyjiwer Kleriker nach Moskau brachten – und die sie zuvor für Masepa verwendet hatten.

Die steile Karriere des Teofan Prokopowytsch am Hof des Zaren ist Teil eines größeren Phänomens: der Rekrutierung westlich orientierter Absolventen des Kyjiwer Kollegs für den kaiserlichen Dienst, die Peter der Große benötigte, um die Moskauer Kirchenkultur und Gesellschaft nach westlichem Vorbild zu reformieren. Dutzende und später Hunderte von Absolventen des Kyjiwer Kollegs zogen nach Moskau und kamen dort zu Amt und Würden. Sie übernahmen Positionen, die vom stellvertretenden Oberhaupt der orthodoxen Kirche über den Bischof bis hin zum Militärseelsorger reichten. Einer der Kyjiwer, Metropolit Dymytrij Tuptalo von Rostow, wurde für seinen Kampf gegen die Altgläubigen sogar seliggesprochen. Sie halfen Peter dabei, das Zarenreich für den Westen zu öffnen und das Land in ein modernes Staatswesen umzuwandeln, indem sie die Idee eines neuen russischen Vaterlandes und einer neuen russischen Nation propagierten, zu der die Ukrainer oder Kleinrussen als integraler Bestandteil gehören sollten.

Kernpunkte der Politik Peters des Großen waren Stärkung der autoritären Herrschaft und Zentralisierung, was den Kirchenführern neue und attraktive Möglichkeiten bot, für die Kosakenoffiziere allerdings verheerend war. Der Abfall von Masepa verstärkte die Bemühungen des Zaren, das Hetmanat in die institutionellen und administrativen Strukturen seines Reichs einzubinden. Der neue Hetman, Iwan Skoropadskyj, stand nun unter Aufsicht eines Russen. Seine Hauptstadt wurde näher an die Grenze des Zarenreichs verlegt, vom zerstörten Baturyn nach Hluchiw, Moskauer Truppen wurden dauerhaft im Hetmanat stationiert. Familienangehörige von Kosakenoffizieren, die Masepa ins Exil gefolgt waren, wurden verhaftet, ihr Besitz beschlagnahmt. Weitere folgten, als der Nordische Krieg 1721 mit einem Sieg der Moskowiter endete. Zar Peter I. änderte den Namen des Moskauer Zarenreichs in Russisches Reich und ließ sich zu dessen erstem Kaiser proklamieren. Im folgenden Jahr nutzte er den Tod Skoropadskyjs, um das Amt des Hetmans ganz abzuschaffen. Er unterstellte das Hetmanat dem sogenannten Kleinrussischen Kollegium, dessen Leitung Peter der Große einem kaiserlichen Offizier übertrug. Die Kosaken protestierten und schickten eine Delegation nach Sankt Petersburg, um für ihre Rechte zu kämpfen – vergebens. Peter der Große ordnete die Verhaftung des Anführers der Kosakenopposition, Oberst Pawlo Polubotok, an, der den Rest seines Lebens in einer Zelle der Peter-und-Paul-Festung in Sankt Petersburg verbrachte.

Masepa hatte viel riskiert und am Ende verloren. Dasselbe galt für den Staat, den er zu schützen versuchte. Wir wissen nicht, wie sich das Schicksal des Hetmanats entwickelt hätte, wäre Karl XII. vor der Schlacht nicht verwundet worden oder hätten mehr Kosaken Masepa unterstützt. Wir können jedoch sagen, was für ein Land die Nachfolger von Masepa aufbauen und wie sie dort leben wollten. Unser Wissen stammt aus einem Dokument namens *Pacta et conditiones*, das von Pylyp Orlyk vorgelegt wurde, der nach Masepas Tod von den Kosaken im moldauischen Exil zum Hetman gewählt wurde. Wie man sich denken kann, erkannten die Kosaken Skoropadskyj, der auf Geheiß von Peter dem Großen zum Hetman gewählt worden war, nicht als ihren legitimen Führer an. Die *Pacta* sind heute in der Ukraine als »Verfassung von Pylyp Orlyk« bekannt. Oft wird mit Stolz darauf verwiesen, dass die Kosaken sich schon vor den Amerikanern eine Verfassung gegeben hätten. Im Grunde kann man die *Pacta* jedoch eher mit den Bestimmungen vergleichen, unter denen die polnischen Reichstage ihre Könige wählten. Das Dokument versuchte die Macht des Hetmans zu begrenzen, indem es die Rechte der Offiziere und einfachen Kosaken, insbesondere der Saporoger Kosaken, garantierte, von denen viele Masepa ins Exil gefolgt waren.

Die *Pacta* geben einen einzigartigen Einblick, wie man sich die Vergangenheit, Gegenwart und Zukunft des Hetmanats vorstellte. Die Kosakenoffiziere, die sich um Orlyk, Masepas Generalkanzler, versammelten, führten ihre Herkunft nicht auf Kyjiw und Fürst Wolodymyr zurück – ein Gründungsmythos, den bereits die Kyjiwer Anhänger des Zaren für sich beanspruchten –, sondern auf die Chasaren, eines der Nomadenvölker am Ursprung der Kyjiwer Rus. Die Argumentation dafür war eher linguistisch als historisch, und nach heutigen Maßstäben ziemlich an den Haaren herbeigezogen, doch für die frühneuzeitliche Philologie recht solide: »Kosak« und »Chasar« klangen im Ukrainischen zumindest recht ähnlich, wenn nicht gleich. Worum es hier ging, war die Begründung der Existenz einer von Moskau getrennten und unabhängigen Kosakennation. Orlyk und seine Offiziere bezeichneten sie je nach Kontext als Kosaken, Ruthenen oder Kleinrussen. Die meisten von Orlyks Ideen blieben unbekannt oder wurden von seinen Landsleuten nicht aufgegriffen. Zu Hause, in der Ukraine, kämpften die Kosaken entschlossen für den Erhalt der ihnen verbliebenen Autonomie.

Die Kosaken im Hetmanat betrachteten es als gerechte Strafe Gottes, dass Peter der Große nur wenige Wochen nach dem Ableben des inhaftierten Kosakenobersten Polubotok im Februar 1725 ebenfalls starb. Sie hofften nun, zumindest einige der Privilegien zurückzuerhalten, die ihnen der Zar genommen hatte. Das wichtigste Anliegen war ihnen die Wiederherstellung des Amtes des Hetmans. Im Jahr 1727 erreichten die Kosakenoffiziere dieses Ziel und wählten einen der frühen Gegner von Peter dem Großen, Oberst Danylo Apostol, zum Hetman. Zur Feier der Erneuerung dieses Privilegs holten sie ein Porträt von Bohdan Chmelnyzkyj hervor und ließen den Heldenkult wiederaufleben, der ihn zum Befreier der Ukraine von der polnischen Unterdrückung und zum Garanten für die Rechte und Freiheiten der Kosaken erhoben hatte. Chmelnyzkyj wurde zum Symbol der kleinrussischen Identität der Elite des Hetmanats, die als Gegenleistung für politische Loyalität einen besonderen Status und besondere Rechte beanspruchte.

Worin genau bestand diese neue Identität? Sie war im Grunde eine schlichte Mischung der prorussischen Rhetorik des Klerus und der Autonomiebestrebungen der Offizierskaste der Kosaken. Das wichtigste Kennzeichen der kleinrussischen Idee war die Loyalität gegenüber den russischen Zaren. Gleichzeitig betonte die kleinrussische Identität die Rechte und Privilegien der kosakischen Nation innerhalb des Reichs. Das Kleinrussland der Kosakenelite blieb auf die linksufrige Ukraine beschränkt und unterschied sich in politischer, sozialer und kultureller Hinsicht von den belarussischen Gebieten im Norden und den ukrainischen Gebieten westlich des Dnipro. Das neue Staatswesen und die neue Identität trugen deutliche Spuren früherer Projekte zur Nationenbildung. In den Kosakentexten jener Zeit (im frühen 18. Jahrhundert trat die kosakische Historienschreibung als neues literarisches Phänomen in Erscheinung) wurden Begriffe wie Rus/Ruthenien, Kleinrussland und Ukraine austauschbar verwendet. Das hatte durchaus seine Logik, spiegelten diese Begriffe doch eng miteinander verknüpfte politische Gebilde und damit verbundene Identitäten wider.

Um die Beziehung zwischen diesen Begriffen und den Phänomenen, die sie darstellten, zu definieren, stellt man sich am besten eine Matrjoschka vor. Die größte Puppe wäre die kleinrussische Identität der Nach-Poltawa-Ära; in ihr steckte die Puppe des kosakischen ukrainischen Vaterlandes zu beiden Seiten des Dnipro und darin wiederum die Puppe der rusischen oder ruthenischen Identität der polnisch-litauischen Adelsrepublik. In ihrem Kern bewahrte die kleinrussische Identität die Erinnerung an das alte Gemeinwesen Rus und die etwas jüngere Kosaken-Ukraine. Niemand konnte nach der Schlacht von Poltawa wissen, dass es nur eine Frage der Zeit war, bis der ukrainische Kern aus der Hülle der kleinrussischen Puppe hervortreten und die Gebiete zurückfordern würde, die einst den Kosaken gehört hatten oder von ihnen beansprucht worden waren.

III

ZWISCHEN DEN IMPERIEN

KAPITEL 13

DIE NEUEN GRENZEN

I m ersten Viertel des 18. Jahrhunderts vollzog sich in Ost- und Mitteleuropa ein tiefgreifender geopolitischer Wandel, der im Zeichen von Russlands Aufstieg zur europäischen Supermacht stand. Nach der Schlacht bei Poltawa 1709 gewann das Russische Reich zunehmend an militärischer Stärke und geopolitischem Einfluss. Oleksandr Besborodko, Abkömmling einer der führenden kosakischen Offiziersfamilien im Hetmanat und am Ende des Jahrhunderts Großkanzler des Imperiums, sagte einmal zu einem jüngeren Gesprächspartner: »Zu unserer Zeit konnte ohne unsere Erlaubnis in Europa keine einzige Kanone abgefeuert werden.« Die Grenzen des Reichs dehnten sich rasch nach Westen und Süden aus, was zum Rückzug der Osmanen aus der nördlichen Schwarzmeerregion sowie zur Teilung und damit Auflösung der Adelsrepublik Polen-Litauen führte.

An diesen erstaunlichen Veränderungen wirkten viele Ukrainer aktiv mit, so auch Besborodko, der in den 1780er und frühen 1790er Jahren eine Schlüsselrolle bei der Gestaltung der russischen Außenpolitik spielte. Die Transformation, die er mit in die Wege leitete, hatte Folgen für seine Landsleute in der Heimat. Die Ukraine befand sich im Zentrum dieser großen geopolitischen Verschiebung – sie war ihr Opfer und profitierte zugleich von ihr. Das Hetmanat verschwand nun von der Landkarte Europas und des Russischen Reichs. Die beiden wichtigsten kulturellen Grenzen der Ukraine – die zwischen östlichem und westlichem Christentum und die zwischen Christentum und Islam – gerieten ebenfalls in Bewegung. Die Verschiebung der Grenzen des imperialen Russland veränderte auch die Kulturräume selbst. Im Westen brachte die russische Regierung die Ausbreitung der katholischen und der unierten Kirche am Dnipro zum

Stillstand und drängte sie zurück; im Süden sorgte die »Schließung« der Steppengrenze dafür, dass das weitere Vordringen der Ukraine in Richtung des Schwarzen Meeres und des Asowschen Meeres neuen Antrieb erhielt.

Politik-, Ideen- und Kulturhistoriker sehen das 18. Jahrhundert vor allem als Zeitalter der Aufklärung – eine Ära, die sich von der Mitte des 17. bis zum späten 18. Jahrhundert erstreckte und in der sich Individualismus, Skeptizismus und Vernunft als Leitgedanken in Philosophie und Politik durchsetzten. Entsprechend wird diese Epoche auch als Zeitalter der Vernunft bezeichnet. Dabei wurde Vernunft auf mehr als nur eine Weise aufgefasst. Die Ideen von Freiheit und vom Schutz individueller Rechte sind wichtige Themen der Schriften aus dieser Zeit, aber ebenso zentral sind die Begriffe der rationalen Staatsführung und des monarchischen Absolutismus. Die moderne Republik wie die moderne Monarchie sind beide tief in den Ideen der französischen Philosophen verwurzelt. Sowohl die Gründer der USA als auch die absoluten Herrscher Europas im 18. Jahrhundert waren Anhänger der Aufklärung. Drei der Letzteren – Katharina II. von Russland, Friedrich II. von Preußen und Joseph II. von Österreich – sind als »aufgeklärte Despoten« in die Geschichte eingegangen. Neben dem Namenszusatz »II.« und dem Glauben an eine rationale Verwaltung, absolute Monarchie und ihr Recht auf Herrschaft verband sie eine weitere Gemeinsamkeit: Sie alle wirkten an den Teilungen Polens (1772–1795) mit, die schließlich die von der Aufklärung inspirierten Reformbemühungen der *Rzeczpospolita* – der polnisch-litauischen Adelsrepublik – zunichte machen sollten. Die erste dieser Teilungen fand Beifall bei Voltaire höchstpersönlich, der sie als Sieg für die Sache des Liberalismus, der Toleranz und natürlich auch der Vernunft betrachtete. Er schrieb an Katharina, die russische Regierung könne in diesem Teil Europas jetzt endlich für Ordnung sorgen.

Absolute Herrschermacht, gute Staatsführung und die Anwendung universeller Normen auf alle Teile des Reichs und alle seine Untertanen: Diese Prinzipien prägten das Denken und die Reformen von Katharina II., die das Russische Reich länger als dreißig Jahre regierte, von 1762 bis 1796. Keiner dieser Grundsätze war vorteilhaft für das Hetmanat, dessen Existenzberechtigung als autonome Enklave auf seinem Sonderstatus innerhalb des Imperiums beruhte. Die Pläne der Kaiserin für die Region sahen vor, als Erstes die Binnengrenzen abzuschaffen und den Kosakenstaat vollständig in das Reich einzugliedern. »Kleinrussland, Livland und Finnland sind Provinzen, die gemäß den ihnen bestätigten Privilegien regiert werden«, schrieb Katharina 1764. »Diese Provinzen und auch Smolensk muss man mit möglichst einfachen Mitteln dahin bringen, dass sie russisch werden und aufhören, den Wald wie ein Wolf zu sehen. Das lässt sich sehr leicht angehen, wenn vernünftige Leute als Gouverneure der Provinzen gewählt werden. Wenn es in Kleinrussland keine Hetmane mehr gibt, muss man alles daransetzen, dass auch die Bezeichnung Hetman für immer verschwindet und keinesfalls jemand in dieses Amt eingesetzt wird.«

Der erste russische Herrscher, der das Amt des Hetmans abschaffte, war Peter I. Er tat dies nach dem Tod Iwan Skoropadskyjs im Jahr 1722. Zwei Jahre nach Peters eigenem Tod im Jahr 1725 wurde ein neuer Hetman gewählt und die Autonomie des Hetmanats wiederbelebt. Sie hatte jedoch nur bis Mitte der 1730er Jahre Bestand. Als der Hetman Danylo Apostol starb, verbot die Regierung des Reichs die Wahl eines neuen Kosakenführers. Das Hetmanat kam abermals unter die Kontrolle einer Regierungsbehörde, des Kleinrussischen Kollegiums. Als das Hetmantum im Jahr 1750 für kurze Zeit wiederhergestellt wurde, ging der Kommandostab (*Bulawa*) nicht an einen Kosakenoberst oder ein Mitglied des Generalstabs, sondern an den Präsidenten der Russischen Kaiserlichen Akademie der Wissenschaften. Dieser in vielen Sphären beheimatete und vielfach begabte Mann war der 22-jährige Kyrylo Rosumowskyj.

Rosumowskyj, im Hetmanat geboren und Absolvent der Universität Göttingen, war in erster Linie ein kaiserlicher Höfling. Die frühe und steile Karriere verdankte er familiären Beziehungen. Sein älterer Bruder Oleksij, ein junger Kosak aus der zwischen Kyjiw und Tschernihiw gelegenen Stadt Koselez, war ein begabter Sänger. Er wurde in den Hofchor in Sankt Petersburg aufgenommen, wo er sang, Bandura spielte und eine Enkelin Peters I. kennenlernte – die spätere Kaiserin Elisabeth I. von Russland. Die beiden wurden ein Paar und waren einigen Darstellungen zufolge heimlich verheiratet. Aus dem Kosaken Oleksij Rosum wurde nun jedenfalls der russische Graf Alexei Rasumowski (Ukrainisch: Rosumowskyj). Auf den Rat dieses »Kaisers der Nacht«, wie einige Höflinge ihn nannten, führte die Kaiserin das Amt des Hetmans wieder ein und vergab es an seinen jüngeren Bruder.

Während der ältere Rosumowskyj maßgeblich daran beteiligt war, Elisabeth auf den Thron zu bringen (er leitete zum Zeitpunkt ihrer Thronbesteigung im Jahr 1741 den Hof), spielte der jüngere eine wichtige Rolle beim Regierungsantritt Katharinas II. Sie kam infolge eines von der kaiserlichen Garde unterstützten Putsches an die Macht, bei dem der rechtmäßige Herrscher des Reichs, ihr Ehemann Peter III., ermordet wurde. Abgesehen von diesem Mord hatte Katharina, geborene Sophie Friederike Auguste von Anhalt-Zerbst-Dornburg, allenfalls zweifelhaften Anspruch auf den russischen Thron. Diejenigen, die sie zur Kaiserin machten, glaubten, dass sie ihnen dafür etwas schuldig sei. »Jeder Gardist kann sich bei meinem Anblick sagen: ›Ich habe diese Frau erst groß gemacht‹«, schrieb Katharina an Voltaire. So dachte auch Kyrylo Rosumowskyj, Hetman der Ukraine. Als Belohnung für seine Dienste forderte er die Einrichtung eines erblichen Hetmantums. Seine Untertanen im Hetmanat wünschten sich gleichfalls mehr Autonomie und eine eigene Gesetzgebung.

Einige der patriotischen Kosaken sahen das Hetmanat, das auch sie jetzt »Kleinrussland« nannten, als politisch gleichrangig mit dem Kernland des Reichs an, das sie als »Großrussland« bezeichneten. »Ich habe mich nicht dir unterworfen, sondern deinem Herrscher«, heißt es in Semen Diwowytschs Langgedicht »Ein Gespräch zwischen Großrussland und Kleinrussland«, das kurz nach Katharinas Inthronisierung entstand. Kleinrussland in Gestalt einer allegorischen Person richtet diese Worte an Großrussland. Weiter heißt es: »Glaube nicht, du selbst seist mein Herr / Dein und mein Herrscher ist unser gemeinsamer Gebieter.« Diese Vorstellung eines dynastischen Verbunds zwischen Klein- und Großrussland reichte zurück bis in die Zeit der Union von Hadjatsch. Die angesprochene Herrscherin,

Katharina II., beabsichtigte jedoch keineswegs, einer Konföderation von Staaten vorzustehen, die Sonderrechte und Privilegien für sich reklamierten. Ihre Vision lief auf ein zentral organisiertes Imperium hinaus, das nach rationalen Gesichtspunkten in Verwaltungseinheiten unterteilt war. Für Enklaven wie das Hetmanat gab es darin keinen Raum.

Als Katharina den Hetman nach Sankt Petersburg zurückbeorderte und das Hetmantum im Herbst 1764 ganz abschaffte, zerschlugen sich nicht nur Rosumowskyjs persönliche Hoffnungen, sondern auch die vieler ukrainischer Patrioten im Hetmanat. Neuer Regent im Hetmanat oder dem, was davon übrig war, wurde der russischstämmige General Pjotr Rumjanzew. Er trat das neu geschaffene Amt des Generalgouverneurs von Kleinrussland an und übernahm das Kommando über die russische Armee in der Region. In die Zeit seiner Herrschaft, die sich über mehr als zwanzig Jahre erstreckte, fiel die Einführung der Leibeigenschaft im Hetmanat und die Einrichtung des kaiserlichen Steuer- und Postsystems. Anfang der 1780er Jahre wurde unter ihm die territoriale Autonomie des Hetmanats beendet und das auf den Kosakenregimentern basierende Verwaltungs- und Militärsystem aufgelöst. Die Truppen wurden in die reguläre Armee integriert, während man die kosakischen Verwaltungseinheiten gemäß dem neuen Verwaltungssystem, das Katharina im ganzen Reich einführte, zu insgesamt drei Provinzen zusammenlegte.

Katharina ließ sich Zeit, um ihre Vorstellung eines gut geordneten imperialen Staates zu verwirklichen. Der gesamte Prozess der Assimilierung des Hetmanats, von der Abschaffung des Hetman-Amtes bis zur administrativen Eingliederung in das Reich, nahm fast zwanzig Jahre in Anspruch. Die Umstellung erfolgte Schritt für Schritt, ohne dass es zu neuen Aufständen kam oder neue Märtyrer für die ukrainische Unabhängigkeit geschaffen wurden. Sie wurde von zahlreichen Personen mitgetragen, die aus dem Hetmanat stammten und die Integration in das Reich als Segen betrachteten. Viele Institutionen und Gebräuche des Hetmanats wirkten veraltet und nicht mehr angemessen für die Herausforderungen, die das Zeitalter der Vernunft stellte. Mit der Eingliederung ins Kaiserreich wurden die kosakischen

Hilfstruppen in disziplinierte Armeeverbände umgewandelt und öffentliche Dienstleistungen wie ein Schulsystem und regelmäßige Postzustellung eingeführt. Auch die Leibeigenschaft kehrte zurück, doch nur wenige kosakische Offiziere protestierten dagegen, weil sie selbst von der Arbeit der Leibeigenen profitierten.

Das Hetmanat und die Sloboda-Ukraine – eine Region um die Städte Charkiw und Sumy, die seit dem 17. Jahrhundert unter direkter russischer Verwaltung gestanden hatte – wurden von der kosakischen Elite regiert, aber die Bevölkerung beider Gebiete bestand mehrheitlich aus Bauern. Im Verlauf des 18. Jahrhunderts verloren sie nach und nach nicht nur ihr Land, sondern auch ihre Freiheit – die große Errungenschaft des Chmelnyzkyj-Aufstands. In der zweiten Hälfte des Jahrhunderts waren fast 90 Prozent der Bauern im Hetmanat und mehr als die Hälfte der Bauern in der Sloboda-Ukraine auf Gütern ansässig, die im Besitz kosakischer Offiziere – welche nunmehr zum Adel zählten – oder der orthodoxen Kirche waren. Ein Dekret Katharinas vom Mai 1783 untersagte es fast 300 000 Bauern, die auf Gütern von Adligen lebten, von dort fortzuziehen. Zugleich wurden sie zur unbezahlten Arbeit für die Gutsbesitzer verpflichtet. Damit war die Leibeigenschaft zum dritten Mal etabliert.

Nach Auffassung mancher Forscher gab es zumindest eine Stimme, die sich gegen die Leibeigenschaft im Hetmanat erhob – die von Wassyl Kapnist, dem Abkömmling einer kosakischen Offiziersfamilie aus der Region Poltawa. Kapnist ist der Autor eines der bekanntesten oppositionellen Texte aus der Zeit Katharinas II., der »Ode auf die Knechtschaft« (1783). Einige Wissenschaftler lesen sie als Protest gegen die Verknechtung der Bauernschaft, andere meinen, sie richte sich gegen die Abschaffung der Institutionen des Hetmanats. Gut möglich, dass der Autor sich gegen beide Entwicklungen wandte, die zeitlich eng zusammenfielen und auf Dekrete derselben Regentin zurückgingen. Kapnist bekundete unverhohlen seine Enttäuschung über die Auswirkungen von Katharinas Herrschaft auf seine Heimat. Über die Behandlung seines Volkes durch die Kaiserin schrieb er: »Doch du beschwerst es: Du legst den Händen, die dich segnen, Ketten an!«

Kapnist war einer von vielen Angehörigen der ukrainischen Elite, die ihre Laufbahn zum großen Teil in Sankt Petersburg absolvierten und nicht nur die ukrainische, sondern auch die russische Literatur und Kultur voranbrachten. Die »Ode auf die Knechtschaft« ist in den russischen Literaturkanon eingegangen. Waren zu Zeiten Peters I. vor allem ukrainische Kleriker nach Russland gezogen, um sich in der Kirche des Kaiserreichs unterzubringen, so siedelten zu Katharinas Zeiten hauptsächlich Söhne von Kosakenoffizieren und Absolventen der Kyjiwer Akademie, die säkulare Berufe anstrebten, nach Sankt Petersburg über. Allein zwischen 1754 und 1768 stellten sich über 300 Absolventen in den Dienst des Reichs oder zogen nach Russland. Ihre Ausbildung bot gute Voraussetzungen dafür, ihr Studium im Ausland fortzusetzen, um dann zurückzukehren und in den Staatsdienst zu treten. Im Russischen Kaiserreich gab es doppelt so viele ukrainische wie russische Ärzte, und in den beiden letzten Jahrzehnten des 18. Jahrhunderts kam über ein Drittel der Studenten am Lehrerseminar von Sankt Petersburg aus den Gebieten des Hetmanats. Katharina beendete die Anwerbung ukrainischer Geistlicher für die russische Kirche (als sie den Thron bestieg, waren die meisten russischen Bischöfe Einwanderer aus der Ukraine), doch der Zustrom von Ukrainern in den Staatsdienst und das Militär hielt ungebremst an.

Oleksandr Besborodkos Laufbahn zeigt exemplarisch, wie die neue Generation kosakischer Offiziere Loyalität gegenüber dem Hetmanat mit dem Dienst für das Reich verband. Besborodko wurde 1747 in die Familie des Generalkanzlers des Hetmanats geboren und an der Kyjiwer Akademie ausgebildet. Wenige Jahrzehnte zuvor hätte ein solcher Werdegang ideale Voraussetzungen für eine glänzende Karriere im Hetmanat geboten. Doch die Zeiten änderten sich. Besborodko erwarb seinen Oberstenrang nicht in den Diensten des Hetmans, sondern in denen des Reichsgouverneurs von Kleinrussland, Pjotr Rumjanzew. Als junger Mann nahm er am Russisch-Türkischen Krieg teil, bewies in mehreren Schlachten seinen Mut und diente mit Auszeichnung in Rumjanzews Kanzlei. Ein Jahr nach der Beförderung zum Obersten 1774 stand er in Sankt Petersburg in Diensten der Kaiserin, die sich zufrieden mit ihm zeigte.

Der Russisch-Türkische Krieg von 1768 bis 1774, der Besborodkos Karriere beförderte und ihn aus dem ehemaligen Hetmanat in die Hauptstadt des Imperiums brachte, hatte schwerwiegende Folgen für das Hetmanat und die ukrainischen Regionen insgesamt. Er wurde durch Unruhen ausgelöst, die im Frühjahr 1768 in der rechtsufrigen Ukraine begannen.

Es handelte sich um zwei Aufstände, die zur gleichen Zeit stattfanden. Der erste war eine Erhebung oder – in der dort damals üblichen Ausdrucksweise – eine »Konföderation« des katholischen (polnischen und polonisierten) Adels gegen die Entscheidung des Reichstags von Polen-Litauen, Anhängern anderer Religionen und Konfessionen, insbesondere orthodoxen Christen, gleiche Rechte zuzugestehen wie den Katholiken. Katharina II. hatte den katholischen Abgeordneten des Reichstags diese Entscheidung durch ihren Botschafter aufgenötigt, der mit dem Einsatz der ihm unterstellten russischen Truppen gedroht hatte, um sein Ziel zu erreichen. Die Kaiserin wollte sich damit als legitime Vertreterin russischer und orthodoxer Interessen ausweisen. Die Rebellen weigerten sich, dem Beschluss des Reichstags Folge zu leisten. Sie sahen darin ein Manöver, mit dem Russland nicht nur ihre Religion, sondern auch die Souveränität ihres Staates untergraben wollte. Dieser Adelsaufstand wurde nach dem Ort in Podolien, in dem er ausgebrochen war, die »Konföderation von Bar« genannt.

Als die Konföderierten die verbliebenen orthodoxen Gläubigen in der rechtsufrigen Ukraine angriffen, provozierten sie damit eine Erhebung anderer Art. Orthodoxe Kosaken, Stadtbewohner und Bauern rebellierten – ermutigt durch die russische Regierung und Vertreter der Kirche – gegen die katholischen Adligen. Das weckte Ängste vor einem Massaker in den Dimensionen von 1648, dem ersten Jahr des Chmelnyzkyj-Aufstands. Einmal mehr taten sich die Saporoger Kosaken mit den Kosaken in russischen Diensten zusammen. Der erste Verband wurde von Maksym Salisnjak angeführt, der zweite von Iwan Gonta. Beide sollten zu Helden volkstümlicher ukrainischer und dann sowjetischer historischer Narrative werden. Opfer des Aufstands waren – wie schon 1648 – polnische Adlige, katholische und unierte Priester sowie Juden. Die Juden waren im 18. Jahrhundert in die Region zurückgekehrt und hatten ihre wirtschaftlichen religiösen und kulturellen Aktivitäten in der westlichen Ukraine wieder aufgenommen. Viele von ihnen waren Anhänger von Rabbi Israel ben Elieser, genannt Baal Schem Tov, der in den 1740er Jahren in dem podolischen Städtchen Medschybisch begann, die Lehre des Chassidismus zu verbreiten. Die katholischen Aufständischen wollten einen katholischen Staat ohne Einmischung Russlands, die orthodoxen einen Kosakenstaat unter russischer Hoheit. Die Juden wollten in Ruhe gelassen werden. Keine der drei Gruppen bekam, was sie wollte.

Im Sommer 1768 überschritt die russische Armee am Dnipro die Grenze zu Polen-Litauen und griff sowohl die katholischen Konföderierten als auch die orthodoxen Kosaken und Bauern an. Vor allem die Letzteren waren davon überrascht, weil sie die zaristischen Truppen als Befreier betrachtet hatten. Das Imperium verfolgte jedoch seine eigenen Ziele. Beide Erhebungen bedrohten die Stabilität in der Region, und folglich wurden beide niedergeschlagen. Bevor es allerdings so weit war, überschritt ein Verband ukrainischer Kosaken, der angab, in russischen Diensten zu stehen, bei der Stadt Balta die polnische Grenze und drang in das Gebiet des Osmanischen Reichs ein, offenbar, um Aufständische der Konföderation von Bar zu verfolgen. Bestärkt von Frankreich, das den wachsenden russischen Einfluss in der Region ebenfalls besorgt registrierte, machte sich die osmanische Regierung den Vorfall zunutze, um dem Russischen Reich den Krieg zu erklären. Russland nahm die Herausforderung an.

Generalgouverneur Pjotr Rumjanzew führte eine kaiserliche Armee zusammen mit einem Kosakenverband in die Fürstentümer Moldau und Walachei. Nach mehreren erfolgreichen Schlachten (Besborodko zeichnete sich an der Larga und bei Cahul aus) nahmen die Russen beide Länder mit ihren Hauptstädten Jassy und Bukarest ein. Auch die osmanischen Festungen Ismajil und Kilija an der Donau, die heute in der Ukraine liegen, wurden erobert. Zudem besetzten russische Streitkräfte die Krim und brachten den größten Teil der südlichen Ukraine unter ihre Kontrolle. Die Osmanen zogen sich zurück. Im Mittelmeer zerstörte die russische Flotte mit britischer Hilfe die osmanische Marine.

Im Jahr 1774 wurde der Friedensvertrag von Küçük Kaynarca unterzeichnet, mit dem Russlands Ambitionen in der Schwarzmeerregion scheinbar ein Dämpfer versetzt wurde. Das Russische Reich musste seine Truppen nicht nur aus den Donaufürstentümern Moldau und Walachei abziehen, sondern auch von der Krim. Das hatte einen einfachen Grund: Der plötzliche Zuwachs an Einfluss, den Russland in der Region gewonnen hatte, kam einer Reihe europäischer Mächte ungelegen. Der Vertrag brachte dem Russischen Reich jedoch auch Vorteile. Die Osmanen wurden damit letztlich aus der nördlichen Schwarzmeerregion und von der Krim verdrängt. Russland errichtete Außenposten am Asowschen und am Schwarzen Meer. Das Khanat der Krim wurde zu einem unabhängigen Staat erklärt, aber das galt nur in eine Richtung: Die Halbinsel war nun zwar nicht mehr von Istanbul abhängig, dafür aber von Sankt Petersburg.

Die offizielle Annexion der Krim durch das Russische Reich erfolgte 1783. Die russische Armee besetzte die Halbinsel und verbannte den letzten Khan der Krim nach Zentralrussland. Besborodko, inzwischen einer der führenden Architekten der russischen Außenpolitik, hatte erheblichen Anteil an diesen Entwicklungen. Er war auch einer der Urheber des sogenannten Griechischen Plans, der vorsah, das Osmanische Reich zu zerschlagen und ein neues Byzantinisches Reich unter russischer Vorherrschaft zu errichten. Zudem sollte mit Dakien ein neuer Staat an der Donau geschaffen werden, der Moldau und die Walachei umfasste. Der Plan wurde nie verwirklicht, aber sein Echo klingt bis heute in den griechischen Ortsnamen nach, die die Behörden des Russischen Reichs auf der Krim einführten, etwa Simferopol, Jewpatorija (Eupatoria) und vor allem Sewastopol – der russische Marinestützpunkt, der zwei Jahre nach der Annexion auf der Halbinsel gegründet wurde.

Alarmiert von Katharinas Reise auf die Krim im Jahr 1787 und von Gerüchten über den Griechischen Plan, begannen die Osmanen einen neuen Krieg um die Vorherrschaft an der nördlichen Schwarz-meerküste. Sie unterlagen erneut, diesmal gegen verbündete russische und österreichische Truppen. Mit dem Friedensvertrag, den Olek-sandr Besborodko 1792 in Jassy unterzeichnete, dehnte das Russische Reich seine Herrschaft auf die gesamte Südukraine aus. Die Osma-nen erkannten nun sowohl die Krim als auch die Kuban-Region jen-seits der Straße von Kertsch als russische Territorien an. Mit einem Strich aus Besborodkos Feder hatte das Imperium die ukrainische Steppengrenze bereinigt. Die kulturelle Grenze blieb jedoch bestehen und verlief nun durchs Innere des Reichs.

Die militärische Bereinigung der Steppengrenze öffnete das Gebiet für die Kolonisierung, wie sie auch von der Regierung gefördert und gelenkt wurde. Die Kosaken waren hier nicht mehr vonnöten. Die Regierung wollte sie aus dem Land haben, da sie in ihnen potenzielle Anstifter von Rebellionen, Unruhen und Konflikten mit Nachbar-mächten sah. Durch die Beteiligung der russischen Kosaken am Pu-gatschow-Aufstand von 1773 / 74 fühlte sie sich darin wieder einmal bestätigt. Im Jahr darauf umzingelten Truppen des Russischen Reichs, die von der moldauischen Front zurückkehrten, das Saporoger Heer und zerstreuten die Kosaken. Einige wurden in neue Kosakeneinhei-ten eingegliedert, darunter die Schwarzmeerkosaken, die schließlich auf die Taman-Halbinsel in der Kuban-Region gleich neben dem unruhigen Nordkaukasus verschifft wurden. Andere blieben vor Ort, bildeten jedoch keine organisierte Streitmacht mehr. Grigori Potjom-kin, der Günstling Katharinas II., zeigte der Kaiserin während ihrer Reise auf die Krim im Jahr 1787 die Siedlungen dieser Kosaken. Die Täuschung bei dieser Vorführung, auf die der Ausdruck »Potemkin-sches Dorf« zurückgeht, bestand nicht darin, dass die Dörfer nicht echt gewesen wären. Sie waren bloß nicht durch Potjomkins Initia-tive entstanden, sondern hatten schon vorher existiert.

Die Massenkolonisierung der südukrainischen Steppen hatte noch unter der Kosakenherrschaft begonnen. Die Saporoger Kosaken selbst luden geflohene Bauern in die Region ein, und die Regierung gründete später eigene neue Siedlungen auf dem Land, das sie den

Kosaken abgenommen hatte. Serbische Flüchtlinge aus dem osmanischen Herrschaftsgebiet ließen sich nördlich von Jelisawetgrad (heute Kropywnyzkyj) und Bachmut (bis vor kurzem Artemiwsk in der Oblast Donezk) in Bezirken namens Neuserbien beziehungsweise Slaweno-Serbien nieder. Als sich die russische Festungslinie nach Süden verlagerte und das Reich sich infolge der russisch-türkischen Kriege und der Krimannexion neue Territorien einverleibte, wurden alle Gebiete der Saporoger Kosaken Teil einer Reichsprovinz namens Neurussland. (Die Grenzen dieser Provinz änderten sich im Laufe der Zeit; sie schlossen zeitweise die Donez-Region und die Krim ein, aber niemals die Region Charkiw in der Sloboda-Ukraine, wie es die russischen Ideologen einer Aufspaltung der Ukraine im Jahr 2014 behaupteten.) Neurussland, dessen Zentrum die ehemaligen Gebiete der Saporoger Kosaken bildeten, wurde in den letzten Jahrzehnten des 18. Jahrhunderts zum bevorzugten Ziel der Einwanderung aus dem In- und Ausland.

In den Jahren 1789 und 1790 zogen die ersten Mennoniten aus Preußen in die Region, um sich der Wehrpflicht zu entziehen. Sie ließen sich auf der Kosakeninsel Chortyzja gleich unterhalb der Dnipro-Stromschnellen nieder. Bald folgten weitere Glaubensgenossen aus ihrer alten Heimat sowie protestantische und katholische deutsche Siedler aus anderen Regionen. Die meisten »Ausländer« stammten jedoch aus dem Osmanischen Reich: Griechen, Bulgaren und Moldauer. Die Regierung des Russischen Reichs, die erfahrene Bauern und Handwerker suchte, förderte die Einwanderung. Sie stellte den Siedlern Land zur Verfügung und gewährte ihnen Steuererleichterungen und Vorteile, von denen russische Untertanen nur träumen konnten.

Die Eliten des Reichs begrüßten die ethnische Vielfalt der Siedler als Beleg für die Bedeutung und Größe des Reichs und seiner Herrscherin. »Ob Moldauer, Armenier, Inder, Hellene oder schwarzer Äthiopier – unter welchem Himmel auch immer jemand auf die Welt kam, Katharina ist die Mutter aller«, schrieb der Dichter Wassili Petrowitsch Petrow 1778. Am Ende des 18. Jahrhunderts waren bis zu 20 Prozent der etwa 500 000 männlichen Einwohner der Region

»Ausländer«. Die übrigen waren Ostslawen, darunter einige russische Andersgläubige, die in die Grenzgebiete verbannt worden waren, größtenteils jedoch ukrainische Kosaken und Bauern aus dem Hetmanat und der rechtsufrigen Ukraine. Trotz der imperialen Provenienz der Provinz Neurussland und der ethnischen Vielfalt überwog dort die ukrainische Bevölkerung.

Während in Neurussland also vor allem Ukrainer lebten, war die Provinz Taurida, zu der auch die Krimhalbinsel gehörte, mehrheitlich krimtatarisch. Um die Eingliederung der Krim in das Reich zu fördern, bot die kaiserliche Regierung den dort ansässigen Adligen den russischen Adelsstatus und die Ländereien an, die einst den Khans gehört hatten. Ansonsten wurden die sozialen Verhältnisse des Khanats und die dominierende Rolle des Islam unverändert beibehalten. Das Imperium ließ sich Zeit. Die Eingliederung des Krim-Khanats zog sich über mehr als eine Generation hin, wie es auch beim Hetmanat gewesen war. Für dieses vorsichtige Vorgehen gab es mehrere Gründe. Einer war die Auswanderung: Bis zum Ende des 18. Jahrhunderts verließen fast 100 000 ehemalige Untertanen des Krim-Khans die Halbinsel und die nördlich von ihr gelegene Schwarzmeersteppe in Richtung des Osmanischen Reichs. Das lag teils daran, dass sie es vorzogen, unter einem islamischen Herrscher zu leben, teils aber auch daran, dass sich mit der Bereinigung der Steppengrenze die wirtschaftlichen Aussichten verschlechtert hatten – der Handel mit Sklaven und Kriegsbeute war vollständig zum Erliegen gekommen.

Im Jahr 1793 – ein Jahr nach Besborodkos Unterschrift unter den Vertrag von Jassy, mit dem Russlands Besitz der Krim und der Südukraine völkerrechtlich legalisiert wurde – fand an den Westgrenzen des ehemaligen Hetmanats ein weiteres einschneidendes Ereignis statt. Die altbekannte russisch-polnische Grenze entlang des Dnipro, die die Ukraine mehr als 120 Jahre lang geteilt hatte, verschwand plötzlich. Russische Truppen – unter anderem geführt von ehemaligen Kosakenoffizieren, die jetzt einen hohen Rang in der Armee des Reichs bekleideten – überquerten den Dnipro und rückten nach Westen vor. Sie besetzten Ostpodolien mitsamt der Festung Kamjanez-Podilskyj und einen Teil Wolhyniens, einschließlich der Stadt Schytomyr. Im Norden besetzte die russische Armee die belarussischen Städte Minsk und Sluzk.

Das Ereignis, das der Dniprogrenze ein Ende setzte und den uralten Traum der ukrainischen Kosaken von der Vereinigung der rechts- und linksufrigen Ukraine Wirklichkeit werden ließ, war die zweite Teilung Polens. Die erste Teilung hatte 1772 stattgefunden. Damals hatten sich drei europäische Großmächte – Russland, Österreich und Preußen – Teile der polnisch-litauischen Adelsrepublik einverleibt. Preußens Anteil umfasste die Region um Danzig, die seine Kernbesitzungen mit Ostpreußen verband, Russland erhielt das östliche Belarus, und Österreich vereinnahmte Galizien. Für das Russische Reich, das Polen-Litauen über weite Teile des 18. Jahrhunderts vollständig kontrolliert hatte – erst durch militärischen und politischen Druck auf die Reichstage, später durch einen loyalen König –, war die Teilung eher ein Verlustgeschäft. Sie diente letztlich dazu, einer militärischen Konfrontation vorzubeugen, auf die Sankt Petersburg nicht vorbereitet war. Alarmiert durch die russischen Siege im russisch-türkischen Krieg von 1768–1774, hatte Österreich sich auf die Seite der Osmanen gestellt und mit einem Angriff auf Russland gedroht. Mit der Zustimmung zur ersten Teilung erkaufte sich Russland im Grunde die Neutralität Österreichs im osmanisch-russischen Konflikt.

Die Österreicher, denen die galizischen Teile Polens angeboten wurden, bissen an. Kaiserin Maria Theresia verabscheute allerdings den Begriff »Teilung«, der ihrer Meinung nach den rechtswidrigen Charakter des gesamten Unterfangens in sich barg. Deshalb suchte sie nach einer historischen Rechtfertigung für die Neuerwerbung. Sie fand sie in den historischen Ansprüchen der ungarischen Könige auf das mittelalterliche Fürstentum Galizien-Wolhynien, und so wurde das neue Territorium als Königreich Galizien und Lodomerien bekannt. Die Österreicher nahmen die Verbindung zwischen Galizien und Wolhynien, die sie sich selbst ausgedacht hatten, sehr ernst. Im Jahr 1774 beanspruchten sie das Recht der galizischen Fürsten auf die Bukowina und annektierten dieses Gebiet vom Fürstentum Moldau. Da die gesamte Provinz Transkarpatien (die westlichste Region der heutigen Ukraine) bereits seit 1699 von Wien aus regiert wurde, vereinten die Habsburger nun drei zukünftige ukrainische Provinzen unter ihrem Zepter. Diese Entwicklung sollte für die heutige Ukraine und ganz Osteuropa folgenreich sein.

Die erste Teilung brachte dem Russischen Reich keine ukrainischen Gebiete ein – alle seine Territorialgewinne lagen in Belarus und Lettland. Dies änderte sich bei der zweiten Teilung Polens im Jahr 1793, die durch Entwicklungen in Warschau ausgelöst wurde. Im Mai 1791 hatten die Abgeordneten des polnischen Reichstags eine neue Verfassung verabschiedet, die versprach, Polen-Litauen wieder auf die Beine zu helfen. Inspiriert von der Aufklärung und den Ideen der Französischen Revolution, stellte sie Zentralisierung, gute Staatsführung sowie Bildung in den Mittelpunkt. Auch im Bereich der religiösen Toleranz markierte sie einen Fortschritt. Aus Sicht der Teilungsmächte bedeutsamer war jedoch, dass sie die Autorität des Königs stärkte und das berühmte oder eher berüchtigte *liberum veto* aufhob, wonach alle Reichstagsbeschlüsse einstimmig gefasst werden mussten. Auf diese Weise sollte der polnischen Regierung wieder Handlungsfähigkeit verschafft werden.

Wie es aussah, war die Adelsrepublik trotz – oder wegen – des Schocks der ersten Teilung dabei, sich aus dem Chaos der Machtkämpfe zwischen Adelsdynastien zu befreien und wieder zu einem starken Staat in der Mitte Europas zu werden. Um dies zu verhindern, annektierten Preußen und Österreich nun noch mehr polnische Gebiete. Auch Russland tat dies – unter dem Vorwand, die alten polnischen Rechte und Freiheiten zu schützen, einschließlich des *liberum veto*. Die alte Grenze am Dnipro in der Ukraine musste weichen, und die neue wurde in Wolhynien und Podolien gezogen. Da die Russen die Reichsgrenze bis an die Ostgrenze des österreichischen Galiziens verschoben, waren die Habsburger und die Romanows nun Nachbarn. Wie Maria Theresia legte auch Katharina II. großen Wert auf Legitimität. Nach der zweiten Teilung gab die Regierung des Russischen Reichs eine Medaille aus, die eine Karte mit den neuen Grenzen zeigte. Die Inschrift lautete »Was entrissen wurde, habe ich zurückgewonnen« – ein Hinweis auf die Gebiete, die einst zur Kyjiwer Rus gehört hatten.

Schon bald verschoben sich die russischen Grenzen noch weiter nach Westen. Den Anlass lieferte diesmal nicht eine Überprüfung der Karten der Kyjiwer Rus, sondern ein Aufstand in Polen-Litauen, der durch die zweite Teilung ausgelöst wurde. Der Anführer der Erhebung, Tadeusz Kościuszko, stammte aus dem Gebiet des heutigen Belarus. Er hatte die Konföderation von Bar unterstützt und am Amerikanischen Unabhängigkeitskrieg teilgenommen, wo er Befestigungen in West Point errichtete und vom Kontinentalkongress in den Rang eines Brigadegenerals befördert wurde. 1784 kehrte er nach Polen-Litauen zurück und diente als Generalmajor in der polnischen Armee. Im Jahr 1794 organisierte er in Krakau den Aufstand und übernahm das Kommando über sämtliche polnisch-litauischen Streitkräfte. Alle drei Teilungsmächte – Russland, Preußen und Österreich – schickten Truppen über die polnischen Grenzen, um die Rebellion niederzuschlagen. Das Ergebnis war die vollständige Vernichtung des polnischen Staates.

Die aufgeklärten Despoten teilten sich nun auch noch das, was von Polen-Litauen nach der zweiten Teilung noch übrig war. Österreich hatte es wie Russland auf Wolhynien (»Lodomerien«) abgesehen, zog jedoch den Kürzeren und sicherte sich stattdessen einen Teil Polens mit Krakau. Um die Aneignung legitim erscheinen zu lassen, behandelte Österreich das Gebiet als Teil Galiziens. Preußen dehnte seine Besitzungen südlich der Ostsee bis nach Warschau aus. Der größte Nutznießer war jedoch Russland, dessen Anteil an der Beute die baltischen Provinzen, Litauen, das westliche Belarus sowie in der Ukraine Wolhynien mit den Städten Riwne und Luzk umfasste.

Die Teilungen Polens werden von manchen Historikern als Wiedervereinigung der Ukraine angesehen – vor allem die sowjetische Geschichtsschreibung hat diese Position vertreten. In Wirklichkeit wurden damals einige ukrainische Regionen wieder zusammengeführt, andere hingegen getrennt. War das Gebiet der Ukraine vor den polnischen Teilungen weitgehend zwischen Polen-Litauen und dem Russischen Reich aufgespalten, so verlief die Grenze nun zwischen Russischem Reich und Habsburgerreich. Russland wurde vom Minderheits- zum Mehrheitsteilhaber des ukrainischen Landes und herrschte jetzt über den größten Teil des Territoriums mit ukrainischstämmiger Bevölkerung. Der Anteil der ukrainischstämmigen Menschen im Russischen Kaiserreich stieg dadurch von 13 auf 22 Prozent, während der Anteil der Russischstämmigen von 70 auf 50 Prozent zurückging. Über 10 Prozent der Bevölkerung der neuen ukrainischen Gebiete waren Juden und etwa 5 Prozent Polen und polonisierte Katholiken. Die ethnische Vielfalt war hier mindestens so ausgeprägt wie in der Südukraine, wo sie vom Kaiserreich gefördert und hochgehalten wurde. Diesmal konnte das Reich allerdings nicht einfach davon ausgehen, dass die neuen polnischen, jüdischen oder gar ukrainischen (im damaligen Sprachgebrauch »kleinrussischen«) Untertanen ihm in Treue ergeben sein würden. Schließlich waren nicht die Einwohner mit ihrem unterschiedlichen ethnischen Hintergrund neu in der Gegend, sondern der Staat, der beanspruchte, über sie zu herrschen. Einige Neubürger empfing er mit offenen Armen, andere nicht. Bereits 1791 führte die kaiserliche Regierung den Ansiedlungsrayon ein und beschränkte damit die für Juden offenen Siedlungsgebiete auf die ehemaligen Provinzen Polen-Litauens; später kamen neu erworbene Gebiete im Süden hinzu. Die meisten ukrainischen Gebiete wurden Teil des Ansiedlungsrayons.

Die zentrale Figur bei den Verhandlungen, die in der zweiten Hälfte des 18. Jahrhunderts zu der großen Verschiebung der ukrainischen Grenzen führten, war kein anderer als der »Kosakenfürst« Oleksandr Besborodko. Wir wissen, dass er in Sankt Petersburg ein treuer Patriot der kosakischen Heimat blieb, die er sein Vaterland nannte. Er ermöglichte die Publikation einer Kosakenchronik und verfasste selbst eine Geschichte des Hetmanats vom Tod des Hetmans Danylo Apostol im Jahr 1734 bis zum Beginn des Russisch-Türkischen Krieges 1768. Die Chronik ist reich an Beschreibungen von Kosakenkriegen und Schlachten mit den Osmanen, Krimtataren und Polen. Wir wissen jedoch nicht, ob Besborodko bei seinen Vorschlägen zur Annexion der Krim, den Verhandlungen in Jassy über das Schicksal der nördlichen Schwarzmeerregion oder schließlich in den

Gesprächen mit Österreichern und Preußen über die Teilung Polens je den Einfluss seiner »kleinrussischen« Erziehung und Identität gespürt hat. Als er dazu beitrug, die Krim und die polnisch-litauische Adelsrepublik von der Landkarte Europas zu tilgen, war auch sein eigenes Vaterland auf dieser Karte schon nicht mehr zu finden. Das 18. Jahrhundert war nicht nur ein Zeitalter der Aufklärung und Vernunft. Es war zuallererst ein Zeitalter der Imperien.

KAPITEL 14

DIE BÜCHER DER GENESIS

Die ukrainische Nationalhymne beginnt mit den Worten »Noch ist die Ukraine nicht untergegangen«. Das ist nicht gerade ein optimistischer Anfang für ein Lied. Aber nicht nur der ukrainischen Hymne fehlt es an Optimismus. Der Anfang der polnischen Nationalhymne lautet bekanntlich »Noch ist Polen nicht verloren«. Der Text der polnischen Hymne entstand 1797, jener der ukrainischen 1862, es ist also ziemlich klar, wer hier wen beeinflusst hat. Aber woher rührt dieser Pessimismus? In beiden Fällen geht die Vorstellung vom Untergang der Nation auf Erfahrungen aus dem späten 18. Jahrhundert zurück. Bei Polen sind dies die Teilungen, bei der Ukraine ist es die Abschaffung des Hetmanats.

Die polnische Hymne war – wie viele andere auch – ursprünglich ein Marschlied und wurde für die polnischen Legionen geschrieben, die im Italienfeldzug unter Napoleon Bonaparte, dem späteren Kaiser von Frankreich, kämpften. Das Lied hieß damals »Dąbrowski-Mazurka«, nach dem polnischen General Jan Henryk Dąbrowski. Viele der polnischen Legionäre hatten wie er am Kościuszko Aufstand teilgenommen, und nachdem Polen durch die Teilungsmächte zerstört worden war, sollte der Liedtext ihnen nun wieder Mut geben. Polen werde nicht untergehen, »so lange wir leben«, heißt es in der zweiten Zeile. Indem sie die Nation nicht mit dem Staat in Verbindung brachte, sondern mit den Menschen, die sich als ihr zugehörig betrachten, gab die Hymne nicht nur den Polen Hoffnung, sondern auch den Vertretern anderer staatenloser Nationen. Eine neue Generation von Patrioten in Polen und der Ukraine weigerte sich, die Katastrophen des vergangenen Jahrhunderts als abschließendes Urteil über ihre Nationen zu akzeptieren. Polnische wie ukrainische Aktivisten vertraten eine neue Auffassung der Nation – nicht in erster Linie als Territorialstaat, sondern als demokratisches Gemeinwesen aus patriotischen Bürgern.

Im ersten Jahrzehnt des 19. Jahrhunderts trugen Napoleon und seine Soldaten in ihren Liedern und mit ihren Bajonettspitzen die Ideen von Nation und Volkssouveränität in das restliche Europa. Im Jahr 1807 kam der Traum der polnischen Legionäre der Verwirklichung einen Schritt näher, denn nach dem Sieg über Preußen bildete der französische Kaiser aus dessen bei den Teilungen Polens annektierten Gebieten das Herzogtum Warschau. Für die Polen bot sich damit die vielversprechende Aussicht auf ein Wiedererstehen ihrer Heimat. Nach Napoleons Einmarsch in das Russische Kaiserreich im Jahr 1812 stellten sich die Polen im russischen Herrschaftsbereich auf die Seite des französischen Angreifers, den sie als Befreier betrachteten. Adam Mickiewicz, der bedeutendste polnische Dichter jener Zeit, schildert die Euphorie des polnischen Adels über den Vormarsch der französischen Armee in das heutige Belarus in seinem Versepos *Pan Tadeusz,* das in polnischen (nicht aber in belarussischen) Schulen bis heute Pflichtlektüre ist. »Der Ruhm ist da – so ist auch die Republik nicht fern«, sagt darin einer der polnischen Protagonisten.

Als sich Mickiewicz 1815 im Alter von sechzehn Jahren an der Universität Vilnius einschrieb, gab er seinen Namen mit Adam Napoleon Mickiewicz an. Zu diesem Zeitpunkt hatten sich die polnischen Hoffnungen auf die Wiederherstellung Polen-Litauens bereits wieder zerschlagen. Napoleon, Dąbrowski und die französischen und polnischen Truppen hatten sich als Verlierer aus dem Russischen Reich zurückgezogen. Nur gut ein Jahr später nahmen russische Truppen Paris ein, und Napoleon wurde auf die Insel Elba verbannt. Trotzdem war nicht alles vergebens gewesen. Nach dem Wiener Kongress (1814/15), der über das Schicksal des nachnapoleonischen Europas entschied, kehrte Polen auf die Landkarte des Kontinents zurück. Auf den Trümmern des von Napoleon geschaffenen Herzogtums Warschau errichtete der Kongress das Königreich Polen, das durch einige zuvor von Österreich annektierte Gebiete erweitert wurde. Es wurde demselben Herrscher unterstellt wie sein mächtiger Nachbar, das Russische Reich, und auf Russisch hieß es nicht Königreich, sondern Zarenreich. Zar Alexander I. gestand ihm Autonomierechte und Privilegien zu, von denen andere Teile des Imperiums nicht einmal träumen konnten.

Auf Katharinas Zeitalter der Vernunft, das dem Imperium Vereinheitlichung und standardisierte Verwaltungs- und Rechtspraktiken gebracht hatte, folgte nun wieder eine Ära der Sonderregelungen. Wer seine Privilegien verloren hatte, blickte neidvoll auf die Polen, so auch die Eliten des ehemaligen Hetmanats. Während jedoch der moderne polnische Nationalismus unter den Fittichen Napoleons groß wurde, machte der ukrainische unter dem Banner der Bonaparte-Gegner die ersten Gehversuche. Zur Zeit der Napoleonischen Kriege publizierten Zeitschriften des Russischen Kaiserreichs erstmals patriotische Gedichte, die nicht auf Russisch, sondern auf Ukrainisch verfasst waren. Eines der frühesten erschien 1807 unter dem Titel »Ah! Hast du genug an dich gerissen, bösartiger Bastard Bonaparte?«. Ob als Bundesgenosse oder Gegner, Napoleon erweckte lokalpatriotische und nationale Gefühle. Und da die Polen, Deutschen und Russen diese Gefühle in ihrer jeweiligen Muttersprache ausdrückten, beschlossen einige Ukrainer, es ihnen gleichzutun. Sprache, Folklore, Literatur und nicht zuletzt Geschichte wurden in der Ukraine, so wie im restlichen Europa, zu Bausteinen einer modernen nationalen Identität.

Zu den Ukrainern, die bereit waren, gegen Napoleon zu den Waffen zu greifen, zählte Iwan Kotljarewskyj, der Begründer der modernen ukrainischen Literatur. Er stammte aus der Region Poltawa im ehemaligen Hetmanat und stellte eine Kosakeneinheit zusammen, mit der er sich dem Kampf anschloss. Kotljarewskyj, der Sohn eines kleinen Beamten, hatte an einem theologischen Seminar studiert, als Erzieher in adligen Familien gearbeitet und als Soldat der Kaiserlich Russischen Armee am Russisch-Türkischen Krieg von 1806–1812 teilgenommen. Im Jahr 1798, während er in der Armee diente, erschien der erste Teil seines Versepos *Enejida*, einer Travestie nach

Vergils *Aeneis*, deren Helden keine Griechen, sondern Saporoger Kosaken waren. Sie sprachen volkstümliches Ukrainisch, wie man es von echten Saporogern erwarten würde. Trotzdem erscheint es nur im Nachhinein naheliegend, dass er diese Sprache für sein Gedicht wählte. In der Ukraine des späten 18. Jahrhunderts war Kotljarewskyj ein Pionier – der Erste, der ein bedeutendes poetisches Werk in der Umgangssprache verfasste.

Was waren seine Beweggründe? Nichts deutet darauf hin, dass er ein politisches Bekenntnis im Sinn hatte. Die Wahl des Genres Travestie legt vielmehr nahe, dass er kein bedeutungsschweres Werk schaffen, sondern einfach mit der Sprache und dem Thema spielen wollte. Kotljarewskyj war literarisch begabt und hatte ein feines Gespür für den Zeitgeist. Im späten 18. Jahrhundert bemühten sich Intellektuelle in ganz Europa darum, die Nation nicht nur als Gemeinwesen darzustellen, dessen Souveränität in seinem Volk angelegt ist, sondern auch als kulturelles Gebilde – als schlafende Schönheit, die durch eine nationale Wiedergeburt zum Leben erweckt werden sollte. In Deutschland gründete Johann Gottfried Herder seine neue Auffassung der Nation auf Sprache und Kultur. Auch in anderen Ländern West- und Mitteleuropas sammelten Nationalbewegte, die später Volkskundler genannt wurden, volkstümliche Geschichten und Lieder, und wenn sie keine passenden Beispiele aufspüren konnten, erfanden sie sie. In Großbritannien verarbeitete James Macpherson, der »Entdecker« des frühmittelalterlichen Barden Ossian, irische Volksdichtung erfolgreich zu einem schottischen Nationalmythos.

Kotljarewskyj schrieb den ersten Teil der *Enejida* zu einer Zeit, als die Schale des Kirchenslawischen, in die das Schrifttum des Russischen Reichs bis dahin eingefasst war, aufbrach und literarische Werke publiziert werden konnten, die sich auf unterschiedliche Weise an der Volkssprache orientierten. Russland fand in Alexander Puschkin seinen ersten wirklich bedeutenden Dichter; die Ukraine bekam mit Kotljarewskyj ihren eigenen. Was auch immer ihn ursprünglich dazu bewegte, auf Ukrainisch zu schreiben, er hat diesen Entschluss offenbar nie bereut. Auf den ersten Teil der *Enejida* folgten fünf weitere. Kotljarewskyj verfasste außerdem die ersten Theaterstücke auf Ukrainisch, unter anderem *Natalka-Poltawka* (Natalka aus Poltawa), eine Liebesgeschichte, die in einem ukrainischen Dorf spielt. Die Sprache seiner Heimat, der Poltawa-Region des einstigen Hetmanats, wurde für die Sprecher zahlreicher ukrainischer Dialekte – vom Dnipro bis zum Don im Osten und bis zu den Karpaten im Westen – zur Grundlage des Standardukrainischen. Mit Kotljarewskyj kam eine neue Literatur zur Welt. Im Jahr 1818 erschien die erste Grammatik des Ukrainischen – die *Grammatik des kleinrussischen Dialekts* von Oleksij Pawlowskyj. Ein Jahr später wurde die erste Sammlung ukrainischer Volkslieder von Mykola (Nikolaj) Zerteljew gedruckt.

Kotljarewskyjs Werk wäre wohl eine Fußnote der Literaturgeschichte, eine bloße Kuriosität, geblieben, hätten es nicht Dutzende und später Hunderte talentierter Autoren fortgeführt. Nicht alle schrieben auf Ukrainisch, doch die meisten waren Romantiker, die sich ganz im Geist des frühen 19. Jahrhunderts für Volkstum und Tradition begeisterten und sich vom Rationalismus der Aufklärung zur Sphäre des Gefühls hinwandten. Die Geburtsstätte der ukrainischen Romantik war die Stadt Charkiw. Dort eröffnete die russische Regierung 1805 eine Universität, an die sie Professoren aus dem ganzen Reich berief. Wer damals an einer Universität lehrte, interessierte sich oft auch für lokale Geschichte und Brauchtum, und Charkiw verfügte diesbezüglich über eine reiche Tradition. Die Stadt war das administrative und kulturelle Zentrum der Sloboda-Ukraine, in der sich zu Zeiten Bohdan Chmelnyzkyjs ukrainische Kosaken und entlaufene Bauern angesiedelt hatten. Im späten 18. und frühen 19. Jahrhundert wurde dieses Gebiet häufig als »Ukraine« bezeichnet. Der erste literarische Almanach, der dort von 1816 an publiziert wurde, trug folgerichtig den Titel *Ukrainischer Herold*. Er erschien in russischer Sprache, veröffentlichte jedoch auch ukrainischsprachige Texte, und viele seiner Autoren befassten sich mit Themen aus der ukrainischen Geschichte und Kultur.

Schon Kotljarewskyjs *Enejida* hatte gezeigt, dass die Ära der Kosaken im literarischen Interessenfeld der Romantik eine zentrale Stellung einnahm. Die Bereitwilligkeit, mit der die Charkiwer Romantiker den bei weitem einflussreichsten ukrainischen historischen Text dieser Epoche, die *Geschichte der Rus* (*Istorija rusow*), aufgriffen und verbreiteten, unterstrich dies noch einmal deutlich. Diese Geschichte der ukrainischen Kosaken wurde Heorhij Konyskyj, einem orthodoxen Erzbischof des 18. Jahrhunderts, zugeschrieben. Tatsächlich war sie jedoch von einem oder mehreren Nachkommen kosakischer Offiziere aus der Region Starodub im einstigen Hetmanat verfasst worden, die sich gegenüber dem russischen Adel zurückgesetzt fühlten und auch allgemein für eine Gleichstellung von Klein- und Großrussland plädierten. Dieses Thema taucht in Schriften kosakischer Autoren des 18. Jahrhunderts immer wieder auf, aber hier wurde es auf eine Weise dargestellt, die zur Empfindsamkeit des romantischen Zeitalters passte.

Die *Geschichte der Rus* zeichnet die Kosaken als eigenständige Nation und glorifiziert ihre Vergangenheit durch Beschreibungen der Heldentaten der ukrainischen Hetmanen, ihrer Schlachten und ihres Todes durch die Hand der Feinde. Diese Feinde, wie überhaupt die Schurken in dem Narrativ, sind in der Regel die Vertreter anderer Nationalitäten – Polen, Juden und Russen. Die *Geschichte der Rus* beflügelte die Phantasie romantischer Schriftsteller und Dichter im gesamten Reich. In Sankt Petersburg inspirierte sie unter anderem Kondratij Rylejew, Alexander Puschkin und Nikolai Gogol. In Charkiw wurde der geheimnisvolle Text vor allem von Ismail Sresnewski, einem Professor der örtlichen Universität, verbreitet. Wie schon Macpherson hatte auch Sresnewski keine Bedenken, sich seine Volksliteratur selbst zu schaffen. Während sich Macpherson jedoch zu diesem Zweck bei irischen Mythen bediente, fand Sresnewski Anregung in der *Geschichte der Rus*. Das Werk, das sich in den 1830er und 1840er Jahren großer Beliebtheit im einstigen Hetmanat erfreute, markiert jedenfalls einen Meilenstein in der Gründung einer modernen ukrainischen Nation: Es macht aus einer Geschichte der kosakischen Gesellschaftsordnung einen Bericht über eine aufstrebende nationale Gemeinschaft.

Das ehemalige Hetmanat lieferte drei Grundbausteine für die moderne ukrainische Nation: den zentralen historischen Mythos, die kulturelle Tradition und die Sprache. Es stellte auch die Architekten bereit: Iwan Kotljarewskyj, Autor der *Enejida*, Mykola Zerteljew, Herausgeber der ersten ukrainischen Volksliedsammlung, und Oleksij Pawlowskyj, Verfasser der ersten Grammatik des Ukrainischen, stammten alle aus dem Hetmanat. Diese herausragende oder sogar dominierende Rolle der hetmanischen Eliten in den Anfängen der ukrainischen Nationenbildung hatte einen ganz einfachen Grund: Das Gebiet des ehemaligen Kosakenstaates war die einzige Region der Ukraine des 19. Jahrhunderts, in der die Elite der Landbesitzer die Kultur der lokalen Bevölkerung teilte. Im österreichischen Galizien und in den russisch regierten Regionen Wolhynien, Podolien und der rechtsufrigen Ukraine dominierten katholische Polen oder polonisierte ukrainische Adlige die politische und kulturelle Szene. In den südlichen Steppen, die zu Zeiten Katharinas II. kolonisiert worden waren, war die herrschende Elite hingegen russischstämmig oder durch die russische Kultur sozialisiert. Die Nachkommen der alten Kosakennation des Hetmanats fanden sich bei den Kämpfen für die neue Nation folglich fast zwangsläufig an vorderster Front wieder. So kam es, dass diese Nation nicht nur die Sprache, sondern auch den Namen »Ukraine« von den kosakischen Regionen übernahm.

Fiel die erste Phase der Entstehungsgeschichte der modernen ukrainischen Nation, die von manchen Historikern als »Sammeln des Erbes« bezeichnet wird, in die Zeit der Napoleonischen Kriege und unmittelbar danach, so war die nächste Phase, in der das politische Programm der neuen nationalen Bewegung formuliert wurde, durch den polnischen Aufstand von 1830 beeinflusst.

Diese Erhebung hatte sich seit langem angekündigt. Gemäß den Beschlüssen des Wiener Kongresses von 1814/15 bedachte Alexander I., der liberale Herrscher Russlands, der seinen Titel »Imperator von Russland« nun um den Titel »Zar von Polen« ergänzt hatte, sein neues Herrschaftsgebiet mit einer der liberalsten Verfassungen Europas. Er bewies jedoch schon bald, dass er nicht nur dem Namen nach ein Imperator war. Kurz nachdem die europäischen Mächte Alexanders Herrschaft über das Königreich anerkannt hatten, kamen auch seine liberalen Ambitionen zum Erliegen. Seine Statthalter übergingen immer wieder das polnische Parlament, schränkten die Pressefreiheit ein« und missachteten andere bürgerliche Freiheiten, die der Zar ursprünglich gewährt hatte. Als unzufriedene junge Polen sich in Geheimbünden zusammenschlossen, begann die Polizei, Jagd auf sie zu machen.

Nach dem Dekabristenaufstand von 1825, bei dem russische Militäroffiziere, darunter Nachkommen prominenter Kosakenfamilien, ihre Truppen in eine Revolte führten und eine Verfassung forderten, wurde die Lage nur noch schlimmer. Der Aufstand wurde niedergeschlagen, und der neue Herrscher Nikolaus I. verfolgte einen konservativen Kurs, der dreißig Jahre fortdauern sollte. Als im November 1830 junge polnische Offiziere in Warschau revoltierten, mündete dies rasch in eine Erhebung, die den Rest des Königreichs Polen und auch ehemalige polnische Gebiete im heutigen Litauen, Belarus und in der Ukraine erfasste. Ein polnisches Militärkorps wurde nach Wolhynien entsendet, und in Wolhynien, Podolien und der rechtsufrigen Ukraine rebellierten polnische Adlige. Sie riefen die ukrainischen Bauern auf, sich ihnen anzuschließen, und versprachen ihnen dafür in manchen Fällen die Befreiung aus der Leibeigenschaft. Das Imperium nutzte seine militärische Überlegenheit, um den Aufstand niederzuschlagen. Viele seiner Anführer, Teilnehmer und Unterstützer, darunter auch Adam Mickiewicz, flohen aus Polen, die meisten von ihnen nach Frankreich. Die weniger Glücklichen landeten in russischen Gefängnissen oder in der Verbannung.

Der Novemberaufstand mobilisierte nicht nur den polnischen Patriotismus und Nationalismus, sondern rief auch in Russland heftige nationalistische Reaktionen hervor. Der imperiale russische Patriotismus, der während der Napoleonischen Kriege eine antifranzösische Stoßrichtung entwickelt hatte, wurde nun entschieden antipolnisch. An vorderster Front des ideologischen Angriffs auf die polnischen Rebellen und ihre französischen Unterstützer standen Persönlichkeiten wie Alexander Puschkin. In seinem Gedicht »Den Verleumdern Russlands« rief er die französischen Verfechter der polnischen Sache auf, die Lösung des russisch-polnischen Konflikts den Slawen selbst zu überlassen. Puschkin sah den polnischen Aufstand als Bedrohung russischer Besitztümer weit über das Königreich Polen hinaus. In seinen Augen stand hier auch die Ukraine auf dem Spiel. In einem Gedicht über die Einnahme des aufständischen Warschau durch Russland schrieb Puschkin:

> *Wo legen wir die Burgen an?*
> *Am Liman, Bug? ob an der Worskla?*
> *Für wen hebt Litauen Ihr auf?*
> *Für wen die reiche Erbschaft Bogdan [Chmelnyzkyj]s?*
> *Des Aufruhrs Rechte anerkannt,*
> *Wird Litauen sich von uns reißen?*
> *Das alte Kiew, goldbedeckt,*
> *Der russ'schen Städte Urgroßvater,*
> *Wird seiner Gräber Heiligtum*
> *Mit Warschaus Starrsinn es verbrüdern?*

Während des Novemberaufstands erwog Puschkin sogar, eine Geschichte »Kleinrusslands« zu schreiben.

Die Verteidigung der Ukraine und anderer ehemals polnischer Besitzungen gegen westliche und insbesondere polnische Einflüsse wurde in den Jahrzehnten nach dem Aufstand zum Leitmotiv der russischen Politik in der Region. Das Imperium der Romanows war nun bereit, sich den russischen Patriotismus und den aufkommenden Nationalismus zunutze zu machen, um seine Territorialgewinne zu verteidigen. Um diese Zeit formulierte Graf Sergei Uwarow, der Bildungsminister des Reichs, die Grundprinzipien der neuen imperialen Identität Russlands: Autokratie, Orthodoxie und Nationalität. Die ersten beiden Elemente dieser Triade waren traditionelle Merkmale der imperialen russischen Ideologie, das dritte ein Zugeständnis an die neue Ära des aufkommenden Nationalismus. Uwarows »Nationalität« war nicht als Allgemeinbegriff zu verstehen, sondern meinte ausdrücklich die russische. Er schrieb, dass seine drei Prinzipien »den besonderen Charakter Russlands bilden und nur Russland gehören«. Sie »versammeln die heiligen Überreste der russischen Nationalität zu einem Ganzen«. Diese Nationalität umfasste Russen, Ukrainer und Belarussen.

Über die genaue Bedeutung von Uwarows Formel streiten Historiker bis heute. Sie eignet sich dank ihrem klaren und einfachen Aufbau jedoch gut als Hintergrund, vor dem sich die imperiale Politik in den westlichen Grenzgebieten seit den 1830er Jahren erörtern lässt. Der ideale Untertan der Romanows musste nicht nur loyal gegenüber dem Reich sein (was im Zeitalter der Aufklärung genügt hatte), sondern darüber hinaus auch russisch und orthodox. Der polnische Novemberaufstand hatte Zweifel an der Loyalität der ukrainischen Landbevölkerung geweckt. Aus Sicht der Regierung waren die Bauern zwar definitiv russisch, aber häufig nicht orthodox – in den neu erworbenen Gebieten gehörten sie mehrheitlich weiterhin den unierten Kirchen an. Um die Treue gegenüber dem Imperium zu gewährleisten und ideale Untertanen der Zaren heranzubilden, musste sie die Unierten zur Orthodoxie bekehren und so der konfessionellen Solidarität zwischen den katholischen Adligen und den unierten Bauern ein Ende bereiten. Zu diesem Zweck wurde im Wesentlichen das bei der Union von Brest angewandte Verfahren umgekehrt. Statt die unierten Gläubigen einzeln zu missionieren, übergaben die Regierung und ihre Parteigänger unter den unierten Geistlichen die gesamte Kirche an die Orthodoxie – ähnlich wie die polnische Regierung sie im späten 16. und dann noch einmal im frühen 18. Jahrhundert an die Unierten übergeben hatte.

Im Jahr 1839 rief ein mit Unterstützung der Regierung einberufenes uniertes Konzil die »Wiedervereinigung« der Unierten mit der Russisch-Orthodoxen Kirche aus und bat um den Segen des Zaren. Dieser entsprach der Bitte gern und verlegte die Armee in die Region, um sicherzustellen, dass die gewendete Kirchenunion es nicht mit einem neuen Aufstand zu tun bekam. Die Russisch-Orthodoxe Kirche erhielt über Nacht mehr als 1600 ukrainische und belarussische Gemeinden mit – manchen Schätzungen zufolge – über 1,5 Millionen Mitgliedern »zurück«. In Belarus, Wolhynien, Podolien und einem Großteil der rechtsufrigen Ukraine wurden Orthodoxie und Nationalität im Dienst der Autokratie zusammengeführt. Damit begann ein langer Prozess der »Orthodoxisierung« der ehemals Unierten, der mit ihrer kulturellen Russifizierung einherging. Da der Unterricht in den orthodoxen Priesterseminaren auf Russisch erfolgte, wurde die intellektuelle Elite der Kirche nicht nur aus der unierten katholischen in die orthodoxe Konfession, sondern auch aus der ukrainischen oder ruthenischen in die russische Nationalität überführt.

Weitaus komplexer und schwieriger gestaltete sich der Kampf um die »Herzen und Köpfe« der säkularen Eliten in den vom polnischen Aufstand bedrohten Gebieten. Das Imperium verfolgte zunächst seine übliche Taktik, den polnischen Adel einzubinden, ohne an dessen rechtliche Stellung oder seine Landbesitzrechte zu rühren. Zar Alexander bediente sich polnischer Aristokraten und Intellektueller, um seine liberalen Reformen voranzubringen. Dies war vor allem auf dem Gebiet der Bildung von Vorteil, denn hier hatte Polen beträchtliche Fortschritte erzielt, bevor es 1795 von seinen Nachbarstaaten zerschlagen wurde.

Fürst Adam Jerzy Czartoryski, der Abkömmling einer polnischen Adelsfamilie, trug entscheidend dazu bei, in den ukrainischen Provinzen des Reichs ein neues Bildungssystem einzuführen. Er diente Alexander I. im ersten Jahrzehnt des 19. Jahrhunderts als Berater und leitete einige Jahre lang faktisch die russische Außenpolitik. Alexander übertrug Czartoryski auch die Leitung des Bildungsbezirks Vilnius mit der dortigen Universität, der einen Großteil der westukrainischen Gebiete umfasste. Ein anderer polnischer Aristokrat, Seweryn Potocki, leitete den Charkiwer Bildungsbezirk mit der Universität Charkiw und war damit zuständig für die restliche Ukraine. Die Gründung dieser beiden Universitäten und der Aufbau eines öffentlichen Schulsystems in der gesamten Region gehörten zu den wichtigsten Maßnahmen der Reform. Für deren Durchführung war der erste Bildungsminister des Russischen Reichs zuständig – Petro Sawadowskyj, ein Absolvent der Kyjiw-Mohyla-Akademie.

Soweit es im frühen 19. Jahrhundert in Sankt Petersburg überhaupt eine Nationalitätenpolitik gab, stützte diese sich auf den Gedanken der slawischen Einheit von Russen (zu denen man auch die Ukrainer zählte) und Polen. Das änderte sich mit dem Novemberaufstand.

Adam Czartoryski, der noch bis 1823 dem Bildungsbezirk Vilnius vorgestanden hatte, wurde im Dezember 1830 Oberhaupt der polnischen Revolutionsregierung. Später leitete er von seiner Suite im Pariser Hotel Lambert aus die Aktivitäten der »Großen Emigration«, wie die Gruppe der in den Westen geflohenen Aufständischen genannt wurde. Damit war das Bündnis zwischen der russischen Autokratie und dem polnischen katholischen Adel beendet – und dasselbe galt auch für die Fortschritte im Bildungswesen, die erst durch die Mitwirkung und Loyalität der Polen möglich geworden waren. Die Regierung des Imperiums erwiderte die kulturelle Kriegserklärung der Führer des Novemberaufstands, indem sie Maßnahmen zur Russifizierung der Ukraine und der anderen ehemals polnischen Gebiete einleitete. Graf Uwarow machte sich mit Eifer daran, die russischsprachige Bildung und Kultur zu fördern, um der in den Grenzgebieten vorherrschenden polnischen Kultur etwas entgegenzusetzen.

Die Universität Vilnius, an der zeitweise ebenso viele Menschen studiert hatten wie an der Oxforder Universität, wurde 1832 geschlossen. Die Regierung betrachtete sie als Brutstätte des polnischen Nationalismus und machte kurzen Prozess mit ihr. Auch andere polnisch geführte Bildungseinrichtungen in der Region schlossen ihre Pforten, darunter ein Lyzeum in der wolhynischen Stadt Kremenez. Die Regierung ließ die reichhaltige Bibliothek des Lyzeums, die Skulpturensammlung sowie Bäume und Sträucher aus dem botanischen Garten nach Kyjiw transportieren, wo sie 1834 eine neue zentrale imperiale Bildungsinstitution einrichtete, die die Universität Vilnius ersetzte. Polnisch war dort verboten; einzige Unterrichtssprache war Russisch. Benannt wurde die neue Universität nach dem Großfürsten Wolodymyr (Wladimir) dem Großen – dem ersten orthodoxen Autokraten, der, jedenfalls aus Sicht der offiziellen Geschichtsschreibung, zudem auch noch Russe war.

Die kaiserlichen Behörden machten sich daran, Kyjiw, eine Stadt mit nur 35000 Einwohnern, die Puschkin im Vergleich zu Warschau als »alt« bezeichnete, in eine Bastion des Reichs und des Russentums an der kulturellen Grenze zu Europa zu verwandeln. Sie restaurierten die orthodoxen Kirchen nach dem imperialen Geschmack der Zeit und verbannten die Juden aus der Stadt. Sie legten Boulevards und Straßen an, und auf dem Plan der historischen Stadt tauchten neue Namen auf, etwa »Gendarmenstraße« – eine Benennung, in der die symbolische und praktische Bedeutung der Polizei bei der Festigung der Herrschaft in den Grenzgebieten zum Ausdruck kam. Im Jahr 1833 schlug der neue Gouverneur von Kyjiw, Podolien und Wolhynien, der mit dem Auftrag entsandt worden war, die rechtsufrige Ukraine mit dem Rest des Imperiums zu »verschmelzen«, die Errichtung eines Denkmals für Wolodymyr den Großen vor. Zar Nikolaus I. prüfte den Vorschlag persönlich und zeigte sich begeistert davon. Die Realisierung des Vorhabens nahm zwanzig Jahre in Anspruch, und 1853 bekam die Stadt ihre Statue. Sie steht heute nicht, wie ursprünglich vorgesehen, in der Nähe der Universität, sondern am Ufer des Dnipro. Ihre ideologische Bedeutung und ihr historisches Vermächtnis lassen sich auf verschiedene Weise auslegen – vom Symbol für die religiöse und ethnische Einheit von Russen und Ukrainern bis hin zum Denkmal für den Gründer des ersten ukrainischen Staates. Heute weiß kaum noch jemand, dass die Statue ursprünglich den Anspruch des Russischen Reichs auf ehemals polnische Gebiete rechts des Dnipro geltend machen sollte.

Die Gründung der neuen Universität in Kyjiw (die dritte auf ukrainischem Gebiet nach den Universitäten in Lwiw und Charkiw) war ein wichtiger Wendepunkt in der Geschichte der Region. Dort sollten vor allem lokale Kader ausgebildet werden, um dann als Agenten des russischen Einflusses und Förderer der russischen Identität zu wirken. Die Regierung richtete auch eine historische Kommission ein, die Manuskripte und Dokumente sammeln und veröffentlichen sollte, um zu beweisen, dass die rechtsufrige Ukraine, Podolien und Wolhynien historisch russische Gebiete seien. Zunächst lief alles wie geplant. Der Nachwuchs aus der Region, hauptsächlich Nachkommen kosakischer Offiziersfamilien und Söhne von Priestern und niederen Beamten aus dem ehemaligen Hetmanat, kam nach Kyjiw, um in die neuen Institutionen einzutreten und den geistigen Kampf gegen die polnischen Kräfte, die traditionellen Feinde der Kosaken, aufzunehmen. Ende der 1840er Jahre fanden sich die imperialen Behörden jedoch in einer heiklen Situation wieder: Die Universität und die historische Kommission, ursprünglich als Bastionen des Kampfes für die russische Identität gegen die polnische Herausforderung gedacht, waren zu Brutstätten einer neuen Identität und eines neuen Nationalismus geworden.

Im Februar 1847 suchte Aleksei Petrow, ein Jurastudent der Kyjiwer Universität, das Büro des Bildungsbezirks Kyjiw auf, um eine Geheimgesellschaft zu denunzieren, die sich zum Ziel gesetzt hatte, das Russische Kaiserreich in eine Republik zu verwandeln. Auf Petrows Anschuldigungen hin wurden Ermittlungen eingeleitet, die zur Enttarnung der klandestinen Kyrill-und-Method-Bruderschaft führten. Sie war nach den christlichen Missionaren benannt, die den Slawen nicht nur eine neue Religion, sondern auch eine neue Sprache und ein neues Alphabet gebracht hatten. Unter den Mitgliedern der Vereinigung waren Mykola (Nikolai) Kostomarow, Professor für Geschichte an der Universität Kyjiw und später Begründer der modernen ukrainischen Geschichtsschreibung, und der Zeichenlehrer Taras Schewtschenko, der erst kurz zuvor aufgenommen worden war. Kostomarow, der als Sohn eines russischen Adligen in der Provinz Woronesch an der Grenze zur Sloboda-Ukraine zur Welt kam, hob gern hervor, dass seine Mutter eine ukrainische Bäuerin gewesen sei. Ob das nun zutraf oder nicht: Bei den Kyjiwer Intellektuellen um die Mitte des 19. Jahrhunderts stand eine bäuerliche Herkunft hoch im Kurs – sie alle wollten für das Volk arbeiten und ihm so nah wie möglich sein.

Hier konnte kein Mitglied der Bruderschaft bessere Referenzen vorweisen als Kostomarows Mitverschwörer Taras Schewtschenko. Er wurde 1814 als Sohn einer Familie von Leibeigenen in der rechtsufrigen Ukraine geboren. Als Jugendlicher kam er in den Haushalt eines reichen polnischen Gutsbesitzers, in dessen Gefolge er erst nach Vilnius und dann nach Sankt Petersburg ging. Dort kam Schewtschenkos künstlerische Begabung zur Geltung. Ein ukrainischer Maler entdeckte ihn im Sommergarten, dem weithin bekannten zentralen Park der Hauptstadt, beim Zeichnen. Schewtschenko wurde einigen der führenden Persönlichkeiten der damaligen russischen Kulturszene vorgestellt, darunter Wassili Schukowski, Russlands bekanntestem Dichter vor Puschkin, und Karl Brjullow, einem Wegbereiter der romantischen Malerei in Russland. Schewtschenkos Werk, seine Persönlichkeit und seine Lebensgeschichte beeindruckten die Sankt Petersburger Künstler so sehr, dass sie beschlossen, dem jungen Leibeigenen um jeden Preis zur Freiheit zu verhelfen. Sie kauften ihn für 2500 Rubel los – eine für damalige Verhältnisse exorbitante Summe, die durch die Versteigerung eines von Brjullow eigens zu diesem Zweck angefertigten Porträts von Schukowski beschafft wurde.

Schewtschenko war nun, mit 24 Jahren, ein freier Mann. Er erwies sich nicht nur als begabter Künstler, sondern auch als herausragender Dichter. 1840, zwei Jahre nach seiner Befreiung aus der Leibeigenschaft, veröffentlichte Schewtschenko seine erste Gedichtsammlung mit dem Titel *Kobsar* (Der Minnesänger). Diese Bezeichnung sollte für die kommenden Generationen sein zweiter Name werden. Obwohl der Band in Sankt Petersburg erschien, waren die Gedichte in ukrainischer Sprache verfasst. Warum entschied sich Schewtschenko, der die Ukraine als Jugendlicher verlassen hatte und in Sankt Petersburg zur Persönlichkeit, zum Künstler und Dichter gereift war, dafür, auf Ukrainisch zu schreiben und nicht auf Russisch, in der Sprache der Straße und Künstlersalons der Hauptstadt?

Zu den unmittelbaren Gründen gehörte der Einfluss von ukrainischen Bekannten in Sankt Petersburg, die geholfen hatten, Schewtschenko aus der Leibeigenschaft freizukaufen. Einer von ihnen, Jewhen Hrebinka, stellte gerade eine ukrainische Übersetzung von Alexander Puschkins Gedicht über die Schlacht von Poltawa (1709) fertig, als er Schewtschenko kennenlernte. Hrebinka, der selbst aus Poltawa stammte, war überzeugt, dass die Ukrainer eine Literatur in ihrer Sprache benötigten, die auch Übersetzungen einschloss. Schewtschenko erklärte seine Gründe für die Bevorzugung des Ukrainischen 1847 in einem Vorwort zu einer neuen Ausgabe des *Kobsar*:

Ein großer Kummer hat meine Seele ergriffen. Ich höre und lese manchmal auch: Polen, Tschechen, Serben, Bulgaren, Montenegriner und Russen, sie alle drucken. Nur von uns ist kein Mucks zu hören, als ob wir alle stumm wären. Warum, meine Brüder? Habt ihr vielleicht Angst vor einer Invasion ausländischer Journalisten? Fürchtet euch nicht; achtet nicht auf sie. [...] Schaut euch nicht nach den Russen um. Sie sollen auf ihre Weise schreiben, und wir schreiben auf unsere. Sie sind ein Volk mit einer Sprache, und wir sind es auch. Darüber, welche besser ist, lasst die Menschen urteilen.

Schewtschenko stellte sich insbesondere gegen Nikolai Gogol, der aus dem ehemaligen Hetmanat stammte und mit seinen Büchern über ukrainische Themen, wie dem *Taras Bulba*, zum Mitbegründer der modernen russischen Prosa wurde. »Man verweist auf Gogol, der nicht in seiner eigenen Sprache, sondern auf Russisch schrieb, oder auf Walter Scott, der auch nicht in seiner eigenen Sprache schrieb«, heißt es in seinem Vorwort. Diese Beispiele konnten ihn nicht überzeugen, und so stellte er die wichtigsten Persönlichkeiten der serbischen und slowakischen Kulturbewegungen dagegen: »Warum sind Dichter wie Vuk Karadžić und Pavel Šafárik nicht Deutsche geworden – es wäre so bequem für sie gewesen –, sondern Slawen geblieben, echte Söhne ihrer Mütter, und haben sich guten Ruhm erworben? Wehe uns! Doch gebt euch nicht der Trübsal hin, meine Brüder, und arbeitet klug zum Wohl der Ukraine, unserer leidgeprüften Mutter.«

Schewtschenko schrieb diese Worte, nachdem er Sankt Petersburg verlassen hatte und in die Ukraine gezogen war, wo er die Mitglieder der Kyrill-und-Method-Bruderschaft zu seinen Freunden zählte. Während wir nicht wissen, warum Iwan Kotljarewskyj, der Begründer der modernen ukrainischen Literatur, sich für die ukrainische Sprache entschied, lässt Schewtschenko in seinem Vorwort zum *Kobsar* keinen Zweifel an seinen Motiven und denen seiner Freunde und Mitverschwörer. Sie alle kamen aus der panslawischen Bewegung des frühen 19. Jahrhunderts, die sich als Reaktion auf die damalige pangermanische Bewegung formierte. Sie glaubten, dass die Ukraine bei der Entwicklung ihrer eigenen Sprache, Literatur und Kultur einiges aufholen müsse. Sie waren aber auch überzeugt, dass sie dem Rest der slawischen Welt viel zu bieten hätte, wenn nur ihre Söhne – wie Gogol – ihre Begabung in den Dienst des eigenen Landes stellen würden. Ihre Vision für die Ukraine war die einer freien Republik in einem umfassenderen slawischen Bund.

Mykola Kostomarow schrieb das programmatische Dokument der Bruderschaft mit dem Titel *Die Genesis des ukrainischen Volkes*. Es war unter anderem von Adam Mickiewiczs Werk *Die Bücher des polnischen Volkes und der polnischen Pilgerschaft* inspiriert, in dem die polnische Geschichte als messianische Leidenshistorie der polnischen Nation dargestellt wurde. Nach Mickiewicz würde die polnische Nation dereinst aus dem Grab auferstehen und alle versklavten Nationen retten. Kostomarow schrieb diese Rolle nun der Ukraine zu, die aufgrund ihrer kosakischen Herkunft demokratisch und egalitär sei: Die Ukrainer hätten weder Zaren wie die Russen noch einen Adelsstand wie die Polen. Die Mitglieder der Kyrill-und-Method-Bruderschaft priesen das kosakische Erbe der Ukraine, strebten die Abschaffung der Leibeigenschaft an und sprachen sich dafür aus, das Reich in eine Föderation gleichberechtigter Republiken umzuwandeln, zu denen auch die Ukraine gehören sollte.

Die Gesellschaft zählte nur wenige Köpfe und hatte nicht viel länger als ein Jahr Bestand. Ihre Mitglieder wurden bald verhaftet – Kostomarow wenige Tage vor seiner Hochzeit und Schewtschenko bei seiner Ankunft in Kyjiw, wohin er gereist war, um an der Feier seines Freundes teilzunehmen. Einige kaiserliche Bürokraten machten in den Aktivitäten der Bruderschaft die Anfänge einer neuen und womöglich gefährlichen Tendenz aus. Sie bezeichneten die Ideen der Verdächtigen als »separatistisch«, und der Kaiser selbst nannte sie ein Resultat der »Propaganda aus Paris«, also vonseiten der exilierten Polen. Andere hielten die Mitglieder der Bruderschaft hingegen für loyale Untertanen des Reichs und wahre Verteidiger der Rus gegen den polnischen Einfluss, die es mit ihrem kleinrussischen Lokalpatriotismus etwas übertrieben hatten und nicht zu hart bestraft werden sollten. Die Regierungsbeamten entschieden sich letztlich für relativ milde Strafen, um der Bruderschaft nicht übermäßig viel Aufmerksamkeit zu verschaffen und die Ukrainophilen – dieser Begriff entstand Mitte des 19. Jahrhunderts in Regierungskreisen – nicht in ein Bündnis mit der polnischen Nationalbewegung zu treiben.

Sie stellten die Sache so dar, dass die Bruderschaft die Vereinigung der Slawen unter dem Zepter des Zaren anstrebe. Ihr tatsächliches Programm verheimlichten die Behörden selbst vor den höchsten Beamten des Reichs. Das Urteil gegen Kostomarow lautete auf ein Jahr Gefängnis. Andere Mitglieder der Bruderschaft wurden zu Gefängnisstrafen zwischen sechs Monaten und drei Jahren verurteilt oder in die Verbannung geschickt, wo sie in der Regel Verwaltungstätigkeiten in den entlegeneren Provinzen ausübten. Die härteste Strafe verhängte Zar Nikolaus I. persönlich gegen Schewtschenko. Er verurteilte ihn zu zehn Jahren Dienst als einfacher Rekrut in der Armee des Russischen Reichs und verbot ihm zu zeichnen, zu malen oder zu schreiben. Der Kaiser war empört über die persönlichen Angriffe auf seine Person und die seiner Gemahlin in Schewtschenkos Gedichten und Zeichnungen. Schewtschenko machte die Autokratie verantwortlich für die Not seines Volkes und seines Landes – womit er nicht Russland meinte, sondern die Ukraine. Sein Werk griff somit zwei der drei Grundprinzipien der »offiziellen Nationalität« nach Uwarow an: die Autokratie und die Nationalität. Auch sein christlich-orthodoxer Glaube war in keiner Weise an das Bekenntnis zum Imperium gebunden.

Kostomarow, Schewtschenko und weitere Mitglieder der Kyrill-und-Method-Bruderschaft hatten mit ihren Schriften und Aktivitäten etwas in Bewegung gesetzt, was wir heute als ukrainisches Nationalprojekt bezeichnen würden. Sie nutzten erstmals die Erkenntnisse von Altertums-, Volks- und Sprachkundlern sowie das Werk von Schriftstellern, um ein politisches Programm zu formulieren, das zur Bildung einer nationalen Gemeinschaft führen sollte. Die Ideen, die von den Mitgliedern der Bruderschaft vertreten und in Schewtschenkos leidenschaftlicher Poesie einem breiten Publikum präsentiert wurden, sollten die Ukraine und die gesamte Region im Laufe der kommenden hundert Jahre von Grund auf verändern. Das offenkundigste Zeichen dieser Veränderung ist heute das Schewtschenko-Denkmal vor dem Hauptgebäude der Kyjiwer Universität. An derselben Stelle hatte zuvor eine Statue des Gründers der Universität, Nikolaus I., gestanden.

KAPITEL 15

DIE DURCHLÄSSIGE GRENZE

Ein Jahr nachdem die Regierung des Russischen Reichs die Kyrill-und-Method-Bruderschaft zerschlagen hatte, gründeten die
Ukrainer des Habsburgerreichs in Lwiw 1848 ihre erste politische Organisation, den Obersten Ruthenischen Rat (*Holowna Ruska
Rada*). Die galizischen Ukrainer bezeichneten sich selbst als Ruthenen oder Rusinen, und diese Bezeichnungen wurden im Reich auch
allgemein für sie verwendet. Der Rat war eine gänzlich anders geartete Organisation als die Bruderschaft, die 1846 und 1847 in Kyjiw
bestanden hatte. Letztere agierte im Geheimen, zählte nur wenige
Mitglieder und wurde von den Behörden des Russischen Reichs
zerschlagen. Der Oberste Ruthenische Rat wurde hingegen mit der
Hilfe und Förderung des österreichischen Gouverneurs von Galizien
ins Leben gerufen und erfreute sich einer großen Mitgliederzahl und
breiter öffentlicher Unterstützung.

Bei allen Unterschieden zwischen beiden Organisationen weist die
zeitliche Nähe ihrer Gründung auf eine wichtige Besonderheit der
ukrainischen Nationenbildung hin: Kultur, nationale Identität und
politischer Aktivismus konnten sich gleichsam zweigleisig entwickeln.
Wenn der Fortschritt auf einem Gleis ausgebremst oder angehalten
wurde, konnte er auf dem anderen weiterlaufen und sogar an Tempo
gewinnen. Die ukrainischen Aktivisten waren zwar durch die Grenze
des russischen und des österreichisch-ungarischen Reichs getrennt,
aber zugleich gab es zwischen ihnen zahllose Verbindungen, die sie im
Prozess der Nationenbildung einten. Diese Verbindungen erstreckten
sich über eine politische Trennlinie, die im Laufe des 19. Jahrhunderts auch zu einer religiösen wurde und die ukrainischen Katholiken (Unierten) von den ukrainischen Orthodoxen schied. Die beiden

Gruppen ukrainischer Aktivisten unterhielten ihre Kontakte meist gegen den Wunsch der rivalisierenden Reiche. Der Austausch entfaltete sich über mehrere Kanäle, was es den beiden Zweigen der Bewegung erleichterte, eine gemeinsame Zukunftsvision für die Ukraine zu entwickeln.

Den ukrainischen Aktivisten, die durch politische Grenzen getrennt, aber in ihrer geistigen Haltung und nationalen Ideologie geeint waren, kam dabei zugute, dass die beiden imperialen Regierungen eine sehr verschieden geartete Politik gegenüber ihren jeweiligen ukrainischen Minderheiten verfolgten. Am deutlichsten zeigten sich diese Unterschiede im Umgang mit der unierten Kirche, die die beiden Staaten von Polen-Litauen geerbt hatten. Anders als die russische Regierung hatte die österreichische die Unierten nie verfolgt oder versucht, sie mit der dominierenden »Mutterkirche« (in ihrem Fall der katholischen) zu »vereinen«. Sie erwies ihnen sogar Achtung, was in der neuen offiziellen Bezeichnung »Griechische Katholiken« (also Katholiken nach byzantinischem Ritus) zum Ausdruck kam. Ihre katholischen Glaubensbrüder polnischer Herkunft wurden »Römische Katholiken« genannt. Die Regierung richtete auch ein Seminar zur Ausbildung des griechisch-katholischen Klerus ein, erst in Wien und dann in Lwiw. Im frühen 19. Jahrhundert erlangte die Kirche Unabhängigkeit von den verbleibenden unierten Bistümern im Russischen Reich, indem sie das Bistum Lwiw in den Status einer Metropolie erhob. Da der überwiegende Teil der säkularen Elite den römischen Katholizismus und die polnische Kultur übernahm, waren die griechisch-katholischen Geistlichen die einzigen Führer der ruthenischen Gesellschaft und entwickelten sich zum Rückgrat der modernen ukrainischen Nationalbewegung.

Warum verfuhren die Habsburger auf diese Weise? Ihrem Handeln lag paradoxerweise das gleiche Motiv zugrunde wie dem der Romanows: Beiden Imperien machte der zunehmende polnische Nationalismus zu schaffen. Sie wählten jedoch unterschiedliche Strategien zu dessen Bekämpfung. Die Regierung des Russischen Reichs löste die unierte Kirche auf und blockierte die Entwicklung der ukrainischen Nationalbewegung, um die eigene Nation vor polnischer »Propaganda« zu schützen. Die österreichischen Behörden versuchten hingegen, dieser Propaganda entgegenzuwirken, indem sie die ruthenische Bewegung in ihrem Reich stützten. Ihnen ging es nie darum, aus den Ruthenen Deutsche zu machen. Und so störte es sie auch nicht, dass diese sich zu einer eigenständigen Nation formierten – ja, sie förderten diesen Prozess sogar als ein Gegengewicht zu der gut entwickelten und organisierten polnischen Bewegung.

Die österreichisch-ungarische Regierung setzte diese Politik erstmals im Revolutionsjahr 1848 um. In ganz Europa, von Palermo über Paris bis Wien, war damals der liberale Nationalismus auf dem Vormarsch. Er stellte die auf dem Wiener Kongress gezogenen Grenzen infrage und machte den Regierungen der betreffenden Länder zu schaffen. Im März 1848 forderten die Ungarn, inspiriert von den revolutionären Ereignissen in Paris, die Unabhängigkeit vom Habsburgerreich. Sie kämpften mit Waffen in der Hand für ihre Freiheit. Die Polen folgten ihnen. Sie erhoben sich erst in Krakau und dann in Lwiw und verlangten bürgerliche Freiheit und Autonomie. Viele ihrer Forderungen kamen bei der Regierung in Wien nicht gut an, und ebenso wenig bei mindestens der halben Bevölkerung in Galizien. Ungefähr die Hälfte der 4,5 Millionen Einwohner der Provinz war ukrainischer Herkunft. Die Polen machten etwa 40 Prozent aus und die Juden fast 7 Prozent. Im sogenannten Ostgalizien (dem ursprünglichen Galizien) bildeten die Ukrainer die absolute Mehrheit, während die Bevölkerung in Kleinpolen (mit der Stadt Krakau), das inzwischen Westgalizien genannt wurde, mehrheitlich polnisch war. Jüdische Einwohner lebten überall in der erweiterten Provinz des Habsburgerreichs, wobei ungefähr 60 Prozent der ostgalizischen Juden in Städten und Kleinstädten wohnten.

Galizien war landwirtschaftlich geprägt und wirtschaftlich schlechter entwickelt als die meisten habsburgischen Gebiete. Nach den Teilungen enthob Kaiser Joseph II. die traditionelle polnische Elite ihrer Regierungsfunktionen und beauftragte Bürokraten des Habsburgerreichs – meist germanisierte Tschechen aus Böhmen – mit dem Aufbau eines neuen Verwaltungssystems. Er hob auch das Bildungs- und Kulturniveau der Bevölkerung und schützte die Bauern vor Misshandlung durch ihre Herren. Während Joseph die polnische Elite entmachtete, kümmerte er sich zunächst nicht um die Juden und erlaubte ihnen, gegen Entrichtung einer sogenannten Toleranzsteuer ihre Autonomie zu behalten. Im Jahr 1789 erließ er dann ein Toleranzedikt, das einen großen Schritt hin zur Emanzipation des österreichischen Judentums darstellte, aber auch traditionelle jüdische Institutionen auflöste, den Gebrauch von Jiddisch und Hebräisch in offiziellen Dokumenten verbot, die Errichtung deutschsprachiger Schulen vorsah und den Militärdienst für Juden einführte. Als die Revolution im März 1848 nach Lwiw kam, schlossen sich viele Juden bereitwillig der polnischen Opposition gegen das Reich an. Doch mit der Niederschlagung der Ungarischen Revolution, bei der die österreichische Armee von russischen Truppen unterstützt wurde, zerschlugen sich auch die polnischen Hoffnungen auf die Wiederherstellung der polnisch-litauischen Adelsrepublik und die jüdischen Hoffnungen auf Gleichberechtigung.

Nutznießer der Revolution waren in Galizien am ehesten die Ukrainer – wohl die reichstreuesten und zunächst zögerlichsten Teilnehmer des Geschehens. Sie wollten sich der polnischen Revolte nicht anschließen, da die ukrainische Bevölkerung der Region und deren Bedürfnisse in den ursprünglichen polnischen Aufrufen nicht vorkamen. Im April 1848 richteten die führenden Köpfe der ukrainischen Gemeinde, allesamt Geistliche der unierten Kirche, ihrerseits einen Appell an den Kaiser. Sie bekundeten ihre Loyalität und erbaten sich Schutz gegen die polnische Vorherrschaft sowie Rechte für die ruthenische Sprache. Mit dem Segen und der Unterstützung des österreichischen Statthalters von Galizien, Graf Franz Seraph von Stadion, rief der griechisch-katholische Klerus den Obersten Ruthenischen Rat ins Leben. Der Lwiwer Polizeidirektor Leopold von Sacher-Masoch (Vater des gleichnamigen Autors) genehmigte die Gründung der ersten ukrainischen Zeitung, des *Galizischen Sterns* (*Sorja Halyzka*). Graf von Stadion sah den neuen Rat als »ein Mittel, um den polnischen Einfluss zu lähmen und die österreichische Herrschaft in Galizien zu unterstützen«.

In der Tat erwies sich der Oberste Ruthenische Rat unter klerikaler Leitung als effektives Gegengewicht zum Polnischen Nationalkomitee, das die nationale Revolution der Polen anführte. Seine Forderungen unterschieden sich in fast allen wichtigen Fragen von denen des Polnischen Nationalkomitees. So radikal die Polen auftraten, so konservativ zeigten sich die Ukrainer. Was die Zukunft Galiziens betraf, forderten die Polen Autonomie für die gesamte Provinz. Die ukrainischen Führer wollten hingegen, dass sie geteilt wurde, um das frühere, kleinere Galizien wiederherzustellen, in dem 70 Prozent der Bevölkerung ukrainisch waren. 200 000 Menschen unterzeichneten eine Petition für die Aufteilung der Provinz. Dazu kam es zwar nicht – Galizien blieb intakt –, aber dafür gingen die Ukrainer mit einer politischen Organisation und einer eigenen Zeitung aus der Revolution hervor. Sie waren nun stärker mobilisiert als je zuvor.

Die bei weitem umwälzendsten Entwicklungen waren die Abschaffung der Leibeigenschaft und der Beginn einer aktiven Beteiligung der Bauernschaft an den Wahlverfahren. Beides wurde auf Forderungen polnischer Revolutionäre in Galizien hin von der österreichischen Regierung veranlasst, kam aber vor allem den Ukrainern zugute, die den größten Teil der Bauernschaft der Provinz ausmachten. Von 25 ukrainischen Abgeordneten des österreichischen Parlaments aus der Provinz Galizien waren 16 Bauern; in der Bukowina waren alle fünf gewählten Ukrainer bäuerlicher Abstammung. Die Wahl ukrainischer Abgeordneter ins Parlament hatte einen großen Einfluss auf die Gemeinschaft, da sie die habsburgischen Ukrainer an die Wahlpolitik heranführte und lehrte, sich selbst zu organisieren – nicht für Revolten (obgleich es auch Bauernaufstände gab), sondern um ihre Anliegen mit politischen Mitteln zu vertreten.

Mit dem Ende der Revolution verschwand auch der Oberste Ruthenische Rat wieder von der Bildfläche. Die Regierung schaffte ihn 1851 ab. Die ukrainische Bewegung, die aus den Ereignissen von 1848 hervorgegangen war, blieb jedoch bestehen. In den 1850er Jahren und noch weit bis in die 1860er Jahre entstammten ihre Anführer dem gleichen geistlichen Milieu. Sie wurden unter dem Namen »Swjatojurzi« bekannt, der sich von der Lwiwer Sankt-Georgs-Kathedrale (*Sobor Swjatoho Jura*) herleitete, der wichtigsten griechisch-katholischen Kirche vor Ort. Eine weitere Bezeichnung nahm Bezug auf ihre ethnisch-nationale Ausrichtung: Altruthenen. Reichstreu und konservativ in ihren politischen und sozialen Ansichten, betrachteten die griechisch-katholischen Bischöfe und Geistlichen an der Spitze der ruthenischen Bewegung sich selbst und ihr Volk im Habsburgerreich als Angehörige einer eigenständigen ruthenischen Nation. Ihre Hauptfeinde waren die Polen und ihr wichtigster Verbündeter Wien. Ihre ukrainischen Landsleute, die »Kleinrussen« jenseits der russisch-österreichischen Grenze, waren in ihrem Bewusstsein offenbar kaum gegenwärtig.

Auch wenn die Revolution von 1848 die Bildung einer neuen ukrainischen Nation förderte, ließ sie die Frage offen, wie diese Nation aussehen sollte. Die »ruthenische Option«, die von den Führern des Obersten Ruthenischen Rates vertreten wurde, umfasste mehrere Varianten. Sie lassen sich am besten anhand der Identitätsentscheidungen verdeutlichen, die die Mitglieder der Gruppe *Ruska trijzja* (Ruthenische Triade) trafen. Dieser Zusammenschluss romantischer Schriftsteller und Dichter erschien in den 1830er Jahren auf der literarischen Bühne. Seine drei führenden Mitglieder – Jakiw Holowazkyj, Markijan Schaschkewytsch und Iwan Wahylewytsch – waren Studenten am griechisch-katholischen Zweig des theologischen Seminars in Lwiw. Wie andere Angehörige der nationalen Erweckungsbewegungen in ganz Europa sammelten sie Zeugnisse der Volkskunst und begeisterten sich für Geschichte. Sie ließen sich von den kulturellen Aktivitäten anderer slawischer Völker im Habsburgerreich inspirieren, und ihre Ideen wurzelten in den Werken der Wegbereiter der ukrainischen Kultur in der Dnipro-Region: Iwan Kotljarewskyjs *Enejida*, ukrainischen Volksliedsammlungen, die im Russischen Reich publiziert wurden, und den Werken der Charkiwer Romantiker. Im Jahr 1836 veröffentlichten sie in Buda ihren ersten und letzten Almanach *Rusalka Dnistrowaja (Die Dnister-Nymphe)*.

Zu dieser Zeit betrachteten alle drei Führungsfiguren der Gruppe die habsburgischen Ukrainer als Teil einer größeren ukrainischen Nation. Später wurde diese Überzeugung erschüttert und infrage gestellt. Heute wird nur einer der drei, Markijan Schaschkewytsch, als Begründer der ukrainischen Literatur in Galizien gefeiert. Er starb 1843, lange vor der Revolution von 1848 und den politischen und intellektuellen Turbulenzen, die sie mit sich brachte. Sein Weggefährte Iwan Wahylewytsch trat 1848 dem propolnischen Komitee *Ruski sobor* (Ruthenische Versammlung) bei und galt bei den Führern der ukrainischen Bewegung von da an als Verräter. Der dritte Gründer der *Ruska trijzja*, Jakiw Holowazkyj, wurde in den 1850er Jahren ein Anführer der galizischen Russophilen, die die Ukrainer in Galizien als Teil einer größeren russischen Nation betrachteten. Damit verkörpern die drei Mitglieder der Gruppe die drei Tendenzen der ukrainischen Bewegung in Galizien, nämlich, in späterer historiographischer Terminologie ausgedrückt, die der ukrainischen (Schaschkewytsch), der propolnischen (Wahylewytsch) und der russophilen Orientierung (Holowazkyj).

Die Wahl der Ausrichtung hing eng zusammen mit der Wahl des bevorzugten Alphabets zum Schreiben ukrainischer Texte. In den »Alphabetkriegen«, die die ukrainische Gesellschaft in den 1830er und dann wieder in den 1850er Jahren erschütterten, standen drei Optionen zur Debatte: das traditionelle Kyrillisch, das in kirchenslawischen Texten verwendet wurde; das bürgerliche Kyrillisch, wie es ähnlich auch im Russischen Reich in Gebrauch war, und schließlich das lateinische Alphabet. Die österreichischen Behörden und die polnischen Eliten bevorzugten Letzteres, da es die aufkommende ukrainische Literatur näher an die im Habsburgerreich üblichen Konventionen rückte und anschlussfähiger für eine kulturelle Polonisierung war. Als die Regierung jedoch 1859 versuchte, das lateinische Alphabet für ukrainische Texte einzuführen, stellten sich die Ukrainer einhellig dagegen. Die neue Nation, die da in Galizien entstand, würde keine andere Schrift gebrauchen als die kyrillische, so viel war bald klar. Offen blieb, ob diese Nation ein eigenständiges Gebilde oder Teil einer größeren russischen oder ukrainischen Nation sein würde.

Der galizische Alphabetkrieg von 1859 erfuhr auch jenseits der Reichsgrenze ein starkes Echo. Die russische Regierung untersagte im gleichen Jahr die Publikation oder Einfuhr ukrainischer und belarussischer Texte in lateinischer Schrift aus dem Ausland. Dies wurde als eine gegen Polen gerichtete Maßnahme betrachtet. Ihr Initiator, ein Kyjiwer Zensor namens Nowyzkyj, erklärte in einer Denkschrift, die galizischen Behörden versuchten, »Russen« mit Hilfe des lateinischen Alphabets in Polen zu verwandeln. Die Verwendung der lateinischen Schrift im Russischen Reich könne die gleiche Wirkung haben, glaubte er. »Die Bauern der westlichen Gouvernements, die hier Bücher vorfinden, die in kleinrussischer Sprache, aber mit polnischen Buchstaben geschrieben sind, lernen natürlich lieber das polnische als das russische Alphabet«, schrieb Nowyzkyj. Dies könne dazu führen, dass sie polnische Bücher läsen und unter polnischen Einfluss gerieten, wodurch sie sich vom »Geist und der Tendenz der russischen Literatur« entfremdeten. Das Verbot wurde kurz darauf umgesetzt.

Die Hauptsorge des Zensors galt den Bauern, die kurz davor standen, ihre Freiheit zu erhalten. Tatsächlich wurde 1861 die Leibeigenschaft im Russischen Reich abgeschafft – zwölfeinhalb Jahre später als in Galizien und der Bukowina. Dies geschah ohne Revolution, allerdings nicht ohne einen polnischen Aufstand, der 1863 im Russischen Reich stattfand. Wie die Bauern der habsburgischen Ukraine erhielten auch ihre russisch regierten Landsleute persönliche Freiheit, aber sehr wenig Land, was sie wirtschaftlich vom Adel abhängig machte. Im Unterschied zu den habsburgischen Ukrainern durften die ukrainischen Bauern des Romanow-Reichs jedoch weder an Wahlen teilnehmen noch eigene Institutionen betreiben. Auch Lehrstühle oder Bücher in ihrer Muttersprache wurden ihnen verwehrt. Und mehr noch, nicht einmal die Veröffentlichung religiöser und pädagogischer Texte im »kleinrussischen Dialekt« war im Russischen Reich erlaubt.

Das Verbot so gut wie aller ukrainischsprachigen Publikationen im Russischen Reich erfolgte im Sommer 1863 während des polnischen Aufstands, der im Januar desselben Jahres begonnen hatte. Wieder einmal ging es um die Loyalität der ukrainischen Bauernschaft. Für die Regierung hatte die Konsolidierung der imperialen russischen

Nation höchste Priorität. Sie wollte die Bauern vor unerwünschten Annäherungsversuchen seitens der Ukrainophilen schützen, und das bestimmte auch ihre Politik in Bezug auf die ukrainische Sprache. »Frühere Werke in kleinrussischer Sprache richteten sich nur an die gebildeten Schichten Südrusslands. Jetzt haben die Verfechter des kleinrussischen Volkstums ihre Aufmerksamkeit jedoch auf die ungebildeten Massen gerichtet, und diejenigen, die ihre politischen Ambitionen verwirklichen wollen, haben sich unter dem Vorwand, Alphabetisierung und Bildung zu verbreiten, auf die Veröffentlichung von Fibeln, ABC-Büchern, Grammatik- und Erdkundelehrbüchern verlegt«, hieß es in dem Rundschreiben, mit dem der russische Innenminister Pjotr Walujew ukrainischsprachige Publikationen nun nicht mehr nur im lateinischen, sondern auch im kyrillischen Alphabet verbot. Walujews Anweisung erstreckte sich allerdings nicht auf Romane, von denen es Anfang der 1860er Jahre auch nur sehr wenige gab. In den fünf Jahren von 1863 bis 1868, dem Jahr, in dem Walujew sein Amt niederlegte, sank die Zahl der ukrainischsprachigen Publikationen von 33 auf eine.

Das Publikationsverbot sollte ursprünglich nur vorübergehend gelten, wurde jedoch im Mai 1876 dauerhaft festgeschrieben. In dem Monat unterzeichnete Zar Alexander II., der sich gerade zur Kur im deutschen Bad Ems aufhielt, den sogenannten Emser Erlass. Dieses Edikt ging noch über die Bestimmungen das Walujew-Zirkulars hinaus. Es verbot jegliche Publikationen in ukrainischer Sprache und auch den Import ukrainischsprachiger Bücher aus dem Ausland. Zudem untersagte es Theateraufführungen auf Ukrainisch und den öffentlichen Vortrag ukrainischer Lieder. Wie das Walujew-Zirkular wurde auch der Emser Erlass vor der allgemeinen Öffentlichkeit geheim gehalten. In den 1880er Jahren lockerte die Regierung die Einschränkungen etwas, sodass Theateraufführungen und Liedvorträge wieder erlaubt waren. Publikation und Import ukrainischsprachiger Texte blieben jedoch noch ein Vierteljahrhundert lang verboten. Die Pjotr Walujew zugeschriebene Aussage, wonach es »eine besondere« kleinrussische Sprache nicht gab, nicht gibt und nicht geben kann«, bestimmte weiterhin die offizielle Politik. Die ukrainische Sprache wie auch die ukrainische Kultur und Identität galten jetzt als mindestens so bedrohlich für den Zusammenhalt des Reichs wie der polnische Nationalismus, stellten sie doch die Einheit der russischen Nation selbst infrage.

Der Emser Erlass wurde zwar von Alexander II. im fernen Deutschland unterzeichnet; sein wichtigster Initiator und Verfechter lebte jedoch in Kyjiw. Michail (Mychajlo) Jusefowytsch, aus der Region Poltawa im ehemaligen Hetmanat gebürtig und ukrainischstämmig, hatte die Adelspension der Moskauer Universität absolviert. Er dichtete und stand in jungen Jahren auf freundschaftlichem Fuß mit Alexander Puschkin. Als Offizier hatte er in der russischen Armee gekämpft und war im Kaukasus verwundet worden. In den 1840er Jahren wurde Jusefowytsch zu einer wichtigen Figur im Kyjiwer Bildungs- und Kulturmilieu. Er nahm eine leitende Stellung im Bildungsbezirk Kyjiw an und beteiligte sich aktiv an der Arbeit der Archäographischen Kommission, die dokumentieren sollte, dass die rechtsufrige Ukraine seit jeher russisch gewesen sei. Jusefowytsch war in seinen politischen und kulturellen Ansichten ein »Kleinrusse« par excellence. Er sah sich als Lokalpatriot, dessen Tätigkeit Kleinrussland an beiden Ufern des Dnipro zum Vorteil gereichte. Als gemäßigter Populist wollte er die kleinrussische Bauernschaft vor dem polnischen Adel, jüdischen Pächtern und katholischen (und unierten) Geistlichen schützen, und nicht zuletzt glaubte er an die Einheit aller »Stämme« der russischen Nation. Das Russische Reich, dessen loyaler Untertan er war, betrachtete er als Bündnispartner und Beschützer seiner Spielart des kleinrussischen Patriotismus.

Je nach Zeit und Umständen trat Jusefowytsch mal als Freund und dann wieder als Gegner jener Intellektuellen in Erscheinung, die den Beamten seit den Zeiten der Kyrill-und-Method-Bruderschaft als Ukrainophile bekannt waren. Er war maßgeblich an der Verhaftung von Mitgliedern der Bruderschaft beteiligt, stellte sich anschließend aber eher auf deren Seite als auf die der Behörden. Er weigerte sich, eine schriftliche Denunziation von dem Studenten entgegenzunehmen, der ihn aufgesucht hatte, um über die subversive Betätigung der Bruderschaft zu berichten. Später warnte er Mykola Kostomarow vor einer anstehenden polizeilichen Durchsuchung und half ihm, belastende Dokumente zu vernichten. Jusefowytsch glaubte nicht, dass Kostomarow und seine Freunde dem Staat schadeten, sondern sah sie vielmehr als Verbündete im Kampf gegen die polnische kulturelle Vorherrschaft in der rechtsufrigen Ukraine und Wolhynien. Das Denkmal für Bohdan Chmelnyzkyj, das unter aktiver Beteiligung Jusefowytschs in der Innenstadt von Kyjiw errichtet wurde, bringt seine Überzeugungen und Loyalitäten exemplarisch zum Ausdruck. Die ursprüngliche Inschrift lautete: »Gewidmet Bohdan Chmelnyzkyj von dem einen und unteilbaren Russland«.

Zum Zeitpunkt der Enthüllung des Denkmals im Jahr 1888 hielt Jusefowytsch die Ukrainophilen nicht mehr für ein harmloses Grüppchen. Schon 1875 hatte er eine Denkschrift an die zaristische Regierung mit dem Titel »Über die sogenannte ukrainophile Bewegung« verfasst, in der er seine Gegner aus dem ukrainophilen Lager beschuldigte, die Ukraine von Russland losreißen zu wollen. Das Walujew-Zirkular, so Jusefowytsch, habe seinen Zweck nicht erreicht und nur dazu geführt, die Beziehungen zwischen den Ukrainophilen im Russischen Reich und denen im österreichischen Galizien zu stärken, die ihrerseits polnische Interessen verträten. Daher seien drastischere Maßnahmen geboten, um dem zerstörerischen Wirken der Ukrainophilen ein Ende zu setzen. Während lokale Amtsträger wie der Generalgouverneur von Kyjiw Jusefowytschs Anschuldigungen für überzogen hielten, fand seine Argumentation bei der Sankt Petersburger Regierung Gehör, die um die Einheit des Reichs fürchtete und mögliche Intrigen seitens der Polen und auch der Habsburger argwöhnte. Mit einem vom Zaren unterzeichneten Dekret wurde nicht nur der Druck ukrainischsprachiger Publikationen und deren Import in das Russische Reich verboten, sondern es wurden auch Mittel für eine galizische Zeitung bereitgestellt, die den Ukrainophilismus im Habsburgerreich bekämpfen sollte.

Wer waren die Ukrainophilen, die Jusefowytsch als so bedrohlich für das Russische Reich ansah? Zu ihnen zählten etwa Pawlo Tschubynskyj, der den Text der ukrainischen Hymne (»Noch ist die Ukraine nicht untergegangen«) verfasst hatte, oder Mychajlo Drahomanow,

Professor für alte Geschichte an der Universität Kyjiw. Beide gehörten der Kyjiwer Hromada (»Gemeinschaft«) an, einer Organisation der ukrainischen Intelligenzija, die sich fast ausschließlich mit Kulturarbeit befasste. Sie warben weder für eine Abspaltung der Ukraine vom Russischen Reich noch hegten sie Sympathien für die polnische Unabhängigkeitsbewegung. Allerdings standen sie der älteren »kleinrussisch« orientierten Führungsgeneration der ukrainischen Bewegung kritisch gegenüber, der es nicht gelungen war, die Aufhebung der mit dem Walujew-Zirkular eingeführten Einschränkungen zu erreichen. Noch entscheidender für die Genese des Emser Erlasses von 1876 war, dass Drahomanow und seine Anhänger Jusefowytsch aus der Führung der Kyjiwer Geographischen Gesellschaft verdrängten, die für die wissenschaftlichen Aktivitäten in der Stadt von zentraler Bedeutung war. Jusefowytsch schlug zurück, und das hatte Folgen, die zu Beginn des Konflikts niemand hätte absehen können.

Die Spannung zwischen den Ukrainophilen und den Vertretern der kleinrussischen Idee wurde von einem Generationenkonflikt zu einem ideologischen Konflikt, als sich die Ukrainophilen infolge des Emser Erlasses radikalisierten. Dies war vor allem bei Mychajlo Drahomanow der Fall, der in die Schweiz emigrierte, nachdem er seinen Lehrstuhl hatte aufgeben müssen. Er ließ sich in Genf nieder und verfasste dort ein Werk, mit dem er sich als einflussreichster ukrainischer politischer Denker des 19. Jahrhunderts etablierte. Er griff auch als erster Ukrainophiler sozialistische Ideen auf. In den 1880er Jahren trat er für die Eigenständigkeit der ukrainischen Nation ein und unterstützte die Idee einer europäischen Föderation, die die Ukraine einschloss. Dabei griff er auf Gedanken zurück, die Kostomarow in *Die Genesis des ukrainischen Volkes* formuliert hatte. Drahomanow stellte sich jedoch keine slawische, sondern eine gesamteuropäische Föderation vor. Seine Schriften halfen der ukrainischen Bewegung, sich nach dem Schock der Zerschlagung der Kyrill-und-Method-Bruderschaft neu zu formieren und die politischen Ziele und Auswirkungen ihrer kulturellen Aktivitäten zu überdenken.

Drahomanow war auch der erste politische Denker, dessen Ideen die Entwicklungen in der österreichischen Ukraine erheblich beeinflussten. So falsch die meisten Anschuldigungen Jusefowytschs gegen die Ukrainophilen auch waren: Die Feststellung, sie hätten enge Kontakte zu Galizien aufgebaut, die durch das Walujew-Zirkular nur noch verstärkt worden seien, traf zu. Weil sie im Russischen Reich nicht auf Ukrainisch veröffentlichen konnten, nutzten die Ukrainophilen die Möglichkeiten in Galizien. Mit dem Emser Erlass, den Jusefowytschs Denunziationen inspiriert hatten, wurde diese Alternative noch attraktiver. Da in der russisch regierten Ukraine jetzt auch literarische Publikationen verboten waren, veröffentlichten die bekanntesten ukrainischen Literaten, wie der Schriftsteller Iwan Netschuj-Lewyzkyj und der Dramatiker Mychajlo Staryzkyj, ihre Werke in Galizien. Der Emser Erlass konnte somit die Entwicklung der ukrainischen Literatur nicht aufhalten, hatte aber zur Folge, dass die meisten prominenten Autoren dieser Literatur im Russischen Reich ansässig waren, während ihre Leser jenseits der Grenze in Österreich lebten. Es gab keine direkte Verbindung zwischen ihnen. Paradoxerweise begünstigte diese Konstellation die Entwicklung einer gemeinsamen literarischen Sprache und Kultur auf beiden Seiten der Reichsgrenze.

Zu der Zeit, als die Ostukrainer Galizien als Ort der freien Meinungsäußerung und Absatzmarkt für ihre Publikationen entdeckten, hatten sich die galizischen Ukrainer de facto in zwei rivalisierende Gruppen aufgespalten – die Russophilen und die Ukrainophilen. Diese Spaltung manifestierte sich im Vorfeld der Verfassungsreform von 1867 im Habsburgerreich. Nach zwei verlorenen Kriegen gegen die aufstrebenden Nationalstaaten Italien und Preußen beschloss die österreichische Regierung, die Fortexistenz des Reichs zu sichern, indem sie ihren am stärksten aufbegehrenden Untertanen – den Ungarn – erhebliche Zugeständnisse machte. Der Österreichisch-Ungarische Ausgleich führte zum Entstehen der Doppelmonarchie Österreich-Ungarn. Das Königreich Ungarn erhielt ein eigenes Parlament und weitgehende Autonomie. Mit dem restlichen Reich blieb es durch die Person des Kaisers und eine gemeinsame Außen- und Militärpolitik verbunden. Doch auch andere Nationalitäten des

Habsburgerreichs profitierten von dem Abkommen: Den Polen und Kroaten wurde ebenfalls Autonomie zugestanden. Dabei stellten die Ukrainer entsetzt fest, dass die Autonomie der Polen auf ihre Kosten ging: Wien übergab die Herrschaft über die Provinz Galizien der angestammten polnischen Elite.

Die Führer der ukrainischen Bewegung fühlten sich verraten: Die Habsburger hatten ihre Loyalität bestraft und die aufständischen Nationalitäten belohnt. Der Ausgleich von 1867 versetzte der Vorherrschaft der klerikalen Würdenträger und Altruthenen den Todesstoß. Er stärkte die russophile Bewegung, deren Führer, etwa der griechisch-katholische Priester Iwan Naumowytsch, erklärten, den Ruthenen habe ihre Loyalität nichts gebracht und sie müssten ihre Haltung gegenüber der Regierung ändern, wenn sie sich der Polonisierung erwehren wollten. Naumowytsch wandte sich auch gegen Bestrebungen, eine eigene ruthenische Nation zu gründen. In der Tat hätte eine solche gegen den politischen und kulturellen Ansturm von polnischer Seite schwerlich bestehen können.

Nach Naumowytsch waren die österreichischen Ruthenen Teil einer größeren russischen Nation. Seine Anhänger sahen sich selbst als Kleinrussen und waren überzeugt, die russische Schriftsprache – für sie eine Spielart des Kleinrussischen – innerhalb einer Stunde meistern zu können. Das erwies sich dann doch als sehr viel schwieriger: Die Führer der Bewegung versuchten zwar, sich auf Russisch zu verständigen und ihre Werke in dieser Sprache zu schreiben, aber was dabei herauskam, war eine Mischung aus Russisch und Kirchenslawisch.

In den späten 1860er Jahren übernahmen die Russophilen die meisten ukrainischen Organisationen in Galizien und der Bukowina. In Transkarpatien stoppten die frisch ermächtigten ungarischen Landesherren jede lokale kulturelle Entwicklung, indem sie eine Politik der aggressiven Magyarisierung einführten. Die russische Regierung unterstützte russophile Aktivitäten mit Fördergeldern und Stipendien, was in Wien natürlich Misstrauen hervorrief. Im Jahr 1882 verhafteten die österreichischen Behörden Naumowytsch wegen Hochverrats. Er hatte eine Petition verfasst, mit der Bauern in einem traditionell griechisch-katholischen Dorf die Gründung einer orthodoxen Gemeinde forderten, was als prorussischer Propagandaakt gewertet wurde. Mit Naumowytsch stellten die Behörden eine Reihe weiterer Führungsfiguren der russophilen Bewegung aus Galizien und Transkarpatien vor Gericht. Sie wurden wegen verschiedener Verbrechen gegen den Staat verurteilt und ins Gefängnis gesteckt. Später wanderten viele der Angeklagten, darunter auch Naumowytsch, ins Russische Reich aus.

Auf den Prozess von 1882 folgten weitere Strafverfolgungsmaßnahmen gegen russophile Aktivisten. Während die Regierung des Russischen Reichs diejenigen verfolgte, die anzweifelten, dass Ukrainer Teil der großrussischen Nation seien, gingen die Österreicher gegen diejenigen vor, die genau das propagierten. Die Unterdrückung russophiler Betätigung durch die Habsburger schwächte die Bewegung und trug dazu bei, dass eine andere Gruppe von Aktivisten ins Zentrum der politischen Bühne Galiziens rückte. Sie sind als »Populisten« oder »Ukrainophile« bekannt, und ihre Ursprünge werden meist auf die *Ruska trijzja* und ihren wichtigsten Ideologen, Markijan Schaschkewytsch, zurückgeführt. Unmittelbar beginnt ihre Geschichte jedoch mit der Gründung der Organisation Proswita (»Aufklärung«) im Jahr 1868, ein Jahr nach dem Österreichisch-Ungarischen Ausgleich. Auch die Ukrainophilen hielten den bisherigen regierungsfreundlichen Kurs der ruthenischen Bewegung und das von den Altruthenen propagierte Modell der Nationenbildung für überholt. Was die Neuorientierung anging, traten sie indessen für eine grundlegend andere Richtung ein als ihre russophilen Gegner. Wie diese betrachteten sie die Ruthenen des Habsburgerreichs als Teil einer größeren Nation – jedoch nicht der Nation des Russischen Reichs, sondern der direkt angrenzenden ukrainischen Nation. Die Ukrainophilen stellten sich gegen die klerikale Elite, die traditionell die ruthenische Bewegung angeführt hatte, und präsentierten sich als Verfechter der Interessen des Volkes. Deshalb wurden sie »Populisten« genannt, und dieser Name blieb an ihnen haften.

Die galizischen Populisten wurden mitsamt ihren Publikationen zu natürlichen Verbündeten der Ukrainophilen im Russischen Reich.

Im Jahr 1873 gründeten sie, unterstützt durch eine Zuwendung von Jelysaweta Myloradowytsch, einer Verwandten des Kosaken-Hetmans Iwan Skoropadskyj, eine eigene Gelehrtengesellschaft. Um ihre Verbindungen zur russisch regierten Ukraine und ihre gesamtukrainische Ausrichtung zu betonen, wurde diese Gesellschaft nach Taras Schewtschenko benannt. Die Kyjiwer Ukrainophilen halfen ihren galizischen Kollegen, ukrainischsprachige Zeitungen und Zeitschriften zu gründen, die die Gemeinschaften im Osten wie im Westen erreichten. Dank der Hilfe aus dem Osten gewannen die galizischen Ukrainophilen langsam, aber stetig Oberhand über die Russophilen. Mitte der 1880er Jahre übernahmen sie die Kontrolle über ruthenische Organisationen in der Bukowina. Die intellektuelle Unterstützung aus der russisch regierten Ukraine erwies sich als entscheidender Faktor für den Aufstieg der Ukrainophilen in den österreichischen Provinzen Galizien und Bukowina. Die beiden Zweige der ukrainischen Bewegung brauchten einander und zogen auf jeweils eigene Weise Nutzen aus der Zusammenarbeit. Unter dem Einfluss der galizischen Ukrainer radikalisierte sich das Denken der Kyjiwer Ukrainophilen. Sie konnten sich ihre Nation jetzt auch außerhalb der Umklammerung des panrussischen imperialen Projekts vorstellen.

Als das letzte Jahrzehnt des 19. Jahrhunderts anbrach, war die Ukraine durch die österreichisch-russische Grenze geteilt, so wie ein Jahrhundert zuvor zur Zeit der Teilungen Polens. Inzwischen gab es aber auch vieles, was sie in nie da gewesener Weise vereinte. Diese neue Einheit kam nicht durch die Kirche: Die konfessionelle Spaltung in Orthodoxe und Unierte blieb bestehen und fiel nach der »Wiedervereinigung« der Unierten im russischen Herrschaftsgebiet nun mit der Reichsgrenze zusammen. Einigend wirkte vielmehr der neue Nationalitätsgedanke. Das Konzept einer eigenständigen griechisch-katholischen ruthenischen Nationalität unter habsburgischer Herrschaft hatte sich trotz der Bestärkung durch die revolutionären Ereignisse von 1848 nur zwanzig Jahre gehalten und die Umwandlung des Habsburgerreichs zur Doppelmonarchie nicht überlebt. Seit den späten 1860er Jahren hatte die nationale Bewegung im Habsburgerreich ihre konfessionelle Absonderung aufgegeben. Sowohl Russophile als auch Ukrainophile knüpften nun Beziehungen zu ihren orthodoxen Landsleuten jenseits der Grenze. Für beide Lager stand außer Zweifel, dass die Ruthenen im Habsburgerreich und die Kleinrussen im Romanow-Imperium derselben Nation angehörten. Die Frage war nur, welcher – der panrussischen oder der panukrainischen?

Ebendiese Frage beschäftigte aber nicht nur die ukrainischen Aktivisten in Österreich-Ungarn, sondern auch die auf der russischen Seite der Grenze, die gleichfalls in Befürworter des panrussischen und des panukrainischen Projekts gespalten waren. Eine Antwort sollte, in Österreich-Ungarn wie im Russischen Reich, von der Generation nationaler Aktivisten kommen, die in den letzten Jahrzehnten des 19. Jahrhunderts die politische Bühne betrat – in einer Ära, die von raschem industriellem Fortschritt, Urbanisierung, zunehmender Alphabetisierung und Massenpolitik gekennzeichnet war.

KAPITEL 16

AUFBRUCH

Im Jahr 1870 stach der walisische Unternehmer John James Hughes mit einem Konvoi von acht Segelschiffen von Großbritannien aus in See. An Bord waren metallurgische Ausrüstung sowie rund hundert erfahrene Bergleute und Metallarbeiter. Die meisten von ihnen kamen aus Wales, so wie Hughes selbst. Ihr Ziel war die Steppenlandschaft am südukrainischen Fluss Donez, nördlich des Asowschen Meeres. Dort sollte ein komplettes Hüttenwerk errichtet werden. »Als ich mit dem Bau begann, beschloss ich, die russischen Arbeiter auszubilden, die an diesem Ort eingesetzt werden sollten«, schrieb Hughes später. Das Projekt nahm mehrere Jahre in Anspruch. Mit Hilfe ungelernter ukrainischer und russischer Arbeitskräfte bauten Hughes und seine Leute bald nicht nur Eisenhütten und Eisenbahnwerke, sondern auch eine kleine Stadt um sie herum. Dies waren die Anfänge von Jusiwka, dem heutigen Donezk – noch bis vor wenigen Jahren eine Stadt mit mehr als einer Million Einwohnern und das wichtigste Zentrum des Donbas, des Industriegebiets im Donezbecken.

Die Ankunft von Hughes markierte den Beginn einer neuen Ära in der ukrainischen Geschichte. Ende des 19. und Anfang des 20. Jahrhunderts kam es zu großen Veränderungen in der Wirtschaft, Sozialstruktur und Bevölkerungsdynamik der Region. Sie waren eine Folge der raschen Industrialisierung, bei der die Ost- und die Südukraine von der wirtschaftlichen Expansion und Urbanisierung profitierten, und des Zustroms russischer Bauern, die in den Städten ihre Arbeitskraft anboten und das Rückgrat des Industrieproletariats bilden sollten. Die gleichen Entwicklungen fanden auch in Galizien statt, von wo aus Mitte des 19. Jahrhunderts die europäische Erdölindustrie ihren Anfang nahm. In dieser Zeit stand die europäische Geschichte insgesamt im Zeichen schneller Industrialisierung und Urbanisierung, und die Ukraine hatte daran entscheidenden Anteil. Ihre wirtschaftliche, soziale und politische Landschaft wurde durch diese Entwicklungen über Generationen hinweg verändert.

In der russisch regierten Ukraine begannen die Veränderungen im September 1854 mit der Landung britischer und französischer Expeditionstruppen auf der Krim. Die Invasion war der jüngste Akt im Krimkrieg, der ein Jahr zuvor mit dem Konflikt zwischen Frankreich und Russland um die Kontrolle christlicher Heiligtümer in Palästina begonnen hatte. Es ging um die Zukunft des im Niedergang begriffenen Osmanischen Reichs und das Mitspracherecht der Großmächte in Bezug auf dessen umfangreiche Besitzungen. Briten und Franzosen belagerten Sewastopol, den Stützpunkt der kaiserlichen russischen Marine, in dem die Alliierten eine Bedrohung ihrer Interessen im Mittelmeer sahen. Nach einer langwierigen Belagerung und Militäroperationen, die zu schweren Verlusten auf beiden Seiten führten (der katastrophale Ausgang der Attacke der Leichten Brigade in der Schlacht bei Balaklawa war ein Schock für die britische Öffentlichkeit), fiel Sewastopol im September 1855 an die Invasionstruppen. Dieses Ereignis bleibt als unauslöschlicher Moment der Trauer und Demütigung im historischen Gedächtnis Russlands verankert. Im Pariser Friedensvertrag, der das Kriegsende offiziell besiegelte, wurde es dem Russischen Reich untersagt, Marinestützpunkte in Sewastopol oder anderswo an der Schwarzmeerküste zu unterhalten.

Russlands Niederlage im Krimkrieg löste in der Regierung und in der Gesellschaft des Reichs eine umfassende Selbstbesinnung aus. Wie war es möglich, dass die russische Armee, die 1814 Paris erobert hatte, vierzig Jahre später auf einem Territorium, das sie als ihr eigenes ansah, eine Niederlage erleiden konnte? Der Tod Nikolaus I., der im März 1855, geschwächt durch die Kriegsbelastungen, nach 30-jähriger Herrschaft starb, führte fast unausweichlich zu einem Kurswechsel der Regierung. Der neue Kaiser Alexander II. startete ein ehrgeiziges Reformprogramm mit dem Ziel, zum Westen aufzuschließen und Gesellschaft, Wirtschaft und Militär zu modernisieren. Im Krieg hatte Russland den Dampfschiffen der Briten und Franzosen nur Segelschiffe entgegensetzen können. Zudem hatte es die Schiffe seiner Schwarzmeerflotte versenkt, um zu verhindern, dass feindliche Schiffe in den Hafen von Sewastopol einliefen. Das Reich benötigte somit dringend eine neue Marine. Es brauchte außerdem Eisenbahnstrecken, ohne die sich Truppen, Munition und Proviant nur schwer an so entlegene Orte wie die Krim bringen ließen. Zur Beschämung Sankt Petersburgs waren es die Briten und nicht die Russen gewesen, die während der Belagerung von Sewastopol die erste Eisenbahn auf der Krim gebaut hatten, um die Stadt mit Balaklawa zu verbinden.

Wenn Russland die Krim behalten wollte, war es auf eine Eisenbahnverbindung zur Halbinsel und seinem dortigen Marinestützpunkt angewiesen. Die Regierung beschloss, Alaska an die Vereinigten Staaten von Amerika zu verkaufen – einen anderen abgelegenen Teil des Imperiums, der schwer zu verteidigen war und nach Einschätzung der Staatsbeamten leicht von den Briten okkupiert werden konnte. Dafür würde die Krim russisch bleiben. Die Krimtataren wanderten in das Osmanische Reich aus, und die russische Flotte und die Festungen waren verloren, aber Sewastopol wurde nun umso mehr aufgewertet, ja zu einem neuen heiligen Ort des Russischen Reichs. Die Regierung segnete den Plan ab, Moskau und Sewastopol durch eine Bahnstrecke über Kursk und Charkiw zu verbinden, doch es fehlte an den nötigen Mitteln. Das Finanzministerium hatte kein Geld, und die internationale Reaktion auf das russische Vorgehen gegen die polnischen Rebellen im Jahr 1863 ähnelte durchaus den Sanktionen einer späteren Zeit. Die französische Regierung überzeugte James Mayer de Rothschild, der den Eisenbahnbau in Frankreich entscheidend mitfinanziert hatte, die Kreditvergabe an Russland einzustellen. Britische Unternehmen, die bereit waren, die Eisenbahn zu bauen, konnten in London nicht genügend Kapital auftreiben. Der Bau der Strecke Moskau–Sewastopol wurde am Ende zwar bis in die 1870er Jahre aufgeschoben, aber die Idee, Eisenbahnstrecken in der

Südukraine zu bauen, hatte sich in den Köpfen der russischen Regierung, des Militärs und der Wirtschaftselite festgesetzt.

Die erste fertiggestellte Strecke war weitaus bescheidener als die ursprünglich geplante von Moskau nach Sewastopol. Sie verband Odesa an der Schwarzmeerküste nordwestlich der Krim mit der Stadt Balta in Podolien. Die neue Eisenbahn wurde 1865 gebaut, vier Jahre nach einer Linie in Österreich-Ungarn, die Lwiw mit Przemyśl, Krakau und Wien verband. Die Odesaer Strecke hatte im Unterschied zur Lwiwer keine politische, strategische oder administrative Bedeutung. Sie existierte allein aus wirtschaftlichen Gründen. Mitte des 19. Jahrhunderts entfielen drei Viertel aller Exporte des Russischen Reichs auf die Ukraine. Sibirische Pelze hatten ihre Bedeutung für den Export eingebüßt, und die Zeit der Öl- und Gasexporte aus Sibirien stand noch bevor. So wurde die Haushaltslücke durch die Ausfuhr von Getreide aus der Ukraine geschlossen. Podolien war eines der wichtigsten Getreideanbaugebiete des Reichs, und die Stadt Odesa, die 1794 auf dem Gebiet einer ehemaligen Nogaier-Siedlung gegründet worden war, wurde zum wichtigsten Zugangstor zu den europäischen Märkten.

Um seine Exporte zu steigern, brauchte das klamme Imperium eine Eisenbahn, für deren Bau wiederum Geld nötig war. Der Gouverneur von Odesa durchbrach diesen Teufelskreis mit dem Vorschlag, Strafbataillone der russischen Armee einzusetzen. Das Problem wurde durch Zwangsarbeit gelöst – nicht zum ersten und nicht zum letzten Mal in der langen Geschichte des Imperiums. Die Strecke von Odesa nach Balta, die als erster Abschnitt einer Eisenbahnverbindung zwischen Odesa und Moskau gedacht war, sollte nach Kyjiw führen, um die Regionen rechts des Dnipro samt dem rebellischen polnischen Adel mit dem kaiserlichen Kernland zu verbinden und so den Einfluss Warschaus zu mindern. Unter wirtschaftlichen Gesichtspunkten war dieser Plan allerdings nicht sehr sinnvoll. Aus der Region Kyjiw und dem Waldgebiet nördlich der Stadt gab es wenig zu exportieren. Daher zogen die imperialen Strategen, die von der politischen Integration des Reichs träumten, schließlich den Kürzeren gegen die Wirtschaftslobby. Die Strecke von Balta führte darum nicht nach Kyjiw, sondern nach Poltawa und Charkiw. Dort wurde sie später an die Strecke Moskau–Sewastopol angeschlossen, die schließlich 1875 nach langen Verzögerungen gebaut wurde.

Die Eisenbahnverbindung nach Moskau spielte eine wichtige Rolle beim Aufbau einer neuen russischen Marine in Sewastopol: Im Jahr 1871, nach Frankreichs Niederlage im Deutsch-Französischen Krieg, erhielt das Russische Reich wieder das Recht, einen Marinestützpunkt am Schwarzen Meer zu unterhalten. Vor allem war die Strecke jedoch in wirtschaftlicher und kultureller Hinsicht bedeutsam: Sie förderte den regionalen Handel und die ökonomische Entwicklung der Ost- und der Südukraine, sorgte für eine bis dahin nicht vorstellbare Anbindung der fernen Krim an das Zentrum des Reichs und erleichterte die kulturelle Kolonisierung der Halbinsel durch Russland. Gegen Ende des 19. Jahrhunderts hatte sich Jalta, ursprünglich ein kleines Fischerdorf an der Schwarzmeerküste, zur Sommerhauptstadt des Imperiums entwickelt. Der Zar und seine Familie errichteten imposante Herrschaftssitze an der Krimküste und förderten den Bau orthodoxer Kirchen und Klöster. Zudem verbrachten zahlreiche Höflinge, hohe und mittlere Beamte und nicht zuletzt Schriftsteller und Künstler die Sommermonate auf der Krim. Anton Tschechow, der ein bescheidenes Haus in Jalta besaß, hat in seiner Erzählung »Die Dame mit dem Hündchen« die Erlebnisse russischer Kurgäste dort geschildert. Die russische Elite machte die Krim zu einem Teil ihrer expandierenden imperialen Heimat.

Als Zar Alexander III. 1894 in seinem Liwadija-Palast bei Jalta starb, wurde sein Leichnam mit der Kutsche nach Jalta, dann mit dem Boot nach Sewastopol und von dort mit dem Zug nach Sankt Petersburg gebracht. Zum Zeitpunkt seines Todes war die Ukraine von Eisenbahnstrecken durchzogen, die Odesa mit Poltawa, Charkiw und Kyjiw sowie Moskau und Sankt Petersburg verbanden. Von Odesa aus konnte man auch mit dem Zug nach Lwiw fahren, und Kyjiw war mit Lwiw und Warschau verbunden. War die erste Strecke von Odesa nach Balta nur rund 220 Kilometer lang gewesen, so umfasste das Schienennetz in der Ukraine 1914 insgesamt 16 000 Kilometer. Die Eisenbahn förderte die wirtschaftliche Entwicklung, erhöhte die Mobilität und sprengte alte politische, wirtschaftliche und kulturelle Grenzen. Nirgendwo war diese Veränderung tiefgreifender als in den jüngsten Besitzungen des Imperiums – den Steppenregionen der Ukraine.

Die ehemals von den Nomaden beanspruchten Steppengebiete waren unter die Kontrolle des Adels gekommen und galten jetzt als Kornkammer Europas. Der Region schien es einzig an Menschen zu fehlen, die das jungfräuliche Land kultivieren konnten. Tschitschikow, die Hauptfigur von Nikolai Gogols klassischem Roman *Die toten Seelen*, versucht dieses Problem zu lösen, indem er die Seelen verstorbener Bauern an die Regierung verkauft und sie in die Region »umsiedelt«. In der Praxis bedeuteten weniger »Seelen« und mehr Land jedoch, dass die Bauernschaft bessergestellt war. Nirgendwo im Russischen Reich ging es den Bauern so gut wie in der Südukraine. Um die Jahrhundertwende besaßen die Bauern im Gouvernement Tawrija, zu dem die Krim und die Steppen im Norden der Halbinsel gehörten, im Durchschnitt 16 Hektar Land pro Haushalt. In Podolien und Wolhynien waren es weniger als 4 Hektar.

Der jahrhundertealte Unterschied zwischen den besiedelten Waldsteppenregionen und dem nomadischen Süden, der durch die Aufteilung in Christen und Muslime und durch die osmanisch-polnisch-russische Grenze noch verstärkt worden war, entschwand langsam in die Vergangenheit. Aus den Getreide produzierenden Gebieten im Norden führten Eisenbahnstrecken in die Schwarzmeerhäfen im Süden, die das ukrainische Hinterland mit dem Mittelmeer und den reichen europäischen Märkten verbanden. Die Handelswege über die Flüsse Dnipro, Dnister und Don – nahezu die gesamte ukrainische Geschichte über Ziel nomadischer Überfälle – waren jetzt sicher und trugen zur wirtschaftlichen Wiederbelebung der Region bei. Das Potenzial der Handelsroute vom Dnipro zum Schwarzen Meer, um die herum die Wikinger den Kyjiwer Staat aufgebaut hatten, konnte nun ausgeschöpft werden. Das einzige verbliebene logistische Hindernis waren die Dnipro-Stromschnellen.

Der Eisenbahnbau trug zur rasanten Urbanisierung bei, die wiederum dem Süden zugutekam. Überall in der Ukraine wuchsen die Städte: Um die Wende zum 20. Jahrhundert war Kyjiw die siebtgrößte Stadt des Russischen Reichs, die Einwohnerzahl verzehnfachte sich von 25 000 in den frühen 1830er Jahren auf 250 000 im Jahr 1900. Doch selbst diese eindrucksvolle Entwicklung wurde von der Dynamik im Süden noch in den Schatten gestellt. Odesa wuchs von 25 000 Einwohnern im Jahr 1814 auf 450 000 im Jahr 1900. Ein Großteil des städtischen Wachstums ging auf die rasche Industrialisierung zurück, und auch hier führte der Süden. Die enge Verbindung zwischen Industrialisierung und Urbanisierung in der Südostukraine lässt sich am Beispiel der Stadt Jusiwka verdeutlichen. Im Jahr 1897 lebten dort fast 30 000 Menschen. Im Jahrzehnt zuvor hatte sich die Einwohnerzahl mehr als verfünffacht, und in den folgenden zwanzig Jahren sollte sie noch einmal auf über das Doppelte steigen – im Revolutionsjahr 1917 zählte die Stadt 70 000 Menschen.

Die Geschichte Jusiwkas nahm ihren Anfang 1868 in London. In diesem Jahr beschloss John James Hughes, mit dessen Abreise aus Großbritannien dieses Kapitel beginnt, seinem Leben eine neue Richtung zu geben. Er war damals 53 Jahre alt, erfolgreicher Geschäftsmann, Erfinder und Manager der Millwall Iron Works Company. Nach dem Schock des Krimkrieges hatte sich die russische Regierung darangemacht, die Einfallstore in das Imperium zu Lande und zur See zu befestigen. Während des Krieges hatten die britische und die französische Flotte die Inselfestung Kronstadt bombardiert, die Sankt Petersburg auf der Ostseeseite schützen sollte. Um die Befestigungsanlagen gegen einen möglichen britischen Angriff zu wappnen, wandte sich die russische Regierung nun ausgerechnet an die Millwall Iron Works. Die Verhandlungen führte niemand Geringeres als General Eduard von Totleben, ein Held der russischen Verteidigung Sewastopols. Hughes ging nach Sankt Petersburg, um das Projekt in die Wege zu leiten. Dort bot ihm die russische Regierung eine Konzession zur Errichtung eines Metallwerks in ihrem Reich an. Hughes schlug ein.

Bei der Ankunft in der Asowschen Steppe ließen sich der Waliser und seine Männer im Gehöft Owetschyj nieder, einer kleinen Siedlung, die Saporoger Kosaken im 17. Jahrhundert gegründet hatten. Hughes interessierte sich freilich nicht für die kosakische Tradition der Region. Er war aus einem sehr einfachen Grund nach Owetschyj gekommen und hatte dort Land erworben: Vier Jahre zuvor hatten russische Ingenieure dieses Gebiet als idealen Standort für ein Hüttenwerk ausgewiesen, da es in unmittelbarer Nähe Eisenerz-, Kohle- und Wasservorkommen gab. Der Versuch der Regierung, dort ein solches Werk zu errichten, war jedoch an mangelnden Fachkenntnissen für dessen Bau und Betrieb gescheitert. Hughes brachte diese Kenntnisse im Überfluss mit. Im Januar 1872 produzierte seine neu errichtete Eisenhütte das erste Roheisen. Während der 1870er Jahre baute er dort weitere Hochöfen. Das Werk wurde zum größten Metallproduzenten des Russischen Reichs und beschäftigte fast 1800 Mitarbeiter. Der Ort, an dem die Arbeiter lebten, wurde nach dem Gründer des Werks »Jusiwka« (»Hughesiwka«) genannt (auf Russisch »Jusowka«). Im Jahr 1924 erhielt die Stahl- und Bergbaustadt den Namen Stalino, und 1961 wurde sie in Donezk umbenannt.

Es gab nur wenige westliche Unternehmer, die wie Hughes in die Ukraine umsiedelten. Dafür kamen Hunderte von Facharbeitern aus Großbritannien, Frankreich und Belgien in die ukrainische Steppe. Sie folgten den Millionen von Francs und Pfund, die aus ihren Heimatländern in diese Region transferiert wurden. Das Kapital, das die Veränderungen in der Südukraine ermöglichte, wurde vor allem von französischen, britischen und belgischen Bankiers bereitgestellt. In den ersten Jahrzehnten des 20. Jahrhunderts produzierten ausländische Unternehmen mehr als 50 Prozent des gesamten ukrainischen Stahls, über 60 Prozent des Roheisens, 70 Prozent der Kohle und 100 Prozent der Maschinen. Russische Unternehmen verfügten dagegen über begrenztes Kapital und Wissen, das sie hauptsächlich in die industrielle Entwicklung von Moskau und Sankt Petersburg investierten.

Eine Ressource konnte das Imperium in nahezu unbegrenzten Mengen liefern: ungelernte Arbeitskräfte. Dank verbesserter Hygienebedingungen und dem technologischen Fortschritt starben weniger Neugeborene, und die Lebenserwartung stieg. In den Dörfern wohnten mehr Menschen, und deshalb entfiel auf die einzelnen Haushalte weniger Land. In den Jahrzehnten nach der Befreiung der Leibeigenen wurde die relative Überbevölkerung in den Dörfern der Ukraine und Russlands zu einem großen Problem. Nachdem die industrielle Revolution mit erheblicher Verzögerung auch das Russische Imperium erreicht hatte, konnte die »überzählige« Bevölkerung in die rasch wachsenden Städte strömen. Die boomenden Firmenstädte der Südukraine zogen seit den 1870er Jahren Hunderttausende von Bauern an, die ihre verarmten Dörfer verließen. Die meisten kamen aus den südlichen Provinzen Russlands, wo der Bodenertrag weit geringer und der Flächenbedarf größer war als in der Ukraine.

Zu den russischen Landbewohnern, die von den gefährlichen, aber für damalige Verhältnisse gut bezahlten Arbeitsplätzen in Jusiwka angelockt wurden, zählte auch der junge Nikita (Mykyta) Chruschtschow. Im Alter von vierzehn Jahren siedelte er 1908 aus dem russischen Dorf Kalinowka, etwa 60 Kilometer nordöstlich der Kosakenhauptstadt Hluchiw, zu seiner Familie nach Jusiwka über. Sein Vater Sergei war Saisonarbeiter bei der Eisenbahn in der Region Jusiwka gewesen, bevor er mit seiner Familie in die Stadt übersiedelte, um als Bergmann zu arbeiten. Er träumte sein Leben lang davon, genug Geld zu sparen, um ein Pferd zu kaufen und nach Kalinowka zurückzukehren. Sein Sohn Nikita hegte diesen Traum nicht. Er wurde in der Stadt heimisch und absolvierte eine Lehre als Bergbaumechaniker, bevor er sich im Revolutionsjahr 1917 den Bolschewiki anschloss, womit sein erstaunlicher politischer Aufstieg begann. In seine Zeit als mächtigster Mann der Sowjetunion fallen der Start des Weltraumsatelliten Sputnik 1957 und die Kubakrise von 1962.

Nikita Chruschtschow war nicht der einzige spätere Sowjetführer, dessen Familie ein Dorf in Russland verließ, um vom Industrieboom in der Südukraine zu profitieren. Einige Jahre früher zog Ilja Breschnew – der Vater von Chruschtschows zeitweiligem Protegé und späteren Nachfolger Leonid Breschnew – in die ukrainische Industriestadt Kamjanske (bis vor kurzem Dniprodserschynsk). In diesem Zentrum der Stahlproduktion wurde der kleine Leonid 1906 geboren. Die Chruschtschows und die Breschnews waren Teil einer großen Migrationsbewegung russischer Bauern in die Südukraine, die dazu beitrug, dass ethnische Ukrainer in den Städten unterrepräsentiert waren. Im Jahr 1897, als die erste und einzige Volkszählung im Russischen Reich durchgeführt wurde, lebten in dessen ukrainischen Gouvernements etwa siebzehn Millionen Ukrainer und drei Millionen Russen – ein Verhältnis von fast 6:1. In den Städten waren beide Gruppen jedoch fast gleich stark vertreten – hier gab es gut eine Million Russen und knapp eine Million Ukrainer. In den großen Städten und Industriezentren bildeten die Russen die Mehrheit. Sie stellten in Charkiw mehr als 60 Prozent der Bevölkerung, in Kyjiw über 50 Prozent und in Odesa fast 50 Prozent.

Nur wenige ethnische Ukrainer gehörten zur Klasse der Unternehmer. Die meisten von ihnen lebten in der Zentralukraine, wo in der zweiten Hälfte des 19. Jahrhunderts eine Reihe ukrainischer Geschäftsleute auf Basis des lokalen Rübenanbaus die Zuckerindustrie etablierte und damit ein Vermögen machte. Zu ihnen gehörte insbesondere die Familie Symyrenko. Eines ihrer Mitglieder, Platon Symyrenko, unterstützte Taras Schewtschenko nach seiner Rückkehr aus der Verbannung und finanzierte eine Ausgabe seines *Kobsar*. (Heute ist die Familie vor allem durch den Renet-Symyrenko-Apfel bekannt, den der Züchter, Platons Sohn Lew, nach seinem Vater benannte.) Die Symyrenkos waren eher die Ausnahme als die Regel, denn es gab deutlich mehr russische, polnische und jüdische Unternehmer als ukrainische.

Dasselbe galt für die Klasse der Industriearbeiter, die im Zuge der raschen Industrialisierung und Urbanisierung entstand. Hier überwogen die Russen. Die Gewerke wurden von jüdischen Handwerkern dominiert, die aus den kleinen Orten der ehemals polnisch regierten Ukraine in die großen Zentren im Osten und Süden zogen. Charkiw im Osten lag außerhalb des Ansiedlungsrayons, in dem Juden ihren Wohnsitz nehmen durften, doch die restliche Ukraine einschließlich der Städte Odesa und Katerynoslaw (des heutigen Dnipro) stand ihnen offen. Der Anteil jüdischer Einwohner an der Gesamtbevölkerung lag in Wolhynien, Podolien und der Südukraine zwischen 12 und 14 Prozent. In den Kleinstädten bildeten sie jedoch die Mehrheit, und in den städtischen Zentren stellten sie bedeutende Minderheiten. In Odesa machten sie 37 Prozent der Einwohner aus, und in Katerynoslaw waren sie die zweitgrößte Bevölkerungsgruppe.

Warum gingen die Industrialisierung und die Urbanisierung an den Ukrainern weitgehend vorbei, obwohl sie die ethnische Mehrheit im Land bildeten? Auch hier lassen sich die Hintergründe anhand der Familien Chruschtschow und Breschnew verdeutlichen. Beide stammten aus dem russischen Gouvernement Kursk, wo Bauern in der zweiten Hälfte des 19. Jahrhunderts im Durchschnitt nicht mehr als knapp drei Hektar Land besaßen. Im südukrainischen Gouvernement Katerynoslaw, in das sie übersiedelten, betrug der durchschnittliche Grundbesitz zehn Hektar, und das Land, die sogenannte Schwarzerde, war viel fruchtbarer als in der Region Kursk. Es ging den Bauern dort, wie oben schon festgestellt, besser als irgendwo sonst im Russischen Reich. Deshalb konnten sie es sich meist leisten, an ihrem Heimatort zu bleiben. Wer umsiedeln musste, ließ sich oft lieber als Bauer in den fernen Steppen des östlichen Reichs nieder, als in eine nahe Stahl- oder Bergbaustadt zu ziehen und unter den harten Bedingungen der Industrie des frühen 20. Jahrhunderts zu arbeiten.

Das betraf vor allem Bauern aus den zentralen und nördlichen Provinzen der Ukraine, wie dem Gouvernement Tschernihiw, wo ein Haushalt im Durchschnitt nicht mehr als sieben Hektar an wenig ertragreichem Land besaß. Die Familiengeschichte eines anderen Sowjetführers, Michail Gorbatschow, bietet einen Einblick in diesen Teil der Geschichte der ukrainischen Migrationsbewegungen. Sein Großvater mütterlicherseits, Pantelejmon Hopkalo, zog Anfang des 20. Jahrhunderts aus dem Gouvernement Tschernihiw in die Steppen der Region Stawropol, wo Gorbatschow 1931 geboren wurde. Die Bedingungen in Stawropol und im Nordkaukasus waren denen in der Ukraine so ähnlich, wie man es sich unter den Umständen nur vorstellen konnte. Viele ukrainische Bauern, die nicht in die Stadt ziehen wollten und nach verfügbarem Land suchten, zogen weit darüber hinaus, bis in den russischen Fernen Osten. In den zwei Jahrzehnten vor Beginn des Ersten Weltkriegs ließen sich mehr als anderthalb

Millionen Ukrainer an den südlichen und östlichen Grenzen des Russischen Reichs nieder, wo es Land für sie gab.

Die Bauernmigration infolge von Landmangel fand überall in der Ukraine statt. Sie war im österreichischen Galizien, in der Bukowina und in Transkarpatien sogar noch stärker ausgeprägt als im Russischen Reich. In Ostgalizien besaßen Bauern im frühen 20. Jahrhundert durchschnittlich 0,8 Hektar Land – 1,2 Hektar weniger als in Wolhynien, der am stärksten übervölkerten ukrainischen Provinz auf der russischen Seite. Zudem war das Land in den Karpaten in der Regel viel weniger ertragreich als in Wolhynien und Podolien. Die Bauern wanderten in Scharen aus der Region ab. »Dieses Land kann nicht so viele Menschen beherbergen und so viel Armut ertragen«, sagt ein Protagonist der Kurzgeschichte »Das steinerne Kreuz«, die der galizisch-ukrainische Schriftsteller Wassyl Stefanyk 1899 unter dem Eindruck der Massenflucht galizischer Bauern nach Nordamerika schrieb. Allein aus seinem Heimatdorf machten sich über 500 Bauern auf den Weg.

Rund 600 000 Ukrainer wanderten vor 1914 aus Österreich-Ungarn aus. Sie gingen nach Pennsylvania und New Jersey in den Vereinigten Staaten, wo sie in den Minen und Mühlen arbeiteten, und in die kanadischen Provinzen Manitoba, Saskatchewan und Alberta, wo Bauern Land zugewiesen bekamen und die Prärien besiedelten. Aber nicht nur Ukrainer suchten in Nordamerika ein besseres Leben. Oft waren ihnen schon Juden aus den kleinen Ortschaften Galiziens und der Bukowina vorausgegangen. In den Jahrzehnten vor dem Ersten Weltkrieg brachen etwa 350 000 jüdische Menschen aus Galizien in die USA auf. Der Grund dafür war einfach: Wie die Bauern hatte auch die verarmte Stadtbevölkerung in den östlichen Provinzen Österreich-Ungarns keine wirtschaftliche Perspektive. Die Auswanderer aller Ethnien und Religionen sollten einen beachtlichen Beitrag zur Wirtschaft und Kultur ihrer neuen Heimatländer leisten. Unter den Menschen, die aus Galizien in die USA auswanderten, sind die Vorfahren vieler Hollywoodstars und Entertainmentgrößen, so die ukrainischen Eltern von Jack Palance (Palahnjuk) und die jüdischen Großeltern von Barbra Streisand. Die Eltern von Ramon (Roman) Hnatyshyn, Generalgouverneur von Kanada von 1990 bis 1995, stammten aus der Bukowina, die von Andy Warhol aus dem Lemkenland.

Galizien war die ärmste Provinz des Habsburgerreichs. Der polnische Geschäftsmann und Parlamentsabgeordnete Stanisław Szczepanowski prangerte die Situation dort 1888 in seinem Buch *Das Elend Galiziens* an. Über die Arbeitsproduktivität und den Verbrauch im Vergleich zum restlichen Europa heißt es darin: »Jeder Einwohner Galiziens leistet ein Viertel der üblichen Arbeit und isst halb so viel.« Die Industrialisierung ging zwar nicht völlig an Galizien vorbei, aber weder die wirtschaftliche Situation der Region noch das Wohlergehen ihrer Bevölkerung wurden durch sie spürbar verbessert. Das Erdöl, das bei den Städten Drohobytsch und Boryslaw an die Oberfläche sprudelte, hatte der Bevölkerung dort von jeher nur Ärger bereitet. Erst Mitte des 19. Jahrhunderts wurde die übel riechende schwarze Substanz erstmals von örtlichen Apothekern nutzbar gemacht, die lernten, Kerosin daraus zu gewinnen. Zu den Ersten, die von der neuen Entdeckung profitierten, gehörten die Ärzte und Patienten des Allgemeinen Krankenhauses in Lwiw. Ab 1853 wurden dort – weltweit erstmals in einem öffentlichen Gebäude – ausschließlich Petroleumlampen zur Beleuchtung verwendet.

Szczepanowski war einer der ersten Unternehmer, die Dampfbohrer einführten und mit galizischem Erdöl ein Vermögen machten. Als Idealist und überzeugter Verfechter der polnischen Nationenbildung kümmerte er sich um die gesundheitliche Versorgung seiner Arbeiter, von denen viele aus Polen in die Region zugewandert waren, und versuchte ihre Notlage zu lindern; doch schließlich ging er bankrott. Geschäft und nationaler Aufbau waren im österreichischen Galizien nicht unbedingt gut vereinbar. In den letzten Jahrzehnten des 19. Jahrhunderts zogen britische, belgische und deutsche Unternehmen in die Region und wandten Tiefbohrmethoden an, die der kanadische Ingenieur und Unternehmer William Henry McGarvey entwickelt hatte. Kleinunternehmer, die oftmals jüdischer Herkunft waren, wurden durch neue Manager verdrängt. Auch ukrainische und polnische Bauern waren als ungelernte Arbeitskräfte nun nicht mehr gefragt (Erstere hatten annähernd die Hälfte von ihnen gestellt, Letztere etwa ein Drittel). Bis 1910 war die Erdölproduktion auf zwei Millionen Tonnen gestiegen. Das entspricht etwa 4 Prozent der damaligen Weltproduktion, wobei die größten Produzenten zu dieser Zeit die USA und das Russische Reich waren.

Durch das Erdöl gelangte mehr Geld in die Region, und es eröffneten sich neue Ausbildungschancen. In Boryslaw wurde eine Bergbauschule eröffnet. Einige städtische Gebäude aus diesen Tagen sind bis heute erhalten und erinnern die Besucher an die »gute alte Zeit«. Insgesamt konnte der Ölboom die wirtschaftliche Lage in der Region jedoch nur begrenzt verbessern. Die Einwohnerzahl der zentralen Stadt Boryslaw verdreifachte sich in der zweiten Hälfte des 19. Jahrhunderts auf 12 500 Personen. Auch die Bevölkerung des gesamten Ölfeldgebiets verzeichnete einen ähnlichen Zuwachs und stieg im letzten Jahrzehnt des Jahrhunderts auf 42 000. Aber für Galizien insgesamt fiel das kaum ins Gewicht. In der Hauptstadt Lwiw stieg die Zahl der Einwohner zwischen 1870 und 1910 von rund 50 000 auf über 200 000. Das sieht eindrucksvoll aus, aber nur, solange man es nicht mit den Auswirkungen der wirtschaftlichen Entwicklung in den Städten der Dnipro-Ukraine zur selben Zeit vergleicht. Die Bevölkerung von Katerynoslaw, dem Zentrum des Hüttenbooms, wuchs in etwas mehr als fünfzig Jahren um das Elffache und zählte 1914 schließlich 220 000 Menschen. Die größte Stadt der Ukraine war Odesa mit 670 000 Einwohnern, dicht gefolgt von Kyjiw mit 630 000 Einwohnern. Damit hatte sich die Bevölkerung Kyjiws seit Mitte des 19. Jahrhunderts beinahe verzehnfacht.

Trotz des unterschiedlichen Industrialisierungs- und Urbanisierungsstands in den russischen und österreichisch-ungarischen Provinzen der Ukraine machten beide Teile des Landes im späten 19. und frühen 20. Jahrhundert einen tiefgreifenden wirtschaftlichen und sozialen Wandel durch. Die Beschleunigung der Kapital-, Waren- und Menschenströme und der Zirkulation von Ideen und Informationen markierte die Geburtsstunde der modernen Gesellschaft. Durch die moderne Arbeitsteilung änderte sich die Relevanz der traditionellen Gruppen im Sozialgefüge, und neue Gruppen kamen hinzu, insbesondere die industrielle Arbeiterklasse. Dies führte in einigen Regionen zum wirtschaftlichen Aufstieg, in anderen zum Niedergang. Zu den Nutznießern der Veränderung gehörte die Südukraine, wo der internationale Handel über die Schwarzmeerhäfen florierte und die Industrie rasch wuchs.

An die Stelle der alten Trennlinie zwischen dem landwirtschaftlichen Norden und dem Zentrum der Ukraine einerseits und dem nomadisch geprägten Süden andererseits traten neue wirtschaftliche und kulturelle Unterschiede. Der Süden war jetzt das industrielle und agrarische Kraftzentrum des Landes. Die Landbevölkerung dort hatte noch Erinnerungen an die Zeit der Saporoger Kosaken. Sie hatte kaum Leibeigenschaft gekannt und war wohlhabender als die im Rest des Landes. Durch die Entdeckung der Eisenerz- und Kohlevorkommen erlebte die Region einen industriellen Aufschwung. Sie wuchs unter der Vorherrschaft und Administration des Russischen Reichs heran, ihre Bevölkerung war ethnisch und religiös vielfältiger als in den nördlicheren Gebieten, und sie wies den höchsten Urbanisierungsgrad in der Ukraine auf: Diese Region sollte das Land in die politischen, sozialen und kulturellen Wirren des 20. Jahrhunderts führen.

KAPITEL 17

DIE UNVOLLENDETE REVOLUTION

Am Sonntag, dem 9. Januar 1905, marschierten fast 20 000 Arbeiter und Familienangehörige in der Kälte des Wintermorgens von den Sankt Petersburger Außenbezirken aus in Richtung Stadtzentrum. Dem Demonstrationszug voran schritt der 35-jährige Priester Georgi Gapon, der aus dem Gouvernement Poltawa stammte und die Geistliche Akademie Sankt Petersburg besucht hatte. Die Menschen an der Spitze des Zuges trugen ein Porträt von Nikolaus II. sowie Kirchenbanner und Ikonen, und die Menge sang religiöse Lieder, darunter auch Gebete für den Zaren. Die Arbeiter wollten ihm eine von Vater Gapon verfasste Petition übergeben, in der sie ihn aufriefen, sie vor Ausbeutung durch die Fabrikherren zu schützen.

Wichtige Sankt Petersburger Betriebe befanden sich im Streik, doch die Besitzer weigerten sich, die Forderungen der Arbeiter zu erfüllen, darunter die Einführung eines Achtstundentages. Die industrielle Revolution hatte ein neues soziales Phänomen hervorgebracht, die Arbeiterklasse, und diese appellierte nun an den Zaren, ihre Grundrechte anzuerkennen. »Wir verlangten nicht viel; wir wollten nur das, was nötig ist, um ein Leben zu führen, das nicht nur harte Arbeit und ständiges Leiden war«, schrieb Gapon. Die Petition enthielt aber auch eine Reihe politischer Forderungen, insbesondere die Wahl einer verfassunggebenden Versammlung. Das letzte Mal, dass jemand vom Zaren eine Verfassung gefordert hatte, war im Dezember 1825 gewesen. Damals hatte das Regime den Aufstand der später als »Dekabristen« bekannt gewordenen Offiziere mit Hilfe der Artillerie niedergeschlagen. Der Zar und seine Regierung glaubten nun, sie müssten auch diesmal Entschlossenheit zeigen und den Fehler Ludwigs XVI. von Frankreich vermeiden, dessen schwankende

Haltung angesichts der Französischen Revolution ihn nach ihrer Überzeugung Thron und Leben gekostet hatte.

Als sich die Demonstranten dem Winterpalast des Zaren näherten – dem Gebäude, in dem sich heute die Eremitage befindet –, eröffnete die Armee das Feuer, tötete über hundert Menschen sofort und verletzte mehr als fünfhundert. Gapon überlebte, aber er sollte von da an nie wieder für den Zaren beten oder auf seinen Schutz hoffen. In dem Aufruf, den er noch in derselben Nacht verfasste, nannte er den Zaren eine Bestie. Er rief auch zur Vergeltung auf: »So lasst uns denn Rache nehmen, Brüder, an dem vom Volk verfluchten Zaren, seiner Schlangenbrut, seinen Ministern und allen Plünderern des unglückseligen russischen Landes!« Bis zur endgültigen Rache sollten noch dreizehn Jahre vergehen – im Juli 1918 wurden der Zar und seine Familie von den Bolschewiki erschossen. Die Revolution aber, die das Umfeld des Herrschers hatte vermeiden wollen, begann sofort. Sie katapultierte das ganze Reich einschließlich der ukrainischen Provinzen in eine neue Ära: das Zeitalter der Massenpolitik mit der Gründung politischer Parteien, Parlamentswahlen, dem Wahlrecht für Männer und zunehmender Abhängigkeit der Regierung von der Unterstützung durch nationalistische Kräfte.

Drei Tage nach den Ereignissen des Sankt Petersburger Blutsonntags erreichte die Revolution auch die Ukraine. Am Mittwoch, dem 12. Januar, traten die Arbeiter der Südrussischen Maschinenbaufabrik in Kyjiw in den Streik. Kurze Zeit später schlossen sich ihnen die Belegschaften der Metallwerke von Katerynoslaw, Jusiwka und dem restlichen Donbas an. Die Flammen des Klassenkampfes erfassten nun die wirtschaftlichen Boomregionen der zurückliegenden fünfzehn Jahre. Hatten die Arbeiter vor dem Januar 1905 lediglich bessere Bedingungen, höhere Löhne und einen Achtstundentag gefordert, so verliehen sie ihren Forderungen jetzt mit Streiks, Demonstrationen und offenem Widerstand gegen die Staatsmacht Nachdruck. Die übervölkerten und verarmten Dörfer standen den Städten kaum nach. Erst fällten die Bauern Bäume in den Wäldern der Adligen, dann griffen sie die Herrenhäuser an. Es gab mehr als 300 solcher

Attacken, vor allem in den ehemaligen Kosakengebieten am linken Dnipro-Ufer. Die Bauern erwarteten, dass der Zar ihnen den Landbesitz des Adels per Dekret übertragen würde, doch das geschah nicht. Stattdessen setzte die Regierung die Armee ein, um die Aufstände niederzuschlagen. Im Dezember 1905 töteten die zaristischen Truppen 63 Bauern im Dorf Welyki Sorotschynzi, dem Geburtsort von Nikolai Gogol im Gouvernement Poltawa. Diese Tragödie war alles andere als ein Einzelfall.

Im Sommer 1905 verlor das Regime allmählich die bedingungslose Unterstützung der Soldaten, die meist bäuerlicher Herkunft waren. Im Juni kam es auf der *Potemkin*, einem Kriegsschiff der Schwarzmeerflotte, zu einer Meuterei. Anführer und Teilnehmer waren ganz überwiegend in der Ukraine angeworbene Matrosen. Der Aufstand, der eigentlich für Oktober vorbereitet wurde, brach bereits im Juni aus, als den Marinesoldaten Borschtsch mit verdorbenem Fleisch vorgesetzt wurde. Der Unteroffizier Hryhorij Wakulentschuk aus der Region Schytomyr mobilisierte einigen Berichten zufolge seine Kameraden, indem er sie auf Ukrainisch fragte: »Wie lange wollen wir noch Sklaven sein?« Nachdem Wakulentschuk von einem hochrangigen Offizier erschossen wurde, übernahm Opanas Matjuschenko die Führung des Aufstands, ein 26-jähriger Matrose aus der Region Charkiw. Die Rebellen töteten die befehlshabenden Offiziere, hissten die rote Fahne und nahmen vom offenen Meer aus Kurs auf Odesa, wo sie den Streik der Arbeiter in der Stadt unterstützten. Die Ankunft des Kriegsschiffs mit Wakulentschuks Leiche provozierte neue Proteste, Unruhen und Scharmützel mit der Polizei.

Russische Kosakeneinheiten blockierten die Zugänge aus der Stadt zum Hafen, einschließlich der berühmten Potemkin'schen Treppe, die in Sergei Eisensteins Filmklassiker *Panzerkreuzer Potemkin* (1925) Schauplatz von Massentötungen und dramatischen Ereignissen ist. Es ist nicht belegt, dass tatsächlich jemand auf der Treppe starb, aber Polizei- und Armeeeinheiten erschossen Hunderte von Menschen in der ganzen Stadt. Das Schiff verließ schließlich Odesa, wich einer Konfrontation mit einem regimetreuen Geschwader aus und steuerte Rumänien an, wo sich die aufständischen Matrosen den Behörden ergaben. Ihr Anführer Matjuschenko verbrachte einige Zeit in Europa und den Vereinigten Staaten und kehrte dann nach Odesa zurück, um den revolutionären Kampf fortzusetzen. Er wurde verhaftet, vor Gericht gestellt und in Sewastopol, dem Heimathafen der *Potemkin*, hingerichtet. Zum Zeitpunkt seiner Exekution war Matjuschenko, der zum Symbol der Revolution wurde, es jedoch ablehnte, einer Partei beizutreten, 28 Jahre alt.

Im Oktober 1905 erreichte die Streikwelle der Arbeiter ihren Höhepunkt. Ein Eisenbahnstreik legte das gesamte Reich lahm. In der Ukraine stellten Arbeiter an den wichtigsten Eisenbahnknotenpunkten – Kyjiw, Charkiw und Katerynoslaw – die Arbeit ein. Wenig später schlossen sich ihnen auch Industriearbeiter an. Bis Mitte Oktober hatten 120 000 ukrainische Arbeiter und fast zwei Millionen Arbeiter im ganzen Reich ihre Tätigkeit niedergelegt. Daraufhin änderte Nikolaus II. die Taktik und bot seinen rebellischen Untertanen ein gewichtiges Zugeständnis an. In einem Manifest vom 17. Oktober gewährte er grundlegende Bürgerrechte, darunter Gewissens-, Rede-, Versammlungs- und Vereinigungsfreiheit. Per Dekret wurde das allgemeine Wahlrecht für männliche Bürger des Reichs eingeführt und festgelegt, dass bei den Wahlen zur Duma – dem ersten russischen Parlament – auf die Repräsentation aller Schichten der Gesellschaft zu achten sei. Der Zar versprach, ohne Zustimmung der Duma keine neuen Gesetze zu verabschieden. Die absolute Monarchie war auf dem Weg, zur konstitutionellen zu werden. Das Manifest wurde von der liberalen Intelligenzija euphorisch begrüßt.

Als nach Bekanntgabe des Manifests die Massen jubelnd auf die Straßen der ukrainischen Großstädte strömten, zählten die Juden zu denen, die in der Menge besonders leicht erkennbar waren. Für die konservativen Anhänger der Monarchie standen sie in enger Verbindung mit den revolutionären Umtrieben und waren zudem schuld an allen Problemen, mit denen die Bevölkerung seit dem Beginn der Industrialisierung und der schnellen Urbanisierung zu kämpfen hatte. In vielen ukrainischen Städten endete der Jubel in einem Pogrom. In der Ukraine und im gesamten Ansiedlungsrayon, der die ehemaligen Provinzen Polen-Litauens und den ukrainischen Süden umfasste, waren Pogrome längst kein neues Phänomen. Die erste große Pogromwelle hatte 1881 stattgefunden: Nachdem Revolutionäre Zar Alexander II. ermordet hatten, machte man die Juden für seinen Tod verantwortlich. In der Stadt Chişinău in der heutigen Republik Moldau kam es 1903 zu einem Pogrom, das drei Tage und Nächte dauerte und 49 Menschen das Leben kostete. Es führte zu einem Aufschrei in der amerikanischen Presse und löste eine neue Welle jüdischer Auswanderung aus. Doch all diese früheren Pogrome verblassten im Vergleich zu denen von 1905. Im Oktober starben Hunderte Menschen bei Pogromen in Kyjiw, Katerynoslaw und Odesa. Tausende wurden verletzt und Zehntausende jüdischer Häuser und Unternehmen zerstört.

Das Kyjiwer Pogrom begann nach einer Demonstration, die den Sieg zelebrierte und zugleich das zaristische Manifest vom 17. Oktober als rein kosmetische Maßnahme des Regimes anprangerte. Als die Demonstrierenden das Stadtgefängnis angriffen, politische Gefangene frei ließen, das Denkmal für Nikolaus I. vor der Kyjiwer Universität entweihten, die kaiserlichen Insignien von der Fassade des Universitätsgebäudes entfernten, Flaggen des Russischen Reichs zerstörten und durch rote ersetzten und schließlich forderten, den Zaren zu hängen, gab die konservative Öffentlichkeit den Juden die Schuld an den Ausschreitungen. In der folgenden Nacht begannen Banden von Wanderarbeitern, orthodoxen Eiferern und Kriminellen, Juden und jüdisches Eigentum zu attackieren. »Ich geb dir gleich Freiheit, Verfassung und Revolution, ich geb dir Zarenbildnisse und die Krone«, brüllte einer der Angreifer. Insgesamt 27 Menschen wurden getötet, fast 300 verletzt und etwa 1800 jüdische Häuser und Geschäfte zerstört. Auf dem Chreschtschatyk, der Hauptstraße von Kyjiw, entging nur eines von 28 jüdischen Geschäften der Zerstörung.

Einer der bekanntesten jüdischen Autoren des 20. Jahrhunderts, Scholem Alejchem, verließ nach dem Pogrom die Stadt und das Land und wanderte ins ferne New York aus. Seine letzte Geschichte über den Milchmann Tewje dreht sich um ein bevorstehendes Pogrom.

Auch in den Tewje-Erzählungen, auf denen der Broadway-Klassiker *Anatevka* basiert, spielt das Thema eine wichtige Rolle. In der Geschichte wie im Musical zeigt der örtliche Wachtmeister Wohlwollen gegenüber den Juden. Das kam vor, aber oft blieb die Polizei bei Pogromen auch untätig und leistete damit der Gewalt Vorschub. So war es offenbar in Kyjiw. Erst zwei Tage nach Beginn des Pogroms fing die Polizei endlich an, gegen die Täter vorzugehen.

Das Kyjiwer Pogrom hatte viel mit den Hetzattacken gegen Juden in anderen großen Städten der Ukraine gemeinsam. Die Täter waren meist Arbeiter, die gerade erst aus den verarmten Dörfern Russlands und, in geringerem Maße, der Ukraine in die Städte zugewandert waren. Sie konkurrierten mit den Juden um Arbeit und fühlten sich von Funktionären der Stadt und der Betriebe sowie von den Unternehmern ausgebeutet und diskriminiert. In der jüdischen Bevölkerung fanden sie eine leichte Beute und ein »legitimes« Ziel: Mit den Angriffen bekundeten und verteidigten sie zugleich auch ihre »echt russische Identität« und ihre Verbundenheit mit den imperialen Prinzipien Autokratie, Orthodoxie und Nationalität. Auch Bauern schlossen sich an und plünderten jüdische Liegenschaften in Kleinstädten und am Rande von Großstädten. Diese Kriminellen fühlten sich legitimiert, über Grundstücke herzufallen, die sie bis dahin niemals angerührt hätten.

Auch wenn der Mob die Revolution mit den Juden in Verbindung brachte, war nur ein kleiner Teil der Aktivisten an der Spitze der Menge, die das Manifest des Zaren zugleich feierte und als unzureichend anprangerte, jüdischer Herkunft. Die Aktivisten gehörten im Übrigen verschiedenen politischen Organisationen an. Die Arbeiterstreiks und Demonstrationen wurden von Wladimir Iljitsch Lenins Bolschewiki angeführt, einem radikalen Flügel der Sozialdemokratischen Arbeiterpartei Russlands. Sie verurteilten das Manifest und wollten das Regime durch einen allumfassenden Streik und Aufstand stürzen. Der menschewistische Flügel der russischen Sozialdemokraten, der sich Lenins Diktat widersetzte, betrieb seine eigene Propaganda. Ebenfalls sehr aktiv war die russische Partei der Sozialrevolutionäre, die vor der Revolution unter anderem Ortsverbände in

Charkiw, Schytomyr und Tschernihiw gründete. Viele Juden schlossen sich den Sozialdemokraten – Menschewiki wie Bolschewiki – an. Aber es gab auch spezifisch jüdische politische Parteien. Eine davon, die bei den Ereignissen von 1905 eine besonders aktive Rolle spielte, war der Allgemeine Jüdische Arbeiterbund (kurz »Bund« genannt), eine sozialistische Partei, die jüdische Arbeiter und Handwerker vertrat.

Während die jüdische Beteiligung an der Revolution, meist unter den Bannern des Bundes, die Bedeutung nationaler und religiöser Minderheiten in dem sich entfaltenden revolutionären Kampf zeigte, weigerten sich die wichtigsten »allrussischen« Parteien, den Nationalitäten des Reichs nennenswerte Zugeständnisse zu machen. Auch an der Gründung der Russischen Sozialdemokratischen Arbeiterpartei waren führende Bund-Politiker beteiligt. Sie verließen diese jedoch, als Lenin den autonomen Status ihrer Organisation und ihr ausschließliches Recht, jüdische Arbeiter zu vertreten, infrage stellte. Die Bolschewiki und die Sozialdemokraten überhaupt glaubten an eine unteilbare Arbeiterbewegung und ein unteilbares Russisches Reich. Die Sozialrevolutionäre waren flexibler. Sie erkannten die Bedeutung kultureller Autonomie und waren bereit, eine föderale Struktur für den russischen Staat in Betracht zu ziehen. Diese Zugeständnisse reichten jedoch nicht aus, um die nationalen Minderheiten des Reichs von der Gründung eigener Parteien abzuhalten.

Die Ukrainer auf beiden Seiten der russisch-österreichischen Grenze hatten bereits in den 1890er Jahren begonnen, Parteien zu gründen. Damals schlossen sich überall in Europa politische Kräfte zu Parteien zusammen und gingen auf die Straße, um die Massen zur Unterstützung ihrer politischen Agenden zu organisieren. In der russisch regierten Ukraine wurde 1900 die erste Partei ins Leben gerufen. Ihre Anfänge nahm sie in Poltawa und Charkiw. Dort gründete eine Gruppe örtlicher Studenten, die sich keiner gesamtrussischen Partei anschließen wollten und die Zusammenführung sozialistischer und nationalistischer Ideen anstrebten, die Revolutionäre Ukrainische Partei. Die Aktivisten bauten in der Ukraine ein Netz von Parteiverbänden auf und begannen, unter den Bauern zu agitieren und zum Aufstand aufzurufen. Als Programm diente ihnen eine Rede des Charkiwer Anwalts Mykola Michnowskyj mit dem Titel »Unabhängige Ukraine«, die in Galizien als Broschüre gedruckt wurde. Damit rief die erste ukrainische Partei, die im Russischen Reich gegründet wurde, die Unabhängigkeit der Ukraine als ihr Ziel aus.

»Der fünfte Akt der großen historischen Tragödie ›Der Kampf der Nationen‹ hat begonnen, und ihr Ende steht kurz bevor«, schrieb Michnowskyj fast schon in Vorahnung der Katastrophen des kommenden Weltkriegs. Der Ausweg aus dem Albtraum eines Antagonismus der Großmächte werde »von neu befreiten Nationen aufgezeigt, die sich gegen alle Formen der Fremdherrschaft erhoben haben«. Weiter hieß es: »Wir wissen, dass sich auch unser Volk in der Lage einer versklavten Nation befindet.« Anschließend rief Michnowskyj das Ziel der nationalen Befreiung der Ukraine aus, und da er zudem auch Rechtsanwalt war, legte er ein rechtliches und historisches Argument dar, um das russisch-ukrainische Abkommen aufzukündigen, das Bohdan Chmelnyzkyj 1654 geschlossen hatte. Er erklärte, Russland habe gegen die Bedingungen dieses Abkommens verstoßen, indem es in die Rechte und Privilegien eingegriffen habe, die den Kosakenoffizieren zu Chmelnyzkyjs Zeiten gewährt worden seien. Bereits im 17. und frühen 18. Jahrhundert hatten die Hetmane Iwan Wyhowskyj und Iwan Masepa ähnlich argumentiert. Anders als sie rief Michnowskyj seine Landsleute jedoch nicht dazu auf, sich unter ein polnisches oder schwedisches Protektorat zu begeben, sondern dazu, sich vollständig zu befreien.

Die Schrift markierte einen Wendepunkt im politischen Denken der Ukrainer im Russischen Reich. Dass die erste ukrainische Partei sie als ihr Programm übernahm, verschaffte Michnowskyjs Vision Auftrieb. Doch bald schon spaltete sich die Partei, weil sie sich nicht einigen konnte, ob der Nationalismus oder der Sozialismus Vorrang haben sollte. Michnowskyjs These von der künftigen Unabhängigkeit der Ukraine wurde so noch einmal für siebzehn Jahre ad acta gelegt. Im Januar 1918 sollte sie in den Feuern einer weiteren Revolution wieder auf die Tagesordnung zurückkehren. Während der Revolution von 1905 strebten die meisten ukrainischen Politiker vorerst keine vollständige Unabhängigkeit an, sondern Autonomie in einem »befreiten« demokratischen und föderalen Russland. Bezeichnend für die gesellschaftliche Stimmung war der Erfolg der *Spilka* (»Union«) – einer sozialdemokratischen Partei, die aus Michnowskyjs Revolutionärer Ukrainischer Partei hervorgegangen, aber multiethnisch zusammengesetzt war und enge Verbindungen zu den russischen Sozialdemokraten und zum jüdischen Bund unterhielt. Im April 1905 zählte sie fast 7000 Mitglieder. Zu dem Erfolg trug auch bei, dass sie als Regionalorganisation der russischen Sozialdemokratie fungierte.

Das Oktobermanifest führte zu weiteren Veränderungen in der politischen Landschaft der Ukraine. In dem verzweifelten Bestreben, die politische Initiative wieder an sich zu bringen und die Opposition zu spalten, gewährte der Zar in dem Manifest den Bürgern Russlands Bürgerrechte und führte das Wahlrecht für Männer ein. Im Einklang mit dem Manifest wurde eine monarchistische Partei ins Leben gerufen, der Bund des 17. Oktober. Auch die liberal ausgerichtete Konstitutionelle Demokratische Partei bildete sich im Oktober; im November folgte die Gründung der nationalistischen und antisemitischen Vereinigung Bund des russischen Volkes. Die politische Landschaft der Ukraine war nun dreigeteilt: Es gab erstens die Sozialisten und Sozialdemokraten, vertreten durch die Spilka und eine Reihe »allrussischer« Parteien und Gruppierungen; zweitens die liberale ukrainophile Intelligenzija, die sich in der etwas irreführend benannten Ukrainischen Demokratisch-Radikalen Partei zusammenfand, welche mit den russischen Konstitutionellen Demokraten kooperierte; drittens die Abkömmlinge der kleinrussischen Richtung, die sich in monarchistischen Parteien wie dem Bund des russischen Volkes zusammenschlossen.

Was die ukrainische Nationalfrage betraf, führten alle drei Lager ihre Wurzeln auf die kulturelle Neubelebung der 1830er und 1840er Jahre zurück und beanspruchten Taras Schewtschenko als ihren Vorläufer. Dabei ging es ihnen allerdings nicht um den Sankt Petersburger Künstler und Intellektuellen: Schewtschenko war für sie der »Volksdichter« mit Kosakenschnurrbart und bäuerlichem Schaffellmantel. Er verschaffte ihnen den Zugang zu den Massen der Landbevölkerung – und im neuen Zeitalter der Massenpolitik konnte das den Sieg bringen. Doch nur ein Lager, die ukrainischen Liberalen, wandte sich auch in Schewtschenkos Sprache an das Volk. Nach über vierzig Jahren der Einschränkung war das durch die Revolution von 1905 endlich möglich geworden. Den Ausschlag gab ein Memorandum der Kaiserlichen Akademie der Wissenschaften vom Februar 1905, in dem die Aufhebung des Verbots ukrainischsprachiger Veröffentlichungen befürwortet wurde. Damit erkannte die akademische Gemeinschaft an, dass es sich bei Ukrainisch (»Kleinrussisch«) nicht um einen Dialekt, sondern um eine eigenständige Sprache handelte.

Im Oktober 1905, am selben Tag, an dem Nikolaus II. sein Manifest herausgab, wurden auch die offiziellen Beschränkungen für Publikationen auf Ukrainisch aufgehoben. Im Dezember 1905 erschienen dann bereits zwei ukrainischsprachige Zeitungen, die in Lubny und Poltawa gedruckt wurden. Im September 1906 begannen ukrainische Liberale in Kyjiw mit der Herausgabe der ersten ukrainischsprachigen Tageszeitung namens *Rada* (»Rat«). Von 1907 an publizierten sie die erste Zeitschrift auf Ukrainisch. Ein Jahr darauf folgte die erste wissenschaftliche Veröffentlichung. Zu diesem Zeitpunkt gab es insgesamt neun ukrainischsprachige Zeitungen mit einer Gesamtauflage von 20 000 Exemplaren. Und das war erst der Anfang: In den folgenden Jahren nahmen die ukrainischsprachigen Publikationen explosionsartig zu. Am stärksten vertreten waren illustrierte Broschüren mit humoristischem Inhalt, die zwischen 1908 und 1913 eine Gesamtauflage von fast 850 000 Exemplaren aufwiesen, gefolgt von Lyrik mit einer Gesamtauflage von fast 600 000 Exemplaren. Es zeigte sich, dass die ukrainischen Bauern lieber bei ihrer eigenen Sprache blieben, wenn sie sich Witze erzählten und Gedichte vortrugen.

Bei den Wahlen zur Ersten russischen Staatsduma im Frühjahr 1906 kämpften die Parteien dann erstmals um die Herzen und Köpfe der ukrainischen Massen. Die Sozialdemokraten traten freilich nicht an, während die Liberalen sehr gut abschnitten. Die radikalen Demokraten, die sich mit den russischen Verfassungsdemokraten zusammenschlossen, gewannen für ihre Mitglieder und Sympathisanten einige

Dutzend Sitze in der Duma. Nach ihrer Ankunft in Sankt Petersburg gründeten sie die Ukrainische Gemeinschaft, die die kulturellen und politischen Interessen der Ukraine unterstützen sollte. Von den 95 gewählten ukrainischen Abgeordneten traten 44 dieser Vereinigung bei. Doch die Erste Duma war nur von kurzer Dauer: Der Zar fand sie zu revolutionär und löste sie nach zwei Monaten auf. Anfang 1907 fanden die Wahlen zur Zweiten Duma statt, an denen diesmal auch die Sozialdemokraten teilnahmen. Die Spilka erzielte mit vierzehn gewählten Abgeordneten ein besseres Ergebnis als alle anderen ukrainischen Parteien mit Ausnahme der Monarchisten, die fast ein Viertel der Stimmen erhielten. Die ukrainischen Abgeordneten bildeten erneut eine Parlamentsfraktion, die diesmal 47 Mitglieder umfasste. Eines ihrer Projekte war die Einführung des Ukrainischen in öffentlichen Schulen. Es gedieh jedoch nicht sehr weit, da das Nachlassen der revolutionären Aktivitäten im Reich es dem Zaren ermöglichte, auch die Zweite Duma aufzulösen. Sie bestand etwas länger als die Erste, von März bis Juni 1907. Die Auflösung der Zweiten Duma markierte im Grunde das Ende der Revolution.

Die ukrainischen Aktivisten konnten sich bei vielem, was sie zwischen 1905 bis 1907 in Angriff nahmen – von der Bildung parlamentarischer Fraktionen bis zur Gründung ukrainischer Bildungs- und Wissenschaftsinstitutionen – auf die Errungenschaften ihrer Kollegen in Österreich-Ungarn stützen, wo das Zeitalter der Massenpolitik schon Jahrzehnte zuvor angebrochen war. Die russisch-österreichische Grenze erwies sich für die ukrainische Nationalbewegung nicht als Hindernis, sondern als Segen: Wenn es auf einer Seite schwierig wurde, trugen Aktivisten auf der anderen Seite die Fackel weiter und halfen ihren Brüdern und Schwestern. Seit den 1860er Jahren hatten die Dnipro-Ukrainer, die unter dem Verbot ukrainischsprachiger Publikationen litten, Hilfe von galizischen Ukrainophilen erhalten, diese aber auch umgekehrt unterstützt. Um die Wende des 20. Jahrhunderts konnten die Galizier der Dnipro-Ukraine nun erneut unter die Arme greifen.

Der damals vierzig Jahre alte Mychajlo Hruschewskyj, Professor für ukrainische Geschichte an der Universität Lwiw, spielte eine Schlüsselrolle, als es darum ging, die Erfahrungen aus Galizien auf die Dnipro-Ukraine zu übertragen. Nach einem Studium an der Universität Kyjiw kam er 1894 nach Galizien und machte sich auf beiden Seiten der russisch-österreichischen Grenze einen Namen als führender ukrainischer Gelehrter. Er begann mit der Arbeit an seiner mehrbändigen *Geschichte der Ukraine-Rus*, dem ersten akademischen Werk, mit dem eine vollkommen eigenständige, von der russischen verschiedene ukrainische Geschichtserzählung etabliert wurde. Die in Lwiw ansässige Wissenschaftliche Gesellschaft Schewtschenko, deren Präsident er war, entwickelte sich unter ihm zu einer Art nationalen Akademie der Wissenschaften, die es in der Ukraine bis dahin nicht gegeben hatte. Als Hruschewskyj von der Gründung der Ukrainischen Gemeinschaft in der Ersten Duma hörte, verließ er seine Studenten in Lwiw und zog nach Sankt Petersburg, um die Publikationen der Fraktion herauszugeben und die ukrainischen Abgeordneten zu beraten. In den folgenden Jahren verlegte er die Redaktion der Zeitschrift *Literaturno-naukowyj wisnyk* (»Literarisch-wissenschaftlicher Bote«), die er in Lwiw herausgegeben hatte, nach Kyjiw, wo er auch die Ukrainische wissenschaftliche Gesellschaft nach dem Vorbild der Wissenschaftlichen Gesellschaft Schewtschenko in Lwiw gründete.

Nach Hruschewskyjs Ansicht war die Befreiung Russlands – das Ziel der breiten liberalen Koalition, die sich am Vorabend der Revolution im Russischen Reich gebildet hatte – ohne die Befreiung der Ukraine nicht zu erreichen. Er strebte eine demokratische und autonome Ukraine innerhalb eines demokratischen föderalen russischen Staates an. Die ukrainische Intelligenzija rief er auf, ukrainischen Parteien beizutreten, anstatt ihre nationale Agenda »allrussischen« Zielen zu opfern. Zudem wandte er sich gegen Bestrebungen zu einem Zusammenschluss russischer Liberaler mit polnischen Nationalisten auf Kosten der politischen und kulturellen Ziele der Ukrainer. Er erklärte, zwischen Nationalitäten dürfe es keine separaten Abkommen geben, sondern alle müssten gleichberechtigt behandelt werden.

Hruschewskyj befürchtete, ein russisch-polnisches Abkommen über die Einführung der polnischen Sprache in den Schulen des ehemaligen Polen-Litauen werde zur Verdrängung der ukrainischen Sprache aus dem Schulsystem führen. Die Russifizierung der ukrainischen Lande in den Westprovinzen des Imperiums würde so durch die Polonisierung der ukrainischen Bauern abgelöst werden. Wie sich dann zeigte, sollte es dazu aber nicht kommen.

Hruschewskyjs Sorge hatte viel mit seinen Erfahrungen in Galizien zu tun. Dort dominierte die Ukrainische Nationaldemokratische Partei die ukrainische Politik. Sie wurde 1899 mit Unterstützung Hruschewskyjs und seines engen Verbündeten Iwan Franko – des bekanntesten galizischen Schriftstellers der Ukraine – gegründet und vereinte ukrainophile Populisten und sozialistische Radikale. Die Nationaldemokraten erklärten (noch vor Michnowskyjs Revolutionärer Ukrainischer Partei) die Unabhängigkeit der Ukraine zu ihrem Fernziel. Als unmittelbare Ziele verfolgten sie unter anderem die Aufteilung Galiziens in ukrainische und polnische Gebiete und die Gleichstellung der ethnischen Gruppen im Habsburgerreich. Diese Ziele stießen bei den polnischen Parteien auf wenig Gegenliebe. Die Polnische Nationaldemokratische Partei unter Führung von Roman Dmowski wollte die Ukrainer in die polnische Kultur integrieren, während die polnischen Sozialisten unter der Führung Józef Piłsudskis, der später Oberhaupt eines unabhängigen polnischen Staates werden sollte, für eine föderale Lösung der ukrainischen Frage plädierten. Zwischen den polnischen und ukrainischen Visionen für Galizien gab es wenig Spielraum für Kompromisse.

Bei den Wahlen zum Reichsrat und zum galizischen Landtag im Jahr 1907 – den ersten Wahlen, die auf dem Prinzip des allgemeinen Wahlrechts für Männer basierten – nahmen die polnisch-ukrainischen Beziehungen dann irreparabel Schaden. Die Ukrainer schnitten bei den Wahlen zum Reichsrat relativ gut ab, konnten jedoch die polnische Kontrolle über die Legislative in Galizien nicht brechen: Das Wahlgesetz bevorteilte die polnische Oberschicht und wurde zudem von polnischen Amtsträgern manipuliert. Das führte nicht nur zu einer Niederlage der ukrainischen Parteien, sondern sogar zu gewalttätigen Zusammenstößen mit mehreren Toten. Auch die Beziehungen zwischen Universitätsstudenten beider Volksgruppen waren äußerst feindselig. Hruschewskyj hielt es für nötig, eine Pistole mitzunehmen, wenn er seine Abendkurse gab. Als im April 1908 ein ukrainischer Student den polnischen Vizekönig von Galizien ermordete, erreichten die polnisch-ukrainischen Beziehungen einen neuen Tiefpunkt.

Die ukrainischen Nationaldemokraten verfehlten zwar ihr großes Ziel – die Teilung der Provinz und die Erlangung der ukrainischen Autonomie innerhalb Österreich-Ungarns –, doch waren sie recht erfolgreich bei der Umsetzung ihres Bildungs- und Kulturprogramms. In den 1890er Jahren, in einer kurzzeitigen Phase der Versöhnung zwischen den Ukrainophilen und dem polnischen Establishment, wurde in den Schulen Galiziens eine phonetische ukrainische Rechtschreibung eingeführt. Dabei blieb es, auch wenn sich die polnisch-ukrainischen Beziehungen im ersten Jahrzehnt des 20. Jahrhunderts wieder verschlechterten. Die erste Generation galizischer Ukrainer, die eine breite Schulbildung erhielten – am Vorabend des Ersten Weltkriegs gab es 2500 Grundschulen, die auf Ukrainisch unterrichteten –, lernte jetzt ganz selbstverständlich das Weltgeschehen in ukrainischer Sprache. Diese einfache Tatsache sollte für die kommenden Generationen zur Grundlage einer ausgeprägten ukrainischen Identität in der Region werden.

Die Russophilen, die für eine Form der russischen Sprache eintraten, verloren den Kampf um den Lehrplan und auch den an der Wahlurne. Bei den Wahlen von 1907 schmiedeten ukrainische Politiker Bündnisse mit jüdischen Kandidaten (mindestens zwei jüdische Abgeordnete des österreichischen Parlaments gewannen ihre Mandate mit der Unterstützung ukrainischer Wähler), während die Polen erfolglos versuchten, die Russophilen zu unterstützen. Die ukrainischen Parteien erhielten 22 Sitze im Reichsrat, die Russophilen nur zwei. Die russophile Bewegung stellte für die ukrainischen Populisten in Galizien keine ernsthafte Gefahr mehr dar.

Die ukrainischen Parteien im Russischen Reich befanden sich nach der Revolution von 1905 in einer völlig anderen Situation. Im Kampf um Einfluss unter den eigenen Leuten waren sie eher in der Defensive. Die ukrainische Sprache war zu keiner Zeit im Unterricht zugelassen, und nach dem Ende der Revolution begannen die Behörden, ukrainische Organisationen aufzulösen sowie ukrainischsprachige Publikationen zu schikanieren und deren Büros zu schließen. Russische nationalistische Organisationen hatten hingegen freie Hand, unter der ukrainischen Bauernschaft ihre Propaganda zu betreiben.

Die Regierung des konservativen russischen Premierministers Pjotr Stolypin verschaffte sich in den westlichen Grenzgebieten des Reichs politische Unterstützung, indem sie den radikalen russischen Nationalismus mobilisierte. Das neue Wahlgesetz erleichterte pronationalistischen Kandidaten den Wahlsieg. Wie überall im Imperium verbündeten sich auch in der Ukraine russisch-nationalistische Organisationen mit gleichgesinnten Würdenträgern und Priestern der russisch-orthodoxen Kirche und verbreiteten russischen Nationalismus und Antisemitismus unter der Land- und Stadtbevölkerung. Kyjiw wurde zum Schauplatz des skandalösesten Prozesses in der Geschichte des Russischen Reichs – der Beilis-Affäre, in der ein Jude des Ritualmords an einem christlichen Jungen angeklagt wurde. Das Mariä-Entschlafens-Kloster im wolhynischen Potschajiw wurde in den Jahren vor dem Ersten Weltkrieg zu einer Brutstätte des russischen Nationalismus und des Antisemitismus. In Wolhynien unterhielt der Bund des russischen Volkes den größten Regionalverband des gesamten Imperiums. Die Anhänger dieser und ähnlicher Organisationen nahmen für sich in Anspruch, die Interessen der Russen – beziehungsweise in der Ukraine die der Kleinrussen – gegen »ausländische« polnische und jüdische Ausbeuter zu verteidigen. Ihre Propaganda stellte die »Ausländer« als kapitalistische Blutsauger und revolutionäre Radikale dar.

Die Ergebnisse der ukrainischen Wahlen zur Dritten Duma (1907–1912) waren ein Beleg für die Anziehungskraft des russisch-imperialen Nationalismus. Von 41 in der Ukraine gewählten Abgeordneten wurden 36 als »echte Russen« bezeichnet – ein Begriff, der damals als Definition für russische Nationalisten verwendet wurde. Die Ermordung Pjotr Stolypins in Kyjiw im September 1911 durch einen russischen Sozialrevolutionär hatte keine Auswirkungen auf die zaristische Politik. Bei den Wahlen zur Vierten Duma erhielten russisch-nationalistische Parteien 70 Prozent der ukrainischen Stimmen – ein erstaunliches Ergebnis bei einem Anteil von nur 13 Prozent ethnischer Russen an der Bevölkerung der Ukraine. Obendrein war nicht nur die Mehrheit der russisch-nationalistischen Wähler, sondern auch die Mehrheit der von ihnen gewählten Abgeordneten ukrainischstämmig – zum Beispiel Anatolij Sawenko, Gründer des Kyjiwer Klubs russischer Nationalisten und ein hochrangiges Mitglied der Vierten Duma. Auch der Bund des russischen Volkes wurde in Kyjiw von einem ethnischen Ukrainer, Dmytro Pichno, geleitet. Die von ihm herausgegebene Kyjiwer Zeitung *Kiewlijanin* wurde zum Sprachrohr der nationalistischen Organisationen. Während der Revolution von 1905 hatte der radikale russische Nationalismus bei den Verfechtern der kleinrussischen Identität nahezu alles verdrängt, was an Bezügen zur spezifisch ukrainischen Tradition noch geblieben war.

Auch wenn die Revolution von 1905 in mehr als einer Hinsicht unvollendet bliebt, war sie doch ein Wendepunkt in der Geschichte der ukrainischen Nationalbewegung im Russischen Reich. Zum ersten Mal konnten ukrainische Aktivisten ihre Ideen unter das Volk bringen und deren Wirkung und Popularität prüfen. Erstmals überhaupt durften sie sich in ukrainischer Umgangssprache an die Massen wenden und ihre Gedanken über die Medien verbreiten. Sie gründeten überall im Land ukrainische Klubs und Niederlassungen der kulturellen Organisation Proswita. Von einem solchen Durchbruch ins öffentliche Leben hatten die Ukrainophilen früherer Zeiten nur träumen können. Die Aktivisten konnten in einem kurzen Zeitraum viel erreichen. Das Ende der Revolution, der seitens der Behörden reaktionäre Maßnahmen folgten, die von der radikalen Spielart des russischen Nationalismus unterstützt wurden, hinterließ die ukrainischen Parteien jedoch in einem Zustand der Konfusion und Desillusionierung. In der von Österreich regierten Ukraine hatten die Ukrainophilen die Befürworter der gesamtrussischen Idee besiegt, nicht aber den Einfluss der polnischen Parteien auf die galizische Politik brechen können. In beiden Reichen erklärten ukrainische Aktivisten die Unabhängigkeit der Ukraine zum Ziel. Doch so lange die wirtschaftlichen, sozialen und politischen Fundamente der imperialen Regime nicht erschüttert wurden, schien selbst das Erreichen lokaler Autonomie ihre Möglichkeiten zu übersteigen. Um die ukrainischen Träume von Unabhängigkeit oder auch nur Autonomie zu verwirklichen, war ein großes politisches Erdbeben erforderlich. Im August 1914 waren dessen erste Schockwellen zu spüren.

IV

DIE KRIEGE DER WELTEN

KAPITEL 18

DIE GEBURT EINER NATION

Am Morgen des 28. Juni 1914 wurden in Sarajewo zwei Schüsse abgefeuert. Mit dem ersten verwundete der 19-jährige Student Gavrilo Princip Erzherzog Franz Ferdinand von Österreich. Mit dem zweiten traf er Herzogin Sophie, die Frau des Erzherzogs. Beide starben noch vor dem Mittag. Darüber hinaus sollte es zu einem gewaltigen Kollateralschaden kommen. Als Princip den Abzug der Browning betätigte, löste er den Ersten Weltkrieg aus.

Gavrilo Princip, Mitglied einer serbisch-nationalistischen Organisation, hasste die Habsburger und träumte von einem einigen und freien jugoslawischen Staat auf dem Balkan. Die österreichisch-ungarische Regierung hegte andere Träume. Sie war entschlossen, das Reich zu erhalten, und nahm die Ermordung des Erzherzogs zum Anlass, um gegen Serbien in den Krieg zu ziehen und das Land, das sie als Anstifter eines slawischen Nationalismus innerhalb der Grenzen der Doppelmonarchie betrachtete, zu bestrafen. Russland schlug sich auf die Seite Serbiens, Deutschland stand hinter Österreich-Ungarn, und Großbritannien und Frankreich wiederum unterstützten Russland. Anfang August befand sich schließlich so gut wie ganz Europa im Krieg. Der Große Krieg, wie man ihn damals nannte, kostete weltweit 18 Millionen Menschen, Militärs wie Zivilisten, das Leben. Mehr als 22 Millionen wurden verwundet.

Historiker haben lange über die Ursachen für den ersten totalen Krieg in der Geschichte der Menschheit debattiert. Meist verweisen sie dabei auf die Unterteilung der Welt in zwei rivalisierende militärische Lager: Der Triple-Entente aus Großbritannien, Frankreich und Russland stand der Dreierbund der Mittelmächte Deutschland, Österreich-Ungarn und Italien (später durch das Osmanische Reich ersetzt) gegenüber. Wladimir Iljitsch Lenin betonte hingegen den Wettbewerb der Großmächte um die Kontrolle von Märkten und Ressourcen. Zu den weiteren Gründen zählen der Aufstieg der Massenpolitik in Europa und eine militärische Doktrin, die die Notwendigkeit einer schnellen Mobilmachung und die Vorteile eines Erstschlags hervorhob. All dies zusammen trug nicht nur zum Ausbruch des Konflikts bei, sondern auch dazu, dass die kriegführenden Staaten erst nach vier langen Jahren des Schlachtens in der Lage waren, ihn wieder zu beenden.

Bei der Frage nach den tiefer liegenden Ursachen des Krieges gilt es zugleich im Blick zu behalten, warum Princip in Sarajewo die Schüsse abfeuerte und warum Österreich-Ungarn entschied, in den Krieg zu ziehen. Der Grund war jeweils der wachsende Konflikt zwischen einem immer aggressiveren Nationalismus und dem rapiden Niedergang multiethnischer Großreiche. Der von einem nationalistischen Aktivisten ausgelöste Krieg richtete in diesen Reichen erheblichen Schaden an. Zu den Verlierern zählten nicht nur Österreich-Ungarn, sondern auch das Osmanische Reich und das Russische Kaiserreich: Ersteres löste sich vollständig auf, Letztere büßten ihre Monarchien sowie Teile ihrer Territorien ein und überlebten in anderer Form. Zu den Gewinnern gehörten die zahlreichen Nationalbewegungen, die anfingen, auf den Ruinen vormals unbezwingbarer imperialer Giganten ihre eigenen Staaten zu errichten. Obwohl es sich bei der Ukraine wahrlich nicht um einen Gewinner des Konflikts handelte, war sie eine der Nationen, die aufgrund des Krieges die Gelegenheit erhielten, einen eigenen Staat zu gründen.

In den ersten Monaten oder gar Jahren verhieß der Krieg für nationalistische Bewegungen von Minderheiten nichts Gutes. Vielmehr trat er eine Welle der Unterstützung für die herrschenden Dynastien und die imperiale Macht los. Die russische Regierung nutzte seinen Ausbruch, um weitere Restriktionen gegen ukrainophile Organisationen zu verhängen. Ukrainischen Aktivisten, von Regierungsbeamten oft »Masepisten« genannt – eine Anspielung auf den Hetman des 18. Jahrhunderts, der sich mit Schweden gegen Russland verbündet hatte –, wurden wie potenzielle Agenten Habsburgs behandelt. Trotz ihrer Loyalitätsbekundungen verbot die Regierung ukrainische Organisationen wie die Gesellschaften des Kulturvereins Proswita und schloss die letzten ukrainischen Publikationen, darunter die Tageszeitung *Rada*, ein Überbleibsel der liberalen Ära, die durch die Revolution von 1905 eingeläutet worden war. All dies machte die Hoffnung jener ukrainischen Entscheidungsträger zunichte, die den Krieg als Gelegenheit begriffen, eine vereinigte und autonome Ukraine innerhalb des russischen Staates zu gründen. Die Liberalen erklärten sich für neutral und weigerten sich, eine der kriegführenden Seiten zu unterstützen. Radikale Linke hingegen schlugen sich auf die Seite Österreichs in der Hoffnung, das Russische Reich zu besiegen.

Der Krieg begann mit beeindruckenden Siegen der Kaiserlich Russischen Armee. Im Norden drangen russische Truppen nach Preußen vor. Im Süden stürmten sie Galizien und die Bukowina. Anfang September nahmen sie Lwiw ein, und gegen Ende des Jahres kontrollierten sie die karpatischen Gebirgspässe, über die sie in Richtung Transkarpatien vorrückten. Auf die neuen Restriktionen gegen ukrainische Organisationen im Russischen Kaiserreich folgten Angriffe auf ukrainische Aktivisten in Österreich-Ungarn. Die russische Besatzung Galiziens und der Bukowina währte bis Mai 1915 – lange genug, um eine Ahnung von jener Zukunft zu bekommen, die das Romanow-Imperium für die Habsburger Ukrainer vorgesehen hatte. Die Besatzungsmacht schrieb sich die Wiedervereinigung und die Befreiung der panrussischen Nation auf die Fahnen und brachte die zuvor marginalisierte russophile Bewegung zurück ins Zentrum galizischer Politik. Die russische Verwaltung ersetzte Ukrainisch durch Russisch als Unterrichtssprache in den örtlichen Schulen und benannte das österreichische und jüdische Lemberg – polnisch Lwów und ukrainisch Lwiw – in das russische Lwow um.

Während Russland die Russophilen unterstützte, begann Österreich sie mit Beginn des Krieges zu verfolgen. Am 4. September 1914 kamen die ersten festgenommenen Aktivisten auf einem offenen Feld im Internierungslager Thalerhof nahe Graz an. Bald schon sollten ihnen Tausende verhaftete Russophile mitsamt ihren Familien folgen. Viele übten in ihren Gemeinden wichtige Funktionen aus – als Priester, Lehrer und Mitglieder der gebildeten Schichten –, doch in der Mehrzahl handelte es sich um einfache Bauern. Im Verlauf des Krieges wurden annähernd 20 000 Menschen in Thalerhof interniert, das als eines der ersten europäischen Konzentrationslager traurige Berühmtheit erlangte. Fast 3000 Gefangene starben an den Folgen von Kälte und Krankheit. Heute erinnert nur noch der Name einer Straße nahe dem Grazer Flughafen – Lagerstraße – an die Tragödie der galizischen und bukowinischen Russophilen. Andere wurden ins Gefängnislager Theresienstadt (Terezín) transportiert, eine Festungsstadt im heutigen Tschechien, die Gavrilo Princip zu ihren Insassen zählte. Er starb dort am 28. April 1918 an Tuberkulose, ein halbes Jahr vor Ende jenes Krieges, den zu entfesseln er seinen Beitrag geleistet hatte. In Kanada internierten die Behörden fast 4000 Ukrainer und befahlen weiteren 80 000, sich regelmäßig bei der Polizei zu melden. Sie wurden als »Fremde mit feindlicher Nationalität« behandelt. Die Nationalität, die man ihnen zuschrieb, war »Österreichisch«, da sie alle noch nicht lange aus Österreich-Ungarn emigriert waren.

Anders als die Russophilen bekannten sich die führenden Köpfe der ukrainischen Bewegung in Österreich-Ungarn zur Monarchie. Damit folgten sie dem Großteil ihrer bäuerlichen Anhänger, deren Lieblingslied in den Jahren vor dem Krieg von Kaiserin Elisabeth (Sisi) handelte, der Frau Kaiser Franz Josephs, die 1898 von einem italienischen Anarchisten ermordet worden war. Das Lied sprach von Elisabeth als »unserer Dame« und von Franz Joseph als »unserem Vater«. Mit Beginn des Krieges bildeten die ukrainischen Aktivisten den Obersten Ukrainischen Rat, dessen Name auf den Obersten Ruthenischen Rat des Revolutionsjahres 1848 Bezug nahm. Der Rat rief die erste ukrainische Militärformation in der österreichischen Armee ins Leben. Aus 10 000 Freiwilligen bildeten die Behörden eine Einheit von 2500 Mann, die sich die Sitscher Schützen nannte – eine Referenz an die Saporoger Sitsch und die Dnipro-Kosaken als Ausdruck der gesamtukrainischen Identität und der Ambitionen der galizischen Freiwilligen.

Die ukrainischen Politiker in Österreich-Ungarn verfolgten mit ihrem Programm zwei Ziele: zum einen die Teilung Galiziens und Autonomie für dessen ukrainische Gebiete, zum anderen die Gründung eines eigenen unabhängigen Staates auf dem Gebiet der von Russland beherrschten Ukraine. Um das zweite Ziel zu erreichen, schlossen sich die österreichisch-ungarischen Ukrainer nicht nur der kaiserlichen Armee an, sie unternahmen zudem den Versuch, aus den »Kleinrussen« unter den russischen Kriegsgefangenen Ukrainer zu machen. Diese Unternehmung wurde von der Union für die Befreiung der Ukraine angeführt, die in Wien gegründet worden war und vor allem aus Emigranten aus der Dnipro-Ukraine bestand, die wussten, wie man zu den eigenen Leuten sprach. Zu ihnen gehörte der künftige Vater des radikalen ukrainischen Nationalismus der 1920er und 1930er Jahre, der aus der Südukraine stammende Dmytro Donzow.

Im späten Frühjahr und im Sommer 1915 gelang es den Österreichern in einer gemeinsamen deutsch-österreichischen Offensive, den größten Teil Galiziens und der Bukowina zurückzuerobern. Dadurch wurde die Region vollständig von Russophilen gesäubert, die sich mit der russischen Armee Richtung Osten zurückzogen. »Sie gingen mit ihrem gesamten Hausstand, angeführt von ihren Dorfobersten, gefolgt von ihren Pferden, Kühen und den Wertgegenständen, die sie sich hatten schnappen können«, schrieb die Tageszeitung *Kyjiwskaja mysl* (»Kyjiwer Gedanke«) über den Exodus der Russophilen. Die meisten Flüchtlinge gelangten bis Rostow und an die untere Don-Region entlang der ethnischen Grenze zwischen Russen und Ukrainern. Dies war das letzte Kapitel in der Geschichte der russophilen Bewegung als wichtiger politischer Kraft: Diejenigen, die Thalerhof entgangen waren, verließen ihr Land jetzt in Richtung Russland. Im Frühjahr und im Sommer 1916 unternahm die russische Armee unter dem erfahrenen General Alexei Brussilow eine Großoffensive, bei der Wolhynien, die Bukowina und Teile Galiziens zurückerobert wurden. Doch dies erwies sich als der letzte Triumph eines Reichs, das wirtschaftlich und militärisch nahezu erschöpft war. Die großrussische Idee sollte schon bald nicht mehr nur in der von Habsburg regierten Ukraine angegriffen werden, sondern auch im Reich der Romanows.

Die Romanow-Dynastie, ja das Russische Reich als solches kamen Anfang März 1917 an ihr Ende. In den vorangegangenen Monaten hatten Versorgungsengpässe in Petrograd (so wurde Sankt Petersburg seit Kriegsbeginn genannt) dazu geführt, dass die Arbeiter streikten und die Soldaten meuterten. Die Duma-Führer überzeugten den nach Jahren des Krieges psychisch erschöpften Zaren Nikolaus II. abzudanken. Er überließ die Krone seinem Bruder, der jedoch ablehnte – die Duma-Führer sagten für den Fall seiner Thronbesteigung eine weitere Revolte voraus. Damit existierte die Dynastie nicht mehr: Der Druck der Straße, ein Soldatenaufstand und die Winkelzüge der vormals loyalen Duma hatten ihr ein Ende bereitet. Die Duma-Führer bildeten daraufhin eine provisorische Regierung, zu deren Aufgaben die Durchführung von Wahlen zu einer verfassunggebenden Versammlung gehörte, die über die Zukunft des russischen Staates entscheiden sollte.

Die Ereignisse in Petrograd, die als Februarrevolution in die Geschichte eingingen, überraschten die zuvor bereits in Bedrängnis geratenen führenden Köpfe ukrainischer Organisationen völlig. Mychajlo Hruschewskyj, eine Schlüsselfigur der ukrainischen Nationalbewegung in Galizien wie auch während der Revolution von 1905 in der Dnipro-Ukraine, arbeitete in der Moskauer Stadtbibliothek gerade an einem Artikel, als er von draußen Lärm und laute Stimmen hörte. Als er den Bibliothekar fragte, was los sei, erfuhr er, dass dies eine Revolution war: Moskauer zogen zum Kreml, um dieses Symbol russischer Eigenstaatlichkeit unter ihre Kontrolle zu bekommen. In Kyjiw schufen Vertreter ukrainischer politischer und kultureller Organisationen Anfang März ein Koordinierungsgremium, das sie *Zentralna Rada* nannten. Sie wählten Hruschewskyj zu dessen Vorsitzenden und erwarteten seine schnelle Ankunft in Kyjiw. Als er eintraf, unterstützte er die junge Generation ukrainischer Aktivisten, von denen die meisten Studenten und Berufstätige in ihren Zwanzigern waren.

Nur wenige von Hruschewskyjs alten Mitstreitern des moderaten Flügels der ukrainischen Bewegung (die sich nun »Gesellschaft der ukrainischen Fortschrittler« nannte) schlossen sich den jungen Revolutionären an. Sie hatten die Revolution von 1905 miterlebt und wussten, dass Revolutionen in der Reaktion endeten. Deshalb waren sie bereit, gegen Zugeständnisse im kulturellen Bereich dem Regime gegenüber Loyalität zu bezeugen. Ihr oberstes Ziel war es, das Ukrainische zur Unterrichtssprache zu machen. Hruschewskyj glaubte, dass sie sich irrten: Es war nicht die Zeit für Bildungsreformen, sondern es ging nun vielmehr darum, territoriale Autonomie für die Ukraine in einem reformierten russischen Staat zu verlangen. Für viele Veteranen der ukrainischen Bewegung klang dies angesichts der schwierigen Geschichte ukrainischer Forderungen an die zaristische Regierung zu ehrgeizig, wenn nicht gar unrealistisch. Hruschewskyj und seine jungen, enthusiastischen Anhänger waren jedoch anderer Meinung.

Im März begannen sie mit ihren Aktivitäten, zunächst von einem Raum im Erdgeschoss des Pädagogischen Museums im Zentrum Kyjiws aus. Sie schufen ein Generalsekretariat – die Regierung der autonomen Ukraine –, das von Wolodymyr Wynnytschenko, einem führenden modernistischen Schriftsteller, angeführt wurde. Wynnytschenko, der auf Russisch und Ukrainisch schrieb, war der erste Ukrainer seit Nikolai Gogol, der in Russland selbst eine nennenswerte Leserschaft erreicht hatte. Die neue Regierung beanspruchte die Zuständigkeit für einen Großteil der heutigen Ukraine einschließlich der Gouvernements Kyjiw, Podolien, Wolhynien, Tschernihiw und Poltawa. Im Juli erkannte die Provisorische Regierung in Petrograd sie als die Regionalregierung der Ukraine an.

Wie konnte all das geschehen? Wie konnte sich die ukrainische Idee, die nach der Revolution von 1905 eine Randerscheinung darstellte, gegen die Zukunftsvisionen russischer Liberaler und Sozialdemokraten sowie der Befürworter eines großrussischen Nationalismus aus den Reihen »wahrer russischer« Patrioten durchsetzen? In der revolutionären Atmosphäre der Zeit erwies sich die Mischung aus liberalem Nationalismus und Sozialismus, wie sie die jungen Rada-Führer anboten, als unwiderstehliche Ideologie. Die politisch aktive Öffentlichkeit kam zu dem Schluss, dass die von den ukrainischen Parteien befürwortete territoriale Autonomie der Ukraine der einzige Ausweg war aus all den militärischen, wirtschaftlichen und sozialen Problemen, die das Land bedrängten. Und so folgte man der Zentralna Rada, der einzigen Institution, die in der Lage war, die beiden in diesem Moment wichtigsten Anforderungen zu erfüllen: Land und Frieden.

Die Soldaten, die den Krieg so schnell wie möglich beenden wollten, unterstützten die Rada scharenweise und voller Begeisterung. Während die Provisorische Regierung in Petrograd damit beschäftigt war, eine neue Offensive an der Ostfront zu lancieren, und die Soldaten anflehte, bis zum Ende an der Seite der Briten und Franzosen zu kämpfen, versprach die Zentralna Rada Frieden und wurde in dieser Hinsicht zur letzten Hoffnung der von Kampfhandlungen verwüsteten Ukraine. Die »ukrainisierten« Armeeeinheiten – Abteilungen mit Rekruten aus ukrainischen Provinzen, die man im Lauf des Jahres 1917 an den ukrainischen Frontabschnitt verlegt hatte – erklärten der Rada ihre Loyalität. Insgesamt handelte es sich dabei um fast 300 000 Rekruten. Diesen kriegsmüden Bauern in Soldatenuniform ging es nicht nur darum, nach Hause zurückzukehren, sie wollten dort auch rechtzeitig zur Umverteilung großer Adelsländereien ankommen, deren Durchführung die Zentralna Rada trotz starker Widerstände der landbesitzenden Klassen versprochen hatte. Die ukrainische Bauernschaft, die politisch von der Ukrainischen Partei der Sozialrevolutionäre, der größten Partei in der Rada, dominiert wurde, stand zuverlässig aufseiten der Rada.

Im Verlauf des Sommers 1917 war aus der Zentralna Rada, ursprünglich kaum mehr als ein Koordinierungsausschuss ukrainophiler politischer und kultureller Organisationen, das Parlament des Landes geworden. Allukrainische Versammlungen von Bauern, Arbeitern und Soldaten entsandten ihre Vertreter dorthin, ebenso die nationalen Minderheiten. Mychajlo Hruschewskyj forderte seine Anhänger eindringlich auf, eine Wiederholung der Pogrome von 1905 nicht zuzulassen, und er versprach Juden, Polen und Russen kulturelle Autonomie innerhalb einer selbstverwalteten Ukraine in einem

Bund mit Russland. Im Gegenzug schlossen sich die jüdischen sozialistischen Parteien der Rada an und unterstützten die Idee einer ukrainischen Gebietsautonomie. Gleiches galt für die linksgerichteten Vertreter anderer Minderheiten. Die Rada umfasste nun mehr als 800 Mitglieder. Bereits vorher schufen ihre führenden Mitglieder ein kleineres ständiges Gremium, die Kleine Rada, um die Arbeit des neuen Revolutionsparlaments zu koordinieren.

Dutzende prominenter Ukrainer kehrten aus Petrograd und Moskau, das die Bolschewiki im März 1918 zur neuen Hauptstadt Russlands gemacht hatten, nach Kyjiw zurück, um beim Aufbau einer neuen Ukraine mitzuwirken. Einer von ihnen, Heorhij Narbut, ein Künstler von internationalem Ruf, war Mitgründer der Nationalen Akademie der Bildenden Künste und Architektur. Er war entscheidend am Entwurf des ukrainischen Wappens und der ersten Banknoten und Briefmarken des Landes beteiligt. Das Wappen enthielt zwei historische Symbole: einen Dreizack, der dem Emblem des Fürsten Wolodymyr von Kyjiw entlehnt war, und das Bildnis eines Kosaken. Der neue Staat erklärte damit die Kyjiwer Rus und das kosakische Hetmanat zu seinen Vorläufern. Die zwei Farben des Wappens, blau und gelb, stammten aus Galizien, wo sie über Jahrhunderte Teil des Wappens gewesen waren. Sie symbolisierten die Einheit der ukrainischen Länder auf beiden Seiten der Ostfront im Ersten Weltkrieg.

In der neu geschaffenen ukrainischen Autonomie war gleichwohl nicht alles rosig. Der Rada war es nicht gelungen, einen brauchbaren Staatsapparat zu etablieren oder aus den Hunderttausenden von Offizieren und Soldaten verlässliche Streitkräfte zu bilden, die ihr die Treue schworen. Schriftsteller, Wissenschaftler und Studenten, die sich an der Spitze des neuen Parlaments wiederfanden, waren damit beschäftigt, den romantischen Traum einer nationalen Revolution zu leben und den alten Staatsapparat zu zerstören. Im Herbst 1917 wurde das Fehlen einer funktionierenden Regierung und einer loyalen Armee zum Problem, als die Zentralna Rada aufgrund ihrer Unfähigkeit, früher gegebene Versprechen zu erfüllen, die Kontrolle über die Lage verlor. In den Städten, wo die Unterstützung für die Rada auf 9 bis 13 Prozent sank (einzige Ausnahme war Kyjiw mit 25 Prozent), verlagerte sich die Macht allmählich hin zu den von den Bolschewiki dominierten Sowjets (»Räte«). Auf dem Land nahm die Unruhe immer weiter zu, da die Zentralna Rada weder für Grund und Boden noch für Frieden sorgen konnte. Die Bauern begannen auf eigene Initiative staatliche und adlige Ländereien zu beschlagnahmen.

Der bolschewistische Putsch in Petrograd, der im Nachhinein als Oktoberrevolution bekannt werden sollte, war für die Entwicklungen in der Ukraine von entscheidender Bedeutung. Als unmittelbare Reaktion auf den Staatsstreich rief die Zentralna Rada die Ukrainische Volksrepublik aus – als einen eigenständigen Staat, der aber föderal mit Russland verbunden bleiben sollte. Darüber hinaus beanspruchte sie als neue Gebiete die Gouvernements Katerynoslaw, Charkiw und Cherson, dazu Teile der Gouvernements Taurien, Kursk und Woronesch, die von ethnischen Ukrainern besiedelt wurden. Diese Maßnahmen bedeuteten das Ende der kurzlebigen Zusammenarbeit zwischen der Zentralna Rada und den Bolschewiki, die ihre Aktionen in Kyjiw so koordiniert hatten, dass sie die der Provisorischen Regierung loyalen Truppen besiegten. Die Konfrontation zwischen der ukrainischen Regierung in Kyjiw und der bolschewistischen Regierung in Petrograd hatte begonnen.

Die Bolschewiki kamen in Russland an die Macht, indem sie die Kontrolle über die Sowjets übernahmen – eine neue Regierungsform, die von Arbeiter-, Bauern- und Soldatenvertretern geschaffen und von mehreren politischen Parteien bekämpft worden war. Der Oktoberputsch, der die Provisorische Regierung zu Fall brachte, wurde vom Zweiten Allrussischen Sowjetkongress abgesegnet, der während des Putsches in Petrograd abgehalten und von den Bolschewiki und ihren Verbündeten beherrscht wurde. Sie versuchten es in der Ukraine mit derselben Taktik und beriefen eine Sitzung des Ukrainischen Sowjetkongresses ein, die im Dezember 1917 in Kyjiw stattfinden sollte. Die meisten Delegierten entpuppten sich jedoch als bäuerliche Anhänger der Zentralna Rada, weshalb der geplante bolschewistische Putsch in Kyjiw am Ende scheiterte.

Es sollte nur ein vorübergehender Rückschlag sein. Die bolschewistischen Organisatoren verließen Kyjiw in Richtung Charkiw, wo Ende Dezember ein Kongress von Sowjets aus dem industriellen Osten des Landes stattfand. Dort wurde am 25. Dezember 1917 die Schaffung eines virtuellen Staats, der Ukrainischen Volksrepublik der Sowjets, ausgerufen (Charkiw selbst sollte später die Hauptstadt der Sowjetukraine werden). Anfang Januar 1918 drangen bolschewistische Truppen aus Russland in die Ukraine ein und zogen unter der Flagge des neuen virtuellen Staats in Richtung Kyjiw. Angeführt vom russischen Offizier Michail Murawjow, rückten sie auf dem Schienenweg vor und übernahmen die Kontrolle wichtiger Industriezentren, wo sie von Arbeiterkommandos, die von den Bolschewiki mobilisiert worden waren, unterstützt wurden. Die Zentralna Rada hatte damit de facto die Kontrolle über die Industriestädte verloren, wo sie zwar die liberale Intelligenzija beherrschte, nicht aber die Arbeiter. Sie verfügte außerdem über zu wenige Truppen, um sich gegen die russische Invasion zur Wehr zu setzen. Jene militärischen Einheiten, die im Sommer 1917 der ukrainischen Unabhängigkeit ihre Unterstützung zugesagt hatten, waren an die Front geschickt worden. Nun sahen sich die Führer der Zentralna Rada gezwungen, die vollständige Unabhängigkeit ihres Staates von Russland zu erklären, hatten aber keine Truppen, um sie zu verteidigen.

Am 22. Januar 1918 erließ die Zentralna Rada ihren Vierten und letzten Universal (Verfügung), in dem die Unabhängigkeit der Ukraine erklärt wurde. Am 24. Januar wurde er Gesetz. »Die Ukrainische Volksrepublik wird hiermit ein unabhängiger, freier und souveräner Staat des ukrainischen Volkes, von niemandem abhängig«, hieß es darin. Als er den Gesetzesentwurf der Rada vorlegte, betonte Mychajlo Hruschewskyj die beiden unmittelbar damit verbundenen Ziele: Der Universal sollte die Unterzeichnung eines Friedensvertrags mit Deutschland und Österreich ermöglichen – nur ein unabhängiges Land war hierzu befähigt –, und er sollte die Ukraine vor der bolschewistischen Invasion und dem Aufstand der Roten Garden schützen, Arbeitermilizen, die von den Bolschewiki in den großen Industriezentren organisiert wurden. Die historische Bedeutung des Vierten Universals reichte jedoch weit über seine unmittelbaren Ziele hinaus. Er war der erste offene Bruch der Ukraine mit Russland seit den Zeiten Iwan Masepas. Die Idee eines unabhängigen ukrainischen Staates, die nur siebzehn Jahre zuvor in der Dnipro-Ukraine erstmals formuliert worden war, hatte eine breite politische Legitimität erlangt. Der Geist der Unabhängigkeit war damit aus der imperialen Flasche entwichen.

»Wir wollen in Frieden und Freundschaft mit unseren Nachbarstaaten leben: mit Russland, Polen, Österreich, Rumänien, der Türkei und anderen, doch keiner von ihnen hat das Recht, sich in das Leben der unabhängigen Ukrainischen Republik einzumischen«, hieß es in dem Universal. Das war natürlich einfacher gesagt als getan. Russische Truppen näherten sich Kyjiw aus dem Norden und von Osten, während Bolschewiki im Arsenalwerk der Stadt, der wichtigsten Militärfabrik des Landes, deren Gebäude heute als Kunstzentrum und Ausstellungshalle dienen, einen Arbeiteraufstand anzettelten. Es fehlte an verlässlichen Truppen, nachdem die bolschewistischen Versprechen von Grund und Boden, Frieden und einem revolutionären Wandel der Gesellschaft viele auf deren Seite gelockt hatten. Die Rada ordnete die Mobilmachung an. Am Bahnhof von Kruty in der Region Tschernihiw stellte sich eine 400 Mann starke Truppe aus ukrainischen Studenten und Kadetten anrückenden bolschewistischen Streitkräften entgegen, die aus Seeleuten der Baltischen Flotte und Einheiten aus Petrograd bestanden. Insgesamt 27 der ukrainischen Kämpfer fielen den Feinden in die Hände und wurden als Vergeltung für den Widerstand, den sie dem bolschewistischen Vormarsch fünf Stunden lang geleistet hatten, erschossen. Im historischen Gedächtnis der Ukraine wurden sie zu den ersten Märtyrern der nationalen Unabhängigkeit. Ihnen sollten viele weitere folgen.

Am 9. Februar 1918 verließ die Zentralna Rada Kyjiw und zog sich Richtung Westen zurück. In dieser Nacht unterzeichneten ihre Vertreter in Brest, der Stadt an der heutigen Grenze zwischen Polen und Belarus, einen Friedensvertrag mit den Mittelmächten Deutschland, Österreich und ihren Verbündeten. Nachdem sie sich im Sommer und Herbst 1917 geweigert hatte, eine reguläre Armee zu bilden, blieb der Zentralna Rada nun keine andere Wahl, als jenseits der ukrainischen Grenzen nach Schutz zu suchen. Die ukrainischen Delegierten stimmten einer militärischen Intervention Deutschlands und Österreichs zu, die auch umgehend begann: Vom langen Krieg ausgezehrt, benötigten die Streitkräfte und die Volkswirtschaften der Mittelmächte landwirtschaftliche Erzeugnisse, und die Ukraine hatte damals bereits den Ruf als Kornkammer Europas. Die Verhandlungspartner einigten sich auf den »gegenseitigen Austausch der Überschüsse (...) wichtiger landwirtschaftlicher und industrieller Produkte«. Im Tausch gegen ukrainisches Getreide boten die Mittelmächte ihre gut bestückte und gut geölte Kriegsmaschinerie. Nur zehn Tage nach Unterzeichnung des Abkommens walzte sie in die Ukraine, und bereits am 2. März hatte sie die Bolschewiki aus Kyjiw vertrieben. Die Zentralna Rada kehrte in das Gebäude des Pädagogischen Museums zurück, und die Studenten, die bei Kruty gestorben waren, wurden mit militärischen Ehren auf Askolds Grab bestattet, der Begräbnisstätte des legendären ersten Wikingerfürsten von Kyjiw.

Die Bolschewiki waren auf dem Rückzug, und da es ihnen nicht möglich war, den Vormarsch der deutschen und österreichischen Truppen (etwa 450 000 Soldaten) mit militärischen Mitteln aufzuhalten, versuchten sie es auf diplomatischem und juristischem Weg. Sie schufen auf dem Papier virtuelle Volksrepubliken im Südosten der Ukraine und erklärten deren Unabhängigkeit. Zu den Sowjetrepubliken Odesa und Donez-Krywyj Rih, die in Opposition zur Zentralna Rada gegründet worden waren, gesellte sich so nun die Republik Taurien. Die Mittelmächte schenkten dem keine Beachtung. Mit Hilfe ukrainischer Truppen nahmen sie sogar die Krim ein – auf die die Zentralna Rada nie Anspruch erhoben hatte –, ohne sie jedoch in die von Kyjiw aus regierte Ukrainische Volksrepublik zu integrieren. Schon bald wurden die Bolschewiki aus der Ukraine zurückgedrängt und sahen sich gezwungen, deren Unabhängigkeit anzuerkennen, um ihrerseits einen Friedensvertrag mit den Mittelmächten schließen zu können.

Der neue ukrainische Staat war nun nicht nur de jure, sondern auch de facto unabhängig von Russland. Doch seine Unabhängigkeit von den Mittelmächten, denen die Zentralna Rada die Lieferung von einer Million Tonnen Getreide zugesagt hatte, war alles andere als selbstverständlich. Dies wurde Ende April 1918 nur allzu deutlich, als deutsche Militärbehörden die Rada auflösten, da sie bezweifelten, dass deren von Sozialisten dominierte Regierung das versprochene Getreide auch tatsächlich liefern werde. Die Auflösung ereignete sich nur wenige Tage nachdem die Rada sich bereit erklärt hatte, ihre Verbündeten mit der zuvor erwähnten Million Tonnen Getreide sowie einer bedeutenden Menge anderer landwirtschaftlicher Produkte zu beliefern. Der von den Deutschen angezettelte Putsch brachte die Regierung von General Pawlo Skoropadskyj an die Macht, seines Zeichens Nachkomme des kosakischen Hetmans aus dem 18. Jahrhundert. Skoropadskyj hatte zutiefst konservative Ansichten und vertrat die Interessen der ukrainischen Grundbesitzerklasse. Er erklärte sich zum Hetman des neuen Staats und appellierte damit gewissermaßen an das historische Gedächtnis der Massen. In der Tradition früherer Hetmane herrschte er wie ein Diktator, dessen Macht nur durch eine fremde Autorität beschränkt wurde – dem deutschen und österreichischen Kommando.

Aus dem russischen kulturellen Milieu kommend, war Skoropadskyj im Revolutionsjahr 1917 sehr schnell zum Ukrainer geworden, als ihm die Provisorische Regierung das Kommando über ihre neuen ukrainischen Militäreinheiten übertrug – ein verzweifelter Versuch, den Krieg weiterzuführen, indem man die Nationalitäten beschwichtigte. Zunächst befürwortete er die Idee einer autonomen Ukraine, war dann später aber für die Unabhängigkeit. Ihr (und seinen deutschen Unterstützern) sollte er sich bis zu seinem Lebensende in Deutschland im April 1945 verpflichtet fühlen, als ihn eine Bombe der Alliierten tötete. Skoropadskyjs Herrschaft erwies sich als Segen für den Aufbau des ukrainischen Staates und seiner Institutionen. Zum ersten Mal erhielt das Land eigene Banken und ein funktionierendes Finanzsystem. Der Hetman rekrutierte Beamte aus der Zarenzeit, die Ministerien leiten und lokale Regierungsstellen einrichten sollten, und ehemalige zaristische Offiziere halfen beim Aufbau militärischer Einheiten. Im Bereich der Bildung gründete die Ukraine ihre eigene Akademie der Wissenschaften, die erste Nationalbibliothek und ein

TEIL IV

Nationalarchiv. Außerdem entstanden drei neue Universitäten in Katerynoslaw, Kamjanez-Podilskyj und Kyjiw. Obwohl Skoropadskyj die ukrainische Sprache nie gänzlich beherrschte, half er den alten Traum der ukrainophilen Intelligenzija zu erfüllen – die Einführung der ukrainischen Sprache in das Schulsystem, die schon die Zentralna Rada angestoßen hatte.

Ungeachtet seiner Errungenschaften im institutionellen Sektor war Skoropadskyjs Herrschaft den sozialistischen Meinungsführern der Zentralna Rada verhasst. Sie weigerten sich, mit dem neuen Regime zusammenzuarbeiten, das sie, oft aus guten Gründen, für eine Schöpfung und zugleich für einen Unterschlupf russischer Konservativer hielten, die von der bolschewistischen Revolution aus Russland vertrieben worden waren. Viele von ihnen gingen deshalb in den Untergrund und schmiedeten Pläne für ihr politisches Comeback. Ein Aufstand gegen den Hetman lag in der Luft. Unter Arbeitern, deren tägliche Arbeitszeit auf zwölf Stunden verlängert wurde, war das Regime ebenso unbeliebt wie unter Bauern, deren Ernten von den Behörden konfisziert wurden. Im Spätsommer 1918 befanden sich Tausende von Arbeitern im Streik, und fast 40 000 Bauern hatten sich bewaffneten Einheiten angeschlossen – der Nachkriegsukraine fehlte es wahrlich nicht an ausgebildetem militärischem Personal. Die von deutschen Truppen ausgeführten Strafexpeditionen verschärften die Lage zusätzlich. Im Frühherbst war dann das Ende des Regimes bereits abzusehen. Es versuchte sich zu retten, indem es das Banner einer Föderation mit dem nichtbolschewistischen Russland hochhielt, doch dieser verspätete Versuch, die Entente zu beschwichtigen, die die Idee eines vereinten russischen Staates unterstützte, ging nach hinten los. Die symbolische Aufgabe der ukrainischen Unabhängigkeit verärgerte nur die sozialistischen Führer der Zentralna Rada, die aktiv daran arbeiteten, den Hetman zu stürzen. Doch mehr als alles andere war es das Ende des Krieges, das auch dem Skoropadskyj-Regime ein Ende bereitete.

Am 11. November 1918 unterzeichneten Vertreter des Deutschen Reichs im Wald von Compiègne nördlich von Paris einen Waffenstillstand mit ihren französischen und britischen Gegenspielern. Das Ende der Kampfhandlungen bedeutete, dass deutsche und österreichische Truppen aus der Ukraine abziehen würden. Drei Tage später, am 14. November, erhob sich das Direktorium, ein nach der Regierung des revolutionären Frankreichs benanntes und vom ehemaligen Vorsitzenden der Rada, Wolodymyr Wynnytschenko, geführtes Revolutionskomitee, offen gegen den Hetman. Das Direktorium gestattete den deutschen und österreichischen Truppen den Abzug, und am 15. Dezember marschierten seine Truppen, die aus aufständischen Bauern und aus Militäreinheiten bestanden, die den Hetman im Stich gelassen hatten, in Kyjiw ein. Das Hetmanat existierte nicht mehr. Eine Schöpfung des Krieges, die von einer der Kriegsparteien unterstützt worden war, erwies es sich als unfähig, auf sich allein gestellt zu überleben. Die Ukrainische Volksrepublik war zurück und übernahm gerne die von ihrem Vorgänger geschaffenen Institutionen. Ihre Kontrolle über Kyjiw war jedoch alles andere als gesichert. Die Bolschewiki, die sich nur Monate zuvor vor den heranrückenden Deutschen und Österreichern hatten zurückziehen müssen, bereiteten sich darauf vor, die Ukraine zurückzuerobern.

In Galizien, auf der anderen Seite der Frontlinie, beschleunigte das Ende des Weltkriegs die Schaffung eines weiteren ukrainischen Staates, der bald als Westukrainische Volksrepublik bekannt werden sollte. Er begann sich im Oktober zu formieren, nachdem der neue Kaiser Karl I. die Föderalisierung Österreich-Ungarns angekündigt hatte. Die ukrainischen Führer erhoben daraufhin Anspruch auf ihre ethnischen Territorien Galizien, die Bukowina und Transkarpatien. Österreich-Ungarn erlebte seine letzten Tage: Der letzte Akt, die Unterzeichnung des Waffenstillstandsabkommens mit der Entente, der mittlerweile die Vereinigten Staaten beigetreten waren, fand am 3. November 1918 statt. Die von Wien und Budapest aus regierten Nationalitäten wollten endlich das kaiserliche Gefängnis verlassen, doch der Fall der Doppelmonarchie, die den November nicht überleben sollte, hatte jede Menge konkurrierender Gebietsansprüche zur Folge. Insbesondere Ukrainer und Polen gingen sich an die Gurgel, um die Kontrolle über Galizien zu erlangen. Trotz zahlreicher Versprechen war es der Wiener Regierung nicht gelungen, die Provinz in westliche und östliche Gebiete zu teilen, und nun beanspruchten die Polen die gesamte Region für sich.

Die Ukrainer schlugen am Morgen des 1. Novembers 1918 als Erste zu und übernahmen die Kontrolle über Lwiw – eine Stadt, deren Umland zwar von Ukrainern bewohnt wurde, in der jedoch zu großen Teilen polnische und jüdische ethnische Gruppen lebten. Sie erklärten noch am selben Tag die Unabhängigkeit des brandneuen ukrainischen Staats. Die Polen schlugen zurück und beanspruchten die Stadt zwanzig Tage später für sich. Die Führung der Westukrainischen Volksrepublik, an deren Spitze der bekannte Rechtsanwalt Jewhen Petruschewytsch stand, musste ihr Hauptquartier nach Osten verlegen, zunächst nach Ternopil und später nach Stanyslawiw (das heutige Iwano-Frankiwsk). Es war der Beginn eines längeren und blutigen polnisch-ukrainischen Krieges. Am 1. Dezember 1918 beschlossen Vertreter der beiden ukrainischen Republiken, der westlichen wie der östlichen, ihre Kräfte zu bündeln und einen einzigen Staat zu bilden. Sie benötigten so viel Einigkeit, wie sie nur aufbringen konnten, denn die Zukunft sah für beide nicht rosig aus. Der Erste Weltkrieg, von dem sich viele erhofft hatten, dass er allen Kriegen ein Ende setzen würde, löste bereits zum Zeitpunkt seiner Beendigung neue Kriege aus.

Der Große Krieg hatte mit dem Versuch Österreichs begonnen, seinen Einfluss auf seine slawischen Volksgruppen zu wahren, und damit, dass Russland sich als panslawische Schutzmacht des Balkans gerierte und versuchte, seine panrussische Identität nach Österreich-Ungarn hinein auszuweiten. Beide Imperialmächte verloren. In Ost- und Mitteleuropa schwächte und zerstörte der Krieg ganze Reiche, während Sozialrevolutionen der alten Ordnung ein Ende bereiteten. Wie der Rest Europas tauchte die Ukraine als völlig anderer Ort aus den Katastrophen des Krieges auf – erschüttert und mit einer zerstörten Volkswirtschaft, einer dezimierten Bevölkerung, mobilisierten ethnischen Gruppen und gegensätzlicheren Ideologien als je zuvor. Zugleich aber verlieh der Zusammenbruch der Großreiche den Ukrainern eine neue Identität. Er schuf einen ukrainischen Staat mit eigener Regierung und Armee und rückte die Ukraine auf die politische Landkarte Europas. Die aus dem Krieg geborene neue Politik gab den Ukrainern auf beiden Seiten der ehemaligen Reichsgrenzen ein eindeutiges politisches Ziel: Unabhängigkeit. Was vor Ausbruch des Krieges kaum mehr als Phantasie war, wurde Teil einer Ideologie, die von den sozialistischen Führern der Rada ebenso geteilt wurde wie von den konservativen Unterstützern Skoropadskyjs und den Kämpfern der Westukrainischen Volksrepublik in Galizien. Mehr als einmal mobilisierte der Kampf um Unabhängigkeit die Ukrainer, während er gleichzeitig Minderheiten vor den Kopf stieß und Nachbarn verprellte. Die Unabhängigkeit zu fordern war eine Sache, sie zu erringen eine völlig andere. Die Ukrainer würden für sie an mehr als nur einer Front kämpfen müssen.

KAPITEL 19

EIN ZERBROCHENER TRAUM

Der 22. Januar 1919, ein Mittwoch, entpuppte sich in Kyjiw als ein schöner Wintertag mit etwas Frost, aber ohne Schnee. Wir wissen dies, weil an diesem Tag ein Kamerateam in der Stadt war, um einen der ersten Filme über ein öffentliches Ereignis in der Hauptstadt der Ukraine zu drehen. Ein Jahr war vergangen, seit die Zentralna Rada in ihrem Vierten Universal die Unabhängigkeit der Ukraine ausgerufen hatte. Mittlerweile wieder an der Macht, nutzten einige aus ihrer ehemaligen Führungsgruppe die Gelegenheit für eine weitere wichtige Bekanntmachung – die Vereinigung der ehemals von Russland und Österreich beherrschten Teile des Landes zu einem einigen und unabhängigen Staat. Sie ließen einen Triumphbogen errichten, der sich von der Wolodymyrska-Straße bis zum Sophienplatz erhob, und wählten damit die Sophienkathedrale aus der Ära der Kyjiwer Rus zum Hintergrund eines Massenaufmarschs mit Gottesdienst und Militärparade – ein aufwendiger und wohldurchdachter Rahmen, um zu feiern, was noch wenige Monate zuvor nicht mehr als der Traum eines kleinen Kreises ukrainischer Intellektueller auf beiden Seiten der österreichisch-russischen Grenze zu sein schien.

Als die Glocken der Sophienkathedrale zu läuten begannen, fing die Kamera die Gesichter glücklicher Menschen ein, Frauen mit Blumensträußen und Scharen von Männern in Uniform. Im Zentrum der Aufmerksamkeit standen die Mitglieder des Direktoriums – der neuen Revolutionsregierung –, angeführt von einem hochgewachsenen Mann mit Ziegenbart, der einen dunklen Ledermantel und eine breitkrempige Wollmütze trug. Dies war der Kopf des Direktoriums und ehemalige Premierminister der Zentralna-Rada-Regierung, Wolodymyr Wynnytschenko. Zu seiner Rechten marschierten die

Repräsentanten der Westukraine. Sie waren von den Volksversammlungen jener ukrainischen Länder, die vormals unter der Herrschaft Habsburgs gestanden hatten, autorisiert worden, die Vereinigung der beiden Staaten zu vollziehen. Doch weder Wynnytschenko noch Lew Batschynskyj, der stellvertretende Vorsitzende des Parlaments der Westukrainischen Volksrepublik, waren es, denen der Kameramann die größte Aufmerksamkeit schenkte. Die meiste »Übertragungszeit« galt einem Mann mittleren Alters und mittlerer Statur, der wie die meisten Offiziere um ihn herum eine Mütze aus Schafsfell trug. In einer Szene sieht man ihn, wie er neben Wynnytschenko steht, eine Zigarette raucht und dann seinen Gürtel und seine Uniform richtet. Der Mann war Symon Petljura, der Oberste Ataman oder Oberbefehlshaber der Armee des Direktoriums.

Der 1879 in Poltawa geborene Petljura war zum Zeitpunkt der Filmaufnahmen 39 Jahre alt. Wie der ein halbes Jahr ältere Josef Stalin begann Petljura seine revolutionären Aktivitäten als Student eines theologischen Seminars. Er stieg dann nach und nach zu einem der Anführer der Ukrainischen Sozialdemokratischen Arbeiterpartei auf. Nach der Niederschlagung der Revolution von 1905 brachte er eine Reihe ukrainischer Zeitschriften und Zeitungen heraus, erst in Kyjiw, später in Sankt Petersburg und von 1911 an in Moskau. Als Chef des Ukrainischen Generalmilitärkomitees und dann als Generalsekretär der Zentralna Rada für militärische Angelegenheiten sorgte er 1917 für den Aufbau ukrainischer Einheiten in den Reihen der russischen Armee. Die zaristischen Behörden sollten eine dieser Einheiten dem künftigen Hetman Pawlo Skoropadskyj anvertrauen.

Der oben erwähnte Film zeigt, wie Petljura zwar neben Wolodymyr Wynnytschenko steht, sich jedoch nicht mit ihm unterhält. Die Zuneigung zwischen den beiden Politikern hielt sich, gelinde gesagt, in Grenzen. Ihre Rivalität rührte aus der Vorkriegszeit, als beide zu den führenden Mitgliedern der Ukrainischen Sozialdemokratischen Arbeiterpartei zählten. Wynnytschenko, der große Sympathien für die Bolschewiki hegte, machte Petljura dafür verantwortlich, den bolschewistischen Einmarsch in die Ukraine provoziert zu haben. Im Dezember 1917, zu Beginn der Invasion, wurde Petljura gezwungen, von seinem Amt zurückzutreten. Obwohl sich Petljura und Wynnytschenko zusammentaten, um gemeinsam den Aufstand gegen den Hetman anzuführen, setzte sich die Rivalität zwischen ihnen auch innerhalb des Direktoriums fort. Bereits im März 1919 würde Wynnytschenko, der weiterhin prosowjetisch und probolschewistisch eingestellt war, das Direktorium, die Ukraine und mehr oder weniger die Politik als solche verlassen haben. Nach dem Weggang Wynnytschenkos sollte Petljura zum alleinigen Chef des Direktoriums aufsteigen.

Es gab gewichtige politische und militärische Gründe für den Aufstieg Petljuras zu einer Zeit, als nicht nur Wynnytschenko, sondern auch Mychajlo Hruschewskyj, eine weitere Schlüsselfigur des Jahres 1917, in die Emigration ging. Petljura trat ins Rampenlicht, als seine Ämter als Staatssekretär für militärische Angelegenheiten und dann als Oberbefehlshaber entscheidende Bedeutung erlangten, da die ukrainische Revolution von ihrer parlamentarischen in ihre militärische Phase überging. Anfang 1919, als die Ukraine erneut von den Bolschewiki angegriffen wurde, stieg Petljura zum wichtigsten Minister in der Regierung auf. Am 2. Februar 1919, weniger als zwei Wochen nach den Vereinigungsfeierlichkeiten, wurde das Direktorium aus Kyjiw vertrieben. Erst floh es nach Winnyzja, dann bezog es sein Hauptquartier in Kamjanez-Podilskyj, das einst in der Nähe der russisch-österreichischen Grenze und nun an der Grenze zur Westukrainischen Volksrepublik lag.

Zum Rückzug gab es keine Alternative, da die ukrainische Armee wieder in Auflösung begriffen war. Die Bauerneinheiten, die Petljura in den letzten Monaten des Jahres 1918 gegen Hetman Skoropadskyj angeführt hatte, waren kaum noch vorhanden: Von 100 000 Bauernsoldaten hielt nur ein Viertel Petljura die Treue, die meisten kehrten in ihre Dörfer zurück, weil sie glaubten, sie hätten ihre Mission erfüllt und alles Weitere sei Sache der Regierung, die einzusetzen sie mitgeholfen hätten. Ein Großteil derer, die blieben, wurden von Atamanen angeführt – ein Wort aus der Kosakenzeit für Befehlshaber, mit dem man nun unabhängige Warlords bezeichnete. Petljuras Titel Oberster Ataman spiegelte insofern eine traurige Wirklichkeit wider:

Er befehligte keine disziplinierte Armee, sondern eine Gruppe widerspenstiger Warlords. Petljura und seinen Offizieren gelang es zu keinem Zeitpunkt, die aufständischen Kräfte zu einer regulären Armee zu formen. Mochten sie auch erfolgreiche Rebellen sein, so entpuppten sich die ukrainischen Politiker beim Aufbau eines Staatswesens und der Organisation von Streitkräften doch als amateurhafte Anfänger.

Die einzigen verlässlichen Einheiten innerhalb der Ukrainischen Volksrepublik waren jene, die aus galizischen Soldaten zusammengesetzt waren – Ukrainer im Dienst Österreichs, die während des Ersten Weltkriegs von der russischen Armee gefangen genommen worden waren und sich nach der Februarrevolution von 1917 den Truppen der Republik angeschlossen hatten. Sie erwiesen sich als die diszipliniertesten Verbände innerhalb mehrerer aufeinanderfolgender ukrainischer Regierungen. Im Juli 1919 erhielt Petljura neue Verstärkungen aus Galizien. Die 50 000 Mann starke ukrainisch-galizische Armee überquerte den Sbrutsch, der einmal die Reiche der Habsburger und Romanows voneinander getrennt hatte, und schloss sich Petljuras Truppen in Podolien an. Die Einheit von West- und Ostukraine, die ein halbes Jahr zuvor in Kyjiw ausgerufen worden war, schien ihre ersten Früchte zu tragen. Die Umstände, unter denen sich die Verbände zusammenschlossen, waren freilich mehr als düster: Sowohl die Streitkräfte Petljuras als auch die galizische Armee standen kurz vor einer Niederlage, wobei Letztere von der anrückenden polnischen Armee aus Galizien vertrieben wurde.

Wie und warum konnte dies geschehen? Obwohl sie Lwiw im November 1918 an Polen abtreten musste, war es der westukrainischen Regierung gelungen, mehr oder weniger die Kontrolle über einen Großteil des von Ukrainern bevölkerten Ostgaliziens zu übernehmen. Sie errichtete ein funktionierendes Verwaltungssystem, schlug eine Reihe von Reformen vor, darunter die Umverteilung von Land, von der die Bauernschaft profitierte, und gewann die ukrainische Bevölkerung für die Idee einer Unabhängigkeit von Polen. Wendepunkt im polnisch-ukrainischen Krieg war der April 1919, als in Galizien eine

Armee einmarschierte, die von General Józef Haller von Hallenburg angeführt wurde. Sie war in Frankreich aus polnischen Kriegsgefangenen (die ursprünglich auf österreichischer Seite gekämpft hatten) zusammengestellt und von der Entente bewaffnet worden. Das Offizierskorps bestand zum Teil aus Franzosen. Die Armee wurde an die Ostfront geschickt, um die Bolschewiki zu bekämpfen, doch Haller setzte sie gegen ukrainische Truppen in Galizien ein. Frankreich protestierte und verschickte entsprechende Telegramme, während Polen die schlecht ausgerüstete ukrainische Armee in Richtung Osten trieb und Frankreich gegenüber versicherte, die Ukrainer seien allesamt Bolschewiki. Im Sommer 1919 zog sich die ukrainisch-galizische Armee an den Sbrutsch zurück, überquerte ihn und schloss sich in Podolien Petljuras Streitkräften an.

Mit der 50 000 Mann starken galizischen Armee, den 35 000 Soldaten, die Petljura gegenüber loyal waren, und den etwa 15 000 Mann, die unter der Führung verbündeter Atamane kämpften, bildeten die ukrainischen Streitkräfte eine ernst zu nehmende Kampftruppe. Die Ankunft der Galizier ermöglichte es Petljura, an die Bolschewiki verlorene Gebiete in der Zentral- und Ostukraine zurückzuerobern. Doch erwies sich die Einheit der beiden ukrainischen Staaten als weniger fest als erhofft. Der konservativen Führung der Westukrainischen Volksrepublik fiel es schwer, mit den linksgerichteten Mitgliedern des Direktoriums gemeinsame Sache zu machen, die galizischen Kommandeure verstanden die laxe Disziplin der ehemaligen Aufständischen nicht, und beide Gruppen sahen sich in unterschiedlichen Richtungen nach möglichen Verbündeten um.

Nicht nur die ukrainische Regierung in Kyjiw, sondern auch nationalistische Regierungen in anderen Teilen des Reichs, insbesondere im Baltikum und im Nordkaukasus, leisteten Widerstand gegen den bolschewistischen Putsch in Petrograd vom Oktober 1917. In Südrussland verbündeten sich ehemalige zaristische Offiziere mit den Donkosaken, um die Weiße Armee zu bilden, die für die Wiederherstellung der vorbolschewistischen politischen und gesellschaftlichen Ordnung kämpfte. Die Westmächte, darunter Großbritannien und Frankreich, unterstützten die Weiße Armee unter der Führung von

General Anton Denikin, der im Frühsommer 1919 in der Ukraine eine Offensive gegen die Bolschewiki startete. Denikins Vorgehen in der Südukraine und sein Zug Richtung Norden stellten die ukrainische Regierung und ihre Streitkräfte vor neue Fragen. Sollten sie sich mit Denikin gegen die Bolschewiki verbünden oder ihm besser aus dem Weg gehen? Schließlich wollte er nicht nur die von der ukrainischen Führung unterstützte soziale Revolution rückgängig machen, sondern auch den einen und unteilbaren russischen Staat wiederherstellen.

Galizier und Dnipro-Ukrainer antworteten auf diese Frage unterschiedlich. Die Westukrainer sahen kein Problem darin, sich mit der antibolschewistischen und antipolnischen Weißen Armee zu verbünden. Die Ostukrainer ihrerseits betrachteten die Polen, die von den Galiziern verachtet wurden, als mögliche Verbündete gegen die Bolschewiki und die Weiße Armee, während die Atamane es nicht unter ihrer Würde fanden, sich der Roten Armee anzuschließen. Auch wenn Ideologie und Umstände sie zusammengebracht hatten, kämpften beide Seiten doch nach wie vor ihre eigenen Kriege. Als im August die Weiße Armee und galizische Einheiten gleichzeitig in Kyjiw einmarschierten, zogen sich die Galizier höflich zurück und überließen den Weißen die Stadt, was zu einem schweren Konflikt zwischen Petljura und den galizischen Kommandeuren führte. Zum endgültigen Bruch kam es im November 1919, als eine Typhusepidemie beide Armeen fast vollständig auslöschte und sich die verbliebenen Galizier gezwungen sahen, sich den Weißen anzuschließen, während Petljura ein Abkommen mit den Polen traf.

Das Jahr 1919, das mit einem Höhepunkt und großen Hoffnungen für beide ukrainischen Staaten begonnen hatte, endete in einer Katastrophe. Die ukrainischen Streitkräfte existierten nicht mehr, und mit ihnen war die Eigenstaatlichkeit dahin. Die Ostukrainer wurden geschlagen, weil sie politisch gespalten und schlecht organisiert waren; die Galizier wiederum verloren, weil sie, zahlen- und waffenmäßig unterlegen, keine Hilfe von ihren östlichen Brüdern erhielten. Die Vereinigung der beiden Staaten und Armeen hatte eher ein militärisches Bündnis ergeben, als dass sie einen vereinten Staat oder vereinte

Streitkräfte geschaffen hätte. Lange Jahre der Existenz in getrennten Staaten unter unterschiedlichen politischen und gesellschaftlichen Ordnungen hatten die jeweilige politische und militärische Kultur der beiden ukrainischen Eliten und ihrer Anhänger geprägt, die glaubten, einer Nation anzugehören. Trotz der Katastrophen des Jahres 1919 waren sie nicht bereit, diese Idee aufzugeben.

Während die ukrainischen Armeen das Schlachtfeld verließen und die Idee der Unabhängigkeit an Schlagkraft zu verlieren schien, prallten im Kampf um die Kontrolle der Ukraine drei große Armeen aufeinander. Die polnischen Streitkräfte strebten die Wiederherstellung eines polnischen Staates innerhalb von Grenzen an, die jenen der Adelsrepublik Polen-Litauen vor den Teilungen im 18. Jahrhundert möglichst nahe kommen sollten. Sie beherrschten Galizien und rückten nun nach Podolien und Wolhynien vor. Die Weiße Armee wiederum marschierte mit Rückendeckung der Entente aus der Südukraine nach Norden in Richtung Russland vor, mit dem Ziel, das eine und unteilbare Russische Reich der Zarenzeit wiederherzustellen. Und dann gab es noch die Bolschewiki, deren langfristiges Ziel die Weltrevolution war und denen es zunächst darum ging, militärisch zu überleben. Wie Lenin offen zugab, konnten sie ohne ukrainische Kohle und ukrainisches Brot weder das eine noch das andere erreichen.

Von allen Regimen und Armeen, die 1919 in der Ukraine kämpften, waren es die Bolschewiki, die die tiefsten Spuren hinterließen und die Kyjiw am längsten unter ihrer Kontrolle hatten – zunächst von Februar bis August und dann wieder im Dezember. Doch die Hauptstadt zu halten und die großen Industriestädte der ukrainischen Steppe zu kontrollieren bedeutete nicht, die Ukraine als Ganzes zu kontrollieren. Die Landbevölkerung lehnte sich gegen die neuen bolschewistischen Herren auf. Deren Herrschaft vergrämte ukrainische Liberale und Sozialisten, von denen zwar viele im Prinzip bereit waren, die Sowjetmacht willkommen zu heißen, allerdings nicht auf Kosten ihres Programms der Nationenbildung. Dasselbe galt für die Bauern, die das bolschewistische Versprechen, Grund und Boden zu verteilen, für bare Münze genommen hatten, nun jedoch erleben mussten, wie ihre Ernte mit vorgehaltener Waffe konfisziert wurde. Unter der Führung verschiedener Warlords rebellierten die Bauern schließlich, und mit ihren Aufständen sollten sie ebenso wie die Weiße Armee Denikins sowie die galizischen und ostukrainischen Armeen unter Petljura dazu beitragen, dass die Bolschewiki die Ukraine verloren. Nach der Niederlage Denikins und der Wiedereinnahme Kyjiws im Dezember 1919 beschlossen die Bolschewiki, aus den Fehlern des vergangenen Jahres zu lernen.

Lenin selbst war es, der seinen Anhängern die »Lehre von 1919« ausführlich darlegte. Ihm zufolge hatten die Bolschewiki die Nationalitätenfrage vernachlässigt. Folgerichtig kehrte die bolschewistische Armee Ende 1919 und Anfang 1920 unter dem Banner der formal unabhängigen Ukrainischen Sozialistischen Sowjetrepublik in die Ukraine zurück und versuchte die Einheimischen in ihrer Muttersprache anzusprechen. Russifizierung war nicht mehr angesagt. Stattdessen wurde die kulturelle Einbeziehung der nationalen Revolution in der Ukraine betont. In ähnlicher Weise, wie einst das Zarenreich lokale Eliten kooptiert hatte, öffneten die Bolschewiki ihre Partei für ukrainische Linke. Diese ehemaligen Sozialrevolutionäre hatten die Idee einer sowjetischen Organisation des künftigen ukrainischen Staatswesens akzeptiert. Sie wurden Borotbisten genannt, nach dem Namen ihrer wichtigsten Zeitung, *Borotba* (»Kampf«). Auf individueller Basis in die Partei aufgenommen, versorgten sie die Bolschewiki mit den dringend benötigten Ukrainisch sprechenden Kadern und einer kulturellen Elite. Auch die Bauern wurden endlich zufriedengestellt und mit dem Land beschenkt, das ihnen schon so lange versprochen worden war: Im Frühjahr 1920 verschoben die Bolschewiki ihre Pläne, wonach sie auf Ländereien, die sie vom Adel konfisziert hatten, große Kolchosen einführen wollten, und erlaubten den Bauern, den Grund und Boden ihrer früheren Herren unter sich aufzuteilen.

Diese neue Strategie war erfolgreich. Im Verlauf des Jahres 1920 gelang es den Bolschewiki, die Kontrolle über die Zentral- und Ostukraine zu übernehmen und die letzte echte Bedrohung in der Region abzuwenden. Ende April unternahmen die polnischen Streitkräfte unter Józef Piłsudski mit Unterstützung der verbliebenen Rumpfarmee Petljuras von der Frontlinie in Wolhynien und Podolien aus einen Angriff auf Kyjiw. Piłsudskis Ziel war die Schaffung eines ukrainischen Pufferstaats zwischen Polen und der Sowjetunion. Die Offensive war zunächst erfolgreich, und am 7. Mai kehrte Petljura als Chef der ukrainischen Regierung nach Kyjiw zurück. Doch hatte er dieses Mal keine galizischen Streitkräfte an seiner Seite. Der Preis, den er für die Unterstützung durch seine polnischen Verbündeten zahlen musste, war in praktischer Hinsicht von geringer Bedeutung, hatte aber großes symbolisches Gewicht. Der Oberste Ataman erklärte sich bereit, die polnische Kontrolle über Galizien anzuerkennen, und versetzte so den ohnehin getrübten Beziehungen zwischen den beiden ukrainischen Staaten den entscheidenden Schlag.

Petljuras Erfolg war nur von kurzer Dauer. Die Sowjets gingen zur Gegenoffensive über und vertrieben die vereinten polnisch-ukrainischen Streitkräfte am 13. Juni aus Kyjiw. Die 1. Rote Reiterarmee, die von Semjon Budjonny befehligt wurde, einem der bekanntesten sowjetischen Kavalleriekommandanten des Krieges, durchbrach die Verteidigungslinien, versperrte den sich zurückziehenden Truppen den Weg und stiftete hinter den polnisch-ukrainischen Linien Chaos. Die Rote Armee rückte entlang der gesamten Front vor, nicht nur in der Ukraine, sondern auch in Belarus, und kam bis zu dreißig Kilometer am Tag voran. Bald schon näherte sie sich Lwiw. Josef Stalin, damals Politkommissar an einer der Fronten der Roten Armee, war wild entschlossen, die Stadt einzunehmen, um sich einen Namen zu machen. Es entbehrte nicht einer gewissen Ironie, dass nicht nur polnische, sondern auch ukrainische Truppen, nämlich Petljuras Männer aus der Ostukraine, die Stadt gegen den Ansturm der Roten Armee verteidigten. Es gelang ihnen, die Stadt erfolgreich zu halten, was letztlich wesentlich zur endgültigen Niederlage der Sowjets im Krieg gegen Polen beitrug.

Denn das Kriegsglück wandte sich bereits Mitte August 1920 erneut. Die polnischen Einheiten, die von der Entente bewaffnet und von britischen und französischen Offizieren (darunter auch der künftige französische Präsident Charles de Gaulle) beraten wurden, brachten die Offensive der Roten Armee in den Außenbezirken Warschaus zum Erliegen und besiegten sie in einer Schlacht, die als das »Wunder an der Weichsel« in die Geschichte einging. Auf sowjetischer Seite war unter anderem Stalin für die Niederlage verantwortlich. Er hatte Budjonny ermutigt, die Befehle seiner Kommandeure zu missachten und zu versuchen, Lwiw einzunehmen, statt gegen Warschau vorzurücken. Die Rote Armee sah sich nun zu einem chaotischen Rückzug gezwungen. Als beide Seiten im Oktober schließlich einen Waffenstillstand unterzeichneten, hatte sich die polnisch-sowjetische Grenze im Norden bereits weit ins Gebiet von Belarus und im Süden in die Ukraine hinein verschoben. In der Ukraine übernahm Polen erneut die Kontrolle über Wolhynien und Teile von Podolien. Trotz dieser Gebietsgewinne scheiterte der Versuch Polens, einen ukrainischen Pufferstaat mit der Hauptstadt Kyjiw zu errichten, so wie sich die Hoffnungen der Ukrainer auf eine wiedergewonnene unabhängige Staatlichkeit zerschlugen. Das Wunder an der Weichsel setzte im Übrigen den Plänen der Sowjets ein Ende, ihre Revolution in das Herz von Europa zu tragen.

Der bei weitem bekannteste »Chronist« des polnisch-sowjetischen Krieges war der aus Odesa stammende russisch-jüdische Schriftsteller Isaak Babel. Er kämpfte in den Reihen von Budjonnys 1. Roter Reiterarmee und führte ein Tagebuch, das er später als Grundlage für eine Erzählungssammlung mit dem Titel *Die Reiterarmee* (veröffentlicht 1926 in Deutschland unter dem Namen *Budjonnys Reiterarmee*) nahm. Der Band, den Budjonny dafür kritisierte, dass er das heroische Bild seiner Soldaten verzerre, beschreibt die Brutalität des Krieges, die Gewalt der Roten Reiterarmee und die schreckliche Misere der jüdischen Bevölkerung in der Ukraine unter den Bedingungen andauernder Kriegshandlungen. In den annähernd drei Jahren, in denen sich zahlreiche Armeen bekämpften und Frontlinien sich ständig veränderten, litt die Zivilbevölkerung der Ukraine erneut unter Terror und Zerstörung, ohne sich von den Erschütterungen des Weltkriegs je ganz erholt zu haben. Keiner Bevölkerungsgruppe erging es schlechter als den Juden, die Angriffen von allen Seiten ausgesetzt waren – von den Roten, den Weißen, den ukrainischen Armeen und den Warlords.

Pogrome waren in der Ukraine und überhaupt im Ansiedlungsrayon kein neues Phänomen, doch nun wurden sie von bewaffneten Aggressoren durchgeführt. Die Opferzahlen stiegen exponentiell und überschritten allein in der Ukraine die Zahl von 30000. Zu den üblichen Ursachen von Pogromen – Lust auf Plünderungen, wirtschaftliche Rivalitäten, christlicher Antijudaismus und moderner Antisemitismus – gesellte sich eine weitere: Die Ideologien und Politikentwürfe der Revolutionszeit sahen in den Juden einerseits kapitalistische Ausbeuter, die von Kommunisten und Sozialisten gehasst wurden, und andererseits begeisterte Anhänger des Bolschewismus.

Erste größere Pogrome ereigneten sich im Frühjahr 1918, dem letzten Weltkriegsjahr, als deutsche und österreichisch-ungarische Armeen in die Ukraine vordrangen. Die Täter waren jedoch nicht die anrückenden Deutschen oder die Truppen der Zentralna Rada, sondern die zurückweichenden Bolschewiki, die christlichen Eifer durch kommunistische Rechtschaffenheit ersetzten und ihren Anschlag auf die Juden von Nowhorod-Siwerskyj und Hluchiw, der Hauptstadt des früheren Hetmanats, als Angriff gegen die Bourgeoisie rechtfertigten. Als sich im Frühjahr 1919 die Armee Petljuras vor bolschewistischen Angriffen in Richtung Westen zurückzog, verübten seine Truppen eine Reihe von Pogromen, von denen das größte in Proskuriw (dem heutigen Chmelnyzkyj) fast 1700 Juden das Leben kostete. Im weiteren Verlauf des Jahres brandschatzten Warlords und ihre zügellosen Soldaten, die sich wenig um Parolen scherten und vor allem an Plünderungen interessiert waren, jüdische Siedlungen. Im Herbst kamen schließlich die Streitkräfte Denikins ins Land, die ihrerseits Pogrome unter der neuen antisemitischen Parole »Schlagt die Juden, rettet Russland« organisierten. Das größte dieser Pogrome, bei dem annähernd 1000 unschuldige Menschen getötet wurden, ereignete sich südlich von Kyjiw in der Kleinstadt Fastiw. Insgesamt waren die Weißen für bis zu 20 Prozent der Pogrome verantwortlich, die Roten für etwa 10 Prozent, die Warlords für 25 Prozent und Petljuras Streitkräfte für bis zu 40 Prozent; Letztere waren während der Kriegsjahre demnach für die meisten Pogrome verantwortlich. Die Weiße Armee war die einzige organisierte Streitkraft, deren Soldaten die Pogrome mit ausdrücklicher Zustimmung ihrer befehlshabenden Offiziere verübten. Die einzigen Soldaten, die sich von Pogromen fernzuhalten schienen, waren die galizischen Ukrainer.

Die Juden aus den ukrainischen Schtetl organisierten Einheiten zur Selbstverteidigung, die sich gegen die Warlords als recht wirkungsvoll erwiesen, gegen große Armeen jedoch wenig ausrichten konnten. Die jüdische Jugend schloss sich auch in großer Zahl der Roten Armee an. Deren politischer Kommandeur Leo Trotzki war Ukrainer und wurde oft als Symbol des jüdischen Bolschewismus betrachtet. Doch reichte die Beliebtheit der Roten Armee unter Juden weit über Trotzki hinaus. Jüdische Revolutionäre waren seit jeher in den sozialdemokratischen Bewegungen, ob bolschewistisch oder menschewistisch, aktiv gewesen. Zudem traten junge Juden jener Armee bei, die ihnen, gemessen an der Anzahl begangener Pogrome, am freundlichsten gesinnt zu sein schien. So gesehen war die Geschichte Isaak Babels, der sich nach einer kurzen Zeit in der Tscheka – Lenins Geheimpolizei – als Politkommissar und Reporter Budjonnys Reiterarmee anschloss, nicht untypisch für einen jungen Juden aus Odesa.

Mit den Pogromen von 1919 endete das Bündnis zwischen Ukrainern und Juden aus den ersten Monaten der Revolution. Außerdem machten sie aus Symon Petljura ein schreckliches Symbol des ukrainischen Antisemitismus, eine Zuschreibung, die noch verstärkt wurde, als ihn 1926 Scholom Schwartzbard, ein ehemaliger Soldat der Roten Armee, im Pariser Exil niederschoss. Viele glaubten, Schwartzbard habe den Anführer der ukrainischen politischen Emigranten im Auftrag der sowjetischen Geheimpolizei ausgeschaltet. Doch Schwartzbard behauptete, er habe auf eigene Faust gehandelt und Petljura getötet, um seine jüdischen Verwandten zu rächen, die bei ukrainischen Pogromen ermordet worden seien. Ein Pariser Gericht sprach den Täter frei.

War Petljura tatsächlich für die Pogrome verantwortlich? Als Sozialdemokrat in seinen vorrevolutionären Jahren und einer der führenden Köpfe des linken Direktoriums war er in seinen Ansichten wie auch seinem politischen Milieu nach Internationalist. Er teilte die Ansicht Mychajlo Hruschewskyjs und anderer Führer der Zentralna Rada, wonach die Juden natürliche Verbündete der Ukraine im Kampf gegen die nationale und gesellschaftliche Unterdrückung seien. Dieses Motiv findet sich auch in den Befehlen, die er an seine Truppen ausgab. »Es ist an der Zeit zu verstehen, dass die weltweite jüdische Bevölkerung – ihre Kinder und ihre Frauen – wie wir versklavt und ihrer nationalen Freiheit beraubt war«, schrieb er in einem Befehl vom August 1919. »Sie sollte uns nirgendwohin verlassen. Sie hat seit undenklichen Zeiten mit uns gelebt und unser Schicksal und Unglück geteilt. Ich befehle mit aller Entschlossenheit, dass alle, die Euch dazu anstiften, Pogrome auszuführen, von unserer Armee ausgeschlossen und als Vaterlandsverräter vor Gericht gestellt werden.«

Petljuras Meinung nach war ein Angriff auf Juden gleichbedeutend mit einem Verrat an der Ukraine. Das Problem war, dass er zwar Dekrete erließ, Täter jedoch nur selten oder verspätet bestrafte. Der Ataman Iwan Semossenko, dessen Truppen das Pogrom von Proskuriw im Februar 1919 zu verantworten hatten, wurde erst im März 1920 auf Befehl Petljuras verurteilt und erschossen – zu spät, um auf dem Höhepunkt der Pogrome eine umfassendere abschreckende Wirkung innerhalb der Armee zu entfalten. Petljura zögerte, seine eigenen Befehle umzusetzen, da er nur begrenzt Kontrolle über seine Armee hatte. Die Gründe für die Beteiligung der Armee an Pogromen waren dieselben, die zu ihrer Niederlage im Kampf um die Unabhängigkeit führten – ihre Einheiten waren widerspenstig und desorganisiert. Die sozialistischen ukrainischen Anführer, so auch Petljura, schwammen auf der Welle der Bauernrevolution, die aus der Perspektive der ukrainischen Nationalbewegung zu früh gekommen war. Bevor ihr Land in den Flammen der Revolution, ausländischer Einmischung und des Bürgerkriegs aufging, hatten die ukrainischen Aktivisten nie eine Gelegenheit, mit den Bauernmassen zu arbeiten und ihnen die Grundlagen ihres sozialistischen Glaubens nahezubringen. Die Parteien, die freie Hand hatten, am Vorabend des Ersten Weltkriegs in der Ukraine Propaganda zu betreiben, waren die Vertreter der kleinrussischen Idee und die Aktivisten russischer nationalistischer Organisationen, für die der Antisemitismus ein ideologischer Schlüsselfaktor war. Die Ukraine rechts des Dnipro, die Bastion des russischen Nationalismus am Vorabend des Ersten Weltkriegs, sollte auch zum Schauplatz der grauenhaftesten Pogrome von 1919 werden.

Der einzige Warlord, der, wenngleich mit wechselndem Erfolg, versuchte seine Truppen von Pogromen abzuhalten und den Antisemitismus in den Reihen seiner Bauernarmee zu bekämpfen, war Nestor Machno. Der kleine, schmale Mann mit dem femininen Gesicht und den langen Haaren war der charismatische Führer der größten »Privatarmee« im ehemaligen Russischen Reich, die zu ihren Hochzeiten 40 000 Soldaten zählte. Sohn einer Bauernfamilie und seiner politischen Einstellung nach Anarchist, war Machno wie kein anderer Warlord ideologisch motiviert. Seine Heimatbasis und sein Einflussgebiet war die Stadt Huljajpole in der Südukraine – ein landwirtschaftliches Kerngebiet zwischen den Kohleminen des Donbas und den Eisenerzgruben von Krywyj Rih. Seit der Jahrhundertwende verband eine Eisenbahnstrecke, die bei Oleksandriwsk (heute Saporischschja) und somit in der Nähe von Machnos Heimatstadt die Linie Moskau-Sewastopol kreuzte, die beiden Regionen. Diese Lage sorgte dafür, dass Machno und seine Armee sich im Zentrum der Kämpfe wiederfanden.

Machnos Bauernkrieger teilten nur wenige seiner anarchistischen Prinzipien und Träume und verachteten die ideologisch motivierten Anarchisten im Umfeld ihres *Batkos* oder Vaters, wie sie ihn in bäuerlich-paternalistischer Tradition auch nannten. Gleichwohl hassten sie jede Form staatlicher Kontrolle – eine Einstellung, die wiederum Machnos anarchistischen Ideologen gefiel – und forderten die Enteignung und Umverteilung des Landes. Wie die Saporoger Kosaken der frühen Neuzeit wahrte Machnos Armee, die im ehemaligen kosakisch-tatarischen Grenzland operierte, Distanz zu den ukrainischen Regierungen im Norden und kämpfte oft gegen sie. Wenngleich die absolute Mehrheit von Machnos Kämpfern ethnische Ukrainer waren und Machno die ukrainisch-nationale Agenda nicht völlig fremd war – seine Frau, eine Lehrerin, trat aktiv für sie ein –, so blieb seine

Vision einer anarchistischen Revolution im Grunde genommen internationalistisch.

Von allen Kräften, die um die Ukraine stritten, betrachtete Machno allein die Bolschewiki als Kandidaten für eine Allianz, doch diese wandten sich gegen ihn, unmittelbar nachdem er ihnen geholfen hatte, ihren Hauptfeind zu schlagen, General Pjotr Wrangels Weiße Armee, deren verbliebene Truppen die Krim in ihre letzte Bastion verwandelt hatten. Wrangels Regierung auf der Halbinsel war die achte in weniger als drei Jahren. Die erste hatten die Krimtataren am 25. Dezember 1917 als Volksrepublik Krim etabliert. Nach zwei großen Auswanderungswellen ins Osmanische Reich stellten die Tataren dort knapp 30 Prozent der Bevölkerung (der Rest waren Russen, Ukrainer, Griechen, Bulgaren, Juden und Angehörige anderer Nationalitäten). Die Republik stellte einen der ersten Versuche einer muslimischen Gruppierung dar, einen säkularen Staat ins Leben zu rufen – ein Resultat der kulturellen und bildungspolitischen Bemühungen der vorangegangenen Generation krimtatarischer Aktivisten, die von Ismail Gaspirali, dem Vater der modernen krimtatarischen Nation, angeführt worden war. Die Volksrepublik Krim hatte jedoch nur kurz Bestand. Im Januar 1918 ging die Macht auf der Halbinsel an die Bolschewiki über, die eine unabhängige Taurische Republik ausriefen, bald darauf jedoch von ukrainischen und deutschen Streitkräften überrannt wurden.

Unter deutscher Herrschaft blieb die Krim unabhängig von der Ukraine, doch im September 1918 erließ Hetman Skoropadskyj eine wirtschaftliche Blockade und zwang die Krimregierung, dem ukrainischen Staat als autonome Region beizutreten. Dieses Arrangement hielt nicht lange, da der deutsche Rückzug eine neue Regierung an die Macht brachte, die von Solomon Krym, einem liberalen Politiker karäischer Abstammung, angeführt wurde. Sein Justizminister war Wladimir Nabokow, Vater des berühmten Schriftstellers. Doch waren die Bolschewiki bereits auf dem Vormarsch. Sie hatten Zar Nikolaus II. und seine engste Familie im Juli 1918 im Ural hingerichtet. Am 7. April 1919 verließen die überlebenden Mitglieder der kaiserlichen Familie der Romanows ihre Villen bei Jalta und wurden von dem britischen Schlachtschiff *Marlborough* in den Westen in Sicherheit gebracht. Von Juni 1919 an hatte die Weiße Armee die Krim unter ihrer Kontrolle, zunächst unter Führung General Denikins und nach dessen Rücktritt im April 1920 unter General Wrangel.

Wrangel erhob den Anspruch, die Regierung Südrusslands anzuführen, doch tatsächlich kontrollierte er lediglich die Krimhalbinsel und einen Streifen Steppe nördlich von ihr. Er und seine Minister wollten das gesamte Russische Reich wiederherstellen, aber das war leichter gesagt als getan. Trotz der Unterstützung, die ihm von der Entente zugesagt wurde, verlor Wrangel den Krieg gegen die Bolschewiki. Am 8. November 1920 starteten die Rote Armee und verbündete Einheiten Machnos vom Festland aus ihren Angriff auf die Krim, marschierten bei Frostwetter durch die seichten Gewässer der Lagunen des Sywasch und stürmten die Befestigungen der Weißen Armee auf der gut sechs Kilometer breiten Landenge von Perekop, die die Halbinsel mit dem Festland verbindet. Am 17. November besetzten sie Jalta. General Wrangel evakuierte seine verbliebenen Armeeeinheiten nach Istanbul. Diejenigen, die zurückblieben – annähernd 50 000 Menschen –, fielen dem größten Massenmord des Krieges zum Opfer. Wie sich zeigen sollte, war es nicht nur das letzte Gemetzel in diesem blutigen Revolutionskrieg, sondern gleichzeitig das Vorspiel zu der nicht weniger blutigen Herrschaft der Bolschewiki über ein riesiges Land, dem gezwungenermaßen auch der größte Teil der Ukraine angehörte.

Im März 1921 unterzeichneten Vertreter der Sowjetunion, der Sowjetukraine und Polens im lettischen Riga einen Friedensvertrag, der eine neue polnisch-sowjetische Grenze vorsah. Zu den Bedingungen des Vertrags gehörte, dass Polen nicht nur Galizien behielt, sondern auch das zuvor von Russland beherrschte Wolhynien übernahm. Die Ukraine war nun nicht mehr wie vor dem Ersten Weltkrieg unter zwei, sondern unter vier Mächten aufgeteilt. Die Bukowina, 1918 von Rumänien besetzt, blieb unter der Kontrolle Bukarests, während Transkarpatien von den geschlagenen Ungarn an den neu geschaffenen tschechoslowakischen Staat überging. Tschechen und Slowaken,

Polen und Litauer – die westlichen Nachbarn der Ukraine – bekamen alle ihren unabhängigen Staat, während die Ukrainer trotz wiederholter eigener Unabhängigkeitsbemühungen wenig mehr als Autonomie innerhalb eines von Russland geführten Staatswesens erhielten.

Die Gründe für dieses Ergebnis sind zahlreich. So spielte etwa die Anwesenheit mächtigerer und aggressiverer Nachbarn eine Rolle, die ukrainische Gebiete für sich in Anspruch nahmen. Die entscheidenden Faktoren waren jedoch die fehlende Reife der ukrainischen Nationalbewegung und die Tatsache, dass der Gedanke einer unabhängigen Staatlichkeit sowohl in der von den Habsburgern als auch in der von den Romanows beherrschten Ukraine erst spät zum Tragen kam. Während im österreichischen Galizien die Spaltung zwischen Anhängern einer ukrainischen und einer allrussischen Identität bis 1918 überwunden war, blieb sie in der Dnipro-Ukraine während des gesamten Krieges und der Revolution bestehen. Ein großes Hindernis waren Regionalismen, die sich aus den unterschiedlichen historischen Entwicklungen einzelner Teile der Ukraine ergaben. Dies traf sowohl in der österreichischen Ukraine zu, wo sich die Dynamik der Nationenbildung zwischen Galizien, der Bukowina und Transkarpatien erheblich unterschied, als auch in der Dnipro-Ukraine, wo die Idee einer ukrainischen Eigenstaatlichkeit wesentlich mehr Unterstützung im ehemaligen Hetmanat und in den ehemals von Polen regierten Gebieten rechts des Dnipro erfuhr als in den Steppen im Osten und Süden. Städte, insbesondere große Städte, die von Nichtukrainern bewohnt wurden, ließen sich vom ukrainischen Drang nach Unabhängigkeit, der fast ausschließlich auf der Unterstützung der Bauernmassen beruhte, kaum anstecken.

Angesichts der Hemmnisse, die das nationale Projekt der Ukraine bremsten, stellt sich eine weitere wichtige Frage: Wie konnte die aufkeimende Nationalbewegung, die zwar bereits zu Beginn des 20. Jahrhunderts das politische Ziel der Unabhängigkeit formuliert hatte, es aber vor 1918 nie ernsthaft verfolgt hatte, in einer politischen Landschaft, die von ehemaligen imperialen Mächten und viel weiter entwickelten Nationalbewegungen dominiert wurde, überhaupt so weit kommen? Nun, die revolutionären Folgen des Ersten Weltkriegs und der Zusammenbruch zweier Weltreiche eröffneten in den Jahren 1917 und 1918 unerwartete Möglichkeiten für die ukrainische Bewegung, und sie nutzte sie nach Kräften. Das ukrainische Nationalprojekt ging aus dem blutigen Chaos des Ersten Weltkriegs und dem Kampf um Unabhängigkeit viel reifer hervor, als es bis dahin gewesen war. Obwohl die Bemühungen, aus der Habsburger und der Dnipro-Ukraine einen geeinten, funktionierenden Staat zu schaffen, gescheitert waren, wurde das Ideal eines vereinigten und unabhängigen Staatswesens zu einem zentralen Motiv des neuen ukrainischen Credos.

KAPITEL 20

KOMMUNISMUS UND NATIONALISMUS

Während der Zwischenkriegszeit (1918–1939) rückte die Ukraine als Europas größte Region mit ungelöster nationaler Frage ins Blickfeld. Die Ukraine besaß keinen eigenen Staat, und vier europäische Staaten hatten ihre Territorien untereinander aufgeteilt: das bolschewistische Russland, Polen, Rumänien und die Tschechoslowakei. Zur Sowjetukraine, die 1922 Teil der von Russland geführten Sowjetunion wurde, gehörten die zentral- und ostukrainischen Gebiete. Sie hatte in Wolhynien und Podolien eine gemeinsame Grenze mit Polen, wie es in den Friedensgesprächen von Riga im Jahr 1921 vereinbart worden war, außerdem eine entlang des Dnister mit Rumänien. Letztere hatte die einstige Entente in ihrem Pariser Vertrag mit Rumänien aus dem Jahr 1920 anerkannt, die sowjetische Führung stellte sie jedoch infrage.

Jede der Regierungen, die Kontrolle über ukrainisches Gebiet ausübten, versuchte die ukrainische Frage auf eine jeweils andere Weise zu beantworten, mit Strategien, die von Annäherung bis zu Unterdrückung reichten. Die beiden rivalisierenden Ideologien und Glaubenssysteme im Osteuropa des 20. Jahrhunderts waren Kommunismus und Nationalismus. Im Fall der Ukraine und vieler weiterer Regionen bekämpften sie sich nicht nur, sondern versuchten auch, sich mittels der hybriden Form des Nationalkommunismus anzunähern. Unterschiedliche Wege, die ukrainische politische und kulturelle Identität zu mobilisieren, hatten eine Reihe ukrainischer Nationalprojekte zur Folge, die darauf abzielten, die liberalen und sozialistischen Konzepte der Vorkriegszeit zu ersetzen. Als die beiden einflussreichsten neuen Projekte entpuppten sich die sowjetische Variante des Nationalkommunismus in der Sowjetukraine (die Ukrai-

nische Sozialistische Sowjetrepublik oder USSR) und der radikale
Nationalismus, der weitgehend im von Polen beherrschten Galizien
und in Wolhynien angesiedelt war. Die Interaktion zwischen diesen
beiden Modellen ukrainischer Identität sollte zu großen Teilen die
Geschichte des Landes im 20. Jahrhundert bestimmen.

Im Dezember 1922 schloss die Ukrainische Sozialistische Sowjetrepublik (sie hieß ab 1937 Ukrainische Sowjetische Sozialistische Republik), ein kommunistischer Staat, der die Zentral- und Ostukraine
umfasste, mit Sowjetrussland und den Republiken Belarus und
Transkaukasien ein formales Abkommen zur Gründung der Union
der sozialistischen Sowjetrepubliken (UdSSR). Die Gründung der
UdSSR ging auf einen Versuch Lenins zurück, den Streit zwischen
Josef Stalin, der die neu geschaffene Position eines Generalsekretärs
des Zentralkomitees der Kommunistischen Partei Russlands innehatte, und den Führungen der Ukraine und Georgiens zu schlichten.
Stalin wollte, dass die Ukraine und andere Republiken der Russischen Föderation beitraten, innerhalb der Föderation jedoch eigene
Rechte besaßen und ihre Autonomie behielten. Die kommunistische
Führung der Ukraine leistete dagegen Widerstand. In ihren Reihen
befanden sich alte Bolschewiki und ukrainische Sozialisten, die an
der Idee festhielten, wonach eine soziale Revolution mit einer nationalen Befreiung einhergehe und die Schaffung einer Union aus
souveränen Sowjetrepubliken der beste Weg sei, beides zu erreichen.
Lenin, der von der Weltrevolution träumte und sich ausmalte, dass
in Zukunft auch China, Indien, Deutschland, Frankreich und die
Vereinigten Staaten der Union beitreten würden, unterstützte die
ukrainische Position.

Die Union wurde mit besonderem Augenmerk auf die Ukraine
gegründet. Ihr unmittelbarer Zweck bestand darin, die Ukrainer im
Zaum zu halten, die Polen herauszuhalten und die Russen kleinzu-
halten. Moskau betrachtete die Ukrainer, deren Anführer, allen voran
Symon Petljura, gezeigt hatten, dass sie große Bauernaufstände an-
zetteln konnten, als die widerspenstigste und rebellischste ethnische
Minderheit unter seiner Herrschaft. Nationalistische Bestrebungen

TEIL IV

in Russland hielt das Regime wiederum für eine massive Bedrohung der Einheit eines multiethnischen Staatswesens. Und Polen galt als ein Gegner, der mit Hilfe westlicher Unterstützung einen neuen Krieg gegen die Union beginnen und ihr Teile der Ukraine entreißen konnte. Zwischen dem Föderalismus des Unionsvertrags und dem Zentralismus der herrschenden Kommunistischen Partei genoss die Ukraine de facto eine Autonomie mit womöglich weitreichenderen Privilegien als jenen, von denen ukrainische Politiker in den Jahrzehnten vor dem Ersten Weltkrieg oder selbst die führenden Köpfe der Zentralna Rada in den ersten Monaten der Revolution von 1917 geträumt hatten.

Diese neue Phase ihrer Nationenbildung erreichte die Ukraine innerhalb des politischen und gesetzlichen Rahmens des Sowjetregimes, das sich selbst die »Diktatur des Proletariats« nannte. Als das Regime Anfang der 1920er Jahre versuchte, die Kontrolle über ein Land zu festigen, das von Krieg, Revolution und inneren Unruhen schwer gezeichnet war, erlaubte es einigen marktwirtschaftlichen Elementen über die Hintertür einer »Neuen Ökonomischen Politik« (NEP) wieder den Zugang zur hoch zentralisierten Sowjetwirtschaft. Auf politischer und kultureller Ebene suchten die Sowjetführer nach neuen Wegen, um sich die imperialen Besitztümer der Romanows zu sichern. Die vorläufige Lösung hierfür fanden sie in der Politik der *Korenisazija* oder »Einwurzelung«, die auf die wirtschaftliche Entwicklung der nichtrussischen Peripherien ebenso Wert legte wie auf die Unterstützung und Entwicklung der lokalen Kulturen. Der XII. Parteitag im April 1923, wenige Monate vor der formalen Gründung der Sowjetunion, erklärte die *Korenisazija* zur offiziellen Partei- und Regierungspolitik.

Ein Ziel, das Moskau durch die Einwurzelungspolitik erreichen wollte, war die Schaffung loyaler lokaler Eliten. Die Politik der Romanows, die Russlands Territorium erweitert hatten, indem sie lokale Eliten in den kaiserlichen Apparat integrierten, war jedoch nicht auf die Revolutionszeit übertragbar. Die Einbeziehung lokaler revolutionärer Eliten geschah 1920 dadurch, dass man Mitglieder der Ukrainischen Kommunistischen Partei (*Borotbisten*) in die Partei aufnahm, doch untergrub diese Strategie deren ideologische Einheit und war nur bis zu einem bestimmten Punkt zielführend. Gleichzeitig fehlte es der Ukraine an einer einheimischen kommunistischen Elite, die zahlenmäßig groß genug war, um die Stabilität des bolschewistischen Regimes zu garantieren. In der Sowjetukraine lebten Mitte der 1920er Jahre weniger als 30 Millionen Menschen, von denen etwa 80 Prozent Ukrainer, weniger als 10 Prozent Russen und 5,5 Prozent Juden waren. Die ethnische Zusammensetzung der Partei war eine gänzlich andere. Im Jahr 1922 stellten Russen mit über 53 Prozent die absolute Mehrheit der fast 55 000 Parteimitglieder. Ukrainer kamen auf lediglich 24 Prozent – wie auch die Vertreter aller anderen Nationalitäten zusammen, unter denen die jüdische den größten Anteil stellte. Die Ukrainer auf dem Land sahen in der neuen Regierung nicht viel mehr als eine Besatzungsmacht. Diese Wahrnehmung wollte das Politbüro in Moskau nun verändern, um die Kontrolle über die ukrainische Bauernschaft zu gewinnen.

Die Nationalkommunisten – eine Gruppe innerhalb der ukrainischen Parteiführung, die in der Revolution ein Mittel zur sozialen und nationalen Befreiung der von Russland beherrschten Minderheiten sah – argumentierten, dass man die Unterschiede zwischen der proletarischen Stadt und der kleinbürgerlichen Welt des Dorfes nur überwinden werde, wenn die Partei die Sprache und Kultur der ukrainischen Mehrheitsbevölkerung übernehme, und diese sei nun einmal ukrainisch. Da die kommunistische Ideologie ein überwiegend städtisches Phänomen blieb, erwies sich das Dorf als gewaltige Herausforderung für die kommunistischen Überlegungen zu einer Ukrainisierung – eine Herausforderung war das Dorf natürlich bereits während der Revolution und des Bürgerkriegs gewesen. Die ukrainischen Nationalkommunisten sprachen sich für eine Strategie aus, die jener ähnelte, welche byzantinische Missionare am Ende des 1. Jahrtausends nach Christus gewählt hatten: Sie übernahmen die einheimische Sprache und Kultur mit dem Ziel, eine neue Religion zu befördern, die in diesem Fall Kommunismus hieß. So wie der byzantinische Ansatz über den römischen siegte, der auf einer Lingua franca für alle Gläubigen beharrte, setzte sich die Position der Nationalkommunisten als offizielle Parteilinie durch. Allerdings hatten sie weiterhin große Mühe, sich zu behaupten.

Der größte Widerstand kam aus der Partei selbst, deren Mitglieder zum Großteil Nichtukrainer waren. Einem Bericht zufolge sprachen nur 18 Prozent der Parteimitglieder in Verwaltungspositionen gut Ukrainisch – im Vergleich zu 44 Prozent aller Angestellten im Verwaltungsapparat. Die von Oleksandr Schumskyj angeführten Nationalkommunisten forderten eine härtere Linie der Ukrainisierung. Schumskyj wollte Stalins in der Ukraine geborenen Protegé Lasar Kaganowitsch, einen ethnischen Juden, der mit der ukrainischen Sprache auf Kriegsfuß stand, durch den ethnischen Ukrainer und ukrainischen Regierungschef Wlas Tschubar als Generalsekretär der Kommunistischen Partei der Ukraine ersetzen. Schumskyj verlangte außerdem, dass Stalin die sprachliche Ukrainisierung der Arbeiter fördern solle. Von Beginn an war die Strategie auf ethnische Ukrainer begrenzt gewesen und hatte die Russen der Ukraine ebenso ausgeschlossen wie andere ethnische Gruppen, die ihre eigenen Einwurzelungsprogramme hatten. Die Partei wehrte sich energisch dagegen, die russische oder hochgradig russifizierte Arbeiterklasse mit einer Sprachpolitik zu verprellen, gegen die sie sich höchstwahrscheinlich sträuben würde. Schumskyj hatte mit schwerem Gegenwind zu kämpfen.

Stalin weigerte sich, Kaganowitsch abzusetzen, und behauptete, der Zeitpunkt sei schlecht gewählt. Er blieb hartnäckig bei seinem Urteil, obwohl nach Lenins Tod im Januar 1924 die Loyalität der ukrainischen Parteiorganisation, die größte der Sowjetunion, für seinen anhaltenden Kampf um die Macht in der Partei von entscheidender Bedeutung war. Stalin weigerte sich außerdem, in der Frage nach der Ukrainisierung der Arbeiterklasse nachzugeben. »Man kann und muss, unter Einhaltung eines bestimmten Tempos, den Apparat unserer Partei, des Staates und andere Apparate (...) ukrainisieren«, schrieb Stalin im April 1926 an das ukrainische Politbüro – die bolschewistische Führung in der Ukraine. »Aber man darf das Proletariat nicht von oben her ukrainisieren. Man darf die russischen Arbeitermassen nicht zwingen, auf die russische Sprache und die russische

Kultur zu verzichten und die ukrainische Sprache und Kultur als die ihrige anzuerkennen.« Stalin kritisierte insbesondere Forderungen, wonach die ukrainische Kultur von der russischen zu trennen sei, Forderungen, die er mit den Schriften von Mykola Chwyljowyj assoziierte, einem ukrainischen Schriftsteller russischer Abstammung (geboren als Nikolai Fitiljow). »Zu einer Zeit«, so Stalin, »da westeuropäische Proletarier und ihre kommunistischen Parteien von Sympathie für ›Moskau‹, diese Zitadelle der internationalen revolutionären Bewegung und des Leninismus, erfüllt sind, zu einer Zeit, da die westeuropäischen Proletarier begeistert auf das Banner blicken, das über Moskau weht, weiß der ukrainische Kommunist Chwyljowyj zugunsten ›Moskaus‹ nichts anderes zu sagen, als die ukrainischen Persönlichkeiten aufzufordern, sich ›so schnell wie möglich‹ von ›Moskau‹ frei zu machen.«

Stalin entschied, den ukrainischen Nationalkommunisten das Heft des Handelns wieder abzunehmen, und befahl seinem Mann Kaganowitsch, die Ukrainisierungskampagne zu leiten und Schumskyjs Bedenken angesichts der langsam vorangehenden Ukrainisierung entgegenzuwirken. Kaganowitsch tat, wie ihm geheißen, und verwandelte das, was bis 1926 eine Ukrainisierung »per Dekret« war, in eine weitaus effektivere und umfassendere Strategie. Im Jahr 1927 gelang es ihm, seinen Bericht an den ukrainischen Parteitag auf Ukrainisch vorzutragen. Er vertrat außerdem eine harte Linie, wenn es um den Gebrauch des Ukrainischen sowohl in Bildungseinrichtungen als auch in der Propaganda- und Kulturarbeit in der Arbeiterklasse ging. Nachdem Kaganowitsch 1928 nach Moskau zurückbeordert worden war, führte sein Nachfolger Stanislaw Kossior, ein gebürtiger Pole, dessen Strategie fort. Offiziellen Zahlen zufolge fanden im akademischen Jahr 1926/27 nur 33 Prozent der Vorlesungen und Seminare in ukrainischer Sprache statt, 1928/29 waren es bereits 58 Prozent. Ukrainischsprachige Zeitungen steigerten ihren Marktanteil von 30 Prozent im Jahr 1926 auf 92 Prozent im Jahr 1932. Im Juni 1932 wurden 75 Prozent der Vorträge für ukrainische Bergarbeiter auf Ukrainisch gehalten.

Die Politik der Einwurzelung sah zwar die Ukrainisierung ethnischer Ukrainer als zentrale Maßnahme vor, doch hatte sie darüber hinaus die Minderheiten im Visier. Innerhalb des Landes wurden auch ethnisch russische, jüdische, polnische und deutsche Regionen mit eigener Verwaltung eingerichtet. Verlage druckten Bücher in Nationalsprachen, und Schüler wurden in den Sprachen ihrer ethnischen Gruppe unterrichtet. Doch entfaltete diese Politik hauptsächlich auf dem Land ihre Wirkung. In den Städten wurden ethnische Minderheiten sogar schneller russifiziert als Ukrainer. Im Jahr 1926 gaben 62 Prozent der ethnischen Ukrainer in Charkiw an, Ukrainisch sei ihre Muttersprache, doch nur 41 Prozent der Juden. Einige jüdische Intellektuelle, wie etwa Grigorii Kerner (Hrytsko Kernerenko), der wie Nestor Machno aus Huljajpole stammte, begrüßten die Ukrainisierung und entschieden, auf Ukrainisch zu schreiben, doch die meisten setzten auf die russische Sprache als direkteren Zugang zur Moderne. Viele gingen nach Moskau und machten dort Karriere. Die Schriftsteller Ilja Ilf (Leib Fainsilberg) und Wassili Grossman – die aus den bekanntesten jüdischen Zentren der Ukraine, Odesa und Berdytschiw, stammten – schlugen diesen Weg ein.

Stalins Unterstützung der Ukrainisierung war taktischer Natur und zeitlich begrenzt. Er glaubte, dass Russen und Ukrainer ein und demselben Volk angehörten, und Ende der 1920er Jahre entschied die Partei, dass das Überleben des Regimes von der Unterstützung der größten ethnischen Gruppe abhing – das waren die Russen. Sie würde die Bestrebungen der Ukrainer, eine vollständig unabhängige Kultur zu schaffen, im Zaum halten müssen.

In Vorbereitung auf einen der ersten Schauprozesse in der Sowjetunion trat die sowjetische Geheimpolizei 1929 eine wahre Verhaftungswelle los. Der Prozess selbst fand in Charkiw statt und richtete sich zum größten Teil gegen die Führung der ukrainischen Intelligenzija, der man vorwarf, einer fingierten Organisation anzugehören, die sich »Union für die Befreiung der Ukraine« nannte. Die Ankläger behaupteten, dass deren Mitglieder Kontakt zu ukrainischen Emigranten sowie zur polnischen Regierung hielten und einen Aufstand planten, der letztlich darauf abziele, einen unabhängigen ukrainischen Staat zu errichten. Ganz oben auf der Liste der angeblichen Verschwörer standen der Vizepräsident der Ukrainischen Akademie der Wissenschaften und ehemalige Stellvertretende Vorsitzende der Zentralna Rada, Serhij Jefremow, und der frühere Premierminister der Ukrainischen Volksrepublik, Wolodymyr Tschechiwskyj. Letzterer war überdies eine führende Figur innerhalb der Ukrainischen Autokephalen Orthodoxen Kirche, die unabhängig von Moskau agierte und den Anklägern als Zweig der fiktiven Verschwörerorganisation galt. Die Anschuldigungen waren falsch, doch die Richter verurteilten 15 Menschen zum Tod und 192 zu unterschiedlich langen Gefängnisstrafen. Weitere 87 Angeklagte verbannten sie ins innere Exil. Der Prozess richtete sich direkt gegen die Intellektuellen an der Spitze der Kampagne zur Ukrainisierung. Die Partei hatte ihre Strategie geändert und signalisierte mit Hilfe des Verfahrens, dass sie sich nicht länger gegen den russischen Großmachtchauvinismus richtete, sondern den lokalen Nationalismus in den Blick nahm. Die ukrainischen Nationalkommunisten, darunter der einflussreiche Bildungsminister Mykola Skrypnyk, versuchten Moskau zu ähnlichen Prozessen gegen den russischen Großmachtchauvinismus zu bewegen, scheiterten jedoch.

Der linguistischen und kulturellen Ukrainisierung gelang es nicht, die Kultur im industriellen Süden und Osten der Republik zu verändern. Nirgendwo zeigte sich das deutlicher als in der neuen Hauptstadt der Ukraine, in Charkiw. Dort stieg der Anteil derer, die Ukrainisch als Muttersprache bezeichneten, zwischen 1926 und 1939 von 24 auf 32 Prozent – angesichts der Anstrengungen, die zur Ukrainisierung der Stadt unternommen wurden, ein unbedeutender Zuwachs. Doch noch besorgniserregender war die Tatsache, dass der Anteil derer, die Russisch als Muttersprache angaben, weiterhin 64 Prozent betrug, und das, obwohl sich die Einwohnerzahl im selben Zeitraum von 417 000 auf 833 000 verdoppelte und der Anteil der Ukrainer von 39 auf 49 Prozent stieg. Der Aufschwung der Ukrainisierungspolitik wurde abgewürgt, noch bevor die Stadt für die ukrainische kulturelle Sache gewonnen werden konnte – ein Misserfolg, der tiefe und langfristige Konsequenzen für das Selbstbild der Ostukraine hatte. Allerdings hinterließ diese Politik eine weitere Spur in der ukrainischen Gesellschaft. Sie schuf Bedingungen, unter denen sich immer mehr städtische Ukrainer zur ukrainischen Nationalität bekannten, und das, obwohl sie überwiegend Russisch sprachen. Da die Zahl Russisch sprechender Ukrainer weiter zunahm, bildeten sie ein überaus bedeutsames kulturelles Bindeglied zwischen Ukrainisch sprechenden Ukrainern und Russisch sprechenden Russen. Tatsächlich teilten diese drei Gruppen eine gemeinsame Lingua franca, die als *Surschyk* bezeichnet wurde und eine Mischung aus beiden Sprachen darstellte.

In den 1920er Jahren waren die Sowjetführer auf eine Weltrevolution aus und führten unter Ukrainern in den Nachbarländern eine aktive Undercoverkampagne durch, mit der sie die multiethnischen Staaten Osteuropas destabilisieren und schwächen wollten. Frankreich und andere Westmächte versuchten ihrerseits, dieselben Länder in Pufferzonen zu verwandeln, um die Ausbreitung des Bolschewismus in Europa zu verhindern. Die Führer der Sowjetukraine bezeichneten ihre Republik als ein neues ukrainisches Piemont – einen Staat, der den vorübergehend unter bürgerlicher Fremdherrschaft stehenden Ukrainern die nationale und soziale Befreiung bringen sollte. Der Begriff selbst ging auf die Zeit der italienischen Vereinigung zurück, als Piemont andere italienische Regionen auf den Weg zur Gründung eines Nationalstaats geführt hatte. Die Polen und nach ihnen die Ukrainer bezogen die Piemont-Metapher auf Galizien, das beide als Zentrum ihrer jeweiligen Nationalbewegungen betrachteten; später griffen sie auch ukrainische Bolschewiki auf. So lange die Ukrainisierung vorangetrieben wurde, war es nicht schwer, die Sowjetukraine als leuchtendes Vorbild ukrainischer nationaler Eigenständigkeit zu präsentieren. Viele der westlichen Regionen, die von Ukrainern bewohnt wurden, standen de facto unter Besatzung und erlebten die Unterdrückung fast aller Formen ihres Gemeinschafts- und Kulturlebens.

Außergewöhnlich schwierig war die politische und kulturelle Lage im von Polen beherrschten Galizien. Dort lebten fünf Millionen Menschen, von denen fast 4,4 Millionen Ukrainer waren. Sowohl die Friedensverträge von Versailles und Riga als auch die polnische Verfassung garantierten der ukrainischen Minderheit in Polen Gleichheit vor dem Gesetz sowie das Recht, eigene Schulen zu gründen und im öffentlichen Raum Ukrainisch zu sprechen. Die tatsächlichen Bedingungen deckten sich jedoch nicht mit den internationalen Verpflichtungen, die der junge polnische Staat eingegangen war. Die bitteren Erinnerungen an den polnisch-ukrainischen Krieg, in dessen Verlauf und unmittelbarer Folge die polnischen Behörden fast 70 000 Ukrainer interniert hatten, waren noch zu frisch. Ukrainer boykottierten polnische Institutionen in der Region: Sie eröffneten und betrieben ihre eigene Untergrunduniversität und ignorierten die polnische Volkszählung von 1920 sowie die Wahlen von 1922. Allerdings erwies sich ihre Strategie nach dem März 1923, als die von der Pariser Friedenskonferenz geschaffene Botschafterkonferenz beschloss, die polnische Herrschaft über Galizien anzuerkennen, als wenig wirkungsvoll. Diese Entscheidung beraubte die Ukrainer in Galizien ihrer letzten Hoffnung, eine Intervention des Westens könnte ihre Lage verbessern, und es blieb ihnen nichts anderes übrig, als mit den neuen politischen Gegebenheiten so gut wie möglich umzugehen.

Die Botschafterkonferenz traf ihre Entscheidung unter der Voraussetzung, dass die Ukrainer eine Form von Autonomie erhalten würden. Diese nahm jedoch nie konkrete Formen an, da der neue polnische Staat darauf aus war, mit seiner Nationalitätenpolitik nicht nur die politische, sondern auch die kulturelle Assimilation seiner Minderheiten durchzusetzen. Die polnische Führung sah in den Minderheiten – zu denen neben den Ukrainern auch Belarussen, Deutsche und Juden gehörten – die größte innenpolitische Herausforderung für die Stabilität ihres Regimes, das sich im Jahr 1926 von einer Republik in eine Art Diktatur verwandelte. Die diskriminierenden Maßnahmen gegen die ukrainische Mehrheit in Galizien wurden in der sogenannten *Lex Grabski* von 1924 offenbar, ein nach dem künftigen Bildungsminister benanntes Gesetz, das dem Gebrauch der ukrainischen Sprache im Erziehungssystem Beschränkungen auferlegte und damit begann, ukrainische Schulen in zweisprachige polnisch-ukrainische umzuwandeln.

Die Sprache wurde zu einem entscheidenden Faktor der kulturellen Polonisierung von Minderheiten. In Ostgalizien, wo sich die Bevölkerung im Jahr 1910 aus 65 Prozent Ukrainern und 21 Prozent Polen zusammensetzte, sank der Anteil der Ukrainer, oder besser jener Menschen, die Ukrainisch als ihre Muttersprache bezeichneten, auf 59 Prozent, während der Anteil der Polen auf 29 Prozent stieg. Diese Veränderungen waren unter anderem ein Ergebnis der Bildungspolitik des Regimes, das polnischsprachige Schulen förderte und ukrainischsprachige benachteiligte. Im Jahr 1930 gab es im ukrainischen Teil Galiziens 58 staatliche polnische Gymnasien gegenüber nur sechs ukrainischen. Zwar gründeten die Ukrainer Privatgymnasien, doch auch hier blieben sie in der Minderheit: Im selben Jahr gab es 22 private polnische Gymnasien und nur 14 ukrainische. Neu geschaffene Lehrerstellen wurden fast ausschließlich von Polen besetzt. Von annähernd 12 000 Lehrern in Galizien waren weniger als 3000 ethnische Ukrainer, der Rest Polen. Fast 600 ukrainische Lehrer, die in ihrer Heimatstadt keine Anstellung fanden, wurden in von Polen besiedelte Regionen des Landes versetzt.

Die steigende Zahl von Polen in den Bevölkerungsstatistiken rührte nicht nur von der offiziellen Begünstigung der polnischen Sprache, sie hatte auch damit zu tun, dass die Regierung die Migration von Polen nach Ostgalizien, das nun Ostkleinpolen hieß, förderte. Bereits kurz nach Erlangung der Unabhängigkeit beschloss die polnische Führung, große Ländereien zu zerschlagen und unter Kleinbauern zu verteilen. In Galizien und anderen Landesteilen, die von Ukrainern besiedelt wurden, hieß dies, dass polnische Landbesitzer, die das meiste Land besaßen, nach der Reform Grund und Boden verloren, während ukrainische Bauern entsprechend hinzugewannen. Als Antwort darauf ergriff die Regierung Maßnahmen, mit denen sie polnische Kriegsveteranen und Bauern, die sich neu in Galizien niederließen, begünstigte. Dieselben Maßnahmen kamen auch in Wolhynien zum Einsatz, das früher zum Russischen Reich gehörte und wo der polnische Bevölkerungsanteil historisch gesehen kleiner war als im österreichischen Galizien. In Wolhynien teilte die Regierung polnischen Kolonisten 40 Prozent jener Flächen zu, die durch die Reformen verfügbar wurden. In der Zwischenkriegszeit zogen fast 300 000 Polen in die ukrainischen Länder des polnischen Staates – Galizien, Wolhynien und Podlachien.

Weitere Entwicklungen bewogen Ukrainer, die in den Dörfern die absolute Mehrheit stellten, und Juden, die mehr als 70 Prozent der Bevölkerung in den Kleinstädten Galiziens ausmachten, dazu, die Region und das Land zu verlassen. Vor allem wirtschaftliche Stagnation und die Vernachlässigung der östlichen Grenzregion waren für die steigende Zahl von Emigranten verantwortlich. Die Erdölförderung in Galizien ging im Vergleich zu ihrem Höhepunkt am Vorabend des Ersten Weltkriegs um 70 Prozent zurück, doch gab es außer den kleinen Forst- und Agrarsektoren keine anderen Industriezweige, die sie ersetzen konnten. Anfang der 1930er Jahre zählten im Distrikt Drohobytsch weniger als 45 000 Menschen zur Arbeiterklasse. Die ukrainischen Bauern versuchten ihre Lage dadurch zu verbessern, dass sie die Genossenschaftsbewegung, die unter österreichischer Herrschaft existiert hatte, wiederbelebten. Mit Abstand am erfolgreichsten war die Molkereigenossenschaft Malssojus, die nicht nur auf dem heimischen Markt gewinnbringend wirtschaftete, sondern ihre Produkte auch in die Tschechoslowakei, nach Österreich, Deutschland und in andere europäische Länder exportierte. So gut wie jeder ukrainische Bauer gehörte ihr an. Allerdings konnten die Genossenschaften die Notlage in den ukrainischen Dörfern nur begrenzt lindern. Da es fast keine Arbeitsstellen in der Stadt gab, blieb den landhungrigen Bauern (etwa die Hälfte der Bauernhöfe war kleiner als zwei Hektar) keine andere Wahl, als das Land zu verlassen.

In der Zwischenkriegszeit emigrierten nicht weniger als 200 000 ukrainische Bauern aus Polen. Viele von ihnen landeten in den Vereinigten Staaten sowie, nachdem dort Mitte der 1920er Jahre die Einwanderung begrenzt wurde, in Kanada und Argentinien. Etwa ebenso viele Juden verließen Polen, wobei die meisten (bis zu 75 000) nach Palästina und die anderen nach Argentinien und in die Vereinigten Staaten auswanderten. Sowohl die sich verschlechternden wirtschaftlichen Bedingungen (die Mehrzahl der Juden in Galizien und im restlichen Polen lebte in Armut) als auch ein zunehmender Antisemitismus, der einen von polnischen Nationalisten initiierten Boykott jüdischer Geschäfte und Angriffe auf jüdische Gemeinden zur Folge hatte, ließen die Zahl jüdischer Emigranten in die Höhe schnellen. In der zweiten Hälfte der 1930er Jahre, nach dem Tod des Staatsoberhaupts Józef Piłsudski, der versucht hatte, den Antisemitismus einzudämmen, wurden bei Unruhen und Scharmützeln in ganz Polen Dutzende Juden getötet und Hunderte verletzt. Die polnische Regierung versuchte die »jüdische Frage« zu »lösen«, indem sie westliche Staaten und ihre jüdischen Gemeinden bat, den verarmten Juden Polens zu helfen oder sie als jüdische Flüchtlinge aufzunehmen. Allerdings waren die westlichen Regierungen für die Bitte nicht besonders empfänglich, um es vorsichtig auszudrücken.

Die wirtschaftlichen und kulturellen Maßnahmen, die die polnischen Behörden während der 1920er Jahre in den ukrainischen Gebieten umsetzten, liefen jenen direkt zuwider, die zur selben Zeit von den Bolschewiki in der Sowjetukraine verfolgt wurden. Statt eine schnelle industrielle Entwicklung zu fördern, setzten polnische Behörden auf die Landwirtschaft; statt Ukrainer in den Staatsapparat zu integrieren, trieben sie deren Emigration voran und förderten den Zustrom nicht nur polnischer Verwalter, sondern auch polnischer Siedler in die Region. Und doch verfügte der polnische Staat über etwas, was der Sowjetunion immer versagt blieb – ein politisches System, das auf den Prinzipien der Wahldemokratie gründete. Selbst nach Józef Piłsudskis Putsch von 1926 behielt der polnische Staat Elemente eines politischen Pluralismus und religiöser Toleranz bei, die es Ukrainern erlaubten, ihre eigenen politischen Parteien, Kirchen und kulturellen Organisationen zu gründen.

Nachdem die ukrainische Eigenstaatlichkeit in Galizien im Jahr 1919 gescheitert war, forderte die griechisch-katholische Kirche ihre Rolle als wichtigste nationale Institution zurück, während ihr Oberhaupt, der Metropolit Andrej Scheptyzkyj, den Status eines allgemein anerkannten nationalen Führers erlangte. War Ersteres kein neues Phänomen – die Kirche hatte diese Funktion mindestens seit der

Revolution von 1848 innegehabt –, so war Scheptyzkyjs Rolle als nationale Führungsfigur durchaus ein Novum. Scheptyzkyj, Nachfahre einer ruthenischen Adelsfamilie, die der Kirche bereits im 18. Jahrhundert einen Metropoliten geschenkt hatte, wurde in eine römisch-katholische Familie hineingeboren, die seit über einer Generation kulturell polonisiert worden war. Viele in der ukrainischen Gesellschaft sahen sein Festhalten an der griechisch-katholischen Kirche, deren höchstes Amt er dann obendrein um die Jahrhundertwende übernahm, als Versuch Polens, auch noch die letzte ukrainische »nationale« Institution im Land zu übernehmen. Doch Scheptyzkyj, der sich eher als loyaler Untertan Österreich-Ungarns denn als Sohn Polens betrachtete, unternahm sein Bestes, um seine Kirche und ihre Mitglieder vor den Polonisierungsversuchen des neuen polnischen Staates zu schützen. Angesichts der Ausbreitung der polnischen Sprache und der Weigerung der Behörden, die Kategorie Nationalität in der Volkszählung einzuführen, wurde die Religion, in diesem Fall der griechisch-katholische Glaube, zu einem der wichtigsten Kennzeichen ukrainischer Identität im Galizien der Zwischenkriegszeit.

Eine tief in der Vorkriegszeit verwurzelte Partei, die Nationaldemokratische Allianz, dominierte die ukrainische Politik im Galizien der Zwischenkriegszeit. Ihre Führung ging aus den Reihen der Ukrainischen Nationaldemokratischen Partei aus österreichischer Zeit hervor. Für die galizische Politik begann im Jahr 1929 eine neue Ära, als aus der Ukrainischen Militärischen Organisation, ein geheimes Netzwerk unter Führung von Jewhen Konowalez, der 1918 und 1919 im Kampf für die Unabhängigkeit in der Ostukraine aktiv gewesen war, eine Partei wurde, die sich Organisation Ukrainischer Nationalisten (OUN) nannte. Diese neue Organisation übernahm von ihrer Vorgängerin sowohl das Ziel der ukrainischen Unabhängigkeit und die Ideologie des Irredentismus als auch deren konspiratorische Struktur und terroristische Taktiken, die zur Erreichung ihrer Ziele eingesetzt wurden. Neu war die Ideologie eines radikalen Nationalismus, der den Veteranen der Unabhängigkeitskriege von 1918 bis 1921 schlichtweg fremd gewesen war. Sie verurteilte den liberalen Nationalismus, den die Führer der ukrainischen Bewegung vor den Kriegen vertreten hatten, und warf ihm vor, sich auf sprachliche Fragen zu beschränken und eine Kultur des Defätismus zu pflegen. Die OUN erklärte, dass die Nation oberste Priorität habe und dass ihr Ziel die Schaffung eines »neuen Menschen« sei. Formuliert wurde diese Ideologie von Dmytro Donzow, einem aus der Ostukraine stammenden ehemaligen Sozialdemokraten. Donzow trat zwar nie der OUN bei, prägte jedoch durch seine Schriften die neue Generation ihrer Führungsriege und Aktivisten.

Die OUN, bestenfalls eine Randerscheinung der ukrainischen politischen Szene, bewies von Anfang an ihre Fähigkeit, diese Szene weit über ihr tatsächliches politisches Gewicht hinaus zu beeinflussen. So verbuchte sie es im Juni 1934 als großen Erfolg, als ihre Mitglieder den polnischen Innenminister Bronisław Pieracki ermordeten und die Tat damit rechtfertigten, Pieracki habe bei der »Pazifizierung« – einer Reihe repressiver Maßnahmen, die im Herbst 1930 gegen ukrainische Aktivisten ergriffen worden waren – eine entscheidende Rolle gespielt. Bereits zuvor, im Herbst 1933, hatte man einen sowjetischen Diplomaten in Lwiw ermordet, ein Vergeltungsakt für die Hungersnot in der Sowjetukraine in den Jahren 1932 und 1933. Beide Anschläge waren von ein und demselben Mann organisiert worden: Stepan Bandera, einem 25-jährigen Studenten an der Nationalen Polytechnischen Universität in Lwiw, der im Juni 1933 Chef des OUN-Netzwerks in Galizien wurde. Näheres über Bandera und die OUN-Ideologie erfuhr die Öffentlichkeit dann nach dessen Verhaftung und Strafverfolgung durch die polnische Polizei. Banderas Prozess wegen der Ermordung Pierackis fand in Warschau statt. In Lwiw folgte im Jahr 1936 ein zweiter Prozess wegen des im Juli 1934 (nach Banderas Festnahme) verübten Mordes an einem angesehenen ukrainischen Rektor eines Lwiwer Gymnasiums, den die OUN der Zusammenarbeit mit der polnischen Polizei bezichtigt hatte.

In seiner abschließenden Stellungnahme im Prozess von Lwiw erklärte Bandera, warum er und seine Kameraden nicht nur andere töteten, sondern auch ihr eigenes Leben riskierten: »Die OUN schätzt das Leben ihrer Mitglieder sehr, doch unsere Idee ist unserem Verständnis nach so groß, dass, wenn es zu ihrer Umsetzung kommt, nicht bloß einzelne, sondern Hunderte, ja Tausende Opfer gebracht werden müssen.« Was Bandera meinte, war das Ziel einer unabhängigen Ukraine. Für seine Rolle bei der Ermordung Pierackis wurde er zum Tod verurteilt. Das Urteil wurde später in eine siebenfache lebenslängliche Freiheitsstrafe umgewandelt, doch schon im September 1939 kam er wieder frei, als die deutsche und sowjetische Invasion Polens in den dortigen Gefängnissen Chaos auslöste und viele Gefangene, darunter Bandera, einfach durch ihre Tore marschieren konnten.

Die OUN hatte eindeutig galizische Wurzeln, doch in den 1930er Jahren gewann sie auch in anderen ukrainischen Gebieten an Einfluss, insbesondere in der früheren russischen Provinz Wolhynien. Die ethnische Zusammensetzung war dort eine völlig andere als in Galizien. Dem Zensus von 1931 zufolge erklärten 68 Prozent der Wolhynier, Ukrainisch sei ihre Muttersprache, 17 Prozent gaben Polnisch und 10 Prozent Jiddisch an. Vor dem Ersten Weltkrieg war Wolhynien eine Hochburg des russischen Nationalismus gewesen. Die ukrainischen Bauern dort, denen eine eindeutige nationale Identität abging, hatten Mitglieder des Bunds des russischen Volkes und seiner Schwesterorganisationen in die Duma entsandt. Nach ihrer Eingliederung in den polnischen Staat war die Provinz einerseits zum Ziel intensiver polnischer Kolonialisierung geworden, andererseits konkurrierten dort zwei ukrainische nationenbildende Projekte miteinander. Beide waren ukrainisch, doch das eine, das sich Galizien zum Vorbild nahm, war antipolnisch eingestellt, während das andere zwar kulturell und sprachlich ukrainisch war, politisch aber dem polnischen Regime gegenüber loyal blieb.

Die polnische Regierung setzte alles daran, Wolhynien vom »schädlichen« Einfluss des galizischen Nationalismus abzuschotten. Sie errichtete eine Art Pufferzone, den sogenannten *Kordon sokalski*, benannt nach der Stadt Sokal im Grenzland zwischen Galizien und Wolhynien, um die territoriale Ausbreitung der Aktivitäten galizisch-ukrainischer Institutionen zu beschränken. Die Ukrainische griechisch-katholische Kirche durfte weder in Wolhynien, Polesien,

Podlachien noch in der Region Cholm tätig werden, da die griechisch-katholischen Gläubigen dort der polnischen römisch-katholischen Kirche unterstanden. In Gebieten nördlich dieser »Sokal-Grenze« verbot die Regierung Aktivitäten der Organisation Proswita und schränkte die Verbreitung von Literatur aus Galizien ein. Besonders große Anstrengungen unternahm sie, um den Aufbau eines OUN-Netzwerks in Wolhynien zu verhindern.

Einer der größten Unterstützer des *Kordon sokalski* war Henryk Józewski, ehemaliger Innenminister Polens und in den Jahren 1928 bis 1938 Woiwode von Wolhynien. Der ethnische Pole, in Kyjiw geboren und aufgewachsen, war stellvertretender Innenminister der ukrainischen Regierung unter Symon Petljura gewesen. Er befürwortete die Allianz zwischen Petljura und Piłsudski von 1921 und setzte sich als Piłsudskis Vertrauter und Innenminister für die polnisch-ukrainische Annäherung ein. Er hielt dies für eine realistische Perspektive, solange Wolhynien von den zerstörerischen Einflüssen Galiziens abgeschirmt würde. Józewski arbeitete eng mit »guten Ukrainern« zusammen, Vertretern der Petljura-Emigranten in Polen – seinen ehemaligen Kampfgenossen in der Dnipro-Ukraine –, um in Wolhynien einen ukrainischen Nationalismus zu fördern, der sich loyal zu Polen verhielt. Er sprach sich für eine von Moskau unabhängige orthodoxe Kirche unter dem Metropoliten von Warschau und dem Patriarchen von Konstantinopel aus. Außerdem unterstützte er bei Parlamentswahlen moderate ukrainische Politiker. Unter ihnen war Petljuras Neffe Stepan Skrypnyk, ein Mitglied des polnischen Parlaments und künftiger orthodoxer Bischof, der nach der Unabhängigkeit von 1991 die Wahl zum Patriarchen der von Moskau unabhängigen Ukrainisch-Orthodoxen Kirche gewinnen sollte.

Nationalistische und antipolnische Ideen gelangten nicht nur aus Galizien über Mitglieder der OUN nach Wolhynien, sondern auch aus der Sowjetukraine durch Anhänger der Kommunistischen Partei der Westukraine (KPWU). Letztere hatte deutlich mehr Mitglieder als Erstere. Mitte der 1930er Jahre zählte die KPWU an die 1600 Mitglieder, die OUN nur 800. Beide Gruppierungen boten ukrainischen Bauern ein ideologisches Produkt, das soziale und nationale Revolution miteinander verknüpfte. In den späten 1930er Jahren verstärkten die polnischen Behörden die Repressionen gegen Kommunisten und Nationalisten, wobei weitaus mehr Kommunisten verhaftet wurden: Die Polizei nahm an die 3000 Anhänger kommunistischer Organisationen und etwa 700 Nationalisten fest. Trotz der politischen Verfolgungen, die Stalins Regime in den 1930er Jahren veranlasste, hörte die Jugend Wolhyniens am Vorabend der sowjetischen Invasion Polens im September 1939 noch immer sowjetische Radiosender und bewunderte die Sowjetukraine.

Józewski wirkte dem sowjetischen Einfluss entgegen, indem er versuchte, die polnisch-sowjetische Grenze gegen jedwede bolschewistische Infiltration abzudichten und rigoros gegen die prosowjetischen Bauernaufstände in Wolhynien durchzugreifen. Gleichwohl ließ er sich von der sowjetischen Ukrainisierungspolitik inspirieren und versuchte Wolhynien zu einem ukrainischen Piemont umzuformen. Im Unterschied zu der Bildungspolitik, welche die polnische Regierung in Galizien verfolgte, unterstützte Józewski die Gründung ukrainischer Schulen in Wolhynien. Er half auch dabei, Ukrainisch als Pflichtfach in zweisprachigen polnisch-ukrainischen Schulen zu etablieren. Das Experiment Wolhynien endete 1938 mit Józewskis Rücktritt als Woiwode und einer allgemeinen Verhärtung der polnischen Einstellung gegenüber nationalen Minderheiten nach Piłsudskis Tod im Jahr 1935. Trotz all seiner Bemühungen gelang es Józewski nicht, die Ausbreitung nationalistischer Ideen in Wolhynien einzuhegen. Seine Tolerierung der ukrainischen Sprache und Identität trug mit dazu bei, die vor 1914 stark von russisch-imperialistischen Strömungen beeinflusste Provinz in eine Festung des ukrainischen Nationalismus mit entschieden antipolnischen Untertönen zu verwandeln.

Nationalisten und Kommunisten gelang es, sowohl innere (wie etwa den *Kordon sokalski* in Polen) als auch internationale Barrieren zu überschreiten, wie sie die Staatsgrenzen der Zwischenkriegszeit darstellten. Das Beispiel der Ukrainer im Rumänien der Zwischenkriegszeit ist Beleg für die Fähigkeit beider Gruppen, genau dies zu tun – internationale Grenzen zu ignorieren. Knapp eine Million ethnische

Ukrainer lebten damals in Rumänien, und zwar in der Nordbukowina, in Südbessarabien und Maramureş. Wie Polen behandelte in dieser Zeit auch die rumänische Politik die verschiedenen Gruppen von Ukrainern sehr unterschiedlich.

Die rumänische Regierung hieß Veteranen der Armee Petljuras willkommen und eröffnete in den ehemals von Russland beherrschten ukrainischen Gebieten, insbesondere in Bessarabien, ukrainische Schulen. Die offizielle Politik gegenüber den einst von Österreich-Ungarn beherrschten Gebieten mit ihrem weitaus höheren Grad an ethnischer Mobilisierung war eine völlig andere. In den vormals österreichischen Regionen der Nordbukowina schränkte das zunehmend diktatorisch agierende rumänische Regime kulturelle und politische Aktivitäten der ukrainischen Minderheit sogar noch stärker ein, als es das polnische Regime in Galizien tat. Neben der Durchsetzung einer Agrarreform, die rumänische Ansiedlungen in der Region auf Kosten ukrainischer Bauern begünstigte, betrieb die Regierung eine Rumänisierung der Ukrainer und behandelte sie als Rumänen, die irgendwie ihre Muttersprache vergessen hatten. Rumänisch wurde in der Nordbukowina zur alleinigen Amts- und Unterrichtssprache, und selbst die orthodoxe Liturgie (die Region war vorwiegend orthodox geprägt) sollte auf Rumänisch statt auf Kirchenslawisch abgehalten werden.

Das rumänische Regime war alles andere als beliebt unter den Ukrainern, die nach alternativen Ideologien und politischen Parteien zur Vertretung ihrer Interessen Ausschau hielten. Zeigte sich Südbessarabien aufgeschlossener gegenüber kommunistischer Propaganda, so wurde die Nordbukowina zum fruchtbaren Boden für die Ausbreitung nationalistischer Ideen. Die Nationaldemokratische Partei, die größte ukrainische politische Partei in der Nordbukowina, gab sich alle Mühe, Kulturorganisationen aufzubauen und die Interessen der ukrainischen Bevölkerung im Parlament zu vertreten. Sie konnte in den späten 1920er Jahren einige Erfolge feiern, war aber insgesamt nicht in der Lage, die Regierungspolitik zu beeinflussen. So kamen radikalere Gruppen ins Spiel, darunter Mitglieder der OUN, die 1934 ihre erste Zelle in der Bukowina bildeten. Die Nationalisten, von denen die meisten Studenten waren, wurden schon bald in Bessarabien und Maramureş aktiv und gaben die beliebte Zeitung *Swoboda* (Freiheit) heraus, die 7000 Abonnenten zählte, ehe die rumänischen Behörden sie 1937 verboten. Repressive Maßnahmen zwangen die Nationalisten noch im selben Jahr in den Untergrund, wo die Organisation den Ausbruch des Zweiten Weltkriegs überlebte.

In den 1920er und frühen 1930er Jahren zeigte sich, dass die Kommunisten erfolgreicher als die Nationalisten darin waren, eine weitere europäische Grenze zu überwinden – die tschechoslowakische. Der Zusammenbruch der Habsburg-Monarchie ereilte etwa eine halbe Million Ukrainer in Transkarpatien, einem Teil des ungarischen Königreichs innerhalb Österreich-Ungarns, noch bevor sie hatten entscheiden können, wer sie wirklich waren – Russen, Ukrainer oder eine eigene ethnische Gruppe, die Ruthenen genannt wurde. Sie standen vor derselben Wahl wie die galizischen Ruthenen in der zweiten Hälfte des 19. Jahrhunderts, doch dauerte dieser Prozess in ihrem Fall länger, und er war mit weitaus größeren Anstrengungen verbunden. Im Jahr 1919 trat die Region freiwillig dem neu geschaffenen panslawischen Staat der Tschechoslowakei bei und nahm darin den Namen Subkarpatische Rus an. Die tschechoslowakische Regierung stand Identitätsfragen zunächst neutral gegenüber, unterstützte schließlich aber die Ausbildung einer politisch neutralen ruthenischen Identität. Dies war immerhin eine Verbesserung im Vergleich zu den Zeiten Österreich-Ungarns, als Budapest versucht hatte, die örtliche Bevölkerung zu magyarisieren. Zudem unterstützte Prag die ökonomische Entwicklung der Region, die mit ihrer rückständigen Landwirtschaft nur 2 Prozent zur nationalen Produktionsleistung beitrug. Doch wie in Polen und Rumänien vergab die tschechoslowakische Regierung die meisten Verwaltungsstellen nicht an Ukrainer, sondern an ethnische Tschechen und Slowaken und unterstützte ein Programm zur Wiederansiedlung in der Region, das große Landesteile für Kolonisten reservierte.

Die Tschechoslowakei war das einzige osteuropäische Land der Zwischenkriegszeit, das sich nicht nur auf demokratische Werte berief, sondern auch nach diesen handelte. Im Fall von Transkarpatien bedeutete dies freie und faire Wahlen. Angesichts der wirtschaftlichen Schwierigkeiten der Region, des Landhungers der Bauern und der damit einhergehenden Zunahme gesellschaftlicher Spannungen profitierten von den demokratischen Freiheiten, die Prag gewährte, vor allem die Kommunisten sowie weitere radikale linke Parteien: Bei den Wahlen von 1924 erreichten die Kommunisten 40 Prozent der Stimmen. Die Nationenbauer in Transkarpatien waren hoffnungslos zersplittert. Die Vertreter der drei Stränge ukrainischer nationaler Identität – Russophile, Ukrainophile und Ruthenen – bekämpften sich gegenseitig. Am stärksten waren die russophilen und ukrainophilen Fraktionen. Die proukrainische Organisation Proswita hatte in der Region 96, die russophile Duchnowytsch-Gesellschaft hingegen 192 Leseräume eingerichtet. Die orthodoxe Kirche war in Händen der Russophilen, während die Ukrainophilen innerhalb der griechisch-katholischen Kirche, die traditionell von proungarischen Elementen kontrolliert wurde, an Einfluss gewannen. Die moderne ukrainische Identität erreichte Transkarpatien erst mit Verspätung, doch in den 1920er Jahren wurde sie zur dynamischsten politischen Kraft der Region und verband diese mit anderen ukrainischen Gebieten zu einem diversen, aber bündigen Projekt zum Aufbau einer modernen ukrainischen Nation.

Von allen Regimen, die in der Zwischenkriegszeit Teile ukrainischen Territoriums kontrollierten, waren es nur die kommunistischen Machthaber in Moskau, die dem ukrainischen Nationalprojekt eine Form von Staatlichkeit zugestanden und Unterstützung bei der Entwicklung der ukrainischen Kultur anboten. Das kommunistische Projekt ukrainischer Nationenbildung fand breite Zustimmung sowohl in der Sowjetukraine als auch in den angrenzenden osteuropäischen Ländern mit großen ukrainischen Gemeinschaften. Der Nationalkommunismus als Mittel zur Lösung der ukrainischen Frage stieß in der Umsetzung jedoch auf ernsthafte Hindernisse. In Osteuropa hatten Befürworter einer kommunistischen Ukraine mit etlichen Hürden zu kämpfen: mit antikommunistischen und antiukrainischen Maßnahmen, die von nationalen Regierungen getroffen wurden; mit der Opposition ukrainischer Parteien der Mitte, die nach einem Modus Vivendi mit bestehenden Regimen suchten; und mit der wachsenden Konkurrenz seitens der radikal ukrainisch-nationalistischen Ideologie. Der Hauptgrund für das Scheitern des Nationalkommunismus waren jedoch die dramatischen Veränderungen in der sowjetischen Politik der 1930er Jahre. Sie verwandelten die Sowjetukraine, die man einst als kommunistisches Piemont wähnte, in ein kommunistisches Pompeji: Der Ausbruch des stalinistischen Vulkans verwandelte die großen Hoffnungen, die ukrainische Nationenbauer einst mit Blick auf das revolutionäre Regime in Moskau hegten, zu Asche.

KAPITEL 21

STALINS FESTUNG

A m 21. Dezember 1929 feierte Josef Stalin seinen 50. Geburtstag. Das Ereignis wurde mit einem Staatsakt begangen, der weder in der Sowjetunion noch im Ausland Zweifel daran ließ, dass aus dem fast ein Jahrzehnt währenden Konkurrenzkampf unter Lenins Erben ein neuer oberster Führer hervorgegangen war. In den Jahren, die seinem Triumph vorangingen, hatte Stalin seine nachgeordnete Stellung als Generalsekretär der Partei in die mächtigste Position im Land verwandelt. Er benutzte die Parteimaschinerie, um die Regierung und ihren repressiven Apparat zu kontrollieren, die Vereinigte staatliche politische Verwaltung (GPU), eine euphemistische Bezeichnung für die Geheimpolizei.

Nie zuvor hing zu Friedenszeiten so viel von den Gedanken, Handlungen und Launen einer einzelnen Person ab. Stalin verfügte über mehr Macht und Einfluss als Lenin und seine zaristischen Vorgänger, einschließlich Peter I. Zwar wäre es ein Fehler, alles, was in den 1930er Jahren in der Sowjetunion geschah, allein mit dem Hinweis auf Stalin zu erklären – oft reagierte er auf Ereignisse, statt sie selbst zu bestimmen –, doch besteht wenig Zweifel daran, dass Stalin und ein kleiner Beraterkreis alle wesentlichen Entscheidungen in dieser Zeit trafen. Die meisten seiner Berater standen ganz im Bann von Stalins Autorität und Intellekt, doch mit der Zeit wuchs ihre Angst, die Stimme gegen ihren Führer zu erheben, da der Personenkult um ihn in den 1930er Jahren stetig zunahm. Für sie verkörperte Stalin die große Hoffnung auf ein Überleben des revolutionären Regimes, das ihrer Meinung nach in Bedrängnis war – von außen seitens des kapitalistischen Westens und von innen seitens der bäuerlichen Mehrheit in der Bevölkerung, deren Mentalität sie für spießig hielten.

In einer Sonderausgabe der Zeitung *Prawda* zu Stalins Jubiläum priesen ihn zahlreiche Beiträge, die von seinen loyalen Gefolgsleuten verfasst waren, nicht nur als denjenigen, der das, was Karl Marx, Friedrich Engels und Wladimir Lenin angestoßen hatten, fortführte, sondern auch als den »Organisator und Anführer der sozialistischen Industrialisierung und Kollektivierung«. Die erste Bezeichnung, »sozialistische Industrialisierung«, bezog sich auf eine sowjettypische industrielle Revolution, ein von der Regierung finanziertes und vom Staat betriebenes Programm, das darauf ausgerichtet war, einen revolutionären Anstieg der industriellen Produktion herbeizuführen, wobei der Entwicklung der Schwerindustrie, der Energiegewinnung und dem Maschinenbau Priorität eingeräumt wurden. Der zweite Begriff, »Kollektivierung«, bedeutete die Schaffung staatseigener Kolchosen, landwirtschaftlicher Genossenschaften, und zwar auf der Basis jener Parzellen, die an die Bauern verteilt worden waren, in dem letztlich erfolgreichen Bemühen, im Verlauf der Revolutionskriege und in den darauffolgenden Jahren ihre Unterstützung der bolschewistischen Idee zu gewinnen. Die Umsetzung dieser beiden Programme in den späten 1920er Jahren bedeutete das Ende der Neuen Ökonomischen Politik, die die staatliche Kontrolle führender Industriezweige beschränkt und in der Landwirtschaft, der Leichtindustrie sowie im Dienstleistungssektor Elemente der Marktwirtschaft zugelassen hatte.

Die sowjetische Führung sah in den Industrialisierungs- und Kollektivierungsprogrammen, ergänzt durch die Kulturrevolution – eine Reihe von Maßnahmen, die eine neue Generation von Kadern dazu befähigen sollte, die alte Führungs- und Beamtenklasse zu ersetzen –, das beste Mittel, um das Überleben des kommunistischen Regimes in einer feindlich gesinnten kapitalistischen Umwelt zu sichern. Die drei Programme waren Schlüsselelemente in dem bolschewistischen Vorhaben, eine traditionell landwirtschaftlich geprägte Gesellschaft in eine moderne Industriemacht zu verwandeln, in der das Proletariat die Bauernschaft als dominierende Klasse ablösen sollte. Die gesamten 1920er Jahre hindurch stritt die sowjetische Führungsriege über die Geschwindigkeit, in der ihre Vision umzusetzen sei. Schon früh war klar, dass sie die Industrialisierung nur von innen heraus finanzieren konnten – der Westen hatte kein Interesse daran, einem Land Geld zu geben, das die Weltrevolution anstrebte. Die einzige heimische Quelle der sogenannten sozialistischen Akkumulation von Kapital war demnach die Landwirtschaft oder, mit anderen Worten, die Bauernschaft. Stalin hatte sich ursprünglich für eine »natürliche«, evolutionäre Industrialisierung ausgesprochen, änderte dann jedoch seine Position und bestand auf eine schnellere wirtschaftliche und soziale Transformation.

Für den Kreml war die Ukraine, die Sowjetrepublik mit der zweithöchsten Einwohnerzahl – auf einer Fläche, die gerade mal 2 Prozent des Sowjetterritoriums ausmachte, lebten dort fast 20 Prozent der gesamtsowjetischen Bevölkerung – angesichts ihres landwirtschaftlichen Ertrags und Potenzials eine wichtige Finanzierungsquelle der angestrebten Industrialisierung, darüber hinaus aber aufgrund der bereits existierenden Industriepotenziale im Süden und Osten der Republik auch ein lohnendes Investitionsgebiet. Da die Moskauer Zentrale die volle Kontrolle über die Ressourcen innehatte, musste sich die ukrainische Führung allerdings eigens bei ihr dafür einsetzen, Kapital, das man ursprünglich aus ukrainischen Dörfern abgezogen hatte, in die ukrainischen Städte zu reinvestieren. Die Ukraine schlug sich während des ersten Fünfjahresplans (1928–1933) relativ gut und erhielt ungefähr 20 Prozent aller Investitionen, was ihrem Anteil an der Gesamtbevölkerung der Sowjetunion entsprach. Als die Mittel jedoch ab 1932 in die Industrialisierung des Urals und Sibiriens umgeleitet wurden, also tief in den sowjetischen Osten und damit weg von der gefährlichen Grenze zu Polen, fühlte sich die Ukraine übergangen und betrogen. Ein Großteil des ihr zugewiesenen Kapitals landete in den traditionellen Industrieregionen im Südosten, die weiter von der Grenze entfernt waren. Das Gebiet rechts des Dnipro blieb landwirtschaftlich geprägt – die dorthin geleiteten Investitionen flossen überwiegend in den Aufbau von Verteidigungslinien der Roten Armee.

Das mit Abstand größte Bauprojekt, das in der Ukraine im Zeitraum des ersten Fünfjahresplans begonnen wurde, war DniproHES, der Dnipro-Staudamm und das Elektrizitätswerk, die beide unmittelbar unterhalb der Stromschnellen errichtet wurden. Das Ganze befand sich nahe der Stadt Oleksandriwsk, die 1921 in Saporischschja (»Ort jenseits der Stromschnellen«) umbenannt worden war – in Erinnerung an die kosakische Vergangenheit der Region und in Anerkennung der Bedeutung, die dem kosakischen Mythos in den Revolutionsjahren beigemessen worden war. Die einstmals verschlafene Kleinstadt wurde zu einem wichtigen Industriezentrum, nachdem im Umkreis des Kraftwerks, das zum wichtigsten Energielieferanten der industrialisierten Regionen Donbas und Krywyj Rih wurde, Hüttenwerke entstanden. Davon abgesehen, dass mit Hilfe des Staudamms Strom erzeugt wurde, löste die Anlage ein größeres Problem, das der wirtschaftlichen Entwicklung im Weg gestanden hatte: Der aufgestaute und entsprechend tiefere Dnipro überflutete die Stromschnellen, sodass der Fluss nun vollständig schiffbar war. DniproHES wurde zum Vorzeigeobjekt des ersten sowjetischen Fünfjahresplans, während sich die Bevölkerung von Saporischschja innerhalb eines Jahrzehnts mehr als vervierfachte, von 55 000 Einwohnern im Jahr 1926 auf 243 000 im Jahr 1937.

Wie viele Marxisten seiner Zeit glaubte Lenin an die Transformationskraft der Technologie, und einmal gab er zu Protokoll, Kommunismus sei Sowjetmacht plus Elektrifizierung des gesamten Landes. Die sowjetische Propaganda behauptete nun, DniproHES sei der erste große Schritt hin zum Kommunismus, doch die Führungsriege wusste, dass sie, um diesen am Ende zu erreichen, nicht nur auf die Sowjetmacht, sondern auch auf die Effektivität des Kapitalismus angewiesen sein würde. »Vereinigung des russischen revolutionären Schwungs mit amerikanischer Sachlichkeit – darin liegt das Wesen des Leninismus in der Partei- und Staatsarbeit«, beteuerte 1924 auch Stalin. Eine Reihe amerikanischer Berater, die in neu gebauten Backsteinhäuschen einer »amerikanischen Gartenstadt« samt zweier Tennisplätze und einem Golfplatz wohnten, standen den Direktoren und Ingenieuren von DniproHES mit amerikanischer Kompetenz zur Seite. Chefberater war Oberst Hugh Lincoln Cooper, der als Bauingenieur seine ersten Erfahrungen während des Baus der Toronto Power Generating Station am Fuß der Niagarafälle sowie beim Bau der Talsperre Wilson am Tennessee River in Alabama gesammelt hatte. Als Anhänger der freien Marktwirtschaft, der sich einst vor dem Kongress gegen die direkte Beteiligung der US-Regierung an Entwicklungsprojekten ausgesprochen hatte, nahm Cooper das Angebot der Bolschewiki an, nachdem diese ihm noch vor Beginn der Verhandlungen über den Umfang seiner Leistungen die Summe von 50 000 US-Dollar auf sein Konto überwiesen hatten.

Der »russische revolutionäre Schwung«, den Stalin mit amerikanischer Effizienz verbinden wollte, zeigte sich bei DniproHES in Gestalt von Zehntausenden ukrainischen Bauern, die zwar keine Qualifikation für diese Arbeit aufwiesen, sich aber ihren Lebensunterhalt verdienen wollten. Die Zahl der Arbeiter, die für den Bau des Damms und des Elektrizitätswerks angestellt wurden, stieg von 13 000 im Jahr 1927 auf 36 000 im Jahr 1931. Die Fluktuation war extrem hoch, selbst nachdem die Sowjets ihre ursprüngliche Politik der gleichen Löhne für alle Kategorien von Arbeitern aufgaben und Topmanager bis zu zehnmal mehr Lohn erhielten als ungelernte Arbeiter. Qualifizierte Arbeiter verdienten wiederum dreimal so viel wie Letztere. Bauern mussten zu Arbeitern werden, was nicht nur bedeutete, das jeweilige Handwerk zu erlernen, sondern auch, pünktlich zur Arbeit zu erscheinen, keine Pausen nach Lust und Laune zu machen und den Anordnungen der Vorgesetzten zu folgen. Für viele der Neuankömmlinge auf der Baustelle des Kommunismus war dies eine große Herausforderung. Im Jahr 1932 stellte die Leitung von DniproHES 90 000 Arbeiter ein und entließ 60 000.

Am 1. Mai 1932, nach fünf Jahren Bauzeit, führten die Ingenieure die ersten Tests an den Turbinen und Generatoren durch, die von amerikanischen Firmen wie der Newport News Shipbuilding and Drydock Company und General Electric gefertigt worden waren. Im Oktober wurde die brandneue Anlage, deren ursprünglich auf 50 Millionen US-Dollar veranschlagte Kosten zum Zeitpunkt der Fertigstellung um das Achtfache gestiegen waren, offiziell und betriebsbereit eingeweiht. Das formelle Staatsoberhaupt der Sowjetunion, Michail Kalinin, Vorsitzender des Obersten Sowjets, besuchte die Baustelle, um die Zeremonie zu leiten. Reden wurden gehalten, der Kommunismus gewürdigt. Etwas später erhielten Oberst Cooper und fünf weitere amerikanische Berater den Orden des Roten Banners der Arbeit für ihren Beitrag zum Aufbau des Kommunismus.

Der Bau von DniproHES schrieb in mehr als einer Hinsicht Geschichte. Zum ersten Mal seit Beginn der industriellen Entwicklung in der Ukraine bestand die Mehrheit der Arbeiter nicht aus ethnischen Russen, sondern aus Ukrainern. Letztere stellten ungefähr 60 Prozent der Belegschaft, Erstere nur 30 Prozent. Die Gründe für diese Verschiebung wären jedem ersichtlich geworden, der im Oktober 1932 die Baustelle von DniproHES verlassen und sich auf dem Land umgeschaut hätte: Dort wappnete man sich gegen eine menschengemachte Hungersnot.

In den späten 1920er Jahren wurden die ukrainischen Dörfer für ihre Bewohner mindestens so unwirtlich, wie es die russischen vor der Revolution gewesen waren. Doch nicht magere Böden oder schlechtes Wetter, sondern das dramatisch veränderte politische Klima machten den Bauern das Leben zur Hölle, trieben sie aus ihren Dörfern auf Baustellen wie DniproHES. Es war das Ergebnis von Stalins Politik der Zwangskollektivierung, die Bauern dadurch aus ihrer natürlichen Lebenswelt verjagte, dass sie auch noch die letzten Ressourcen aus den Dörfern herauszuquetschen versuchte.

Mit Unterstützung von Lasar Kaganowitsch, dem ehemaligen Generalsekretär der Kommunistischen Partei der Ukraine, der im Jahr zuvor zurück nach Russland berufen worden war, um fortan den Agrarsektor zu verantworten, intensivierte Stalin im Herbst 1929 die Kollektivierung von Land und Haushalten und verlangte äußerste Anstrengungen zur Durchsetzung dieser Politik. Die Kampagne, die in der gesamten UdSSR durchgeführt wurde, traf am härtesten die Getreide produzierenden Regionen, von denen die Ukraine zu den ertragreichsten gehörte. Zehntausende von GPU-Offizieren, Parteifunktionären und einfachen Parteimitgliedern waren nun auf dem Land unterwegs, um die Bauern dazu zu drängen, sich den Kolchosen anzuschließen. Das bedeutete, dass sie ihre privaten Ackergrundstücke, ihre Pferde und ihr landwirtschaftliches Gerät aufgeben mussten. Im März 1930 vermeldeten die Behörden die Kollektivierung von bis zu 70 Prozent aller Anbaugebiete – eine Steigerung um mehr als das Zehnfache gegenüber dem Vorjahr, als weniger als 6 Prozent aller Ackerflächen zu Kolchosen und staatseigenen Betrieben gehört hatten. Die meisten Bauern traten unter dem Druck den Kolchosen bei, doch viele weigerten sich. Bis zum Frühjahr 1930 erfasste die ländliche Ukraine eine Welle von Bauernaufständen. Allein im März 1930 verzeichneten die Behörden mehr als 1700 Bauernrevolten und -proteste. Rebellen töteten Dutzende von sowjetischen Verwaltern und Aktivisten und griffen weitere Hunderte an. In Regionen der Ukraine, die an Polen grenzten, erhoben sich ganze Dörfer und marschierten an die Grenze, um dem Terror von Stalins Kollektivierungskampagne zu entkommen.

Angesichts aufständischer Bauern in strategisch wichtigen Grenzgebieten und einer Welle von Bauernunruhen, die sich auf andere Teile der Sowjetunion ausbreitete, setzte die Regierung Armee und Geheimpolizei ein, um die Rebellen zu verfolgen. Sie zielten vor allem auf die vermögende Bauernschaft, die keinen Anreiz verspürte, den Kolchosen beizutreten, und oft Proteste gegen die Zwangskollektivierung bäuerlichen Besitzes anführte. Die Behörden ließen nicht nur die Rebellenführer verhaften und ins Gefängnis werfen, sondern sorgten auch dafür, dass all jene verbannt und aus der Ukraine zwangsumgesiedelt wurden, die sie als *Kurkulen* (russisch: *Kulaken*) brandmarkten – eine Bezeichnung, die sich ursprünglich auf wohlhabende Bauern bezog, dann aber alle einschloss, die nicht zur ärmsten Schicht der Dorfbevölkerung gehörten. Im Jahr 1930 deportierten die Sowjets bis zu 75 000 angebliche Kurkulen-Familien aus der Ukraine in entlegene Gebiete Kasachstans und Sibiriens. Viele wurden per Zug in abgeschiedene Wälder gebracht, wo sie, alleingelassen, an Krankheiten und Unterernährung starben.

Doch war die Opposition in den Dörfern zu groß, als dass man ihr allein mit Repressionen begegnen konnte. Die Behörden entschieden sich daher für einen taktischen Rückzug. Im März 1930 veröffentlichte Stalin einen Artikel mit dem bezeichnenden Titel

»Vor Erfolgen von Schwindel befallen«, in dem er übereifrigen örtlichen Beamten die Schuld an der Zwangskollektivierung zuschob. Die Parteisoldaten interpretierten den Artikel als Befehl, diese Maßnahme zu beenden, und im Verlauf der kommenden Monate ging die Hälfte des zuvor kollektivierten Landes zurück an Bauern, die aus Kolchosen austraten. Der Rückzug war jedoch nur von begrenzter Dauer. Bereits im Herbst 1930 nahm die Kampagne zur Zwangskollektivierung wieder Fahrt auf. Diesmal entschieden sich die Bauern zum Großteil für passive Formen des Widerstands. So weigerten sie sich, mehr Getreide und andere Agrarerzeugnisse anzubauen, als zum eigenen Überleben notwendig war, sie schlachteten Haustiere, um deren Konfiszierung zuvorzukommen, oder sie flohen gleich ganz aus dem Dorf – oft in Industriezentren wie Saporischschja, wo sie sich dem neuen sozialistischen Proletariat anschlossen.

Konfrontiert mit dieser neuen Form des bäuerlichen Widerstands, weigerten sich Stalin und seine Berater, ihre Niederlage einzugestehen, und beschuldigten die Bauern der Sabotage und des Versuchs, die Städte auszuhungern und die Industrialisierung zu untergraben. Die Behörden behaupteten, die Bauern würden Getreide verstecken, und verlangten sowohl von den Kolchosbauern als auch von jenen, die sich weigerten, einem Kolchos beizutreten, höhere Abgabenquoten. Besonders harte Maßnahmen ergriff das Regime gegen die Ukraine, war diese doch von entscheidender Bedeutung für die Erfüllung der Moskauer Wirtschaftspläne. Bis zur Mitte des Jahres 1932 waren 70 Prozent der ukrainischen Haushalte kollektiviert, im Vergleich zu 60 Prozent in der restlichen Sowjetunion. Der Republik, die 27 Prozent des sowjetischen Getreides anbaute, wurden nunmehr 38 Prozent aller Getreidelieferungen an den Staat aufgebürdet. Die neue Politik führte im Winter und Frühjahr 1932 zu einer Hungersnot und einem Massensterben, wobei vor allem die bevölkerungsreichen landwirtschaftlichen Gebiete der Waldsteppe betroffen waren.

Hunderttausende verhungerten, mehr als 80 000 allein in der Region Kyjiw. Besonders stark litten die Regionen um die Städte Bila Zerkwa und Uman südwestlich von Kyjiw, in denen vorwiegend Zuckerrüben angebaut wurden. Der ukrainische Regierungschef Wlas

Tschubar gestand im Juni 1932 ein, dass exzessive Beschlagnahmungen, die den Bauern nichts zu essen übrig ließen, die Hungersnot verursacht hätten. An Stalin schrieb er: »Angesichts der allgemeinen Unmöglichkeit, den Plan zur Getreiderequirierung zu erfüllen, was hauptsächlich an der insgesamt geringeren Ernte in der Ukraine sowie an den gewaltigen Verlusten im Verlauf der Ernte lag (ein Ergebnis der schwachen wirtschaftlichen Organisation in den Kolchosen wie auch ihrer unzureichenden Steuerung seitens der Bezirke und der Zentrale) wurde ein System eingerichtet, das dafür sorgte, dass sämtliches von unabhängigen Bauern produziertes Getreide und nahezu alle Produkte aus den Kolchosen konfisziert wurden.«

Tschubar zufolge traf die Hungersnot am härtesten nichtkollektivierte Bauern, deren Eigentum der Staat eingezogen hatte, da sie die Abgabenquoten nicht hatten einhalten können. Ähnlich betroffen waren Kolchosmitglieder mit großen Familien. Im März und im April 1932 hungerten oder verhungerten schließlich Abertausende von Menschen in Hunderten von Dörfern. Im Mai 1932 untersuchte ein Vertreter des Kyjiwer Zentralkomitees der Kommunistischen Partei sieben zufällig ausgewählte Dörfer im Bezirk Uman. In dem Monat gab es dort 216 registrierte Hungertote, und bei 686 weiteren Personen rechnete man damit, dass sie in den folgenden Tagen sterben würden. Wie der Parteifunktionär an seine Vorgesetzten in Charkiw, der Hauptstadt der Ukrainischen SSR, schrieb, seien in einem dieser Dörfer, Horodnyzja, »bis zu 100 gestorben«. Und weiter heißt es: »Die tägliche Sterberate beträgt 8–12. In 100 von 600 Gehöften sind die Menschen vor Hunger geschwollen.« Tschubar bat Stalin, der Ukraine Hungerhilfe zu gewähren, doch davon wollte der Generalsekretär nichts wissen. Er leugnete, dass es die Hungersnot überhaupt gab, und verbannte das Wort selbst aus der offiziellen Korrespondenz.

Stalin schrieb das Scheitern seiner Maßnahmen nicht nur dem Widerstand der Bauern gegen Kollektivierung und Beschaffungsquoten zu, sondern auch einem heimlichen Widerstand vonseiten der ukrainischen Parteikader. »Im Moment ist das Wichtigste die Ukraine«, schrieb Stalin im August 1932 an Kaganowitsch:

Man sagt, dass sich ungefähr 50 regionale Parteikomitees zweier Regionen (Kyjiw und Dnipropetrowsk) gegen den Plan ausgesprochen haben, nachdem sie ihn für unrealisierbar erklärt haben [...]. Wenn wir die Situation in der Ukraine nicht sofort wieder bereinigen, können wir die Ukraine verlieren. Bedenken Sie, dass Piłsudski nicht schläft [...]. Bedenken Sie auch, dass es in der ukrainischen KP (500 000 Mitglieder, ha, ha!) nicht wenige (nein, nicht wenige!) verdorbene Elemente gibt, bewusste und unbewusste Anhänger Petljuras und schließlich Agenten Piłsudskis. Sobald sich die Lage verschlimmert, werden diese Elemente nicht zögern, eine Front inner- und außerhalb der Partei *gegen* die Partei zu eröffnen.

Der Herrscher im Kreml war eindeutig um das Überleben des Regimes besorgt. Er hatte den Überraschungsangriff polnischer und ukrainischer Truppen auf Kyjiw vom Frühjahr 1920 nie verwunden. Damals hatten sich ehemalige ukrainische Sozialrevolutionäre den anrückenden Streitkräften Józef Piłsudskis und Symon Petljuras angeschlossen. Stalin befürchtete, 1920 könnte sich wiederholen, nur in größerem Ausmaß. In den frühen 1930er Jahren näherte sich die Zahl der Parteimitglieder in der Ukraine der Halbmillionengrenze, bei einem Anteil an ethnischen Ukrainern von 60 Prozent – das Ergebnis der Ukrainisierungspolitik. Würden diese Kader auch weiter treu zu Stalin stehen, falls Piłsudski erneut einfallen sollte? Er hatte ernsthafte Zweifel. Im Juli 1932 unterzeichnete die Sowjetunion mit ebenjenem Piłsudski einen Nichtangriffspakt, der sicherstellte, dass es in den kommenden drei Jahren keinen Angriff aus dem Westen geben werde. In Stalins Vorstellung war die Zeit gekommen, »die Ukraine zu sichern«, indem man Getreide beschlagnahmte, den Bauern, die sich der Kollektivierung widersetzten, eine Lektion erteilte und den ukrainischen Parteiapparat von jenen säuberte, die sich weigerten, seine Befehle zu befolgen.

Stalins Brief an Kaganowitsch vom August 1932 enthielt einen detaillierten Plan, wie der »Verlust« der Ukraine zu verhindern sei. Er empfahl, die gegenwärtigen Führer der ukrainischen Partei und

Regierung sowie die Führungsriege der Geheimpolizei durch neue Kader zu ersetzen. »Wir müssen die Ukraine so schnell wie möglich in eine wahre Festung der Sowjetunion verwandeln, in eine wirkliche Modellrepublik«, schrieb er. Im November schickte Stalin einen Bevollmächtigten in die Ukraine, der den Apparat der Geheimpolizei übernehmen sollte. Im Dezember verwandelte er ein Treffen des Politbüros zur Frage der Getreideabgabe in einen Generalangriff gegen die ukrainische Parteiführung: Diese habe nicht nur die geforderten Quoten nicht erfüllt, sondern auch die Parteilinie zur Ukrainisierung verfälscht. »Das Zentralkomitee und der Rat der Volkskommissare stellen fest«, hieß es in dem auf Stalins Befehl hin vorbereiteten Beschluss, »dass die Ukrainisierung in einer Reihe von ukrainischen Bezirken nicht nach korrekter bolschewistischer Nationalitätenpolitik, sondern mechanisch durchgeführt wurde, ohne die konkreten Besonderheiten jedes Bezirks zu berücksichtigen, ohne sorgfältige Auswahl bolschewistischer ukrainischer Kader, was den bürgerlich-nationalistischen Elementen, den Anhängern Petljuras und anderen erleichtert hat, unter legalem Deckmantel ihre eigenen konterrevolutionären Zellen und Organisationen zu schaffen.«

Der Beschluss des Politbüros bedeutete das Ende der Ukrainisierung in den von Ukrainern besiedelten Gebieten des Nordkaukasus und in Fernost. Er bildete auch die Grundlage eines Angriffs auf die Ukrainisierungspolitik und deren Kader in der Ukraine selbst, der die Entlassung oder Verhaftung Tausender Parteifunktionäre sowie den Selbstmord Mykola Skrypnyks, des Volkskommissars für Bildung und wichtigsten Befürworters der Ukrainisierung auf staatlicher Ebene, zur Folge hatte. Stalin beschuldigte ukrainische Nationalisten im In- und Ausland, die ukrainische Bauernschaft angestachelt zu haben, die Parteipolitik zu sabotieren, Getreide vor dem Staat zu verstecken und so die Industrialisierungskampagne zu unterminieren. Der Angriff auf die ukrainische Bauernschaft ging mit dem Angriff auf die ukrainische Kultur einher. Die Hungersnot, die in der Ukraine einsetzte, als das Politbüro seine Resolution zur Getreideabgabe und zur Ukrainisierung verabschiedete, war nicht nur ein Ergebnis von Stalins Politik gegen die Bauernschaft und den Parteiapparat, sondern auch seiner geänderten Nationalitätenpolitik, die den Widerstand gegen die Getreiderequirierungen nun mit Nationalismus gleichsetzte.

Im Dezember 1932 schickte Stalin Kaganowitsch und den sowjetischen Regierungschef Wjatscheslaw Molotow in die Ukraine, um sicherzustellen, dass die unrealistischen Getreideabgabequoten erfüllt würden. Angeführt von Moskaus Bevollmächtigten und terrorisiert von der GPU, nahmen ukrainische Parteikader der hungernden und in vielen Fällen sterbenden Bauernschaft alles, was sie zu fassen bekamen. Die Behörden bestraften jene Dörfer, die ihre Quoten nicht erfüllen konnten, indem sie sie von der Grundversorgung mit Gütern, darunter Zündhölzer und Kerosin, abschnitten und nicht nur Getreide, sondern auch Vieh und alles Weitere konfiszierten, was als Nahrungsmittel dienen konnte. Die ersten Todesfälle infolge der neuen Hungersnot wurden im Dezember 1932 gemeldet. Im März 1933 war der Hungertod schließlich zum Massenphänomen geworden. Die nunmehr alarmierten Parteibosse bombardierten Charkiw und Moskau mit Bitten um Unterstützung. Sie kam in unzureichenden Mengen und zu spät, um Millionen sterbender Bauern zu retten. Die meisten starben gegen Ende des Frühjahrs und im Frühsommer, als auch die letzten Essensvorräte vollständig aufgebraucht waren. Viele starben, weil sie Gras oder unreifes Gemüse aßen – nach Monaten des Hungers konnten sie die rohen Lebensmittel nicht mehr verdauen.

Am härtesten wurden die ukrainischen Parklandschaften in den Gebieten Kyjiw und Charkiw getroffen, die bereits zu Beginn des Frühjahrs unter Hunger litten – zu schwach für eine angemessene Aussaat, hatten die Bauern nur wenige Vorräte und starben als Erste. Bis Ende 1933 hatten die Verwaltungsgebiete Kyjiw und Charkiw jeweils bis zu einer Million Einwohner verloren. In den größten Getreide produzierenden Gebieten der ukrainischen Steppe, Odesa und Dnipropetrowsk, verhungerten jeweils über 300 000 Menschen. Weniger betroffen war der industrielle Donbas, wo 1933 etwa 175 000 Menschen an Hunger starben. Die Steppengebiete litten weniger an der Hungersnot als die Parklandschaften, da sie im Jahr zuvor nicht von Hunger betroffen gewesen waren. Zudem konnten die Bauern, wenn es zum Schlimmsten kam, Zuflucht auf den Baustellen Saporischschjas, Krywyj Rihs und im Donbas finden. Außerdem zeigte sich die Regierung in Moskau im Frühjahr 1933 eher gewillt, den Süden als die Zentralukraine mit Notgetreide zu versorgen: Moskau brauchte mehr Getreide, und die Menschen in Getreide produzierenden Regionen am Leben zu erhalten, war die einzige Möglichkeit, es auch zu bekommen. Andere konnte man sterben lassen, und sie starben auch. Insgesamt kostete die Hungersnot in der Ukraine fast vier Millionen Menschen das Leben – jede achte Person fiel zwischen 1932 und 1934 dem Hunger zum Opfer.

Die Hungersnot schuf eine andere Sowjetukraine. Stalin gelang es, sie unter seiner Kontrolle zu halten, indem er die Partei und den Regierungsapparat von jenen säuberte, die nicht gegen ihr eigenes Volk vorgehen und den Verhungernden ihre letzten Lebensmittelvorräte wegnehmen wollten: Von den mehr als 300 Sekretären der Bezirksparteikomitees verlor im ersten Halbjahr 1933 über die Hälfte ihren Posten. Viele von ihnen wurden verhaftet und in die Verbannung geschickt. Der Rest würde sich unter allen Umständen der Parteilinie fügen. Dies waren genau die Kader, die Stalin zumindest vorerst behalten wollte. Darüber hinaus bekam er eine neue »sozialistische« Bauernschaft. Wer die Hungersnot überlebte, hatte seine Lektion gelernt: Man konnte nur überleben, wenn man den von der Partei kontrollierten Kolchosen beitrat, die geringer besteuert wurden und im Frühjahr 1933 als die einzigen landwirtschaftlichen Betriebe Regierungshilfen erhalten hatten. Die Kollektivierung der absoluten Mehrheit der Haushalte und Ländereien war nun eine Tatsache, und sie veränderte die Wirtschaft, die Sozialstruktur und die Politik des ukrainischen Dorfs dramatisch.

War die große ukrainische Hungersnot (ukrainisch: *Holodomor*) ein vorsätzlicher Genozid gegen die Ukraine und ihre Menschen? Im November 2006 definierte das ukrainische Parlament sie als solchen. Eine ganze Reihe von Parlamenten und Regierungen weltweit verabschiedete ähnliche Resolutionen, während die russische Regierung eine internationale Kampagne lancierte, um die ukrainische Behauptung zu unterhöhlen. Die politische Auseinandersetzung wie auch die wissenschaftliche Debatte über den Charakter der ukrainischen Hungersnot dauern bis heute an und drehen sich weitgehend um die Definition des Begriffs »Genozid«. Dennoch herrscht mittlerweile eine große Einigkeit über einige der entscheidenden Fakten und Interpretationen zur Hungersnot von 1932–1933. Die meisten Wissenschaftler stimmen darin überein, dass es sich tatsächlich um ein menschengemachtes Phänomen handelte, das durch die offizielle Politik verursacht worden war. Zwar traf die Hungersnot auch den Nordkaukasus, die untere Wolgaregion und Kasachstan, doch einzig in der Ukraine war sie auf eindeutig ethnonational gefärbte Maßnahmen zurückzuführen: Sie begann mit Stalins Entscheidung, die Ukrainisierungspolitik zu beenden, und in Verbindung mit einem Angriff auf die ukrainischen Parteikader. Der Holodomor hinterließ eine schwer traumatisierte ukrainische Gesellschaft, die für Generationen nicht mehr in der Lage sein sollte, offen Widerstand gegen das Regime zu leisten.

Stalin nutzte den Holodomor, um die Ukraine in eine »beispielhafte Sowjetrepublik« zu verwandeln, wie er sie in seinem Brief an Kaganowitsch nannte. Der Umzug der Hauptstadt im Jahr 1934 von Charkiw nach Kyjiw, deren durch Säuberungen dezimierte Intelligenzija für das Sowjetregime in der Ukraine keine Bedrohung mehr darstellte, brachte die Umwandlung der autonomen und oft unabhängig gesinnten Republik in eine bloße Provinz der Sowjetunion zum Abschluss.

Wie der Herrscher im Kreml es gewollt hatte, wurde die Ukraine ein Modell sowjetischer Industrialisierung und Kollektivierung. Ende der 1930er Jahre übertraf die Industrieproduktion der Ukraine jene von 1913 bereits um das Achtfache, ein Erfolg, der kaum weniger beeindruckend war als jener der größten Republik in der Union – Russlands. Der landwirtschaftliche Sektor war vollständig kollektiviert – 98 Prozent aller Haushalte und 99,9 Prozent der Anbaugebiete wurden als kollektives Eigentum gelistet. Das Problem war, dass die makellosen Kollektivierungsstatistiken nicht der kläglichen Leistung der Landwirtschaft selbst entsprachen. Im Jahr 1940 produzierte die Ukraine 26,4 Millionen Tonnen Getreide, also lediglich 3,3 Millionen mehr als 1913, womit sie einen Anstieg der landwirtschaftlichen Erzeugung von weniger als 13 Prozent verbuchte. Die Dörfer, vom Holodomor und der Kollektivierung verheert, konnten mit den rasch wachsenden Industriestädten nicht Schritt halten. Obwohl die Ukraine eine schnelle Industrialisierung und Modernisierung erlebte, zahlte sie für diesen »Schritt nach vorn« einen horrenden Preis. Zwischen 1926 und 1937 sank die Bevölkerungszahl der Sowjetukraine von 29 auf 26,5 Millionen und stieg dann nur leicht auf 28 Millionen im Jahr 1939.

Viele Ukrainer aller ethnischen Abstammungen starben während des »Großen Terrors« – in jenen wiederkehrenden Verhaftungs-, Hinrichtungs- und Verbannungswellen, die die Sowjetunion von 1936 bis 1940 erfassten und im Jahr 1937 die meisten Opfer forderten. Nicht weniger als 270 000 Menschen wurden 1937 und 1938 in der Ukraine verhaftet, und fast die Hälfte von ihnen wurde hingerichtet. Der »Große Terror« hatte dasselbe Ziel wie viele andere Maßnahmen Stalins in den 1930er Jahren – das Überleben des Regimes und Stalins Stellung als oberster Führer zu sichern. Diejenigen seiner früheren Verbündeten und Feinde, die bis dahin überlebt hatten, wie Lew Kamenew, Grigori Sinowjew und Nikolai Bucharin, ließ er erschießen. In der Ukraine ereilte die Anführer von Partei, Staat und Geheimpolizei, die während des Holodomors ihre Loyalität zu Stalin bewiesen hatten, dasselbe Schicksal. Das Regime wollte gefügige neue Kader, die von den Verbrechen der Vergangenheit nichts ahnten und dem Führer treu dienen sollten. Neben Parteikadern traf der Terror ehemalige Mitglieder nichtbolschewistischer Parteien und nationale Minderheiten am härtesten. Die Ukraine als Grenzrepublik mit zahlreichen Minderheiten, deren Loyalität das Regime infrage stellte, wurde erneut einer strengen Überprüfung unterzogen. Ethnische Polen und Deutsche führten die Rangfolge der inneren Feinde an. Fast 20 Prozent der Verhafteten waren Polen, 10 Prozent Deutsche. Die Sowjetunion nahm beide Gruppen, deren Anteil an der Gesamtbevölkerung weniger als 1,5 Prozent betrug, als mögliche

Spione und »fünfte Kolonne« ihrer damaligen Hauptgegner Polen und Deutschland ins Visier.

Im Jahr 1938 schickte Stalin Nikita Chruschtschow als Ersten Sekretär in die Ukraine, um letzte repressive Maßnahmen zu organisieren und die Republik auf einen seiner Meinung nach bevorstehenden Krieg vorzubereiten. Chruschtschows Aufgabe unterschied sich nicht von der seiner Vorgänger: Er sollte die Ukraine in eine sozialistische Festung verwandeln. »Genossen«, erklärte er Delegierten vor dem ukrainischen Parteikongress im Juni 1938, »wir werden alles daransetzen sicherzustellen, dass die Aufgabe und Vorgabe des Zentralkomitees der Kommunistischen Allunions-Partei (Bolschewiki) und des Genossen Stalin – die Ukraine zu einer Festung zu machen, die für Feinde uneinnehmbar ist – ruhmreich erfüllt wird.« Die nächsten Jahre sollten die Stärke der ukrainischen Bastion zur Genüge auf die Probe stellen.

Im Oktober 1938 beauftragte die Führung einer Rumpf-Tschechoslowakei (die damals gerade von Adolf Hitler zerschlagen wurde) den ukrainischen Aktivisten und Geistlichen Awgustyn Woloschyn, die Regierung eines autonomen Transkarpatien zu übernehmen, das von Karpatenrus in Karpatenukraine umbenannt worden war. Die Entscheidung folgte auf die Übertragung der von Ungarn besiedelten Gebiete Transkarpatiens mitsamt seiner beiden wichtigsten urbanen Zentren, Uschhorod und Mukatschewo, an Ungarn. Die neue Regierung ersetzte eine kurzlebige Vorgängerin russophiler Prägung und führte das Ukrainische als offizielle Sprache ein. Sie schuf außerdem eigene paramilitärische Verbände, um sich ungarischer und polnischer Milizen zu erwehren. Unter dem Namen Karpaten-Sitsch – eine Anspielung auf die Sitscher Schützen Galiziens und die kosakische Saporoger Sitsch der Dnipro-Ukraine – bestanden diese Verbände oft aus jungen Mitgliedern der Organisation Ukrainischer Nationalisten (OUN), die aus Polen kamen, um für die Sache der ukrainischen Eigenstaatlichkeit zu kämpfen.

Das Jahr 1939 begann mit Gerüchten in europäischen Außenministerien, wonach Hitler plane, die Karpatenukraine als Sprungbrett zu nutzen, um die Sowjetukraine anzugreifen und alle ethnisch ukrainischen Gebiete »wieder zu vereinen«. Im Januar empfing Hitler den polnischen Außenminister Józef Beck und bot ihm im Austausch für Danzig und den polnischen Korridor zur Ostsee neue Gebiete in der Ukraine, die als Ergebnis einer deutschen Invasion der UdSSR akquiriert werden würden. Beck lehnte das Angebot ab. Ungeachtet der Entscheidung Becks beschloss Hitler, die ukrainische Karte – zumindest vorläufig – nicht gegen Stalin auszuspielen. Als seine Truppen im März 1939 in Prag einmarschierten, um der Existenz der Tschechoslowakei ein Ende zu setzen, entschied sich Hitler gegen die Schaffung einer unabhängigen Ukraine und überließ Transkarpatien dem mit ihm verbündeten Ungarn. Die Regierung des autonomen Transkarpatien nahm dies mit Überraschung und Enttäuschung zur Kenntnis.

Am 15. März, dem Tag, an dem Hitlers Truppen in Prag einmarschierten, erklärte das karpatenukrainische Parlament die Unabhängigkeit des Landes. Der neue Staat wählte blau und gelb als die Farben seiner Nationalflagge und übernahm die ukrainische Nationalhymne »Noch ist die Ukraine nicht untergegangen«. Die Unabhängigkeitserklärung hielt die ungarische Armee jedoch nicht auf. Diese drang in die Region ein, ohne auf den Widerstand tschechoslowakischer Streitkräfte zu stoßen. Die einzigen Truppen, die gegen die vorrückenden Ungarn kämpften, waren Verbände der Karpaten-Sitsch. »Zu einer Zeit, als sich acht Millionen Tschechen der Herrschaft des deutschen Staates unterwarfen, ohne auch nur einen Hauch Widerstand zu leisten, erhoben sich Tausende von Ukrainern gegen eine ungarische Armee von mehreren Tausend«, schrieb damals ein ukrainischer Journalist. Alles in allem zählte die Karpaten-Sitsch etwa 2000 Kämpfer. Aufgrund der ungleichen Kräfteverhältnisse brach der ukrainische Widerstand bald zusammen. Die Regierung Woloschyns verließ das Land, und ungarische Soldaten beziehungsweise polnische Grenzschützer nahmen viele überlebende Mitglieder der OUN auf ihrem Weg zurück nach Galizien fest. Dies war die Feuertaufe für die nationalistischen Kämpfer. Weitere Schlachten sollten folgen.

Stalin war über die Entwicklungen in Transkarpatien besorgt genug, um die Idee einer deutschen Unterstützung der ukrainischen Unabhängigkeit in einer Rede an einen Parteikongress im März 1939 ins Lächerliche zu ziehen. Die Existenz bedeutender ukrainischer Gebiete außerhalb der Sowjetunion, die von Hitler benutzt werden könnten, um Stalins Kontrolle über die Sowjetukraine zu gefährden, wurde am Vorabend des Zweiten Weltkriegs zur größten Sorge seiner »Festungsbauer«. Das Verteidigungsbollwerk schien einen riesigen Riss bekommen zu haben – die Bedrohung durch einen ukrainischen Irredentismus.

KAPITEL 22
HITLERS »LEBENSRAUM«

A dolf Hitler präsentierte seine Ansichten über die Zukunft der Welt in seinem Buch *Mein Kampf,* das er in der Festung Landsberg diktierte, wo er wegen seiner Rolle im Münchner Bierkeller-Putsch vom November 1923 eine Haftstrafe verbüßte. In seiner Gefängniszelle schwor der ehemalige Untertan Habsburgs, gegen die sogenannte jüdische Weltverschwörung zu kämpfen, und schlug die Schaffung eines Deutschen Reichs vor, das die »arische Rasse« mit »Lebensraum« in Osteuropa versorgen würde. Hitler blieb nur ein Jahr in Haft. Von 1933 an, als er Kanzler Deutschlands wurde und seine NSDAP an die Macht kam, verfügte er über ausreichende Mittel, um seine Pläne umzusetzen. Hitlers Ideen, die er 1923 erstmals genau durchdekliniert hatte, beeinflussten das Weltgeschehen massiv, doch nur an wenigen Orten war ihr Einfluss so zerstörerisch und ihre Folgen so tragisch wie in der Ukraine – dem Herzstück von Hitlers Vision eines »Lebensraums«.

Die Idee eines »Lebensraums« für Deutschland stammte nicht von Hitler. Sie wurde bereits vor dem Ersten Weltkrieg formuliert und sah die deutsche Aneignung von Gebieten weltweit vor. Deutschlands Niederlage im Krieg machte die koloniale Ausdehnung jenseits der von Großbritannien kontrollierten Seewege so gut wie unmöglich, und so sah Hitler allein in Osteuropa Raum für Wachstum. »Es würde mithin auch eine solche Kolonialpolitik nur auf dem Wege eines schweren Kampfes durchzuführen gewesen sein, der aber dann zweckmäßiger nicht für außereuropäische Gebiete als vielmehr für Land im Heimatkontinent selbst ausgefochten wäre«, schrieb er in *Mein Kampf.* Der Vertrag von Brest-Litowsk (1918), der die Anerkennung einer von Russland unabhängigen und von deutschen und österreichischen Truppen besetzten Ukraine beinhaltete, lieferte ein mögliches Modell einer östlichen Expansion Deutschlands. Allerdings war Hitler nicht an einer Nationenbildung im Osten interessiert. Er verfolgte ein anderes Ziel: Er wollte die bestehende Bevölkerung bis an die Wolga auslöschen und die fruchtbaren Gebiete Osteuropas – insbesondere die Ukraine – mit deutschen Kolonisten besiedeln. »Schon die Möglichkeit der Erhaltung eines gesunden Bauernstandes als Fundament der gesamten Nation kann niemals hoch genug eingeschätzt werden«, schrieb Hitler in *Mein Kampf.* »Viele unserer heutigen Leiden sind zu einem großen Teil nur die Folge des ungesunden Verhältnisses zwischen Land- und Stadtvolk.«

Hitlers ländliche Utopie für deutsche Siedler erforderte nicht nur die Aneignung neuen Territoriums, sondern gleichzeitig dessen Enturbanisierung und Entvölkerung. Seine Vision für Osteuropa unterschied sich fundamental von jener, die die Bolschewiki formuliert hatten und die von Stalin vorangetrieben wurde. Beide Diktatoren waren bereit, ihre Utopien mit roher Gewalt zu errichten, und beide waren zur Erlangung ihrer Ziele auf Territorium, Böden und Landwirtschaft der Ukraine angewiesen. Ihre Einstellungen zu den Städten und zur Bevölkerung insgesamt unterschieden sich jedoch. Die Ukraine sollte während der drei Jahre andauernden Besatzung durch das nationalsozialistische Deutschland von 1941 bis 1944 erfahren, was dies in der Praxis bedeutete und wie groß der Unterschied zwischen den beiden Regimen tatsächlich war. Mit ihrem Ruf als Kornkammer Europas und einem der höchsten Bevölkerungsanteile von Juden auf dem Kontinent sollte die Ukraine sowohl ein Hauptziel der deutschen Expansionsbestrebungen als auch eines der Hauptopfer der Nationalsozialisten werden. Zwischen 1939 und 1945 verlor das Land fast sieben Millionen Einwohner (davon fast eine Million Juden) und damit über 16 Prozent seiner Vorkriegsbevölkerung. Nur Belarus und Polen – zwei weitere Länder, die zu Hitlers »Lebensraum« gehörten – erlitten proportional höhere Verluste.

In *Mein Kampf* stellte sich Hitler eine Allianz mit Großbritannien vor, um Frankreich zu besiegen, und einen Pakt mit Russland, um

Polen zu vernichten. Letztlich war es dann Russland – oder vielmehr der Sowjetunion – beschieden, Hitler mit dem zu versorgen, was er wollte: Siedlungsgebiete und einen Reichtum an natürlichen Ressourcen, die Deutschland in ein kontinentales Reich verwandeln würden, dessen Verbindungslinien in seine Kolonien nicht von der britischen Marine unterbrochen werden konnten. Die Allianz mit Großbritannien wurde nie Wirklichkeit, doch im Herbst 1939 hatte Hitler tatsächlich ein Abkommen mit der Sowjetunion geschlossen und die Vernichtung Polens erreicht.

Als der Zweite Weltkrieg am 1. September 1939 mit dem deutschen Angriff auf Polen begann, hatten sich Hitler und Stalin bereits auf eine Aufteilung Polens auf Grundlage des Molotow-Ribbentrop-Pakts geeinigt, der weniger als zehn Tage zuvor unterzeichnet worden war. Stalin versuchte zwar den Eintritt der Sowjetunion in den Krieg zu verzögern, weil er sich besorgt über mögliche Reaktionen Großbritanniens und Frankreichs zeigte und zunächst den schwelenden sowjetisch-japanischen Konflikt in der Mongolei beenden wollte, doch spielten deutsche Diplomaten die ukrainische Karte, um den sowjetischen Angriff auf Polen zu beschleunigen. Sie behaupteten, Deutschland habe keine andere Wahl, als getrennte Staaten in den der Sowjetunion zugewiesenen Gebieten zu schaffen, sollte die Sowjetunion ihre Invasionspläne weiterhin aufschieben. Die Bildung eines von Deutschland unterstützten ukrainischen Staates in Galizien und Wolhynien war das Letzte, was Stalin in dieser Region sehen wollte. Als er schließlich seine Truppen an die polnische Grenze entsandte, marschierten diese unter dem Vorwand, die »brüderlichen« ukrainischen und belarussischen Völker zu verteidigen.

Bereits Anfang Oktober gab es die polnische Armee nicht mehr – die Angriffe der beiden mächtigen Nachbarn hatten sie zerstört. Die Sowjets nahmen die rangniedrigen Soldaten zunächst gefangen, entließen sie meistens aber bald wieder. Die polnischen Offiziere hingegen erwartete ein anderes Schicksal. Die Sowjetunion hielt fast 15 000 von ihnen in drei Internierungslagern gefangen, eines in der Ukraine, zwei in Russland. Im Frühjahr 1940 sollten die meisten von ihnen in einem Wald bei Katyn nahe Smolensk und an anderen Stätten der

Massenvernichtung ermordet werden. Vor allem unter Nichtpolen unterstellten zunächst jedoch nur wenige den Sowjets schlechte Absichten. Die Rote Armee, die es in Fragen der Technisierung nicht mit Deutschland aufnehmen konnte, war den polnischen Truppen zwar überlegen, wenn es um die Qualität ihrer Kriegsausrüstung, darunter neue Panzer, Flugzeuge und moderne Waffen, ging – alles Produkte von Stalins Industrialisierungsanstrengungen. Doch zur Überraschung vieler waren die sowjetischen Offiziere und Soldaten oft unzureichend gekleidet, schlecht ernährt und zudem fassungslos angesichts des relativen Überflusses an Nahrungsmitteln und sonstigen Gütern in polnischen Geschäften. Die Einheimischen erlebten die sowjetischen Offiziere als ideologisch indoktriniert, unkultiviert und primitiv. Jahrelang erzählten sie immer wieder Geschichten von Offiziersfrauen, die angeblich zu Theaterbesuchen Nachthemden trugen, weil sie dachten, dies sei die angemessene Abendgarderobe. Zugleich waren die nichtpolnischen Bürger des ehemaligen polnischen Staats aber bereit, mit den gut bewaffneten und unkultivierten »Befreiern« zu leben, solange diese ihre Lebensumstände zu bessern versprachen, und für eine Weile schien dies auch der Fall zu sein.

Nachdem die Rote Armee Lwiw und andere wichtige Zentren in Galizien und Wolhynien eingenommen hatte, hielten die Besatzer nach sowjetischem Vorbild Wahlen zur Nationalversammlung der Westukraine ab, die wiederum Kyjiw und Moskau darum ersuchte, Galizien und Wolhynien an die Sowjetukraine anzuschließen. Nikita Chruschtschow, der neu ernannte Parteichef in Kyjiw, bestand darauf, dass Nordpolesien einschließlich Brest ebenfalls der Ukraine übergeben werden solle, Stalin aber entschied, dieses Gebiet der Republik Belarus zuzuschlagen. Die neuen Machthaber ermöglichten es ansässigen Ukrainern und Juden, in den Staatsdienst einzutreten und Stellen in Bildungs-, medizinischen und anderen Einrichtungen zu besetzen, die ihnen unter polnischer Herrschaft verwehrt geblieben waren. Während sie die ansässigen Juden gut behandelten, wiesen sie jene, die von deutschen Truppen aus Polen vertrieben wurden, an der Grenze zurück. Die neuen Machthaber setzten eine umfangreiche Ukrainisierungskampagne in Gang und machten aus polnischsprachigen Universitäten, Schulen, Theatern und Verlagen ukrainische. Sie verstaatlichten außerdem große Ländereien und teilten das Land unter den armen Bauern auf. Prosowjetische Sympathien, die unter Mitgliedern kommunistischer und linker Parteien und Organisationen der Region immer schon ausgeprägt waren, wurden nun noch inniger.

Die Flitterwochen in den Beziehungen zwischen den sowjetischen Behörden und den ansässigen Ukrainern währten freilich nicht lange. Die Sowjets waren der organisierten Religion – ein institutioneller Grundpfeiler der ukrainischen Identität in der ehemaligen polnischen Republik – noch nie wohlgesinnt gewesen. Nun konfiszierten sie die Ländereien der griechisch-katholischen Kirche und versuchten, die Rolle sowohl der orthodoxen als auch der griechisch-katholischen Kirche im öffentlichen Leben zu beschneiden. Überraschender war der Umgang der Sowjets mit ehemaligen Funktionären und einfachen Mitgliedern der Kommunistischen Partei der Westukraine, die allgemein nationalistischer Gesinnung verdächtigt und schließlich von der sowjetischen Geheimpolizei ins Visier genommen wurden. Derselbe Verdacht traf bald schon ukrainische Kader, die auf Führungsposten in der Kommunalverwaltung und im Bildungssektor befördert worden waren.

Im Jahr 1940 begann die Besatzungsmacht mit massenhaften Verhaftungen und Deportationen der lokalen Bevölkerung in den Hohen Norden, nach Sibirien und Zentralasien. Ehemalige polnische Regierungs- und Polizeibeamte, Mitglieder polnischer Parteien und Militärsiedler, die in der Zwischenkriegszeit in die Region gebracht worden waren, standen auf der Liste der »Volksfeinde« ganz oben. Im Februar 1940 führte das NKWD, Stalins Geheimpolizei, die ersten Massendeportationen von nahezu 140 000 Polen durch. Fast 5000 Deportierte erreichten ihre Bestimmungsorte nicht und starben unterwegs an Unterkühlung, Krankheiten und Unterernährung. Insgesamt deportierte die sowjetische Geheimpolizei zwischen Herbst 1939 und Juni 1941, als Deutschland die UdSSR angriff, an die 1,25 Millionen Menschen aus der Ukraine. Das NKWD verfolgte auch Mitglieder der OUN, deren Anführer, unter ihnen Stepan Bandera, in den von den Deutschen kontrollierten Teil Polens flohen. Stalin sah in ihnen eine klare und unmittelbare Bedrohung für sein Regime.

Der Einmarsch der deutschen Armee in Paris im Juni 1940 kam für Stalin überraschend und brachte ihn zu der Überzeugung, Hitler werde sich bald schon nach Osten orientieren und die Sowjetunion angreifen. Das Sowjetregime musste daher seine Kontrolle über die neu gewonnenen Gebiete festigen und potenzielle Angehörige der »fünften Kolonne« entfernen. Stalin entschied außerdem, alle Teile Osteuropas zu besetzen, die im Molotow-Ribbentrop-Pakt seiner Einflusssphäre zugesprochen worden waren. Dazu gehörten die baltischen Staaten Estland, Lettland und Litauen sowie Teile Rumäniens, die Bessarabien und die Bukowina umfassten. Die sowjetische Führung annektierte Südbessarabien und die Nordbukowina, die überwiegend von Ukrainern besiedelt wurden. Dort ergriffen die sowjetischen Machthaber dieselben Maßnahmen, die sie zuvor bereits in Galizien und Wolhynien angewandt hatten, darunter die Verstaatlichung von Grund und Boden, die Beförderung lokaler nichtrumänischer Kader und die Ukrainisierung von Institutionen.

Stalin bereitete sich auf einen Angriff seines Verbündeten Adolf Hitler vor. Er rechnete damit, dass dieser im Jahr 1942 stattfinden werde, doch kam der deutsche Überfall ein Jahr früher und überrumpelte den sowjetischen Diktator. Hitler benötigte so schnell wie möglich sowjetische Ressourcen, darunter Getreide und Kohle aus der Ukraine, insbesondere da er sich weiterhin im Krieg mit Großbritannien befand und im Rücken des britischen Löwen die noch viel größeren Vereinigten Staaten lauerten – die größte Wirtschaftsmacht der Welt. Hitler griff die Sowjetunion trotz der Einwände führender Ökonomen des Reichs an, die argumentierten, dass die Invasion kein einziges Problem Deutschlands lösen und stattdessen die deutsche Wirtschaft belasten werde. Die ranghohen Militärs zogen jedoch einen Krieg mit der Sowjetunion einem Krieg im Westen vor, und Hitler entsprach ihren Wünschen nur zu gerne.

Im Dezember 1940 unterzeichnete er die »Weisung 21«, die Vorbereitungen für einen Krieg mit der Sowjetunion vorsah. Die Operation erhielt den Codenamen »Barbarossa«, nach dem deutschen König und Kaiser des Heiligen Römischen Reichs aus dem 12. Jahrhundert, der den Dritten Kreuzzug angeführt hatte. Er war ertrunken, als er versucht hatte, in schwerer Rüstung einen Fluss zu überqueren, statt wie seine Truppen die nahe Brücke zu nehmen. Dies war zweifellos ein schlechtes Omen, doch damals kümmerten sich diejenigen, die in die Pläne eingeweiht waren, nicht um historische Präzedenzfälle. Wie vor ihm Barbarossa war Hitler bereit, Risiken einzugehen und den kürzesten Weg einzuschlagen. Die Planungen sahen vor, die Sowjets im Rahmen eines Feldzugs, der nicht länger als drei Monate dauern sollte, zu besiegen und sie hinter die Wolga zurückzudrängen. Nach Hitlers Willen sollten seine Armeen zunächst Leningrad einnehmen, dann die Kohlebergwerke im Donbas besetzen und schließlich Moskau erobern. Die Wehrmacht schickte deutsche Soldaten an die Front, ohne an deren Winterausrüstung zu denken. Dies stellte sich als Fehler heraus, wenngleich es den kurzfristigen Vorteil hatte, Stalin irrezuführen, der es nicht glauben konnte, dass die Deutschen angreifen würden, ohne sich auf einen Winterfeldzug vorzubereiten, und der dementsprechend überrascht wurde, als sie genau dies taten.

Die Invasion begann in den Morgenstunden des 22. Juni 1941 entlang einer Front, die sich von der Ostsee im Norden bis zum Schwarzen Meer im Süden erstreckte. Deutschland und seine Verbündeten, darunter Rumänien und Ungarn, schickten etwa 3,8 Millionen Soldaten ins Feld. Die deutsche Heeresgruppe Süd griff die Ukraine von Stellungen in Polen aus an und marschierte entlang der alten Route zwischen den nördlichen Ausläufern der Karpaten und den Prypjatsümpfen. Rumänische Verbände griffen im Süden an und stießen zwischen den südlichen Ausläufern der Karpaten und dem Schwarzen Meer in die Ukraine vor. Dieselben Routen hatten die Hunnen im 5. Jahrhundert und die Mongolen im 13. Jahrhundert genutzt, als sie in Mitteleuropa eindrangen. Jetzt bewegten sich die Truppen in die entgegengesetzte Richtung, doch rückten sie auf ebendiesen unbefestigten Straßen nicht auf Pferden, sondern in motorisierten Divisionen vor, die Staub aufwirbelten. An der sowjetischen Front zogen die Deutschen etwa 4000 Panzer und über 7000 Geschütze zusammen. Mehr als 4000 Flugzeuge sicherten den Vormarsch. Die Deutschen besaßen die nahezu vollständige Lufthoheit – ein Überraschungsangriff der Luftwaffe hatte einen Großteil der sowjetischen Militärmaschinen auf den Flugfeldern zerstört, noch ehe sie hatten abheben können.

Die Rote Armee verfügte in etwa über dieselbe Anzahl an Soldaten an der Westgrenze und über bedeutend mehr Panzer, Waffen und Flugzeuge. Ihr Kriegsmaterial war den neuesten deutschen Modellen jedoch unterlegen, und unerfahrene Offiziere, die erst vor kurzem die bewährten, von Stalin beseitigten Befehlshaber abgelöst hatten, führten ihre Männer in die Schlacht. Kommandeure ließen ihre Einheiten im Stich, und die Kampfmoral unter den Soldaten, von denen viele Bauern waren, die Holodomor und Kollektivierung überlebt hatten, war gering. Und sie fiel mit jedem weiteren Tag, da die deutschen Verbände den Vorteil nutzten, den ihr Überraschungsangriff ihnen eingebracht hatte. Sie erzielten schnell Landgewinne und fügten den sich zurückziehenden sowjetischen Truppen verheerende Verluste zu. Was Stalin nach Unterzeichnung des Molotow-Ribbentrop-Pakts als Erfolg verbucht hatte – der Gewinn neuer Territorien –, erwies sich nun als Falle. Einen Monat vor der Invasion hatte er seine Truppen westlich der Verteidigungslinien verschoben, die im Verlauf des letzten Jahrzehnts gebaut worden waren, um die neuen Grenzen zu schützen. Und nun mussten sie eine Grenze schützen, die zu befestigen ihnen keine Zeit mehr blieb. Wie von den Blitzkriegplanern vorhergesehen, durchbrachen die deutschen Panzerdivisionen die sowjetischen Verteidigungslinien, kreisten ganze Armeen ein und richteten hinter den Linien der Roten Armee verheerende Schäden an.

In der westukrainischen Region von Luzk, Brody und Riwne starteten Kommandeure der Roten Armee eine große Gegenoffensive. Sie schickten ihre gesamten Panzerformationen in die Schlacht, wurden aber von einer wesentlich kleineren Panzertruppe der Wehrmacht ausgebremst und geschlagen. Danach ging es nur noch bergab. Innerhalb von drei Wochen gelang es der Wehrmacht, an allen Frontabschnitten zwischen 300 und 600 Kilometer nach Osten vorzudringen. Nicht nur Galizien und Wolhynien, erst kürzlich von sowjetischen Truppen besetzt, auch riesige Gebiete der Ukraine rechts des Dnipro gingen verloren. Mehr als 2500 sowjetische Panzer und fast 2000 Flugzeuge wurden zerstört. Die Verluste an Soldaten waren kaum zu zählen. Im August umzingelten und verhafteten deutsche Divisionen nahe der Stadt Uman in Podolien mehr als 100 000 Soldaten der Roten Armee. Ihren größten Sieg errangen sie jedoch im folgenden Monat in der Nähe von Kyjiw. Gegen den Rat von Kommandeuren der Roten Armee, unter ihnen der führende sowjetische Militärstratege Georgi Schukow, weigerte sich Stalin aufgrund der symbolischen Bedeutung der Stadt, seine Truppen aus der Region Kyjiw abzuziehen. Er verursachte damit das wohl größte militärische Desaster der Sowjetarmee im gesamten Krieg.

Einheiten der Roten Armee unter General Mychajlo Kyrponos aus der Region Tschernihiw hielten dem Vormarsch stand, konnten aber gegen die motorisierten deutschen Divisionen wenig ausrichten. Kyjiw wurde am 19. September 1941 von deutschen Truppen eingenommen. Kyrponos fiel am folgenden Tag im Kampf nahe der Stadt Lochwyzja. Die Wehrmacht kreiste im Kessel von Kyjiw mehr als 660 000 Soldaten der Roten Armee ein und nahm sie gefangen. Im Oktober ereilte zwischen Melitopol und Berdjansk in der Südukraine fast 100 000 Männer dasselbe Schicksal, und weitere 100 000 ergaben sich im November auf der Krim nahe Kertsch. Als sich die Rote Armee am Ende des Jahres gezwungen sah, fast die gesamte Ukraine aufzugeben, waren über 3,5 Millionen ihrer Offiziere und Soldaten in Feindeshand. Die zurückweichenden Sowjets verfolgten eine Politik der verbrannten Erde und schafften Industrieanlagen, Nutztiere, Vorräte und Menschen aus den Gebieten fort, die sie zurückließen. Insgesamt evakuierten sie ungefähr 550 große Fabriken und 3,5 Millionen Facharbeiter in den Osten.

Viele in der Ukraine begrüßten den deutschen Vormarsch im Sommer 1941. Sie hofften auf ein Ende des Terrors, den die sowjetische Besatzungsmacht in den Jahren vor dem Krieg entfesselt hatte. Dies galt nicht nur für die erst kürzlich besetzten Gebiete der Westukraine, sondern auch für die Zentral- und Ostukraine, wo die Bevölkerung dem Regime die Schrecken des Holodomors und der Kollektivierung nie verziehen hatte. Einige erwarteten, der »Nationalsozialismus« bringe einen echten Sozialismus mit sich. Andere hofften schlicht auf verbesserte Lebensumstände. Angesichts der sowjetischen Gehälter, mit denen man sich noch nicht einmal ein Paar Schuhe kaufen konnte, fiel es nicht schwer, falsche Hoffnungen zu hegen und sich vorzustellen, die »europäischen« Deutschen, die sie aus dem Herrschaftsbereich Moskaus »befreiten«, würden das Leben der Bevölkerung verbessern. Viele erinnerten sich an die Österreicher in der Zeit vor dem Ersten Weltkrieg und an die deutsche Besatzung der Ukraine von 1918, die im Vergleich zu Stalins Terror geradezu freundlich gewesen war. Einige sahen die Rückkehr der Deutschen als Vorspiel zur Wiederherstellung eines ukrainischen Staates, wie er unter dem Hetman Pawlo Skoropadskyj existiert hatte. Diejenigen, die den Deutschen mit derartigen Erwartungen begegneten, mussten ihren (oft tödlichen) Irrtum bald schon einsehen, und zwar unabhängig davon, was genau ihre Hoffnungen auf ein besseres Leben unter deutscher Besatzung genährt hatte.

Zunächst koordinierte der Reichsminister für die besetzten Ostgebiete, Alfred Rosenberg, ein Deutschbalte, der in Moskau studiert hatte, die deutschen Pläne für die Ukraine. Er wollte die Unabhängigkeitsbestrebungen von Ukrainern, Balten, Belarussen, Georgiern und anderen sowjetischen Republiken unterstützen, um die Sowjetunion zu untergraben. Ihm schwebte eine von Russland politisch unabhängige Ukraine vor, die zusammen mit einer Baltischen Föderation, Belarus und Finnland einen Satellitenstaat des Deutschen Reichs bilden sollte. Rosenbergs Experten sprachen sich für die Ausdehnung des ukrainischen Hoheitsgebiets bis zur Wolga aus. Letztlich konnte sich Rosenberg mit seinen Vorstellungen aber nicht gegen den Reichsführer SS, Chef der deutschen Polizei und späteren Reichsinnenminister Heinrich Himmler, den Reichstagspräsidenten und Reichsminister für Luftfahrt Hermann Göring und andere aus der nationalsozialistischen Führungsriege durchsetzen. Sie waren darauf aus, ihre Rassenideologie in der Praxis anzuwenden und aus den neu eroberten Gebieten alle verfügbaren wirtschaftlichen Ressourcen herauszupressen. Die 1918 im Vertrag von Brest-Litowsk formulierte Idee unabhängiger osteuropäischer Staaten, darunter die Ukraine, unter deutscher Kontrolle wich im Sommer 1941 einem Modell, das in Hitlers *Mein Kampf* seinen Ursprung hatte: die koloniale Zerstückelung und Ausbeutung.

Die Deutschen trennten die ukrainischen Gebiete unter ihrer Kontrolle in drei Teile: Galizien wurde mit dem ehemaligen Westgalizien und der Region Warschau im sogenannten Generalgouvernement zusammengefasst; der größte Teil der Ukraine von Wolhynien im Nordwesten bis Saporischschja im Südosten wurde zusammen mit dem südlichen Belarus um die Städte Pinsk und Homel zum Reichskommissariat Ukraine; und die Ostukraine von Tschernihiw im Norden bis Luhansk und Stalino (vormals Jusiwka, seit 1961 Donezk) im Süden blieb als Gebiet, das zu nah an den Frontlinien verlief, um es einer zivilen Verwaltung zuzuweisen, unter militärischer Verwaltung. Die Teilung Galiziens und Wolhyniens und der Zusammenschluss Wolhyniens mit der Dnipro-Ukraine zeigten, welche Vorstellung die Deutschen von der Region hatten: Sie sahen sie im Lichte jener Trennung, die im späten 18. Jahrhundert durch die russisch-österreichische Grenze geschaffen worden war. Die Teilung der Ukraine war nicht die einzige Enttäuschung, die jene zu verkraften hatten, die zuvor von den Sowjets terrorisiert worden waren. Sie sollten bald schon erfahren, dass die Deutschen von 1941 mit den Deutschen von 1918 nichts mehr zu tun hatten.

Die Ersten, die von den Nazis enttäuscht wurden, waren die Mitglieder der Organisation Ukrainischer Nationalisten. Die OUN hatte sich 1940 gespalten, kurz nachdem einer ihrer radikalen Köpfe, Stepan Bandera, im September 1939 aus einem polnischen Gefängnis entkommen war. Bandera führte daraufhin einen Aufstand gegen die alten Kader an und übernahm bald das Ruder der größten Fraktion der OUN, die auch die radikalsten Mitglieder umfasste. Im Februar 1941 vereinbarten sie mit der Führung der deutschen Abwehr, des militärischen Geheimdienstes, aus den Reihen ihrer Anhänger zwei Bataillone von Spezialeinheiten zu formieren. Eines dieser Bataillone mit dem Namen »Nachtigall« zählte zu den ersten deutschen Truppen, die am 29. Juni in Lwiw einmarschierten. Am folgenden Tag nahm es an der Ausrufung der ukrainischen Unabhängigkeit durch OUN-Mitglieder der Fraktion Bandera teil. Dies bedeutete das Ende der deutschen Kooperation mit Banderas Anhängern. Die Deutschen, die für die Ukraine ganz anderes im Sinn hatten, wandten sich nun gegen ihre ehemaligen Verbündeten und verhafteten etliche Mitglieder der Bandera-Fraktion, darunter Bandera selbst, den sie aufforderten, die Unabhängigkeitserklärung zu verurteilen. Als er sich weigerte, wurde er ins Konzentrationslager Sachsenhausen geschickt, wo er einen Großteil des Krieges verbrachte. Zwei seiner Brüder wurden ebenfalls verhaftet und starben in Auschwitz.

Die Bandera-Fraktion innerhalb der OUN wandelte sich über Nacht vom loyalen Verbündeten der Deutschen zu deren Gegner. Die gemäßigtere OUN-Fraktion unter Führung von Andrij Melnyk versuchte den Konflikt der Deutschen mit ihren Konkurrenten zu ihrem Vorteil zu nutzen. Sie verlegte eigene Gruppen in die Zentral- und Ostukraine, um dort ihr Netzwerk aufzubauen, die Auswahl der ukrainischen Kader in der Besatzungsbehörde zu beeinflussen und Bildungsarbeit sowie Propaganda unter der einheimischen Bevölkerung zu betreiben. Die Operationen des gemäßigten Lagers kamen Ende 1941 zum Erliegen, als die deutsche Verwaltung noch strengere Kontrollen über das Reichskommissariat Ukraine auszuüben begann. Die Polizei ließ Hunderte von OUN-Mitgliedern in Kyjiw und anderen Städten der Ukraine erschießen. Anfang 1942 befanden sich schließlich beide Lager der OUN im Krieg gegen die Deutschen.

Die Behandlung sowjetischer Kriegsgefangener durch die Nationalsozialisten war ein weiterer Hinweis, diesmal an die Bewohner der Zentral- und Ostukraine, dass die Deutschen von 1941 mit jenen von 1918 keine Ähnlichkeit hatten. Waren ihre Vorgänger nur Besatzer gewesen, so gerierten sie sich nun wie Kolonialherren, die die Eroberten wie Untermenschen behandelten.

Vor dem Krieg hatte Stalin sich geweigert, die Genfer Konvention von 1929 zu unterzeichnen, die die Behandlung von Kriegsgefangenen festlegte – die UdSSR war eine revolutionäre Macht, die sich nicht an kapitalistische Verhaltensregeln hielt. Als Stalin im Sommer 1941 dann doch versuchte, der Konvention beizutreten, war es zu spät: Die Deutschen lehnten es ab, die Behandlung, die sie Kriegsgefangenen aus dem Westen gewährten, auf sowjetische Gefangene auszuweiten. Wo sie Erstere mit einer gewissen Form von Respekt behandelten, indem sie ihre Dienstränge anerkannten und ihnen Zugang zu medizinischer Versorgung sowie zu Essen und Kleidung gewährten, verweigerten sie all dies sowjetischen Kriegsgefangenen. Außerdem ließen sie nicht alle, die sich ergeben wollten, am Leben. Viele erschossen sie an Ort und Stelle. Am 6. Juni 1941, mehr als zwei Wochen vor dem Überfall auf die Sowjetunion, war in den Hauptquartieren der Befehl an die Truppen ausgegeben worden, Politkommissare der Roten Armee sowie NKWD-Männer und Juden sofort bei Gefangennahme zu erschießen. Oft fanden so auch Muslime, die nicht beweisen konnten, dass ihre Beschneidung nichts mit der jüdischen Religion zu tun hatte, den Tod, ebenso Kommandeure der Roten Armee, die in Gefangenschaft gerieten. Diejenigen, die man am Leben ließ, wurden in behelfsmäßige Konzentrationslager geschickt – alte Fabriken, Schulhöfe, oft auch Felder, die von Stacheldraht umzäunt waren.

Während der Gewaltmärsche zu diesen Lagern erschossen Wachmänner verwundete, kranke und erschöpfte Gefangene, die nicht mehr laufen konnten. Einheimische versuchten den erschöpften Kriegsgefangenen Nahrung zukommen zu lassen und ihnen auf vielfache Weise zu helfen. Sie hatten Grund zur Annahme, dass andere dasselbe für ihre Söhne, Ehemänner und Väter taten, die vor dem Krieg in die Rote Armee eingezogen worden waren und womöglich ein ähnliches Martyrium erlitten. Einmal im Lager, blieben die Gefangenen oft ohne Essen und Trinken, was Hunger, Verhungern und schließlich Kannibalismus zur Folge hatte. Wer trotz der mageren Rationen überlebte, wurde von Krankheiten hingerafft. Die nationalsozialistische Propaganda stellte die sowjetischen Kriegsgefangenen als Untermenschen dar, und ihre Behandlung war in der Tat unmenschlich. Hierfür war die Ideologie nur zum Teil verantwortlich.

Die Deutschen hatten gar nicht geplant, Hunderttausende, ja Millionen von Gefangenen zu nehmen. Je mehr Gefangene in den ersten Monaten des Krieges gegen die Sowjetunion starben, desto weniger Schwierigkeiten gab es für die Wehrmacht. Erst im November 1941 kam den Herren der Reichswirtschaft der Gedanke, die Kriegsgefangenen als Arbeitskräfte einzusetzen, an denen in Deutschland Mangel herrschte. Im Verlauf des Krieges starben 60 Prozent aller an der Ostfront Festgenommenen in Gefangenschaft.

Im Allgemeinen erging es Ukrainern und Staatsbürgern anderer von den Sowjets beherrschter Republiken der westlichen UdSSR in den Lagern besser als Russen und Muslimen. Vorübergehend war es ihnen sogar gestattet, sich frei zu bewegen, da man sie als weniger bedrohlich als die Russen betrachtete. Dementsprechend erließen die Nationalsozialisten im September 1941 eine Verordnung, die die Freilassung von Ukrainern, Belarussen und Balten erlaubte. Insassen durften die Lager verlassen, wenn Verwandte dies einforderten (manchmal gaben Frauen Fremde als ihre Ehemänner aus) oder sie aus einer bestimmten Region stammten. Die Verordnung wurde im November rückgängig gemacht, doch gelang es Zehn-, wenn nicht sogar Hunderttausenden ukrainischen Männern, die in die Rote Armee eingezogen und von den Deutschen im Sommer und Herbst 1941 gefangen genommen worden waren, die Tortur zu überleben und zu ihren Familien zurückzukehren. Im weiteren Verlauf des Krieges wurden eher Ukrainer, Belarussen und Balten als Russen für Polizeibataillone rekrutiert und dazu ausgebildet, osteuropäische Gebiete zu sichern, die von Einheimischen gesäubert waren und in denen sich deutsche Siedler niedergelassen hatten. Einige von ihnen wurden zur Bewachung der Konzentrations- und Vernichtungslager in Polen eingeteilt, nachdem die Führung des Dritten Reichs erkannt hatte, dass das versprochene deutsche Kolonialparadies in Osteuropa so schnell nicht Wirklichkeit werden würde.

In der verkehrten Welt der NS-Besatzung machte der Holocaust ehemalige sowjetische Kriegsgefangene von Opfern zu Tätern. Im bekanntesten Konzentrationslager Auschwitz waren sowjetische Kriegsgefangene die Ersten, die in den Gaskammern starben – die Deutschen testeten im September 1941 Zyklon-B an ihnen. Später führten Wächter, die aus Gefangenenlagern rekrutiert worden waren – die sogenannten Trawniki, nach dem Ort, an dem sie ausgebildet wurden –, Juden, die im Lager ankamen, direkt in die Gaskammern. Jüdische Männer, die aus vorhergehenden Transporten selektiert worden waren, sammelten und ordneten die Kleidungsstücke der Opfer. In den Lagern bedeutete Überleben allzu oft, bei der Vernichtung seiner Mitmenschen mitzumachen. Die Ukraine wurde unter deutscher Besatzung gleichsam zu einem groß angelegten Modell eines Konzentrationslagers. Wie in den Lagern war die Linie zwischen Widerstand und Kollaboration, zwischen Opferrolle und verbrecherischer Komplizenschaft mit dem Regime zwar unscharf, aber durchaus noch zu erkennen. Jeder traf eine persönliche Entscheidung, und die Überlebenden mussten nach dem Krieg mit ihren Entscheidungen leben, viele mit sich im Reinen, andere unter endlosen Qualen. So gut wie jeder aber litt unter der Schuld des Überlebenden.

Der Holocaust war das bei weitem schrecklichste Ereignis der nationalsozialistischen Besatzung der Ukraine. Die meisten ukrainischen Juden kamen weder bis Auschwitz noch in andere Vernichtungslager. Heinrich Himmlers Einsatzgruppen erschossen sie mit Hilfe der lokalen, von der deutschen Verwaltung formierten Polizei am Rand der Städte und Dörfer, in denen sie lebten. Die Erschießungen begannen im Sommer 1941 in allen Regionen, die die Wehrmacht von den zurückweichenden Sowjets erobert hatte. Bis zum Januar 1942, als sich hohe nationalsozialistische Beamte am Wannsee trafen, um die Durchführung der »Endlösung« – die Auslöschung des europäischen Judentums – zu koordinieren, hatten Erschießungskommandos bereits annähernd eine Million jüdische Männer, Frauen und Kinder ermordet. Sie taten dies am helllichten Tag, zuweilen für jeden sichtbar und fast immer in Hörweite der örtlichen nichtjüdischen Bevölkerung. Der Holocaust in der Ukraine und im Rest der westlichen Sowjetunion vernichtete nicht nur, wie in ganz Europa, die jüdische Bevölkerung und ihr Gemeinschaftsleben, er traumatisierte auch diejenigen, die ihn mitansahen.

Jeder sechste Jude, der im Holocaust starb – insgesamt fast eine Million Menschen –, kam aus der Ukraine. Das bekannteste Massaker mit der größten Zahl an Opfern fand in Babyn Jar (auf Deutsch »Weiberschlucht«) am Stadtrand von Kyjiw statt. Dort erschossen Angehörige des Sonderkommandos 4a der Einsatzgruppe C mit Unterstützung von Angehörigen der deutschen und der örtlichen Polizei 33 761 jüdische Bürger Kyjiws. Die Erschießungen erfolgten am 29. und 30. September 1941 auf Befehl von Generalmajor Kurt Eberhard, dem Militärgouverneur von Kyjiw, der nach Kriegsende in amerikanischer Haft Selbstmord beging.

Eberhard befahl die Massenexekution als Vergeltung für Sabotageakte, die von sowjetischen Agenten ausgeführt worden waren. Fünf Tage nachdem Kyjiw am 19. September an die Deutschen gefallen war, zerstörten Bomben, die vor dem sowjetischen Rückzug gelegt worden waren, eine Reihe historischer Gebäude im Stadtzentrum. Wie erwartet, hatte das deutsche Militärkommando die Häuser besetzt, und die Explosionen töteten daher etliche ranghohe Offiziere. Die nationalsozialistische Propaganda behauptete, Deutschland führe den Krieg im Osten gegen die »Jüdische Kommune«, wie deutsche Agitatoren das Sowjetregime mit Verweis auf die jüdische Abstammung und die kommunistischen Überzeugungen einiger seiner frühen Parteigranden bezeichneten. Nach Ansicht der deutschen Behörden machten sowjetische Agenten und Juden gemeinsame Sache. Auf diese Verbindung hatten sie schon in Lwiw, Kremenez und anderen westukrainischen Städten ausdrücklich hingewiesen. Dort hatten NKWD-Einheiten Zehntausende von Gefangenen, darunter viele einheimische Ukrainer und Polen, erschossen, bevor sie die Städte verlassen und sich Richtung Osten zurückziehen konnten. Zu dem Zeitpunkt hatten die Deutschen antijüdische Pogrome als »Vergeltung« für sowjetische Gräueltaten unterstützt. Von August an hatten sie jedoch ihre Politik geändert. Der Reichsführer SS Heinrich Himmler hatte die Ermordung jüdischer Frauen und Kinder und die Vernichtung ganzer jüdischer Gemeinden autorisiert. Pogrome genügten nicht mehr. Die Juden mussten sterben.

»Sämtliche Juden der Stadt Kiew und Umgebung«, hieß es auf

einem Handzettel, der Ende September in Kyjiw verteilt wurde, »haben sich am Montag, dem 29. September 1941 bis 8 Uhr Ecke der Melnik- und Dokteriwski-Straße einzufinden. Mitzunehmen sind Dokumente, Geld und Wertsachen, sowie warme Bekleidung, Wäsche usw. Wer dieser Aufforderung nicht nachkommt und anderweitig angetroffen wird, wird erschossen.« Die jüdischen Bürger Kyjiws – zum großen Teil Frauen, Kinder und Ältere, da die Männer eingezogen worden waren – dachten, sie würden zur Umsiedlung einbestellt und es würde ihnen nichts geschehen. Am folgenden Tag war Jom Kippur, der Versöhnungstag. Diejenigen, die dem Aufruf Folge leisteten, wurden zu den Toren des jüdischen Friedhofs geleitet, gezwungen, ihre Dokumente und Wertsachen abzugeben, vollständig entkleidet und anschließend in Zehnergruppen am Rand der Schlucht erschossen. Das Massaker von Babyn Jar ist von besonderer historischer Bedeutung, weil es der erste Versuch war, die gesamte jüdische Gemeinde eines größeren europäischen Ballungsgebiets vollständig zu vernichten. Gleichwohl wurden davor und danach zahlreiche andere Massaker schrecklichen Ausmaßes begangen. Ende August erschoss ein deutsches Polizeibataillon mehr als 23 000 Juden, die zum großen Teil aus dem von Ungarn beherrschten Transkarpatien geflohen waren. Im Oktober wurden fast 12 000 Juden aus Dnipropetrowsk in einer Schlucht am Stadtrand – dem zukünftigen Standort der nationalen Universität Dnipropetrowsk – erschossen. Im Dezember ereilte etwa 10 000 Juden aus Charkiw das gleiche Schicksal auf dem Gelände der dortigen Traktorenfabrik – dem Stolz des sowjetischen Industrialisierungsprojekts.

Der rumänische Diktator Ion Antonescu – der sich die Nordbukowina und Bessarabien zurückholte, die er 1940 an Stalin hatte abtreten müssen, und der Odesa und Teile Podoliens unter seine Kontrolle brachte – behandelte Juden mit derselben Verachtung und Brutalität wie seine nationalsozialistischen Herren. In einer Aktion, die an das Massaker von Babyn Jar erinnerte, befahl Antonescu im Oktober 1941 die Exekution von 18 000 Juden aus Odesa – als Vergeltung für die sowjetische Zerstörung des rumänischen Militärhauptquartiers in Odesa, bei der ein rumänischer Kommandeur getötet worden war.

Insgesamt starben während der rumänischen Besatzung in Odesa und Umgebung zwischen 115 000 und 180 000 Juden. Darüber hinaus kamen durch die rumänische Version von Hitlers Holocaust 100 000 bis 150 000 bukowinische und bessarabische Juden ums Leben. Die meisten galizischen Juden starben wie die polnischen Juden im Lauf des Jahres 1942 im Generalgouvernement, nachdem sie, von der übrigen Bevölkerung isoliert, monatelang in von den Nationalsozialisten eingerichteten Ghettos verbracht hatten. Die jüdische und ukrainische Polizei trieb sie auf Anordnung deutscher Polizeikommandanten zusammen und deportierte sie in Vernichtungslager. Eher von Habgier als von Antisemitismus getrieben, versuchten Einheimische oft, aus dem Unglück ihrer jüdischen Nachbarn Profit zu schlagen, indem sie sie entweder bei den Behörden denunzierten oder ihr Eigentum in Beschlag nahmen. Doch die Mehrheit schaute einfach nur weg.

Der Holocaust in der Ukraine unterschied sich vom Holocaust in Zentral- und Westeuropa auch dadurch, dass jedem, der versuchte, Juden zu retten, nicht nur die Verhaftung, sondern auch die Hinrichtung drohte. Und außer ihm auch allen Familienangehörigen. Dennoch versuchten viele, ihren jüdischen Nachbarn zu helfen. Bis heute hat der Staat Israel mehr als 2500 ukrainische Bürger als »Gerechte unter den Völkern« anerkannt, weil sie Juden während des Holocaust Schutz geboten hatten. Die Liste ist unvollständig und wird immer länger. Eine Person, die darauf nicht zu finden ist, ist der Metropolit der ukrainisch-katholischen Kirche, Andrej Scheptyzkyj, der Hunderte galizischer Juden in seiner Residenz und in den Klöstern des Landes versteckte. Im Februar 1942 schrieb er Himmler einen Brief, in dem er gegen den Einsatz ukrainischer Polizisten bei der Verhaftung und Vernichtung des galizischen Judentums protestierte. Der Brief zeigte keine Wirkung. Die Männer, die Himmlers Antwort überbrachten, teilten dem Metropoliten mit, dass man ihn, wäre er nicht so alt, erschießen würde. Einige Monate später veröffentlichte Scheptyzkyj seinen bekanntesten Hirtenbrief, »Du sollst nicht töten«, über die Unantastbarkeit menschlichen Lebens. Er wurde in allen ukrainisch-katholischen Kirchen verlesen und als Verurteilung des Holocaust verstanden. Scheptyzkyjs Name taucht auf der Liste der

»Gerechten« nicht auf, weil er im Sommer 1941, nach zwei Jahren sowjetischer Besatzung, die deutsche Machtübernahme in Galizien begrüßt hatte. Doch was immer Scheptyzkyj und seine Landsleute sich von der deutschen Herrschaft versprochen hatten, verflüchtigte sich sehr schnell.

Die Brutalität des Besatzungsregimes war in den einzelnen Abschnitten von Hitlers ukrainischem »Lebensraum« unterschiedlich ausgeprägt. Die Rumänen, die an Odesa und seinem Umland nie interessiert waren, sondern davon träumten, die Region gegen das von Ungarn besetzte Nordsiebenbürgen zu tauschen, rissen sich in der Südukraine alles unter den Nagel, dessen sie habhaft werden konnten. Die Maßnahmen der Deutschen waren etwas milder, und Ukrainer, die in den Gebieten unter militärischem Kommando und den ehemaligen österreichischen Besitzungen lebten, wurden etwas menschlicher behandelt.

Am schlimmsten war es im Reichskommissariat Ukraine. Der dortige Reichskommissar Erich Koch zeichnete für einige der abscheulichsten Verbrechen unter nationalsozialistischer Besatzung verantwortlich. Der stämmige und großmäulige 45-Jährige mit Hitlerbärtchen war Gauleiter der NSDAP in Ostpreußen. Er war berüchtigt für seine Brutalität und Rücksichtslosigkeit. In der Ukraine lautete sein Auftrag Ausbeutung von Rohstoffen und Entvölkerung der eroberten Gebiete. Er verfuhr mit der ukrainischen Bevölkerung so, wie europäische Kolonialherren in ihren Überseekolonien Schwarze und Asiaten behandelten, und verkündete: »Für dieses Negervolk stirbt doch kein deutscher Soldat.« Koch wollte nicht, dass Ukrainer über die vierte Klasse hinaus die Schule besuchten, und schloss weiterführende Schulen und Universitäten für alle über fünfzehn Jahren. »Wenn ich einen Ukrainer finde, der wert ist, mit mir am Tisch zu sitzen, muss ich ihn erschießen lassen«, erklärte er einmal. Seine Untergebenen erschossen tatsächlich sehr viele Menschen, darunter in der Schlucht von Babyn Jar, also am selben Ort, an dem wenige Monate zuvor fast 34 000 Kyjiwer Juden ermordet worden waren. Bis zum Ende der Besatzung Kyjiws im November

1943 sollten noch weitere 60 000 Menschen – sowjetische Gefangene, ukrainische Nationalisten, Mitglieder des sowjetischen Untergrunds und Roma – in Babyn Jar von den Nationalsozialisten ermordet werden.

Koch errichtete sein ukrainisches Hauptquartier in der wolhynischen Stadt Riwne, die in der Zwischenkriegszeit zu Polen gehört hatte. Sie war die dritte Hauptstadt des »Ukraine« genannten Staatswesens in nur gut zwanzig Jahren. Hatten sich die Sowjets noch für die stark russifizierte Industriestadt Charkiw statt des »nationalistischen« Kyjiws entschieden, so gaben die deutschen Besatzer nun dem provinziellen Riwne mit seinen 40 000 Einwohnern den Vorzug vor dem großen und mittlerweile stark sowjetisierten Kyjiw. Das abgeriegelte und ausgehungerte Kyjiw hatte seinerseits die ersten Hungertoten seit 1933 zu beklagen. Zur nationalsozialistischen Vorstellung von »Lebensraum« gehörte es, die Ukraine zu einem reinen Agrarland zu machen und die großen urbanen Zentren zu eliminieren, deren Bevölkerung andernfalls zu ernähren wäre – wofür man wiederum Ressourcen vom Deutschen Reich und seiner Armee abzweigen müsste. Deshalb wurden die Städte ausgehungert und ihre Bewohner aufs Land vertrieben, wo sie als Produktivkräfte sich und das Deutsche Reich versorgen sollten. Die Besatzer ließen die Kolchosen intakt und machten sich diese sowjetische Erfindung zunutze, um die ländliche Bevölkerung auszubeuten. Sie lehnten es außerdem ab, große Firmen zu privatisieren, und regulierten das, was von der ukrainischen Wirtschaft übrig geblieben war, mit Hilfe einer neuen Bank, einer Kolonialwährung und Preiskontrollen. Durch Ausweiskontrollen überwachte man die Bewegungen der Bevölkerung.

Von Januar 1942 an beuteten die Nationalsozialisten die Ukraine nicht mehr nur als Quelle landwirtschaftlicher Produkte aus, sondern auch als Reservoir von Zwangsarbeitern. In diesem Monat verließen die ersten Züge mit sogenannten Ostarbeitern Kyjiw in Richtung Deutschland, vor allem junge Menschen, die das Versprechen auf Arbeit, gute Lebensbedingungen und die Möglichkeit, Europa kennenzulernen, anlockte. »Deutschland ruft euch! Geht ins schöne Deutschland!« hieß es in einer Anzeige in einer Kyjiwer Tageszeitung.

Ein Plakat mit der Aufschrift »Die Mauer ist gefallen« zeigte Ukrainer, die durch die Öffnung einer Mauer blicken, welche die Sowjetunion von Europa isoliert hatte. Am Horizont waren die Silhouetten deutscher Städte zu erkennen. »Stalin hat eine hohe Mauer um euch gezogen«, hieß es in der Bildunterschrift. »Er wusste nur zu gut, dass jeder, der die Welt da draußen zu sehen bekommt, den bedauernswerten Zustand des bolschewistischen Regimes mit einem Schlag erkennen wird. Nun ist die Mauer durchbrochen und der Weg in eine neue und bessere Zukunft steht offen.« Für die junge Generation schien dies die Gelegenheit zu sein, ihre Dörfer zu verlassen und die Welt zu sehen. Viele reagierten mit Interesse, manche waren richtiggehend begeistert.

Doch die Anzeigen entpuppten sich als Falle. Ob sie nun in Fabriken oder in Haushalten einzelner Deutscher arbeiteten, meist endeten die jungen Männer und Frauen als Sklavenarbeiter, die man zwang, einen Aufnäher mit den Buchstaben »OST« zu tragen, und die von deutschen Behörden sowie einem Großteil der deutschen Gesellschaft als Untermenschen betrachtet wurden. Als Nachrichten über ihre Ausbeutung die Ukraine erreichten, wurde es für die Besatzungsmacht zunehmend schwerer, die monatliche Quote von 40 000 ukrainischen Arbeitern zu erfüllen. Daraufhin begann man, Menschen wahllos zusammenzutreiben und sie gewaltsam nach Deutschland zu schaffen. Insgesamt wurden in den Jahren 1942 und 1943 fast 2,2 Millionen Ukrainer festgenommen und nach Deutschland deportiert. Viele starben dort an Unterernährung, Krankheiten und bei Luftangriffen, die die Alliierten gegen die Militär- und Munitionsfabriken flogen, in denen sie arbeiteten. Die Überlebenden, die Ende 1944 und 1945 von Soldaten der Roten Armee befreit wurden (nur 120 000 Menschen wurden nach Ende des Krieges als Vertriebene oder »Displaced Persons« registriert), behandelte man oft als Verräter. Einige wurden direkt aus deutschen Konzentrationslagern in sowjetische Gulags deportiert. Die Ukraine war nicht der einzige Teil der Sowjetunion, in dem die Deutschen auf Sklavenjagd gingen, doch sie war bei weitem der größte Jagdgrund. Bürger der Ukraine stellten fast 80 Prozent aller Ostarbeiter, die im Verlauf des

Krieges aus den besetzten Gebieten Osteuropas nach Deutschland verschleppt wurden.

Im Sommer 1943 war von dem ursprünglichen Plan Deutschlands, in der Ukraine ein Paradies für deutsche Siedler zu errichten, nur noch wenig übrig. Im Sommer und Herbst 1942 hatte Hitler noch viel Zeit in der Ukraine verbracht, wo deutsche Ingenieure mit Hilfe zwangs-arbeitender sowjetischer Kriegsgefangener bei Winnyzja sein öst-lichstes Hauptquartier mit dem Decknamen »Werwolf« errichtet hat-ten. Auch im Frühjahr 1943 war er noch dort, doch am 15. September verließ er das Führerhauptquartier Werwolf für immer. An diesem Tag befahl er seinen Verbänden in der Ukraine, sich an die Verteidi-gungslinie westlich des Dnipro zurückzuziehen. Eine Woche später überschritten sowjetische Truppen nördlich von Kyjiw den Fluss und durchbrachen damit zum ersten Mal Hitlers Ostwall. Die Deutschen sprengten alle unterirdischen Anlagen von Werwolf, bevor sie sich im Frühjahr 1944 endgültig aus dem Gebiet zurückzogen.

Der Traum von Eroberung und »Lebensraum« war ausgeträumt, doch die Schrecken, die er entfesselt hatte, blieben. Die Ukraine wurde zum Grab für Millionen von Ukrainern, Russen, Juden und Polen, um nur die größten der betroffenen ethnischen Gruppen zu nennen. Der Holocaust löschte fast das gesamte ukrainische Juden-tum aus. Die deutschen und mennonitischen Siedler in der Süd-ukraine und in Wolhynien waren ebenfalls verschwunden – falls die Sowjets sie nicht schon 1941 deportiert hatten, flohen sie nun mit der sich zurückziehenden Wehrmacht. Die polnische Bevölke-rung Wolhyniens und Galiziens wiederum wurde von ukrainischen Nationalisten angegriffen. Als die Rote Armee nach der siegreichen Schlacht von Kursk im Juli 1943 ihren Vormarsch in die Ukraine begann, fanden die sowjetischen Befehlshaber nicht mehr dasselbe Land vor, das sie im Sommer und Herbst 1941 Hals über Kopf ver-lassen hatten. Die Städte waren verwaist und ihre Industrieanlagen völlig zerstört.

Die Überlebenden begrüßten die Truppen der Roten Armee als Befreier, doch sowjetische Funktionäre hatten Zweifel an ihrer Aufrichtigkeit. Die Menschen, die sie willkommen hießen, hatten es geschafft, unter feindlicher Herrschaft zu überleben, und lange genug außerhalb sowjetischer Kontrolle gelebt, um Zweifel an Stalins System zu hegen. Orthodoxe Gläubige hatten sich an die einzige Form der Freiheit gewöhnt, die Hitler ihnen gebracht hatte: die Religionsfreiheit. Diejenigen, die sich zuvor nicht primär unter ethnonationalen Gesichtspunkten betrachtet hatten, taten dies nun, nachdem sie die nationalsozialistische Besatzung erlebt hatten, während der die Entscheidung über Leben und Tod allzu oft nur auf Grundlage der Volkszugehörigkeit getroffen worden war. All das stellte eine Bedrohung für das siegreiche kommunistische Regime dar. Bis in die 1980er Jahre mussten sowjetische Bürger zahlreiche Formulare ausfüllen, die unter anderem Fragen darüber enthielten, ob sie oder ihre Verwandten auf von Deutschland besetztem Gebiet gelebt hatten. Diese Fragen standen gleich bei denen nach dem Vorstrafenregister.

KAPITEL 23

DIE SIEGER

Am 6. November 1943 eroberten sowjetische Truppen Kyjiw von den zurückweichenden Deutschen zurück. Der 49-jährige Generalleutnant Nikita Chruschtschow, politischer Kommissar der 1. Ukrainischen Front – jener Armeegruppe, die in die Stadt einmarschierte –, war überglücklich. Als Parteivorsitzender der Ukraine vor dem Krieg kannte er die Stadt und ihre Umgebung gut, und nun fuhr er über dieselbe Straße nach Kyjiw hinein, die er vor dem Krieg benutzt hatte, um zu seiner Datscha zu gelangen. Die Gebäude in der Innenstadt waren intakt – anders als die abziehenden Sowjets im Jahr 1941 hatten die Deutschen nicht versucht, sie zu sprengen –, die Stadt selbst aber war menschenleer. Chruschtschow hatte am Tag davor befohlen, die Stadt mit Streufeuer zu belegen, um den Rückzug der Deutschen zu beschleunigen.

Als sich Chruschtschow in Begleitung ukrainischer Parteispitzen dem Opernhaus im Zentrum Kyjiws näherte, das 1941 wie durch ein Wunder den Versuch der Sowjets überstanden hatte, es in die Luft zu sprengen, bemerkte er einen schreienden Mann, der ihm entgegeneilte. »Ich bin der einzige Jude, der noch übrig ist! Ich bin der letzte Jude in Kyjiw, der noch am Leben ist!«, schrie der Mann. Chruschtschow versuchte ihn zu beruhigen und fragte, wie er denn überlebt habe. »Meine Frau ist Ukrainerin«, antwortete der Mann, »und sie hat mich auf dem Dachboden versteckt. Sie hat mir Essen gebracht und mich versorgt.« Noch mehr Menschen kamen aus ihren Verstecken hervor, und wenige Minuten später umarmte und küsste ein weiterer Bürger Kyjiws, ein alter Mann mit riesigem Bart, Chruschtschow, der sich später erinnerte, »sehr gerührt« gewesen zu sein. Die Soldaten des Regimes, dem viele im Sommer 1941 den Untergang gewünscht hatten, kehrten nun als Retter zurück. Nicht so sehr das, was die Sowjets nach ihrer Rückkehr taten, sondern das, was die Deutschen während ihrer Besatzung getan hatten, sollte dafür sorgen, dass die Überlebenden die Rote Armee nicht bloß als Sieger, sondern als Befreier begrüßten. Diejenigen, die anders dachten, darunter ein großer Teil der ukrainischen Elite, waren mit den deutschen Truppen geflohen.

Im darauffolgenden Jahr befreite die Rote Armee den Rest des ukrainischen Territoriums von der deutschen Besatzung, doch erst nach dem endgültigen Sieg der Alliierten über Deutschland im Mai 1945 gelang es ihr, die Kontrolle über die Ukraine vollständig zu sichern. Im Juni desselben Jahres zog die sowjetische Führung die Westgrenze der Ukraine neu. Dabei schlug sie nicht nur jene Gebiete der UdSSR zu, die sie bereits im Molotow-Ribbentrop-Pakt beansprucht hatte, sondern zusätzlich die Region Transkarpatien, die in der Zwischenkriegszeit zur Tschechoslowakei gehört hatte. Dies war Siegerjustiz in typisch unbarmherziger sowjetischer Manier.

Nikita Chruschtschow hatte davon geträumt, nach Kyjiw zurückzukehren, seit die Stadt im September 1941 an die Deutschen gefallen war. Im Frühjahr 1942, kurz nachdem die Rote Armee den deutschen Vormarsch nach Moskau zum Erliegen gebracht hatte, unterstützte er eine sowjetische Gegenoffensive in der Ukraine mit dem Ziel, die alte Hauptstadt Charkiw einzunehmen und gegen den Industriestandort Dnipropetrowsk zu marschieren. Bei der Offensive, die am 12. Mai 1942 begann, brachen sowjetische Panzer durch die feindlichen Linien und drangen über Charkiw hinaus bis in die Steppen der linksufrigen Ukraine. Als die Truppenverbände dann jedoch weiter in Richtung Südwesten vorstießen und nur auf geringen Widerstand trafen, erkannten sie, dass sie in eine Falle geraten waren. Die Deutschen hatten ihre Reihen geschlossen und kesselten die Rote Armee wie im Jahr zuvor erneut ein. Chruschtschow flehte Stalin an, die Offensive zu beenden, doch dieser weigerte sich. Die Lage war ohnehin hoffnungslos. In einer desaströsen Operation, die achtzehn Tage andauerte, verlor die sowjetische Seite 280 000 Mann. Sie wurden getötet, verhaftet oder als verschollen gemeldet. Als Stalin Chruschtschow fragte, ob die von den Deutschen gemeldete Zahl von 200 000 Kriegsgefangenen eine Lüge sei, antwortete Chruschtschow, dass sie in etwa korrekt sei. Stalin gab ihm die Schuld an der Niederlage. Nur die Tatsache, dass andere Mitglieder des Politbüros dabei gewesen waren, als Stalin sich geweigert hatte, Chruschtschows Rat anzunehmen und das eindeutig zum Scheitern verurteilte Unternehmen abzublasen, bewahrte Letzteren vor einer möglichen Exekution.

Die Schlacht um die Ukraine sollte sich lange hinziehen und einen hohen Blutzoll fordern. Das Blatt wendete sich erst, als die Rote Armee in Stalingrad die über eine Million Mann starken Verbände der Deutschen und ihrer Verbündeten besiegte. Unmittelbar danach setzte die Rote Armee ihre Offensive fort und eroberte Kursk, Belgorod und Charkiw von den Deutschen zurück. Feldmarschall Erich von Manstein startete jedoch eine Gegenoffensive, eroberte Charkiw und Belgorod seinerseits zurück und fügte dabei 52 sowjetischen Divisionen eine verheerende Niederlage zu. Erst am 23. August 1943, nach dem Sieg bei Kursk, gelang es der Roten Armee, Charkiw erneut einzunehmen. Am 8. September hissten die Sowjets das rote Banner über Stalino. In den darauffolgenden Monaten eroberten die sowjetischen Streitkräfte den Rest der Ukraine links des Dnipro. Sie durchbrachen an vielen Stellen den Ostwall, also jene mehr als 1400 Kilometer lange Verteidigungslinie, die Hitler errichtet hatte, um einen sowjetischen Vormarsch über das rechte Dnipro-Ufer hinaus zu verhindern. Die Rote Armee konnte dabei mehr als 2,5 Millionen Mann gegen etwa 1,25 Millionen Deutsche ins Feld führen. Die Kämpfe waren heftig: Konservativen Schätzungen zufolge verzeichneten die Sowjets mehr als eine Million Tote und Verwundete, die Deutschen mehr als eine halbe Million. Niemand zählte die Verluste unter der Zivilbevölkerung. Sie waren riesig.

Als Parteivorsitzender der besetzten Ukraine organisierte Chruschtschow unter anderem den Aufbau von Partisanenverbänden hinter den deutschen Linien. Die Besatzungspolitik der Nazis sorgte in der Bevölkerung für Verbitterung, Empörung und schließlich Trotz und trieb die Menschen in die Reihen des Widerstands. Gab es in den

Städten zahlreiche kleinere Zellen, bot das Land ein natürliches Umfeld für größere Partisanenverbände, die einen langen und erschöpfenden Krieg gegen die Besatzer führten. Von entscheidender Bedeutung waren die geographischen Gegebenheiten. Da die Steppen den Widerstandskämpfern nur ungenügende Schutzmöglichkeiten boten, kämpften sie in den Wäldern nördlich von Kyjiw und der Region Tschernihiw, in den Wäldern und Sümpfen Nordwolhyniens und in den Ausläufern der Karpaten. Daneben vereinte die Partisanen ihr entschiedener ukrainischer Patriotismus und ihr Hass auf die nationalsozialistischen Besatzer. Die ehemalige sowjetisch-polnische Grenze und gegensätzliche Ideologien entzweiten sie allerdings: Westlich dieser Grenze führten Nationalisten die Partisanen an, östlich waren die Kommunisten in der Überzahl.

In der Regel unterstand die kommunistische Guerilla der sowjetischen Geheimpolizei und erhielt ihre Befehle und ihren Nachschub von einem Gremium, das sich Ukrainischer Stab der Partisanenbewegung nannte. Er wurde von einem General des NKWD geleitet und unterstand dem in Moskau sitzenden Zentralen Stab der sowjetischen Partisanenbewegung. Einer der bekanntesten Partisanenführer der Ukraine, Sydir Kowpak, war vor dem Krieg Kommunalpolitiker gewesen. Er hatte schon während der deutschen Besatzung der Ukraine im Jahr 1918 Erfahrungen als Guerillakommandeur gesammelt und später eine NKWD-Schule besucht, die Kader im Partisanenkrieg ausbildete. Die sowjetischen Partisanen begannen ihre Aktivitäten Anfang 1942 mit Angriffen auf deutsche Einheiten hinter den Linien und auf Zentren der Besatzungsbehörden. Als die Rote Armee nach der Schlacht von Stalingrad mit ihrem Vormarsch nach Westen begann, nahmen die Aktivitäten der sowjetischen Partisanen an Zahl und Umfang zu. Gab es 1942 noch 5000 Kämpfer, so waren es 1944 fast zehnmal so viele.

Da die Partisanenbewegung nicht nur ihre Kontrolle über die Ukraine gefährdete, sondern auch Kommunikations- und Lieferwege unterbrach, versuchten die Deutschen ihrer Herr zu werden, indem sie in der einheimischen Bevölkerung Angst und Schrecken verbreiteten. Die Besatzer brannten Dörfer nieder, die sie in Verdacht hatten, dass sie Partisanen unterstützten oder von denen sie annahmen, dass sie von Partisanen kontrolliert wurden. Da ihnen nicht genügend eigene Leute zur Verfügung standen, stützten sich die Machthaber dabei auf Polizeibataillone, die man aus der örtlichen Bevölkerung rekrutierte. Nur wenige, die sich anwerben ließen, taten dies aus ideologischer Überzeugung. Viele waren ehemalige Mitglieder der Kommunistischen Partei und des Kommunistischen Jugendverbands Komsomol, die so der Verfolgung oder sogar Tötung durch die Besatzungsmacht zu entgehen versuchten. Da somit auf beiden Seiten Einheimische standen, artete der Partisanenkrieg oft in einen brutalen Rachefeldzug aus, in dem Verwandte sowohl der Partisanen als auch der Polizisten einen hohen Preis für Entscheidungen zahlen mussten, die ihre Angehörigen getroffen hatten. Als sich das Kriegsglück 1942 gegen die Deutschen wandte, wechselten immer mehr Polizisten die Seiten und schlossen sich den Partisanen an. Zeitweilig war es schwierig, einen Kollaborateur von einem Widerstandskämpfer zu unterscheiden. Es war ein langer Krieg, und viele seiner Akteure wechselten in seinem Verlauf von einer Rolle in eine andere.

Nach der Eroberung Kyjiws beschäftigte sich Chruschtschow sofort mit Verwaltungsfragen. Er führte die ehemaligen sowjetischen Territorien wieder in der Ukrainischen Sozialistischen Sowjetrepublik (USSR) zusammen und band dabei auch Gebiete ein, die vor dem Krieg nicht von den Sowjets kontrolliert worden waren. Das Ganze entpuppte sich als ein langwieriges und anspruchsvolles Unterfangen, das ihn viel Zeit und Energie kosten sollte. Bis Anfang 1944 hatte sich die Front bis an die Westufer des Dnipro verschoben. Im März hatten sowjetische Truppen die Ukraine rechts des Dnipro wiedererobert, überschritten die Vorkriegsgrenze und drangen in Rumänien ein. Im Oktober 1944 überquerte die Rote Armee die Karpaten und erlangte die Kontrolle über Transkarpatien, was die offizielle Propaganda als letzten Akt der Wiedervereinigung der ukrainischen Länder feierte. Von einer möglichen Rückgabe des Gebiets an Ungarn oder die Tschechoslowakei war keine Rede. Mehr als eine halbe Million Soldaten der Roten Armee fielen im Kampf um die Westukraine.

»Als wir die Deutschen nach Westen trieben, stießen wir auf einen alten Feind – ukrainische Nationalisten«, erinnerte sich Chruschtschow, als er seine Anstrengungen beschrieb, die Westukraine wieder in den sowjetischen Staat einzugliedern. Da der nationale Aufstand von der Bandera-Fraktion der OUN angeführt wurde, nannten die sowjetischen Machthaber die Nationalisten im Allgemeinen »Banderisten« (*Banderiwzi*). Letztlich bezeichnete dieser Ausdruck jeden, der in den Reihen der Ukrainischen Aufständischen Armee (UPA) kämpfte, die von Banderas Anhängern kontrolliert wurde. Er war in mehr als einer Hinsicht missverständlich. Zum einen teilten nicht alle UPA-Kämpfer die nationalistische Ideologie oder gehörten zur OUN. Zum anderen kehrte Bandera selbst nach seiner Verhaftung durch die Deutschen im Sommer 1941 nie wieder in die Ukraine zurück und hatte keine operative Kontrolle über die Einheiten, die seinen Namen trugen. Er wurde zum symbolischen Anführer und sprichwörtlichen Vater der Nation, der den größten Teil des Krieges in deutschen Gefängnissen saß und nach dem Krieg als Emigrant in Westdeutschland lebte.

Die UPA, der auf ihrem Höhepunkt im Sommer 1944 knapp 100 000 Soldaten angehörten, kämpfte hinter den sowjetischen Linien, sabotierte die Kommunikationswege der Roten Armee und griff Einheiten an, die sich nicht in unmittelbarer Frontnähe befanden. Die Aufständischen wurden von mehreren Kommandeuren angeführt, deren Bekanntester der ehemalige Befehlshaber des Bataillons »Nachtigall«, Roman Schuchewytsch, war. Wie Schuchewytsch waren viele UPA-Kommandeure von Deutschen ausgebildet worden, die sie für ihre Hilfspolizeieinheiten rekrutiert hatten. Aus diesen Einheiten desertierten sie Anfang 1943 mitsamt ihren Waffen. Obwohl sie die Deutschen als ihre Hauptfeinde betrachtete, bekämpfte die UPA 1943 vor allem den polnischen Aufstand. Die lange Geschichte der Feindseligkeit zwischen Ukrainern und Polen in Wolhynien und Galizien, die durch zunehmende beiderseitige Verdächtigungen noch verschärft wurde, führte im Frühjahr und Sommer 1943 zu »ethnischen Säuberungen«, bei denen unter anderem Dörfer niedergebrannt und Massenmorde an unschuldigen Zivilisten begangen wurden.

Ausgelöst wurde der ukrainisch-polnische Konflikt, als kurz nach dem Sieg in Stalingrad im Februar 1943 sowjetische Partisanen unter Führung Sydir Kowpaks nach Wolhynien strömten. Dort erfuhren sie Unterstützung durch polnische Siedler, die in den Sowjets potenzielle Verbündete gegen die Ukrainer sahen. Ukrainische und polnische Historiker streiten bis heute darüber, ob die OUN-Führung ukrainische Angriffe auf polnische Siedlungen billigte und, falls ja, bis zu welchem Grad. Es gibt jedoch keinen Zweifel daran, dass die meisten Opfer der ethnischen Säuberungen Polen waren. Schätzungen darüber, wie viele Ukrainer im Zuge polnischer Aktionen getötet wurden, schwanken zwischen 15 000 und 30 000, wohingegen die Zahl der polnischen Opfer auf 60 000 bis 90 000 geschätzt wird – dreimal so viele. Die Deutschen hatten ursprünglich versucht, den militärischen Konflikt in ihrem Rücken zu vermeiden, lieferten aber am Ende Waffen an beide Seiten. Wenn sie schon das Gebiet nicht beherrschen konnten, so konnten sie zumindest dafür sorgen, dass ihre Feinde zerstritten blieben. Nicht zuletzt profitierten sie auch von UPA-Operationen gegen die vorrückende Rote Armee.

Zu den größten Triumphen der UPA zählte die Ermordung eines führenden Sowjetkommandeurs, General Nikolai Watutin. Am 29. Februar 1944 lauerten UPA-Kämpfer Watutin auf und verwundeten ihn, als er von einem Treffen mit Untergebenen in Riwne, der ehemaligen Hauptstadt des Reichskommissariats Ukraine, zurückkehrte. Er starb Mitte April in Kyjiw. Chruschtschow, der Watutins Beerdigung beiwohnte, ließ seinen Freund im Regierungszentrum Kyjiws beisetzen. Nach dem Krieg schlug er folgende Gedenkschrift für Watutins Grabmal vor: »An General Watutin, vom ukrainischen Volk.« Chruschtschow glaubte, die Inschrift würde ukrainische Nationalisten erzürnen, wohingegen die Parteifunktionäre in Moskau darin eher einen Ausdruck ebenjenes ukrainischen Nationalismus sahen. Chruschtschow wandte sich daraufhin direkt an Stalin, der ihm erlaubte, seine Idee weiterzuverfolgen. Die Inschrift wurde in ukrainischer Sprache an jenem Denkmal angebracht, das 1948 errichtet wurde und bis heute im Zentrum Kyjiws steht – eine der vielen

Erinnerungen daran, wie vielschichtig das ukrainische Gedenken an den Zweiten Weltkrieg ist.

Im Zweiten Weltkrieg fanden sich Ukrainer nicht nur auf einer Seite des Konflikts wieder. Die absolute Mehrheit kämpfte in den Reihen der sowjetischen Armee. Moskau zog mehr als sieben Millionen Ukrainer unterschiedlicher Nationalitäten ein – jeder fünfte sowjetische Soldat kam aus der Ukraine. Mehr als 3,5 Millionen wurden mit Beginn des Krieges einberufen und noch einmal etwa so viele in dessen Verlauf. Viele Soldaten, die 1941 den deutschen Überfall und die Gefangenschaft überlebten, wurden nach der Rückeroberung ihrer Gebiete durch die Rote Armee zunächst freigelassen und kehrten zu ihren Familien zurück, nur um sogleich wieder festgenommen und eingezogen zu werden. Man nannte sie die »Männer in schwarzen Jacken«, da die meisten von ihnen unmittelbar nach der Musterung in die Schlacht geschickt wurden – ohne richtige Uniformen, Ausbildung, Munition oder sogar Waffen. Da sie im deutschen Besatzungsgebiet geblieben waren, hielt die militärische Führung sie für Verräter und entbehrlich. Viele der »Männer in schwarzen Jacken« fielen nur wenige Tage nach der lange erwarteten »Befreiung« in der Nähe ihrer Heimatstädte und -dörfer.

Während die Sowjets keine Skrupel hatten, Ukrainer in ihre Armee einzuberufen und sie in die Schlacht zu schicken, lehnten es die Deutschen lange ab, Männer aus den eroberten Gebieten für ihre regulären Einheiten zu rekrutieren. Als »Hilfswillige« oder »Hiwis« waren sie hingegen willkommen. Geschätzt eine Million ehemaliger sowjetischer Bürger kamen in Hiwi-Einheiten zum Einsatz, wobei Ukrainer und in der Ukraine Geborene etwa ein Viertel von ihnen stellten. Diese Politik änderte sich, als die Deutschen nach den hohen Verlusten in Stalingrad an Kampfkraft einbüßten. Die neu formierten nichtdeutschen Einheiten waren Heinrich Himmler direkt unterstellt und wurden Teil der Waffen-SS, des militärischen Zweigs der SS. Unter den Divisionen der Waffen-SS gab es Einheiten, die aus Männern nahezu aller europäischen Nationalitäten zusammengestellt wurden, darunter Franzosen, Schweden, Russen und Ukrainer. Fast

20 000 Ukrainer dienten während des Krieges in der 14. Waffen-Grenadier-Division bei der SS, auch unter dem Namen Waffen-SS-Division Galizien bekannt.

Für die Bildung der Division warb der Gouverneur des Distrikts Galizien, Otto Wächter. Der gebürtige Wiener spielte das alte österreichische Spiel und unterstützte die Ukrainer gegen die Polen, weshalb unter seiner Herrschaft eine Zunahme ukrainischer Schulen im Distrikt zu verzeichnen war. Er verbot zwar politische Organisationen und machte Jagd auf OUN-Agenten, tolerierte jedoch ukrainische Wohlfahrts-, Kultur- und sogar akademische Einrichtungen – ein auffallender Unterschied zu allen anderen Teilen der Ukraine. Wächter glaubte, die Ukrainer seien loyal genug, um ihnen Waffen anzuvertrauen. In Berlin dagegen bezweifelten viele sowohl ihre Loyalität als auch ihre ethnische Zugehörigkeit. Schließlich entschied die Führung, die Division »Galizien« und nicht »Ukraine« zu nennen, da sie Galizier als ehemalige Untertanen Österreichs für eine »zivilisiertere« und verlässlichere Gruppe hielten als Ukrainer im Allgemeinen. Berlin teilte die Ukraine nicht nur entlang der alten russisch-österreichischen Grenze, sondern richtete seine Politik gegenüber den beiden Landesteilen an alten österreichischen Mustern aus. Die Waffen-SS-Division sollte nur aus Galiziern bestehen, und ihre Namen und Symbole sollten keinen Hinweis auf die Ukraine und Ukrainer enthalten.

Die Rekrutierung von Freiwilligen für die Division wurde im April 1943 bekannt gegeben und führte augenblicklich zu einer Spaltung des nationalistischen Untergrunds: Die Bandera-Fraktion stellte sich vehement dagegen, während Anhänger von Banderas Gegenspieler, Andrij Melnyk, sie unterstützten. Führende ukrainische Politiker und Entscheidungsträger, darunter Bischöfe der katholischen Kirche, waren ebenfalls gespalten. Diejenigen, die die Gründung der Division befürworteten, dachten wie die Deutschen, die sie aufstellten, an Galiziens österreichische Vergangenheit. Im Jahr 1918 hatten die Ukrainer dank einer bestehenden ukrainischen Legion innerhalb der österreichischen Armee die Möglichkeit gehabt, Kader auszubilden und an Waffen zu gelangen, die im Unabhängigkeitskrieg zum Einsatz kamen. Viele Mitglieder der ukrainischen Gemeinschaft dachten nun, die Geschichte werde sich vielleicht wiederholen. Nur wenige waren glücklich mit der deutschen Herrschaft in der Ukraine, kaum jemand teilte die nationalsozialistische Ideologie, und niemand glaubte nach Stalingrad und Kursk an eine deutsche Zukunft. Von kaltblütigen Berechnungen einmal abgesehen, brachte nur ihr Antikommunismus ukrainische Politiker und die deutschen Behörden zusammen.

Eltern, die ihre Söhne dazu überredeten, sich der Division anzuschließen, erschien sie als das geringere Übel. Schließlich wurde sie von wichtigen ukrainischen Politikern unterstützt und der ukrainischen Jugend als Möglichkeit präsentiert, weder mit Banderas Aufständischen in die Wälder zu gehen noch unter einer drohenden sowjetischen Besatzung leben zu müssen. Doch die meisten sollten diesen Entschluss bald bereuen. Die Freiwilligen, die von deutschen Offizieren ausgebildet und befehligt wurden, erhielten ihre Feuertaufe im Juli 1944 nahe der galizischen Stadt Brody. Es war Taufe und Totenwache zugleich. Sowjetische Streitkräfte kesselten die Division Galizien und sieben weitere deutsche Divisionen ein. Insgesamt fielen fast 38 000 Soldaten, 17 000 wurden gefangen genommen. Die Division Galizien mit ihren annähernd 11 000 Mann wurde so gut wie ausgelöscht: Nur etwa 1500 konnten entkommen. Der Kessel von Brody bedeutete das Ende der Division als Kampftruppe. Im weiteren Verlauf des Jahres wurde sie, aufgefüllt mit neuen Rekruten, zunächst in die Slowakei und dann nach Jugoslawien geschickt, um gegen Partisanen zu kämpfen. Dort wiederholte sich Geschichte als Farce, wenn nicht Tragödie – gute alte Erinnerungen an ukrainische Einheiten in österreichischen Uniformen, die 1918 die Unabhängigkeit erkämpften, wichen der bitteren Realität von 1944, in der Ukrainer das Hakenkreuz trugen und die Befreiungsbewegungen anderer – Slawen wie sie selbst – niederschlugen.

Am 27. Juli 1944 eroberte die Rote Armee Lwiw zurück. Die Einnahme dieser Stadt und der Westukraine stellte Nikita Chruschtschow und die politische Führung der Sowjetukraine vor eine Reihe neuer Herausforderungen. Seine größte Sorge in Bezug auf Lwiw war die mögliche Bildung einer polnischen Stadtverwaltung, die der polnischen Exilregierung in London ihre Loyalität bekunden würde. Chruschtschow eilte in die Stadt, die von den sich zurückziehenden Deutschen offen zurückgelassen wurde. »Wir befürchteten, dass lokale Einrichtungen entstehen, die sich als feindlich gegenüber der sowjetischen Herrschaft erweisen könnten«, erinnerte er sich später. »Wir mussten schnell handeln und unseren Leuten die Verantwortung über die Stadt übertragen. Und genau das taten wir.« Im Jahr 1944 war Lwiw eine überwiegend polnische Stadt mit einem überwiegend ukrainisch geprägten Umland. Sie wurde zum Zankapfel zwischen Stalin und der von den Westalliierten unterstützten polnischen Exilregierung. Die Tatsache, dass Chruschtschow umgehend sowjetische Verwaltungsbehörden installierte, bedeutete, dass Stalin nicht bereit war, den polnischen Hoffnungen auf die Stadt Raum zu bieten.

Zwei Tage vor der Einnahme Lwiws hatte Stalin die Mitglieder des Polnischen Komitees der Nationalen Befreiung – die kommunistische Regierung im Wartestand, die die Sowjets gebildet hatten, um die Londoner Exilregierung zu ersetzen – genötigt, den zukünftigen Grenzen des polnischen Staates zuzustimmen, die grob der Molotow-Ribbentrop-Linie von 1939 entsprachen und Lwiw auf der sowjetischen Seite verorteten. Ein Brief, den Stalin wenige Tage zuvor von Chruschtschow erhalten hatte, half ihm in seinen Bemühungen. Der ukrainische Parteivorsitzende wollte seiner Republik nicht nur Lwiw und andere Gebiete östlich der Molotow-Ribbentrop-Linie einverleiben, sondern darüber hinaus die Stadt Cholm (Chełm), die auf vorwiegend ukrainisch besiedeltem Gebiet lag – Chruschtschows Frau Nina Kuchartschuk kam aus der Region. Stalin drohte seinen polnischen Klienten mit Chruschtschow Forderung und gab ihnen zu verstehen, dass er auch nach Cholm greifen würde, sollten sie sich weigern, Lwiw aufzugeben. Die Polen lenkten ein, gaben sich mit Cholm zufrieden und ließen ihre Ansprüche auf die galizische Hauptstadt fallen. Cholm, das am 23. Juli von der Roten Armee eingenommen wurde, wurde zur ersten von den Sowjets eroberten Stadt westlich der Molotow-Ribbentrop-Linie und erster Sitz der von Moskau abhängigen polnischen Regierung.

Im September 1944 unterzeichneten die von Kommunisten dominierte polnische Regierung und die von Chruschtschow geführte Sowjetukraine ein Abkommen über die neuen Grenzen sowie einen Bevölkerungsaustausch, der darauf abzielte, nicht nur eine politische, sondern auch eine ethnische Grenze zu errichten. Die Idee hinter dem Abkommen war recht einfach: Polen sollten über die Molotow-Ribbentrop-Linie nach Westen ziehen, während Ukrainer dieselbe Linie in Richtung Osten überqueren sollten. Stalin war darauf aus, nicht nur Staaten, sondern ganze Bevölkerungsgruppen zu verrücken, um künftige Grenzen zu stabilisieren, Minderheiten loszuwerden und damit möglichen irredentistischen Bewegungen auf sowjetischem Territorium einen Riegel vorzuschieben. Hatten die Nationalisten noch darauf gesetzt, Vorkriegsgrenzen mit ethnischen Grenzen in Einklang zu bringen, ging Stalin noch einen Schritt weiter und passte Letztere so an, dass sie den Grenzen entsprachen, die er mit Waffengewalt geschaffen hatte.

Als im Februar 1945 der US-Präsident Franklin Delano Roosevelt und der britische Premierminister Winston Churchill nach Jalta reisten, um mit Stalin die Zukunft der Nachkriegswelt zu erörtern, bestand der Sowjetführer darauf, die neue Grenze zwischen der Sowjetunion und Polen entlang der Molotow-Ribbentrop-Linie zu ziehen. Die westlichen Regierungschefs stimmten zu und verliehen so der Völkerwanderung, die bereits stattgefunden hatte, eine nachträgliche Legitimation. Stalin stellte darüber hinaus sicher, dass die Ukraine und Belarus mit ihren neuen Westgrenzen Mitglieder der Vereinten Nationen werden sollten, was die neuen Grenzen der Sowjetunion zusätzlich legitimierte. Auf der Potsdamer Konferenz, an der erneut die Staatoberhäupter der Vereinigten Staaten, Großbritanniens und der Sowjetunion teilnahmen und die im Sommer 1945, nach der Niederlage Deutschlands und dem Ende der Kampfhandlungen in Europa, stattfand, wurde Stalins Forderung erfüllt, Polen für den Verlust seiner Ostgebiete deutsche Gebiete zuzusprechen. Moskau vertrieb mehr als 7,5 Millionen ethnische Deutsche aus dem Territorium des neuen polnischen Staats und schuf so Raum für Polen, die aus dem Osten übersiedelten. Die Sowjets hatten tatsächlich schon damit begonnen, Polen nach Westen zu schicken, noch bevor die Rote Armee die östlichen deutschen Gebiete eingenommen hatte. So wurden im September 1944 polnische Bürger Lwiws, die nach Breslau (Wrocław) übersiedeln sollten, zeitweilig im ehemaligen Konzentrations- und Vernichtungslager Majdanek bei Lublin »zwischengeparkt«. Erst später erreichten sie ihren eigentlichen Bestimmungsort auf vormals deutschem Gebiet.

Angesichts des offenen Krieges zwischen ukrainischen und polnischen Untergrundbewegungen und der damit einhergehenden ethnischen Säuberungen waren viele Polen und Ukrainer nur allzu bereit, ihre Heimat zu verlassen und, wenn nicht ihren Besitz, so doch ihr Leben zu retten. Einige weigerten sich allerdings wegzuziehen. Letztlich machte dies keinen großen Unterschied. Stalin und seine polnischen Vasallen konnten es kaum erwarten, die Erfahrungen, die das NKWD mit Massendeportationen während des Krieges gesammelt hatte, zu nutzen, um ihr Ziel von Staaten ohne Minderheiten zu verwirklichen. Sowjetische Funktionäre nannten die Deportationskampagne »Repatriierung«. Die »Patrias« existierten freilich nur in der Vorstellung, da die meisten der Deportierten nicht in ihre Heimat zurückkehrten, sondern diese verließen. Allein aus der Ukraine wurden 780 000 Polen westlich der Molotow-Ribbentrop-Linie »repatriiert«. Etwa genauso viele Menschen wurden aus Belarus und Litauen in das Gebiet des neuen polnischen Staates umgesiedelt. Unter den Deportierten waren fast 100 000 Juden, die den Holocaust in der Sowjetunion überlebt hatten. Die meisten Vertriebenen landeten in ehemals deutschen Gebieten, die Polen von Stalin mit widerwilliger Zustimmung der westlichen Regierungschefs zugewiesen wurden.

Während Polen und Juden nach Westen gingen, zogen Ukrainer nach Osten. Zwischen 1944 und 1946 wurde fast eine halbe Million Ukrainer aus Gebieten westlich der Molotow-Ribbentrop-Linie in die Ukrainische SSR deportiert. Im selben Zeitraum wurden mehr als 180 000 Ukrainer aus der Westukraine wegen angeblicher Kollaboration mit dem nationalistischen Untergrund verhaftet und nach Sibirien sowie ins Innere der Sowjetunion verbannt. Weitere 76 000 Ukrainer folgten im Oktober 1947. Die Deportationen zielten hauptsächlich darauf ab, den ukrainisch-nationalistischen Widerstand einzuhegen, der in der Westukraine noch bis weit nach Ende des Krieges virulent war. Nikita Chruschtschow behauptete später, Stalin sei bereit gewesen, alle Ukrainer in den Osten zu deportieren, doch seien es zu viele gewesen.

Dies schien auch für die polnischen kommunistischen Machthaber eine Option gewesen zu sein, wenngleich in kleinerem Maßstab. Im Jahr 1947 deportierten sie im Rahmen einer Aktion mit dem Decknamen »Weichsel« die Gesamtheit der ukrainischen Bevölkerung, die sich noch in Polen aufhielt – alles in allem 140 000 Männer, Frauen und Kinder – aus ihren östlichen Gebieten und ersetzten sie durch ethnische Polen. Sie vertrieben sie aus ihren Häusern und zwangen sie, sich in ehemals deutschen Gebieten in West- und Nordpolen neu anzusiedeln. Das vormals eher schraffierte polnisch-ukrainische Grenzgebiet mit seiner ethnisch und religiös gemischten Bevölkerung wurde zu einer fest umrissenen sowjetisch-polnischen Grenze mit Polen auf der einen und Ukrainern auf der anderen Seite. Die Ukraine selbst, die den Großteil ihrer Geschichte ein multiethnisches Territorium darstellte, verwandelte sich infolge der Vernichtung der Juden und der Deportation von Polen und Deutschen in ein ukrainisch-russisches Kondominat.

Stalin schob Bevölkerungen nicht herum, um Nationalisten zu befrieden, sondern um den Nationalismus zu bekämpfen und die Kontrolle über die Grenzregionen zu zementieren. Er versiegelte die sowjetischen Grenzen nicht nur mit neuen Demarkationslinien und Grenzwächtern, sondern mit nicht enden wollenden Kampagnen gegen den kapitalistischen Westen. Damit verschloss er die ukrainischen Tore nach Europa fester noch als während der Zwischenkriegszeit, ja so fest wie nie zuvor in der ukrainischen Geschichte. Die Realität der nationalsozialistischen Besatzung der Ukraine hatte den Traum der ukrainischen Intelligenzija zerstört, sich Europa anzuschließen. Das Europa, das die Deutschen in die Ukraine brachten, erschien in Form eines Kolonialreichs, dessen Akteure von Ideen der »Rasse«, der Ausbeutung und der Vernichtung von »Untermenschen« angetrieben wurden. Die Sowjets machten sich diese jüngste Enttäuschung mit dem Westen zunutze und befeuerten mit ihr in der Ära des Kalten Krieges ihre Propaganda. Über Jahre sollten sie den ukrainischen Nationalismus mit dem deutschen Faschismus in Verbindung bringen, indem sie Aufständische durchweg als »deutsch-ukrainische Nationalisten« bezeichneten.

Das Sowjetregime beabsichtigte darüber hinaus, jahrhundertealte kulturelle Grenzen auszulöschen. Im März 1946 ließ das NKWD durch seine Agenten ein Sonderkonzil der ukrainisch-katholischen Kirche einberufen, auf dem die Teilnehmer gezwungen wurden, ihre eigene Kirche aufzulösen und sich der russisch-orthodoxen Kirche anzuschließen. Das Konzil fand in Abwesenheit von Bischöfen statt, die das NKWD ein Jahr zuvor verhaftet hatte. Die Entscheidung, die Kirche zu zerstören, wurde unmittelbar nach der Konferenz von Jalta getroffen und innerhalb jener Grenzen umgesetzt, die auf dem Treffen der Großen Drei definiert worden waren. Da Transkarpatien noch kein offizieller Teil der Sowjetukraine war, durfte die katholischen Kirche dort weitere drei Jahre existieren, bevor sie mit Beginn des Kalten Krieges im Jahr 1949 zerschlagen wurde. Die Sowjets verdächtigten die katholische Kirche als Ganze, Handlanger des Vatikans und der westlichen Mächte zu sein. Alle institutionellen, religiösen und kulturellen Verbindungen mit dem Westen wurden durch die Zerstörung einer Institution gekappt, die lange als Brücke zwischen dem katholischen Westen und dem orthodoxen Osten gedient hatte. Innerhalb weniger Jahre wurden mehr als fünf Millionen ukrainische Katholiken nominell zu Orthodoxen.

Bis zum Jahr 1945 war es der Sowjetunion somit gelungen, mit Hilfe ihrer militärischen Macht ihre Grenzen bis weit nach Ostmitteleuropa zu verschieben. Die Sowjets nahmen sich ein Beispiel am ukrainischen Nationalismus und dehnten die nominelle ukrainische Republik auf polnische, tschechoslowakische und rumänische Territorien aus, die traditionell von Ukrainern besiedelt wurden.

Diese neu erworbenen Territorien stellten das Sowjetregime in der Ukraine vor neue Herausforderungen. Nach der Revolution von 1917 hatte es die Dnipro-Ukraine an die UdSSR binden können, indem es den ukrainischen Anspruch auf die Industriezentren der Ost- und Südukraine, die oft von ethnischen Russen besiedelt waren, anerkannte. Dadurch, dass Stalin die überwiegend von Ukrainern bewohnten Gebiete des ehemaligen Österreich-Ungarns an sich riss, die in der Zwischenkriegszeit von Polen, Rumänien und der Tschechoslowakei beansprucht worden waren, sorgte er zugleich dafür, dass relativ ausgeprägte Traditionen von Autonomie, parlamentarischer Demokratie sowie kommunaler und nationaler Selbstorganisation, die in den zentralen und östlichen Gebieten alles andere als ausgeprägt gewesen waren, in die Sowjetukraine gelangten. Das Sowjetregime sah sich obendrein einer neuen ideologischen Bedrohung ausgesetzt – einem radikalen Nationalismus, der von einer gut organisierten politischen Struktur mit eigenem Partisanenheer, der Ukrainischen Aufständischen Armee, repräsentiert wurde.

Die vollständige Eingliederung dieser Gebiete, wozu ihre wirtschaftliche, gesellschaftliche und kulturelle Integration in die Sowjetukraine und die UdSSR gehörte, sollte noch Jahrzehnte in Anspruch nehmen. Moskau musste sie erst noch befrieden, indem es den nationalistischen Aufstand in den Untergrund trieb und dann zerstörte – ein Prozess, der bis in die 1950er Jahre dauerte. Um vollständig sowjetisch zu werden, mussten diese Gebiete erst kollektiviert und industrialisiert werden, und zudem galt es, ihre Jugend auf Grundlage des sowjetischen Marxismus zu indoktrinieren. Doch selbst danach blieben die historischen Bande zwischen den neu erworbenen Sowjetgebieten und Mittel- sowie Westeuropa weiter bestehen. Die Westverschiebung der sowjetischen Grenzen machte aus den vormals nichtsowjetischen Teilen der Ukraine innere Grenzgebiete, in denen das Regime über Jahrzehnte eine Politik umsetzte, die sich von jener unterschied, die im Rest der Ukraine verfolgt wurde.

Die Sowjets spielten die ukrainische Karte nicht nur, um den Besitz der Region zu legitimieren, sondern auch, um sie zu sowjetisieren. Moskau kehrte zur Politik der 1920er Jahre zurück und bot der Region die Gelegenheit, durch Ukrainisierung ihres politischen und kulturellen Lebens der Sowjetgesellschaft beizutreten. Allerdings zögerte das Regime, lokale Kader zu integrieren, denen es nicht vertraute, und zog deshalb Ukrainer aus den östlichen und zentralen Teilen der Republik hinzu. Gleichzeitig sorgte das Angebot ukrainischer Kultur im Austausch für politische Loyalität dafür, dass sich der Prozess der Russifizierung in der restlichen Ukraine verlangsamte. Zusammen mit der Tradition eines ausgeprägten nationalen Bewusstseins innerhalb der Grenzen Österreich-Ungarns und später Polens sowie Erinnerungen an den nationalistischen Aufstand sollte diese Politik der widerwilligen Ukrainisierung die westliche Ukraine und insbesondere Galizien bis zum Ende der Sowjetära zum Zentrum der Nationalkultur und des politischen Aktivismus machen.

V

DER WEG IN DIE
EIGENSTAATLICHKEIT

KAPITEL 24

DIE ZWEITE SOWJETREPUBLIK

Durch die Mitgliedschaft der Ukraine in den Vereinten Nationen, von denen die Republik im Rahmen der San Francisco Conference im April 1945 als Gründungsmitglied aufgenommen wurde, erlangte sie einen vergleichbaren internationalen Status wie die britischen Herrschaftsgebiete Kanada und Australien oder gar unabhängige Staaten wie Belgien oder Brasilien. Nichtsdestoweniger sollte es nahezu ein halbes Jahrhundert dauern, bis die Verheißung der UN-Mitgliedschaft ihre Entsprechung in der nationalen Unabhängigkeit fand. Indem sie den Weg dorthin einschlug, trug die Ukraine zum Zerfall von Weltreichen und zur Entstehung neuer Nationalstaaten aus ihren Trümmern bei – ein Prozess, der die Anzahl unabhängiger Staaten von weltweit etwa 70 im Jahr 1945 auf heute mehr als 190 anstiegen ließ.

Abgesehen von ihrem Sitz in den Vereinten Nationen und dem verbesserten Status, bot die Ukraine nach dem Krieg ein trauriges Bild. Obgleich sie auf der Landkarte als eine der Hauptnutznießerinnen des Krieges erschien – das ukrainische Territorium erweiterte sich um mehr als 15 Prozent –, gehörte die Republik in Wahrheit zu den größten Opfern. Sie verlor bis zu 7 Millionen ihrer Einwohner, was über 15 Prozent ihrer Vorkriegsbevölkerung entsprach. Von den 36 Millionen verbliebenen Ukrainern hatten etwa 10 Millionen kein Dach über dem Kopf, während ungefähr 700 größere und kleinere Städte und 28 000 Dörfer in Trümmern lagen. Die Ukraine büßte 40 Prozent ihres Vermögens und mehr als 80 Prozent ihrer industriellen und landwirtschaftlichen Anlagen ein. Im Jahr 1945 erzeugte die Republik nur ein Viertel des Volumens an Industriegütern vor dem Krieg und erreichte lediglich 40 Prozent der vorherigen landwirtschaftlichen Erträge.

Aufgrund der Zerstörung der Industriestandorte durch die sowjetische Taktik der verbrannten Erde, der deutschen Politik der Deindustrialisierung und Deurbanisierung und der endlosen Auseinandersetzungen zwischen Roter Armee und Wehrmacht musste die Ukraine mancherorts nahezu komplett wiederaufgebaut werden. Westliche Berater argumentierten, es wäre einfacher, neue Fabriken zu bauen, als alte wieder instand zu setzen, doch die Behörden beschlossen, die in den 1930er Jahren unter großen Opfern erbauten Fabriken neu zu errichten. Wieder gaben sie der Schwerindustrie den Vorzug. Alles andere konnte nach Ansicht des Kremls warten.

Bis 1948 war das sowjetische Bündnis mit den Vereinigten Staaten und Großbritannien dem Kalten Krieg zwischen Moskau und dem Westen gewichen. Auf dem Spiel standen die sowjetische Kontrolle über Mittel- und Osteuropa sowie westliche Stellungen im Iran, in der Türkei und in Griechenland. Aufgrund der Tatsache, dass die westlichsten Stützpunkte der Sowjetarmee bis nach Deutschland reichten, war die Ukraine nicht länger eine dem als feindselig geltenden Westen gegenüberliegende Grenzrepublik wie in der Zwischenkriegszeit, doch ihre Bedeutung für das industrielle und landwirtschaftliche Potenzial der Sowjetunion blieb so groß wie vor dem Krieg. Die Ukraine musste Waffen, Lebensmittel und Soldaten liefern, um den von vielen antizipierten Konflikt zwischen dem kommunistischen Osten und dem kapitalistischen Westen austragen zu können. Für die Ukrainer bedeutete das viele Schusswaffen und sehr wenig Butter. Im Jahr 1950 verfügte die Ukraine schließlich wieder über das wirtschaftliche Potenzial der Vorkriegszeit, doch die landwirtschaftliche Produktion hinkte hinterher und erreichte das Vorkriegsniveau erst in den 1960er Jahren wieder.

Das erste Jahrzehnt nach dem Krieg galt in der Ukraine vor allem dem Wiederaufbau der zerrütteten Wirtschaft, der Wiederherstellung einer Gesellschaft aus schockierten und traumatisierten Menschen und der Wiedererlangung der ideologischen und politischen Kontrolle der Partei über Gebiete, die man im Verlauf des Krieges an Deutschland und seine Verbündeten verloren hatte. In der Westukraine – den ehemaligen polnischen, rumänischen und tschechischen Provinzen des Landes – war die Wiederherstellung der Parteikontrolle im Grunde gleichbedeutend mit ihrer Einführung, da dort das Sowjetregime vor der deutschen Invasion weniger als zwei Jahre existiert hatte. In der gesamten Ukraine kam es in dieser Zeit zur (Wieder)Einführung der Ende der 1930er Jahre entwickelten politischen, gesellschaftlichen und wirtschaftlichen Modelle. Stalin war in seinen letzten Jahren nicht darauf erpicht, sich auf Experimente einzulassen – dem Spätstalinismus ging eindeutig der revolutionäre Eifer aus. Die Erfahrung des kürzlich beendeten Krieges und die Vorbereitungen auf den nach Ansicht des Kremls bald ausbrechenden Krieg gegen den Westen beeinflussten die meisten der von Stalin und seinen Helfern getroffenen politischen, gesellschaftlichen und kulturellen Entscheidungen.

Zu den Wiederaufbauprojekten, die nach Meinung der obersten Spitzen der sowjetischen politischen Pyramide Vorrang hatten, zählte auch ein Gigant der sowjetischen Industrialisierung der Vorkriegsjahre: das Elektrizitätswerk DniproHES in Saporischschja. Die Sowjets hatten im Jahr 1941 auf dem Rückzug Teile des dortigen Damms gesprengt, retteten dann aber die Überreste, als die Deutschen 1943 ihr Werk vollenden wollten – sowjetische Aufklärer schnitten die Drähte durch, die den Sprengstoff hätten zünden sollen. Der Wiederaufbau des Damms und des Elektrizitätswerks besaß für den frisch ernannten Parteichef der Region Saporischschja und zukünftigen politischen Führer der Sowjetunion Leonid Breschnew Priorität. Er kam 1946 in die Stadt und fand das Kraftwerk sowie die darum herum errichteten Industriebetriebe vollkommen zerstört vor. »Zwischen Ziegeln und Eisen wucherte schon Gras, aus der Ferne war das Geheul verwilderter Hunde zu hören, und zu allen Seiten gab es nichts als Ruinen und verkohlte Bäume, in deren Ästen Krähennester hingen«, erinnerte sich Breschnew später an seine ersten Eindrücke beim Besuch der Überreste des Industriekomplexes Saporischschja im Sommer 1946 zurück. »Nach dem Bürgerkrieg hatte ich Ähnliches zu Gesicht bekommen, doch damals war die Totenstille der Fabriken so furchteinflößend gewesen, wohingegen diese nun ganz und gar in Schutt und Asche gelegt worden waren.«

Laut dem Bericht einer Regierungskommission verfügte die Stadt Saporischschja nach dem Krieg weder über Strom noch über fließend Wasser. Mehr als 1000 Wohngebäude, 74 Schulen, fünf Kinos, zwei Universitäten und 239 Geschäfte waren zerstört worden. Doch Moskau hatte Breschnew weniger dafür nach Saporischschja geschickt, die Stadt wiederaufzubauen, sondern vielmehr dafür, das Elektrizitätswerk und die Saporischstal genannten Stahlfabriken wieder in Gang zu setzen. Er erledigte seine Aufgabe in Rekordzeit. Im März 1947 wurde im Elektrizitätswerk erstmals wieder Strom erzeugt, und im September desselben Jahres konnte man wieder Stahl produzieren. Im November 1947 berief der Kreml Breschnew in Anerkennung seiner Leistungen aus Saporischschja ab und beförderte ihn zum Parteichef der benachbarten Region Dnipropetrowsk, einem der bedeutendsten Wirtschaftszentren der Ukraine. Als Breschnew Saporischschja verließ, wurden dort wieder Strom und Stahl produziert, die Stadt selbst aber lag noch immer in Trümmern. Genau so sah das Modell für den Wiederaufbau der Ukraine nach dem Krieg aus: Industrieunternehmen hatten Vorrang. Die Menschen ließ man unterdessen leiden und sogar sterben.

In seinen 1978 erschienenen Memoiren berichtet Breschnew von schwierigen Zeiten in den Städten, geht aber nicht auf die Dörfer ein, in denen sich in den Jahren 1946 und 1947 die Hungersnot in einem mit 1932 und 1933 vergleichbaren Ausmaß erneut ausbreitete. Annähernd eine Million Menschen starben infolge der neuen Hungersnot, die die Südukraine besonders schwer traf, darunter die Breschnew unterstehenden Regionen Dnipropetrowsk und Saporischschja. Es überrascht nicht, dass Breschnew zu dem erneuten Verbrechen des Regimes schwieg, während derer er ein bedeutendes Amt innehatte – dem Hungertod Hunderttausender seiner Bürger. Ein berühmter Funktionär, der nicht schweigen wollte, war Breschnews damaliger Vorgesetzter Nikita Chruschtschow. In seinen in den Westen geschmuggelten und 1970 in den Vereinigten Staaten veröffentlichten, Lesern in der UdSSR jedoch bis Ende der 1980er Jahre unbekannten Memoiren (wohingegen jene Breschnews in den 1970er Jahren in der Sowjetunion in einer Gesamtauflage von an die 15 Millionen

Exemplaren erschienen) beschrieb Chruschtschow nicht nur die Hungersnot, sondern machte auch deutlich, dass die Führung der Sowjetrepublik gar nicht in der Lage war, irgendetwas zur Rettung der Opfer zu unternehmen – Entscheidungen über Leben und Tod in der Ukraine traf nach wie vor ausschließlich Moskau.

Chruschtschow machte Stalin für die neue ukrainische Hungersnot verantwortlich, so wie für vieles andere, was sich in den 1930er und 1940er Jahren ereignete. In diesem Fall lag er eindeutig richtig. Im Sommer 1946 herrschte in der Ukraine die schlimmste Dürre seit fünfzig Jahren, doch die Behörden in Moskau forderten weiter Getreide aus den vom Krieg und einer schlechten Ernte gebeutelten ländlichen Gegenden der Ukraine. Diesmal brauchten sie Getreide für die Reindustrialisierung der Städte und für das sowjetisch besetzte Osteuropa, das Stalin mit Millionen von Tonnen Getreide versorgte, um die neuen kommunistischen Regime dort zu stützen. Um die drohende Katastrophe abzuwenden, wandte sich Chruschtschow direkt an Stalin und bat um die Einführung von Lebensmittelkarten für die Bauern, wie es sie für Stadtbewohner bereits gab. Seine Bitten wurden nicht erhört. Zudem brachte jemand Gerüchte in Umlauf, die Chruschtschow des ukrainischen Nationalismus bezichtigten – er verhalte sich in Bezug auf seine Republik und ihre Bewohner allzu beschützerisch. Chruschtschow fiel bei Stalin bald in Ungnade und wurde degradiert: Er blieb zwar als Oberhaupt der ukrainischen Regierung im Amt, büßte jedoch seine Stellung als Parteiführer ein. Sein neuer Vorgesetzter und Nachfolger als Parteiführer der Ukraine war Lasar Kaganowitsch, der in den 1920er Jahren die Ukrainisierungspolitik vorangetrieben und den Holodomor der 1930er Jahre mitzuverantworten hatte.

Kaganowitsch betrachtete es als seine neue Aufgabe in der Ukraine, die Gesinnungskontrolle zu verstärken. Maxym Rylskyj, ein neoklassischer Dichter und Vorsitzender des Schriftstellerverbands der Ukraine, wurde zum Hauptopfer von Kaganowitschs ideologischer Hexenjagd. Ihm wurde von der Presse ukrainischer Nationalismus vorgeworfen, und 1947 wurde ihm das Amt entzogen. Obgleich Kaganowitsch bald von Stalin nach Moskau zurückbeordert wurde und

Chruschtschow seinen alten Parteiposten zurückerhielt, dauerten die Angriffe auf kulturelle Persönlichkeiten der Ukraine an. Sie waren Teil einer mit Stalins ideologischem Wachhund Andrei Schdanow verbundenen Allunions-Kampagne, in der Schdanow sowjetische Schriftsteller und Künstler wegen »bourgeoisen Individualismus«, »Mangel an ideologischer Klarheit« und »Katzbuckeln gegenüber dem Westen« angriff. Zu den Opfern von Schdanows Feldzug gehörten die Satiriker Michail Soschtschenko in Russland und Ostap Wyschnja in der Ukraine. Autoren durften in ihren Werken nur einen Konflikt – den zwischen gut und noch besser – darstellen, was Satiriker arbeitslos machte. Die bei den Schriftstellern begonnene Suche nach ideologischen Abweichlern wurde bald auf Musiker und Historiker ausgeweitet. In der Ukraine erreichte die Jagd auf »Nationalisten« ihren Höhepunkt im Jahr 1951 mit einer Attacke der *Prawda* auf Wolodymyr Sosjuras Gedicht »Die Ukraine lieben«, einen patriotischen Text, den der bekannte Dichter im Jahr 1944 verfasst hatte. Während das Regime die Kontrolle über die vormals besetzten Gebiete zu festigen versuchte, betrachtete es alles, was im Krieg der Mobilmachung des ukrainischen Patriotismus gegen die deutschen Angriffe gedient hatte, nun als nationalistisch.

Der Große Vaterländische Krieg, wie der sowjetisch-deutsche Krieg zwischen 1941 und 1945 in der Sowjetunion genannt wurde, verlieh dem Regime, das eine Invasion hatte überleben und abwehren können, eine neue Legitimation. Der Krieg hatte aber auch die politische Landschaft der Sowjetunion verändert und dafür gesorgt, dass deren Einwohner in einer Weise eigenständig handelten, wie es seit der Revolution nicht der Fall gewesen war. Moskaus Bestrebungen, wieder ideologische Gleichförmigkeit und das vor dem Krieg herrschende Maß an Zentralsteuerung herbeizuführen, waren nur teilweise erfolgreich, zumal in einer Republik wie der Ukraine, wo der nationalistische Widerstand gegen das Sowjetregime bis weit in die 1950er Jahre hinein andauerte. Die Westukraine, vor allem Galizien und Wolhynien, war noch Jahre nach dem Krieg de facto militärisch besetzt und wurde anders behandelt als der Rest der Republik.

Die Ukrainische Aufständische Armee forderte die sowjetische Herrschaft über die ländlichen Gebiete Galiziens bis in die 1950er Jahre heraus – bedeutend länger, als jede andere Art des bewaffneten Widerstands im sowjetisch besetzten Osteuropa gedauert hatte. Um 1947 herum änderten die Befehlshaber der Ukrainischen Aufständischen Armee ihre Taktik und teilten größere Formationen in kleinere Einheiten von höchstens fünfzig Kämpfern und dann in noch kleinere Gruppen mit einer Höchstanzahl von zehn Mitgliedern auf. Sie vermieden größere militärische Auseinandersetzungen mit den weitaus umfangreicheren sowjetischen Truppen und schonten ihre Kräfte für einen neuerlichen Krieg zwischen der UdSSR und dem Westen, mit dessen Ausbruch sie jederzeit rechneten. Unterdessen bereiteten selbst die kleineren aufständischen Einheiten dem Sowjetregime Schwierigkeiten, indem sie Repräsentanten der Partei und des Staatsapparats attackierten und Bestrebungen nach Kollektivierung der Landwirtschaft und nach Sowjetisierung der Region durch das Bildungssystem unterliefen. Das Regime begegnete dem mit Unterdrückungsmaßnahmen, etwa der Zwangsdeportation Hunderttausender Ukrainer, die im Verdacht standen, den Untergrund zu unterstützen.

Die sowjetischen Sicherheitsdienste brauchten bis zum Frühjahr 1950, um Roman Schuchewytsch, den Befehlshaber der Ukrainischen Aufständischen Armee, ausfindig zu machen und zu töten. Ein anderer Kommandant rückte an seine Stelle, doch in den darauffolgenden Jahren wurde der organisierte Widerstand weitgehend gebrochen, und kleine Untergrundeinheiten verloren den Kontakt zueinander. Manche der aufständischen Einheiten schafften es durch polnisches und tschechoslowakisches Gebiet bis in den Westen und schlossen sich den von Stepan Bandera angeführten emigrierten Nationalisten in Westdeutschland an. Im Jahr 1951 begannen die Briten und die Amerikaner, Mitglieder von Banderas Truppe und von anderen nationalistischen Organisationen per Fallschirm zurück in der Ukraine abzusetzen, wo sie geheimdienstliche Informationen sammeln sollten. Als Reaktion darauf verstärkten die Sowjets ihre Bemühungen, Bandera und andere Anführer der ukrainischen Emigration in Deutschland zu ermorden. Im Herbst 1959 hatten sie damit Erfolg, als ein sowjetischer Agent Bandera mit einer vom KGB hergestellten und mit Zyanid gefüllten Spritzpistole tötete. Der Attentäter setzte sich 1961 in den Westen ab und gestand, Bandera und im Jahr 1957 einen weiteren aus der Ukraine emigrierten Anführer getötet zu haben. Seine Aussage vor einem westdeutschen Gericht ließ keinen Zweifel daran, dass die Befehle zur Tötung emigrierter Anführer von den obersten Rängen der sowjetischen Regierung ausgegangen waren.

Ukrainische Nationalisten, ob nun tatsächliche oder mutmaßliche, waren in den letzten Jahren von Stalins Regentschaft nicht das einzige Ziel sowjetischer Propaganda und der Geheimpolizei. Zu dieser Zeit tauchte eine neue Gruppierung an der Spitze der Feindeshierarchie auf: die sowjetischen Juden. Juden hatten sich zwar auch schon unter den Opfern der stalinistischen Säuberungsaktionen der 1930er Jahre befunden, doch erst Ende der 1940er Jahre gerieten sie als Gruppe ins Visier. Diese Veränderung ging mit dem Ausbruch des Kalten Krieges und der Gründung des Staates Israel einher. Jüdische Einwohner der UdSSR wurden nun verdächtigt, nicht uneingeschränkt loyal zu sein und mit dem Westen gemeinsame Sache gegen ihr sowjetisches Mutterland zu machen.

Im Januar 1948 wurde ein führender Kopf der sowjetischen Juden, der bekannte Schauspieler und Regisseur Solomon Michoels, auf Stalins Befehl hin getötet. Bis zum Ende des Jahres hatte Stalin dann sogar die jüdische Frau Wjatscheslaw Molotows, seiner rechten Hand, inhaftieren lassen – Polina Schemtschuschina war gebürtige Südukrainerin und eifrige Unterstützerin von Michoels. Die sowjetischen Medien erklärten den »Kosmopoliten« – ein Euphemismus für Juden – den Krieg und vertrieben viele Juden aus den Partei- und Sicherheitsapparaten. Die Juden der Ukraine zählten zu denen, die am stärkste von den Diskriminierungsmaßnahmen betroffen waren. Einen erneuten Höhepunkt erreichte die antisemitische Kampagne im Jahr 1952 mit der Inhaftierung einer Reihe jüdischer Ärzte, die zusammen mit einigen slawischen Kollegen beschuldigt wurden, Mitglieder der sowjetischen Führungsriege getötet zu haben, unter anderem Andrei Schdanow, der im Jahr 1948 eines natürlichen Todes gestorben war. Erst mit Stalins Tod endete der antisemitische Feldzug.

Die sowjetische Führungsriege stoppte die Kampagne und entließ die noch lebenden Ärzte aus dem Gefängnis, doch der Antisemitismus sollte auch weiterhin in den Führungsetagen von Moskau, Kyjiw und anderen Zentren der Sowjetunion virulent bleiben.

Mit Josef Stalins Tod am 5. März 1953 endete die furchtbarste Epoche der sowjetischen Geschichte, doch sein Erbe sollte noch über Generationen hinweg auf seinen Nachfolgern und dem Land, über das sie herrschten, lasten. Die antisemitische Kampagne war einer von vielen Aspekten dieses Erbes. Das Ringen mit Stalins Hinterlassenschaft wurde zu einem der bestimmenden Merkmale von Nikita Chruschtschows Herrschaft als Stalins Nachfolger. Doch es dauerte noch einige Zeit, bis der ehemalige ukrainische Parteiführer in der Partei und im Staat die ganze Macht übernahm und seine antistalinistische Orientierung entwickelte.

Nikita Chruschtschows Aufstieg an die sowjetische Machtspitze begann im Dezember 1949, als Stalin ihn aus Lwiw, wo er den nationalistischen Untergrund bekämpfte, nach Moskau beorderte und ihm seinen ehemaligen Posten als Vorsitzender der Moskauer Parteiorganisation zurückverlieh. Chruschtschow traf einige Tage vor den pompösen Feierlichkeiten zu Stalins 70. Geburtstag in der Stadt ein. Während der offiziellen Zeremonie platzierte der Diktator Chruschtschow neben sich; auf seiner anderen Seite saß ein chinesischer Würdenträger auf Staatsbesuch, Mao Zedong.

Unmittelbar nach Stalins Tod wurde Chruschtschow zu einem der vier mächtigsten politischen Führer der Sowjetunion. Im Juni 1953 veranlasste er die Verhaftung seines gefährlichsten Konkurrenten, des Sicherheitschefs Lawrenti Beria. Im Februar 1955 entledigte er sich Berias einstmaligen Verbündeten, des Vorsitzenden der sowjetischen Regierung Georgi Malenkow. Im Juni 1957 schließlich zerschlug er den Widerstand von Stalins ehemaligen Helfern Wjatscheslaw Molotow und Lasar Kaganowitsch, und im März 1958 wurde er zum Vorsitzenden der Kommunistischen Partei und zugleich der sowjetischen Regierung. Die Unterstützung seiner Anhänger in der Ukraine machte Chruschtschows Erfolg möglich. Da die russischen Kommunisten keine eigene Partei hatten, verfügte die Republik über die (nach Mitgliederzahlen) größte Parteiorganisation des Bündnisses und damit den größten Wählerblock im Allunions-Zentralkomitee.

Chruschtschow entlohnte seine ukrainischen Anhänger großzügig, indem er sie nach Moskau holte. Als einer der ersten zog Oleksij Kyrytschenko dorthin, der erste ethnische Ukrainer im Amt des Parteichefs der Ukraine seit der Revolution. Im Jahr 1957 wurde er Sekretär des Allunions-Zentralkomitees und damit der zweitmächtigste Mann des Landes. Zu Chruschtschows Schützlingen gehörten außerdem der ehemalige Parteisekretär von Saporischschja und Dnipropetrowsk, Leonid Breschnew, der Vorsitzender des Obersten Sowjets und de jure Oberhaupt des sowjetischen Staates unter Chruschtschow wurde. Ebenfalls aus dem ukrainischen Parteiapparat stammte Mykola Pidhornyj (auf Russisch Nikolai Podgorny), der ehemalige Parteisekretär der Kommunistischen Partei der Ukraine, der 1963 von Chruschtschow ins Allunions-Zentralkomitee berufen wurde. Pidhornyj und Dutzende weitere Schützlinge Chruschtschows aus der Ukraine brachten wiederum ihre eigenen Leute in die Zentrale mit. Hatte sich Stalin während eines Großteils seiner politischen Laufbahn auf Kader aus dem Kaukasus gestützt, so stützte sich Chruschtschow auf Menschen aus der Ukraine. Indem er ukrainische Parteikader in Machtpositionen in Moskau beförderte, machte Chruschtschow die kommunistische Führungsschicht der Ukraine gleichsam zum Juniorpartner der russischen Partei- und Regierungschefs, mit denen sie die Geschicke des multiethnischen Sowjetreichs bestimmten. Ihre Angehörigen erhielten Einfluss auf Entscheidungen, die in der Zentrale getroffen wurden, sowie größere Eigenständigkeit bei der Entscheidung über ihre innerukrainischen Angelegenheiten.

Der Aufstieg der Ukraine auf den ehrenhaften zweiten Platz in der Hierarchie der Sowjetrepubliken und Nationalitäten begann im Januar 1954 mit den Allunions-Feierlichkeiten zum 300. Jahrestag des Vertrags von Perejaslaw (1654). Die offizielle Parteipropaganda pries den Vertrag, der die Überführung des kosakischen Hetmanats unter den Schutz des Moskauer Zars besiegelte, als die »Wiedervereinigung der Ukraine mit Russland«. Diese Formel ging auf das imperiale Paradigma der »Wiedervereinigung der Rus« durch die Bemühungen und unter der Federführung des autokratischen russischen Staates im 19. Jahrhundert zurück. Ein vom Moskauer Zentralkomitee offiziell abgesegnetes Dokument, die »Thesen zum 300. Jahrestag der Wiedervereinigung der Ukraine mit Russland«, erklärte, was diese Formel unter den neuen Gegebenheiten bedeutete. Das Dokument fußte auf der stalinistischen Politik, die die Russen als die »führende Kraft der Sowjetunion unter all den Völkern unseres Landes« behandelte – eine Formel, die Stalin im Rahmen des Festbanketts zum Ende des sowjetisch-deutschen Krieges im Mai 1945 in einem Trinkspruch geprägt hatte. Sie erhob darüber hinaus die Ukrainer in den Status der zweitwichtigsten sowjetischen Nationalität. Dem Dokument zufolge waren Russen und Ukrainer verschiedene, wenn auch in Geschichte und Kultur eng miteinander verbundene Völker.

Die sowjetischen Behörden ordneten die Errichtung einer Reihe von Denkmälern zur Feier des Jahrestages an und verliehen einigen Institutionen, darunter einer Universität in Dnipropetrowsk, den langen, sperrigen Namen »300. Jahrestag der Wiedervereinigung der Ukraine mit Russland«. Es entbehrte nicht einer gewissen Ironie, dass der Hetman Pawlo Skoropadskyj die Universität im Jahr 1918 gegründet hatte, als die Russen aus der Ukraine vertrieben worden waren und das Land in deutscher Hand war. Die überschwänglichste symbolische Geste zur Feier der »ewigen Freundschaft« zwischen den beiden ostslawischen Völkern war der Übergang der Halbinsel Krim von der Gerichtsbarkeit der Russischen Föderation in die der Ukraine im Februar 1954. Zehn Jahre zuvor erst waren die Krimtataren von der Krim deportiert worden, als man die gesamte Nation der Kollaboration mit den Deutschen beschuldigt hatte. Ungeachtet aller propagandistischen Anstrengungen, den Übergang der Halbinsel als einen Ausdruck der Freundschaft und Brüderlichkeit zwischen den beiden Nationen darzustellen, waren die tatsächlichen Gründe prosaischer. Der entscheidende Faktor war die geographische Lage. Durch die Straße von Kertsch von Russland abgeschnitten und durch Fernmeldeleitungen mit dem ukrainischen Festland verbunden, war die Krim auf die Hilfe der Ukraine angewiesen, um ihre Wirtschaft wiederaufzubauen, die nicht nur der Krieg und die deutsche Besatzung, sondern auch die Vertreibung der Krimtataren schwer getroffen hatte.

Im Jahr 1950 lieferte die Krim dem Staat fünfmal weniger Getreide als im Jahr 1940, dreimal weniger Tabak und nur die Hälfte an Trauben. Die von der Russischen Föderation auf die Halbinsel ausgesandten Siedler waren die südlichen Lebensbedingungen nicht gewohnt und erwiesen sich als wenig hilfreich beim Wiederaufbau der Wirtschaft. Als Nikita Chruschtschow im Jahr 1953 die Halbinsel besuchte, belagerten verzweifelte Siedler sein Auto und verlangten Unterstützung. Von der Krim aus begab sich Chruschtschow unmittelbar nach Kyjiw, um Verhandlungen über die Übergabe der Halbinsel an die Ukraine zu beginnen. Er war der Überzeugung, die Republik sei in der Lage, der wirtschaftlich angeschlagenen Region zu helfen, und ihre Landwirtschaftsexperten wüssten, wie man mit Dürreperioden umging und unter den in der Steppe herrschenden Bedingungen Getreide produzierte. Chruschtschows Anhänger in Kyjiw stimmten seinem Plan ebenso zu wie seine Kollegen in Moskau. Im Februar 1954 schließlich unterzeichneten die Obersten Sowjets der Ukraine, Russlands und der gesamten Sowjetunion die Vereinbarung.

Die Krim wurde somit Teil der Ukraine – die erste und letzte Gebietserweiterung der Republik, die nicht auf ethnischen, sondern auf geographischen und wirtschaftlichen Erwägungen basierte. Von den 1,2 Millionen Bewohnern der Krim waren 71 Prozent Russen und 22 Prozent Ukrainer. Die Halbinsel profitierte von der neuen Vereinbarung sowie den Investitionen und der Kompetenz der ukrainischen Regierung. Die Weinproduktion der Krim verdoppelte sich zwischen 1953 und 1956, und die Stromerzeugung stieg um beinahe 60 Prozent. Der maßgebliche Aufschwung der Wirtschaft auf der Krim erfolgte jedoch im nächsten Jahrzehnt mit dem Bau des Nord-Krim-Kanals, dessen erste Teilstrecke im Jahr 1963 fertiggestellt wurde. Während der Bau in den darauffolgenden Jahren andauerte, ermöglichte es der Kanal, bis zu 30 Prozent des vom Dnipro geführten Wassers auf die Halbinsel zu leiten und über 6000 Quadratkilometer Ackerland zu bewässern. Er versorgte außerdem die Städte Feodossija, Kertsch und Sudak mit Wasser.

Nikita Chruschtschows Geheimrede, gehalten auf dem XX. Parteitag in Moskau im Februar 1956, läutete eine neue Ära im Leben der Sowjetunion und ihrer Teilrepubliken ein. Das neue politische Oberhaupt warf Josef Stalin vor, gegen die sozialistischen Legalitätsprinzipien verstoßen zu haben, indem er zu Säuberungen gegen Parteimitglieder angestiftet habe. Mit keinem Wort erwähnte Chruschtschow allerdings die Verfolgung von Millionen Menschen, die nicht der Partei angehörten, die große Hungersnot von 1932 und 1933 und die Deportationen ganzer Nationen. Im Zuge der Entstalinisierung, die Chruschtschow mit seiner Rede in Gang gesetzt hatte, wurden viele ehemalige Führungsfiguren der Ukraine politisch rehabilitiert, darunter Stanislaw Kossior, Wlas Tschubar und Mykola Skrypnyk. Das ukrainische KGB – das Komitee für Staatssicherheit, eine neue Bezeichnung für die Geheimpolizei – und das Büro des ukrainischen Generalanwalts überprüften fast eine Million Fälle von Opfern politischen Terrors und rehabilitierten weniger als 300 000 Menschen. Anklagen und Strafen blieben bei jenen bestehen, denen ukrainischer Nationalismus, Beteiligung am nationalistischen Untergrund oder Kollaboration mit den Deutschen vorgeworfen wurde. Dennoch wurden Zehntausende Mitglieder des ukrainisch-nationalistischen Untergrunds aus dem Gulag entlassen, ebenso wie noch lebende Bischöfe und Priester der ukrainisch-katholischen Kirche. Das KGB ließ die meisten von ihnen nach der Freilassung jedoch überwachen.

Chruschtschow war ein Gläubiger. Er glaubte an den Kommunismus als überlegene Gesellschaftsordnung. In den 1960er Jahren erklärte er gegenüber seinem Volk und der Welt, dass binnen zwanzig Jahren die Grundlage einer kommunistischen Gesellschaft geschaffen werde. Im marxistisch-leninistischen Jargon der Zeit war das gleichbedeutend mit der Fähigkeit, einen Überfluss an Konsumgütern zu produzieren, an denen es in der UdSSR mangelte. Die Propagierung der neuen säkularen Religion, nunmehr mit einem festen Datum für den Anbruch des kommunistischen Paradieses versehen, ging Hand in Hand mit einem Kampf gegen die traditionelle Religion. In einer Umkehrung der stalinistischen Nachkriegspolitik ergriff Chruschtschow neue Repressalien gegen religiöse Gruppen, gelobte die Auslöschung der Religion vor dem Anbruch des Kommunismus und versprach, in nicht allzu ferner Zukunft den letzten religiösen Gläubigen im Fernsehen zu präsentieren. Tausende von orthodoxen Kirchen, Moscheen, Synagogen und Gebetshäusern wurden im Zuge dieses Wiederauflebens der antireligiösen Kampagnen der 1920er und 1930er Jahre geschlossen. In der Ukraine ging die Zahl der orthodoxen Kirchen zwischen 1960 und 1965 um beinahe die Hälfte zurück, von 8207 auf 4565. Besonders hart traf es die Regionen der östlichen und mittleren Ukraine – in Galizien achteten die Behörden darauf, nicht zu viele Kirchen zu schließen, um die frisch konvertierten orthodoxen Gläubigen nicht in die Reihen der im Geheimen weiterhin aktiven ukrainisch-katholischen Kirche zu treiben.

Auch wenn vielen bewusst war, dass es sich bei dem angekündigten Anbruch des Kommunismus um wenig mehr als einen Propagandatrick handelte, sorgten das Ende der stalinistischen Schreckensherrschaft, die Freilassung bestimmter Arten von politischen Gefangenen und die Veröffentlichung von Werken, die die Verbrechen von Stalins Regime enthüllten (darunter die Schriften Alexander Solschenizyns, der von 1945 bis 1953 selbst im Gulag gewesen war), eine Atmosphäre relativer Freiheit, die als »Chruschtschow'sches Tauwetter« bekannt wurde. In der Ukraine war sie gekennzeichnet von einer Rückkehr der Generation von Schriftstellern und Künstlern ins öffentliche Leben, deren Werke im Spätstalinismus verfemt gewesen waren. Zu ihnen gehörte der bekannteste Filmemacher der Ukraine, Oleksandr Dowschenko, der nun sein Moskauer Exil verlassen und die Tätigkeit in seinem Heimatland wiederaufnehmen konnte. Die Dichter Maxym Rylskyj und Wolodymyr Sosjura, die in den 1940er und 1950er Jahren Angriffen ausgesetzt gewesen waren, waren wieder aktiv. Sie halfen dabei, eine neue Generation ukrainischer Dichter heranzuziehen – unter anderem Iwan Dratsch, Witalij Korotytsch und Lina Kostenko –, die zu Leitfiguren der »Sechziger-Generation«

wurden, welche die Grenzen der sozialistisch-realistischen Literatur und Kultur erweitern sollte.

Besorgten Kadern wurde die neue Parteilinie als eine Rückkehr zu »leninistischen Normen« verkauft, was unter anderem das Ende groß angelegter Säuberungen des Parteiapparats und eine gewisse Dezentralisierung der Macht bedeutete. Beide Veränderungen ließen die regionalen und republikanischen Eliten erstarken, und die ukrainischen Kader machten von den neuen Möglichkeiten nur allzu bereitwillig Gebrauch. Mit der Einrichtung von Regionalräten, die mit der wirtschaftlichen Fortentwicklung beauftragt waren (eine weitere Rückkehr zu den politischen Strategien der 1920er Jahre), erlangten die ukrainischen Behörden die Kontrolle über mehr als 90 Prozent der auf ihrem Gebiet ansässigen Unternehmen und ihrer gesamten landwirtschaftlichen Einrichtungen. Sie waren nun weitaus unabhängiger von der Zentrale als ihre Vorgänger. Von den frühen 1950er Jahren an lenkten örtliche Funktionäre die Geschicke der Ukraine nahezu allein, ohne dass Partei- und Regierungspersonal aus Russland oder irgendeiner anderen Sowjetrepublik Posten übernommen hätte. Die lokalen Kader waren in Netzwerken organisiert, wobei die Stellung des jeweiligen Parteichefs (Frauen gab es in den Parteiapparaten kaum) von seiner persönlichen Loyalität gegenüber seinem Vorgesetzten abhing. Die ukrainischen Parteinetzwerke reichten bis in den Kreml hinein und wurden stabiler und unabhängiger als die meisten anderen republikanischen Netzwerke in der Union.

Chruschtschows Reformen trugen zu der spektakulären Ausweitung der sowjetischen Industrie und der zunehmenden Urbanisierung der sowjetischen Gesellschaft bei. Sein Programm zur Errichtung billiger fünfstöckiger Wohnhäuser, die als »Chruschtschowki« bekannt wurden, veränderte die Silhouetten aller sowjetischen Städte und ermöglichte Hunderttausenden Bürgern, von vorübergehenden Unterkünften und überfüllten Gemeinschaftswohnungen in eigene Wohnungen mit Heizung, fließendem Wasser und Innentoiletten umzuziehen. Wenngleich in den Chruschtschow-Jahren die meisten staatlichen Ressourcen in die Erschließung der weitgehend unberührten Regionen Kasachstans und der natürlichen Rohstoffe Sibiriens flossen, wurde die Ukraine zu einem der größten Nutznießer – und Opfer – des neuen industriellen Wachstums.

In den 1950er und 1960er Jahren gingen am Dnipro drei neue Wasserkraftwerke in Betrieb, die den natürlichen Flusslauf umleiteten, riesige künstliche Seen entstehen ließen, Ackerland und nahe gelegene Minen fluteten und die Umweltbedingungen in der Region nachhaltig veränderten. Die Errichtung von Chemiekomplexen, die Pestizide für die Landwirtschaft und Konsumgüter für die Massen produzieren sollten, erweiterten das wirtschaftliche Potenzial der Republik, erhöhten aber auch den Druck auf ihr Ökosystem. Die Ukraine war auch stark an den sowjetischen Atom- und Raumfahrtprojekten beteiligt, beides Produkte des Wettrüstens, das den Großteil des Kalten Krieges begleitete. In der Stadt Schowti Wody unweit des Schauplatzes der ersten Schlacht zwischen Bohdan Chmelnyzkyj und der königlich-polnischen Armee im Jahr 1648 wurde Uran entdeckt und abgebaut. Die größte Raketenfabrik in ganz Europa wurde im nahe gelegenen Dnipropetrowsk errichtet. Der Beitrag der Ukraine zum sowjetischen Durchbruch ins Weltall war enorm. In Anerkennung dieses Beitrags und des symbolischen Platzes der Ukraine in der Hierarchie der Sowjetrepubliken wurde als erster Nichtrusse ein Ukrainer mit einer sowjetischen Rakete ins All befördert. Der aus der Gegend von Kyjiw stammende Pawlo Popowytsch trat seine erste Weltraumreise im Jahr 1962 an. Sein zweiter Flug sollte 1974 stattfinden.

Wie zu erwarten, hatte das Wachstum des sowjetischen Raumfahrtprogramms und des militärisch-industriellen Komplexes wenig Einfluss auf das Wohlbefinden der Bevölkerung, die zu Beginn der 1960er Jahre abermals am Rande einer Hungersnot stand. Unmittelbare Ursache von Lebensmittelengpässen war eine Reihe von Dürreperioden, die die sowjetische Landwirtschaft trafen. Statt Getreide auszuführen wie in den Jahren 1932 und 1933, entschied die Regierung diesmal, Getreide im Ausland anzukaufen, um eine Wiederholung der Katastrophen jener Jahre zu vermeiden. Es war eine deutliche Abweichung von Stalins Zeiten. Chruschtschow versuchte die Not der Bauern zu lindern und die Produktivität der Kolchosen zu verbessern, indem er die Kaufpreise für Landwirtschaftserzeugnisse drastisch anhob (der Getreidepreis stieg um das Siebenfache). Er reduzierte auch die Größe der Privatparzellen der Kolchosbauern um die Hälfte, da er glaubte, so würden sie sich weniger zu Hause verausgaben und mehr Zeit und Energie für die Arbeit in der Kolchose erübrigen können.

Chruschtschows wohlmeinende Politik erzielte freilich nicht die erhofften Ergebnisse. Er gab den Kolchosen weiterhin vor, was sie anzubauen hatten und auf welche Weise, trieb die Produktion von Getreide voran, das an den von den Parteiapparatschiks in Moskau vorgesehenen Orten nicht wachsen konnte. Sein Versuch, den Bauern zu mehr Ruhezeiten zu verhelfen, schmälerte die Produktion landwirtschaftlicher Erzeugnisse auf den eigenen Parzellen. Zwischen 1958 und 1962 ging die Anzahl der Nutztiere in persönlichem Besitz um mehr als die Hälfte zurück, von 22 Millionen auf 10 Millionen. Die Reformen, die eigentlich die allgemeine Produktivität und den Lebensstandard in den Dörfern erhöhen sollten, verteuerten die Erzeugnisse in den Städten deutlich; der Preis für Butter stieg um 50 Prozent und der für Fleisch um 25 Prozent. Viele Stadtbewohner erinnerten sich an die 1950er Jahre als ein untergegangenes Paradies. Die Bauern zogen die 1960er Jahre vor.

Als Chruschtschow im Oktober 1964 von Mitgliedern aus seinem eigenen inneren Kreis, darunter seinen ukrainischen Schützlingen Leonid Breschnew und Nikolai Podgorny, in einer Palastrevolution entmachtet wurde, hatten nur wenige Sowjetbürger ein gutes Wort für einen der größten Reformer der Sowjetunion übrig. Dabei nutzten sie nur allzu gern die sich durch seine Entstalinisierungspolitik bietende Gelegenheit, um sich öffentlich über ihren abgesetzten Staatschef zu beschweren, der für leere Regale in den Läden gesorgt und die Preise für Agrarprodukte in schwindelerregende Höhen getrieben hatte.

Die neuen politischen Führer, die den Putsch unter anderem aus Angst eingefädelt hatten, Chruschtschow könnte sie für die wirtschaftlichen Probleme verantwortlich machen und ihnen die Macht entziehen, beschlossen, auf Nummer sicher zu gehen. Sie kehrten zu dem in den 1930er Jahren geschaffenen zentralisierten Modell der sowjetischen Wirtschaft zurück, indem sie die regionalen Wirtschaftsräte abschafften und in Moskau Allunions-Ministerien als die maßgeblichen Regierungsgremien der sowjetischen Wirtschaft einsetzten. Die verhältnismäßig hohen Preise für Agrarprodukte ließen sie jedoch bestehen und verwandelten die Landwirtschaft damit von einer Einnahmequelle wie zu Stalins Zeiten in ein ökonomisches schwarzes Loch, das immer neue Zuschüsse erforderte. Die Lebensumstände der Kolchosbauern, die noch nie einfach gewesen waren, verbesserten sich ein wenig, doch ihre Produktivität tat es nicht; darüber hinaus stellten die neuen politischen Führer die ursprünglichen Größen der individuellen Parzellen nicht wieder her und unterdrückten weiterhin jedwede private Initiative im landwirtschaftlichen Bereich. Wie Chruschtschow erklärten sie es zum offiziellen Ziel, den Lebensstandard der Bevölkerung zu verbessern, fürchteten jedoch die Macht von Privateigentum und Eigeninitiative.

Die Amtsenthebung Chruschtschows und die Ernennung des weniger ideologisch motivierten Leonid Breschnew zum Amtsnachfolger führten dazu, dass die »Kommunismus morgen«-Propagandakampagne zurückgefahren wurde. Außerdem wurde die öffentliche Debatte wieder wie zu Stalins Zeit kontrolliert, und auch das Mittel der politischen Unterdrückung kam erneut zum Einsatz. Zum Zeichen dafür, dass sich die Dinge verändert hatten, ließ die neue politische Führung Andrej Sinjawski und Julij Daniel verhaften und vor Gericht bringen – zwei Schriftsteller, natürlich, die ihre Werke im Westen veröffentlichten und denen man antisowjetische Umtriebe vorwarf. Die Verhaftungen erfolgten im Herbst 1965, ein Jahr nach Chruschtschows Absetzung. Anfang 1966 wurden die beiden Intellektuellen zu sieben beziehungsweise fünf Jahren Zwangsarbeit verurteilt. Der Prozess markierte das Ende des Chruschtschow'schen Tauwetters.

In der Ukraine begannen die Verhaftungen bereits einige Monate früher, im Sommer 1965. Das KGB nahm junge Intellektuelle in Kyjiw und Lwiw ins Visier, die ihre literarischen und kulturellen Aktivitäten während der Tauwetterperiode aufgenommen hatten. Ein früher Aktivist der ukrainischen Dissidentenbewegung, Jewhen

Swerstjuk, charakterisierte diese später als im Wesentlichen kultureller Natur und angetrieben von einem »jugendlichen Idealismus […], einer Suche nach Wahrheit und Ehrlichkeit […], Ablehnung, Widerstand und Opposition gegenüber der offiziellen Literatur«. Obwohl ihnen das Schicksal der ukrainischen Nation und ihrer Kultur am Herzen lag, kleideten junge Intellektuelle ihre Argumente in marxistisch-leninistische Begriffe und reizten gewissermaßen die Grenzen von Chruschtschows Entstalinisierungs- und »Rückkehr zum Leninismus«-Kampagnen aus. Das galt insbesondere für einen der ersten als *samwydaw* (russisch: *samizdat* oder »selbstveröffentlicht«) bezeichneten Texte der ukrainischen Dissidentenbewegung mit dem Titel *Internationalismus oder Russifizierung?* In dieser kurz nach den ersten Inhaftierungen ukrainischer Dissidenten im Jahr 1965 verfassten Abhandlung vertrat der junge Literaturkritiker Iwan Dsjuba die These, unter Stalin habe die sowjetische Nationalitätenpolitik ihre leninistische Ausrichtung eingebüßt, den Internationalismus zurückgewiesen und sich zur Geisel eines russischen Chauvinismus gemacht.

Trotz der wachsenden politischen Unnachgiebigkeit des Regimes und seiner erhöhten Intoleranz gegenüber jeder Art von Opposition war das »Chruschtschow'sche Tauwetter« in der Ukraine mit den ersten Verhaftungen junger Intellektueller nicht am Ende und dauerte in mancher Hinsicht bis Anfang der 1970er Jahre an. In jedem Fall galt das für das Wiederaufleben des Nationalkommunismus, der in Petro Schelest, dem Parteisekretär des Zentralkomitees der Kommunistischen Partei der Ukraine und Mitglied des Allunions-Politbüros, einen starken Unterstützer fand. Der Sohn von Bauern aus der Region Charkiw in der Ostukraine hatte sich in den 1920er Jahren der Partei angeschlossen. Wie die Nationalkommunisten dieser Ära (von denen einer, Mykola Skrypnyk, in den 1960er Jahren in der Ukraine nicht nur rehabilitiert, sondern auch gefeiert wurde) betrachtete Schelest es nicht als seine Hauptaufgabe, Befehle aus Moskau zu befolgen, sondern vielmehr die wirtschaftliche Entwicklung der Ukraine voranzutreiben und ihre Kultur zu fördern. Die ukrainische Sprache war immer stärkerem Druck vonseiten des Russischen ausgesetzt: Die Anzahl von Schülern in ukrainischsprachigen Schulen war seit den Vorkriegsjahren rückläufig, während der Anteil von Schülern in russischen Schulen von 14 Prozent im Jahr 1939 auf 25 Prozent im Jahr 1955 und auf über 30 Prozent im Jahr 1962 anstieg.

Diese Zahlen verärgerten Petro Schelest, der über die Herausbildung einer neuen Art ukrainischer Identität waltete, die stolz auf die Rolle der Republik beim Sieg über die deutschen Aggressoren und auf ihren verbesserten Status innerhalb der Union war, wobei sie Elemente der Treue gegenüber dem sozialistischen Experiment mit Lokalpatriotismus und Stolz auf die ukrainische Geschichte und Kultur verband. Diese neue Identität war eine Verschmelzung der in den 1920er Jahren entstandenen sowjetischen Identität und der nationalen Identität, wie sie in der Zwischenkriegszeit in Polen, Rumänien und zu einem gewissen Grad Transkarpatien Gestalt angenommen hatte. Die sowjetische Komponente war zwar vorherrschend, musste sich jedoch anpassen und in kultureller Hinsicht ukrainischer und zudem selbstbewusster werden, als sie es sonst gewesen wäre.

Die politische Lage in Moskau, die ein wenig jener der 1920er Jahre glich, leistete Schelests Rückkehr zu den Ideen des Nationalkommunismus Vorschub und ermöglichte ihm, sie noch lange nach Chruschtschows Absetzung weiterzuverfolgen. Eine Reihe politischer Gruppierungen kämpfte um die Kontrolle über Partei und Regierung, und die Unterstützung ukrainischer Parteikader war in Moskau in den 1960er Jahren von ebenso grundlegender Bedeutung wie in den 1920er Jahren. Schelest war insofern nur zu gern bereit, die Breschnew-Gruppe zu unterstützen, die mit von dem ehemaligen KGB-Chef Alexander Schelepin angeführten Kadern konkurrierte, solange die Ukraine dafür begrenzte politische und kulturelle Unabhängigkeit behielt. Der informelle Pakt endete, als Breschnew, der Schelepin ins Abseits gedrängt hatte, sich im Jahr 1972 entschloss, gegen Schelest vorzugehen. Dieser wurde im Mai 1972 nach Moskau versetzt und sah sich, obgleich er noch immer Mitglied des Moskauer Politbüros war, dem Vorwurf nationalistischer Abweichungen ausgesetzt. Grundlage dafür war sein Buch *O Ukraine, unser Sowjetland*, in dem er den Stolz auf die ukrainische Geschichte und die Errungenschaften der Republik unter dem Sozialismus zelebrierte.

Breschnew ersetzte Schelest durch seinen eigenen Getreuen Wolodymyr (Wladimir) Schtscherbyzkyj, der aus Breschnews Heimatregion um Dnipropetrowsk stammte. Das Dnipropetrowsker Lager
verdrängte andere ukrainische Kader in Moskau und Kyjiw und übte
immer stärkere Kontrolle auf die sowjetischen Partei- und Staatsma-
schinerie aus. Nach Schelests Weggang aus der Ukraine kam es zu
politischen Säuberungen unter seinen Getreuen und zu einem Angriff auf ukrainische Intellektuelle. Iwan Dsjuba, Autor des »national-
kommunistischen« Pamphlets *Internationalismus oder Russifizierung?*,
wurde wegen des bereits 1965 verfassten Werks zu fünf Jahren Arbeits-
lager und weiteren fünf Jahren im inneren Exil verurteilt. Mychajlo
Brajtschewskyj und zahlreiche andere Historiker und Literaturwis-
senschaftler, die zur Geschichte der Ukraine vor 1917, insbesondere
zur »nationalistischen« Kosakenära, arbeiteten, wurden aus den Institutionen der Ukrainischen Akademie der Wissenschaften verbannt.
Das KGB holte nun nach, was es unter Petro Schelest in der Ukraine
nicht hatte erledigen können. Dennoch waren die Repressionen von
begrenzter Reichweite und Dauer. Als die ukrainischen Parteieliten
und ukrainische Intellektuelle das nächste Mal eine gemeinsame
Front gegen Moskau bildeten, taten sie es nicht mehr unter der Losung einer Rückkehr zu leninistischen Idealen.

KAPITEL 25

GOODBYE, LENIN!

A m 25. November 1982 saßen die Bürgerinnen und Bürger der Ukraine wie die aller anderen Republiken der Sowjetunion wie gebannt vor den Fernsehschirmen. Auf sämtlichen Kanälen wurde ein Bericht aus Moskau übertragen: Die politischen Führer der Sowjetunion, Vertreter zahlreicher fremder Staaten und internationaler Organisationen sowie Zehntausende Moskauer hatten sich auf dem Roten Platz versammelt, um sich von Leonid Breschnew zu verabschieden, einem gebürtigen Ukrainer, der achtzehn lange Jahre über die Supermacht geherrscht hatte. Er war einige Tage zuvor nach längerer Krankheit im Schlaf verstorben. Vielen Fernsehzuschauern, die nie einen anderen Regenten gekannt hatten, war kaum begreiflich, dass »Leonid Iljitsch Breschnew, der unermüdliche Streiter für den weltweiten Frieden«, wie ihn die offizielle Propaganda pries, nicht mehr da war. Sein Regime aus 70-Jährigen hatte jede Möglichkeit zum sozialen Aufstieg in der Sowjetgesellschaft gleichsam eingefroren, alle Hoffnungen auf Wandel enttäuscht und scheinbar die Zeit angehalten. Die Parole lautete »Stabilität«. Bald würde die Ära Breschnew als die Periode der Stagnation bekannt werden.

In der Ukraine war die jährliche industrielle Wachstumsrate in den zwei Jahrzehnten zwischen 1966 und 1985 von 8,4 auf 3,5 Prozent gefallen; in der Landwirtschaft, die nie floriert hatte, fiel sie von 3,2 auf 0,5 Prozent. Das waren die offiziellen Zahlen, was in einer Ära der gefälschten Berichte nicht viel bedeutete. Die Realität sah noch finsterer aus. Die Sowjetunion wurde immer stärker von harter Währung aus dem Verkauf von Öl und Gas ins Ausland abhängig. Während Anfang der 1970er Jahre sowjetische und westliche Ingenieure mit dem Bau von Pipelines zum Transport von Gas aus Sibirien und Zentralasien nach Europa beschäftigt waren, wurde ukrainisches Gas von den Gasfeldern bei Daschawa und Schebelynka den einheimischen Verbrauchern vorenthalten und nach Mitteleuropa verschifft, um Devisen einzubringen. Wenn die Gasvorkommen mit der Zeit erschöpft waren, würde die Ukraine Gas importieren müssen.

Das Leben im Kommunismus, das Chruschtschow dem sowjetischen Volk versprochen hatte, wurde nie wahr, und von den Propagandisten des Regimes war auch kein Wort mehr über das Versprechen zu hören. Der Lebensstandard befand sich im freien Fall, abgebremst allein durch die hohen Ölpreise auf dem Weltmarkt. Zum Zeitpunkt von Breschnews Tod herrschte schließlich innerhalb der Führungsschichten wie der allgemeinen Bevölkerung bloß noch blanker Zynismus nicht nur in Bezug auf den Kommunismus, sondern auch auf den »real existierenden Sozialismus« (der Begriff löste den des Kommunismus als Definition der sowjetischen Gesellschaftsordnung ab). Als Breschnews Sarg in ein frisch ausgehobenes Grab nahe der Kremlmauer hinabgelassen wurde, schlugen die Turmuhren des Kremls eine neue Stunde, und die abgefeuerten Gewehrsalven signalisierten das Ende einer Ära und den Beginn einer neuen. Sie würde den Versuch einer radikalen Reform, dramatischen wirtschaftlichen Verfall und die politische Zersplitterung der mächtigen Sowjetunion mit sich bringen – einen Prozess, in dem die Ukraine den Weg in ihre eigene Unabhängigkeit gehen und darin zugleich zum Vorbild anderer, noch unentschlossener Sowjetrepubliken werden würde.

Unter den Mitgliedern des Politbüros, die sich auf dem Podium des Lenin-Mausoleums versammelt hatten, um Grabreden auf den verstorbenen Breschnew zu halten, stach ein Mann hervor. Wolodymyr Schtscherbyzkyj, der silberhaarige Parteichef der Ukraine, trug an jenem kalten Novembertag zum Zeichen seiner Ehrerbietung keinen Hut. Schtscherbyzkyj war während des Großteils seiner politischen Laufbahn ein Anhänger Breschnews gewesen und hatte besonderen Grund zur Trauer. Vor Breschnews unerwartetem Tod hatte auf den Fluren des Kremls das Gerücht kursiert, er werde bei der anstehenden Vollversammlung des Zentralkomitees seinen Rücktritt erklären und

Schtscherbyzkyj die Macht übertragen, um die Vormachtstellung der Dnipropetrowsk-Fraktion bei der Führung des Landes auch weiterhin zu sichern. Schtscherbyzkyj, der aus der Region stammte, war Parteichef von Dnipropetrowsk gewesen, ehe er nach Kyjiw gegangen war. Doch nun war Breschnew vor Beginn der Vollversammlung gestorben. Der neue Parteivorsitzende, der ehemalige KGB-Chef Juri Andropow, hatte keine Verbindungen zur Dnipropetrowsk-Gruppe und sollte Breschnews Spießgesellen bald wegen Korruption verfolgen.

Nach dem Begräbnis kehrte Schtscherbyzkyj in die Ukraine zurück, um sich dort zu verschanzen und zu versuchen, die ungewissen Zeiten zu überstehen. Er erfreute sich guter Gesundheit und zählte mit seinen 64 Jahren zu den jüngsten Mitgliedern des Politbüros. Seine direkten Konkurrenten waren älter und in schlechter Verfassung. Zudem war es Schtscherbyzkyj in seinen Jahren an der Spitze des ukrainischen Parteiapparats gelungen, einen Kreis loyaler Anhänger um sich zu scharen. Er überlebte Andropow, der im Dezember 1984 starb, sowie dessen Nachfolger Konstantin Tschernenko, der im März 1985 verstarb. Seine Chancen auf den Aufstieg an die Spitze in Moskau waren dennoch endgültig passé. Die von Nikita Chruschtschow etablierte und von Breschnew zementierte Partnerschaft zwischen den russischen und ukrainischen Führungsschichten gehörte der Vergangenheit an. Michail Gorbatschow, das energische neue Oberhaupt der sowjetischen Regierung, das im März 1985 an die Macht kam, stand nicht mit der ukrainischen Parteimaschinerie in Verbindung. Gorbatschow wuchs als Sohn eines russischen Vaters und einer ukrainischen Mutter im Nordkaukasus auf – einem von Russen und Ukrainern bevölkerten Gebiet – und lernte als Kind ukrainische Volkslieder. Doch in allererster Linie war Gorbatschow ein sowjetischer Patriot ohne besondere Verbundenheit zu irgendeiner anderen Republik als Russland. Er betrachtete die von Breschnews Verbündeten in den Republiken aufgebauten Vasallenpyramiden als eine starke Bedrohung seiner eigenen Stellung, aber auch des Reformprogramms, das er kurz nach seinem Amtsantritt startete.

Das Förderband, das in den zurückliegenden dreißig Jahren ukrainische Kader nach Moskau getragen hatte, funktionierte bald nicht mehr. Gorbatschow holte neue Leute aus den russischen Regionen. Unter ihnen war auch sein zukünftiger Erzfeind Boris Jelzin. Im Dezember 1986 verstieß Gorbatschow gegen die inoffizielle Vereinbarung zwischen der Zentrale und den Republiken, die seit Stalins Tod bestanden hatte – der Parteichef jeder Republik musste aus der jeweiligen Region stammen und der nominellen Nationalität angehören. Gorbatschow »exportierte« nun einen ethnischen Russen namens Gennadi Kolbin nach Kasachstan, der dort einen Breschnew-Getreuen, den ethnischen Kasachen Dinmuchamed Kunajew, ersetzen sollte. Die Ernennung Kolbins, der (wie Jelzin) ein Produkt des Parteiapparats von Swerdlowsk (heute Jekaterinburg, eine Industriestadt im Ural) war, in keiner Verbindung zu Kasachstan stand und auch nie dort gearbeitet hatte, trieb kasachische Studenten auf die Straßen und wurde zum Auslöser des ersten nationalistischen Aufstands in der Nachkriegsgeschichte der UdSSR.

Die Kluft zwischen der neuen politischen Führung in Moskau und den Parteiführern der Ukraine tat sich auf, kurz nachdem die Ukraine von der schlimmsten technologischen Katastrophe der Weltgeschichte heimgesucht wurde – der Explosion im nur etwas über hundert Kilometer von Kyjiw entfernten Atomkraftwerk Tschernobyl im April 1986. Die Idee, die Atomenergie in die Ukraine zu holen, ging auf ukrainische Wissenschaftler und Ökonomen zurück; Petro Schelest, der für die sich rasch entwickelnde ukrainische Wirtschaft neue Stromquellen erschließen wollte, hatte in den 1960er Jahren während seiner Amtszeit als Parteichef der Ukraine dafür geworben. Als das Atomkraftwerk Tschernobyl im Jahr 1977 ans Netz ging, begrüßten ukrainische Intellektuelle, darunter Iwan Dratsch, eine der herausragenden Persönlichkeiten der Generation, die in den 1960er Jahren politisch sozialisiert wurde – der Sechziger-Generation –, den Anbruch des Atomzeitalters in ihrem Land. Für Dratsch und andere ukrainische Patrioten war Tschernobyl ein Schritt hin zur Modernisierung der Ukraine. Ihm und anderen Befürwortern der Nuklearisierung entging allerdings, dass das Projekt von Moskau aus gesteuert wurde und dass der Großteil des Fachpersonals und der Leitung des

Atomkraftwerks von außerhalb der Ukraine kam. Die Republik gewann so zwar elektrische Energie, hatte aber nur wenig Kontrolle darüber, was in dem Kraftwerk vor sich ging, da es wie alle sowjetischen Atomanlagen, ja wie die meisten ukrainischen Industrieunternehmen, unter die Zuständigkeit der Allunions-Ministerien fiel. Das Kraftwerk selbst und der Unfall, der sich dort ereignete, wurden der Welt unter der russischen Schreibweise des Namens der nächstgelegenen Stadt bekannt – Tschernobyl statt Tschornobyl.

Als in der Nacht des 26. April 1986 der vierte Reaktor des Atomkraftwerks Tschernobyl infolge eines missglückten Turbinentests explodierte, begriffen die politischen Führer der Ukraine plötzlich, wie wenig Kontrolle sie über ihr eigenes Schicksal und das ihrer Republik hatten. Einige ukrainische Funktionäre wurden eingeladen, sich der zentralen Regierungskommission anzuschließen, die sich mit den Folgen des Unfalls beschäftigte, hatten dort jedoch wenig Einfluss, da sie verpflichtet waren, den Instruktionen Moskaus und seiner Vertreter vor Ort Folge zu leisten. Sie organisierten die Umsiedlung aller Einwohner in einem Radius von dreißig Kilometern um das Kraftwerk, durften die Bevölkerung der Republik jedoch nicht über das Ausmaß des Unfalls und die davon ausgehende Bedrohung für die Gesundheit ihrer Mitbürger informieren. Wie begrenzt die Macht der republikanischen Behörden über das Schicksal der Ukraine war, wurde am Morgen des 1. Mai 1986 offensichtlich, als der Wind drehte und statt nach Norden und Westen in Richtung Süden blies, wodurch die radioaktiven Wolken über die Hauptstadt der Ukraine getrieben wurden. Angesichts der sich rasch verändernden Strahlungslage in einer Stadt mit über zwei Millionen Einwohnern versuchten die ukrainischen Behörden, Moskau zur Absage einer geplanten Parade anlässlich des Internationalen Tags der Arbeit zu bewegen. Es gelang ihnen nicht.

Als Parteiaktivisten scharenweise Studenten und Arbeiter in die Innenstadt von Kyjiw brachten, um die Parade am Morgen des 1. Mai zu beginnen, fehlte auffälligerweise ein Mann aus der republikanischen Führungsriege: Wolodymyr Schtscherbyzkyj. Zum ersten Mal in seiner langen Laufbahn kam er zu spät zur Maikundgebung. Als seine Limousine schließlich auf dem Chreschtschatyk eintraf, der

Hauptstraße von Kyjiw und dem Mittelpunkt der Parade, erlebten die ukrainischen Parteiführer einen heftig erregten Schtscherbyzkyj. »Er hat mir gesagt: Wenn du die Parade vermasselst, kannst du deinen Parteiausweis abgeben«, erklärte der ukrainische Parteichef seinen Helfern. Niemand zweifelte an der Identität des nicht näher benannten »er« – nur einer im Land, Michail Gorbatschow, war in der Position, Schtscherbyzkyj mit dem Parteiausschluss zu drohen. Trotz der rasch steigenden Strahlenbelastung befahl Gorbatschow seinen ukrainischen Untergebenen, wie üblich fortzufahren, um dem Land und der Welt zu demonstrieren, dass die Lage unter Kontrolle sei und die Explosion in Tschernobyl keine Gefahr für die Volksgesundheit darstelle. Schtscherbyzkyj und andere Parteiführer wussten es besser, glaubten jedoch, keine andere Wahl zu haben, als den Befehlen aus Moskau Folge zu leisten. Die Parade fand wie geplant statt. Sie konnten sie lediglich von vier auf zwei Stunden verkürzen.

Durch die Explosion und die partielle Kernschmelze im vierten Reaktor des Atomkraftwerks Tschernobyl gelangten etwa 50 Millionen Curie Strahlung in die Atmosphäre – das entspricht 500 Hiroshima-Bomben. In der Ukraine selbst wurden über 50 000 Quadratkilometer Land kontaminiert – ein Gebiet größer als Belgien. Allein die Sperrzone rund um den Reaktor umfasste 2600 Quadratkilometer, aus denen in den ersten Wochen nach der Explosion 90 000 Einwohner evakuiert wurden. Die meisten sollten ihre Heimat niemals wiedersehen. Die Stadt Prypjat, in der annähernd 50 000 Bauarbeiter und Angestellte des Kraftwerks wohnten, ist bis heute verwaist – ein modernes Pompeji, das an die Tage erinnert, die die letzten der Sowjetunion werden sollten. An den Wänden von Prypjat hängen noch immer Bilder von Lenin und den Architekten des Kommunismus sowie Parolen zum Lobpreis der Kommunistischen Partei.

In der Ukraine waren 2300 Siedlungen und über drei Millionen Menschen unmittelbar von dem radioaktiven Niederschlag betroffen. Die Explosion gefährdete an die 30 Millionen Menschen, deren Wasserversorgung vom Dnipro und anderen Flüssen abhängig war. Der Unfall war eine Katastrophe für die Waldgebiete der Nordukraine – die ältesten besiedelten Gegenden des Landes, in denen die lokale Bevölkerung jahrtausendelang Schutz vor Invasoren aus der Steppe gefunden hatte. Jetzt wurden die Wälder, die Zuflucht vor den Nomaden und den Überlebenden des Holodomor von 1932 und 1933 Nahrung geboten hatten, zum Quell der Zerstörung. Ihre Blätter gaben Strahlung ab – ein unsichtbarer Feind, vor dem es kein Entrinnen gab. Es war eine Katastrophe von globalem Ausmaß, aber mit Ausnahme des benachbarten Belarus war sie nirgends so heftig zu spüren wie in der Ukraine.

Der Unfall in Tschernobyl sorgte dafür, dass überall in der Partei und in der Gesellschaft die Unzufriedenheit mit Moskau und seiner Politik rasant zunahm – die Strahlung betraf schließlich alle, vom Mitglied der Parteiführung bis zum Durchschnittsbürger. Als die ukrainischen Parteichefs die Bevölkerung mobilisierten, sich mit den Auswirkungen der Katastrophe auseinanderzusetzen und das von der Zentrale hinterlassene Fiasko zu beseitigen, fragten sich viele, warum sie ihr eigenes Leben und das ihrer Familienmitglieder aufs Spiel setzten. An den Esstischen murrten sie über die gescheiterten politischen Maßnahmen der Moskauer Führung und teilten ihren Ärger mit den Menschen, denen sie vertrauten. Nur die ukrainischen Schriftsteller äußerten sich auch öffentlich. Bei den von den Mitgliedern des Ukrainischen Schriftstellerverbands organisierten Treffen verurteilten viele von denen, die die aufkommende Atomkraft ein Jahrzehnt zuvor begrüßt hatten, diese nun als ein Instrument der Moskauer Herrschaft über ihre Republik. Zu den Beschwerdeführern gehörte auch Iwan Dratsch, dessen Sohn, der in Kyjiw Medizin studierte, kurz nach dem Unfall ohne ausreichende Instruktionen oder Schutzausrüstung nach Tschernobyl geschickt worden war und nun an Strahlenvergiftung litt.

Die Katastrophe von Tschernobyl rüttelte die Ukraine wach, warf grundlegende Fragen nach dem Verhältnis zwischen der Zentrale und den Republiken, der Kommunistischen Partei und den Menschen auf und half dabei, die erste bedeutende öffentliche Debatte in einer Gesellschaft anzustoßen, die nach Jahrzehnten der Stagnation unter Breschnew darum rang, ihre Stimme zurückzuerlangen. Eine wichtige Rolle spielte die Generation der 1960er, darunter der Schriftsteller Jurij Schtscherbak, der Ende 1987 eine Umweltgruppe ins Leben rief, aus der sich die Grüne Partei entwickelte. Die Umweltbewegung, die die Ukraine als Opfer der Aktivitäten Moskaus darstellte, wurde zu einer der ersten Formen nationaler Mobilisierung in der Ukraine während der Jahre der Gorbatschow'schen Reformen. Der neue Mann im Kreml verprellte nicht nur die ukrainische Parteiführung, sondern versetzte demokratisch eingestellte Intellektuelle und die mit Nationalbewusstsein ausgestattete Intelligenzija zudem in die Lage, gegen diese Elite mobilzumachen. Wie sich herausstellte, würden die beiden widerstreitenden Gruppen in der Ukraine – das kommunistische Establishment und die aufkommende demokratische Opposition – ein gemeinsames Interesse daran entdecken, sich Moskau im Allgemeinen und Gorbatschow im Besonderen entgegenzustellen.

Michail Gorbatschow war in vielerlei Hinsicht ein Mitglied der Sechziger-Generation, dessen Weltbild stark von Chruschtschows Entstalinisierungskampagne beeinflusst und von sozialistischen Reformgedanken inspiriert war, wie sie in den 1960er Jahren von liberalen Ökonomen und Politikwissenschaftlern sowohl in der UdSSR als auch in Osteuropa propagiert worden waren. Einer der führenden Ideologen des Prager Frühlings von 1968, Zdeněk Mlynář, hatte in den 1950er Jahren mit Gorbatschow im Wohnheim der juristischen Fakultät der Universität Moskau das Zimmer geteilt. Gorbatschow und seine Berater wollten den Sozialismus reformieren, um ihn effizienter und »benutzerfreundlicher« zu machen oder, wie es vor der sowjetischen Invasion von 1968 in Prag hieß, einen Sozialismus mit menschlichem Antlitz zu schaffen.

Gorbatschow begann mit einem Programm der »Beschleunigung« der Entwicklung der sowjetischen Wirtschaft, die keine grundlegenden Reformen verlangte, sondern auf den effizienteren Einsatz bereits zur Verfügung stehender Institutionen und Ressourcen setzte. Die sowjetische Wirtschaft war jedoch nicht in der Verfassung, irgendetwas anderes zu beschleunigen als ihren weiteren Niedergang. »Gestern standen wir am Rand des Abgrunds«, lautete ein Witz zu Breschnews Zeiten, »aber heute sind wir einen Schritt weiter.« Die Rhetorik der

»Beschleunigung« wich bald der Politik der »Perestroika« oder Umstrukturierung, die den Ministerien in Moskau die Entscheidungsgewalt entzog und sie nicht an die Regionen und Republiken wie unter Chruschtschow, sondern an individuelle Unternehmen weitergab. Das stieß die zentralen Bürokratien und lokalen Parteichefs vor den Kopf. Diese waren zudem über Gorbatschows Politik der »Glasnost« – Offenheit – verärgert, die sie der Kritik von unten aussetzte, zu der die in Moskau ansässigen Medien nun anregten. Die Perestroika bewegte zunächst die Intellektuellen und die urbane Intelligenzija, die der Breschnew'schen Kontrolle über das öffentliche Leben und der Lügen der offiziellen Propaganda überdrüssig waren, dazu, den neuen politischen Führer und seine Reformgedanken zu unterstützen.

Gorbatschows Reformen schufen Möglichkeiten der politischen Mobilisierung von unten. In der Ukraine gehörten frisch aus dem Gulag entlassene Dissidenten der 1960er und 1970er Generation zu den Ersten, die sich das neue politische und gesellschaftliche Klima zunutze machten. Im Herbst 1988 gründeten sie die Ukrainische Helsinki-Menschenrechtsvereinigung, die erste offen politische Organisation in der Ukraine zu Perestroika-Zeiten. Die meisten Mitglieder – darunter der Vorsitzende, der in Moskau ausgebildete Anwalt Lewko Lukjanenko, der mehr als ein Vierteljahrhundert im Gefängnis und in der inneren Verbannung verbracht hatte – hatten zuvor der Ukrainischen Helsinki-Gruppe in der Ära Breschnew angehört. Diese im Jahr 1976 gegründete (und 1981 de facto aufgelöste) Dissidentenorganisation hatte es sich zur Aufgabe gemacht, die Einhaltung der Menschenrechtsverpflichtungen der Sowjetregierung zu überwachen, wie sie auf der im Sommer 1975 in der finnischen Hauptstadt abgehaltenen Konferenz über Sicherheit und Zusammenarbeit in Europa festgelegt worden waren. Hatten viele Mitglieder der Gruppe und später der Vereinigung in den 1960er Jahren als Marxisten begonnen, die wieder »leninistische Normen« der Nationalitätspolitik einsetzen wollten, so bereiteten die im Jahr 1972 vorgenommenen Verhaftungen in Verbindung mit Breschnews Abberufung Petro Schelests aus der Ukraine ihren kommunistischen Idealen ein Ende. Die Helsinkibewegung gab den ukrainischen Dissidenten eine neue Ideologie an die Hand – die der Menschenrechte, welche sowohl Individuen als auch Nationen einschlossen und in politischen und kulturellen Begriffen definiert waren.

Die Verteidigung der nationalen Kultur, insbesondere der Sprache, gehörte zu den entscheidenden Themen, die die ukrainische Gesellschaft während der ersten Perestroika-Jahre wachrüttelten. Die erste echte in der Ukraine ins Leben gerufene Massenorganisation war die Gesellschaft [zum Schutz] der ukrainischen Sprache, die zum Ende ihres Gründungsjahres 1989 an die 150 000 Mitglieder zählte. Aus der Sicht ukrainischer Intellektueller waren ihre Sprache und Kultur – das Fundament der ukrainischen Nation – bedroht. Die Sprache stellte eine besondere Herausforderung dar. Der Volkszählung von 1989 zufolge stellten Ukrainer 73 Prozent der 51 Millionen starken Bevölkerung der Republik, aber nur 88 Prozent von ihnen gaben Ukrainisch als Muttersprache an, und nur 40 Prozent nutzten es im Alltag. Das war in erster Linie einem Prozess der Urbanisierung geschuldet, der Ukrainer vom Land in die Städte ziehen ließ, wo sie die russische Kultur annahmen. In den 1980er Jahren hatten sich in den meisten ukrainischen Städten starke Mehrheiten von ethnischen Ukrainern gebildet (eine seltene Ausnahme war Donezk, wo die Russen noch immer die Mehrheit stellten), doch die Alltagssprache in allen größeren Städten, abgesehen von Lwiw in der Westukraine, war Russisch. Die Gesellschaft der Ukrainischen Sprache wollte diesen Prozess umkehren und wandte sich dabei zuallererst an jene ethnischen Ukrainer, die zwar nicht im Alltag auf Ukrainisch kommunizierten, aber eine ausgeprägte ukrainische Identität hatten und der Meinung waren, dass sie oder ihre Kinder die Sprache sprechen sollten. Es war ein mühsames Unterfangen.

Ende der 1980er Jahre wurde die Sowjetunion mitunter als ein Land dargestellt, das nicht nur eine ungewisse Zukunft, sondern auch eine ungewisse Vergangenheit hatte. Die Ukrainer versuchten wie die anderen nichtrussischen Nationalitäten eine Vergangenheit zurückzugewinnen, die ihnen jahrzehntelang von der offiziellen sowjetischen Geschichtsschreibung und Propaganda verschleiert worden war. Die »Rückgewinnung« begann mit der Rückkehr der historischen Schriften Mychajlo Hruschewskyjs in den öffentlichen Raum; sie wurden in Auflagen von mehreren Hunderttausend Exemplaren herausgebracht. Ebenfalls wiederaufgelegt wurden die Werke von Schriftstellern und Dichtern der 1920er Jahre, Vertretern der sogenannten Hingerichteten Wiedergeburt der ukrainischen Kultur, von denen viele die Schrecken der 1930er Jahre nicht überlebt hatten. Wie in Russland und anderen Republiken war es vor allem die Menschenrechtsorganisation Memorial, die Stalins Verbrechen aus der Zeit des Großen Terrors aufdeckte. Ukrainische Intellektuelle hatten diesbezüglich Geschichten zu erzählen, die nur für ihr Land galten. Die erste davon war die Geschichte des Holodomor, der großen Hungersnot von 1932 und 1933, die das Regime vollständig vertuscht hatte. Die zweite war die Geschichte des von der Organisation Ukrainischer Nationalisten und den Kämpfern der Ukrainischen Aufständischen Armee durchgeführten bewaffneten Widerstands gegen das Sowjetregime Ende der 1940er und Anfang der 1950er Jahre.

Die Hungersnot war Teil der ostukrainischen Erfahrung, während nationalistischer Widerstand und Auflehnung die Westukraine gekennzeichnet hatten, doch die wiedererstarkte Faszination für ein geschichtliches Narrativ vermochte Osten und Westen zu vereinen – die Geschichte der kosakischen Vergangenheit. Nach der Absetzung Schelests im Jahr 1972 hatten die Behörden die Verbannung sogenannter kosakophiler Historiker und Schriftsteller veranlasst; deren Interesse an der kosakischen Geschichte war in ihren Augen gleichbedeutend mit dem Ausdruck von Nationalismus. Mit dem Zusammenbruch der offiziellen historischen Weltsicht kehrte der kosakische Mythos nun auf die öffentliche Bühne zurück, und tatsächlich war er, wie Breschnews Propagandisten beteuert hatten, eng mit der nationalen Idee verbunden.

Im Sommer 1990 organisierten ukrainische Aktivisten, viele von ihnen aus Galizien und der Westukraine, einen »Marsch nach Osten« – eine große Pilgerreise nach Saporischschja und zu kosakischen Stätten entlang des unteren Dnipro. Mit dem Marsch wollten sie zur »Wiedererweckung« der ukrainischen Identität in den östlichen Regionen der Republik beitragen. Er war ein großer Erfolg, der Zehntausende mobilisierte und eine Version der ukrainischen Geschichte populär machte, die im Widerspruch zu jener stand, wie sie in der noch immer sehr prokommunistischen Südukraine vorherrschte. Im darauffolgenden Jahr entschieden sich die Behörden, die ursprünglich gegen den Marsch eingestellt gewesen waren, auf den Zug der immer populärer werdenden kosakischen Mythologie aufzuspringen. Sie finanzierten eigene kosakische Veranstaltungen in der Ost- und Westukraine, ohne danach freilich die erwarteten politischen Gewinne einzufahren. Die Partei und ihre Glaubwürdigkeit erlebten einen jähen Niedergang.

»Welcher Idiot hat sich das Wort ›Perestroika‹ ausgedacht?«, fragte Schtscherbyzkyj seine Mitarbeiter, als er den Begriff zum ersten Mal hörte. Als Gorbatschow bei einem Besuch in Kyjiw vom KGB vorab ausgewählte Leute bat, Druck auf die lokalen politischen Führer auszuüben, wandte sich Schtscherbyzkyj, der bei dem Treffen anwesend war, an seine Helfer, deutete mit einem Finger auf seinen Kopf, um anzuzeigen, dass Gorbatschows Verstand benebelt sei, und fragte: »Auf wen soll er sich dann noch verlassen können?« Im September 1989 fühlte Gorbatschow sich stark genug, um es mit dem letzten Relikt von Breschnews Regime im Politbüro aufzunehmen – Schtscherbyzkyj selbst. In jenem Monat kam Gorbatschow nach Kyjiw, um der Parteiführung mitzuteilen, dass das Allunions-Politbüro dafür gestimmt habe, Schtscherbyzkyj das Amt zu entziehen. Das ukrainische Zentralkomitee hatte keine andere Wahl, als ihn auch als ihren Parteisekretär abzusetzen. Kein halbes Jahr später sollte Schtscherbyzkyj, der das Ende nicht nur seiner eigenen Karriere, sondern auch des politischen und gesellschaftlichen Systems, dem er sein Leben lang gedient hatte, nicht verkraftete, einer Krankheit erliegen.

Das Jahr 1989 wurde in mehrfacher Hinsicht zu einem Wendepunkt in der politischen Geschichte der Ukraine. Zum einen markierten die ersten halb freien Wahlen des sowjetischen Parlaments die Ankunft der Massenpolitik. Zum anderen kam es zur Gründung der ersten politischen Massenorganisation: »Ruch – Volksbewegung für die Perestroika«; deren Mitgliederzahl näherte sich im Herbst 1989 der Marke von 300 000 und sollte sich bis Ende des darauffolgenden Jahres noch einmal fast verdoppeln. Und schließlich wurde die ukrainisch-katholische Kirche wieder legalisiert, die von Stalins Regime in den Untergrund getrieben worden war, inzwischen jedoch Millionen von Gläubigen zählte. Im Jahr 1990 veränderte die Wahl des neuen ukrainischen Parlaments die politische Landschaft in Kyjiw auf dramatische Weise. Prodemokratische Abgeordnete bildeten einen als Volksrat bezeichneten Block, der den Tonfall in der ukrainischen Politik zu verändern vermochte, obgleich ihm nur ein Viertel der parlamentarischen Abgeordneten angehörte. Im Sommer 1990 folgte das ukrainische Parlament den Parlamenten in den baltischen Republiken und in Russland und erklärte die Ukraine zu einem souveränen Staat. Die Erklärung sah zwar keinen Austritt der Republik aus der UdSSR vor, räumte ihren eigenen Gesetzen jedoch den Vorrang vor denen des Bündnisses ein.

Die Zentrale in Moskau hatte nicht die Macht, die Bekundungen der Eigenstaatlichkeit seitens der Republiken zu unterbinden. Gorbatschow, der Vater der Sowjetreformen, war mittlerweile in arger Bedrängnis. Er hatte die kommunistischen Führungsschichten verprellt und die Unterstützung der Intelligenzija eingebüßt. Seine Wirtschaftsreformen brachten das Wirtschaftssystem aus dem Gleichgewicht, ließen die Produktionszahlen einbrechen und senkten den ohnehin schon niedrigen Lebensstandard. Die Parteichefs waren unzufrieden mit Reformen, die ihre Macht gefährdeten und in ihren Augen zum Scheitern verdammt waren, was ihre Positionen weiter gefährdete. Nach Ansicht der Intellektuellen wiederum waren die Reformen nicht radikal genug und wurden zu zögerlich umgesetzt. Ironischerweise fanden diese einander feindlich gegenüberstehenden Gruppen in Gorbatschow und der Zentrale an sich einen gemeinsamen Feind. Eigenstaatlichkeit und schließlich vollständige Unabhängigkeit wurden zur gemeinsamen Plattform, die eine Zusammenarbeit zwischen diesen entgegengesetzten Kräften im politischen Spektrum der Ukraine ermöglichte.

Die Massenmobilisierung in der Ukraine folgte einer Reihe historisch geprägter regionaler Muster. In Galizien, Wolhynien und bis zu einem gewissen Grad in der Bukowina – Gebiete, die auf Grundlage des deutsch-sowjetischen Nichtangriffspakts der Sowjetunion angeschlossen worden waren – ähnelte die Mobilisierung jener in den baltischen Staaten, welche die UdSSR zu Beginn des Zweiten Weltkrieges ebenfalls annektiert hatte. Dort führten ehemalige Dissidenten und Intellektuelle die Bewegung unter dem Banner des demokratischen Nationalismus an und übernahmen die Kontrolle über lokale Regierungen. Im Rest des Landes waren die Parteieliten, deren Überleben Gorbatschow davon abhängig gemacht hatte, ob es ihnen gelänge, in die republikanischen und regionalen Räte gewählt zu werden, verwirrt, klammerten sich aber an die Macht. Als der Oberste Sowjet der Ukraine einen gebürtigen Wolhynier, den 56-jährigen Leonid Krawtschuk, zum neuen Vorsitzenden ernannte, schien die Ankunft dieses neuen, ursprünglich aus der Westukraine stammenden politischen Führers nicht viel zu gelten. Doch die Zeiten änderten sich. Gorbatschows Reformen machten das Parlament zum mit Abstand wichtigsten Regierungsarm. Bis Ende 1990 sollte sich der raffinierte Krawtschuk als mächtigster und beliebtester politischer Führer der Ukraine erweisen. Er war der einzige ukrainische Funktionär, der mit der hauptsächlich in den westlichen Gebieten verwurzelten wachsenden Oppositionsbewegung kommunizieren konnte. Darüber hinaus verfügte er über eine beträchtliche Gefolgschaft innerhalb der Parteielite, die Gruppe sogenannter pro-eigenstaatlicher Kommunisten, die die politische und wirtschaftliche Autonomie der Ukraine anstrebten.

Im Laufe des darauffolgenden Jahres bewies Krawtschuk echtes politisches Talent, als er zwischen verschiedenen Gruppen von Abgeordneten manövrierte und das Parlament hin zur Vollendung der Eigenstaatlichkeit und schließlich der Unabhängigkeit lenkte. Im Herbst 1990 wurden seine Fähigkeiten dann erstmals auf den Prüfstand gestellt. Alarmiert durch die litauische Unabhängigkeitserklärung im März des Jahres und als Reaktion auf die wachsende Pro-Unabhängigkeitsbewegung in den anderen Republiken, beugte sich Gorbatschow dem Druck der Hardliner in seiner Regierung und gab sein stillschweigendes Einverständnis zur Zurücknahme demokratischer Freiheiten. In der Ukraine erließ die kommunistische Mehrheit im Parlament ein Gesetz, das Demonstrationen im engeren Umkreis des Parlamentsgebäudes verbot und die Verhaftung eines Mitglieds des Volksrats im Parlament guthieß. Doch die kommunistischen Hardliner sollten eine Überraschung erleben. Am Morgen des 2. Oktobers 1990 stürmten Dutzende von Studenten aus Kyjiw, Lwiw und Dnipropetrowsk auf den Platz der Oktoberrevolution in der Innenstadt von Kyjiw – dem zukünftigen Unabhängigkeitsplatz, als Maidan bekannt – und traten in Hungerstreik. Unter anderem forderten sie den Rücktritt des Premierministers und den Rückzug der Ukraine aus Verhandlungen zum neuen Bündnisvertrag – Gorbatschows Initiative zur Rettung des Bündnisses, indem er ihren Teilrepubliken größere Autonomie zubilligte.

Die Reaktion der Behörden auf den Studentenstreik war gespalten. Die Regierung ließ die Demonstranten von der Polizei zerstreuen, der Stadtrat von Kyjiw hingegen erlaubte, dass die Proteste fortgesetzt wurden. In den darauffolgenden Tagen wuchs die Zahl der Teilnehmer am Hungerstreik auf 150. Als die Regierung ihre Unterstützer dazu aufrief, die Demonstranten zu vertreiben, kamen an die 50 000 Kyjiwer zu dem Platz, um die Studenten zu schützen. Bald befanden sich sämtliche Universitäten der Stadt im Streik. Die Demonstranten marschierten zum Parlament und besetzten den Platz vor dem Parlamentsgebäude. Unter dem Druck der Straße und von Krawtschuk und den gemäßigten Parlamentariern zum Einlenken gedrängt, entschied sich die kommunistische Mehrheit zum Rückzug. Man räumte den studentischen Anführern Sendezeit im Fernsehen ein, damit sie ihre Forderungen vorbringen konnten, und setzte den Regierungschef ab, der an Verhandlungen über ein neues Bündnis beteiligt gewesen war. Es war ein bedeutender Sieg für die ukrainischen Studenten und die Ukraine als Ganze. Die Ereignisse in der Innenstadt von Kyjiw im Oktober 1990 sollten später als der Erste Maidan bekannt werden (*majdan* ist das ukrainische Wort für »Platz«). Der zweite würde 2004 folgen und der dritte in den Jahren 2013 und 2014.

Als der Präsident der Vereinigten Staaten, George H. W. Bush, am 1. August 1991 von Moskau aus nach Kyjiw flog, um die Ukraine zum

Verbleib in der UdSSR zu bewegen, war die politische Klasse in Bezug auf ihre Ziele uneins. Die nationaldemokratische Minderheit wollte die vollständige Unabhängigkeit, die in der Ukraine immer lauter gefordert wurde, seit Litauen im März 1990 seine Unabhängigkeit erklärt hatte. Die kommunistische Mehrheit im ukrainischen Parlament wollte die weitgehende Autonomie innerhalb eines reformierten Bündnisses. Letzteres war auch Gorbatschows Ziel. Nachdem er Anfang 1991 daran gescheitert war, die Unabhängigkeitsbestrebungen der baltischen Republiken Litauen, Lettland und Estland mit Militärgewalt zu unterbinden, hielt Gorbatschow ein Referendum zur weiteren Existenz des Bündnisses ab. Es fand im März 1991 statt, und 70 Prozent derer, die daran teilnahmen, stimmten für ein reformiertes Bündnis. Gorbatschow nahm auch die Verhandlungen mit den jeweiligen Führern der Republiken wieder auf, darunter Boris Jelzin in Russland und Nursultan Nasarbajew in Kasachstan, und versuchte sie von der Gründung eines loseren Bündnisses zu überzeugen. Ende Juli 1991 erzielte er ein Abkommen mit ihnen, doch die Ukraine war nicht zur Unterzeichnung bereit. Leonid Krawtschuk und seine Gruppe drängten auf eine andere Lösung: eine Konföderation mit Russland und anderen Republiken, der sich die Ukraine zu ihren eigenen Bedingungen anschließen würde.

Bush stellte sich in seiner Ansprache vor dem ukrainischen Parlament auf Gorbatschows Seite. Die US-Medien sprachen anschließend von der »Chicken-Kiev-Rede«, da der amerikanische Präsident keine Bereitschaft gezeigt hatte, die Unabhängigkeitsbestrebungen der nationaldemokratischen Abgeordneten zu unterstützen. Bush war eher dafür, die baltischen Republiken in die Freiheit zu entlassen, die Ukraine und die übrigen Republiken jedoch zusammenzuhalten. Er wollte nicht riskieren, einen verlässlichen Partner auf der Weltbühne zu verlieren – Gorbatschow und die Sowjetunion, die dieser vertrat. Sorge bereitete Bush und seinen Beratern darüber hinaus die Möglichkeit einer unkontrollierten Auflösung des Bündnisses, die zu Kriegen zwischen Republiken mit Atomwaffen auf ihrem Gebiet führen könnte. Neben Russland zählten dazu die Ukraine, Belarus und Kasachstan. In seiner Rede vor dem ukrainischen Parlament appellierte Bush an seine Zuhörer, dem »selbstmörderischen Nationalismus« zu entsagen und Freiheit nicht mit Unabhängigkeit zu verwechseln. Die kommunistische Mehrheit spendete ihm begeisterten Applaus. Die demokratische Minderheit war enttäuscht: Die Allianz Washingtons mit Moskau und den kommunistischen Abgeordneten im ukrainischen Parlament stellte ein großes Hindernis für die ukrainische Unabhängigkeit dar. Es war in dem Moment schwer vorstellbar, dass sich das Parlament noch vor Ablauf des Monats beinahe einstimmig für die Unabhängigkeit der Ukraine aussprechen würde und dass Ende November das Weiße Haus, das anfangs über die Möglichkeit von Chaos und Atomkrieg im postsowjetischen Staat besorgt war, diese Entscheidung unterstützte.

Das Ereignis, das den Sinneswandel der konservativen Abgeordneten des ukrainischen Parlaments und schließlich der ganzen Welt bewirkte, war der Putsch der Hardliner gegen Michail Gorbatschow in Moskau am 19. August 1991. Tatsächlich hatte der Putsch einen Tag zuvor in der Ukraine begonnen, genauer gesagt auf der Krim, wo Gorbatschow seinen Sommerurlaub verbrachte. Am Abend des 18. August standen die Verschwörer plötzlich bei ihm vor der Tür seines am Ufer eines Sees gelegenen Landsitzes in der Nähe von Foros und forderten die Verhängung des Ausnahmezustands. Gorbatschow weigerte sich, die Papiere zu unterzeichnen, und zwang die Verschwörer dadurch, auf eigene Faust zu handeln. Tags darauf riefen die vom KGB-Chef sowie dem Verteidigungs- und dem Innenminister angeführten Verschwörer in Moskau den UdSSR-weiten Notstand aus. Die Führungsriege der Ukraine unter Krawtschuks Vorsitz weigerte sich, die Notfallmaßnahmen in ihrer Republik umzusetzen, unternahm jedoch im deutlichen Gegensatz zum russischen Präsidenten Boris Jelzin in Moskau nichts, um den Putsch abzuwehren. Während Krawtschuk die Einwohner der Ukraine zur Ruhe anhielt, trieb Jelzin seine Unterstützer auf die Straßen und zwang das Militär, sich aus Moskau zurückzuziehen, nachdem es bei den ersten Scharmützeln zwischen der Armee und den Demonstranten Todesopfer gegeben hatte. Die Verschwörer gaben schließlich klein bei. Nach weniger als

72 Stunden war der Putsch beendet, und die Verschwörer waren verhaftet. Die Moskauer strömten auf die Straßen, um den Sieg nicht nur der Freiheit über die Diktatur, sondern auch Russlands über die Sowjetzentrale zu feiern.

Gorbatschow kehrte nach Moskau zurück, konnte die Macht jedoch nicht zurückgewinnen. Vielmehr fiel er selbst einem weiteren Putsch zum Opfer, diesmal angeführt von Jelzin, der die Schwächung der Zentrale ausnutzte, um Russlands Übernahme des Bündnisses zu initiieren. Er zwang Gorbatschow, Verfügungen aufzuheben, die seinen Gefolgsleuten die Führung von Armee, Polizei und Sicherheitskräften übertragen hatten, und untersagte anschließend alle Aktivitäten der Kommunistischen Partei, wodurch Gorbatschow nichts anderes übrig blieb, als das Amt des Generalsekretärs der Partei niederzulegen. Russland übernahm faktisch die Kontrolle über das Bündnis – eine unerwartete Wendung, die bei jenen Republiken, die bis zum August 1991 dem Bündnis hatten beitreten wollen, das Interesse schwinden ließ. Die Ukraine sollte nun als Erste aussteigen.

Am 24. August 1991, einen Tag nachdem Jelzin die Kontrolle über die Bündnisregierung übernahm, ließ das ukrainische Parlament über die Unabhängigkeit abstimmen. In der Unabhängigkeitserklärung, die von Lewko Lukjanenko, Gulag-Insasse mit der längsten Haftstrafe und nun Mitglied des Parlaments, aufgesetzt worden war, heißt es: »Angesichts der tödlichen Gefahr, die im Zusammenhang mit dem Staatsstreich vom 19. August 1991 über der Ukraine schwebt, und in Fortsetzung der tausendjährigen Tradition der Staatenbildung in der Ukraine ruft der Oberste Sowjet der ukrainischen sowjetsozialistischen Republik feierlich die Unabhängigkeit der Ukraine aus.« Das Ergebnis der Abstimmung überraschte alle, auch Lukjanenko selbst: 346 Abgeordnete stimmten dafür, fünf enthielten sich und nur zwei stimmten dagegen. Die kommunistische Mehrheit, die sich seit der ersten Parlamentssitzung im Frühjahr 1990 gegen die Unabhängigkeit gestellt hatte, war nicht länger vorhanden. Krawtschuk und seine »Pro-Eigenstaatlichkeitskommunisten«, die von der Opposition dafür angegriffen wurden, dass sie dem Putsch nicht entgegengetreten waren, rückten mit den Nationaldemokraten zusammen und nahmen die Hardliner mit, die sich von Moskau verraten und von Jelzins Angriff auf die Partei bedroht fühlten. Sobald das Abstimmungsergebnis auf dem Bildschirm erschien, brandete im Saal Applaus auf. Die Massen vor dem Parlamentsgebäude jubelten: Die Ukraine war endlich frei!

Lukjanenkos Erklärung nahm Bezug auf die tausendjährige Historie der ukrainischen Staatlichkeit, womit die von der Kyjiwer Rus begründete Tradition gemeint war. Tatsächlich war seine Erklärung im 20. Jahrhundert bereits der vierte Versuch, die Unabhängigkeit der Ukraine zu proklamieren: Der erste hatte 1918 in Kyjiw und dann in Lwiw stattgefunden, der zweite 1939 in Transkarpatien und der dritte 1941 in Lwiw. All diese Versuche waren in Kriegszeiten unternommen worden, und alle waren sie gescheitert. Würde dieser anders verlaufen? Die folgenden drei Monate würden es zeigen. Ein Volksreferendum, anberaumt für den 1. Dezember 1991, den Tag, an dem ursprünglich der erste Präsident der Ukraine hätte gewählt werden sollen, sollte die Parlamentsabstimmung zugunsten der Unabhängigkeit bestätigen oder zurückweisen. Die Referendumsklausel war aus mehr als einem Grund wichtig. Am 24. August erleichterte sie es jenen Angehörigen der kommunistischen Mehrheit, die bezüglich der Unabhängigkeit Zweifel hegten, dafür zu stimmen – schließlich lag die endgültige Entscheidung nicht bei ihnen und konnte in der Zukunft revidiert werden. Das Referendum ließ der Ukraine darüber hinaus die Chance, ohne offenen Konflikt mit der Zentrale aus dem Bündnis auszutreten. Bei der vorherigen, im Jahr 1991 von Gorbatschow organisierten Volksabstimmung hatten etwa 70 Prozent der Ukrainer für den Verbleib in einem reformierten Bündnis votiert. Nun würde ein weiteres Referendum einen harten Schnitt ermöglichen.

Gorbatschow glaubte, die Befürworter der ukrainischen Unabhängigkeit würden niemals die 70 Prozent erreichen. Jelzin war sich da nicht so sicher. Ende August 1991, kurz nachdem das ukrainische Parlament zugunsten der Unabhängigkeit abgestimmt hatte, ließ er seinen Pressesekretär verlautbaren, sollten die Ukraine und andere Republiken ihre Unabhängigkeit erklären, habe Russland das Recht, die Frage nach seinen Grenzen zu jenen Republiken aufzuwerfen. Jelzins Pressesekretär benannte die Krim und die östlichen Teile der Ukraine, darunter die Kohleregion Donbas, als mögliche Streitpunkte. Damit stand die Drohung der Teilung des Landes im Raum, sollte die Ukraine auf der Unabhängigkeit beharren. Dann entsandte Jelzin eine hochkarätig besetzte Delegation unter Führung seines Vizepräsidenten General Alexander Ruzkoi, um die Ukraine zum Einlenken zu bewegen. Doch die Ukrainer blieben standfest, und Ruzkoi kehrte unverrichteter Dinge nach Moskau zurück. Der Erpressungsversuch war gescheitert, und Jelzin verfügte weder über den politischen Willen noch über die Ressourcen, um seine Drohung wahrzumachen.

Im September 1991 brach in der Ukraine eine neue politische Ära an. Sechs Kandidaten konkurrierten um die Präsidentschaft, und alle sechs warben für die Unabhängigkeit. Krawtschuk überzeugte die Krim-Behörden, ihre Pläne einer separaten Volksabstimmung über die Unabhängigkeit der Halbinsel von der Ukraine auf Eis zu legen. Die Umfragewerte zeigten in allen nationalen Gruppierungen und allen Landesteilen eine wachsende Unterstützung für die Unabhängigkeit. Die beiden größten Minderheiten – die über elf Millionen Russen und die annähernd 500 000 Juden – brachten zum Ausdruck, dass sie die Idee der ukrainischen Unabhängigkeit unterstützten. Im November 1991 sprachen sich 58 Prozent der ethnischen Russen und 60 Prozent der ethnischen Juden dafür aus. Anders als im Jahr 1918 machten sich die Minderheiten die ukrainische Sache nun zu eigen und betrachteten Moskau besorgter und argwöhnischer als die Hauptstadt ihrer Republik.

Am 1. Dezember 1991 gingen Ukrainer sämtlicher ethnischen Hintergründe an die Wahlurnen, um über ihr weiteres Schicksal abzustimmen. Die Ergebnisse verblüfften selbst die optimistischsten Befürworter der Unabhängigkeit. Die Wahlbeteiligung betrug 84 Prozent, und über 90 Prozent der Wähler befürworteten die Unabhängigkeit. Ganz vorne lag dabei die Westukraine: Im galizischen Oblast Ternopil stimmten 99 Prozent für die Unabhängigkeit. Doch die Mitte, der Süden und selbst der Osten des Landes folgten nicht weit dahinter. In Winnyzja in der Zentralukraine sprachen sich 95 Prozent für die

Unabhängigkeit aus, in Odesa im Süden waren es 85 Prozent und in der Region Donezk im Osten 83 Prozent. Selbst auf der Krim unterstützte mehr als die Hälfte der Wähler die Unabhängigkeit: 57 Prozent in Sewastopol und 54 Prozent auf der Halbinsel insgesamt. (Seinerzeit bildeten Russen 66 Prozent der Krimbevölkerung, Ukrainer 25 Prozent und die Krimtataren, die gerade erst in die Heimat ihrer Ahnen zurückzukehren begannen, nur 1,5 Prozent.) In der Mitte und im Osten des Landes stimmten viele für die Unabhängigkeit und unterstützten zugleich Leonid Krawtschuks Präsidentschaftskandidatur. Er kam landesweit auf 61 Prozent und erreichte in allen Regionen der Ukraine außer Galizien die Mehrheit. Dort ging der Sieg an den langjährigen Gulag-Insassen und Leiter der Lwiwer Regionalverwaltung Wjatscheslaw Tschornowil. Die Ukraine stimmte somit für die Unabhängigkeit und legte ihre Zukunft in die Hände eines Präsidentschaftskandidaten, der, wie viele glaubten, einen Ausgleich zwischen den unterschiedlichen Regionen und Nationalitäten der Ukraine sowie zwischen der kommunistischen Vergangenheit der Republik und ihrer unabhängigen Zukunft zu schaffen vermochte.

Die Abstimmung zugunsten der ukrainischen Unabhängigkeit bedeutete das Ende der Sowjetunion. Die Teilnehmer des Referendums hatten nicht nur ihr eigenes Schicksal, sondern den Lauf der Weltgeschichte verändert. Die Ukraine befreite die übrigen Sowjetrepubliken, die noch von Moskau abhängig waren. Jelzin unternahm einen letzten Versuch, Krawtschuk zum Unterzeichnen eines neuen Bündnisvertrags zu bewegen, als die beiden sich am 8. Dezember 1991 in einer belarussischen Jagdhütte im Belowescher Wald trafen. Krawtschuk weigerte sich unter Berufung auf die Ergebnisse des Referendums in sämtlichen Oblasten (Verwaltungsgebiete) der Ukraine einschließlich der Krim und des Ostens. Jelzin machte daraufhin einen Rückzieher. Falls die Ukraine nicht bereit sei zu unterzeichnen, werde auch Russland es nicht tun, sagte er dem frisch gewählten ukrainischen Präsidenten. Jelzin hatte dem Präsidenten der Vereinigten Staaten gegenüber mehr als einmal erklärt, ohne die Ukraine sei Russland den muslimischen Republiken zahlenmäßig unterlegen und werde von ihnen überstimmt. Ein Bündnis, dem weder die

Ukraine noch Russland mit seinen riesigen Energieressourcen angehörte, war für die anderen Republiken weder politisch noch wirtschaftlich attraktiv. In Belowesch schufen die drei politischen Führer der slawischen Republiken – Jelzin, Krawtschuk und Stanislau Schuschkewitsch für Belarus – ein neues internationales Gebilde, die Gemeinschaft Unabhängiger Staaten (GUS), der sich die zentralasiatischen Republiken am 21. Dezember anschlossen. Die Sowjetunion war damit Geschichte.

Am ersten Weihnachtsfeiertag, dem 25. Dezember 1991, verlas Gorbatschow im landesweiten Fernsehen seine Rücktrittserklärung. Am Flaggenmast des Senatsgebäudes des Kremls wurde die rote Flagge der Sowjetunion eingeholt und durch die russische Trikolore ersetzt – weiß, blau und rot. Die Farben Kyjiws waren Blau und Gelb. Es gab keine symbolische Verbindung mehr zwischen Moskau und Kyjiw. Nach vier erfolglosen Anläufen vonseiten verschiedener politischer Mächte unter verschiedenen Bedingungen war die Ukraine nicht nur vereint, sondern auch unabhängig und frei, ihrer eigenen Wege zu gehen. Was nur wenige Monate zuvor unmöglich erschienen war, war nun Realität: Das Imperium existierte nicht mehr, und ein neues Land war geboren. Die alten kommunistischen Eliten und die Anführer der jungen und ambitionierten Nationaldemokraten hatten ihre Kräfte gebündelt, um Geschichte zu schreiben, mit der Ukraine als Totengräberin des letzten europäischen Imperiums. Nun mussten sie einen Weg finden, die Zukunft zu gestalten.

KAPITEL 26

DER UNABHÄNGIGKEITSPLATZ

Michail Gorbatschows Rücktrittsrede markierte das offizielle Ende der Sowjetunion, doch ihre Auflösung wurde an diesem Datum lediglich in Gang gesetzt. Die UdSSR hinterließ nicht nur eine ruinierte Wirtschaft, sondern auch eine sozioökonomische Infrastruktur, eine Armee, eine Denkweise und eine politische wie gesellschaftliche Elite, die durch eine gemeinsame Vergangenheit und politische Kultur gebunden waren. Das Gebilde, das an die Stelle des verschwundenen Imperiums treten würde – ob nun eine Gemeinschaft wirklich unabhängiger Staaten oder die Reinkarnation einer russisch dominierten politischen Ordnung –, stand nicht im Geringsten fest. Die erste Herausforderung, mit der sich der frisch gewählte Präsident der Ukraine Leonid Krawtschuk und seine Berater nach Gorbatschows Rücktritt konfrontiert sahen, bestand unter anderem darin, ihre russischen Gegenüber davon zu überzeugen, dass die Gemeinschaft unabhängiger Staaten alles andere als eine Reinkarnation der UdSSR war. Das war keine einfache Aufgabe.

Am 12. Dezember 1991 sagte Boris Jelzin im Rahmen einer Rede vor dem russischen Parlament zur Ratifizierung des Bündnisvertrags: »Unter heutigen Bedingungen kann nur eine Gemeinschaft unabhängiger Staaten die Aufrechterhaltung des im Laufe der Jahrhunderte aufgebauten, jetzt aber nahezu verschwundenen politischen, rechtlichen und wirtschaftlichen Raums gewährleisten.« Jelzins Nachfolger Wladimir Putin griff den Gedanken seines ehemaligen Vorgesetzten auf, als er im März 2014 anlässlich Russlands Annexion der Krim sagte: »Viele Menschen, sowohl in Russland und der Ukraine als auch in anderen Republiken, hofften, die damals entstehende Gemeinschaft Unabhängiger Staaten würde zu einer neuen Art gemeinsamer Eigenstaatlichkeit.« Falls es in der Ukraine seinerzeit Menschen gab, die sich das gewünscht hatten, so saßen sie nicht im ukrainischen Parlament, das am 20. Dezember 1991 einen gegenteilig lautenden Einspruch formulierte: »Laut ihrem rechtlichen Status ist die Ukraine ein unabhängiger Staat und untersteht dem internationalen Gesetz. Die Ukraine lehnt die Transformation der Gemeinschaft Unabhängiger Staaten in ein Staatsgebilde mit eigenen Regierungs- und Verwaltungsgremien ab.«

Was auch immer Jelzin im Sinn gehabt hatte, die Ukraine nahm ihre Unabhängigkeit ernst und beabsichtigte das von der Gemeinschaft geschaffene Forum zu nutzen, um über die Bedingungen der Scheidung und nicht der Neuvermählung zu verhandeln. Die Spannungen zwischen Russland, das die Gemeinschaft als ein Instrument zur Wiedervereinigung des postsowjetischen Raums betrachtete, und der Ukraine, die auf vollständiger Unabhängigkeit von Moskau beharrte, traten im Januar 1993 zutage, als die Ukraine sich weigerte, die Satzung der Gemeinschaft Unabhängiger Staaten zu unterzeichnen, und es damit ablehnte, ein vollwertiges Mitglied der Organisation zu werden, an deren Gründung sie zwei Jahre zuvor beteiligt gewesen war. Das Land war bereit, sich aktiv am Wirtschaftsprogramm und den wirtschaftlichen Initiativen der Gemeinschaft beteiligen, nicht jedoch an militärischen. Tatsächlich sollte es nie zu einer Unterzeichnung der Satzung durch die Ukraine kommen. Im Laufe der 1990er Jahre weigerte sich Kyjiw auch, verschiedene Vereinbarungen zur kollektiven Sicherheit mit anderen Mitgliedern der Gemeinschaft zu unterzeichnen. Kyjiw hatte ernsthafte Unstimmigkeiten mit Moskau hinsichtlich der Zukunft der Sowjetstreitkräfte, der Kontrolle über Atomarsenale und der Stationierung der sowjetischen Schwarzmeerflotte.

Schon früh entschied sich die ukrainische Führungsriege, auf der Basis von auf ukrainischem Gebiet stationierten Einheiten der sowjetischen Armee und Marine eigene bewaffnete Streitkräfte und eine eigene Marine zu gründen. Die baltischen Staaten hatten um Abzug der sowjetischen Armee gebeten und von Grund auf eigene Streitkräfte geschaffen, doch der Ukraine war das nicht möglich: Die über 800 000 Offiziere und Soldaten der riesigen Armee würden nicht freiwillig abziehen. Sie konnten ja auch nirgendwohin, da Russland bereits Schwierigkeiten hatte, Hunderttausende Soldaten unterzubringen, die aus Mittel- und Osteuropa zurückkehrten, dessen Teilstaaten Moskaus Einflussbereich endgültig verließen, um die vollständige Eigenstaatlichkeit zu erreichen.

Die Führung in Kyjiw vertraute die Aufgabe, das sowjetische Militär zu einem ukrainischen zu machen, dem 47-jährigen General Kostjantyn Morosow an, dem Kommandanten einer Luftwaffeneinheit in der Ukraine, der im Herbst 1991 zum ersten Verteidigungsminister des Landes wurde. Der aus der Donbas-Region in der Ostukraine stammende Halbrusse Morosow verknüpfte sein Schicksal mit der Zukunft der ukrainischen Unabhängigkeit, als er am 6. Dezember 1991 den Treueeid leistete, unmittelbar vor dem Belowescher Treffen und der Gründung der Gemeinschaft Unabhängiger Staaten. Am 3. Januar 1992 schwor die erste Gruppe sowjetischer Offiziere der unabhängigen Ukraine die Treue. Im Frühjahr 1992 war die Übernahme der 800 000 Mann starken sowjetischen Bodeneinsatzkräfte durch die Ukraine vollendet. Die Offiziere hatten die Wahl, entweder der Ukraine die Treue zu schwören und weiter dienen zu können oder nach Russland oder in andere Teile der ehemaligen Sowjetunion zu ziehen. Insgesamt gehörten zu den in der Ukraine stationierten sowjetischen Streitkräften 75 000 ethnische Russen. Etwa 10 000 Offiziere verweigerten den Schwur und begaben sich entweder in den Ruhestand oder wurden versetzt. Soldaten und Unteroffiziere der Sowjetarmee kehrten in ihre Heimat zurück, wo auch immer diese sich befinden mochte. Neue Rekruten kamen nun ausschließlich aus der Ukraine.

Im Januar 1992 begannen auch Teile der sowjetischen Schwarzmeerflotte den Treueeid gegenüber der Ukraine abzulegen. Die ukrainische Übernahme der Flotte drohte dann jedoch gefährlich zu eskalieren, als ihr Kommandant Admiral Igor Kasatonow sämtlichen Truppenmitgliedern befahl, an Bord ihrer Schiffe zu gehen und in See zu stechen. Das löste im Mai 1992 die erste schwere Krise in den russisch-ukrainischen Beziehungen aus. Im September einigten sich die Präsidenten Krawtschuk und Jelzin, die Flotte zu teilen, um dem direkten Konflikt zwischen den beiden Ländern aus dem Weg zu gehen. Diese Teilung erwies sich allerdings als längerer Prozess. Eine Zeit lang blieb die gesamte Flotte mit über 800 Schiffen und an die 100 000 Soldaten noch unter Moskaus Kontrolle. Im Jahr 1995 übergab Russland der Ukraine mehr als 18 Prozent der flotteneigenen Schiffe, weigerte sich jedoch, aus Sewastopol abzuziehen. Im Jahr 1997 unterzeichneten die beiden Länder eine Reihe von Vereinbarungen, die die fortdauernde Präsenz der russischen Flotte, darunter mehr als 300 Schiffe und 25 000 Soldaten, in Sewastopol bis 2017 für rechtsgültig erklärten. Auch wenn die Ukraine den Kampf um die Flotte verloren hatte, öffnete die Vereinbarung die Tür zu einem russisch-ukrainischen Freundschaftsabkommen, das der Ukraine territoriale Unversehrtheit garantierte. Die Parteien unterzeichneten das Abkommen im Jahr 1997, doch das russische Parlament brauchte zwei Jahre zur Ratifizierung. Als dieser Prozess abgeschlossen war, schien die Ukraine ihre »zivilisierte Trennung« von ihrem russischen Nachbarn und ehemaligen imperialen Beherrscher vollzogen zu haben.

Ende der 1990er Jahre hatte die Ukraine schließlich ihre Grenz- und Territorialfragen mit Russland geklärt, ihre eigene Armee, Marine und Luftwaffe gegründet und diplomatische sowie rechtliche Grundlagen zur Eingliederung in europäische Politik-, Wirtschafts- und Sicherheitsorganisationen geschaffen. Ukrainische Intellektuelle waren lange von der Vorstellung der Ukraine als Teil der Gemeinschaft europäischer Nationen und Kulturen besessen gewesen, von Mychajlo Drahomanow, einem politischen Denker aus dem 19. Jahrhundert, bis zu Mykola Chwyljowyj, einem Verfechter des Nationalkommunismus in den 1920er Jahren. Im Jahr 1976 war der europäische Gedanke auch in der ersten offiziellen Erklärung der Ukrainischen Helsinki-Gruppe zu finden. »Wir Ukrainer leben in Europa«, lauteten die ersten Worte des Manifests der Gruppe. Die Ukraine, offizielles Gründungsmitglied der Vereinten Nationen, war nicht zur Teilnahme an der in Helsinki abgehaltenen Konferenz über Sicherheit und Zusammenarbeit in Europa eingeladen worden. Dennoch glaubten die ukrainischen Dissidenten, dass die von der Sowjetunion in Helsinki eingegangenen Menschenrechtsverpflichtungen auch für die Ukraine galten. Um diese Überzeugung zu verteidigen, gingen sie ins Gefängnis und fristeten viele Jahre im Gulag und in der inneren Verbannung.

Die Entstehung eines unabhängigen ukrainischen Staates im Jahr 1991 schaffte nun die Bedingungen dafür, den Traum der Dissidenten wahr werden zu lassen. In institutioneller Hinsicht bedeutete das, sich der Europäischen Union anzuschließen und von der sowjetischen Vergangenheit zu lösen, die ukrainische Wirtschaft und Gesellschaft zu reformieren und ein Gegengewicht zu der enormen politischen, wirtschaftlichen und kulturellen Macht zu bilden, die Moskau noch immer auf seine ehemalige Provinz ausübte. Für die Ukraine stand die Verwirklichung der vollständigen Eigenstaatlichkeit in engem Zusammenhang mit den Bestrebungen, sich dem europäischen Staatenbund anzuschließen. Diese miteinander verbundenen Aufgaben sollten das politische Geschick der ukrainischen Führungsschichten, die Einheit der ukrainischen Regionen und die aus der Sowjetära stammende Rede von den brüderlichen Beziehungen der Ukraine zu ihrem größten und historisch bedeutsamsten Nachbarn Russland auf die Probe stellen.

Der eigentliche politische Dialog der Ukraine mit dem Westen begann im Januar 1994 mit der Unterzeichnung eines von den Vereinigten Staaten vermittelten Abkommens, demzufolge die Ukraine die von der UdSSR geerbten Atomwaffen aufgab – potenziell das drittgrößte Atomarsenal der Welt. In dem Budapester Memorandum, das im Dezember jenes Jahres unterzeichnet wurde, gewährten die Vereinigten Staaten, Russland und Großbritannien der Ukraine, die sich als atomwaffenfreier Staat dem Atomwaffensperrvertrag anschloss, Sicherheitsgarantien. Wenngleich in Kyjiw viele bezweifelten, ob es vernünftig sei, die Atomwaffen aufzugeben (die Invasion der Ukraine durch Russland, dem Budapester Memorandum zufolge einem der Garanten für die Eigenstaatlichkeit und territoriale Unversehrtheit der Ukraine, im Jahr 2014 sollte sie in ihrer Meinung bestärken), waren damit seinerzeit bedeutende Vorteile zu erzielen. Die Ukraine beendete ihre de facto bestehende internationale Isolierung als ein Land, das es zuvor abgelehnt hatte, sich dem Atomwaffensperrvertrag anzuschließen, und wurde zum drittgrößten Empfänger US-amerikanischer Auslandshilfen nach Israel und Ägypten.

Im Juni 1994 unterzeichnete die ukrainische Regierung ein Kooperationsabkommen mit der Europäischen Union (EU), das erste Abkommen dieser Art, das die EU einem postsowjetischen Staat angeboten hatte. Im selben Jahr wurde die Ukraine zum ersten Land unter den Mitgliedern und außerordentlichen Mitgliedern der Gemeinschaft Unabhängiger Staaten, das sich dem Abkommen »Partnerschaft für den Frieden« mit der North Atlantic Treaty Organization (NATO) anschloss. Das westliche Militärbündnis, das im Jahr 1949 zu Beginn des Kalten Krieges entstanden war, um Westeuropa vor der Sowjetunion zu schützen, erfand sich nun neu. Die NATO begann institutionelle Brücken zu ehemaligen Widersachern zu schlagen, darunter auch Russland, das das Abkommen wenige Monate nach der Ukraine unterzeichnete. Im Jahr 1997 vertiefte die Ukraine ihre Zusammenarbeit mit dem Bündnis durch die Unterzeichnung der NATO-Ukraine-Charta und die Eröffnung eines NATO-Informationszentrums in Kyjiw. Im Jahr 1998 trat das vier Jahre zuvor mit der Europäischen Union unterzeichnete Kooperationsabkommen in Kraft. Die Zukunft wirkte vielversprechend. Dennoch hatte die Ukraine auf ihrem Weg zu einer europäischen Nation, wie ihre Intellektuellen sie sich vorstellten, noch mit großen Hindernissen zu kämpfen. Die meisten davon lagen in der Ukraine selbst.

Wie viele postsowjetische Länder durchlief die Ukraine in den ersten Jahren der Unabhängigkeit eine schwere politische Krise, ausgelöst durch wirtschaftlichen Verfall und soziale Entwurzelung. Sie fokussierte sich auf die Beziehungen zwischen dem Präsidentenamt und dem Parlament, zwei in den politischen Turbulenzen der letzten Jahre der Sowjetunion geschaffenen Institutionen. Russland löste den Konflikt im September 1993, als Präsident Jelzin Panzer auf das russische Parlamentsgebäude schießen ließ und die russischen Behörden den russischen Vizepräsidenten und den Parlamentsvorsitzenden verhafteten, denen vorgeworfen wurde, einen Staatsstreich gegen den Präsidenten zu planen. Jelzins Berater änderten die Verfassung, um die Macht des Parlaments zu beschneiden und es eher zu einem Abnickparlament als einem wirklichen Akteur auf der politischen Bühne Russlands zu machen. Die Ukraine legte den entstehenden Konflikt zwischen dem Präsidenten und dem Parlament durch einen Kompromiss bei. Präsident Krawtschuk willigte in vorgezogene Präsidentschaftswahlen ein, die er verlor, und im Sommer 1994 übergab er die Macht friedlich seinem Nachfolger Leonid Kutschma, dem früheren Premierminister und ehemaligen Raketenkonstrukteur, der Europas größte Raketenfabrik geleitet hatte.

Während der turbulenten 1990er Jahre gelang der Ukraine nicht nur die erste Machtübergabe zwischen zwei Rivalen um das Präsidentschaftsamt, sondern sie konnte auch den politischen Wettbewerb an sich aufrechterhalten und die rechtlichen Grundlagen einer existenzfähigen Demokratie schaffen. Im Jahr 1996 änderte Präsident Kutschma die aus der Sowjetära stammende Verfassung, doch er tat es zusammen mit dem Parlament, das sich eine bedeutende Rolle im politischen Prozess der Ukraine sicherte. Einer der Hauptgründe dafür, dass der Ukraine als Demokratie Erfolg beschieden war, bestand in ihrer regionalen Vielfalt – einem Erbe sowohl der ferneren als auch der jüngeren Geschichte, das sich in politische, wirtschaftliche und kulturelle Differenzen übertrug, die im Parlament formuliert und durch Verhandlungen auf dem politischen Parkett beigelegt wurden. Der industrialisierte Osten wurde zur Hochburg der wiederbelebten Kommunistischen Partei. Die ehemals von Österreich und Polen regierte Westukraine entsandte Abgeordnete ins Parlament, die die Reihen der nationaldemokratischen Ruch verstärkten, angeführt vom ehemaligen Gulag-Gefangenen Wjatscheslaw Tschornowil. Doch wer auch immer eine Mehrheit im Parlament errang, tat das nur aufgrund einer Koalitionsvereinbarung und musste sich mit einer Opposition befassen, die nicht leicht zufriedenzustellen oder zu vereinnahmen war. Keine politische Gruppierung war stark genug, um eine andere niederzubügeln oder kaltzustellen. Zu der Zeit wurde die Demokratie der Ukraine oft als eine zufällige Demokratie bezeichnet. Das erwies sich durchaus als Vorteil. Im postsowjetischen Raum hatten am Reißbrett entworfene Demokratien nämlich nicht lange Bestand.

Wie es bei ehemaligen Kolonialverwaltungen oft der Fall ist, litten die Kyjiwer Führungsschichten unter einem starken Minderwertigkeitskomplex gegenüber ihren russischen Pendants, und anfangs griffen sie auf in Russland entwickelte Modelle zurück, um ihre eigenen politischen, gesellschaftlichen und kulturellen Herausforderungen zu bewältigen. Es dauerte eine Weile, bis sie begriffen, dass die russischen Modelle in der Ukraine nicht funktionierten. Die Ukraine war anders. Nirgendwo zeigte sich das so deutlich wie im Bereich der Religion. Bis zum Jahr 1992 hatte sich die Ukrainisch-Orthodoxe Kirche, die 60 Prozent aller orthodoxen Gemeinschaften der ehemaligen Sowjetunion umfasste, in vier Teile gespalten: Es gab Griechische Katholiken, die lange im Untergrund gelebt hatten, Orthodoxe, die dem Zuständigkeitsbereich Moskaus unterstellt blieben, Angehörige eines unabhängigen ukrainisch-orthodoxen Kyjiwer Patriarchats und schließlich die Autokephale (eigenständige) Ukrainisch-Orthodoxe Kirche, die auf die 1920er Jahre zurückging und die Autorität Moskaus ebenfalls nicht anerkannte. Präsident Krawtschuks Bemühungen, das Kyjiwer Patriarchat de facto in eine Staatskirche umzuwandeln, wie Russland es mit dem Moskauer Patriarchat getan hatte, scheiterten ebenso wie Präsident Kutschmas Versuche, das Gleiche mit dem ukrainischen Zweig der Orthodoxen Kirche des Moskauer Patriarchats zu tun.

Die ukrainische Szene blieb an der Wende zum 21. Jahrhunderts so pluralistisch, wie sie es nach der Unabhängigkeitserklärung gewesen war. Sie wurde allenfalls noch vielfältiger. Schließlich mussten sich alle politischen Kräfte eingestehen, dass die politischen Lösungen Russlands in der Ukraine ganz allgemein nicht funktionierten. Präsident Kutschma erklärte die Gründe kurz vor Ende seiner zweiten Amtszeit in einem 2003 veröffentlichten Buch. Der Titel war vielsagend: *Die Ukraine ist nicht Russland.*

Die wohl größte Herausforderung für die demokratische Natur des politischen Prozesses in der Ukraine war der katastrophale wirtschaftliche Niedergang, der auf die Unabhängigkeitserklärung folgte. Häufig wurde er auch auf ebendiese zurückgeführt, sodass nicht nur die Ära Leonid Breschnews, sondern auch die Periode von Michail Gorbatschows Reformen wie ein verlorenes Paradies wirkten. Innerhalb von sechs Jahren, zwischen 1991 und 1997, fiel die industrielle Produktion in der Ukraine um 48 Prozent, während das Bruttoinlandsprodukt um sage und schreibe 60 Prozent zurückging. Der größte Verlust (23 Prozent des vorjährigen Bruttoinlandsprodukts) ereignete sich 1994, im Jahr der Präsidentschaftswahlen und der Unterzeichnung der ersten Kooperationsvereinbarung mit der Europäischen Union. Diese Zahlen waren vergleichbar mit den Verlusten der amerikanischen Wirtschaft während der Weltwirtschaftskrise, als die industrielle Produktion um 45 Prozent und das Bruttoinlandsprodukt um 30 Prozent zurückging, doch sie fielen stärker ins Gewicht.

Die 1990er Jahre waren in der Ukraine mit großen Härten verbunden. Am Ende des Jahrzehnts gab beinahe die Hälfte der Ukrainer an, kaum genügend Geld für Lebensmittel zu haben, während jene, die ein vergleichsweise komfortables Leben führten, gerade mal 2 oder 3 Prozent der Bevölkerung ausmachten. Das schlug sich in höheren Sterblichkeits- und niedrigeren Geburtraten nieder. Im Jahr 1991 waren Erstere erstmals höher als Letztere. Als die Regierung der unabhängigen Ukraine zehn Jahre später ihre erste Volkszählung durchführte, wurden 48,8 Millionen Ukrainer im Land ermittelt, drei Millionen weniger als die 51,4 Millionen, die während der letzten sowjetischen Volkszählung von 1989 ermittelt worden waren.

Wieder einmal wurde die Ukraine zu einem Auswanderungsland. Viele verließen das Land für mehrere Monate oder gar Jahre, um anderswo mehr Geld zu verdienen, als sie es in der Heimat gekonnt hätten. Sie gingen vor allem nach Russland mit seinem Öl- und Gasreichtum sowie in die Länder Ostmitteleuropas und der Europäischen Union. Andere gingen für immer fort, allen voran die ukrainischen Juden. Vielen von ihnen war es in den 1980er Jahren versagt gewesen, die Sowjetunion zu verlassen; sie waren zu *Refuseniks* geworden – die sowjetischen Behörden hatten ihnen Ausreisevisa verweigert und sie zu Bürgern zweiter Klasse gemacht, indem sie sie aus den Universitäten hinauswarfen und ihnen den Zugang zum öffentlichen Dienst verwehrten. Jetzt aber durften sie gehen und taten es in großer Zahl. Zwischen 1989 und 2006 verließen über 1,5 Millionen sowjetische Juden ihre Aufenthaltsländer, darunter etliche Juden aus der Ukraine. Während die ukrainische Bevölkerung zwischen 1989 und 2001 insgesamt um knapp 5 Prozent zurückging, reduzierte sich die jüdische Bevölkerung um überwältigende 78 Prozent von 487 300 auf 105 500. Unter denen, die gingen, waren die Familien der Mitgründer von PayPal (Max Levchin) und WhatsApp (Jan Koum). Doch nicht nur die Juden wollten gehen. Viele der Emigranten waren Ukrainer, Russen und Angehörige anderer ethnischer Gruppen. Die Ukraine wurde darüber hinaus zur Durchgangsstation für illegale Immigranten aus den übrigen Bündnisstaaten und Ländern wie Afghanistan und Pakistan.

Der jähe wirtschaftliche Absturz hatte zahlreiche Gründe. Der Zusammenbruch der sowjetischen Wirtschaft unterbrach nicht nur die wirtschaftlichen Verbindungen zwischen verschiedenen Republiken, sondern bedeutete auch das Ende der Materialbeschaffung für das ehemalige sowjetische Militär. Die Ukraine, die über einen hoch entwickelten militärisch-industriellen Komplex verfügte, hatte in dieser Hinsicht besonders stark zu leiden. Anders als Russland hatte die Ukraine keine Öl- und Gaseinnahmen, um den Schlag abzufedern. Darüber hinaus war die einheimische Hüttenindustrie – der Industriesektor, der den Zusammenbruch überstand und die meisten Mittel für den ukrainischen Haushalt bereitstellte – vollständig von den Erdgaslieferungen Russlands abhängig und musste für dieses wertvolle Gut immer höhere Preise zahlen. Der mit Abstand wichtigste Grund für den wirtschaftlichen Verfall bestand jedoch darin, dass die ukrainische Regierung dringend benötigte Wirtschaftsreformen verschleppte und verlustreiche Staatsunternehmen weiterhin subventionierte, indem sie Kredite vergab und Geld nachdrucken ließ. Die galoppierende Inflation, die im Jahr 1992 schwindelerregende

2500 Prozent erreichte, besiegelte den raschen wirtschaftlichen Absturz endgültig.

Während der ersten Jahre der Unabhängigkeit zögerte die Regierung, den Besitz und damit die Kontrolle über industrielle und landwirtschaftliche Unternehmen aus der Sowjetära abzugeben, die immer mehr auf staatliche Zuschüsse angewiesen waren. Als sie sich schließlich doch dazu durchrang, stieß sie im Parlament auf starken Widerstand, vor allem vonseiten der »roten Direktoren«, die die großen Unternehmen leiteten. Im Jahr 1995 nahm das Parlament 6300 Unternehmen in staatlichem Besitz von der Privatisierung aus. Bis zu diesem Zeitpunkt war weniger als ein Drittel der industriellen Unternehmen in Privatbesitz übergegangen. Die erste Phase der Privatisierung wurde mit Hilfe von Coupons umgesetzt, die an die gesamte Bevölkerung verteilt wurden. Davon profitierten vor allem die »roten Direktoren«, die nun Vermögenswerte besaßen, aber kaum Anreize für irgendwelche Veränderungen hatten. Doch eine Privatisierung ohne neue Ansätze und Umstrukturierungen konnte die ukrainische Wirtschaft nicht wiederbeleben. Im Jahr 1999 befanden sich zwar annähernd 85 Prozent der Unternehmen in privater Hand, auf sie entfielen allerdings weniger als 65 Prozent der gesamten industriellen Produktion. Die Hälfte der Industrieunternehmen des Landes war defizitär. Die meisten großen Unternehmen blieben derweil in den Händen von Geschäftsführern aus der Sowjetzeit und regierungsnahen Personen. Sie hielten Monopole aufrecht, unterbanden den Wettbewerb und vertieften so die Wirtschaftskrise.

Die Ukraine benötigte neue Eigentümer und eine neue Klasse von Führungskräften, um ihre Wirtschaft wiederzubeleben. Das Land bekam beides in Gestalt einer Gruppe junger, ehrgeiziger und skrupelloser Geschäftsmänner, die nicht in der alten Planwirtschaft aus Sowjetzeiten verwurzelt waren und sich ihren Weg aus dem ökonomischen Chaos der Perestroika-Jahre und der Mafiakriege der 1990er Jahre heraus nach oben gebahnt hatten. In der Ukraine wie in Russland als »Oligarchen« bekannt, wurden sie zu den größten Nutznießern der zweiten Privatisierungsphase, die auf den Verkauf von Regierungsbesitz zu einem Bruchteil des eigentlichen Wertes hinauslief.

Die Oligarchen machten ihr Vermögen, indem sie innovativ und opportunistisch agierten, aber auch indem sie sich mit Hilfe von Schmeicheleien, Schmiergeldern und Schusswaffengebrauch den Weg in die Büros der »roten Direktoren« bahnten. Im Zuge des steilen Abstiegs des militärisch-industriellen Komplexes wurde die Metallindustrie in den 1990er und 2000er Jahren zur begehrtesten Beute. Zu dieser Zeit kam mehr als die Hälfte der industriellen Erzeugnisse des Landes aus vier östlichen Oblasten – Dnipropetrowsk, Saporischschja, Donezk und Luhansk –, die über reiche Eisenerz- und Kohlevorkommen verfügten und das wichtigste Ausfuhrprodukt der Ukraine produzierten: Stahl.

Zu den neuen »Stahlmännern« zählte der Leiter der Donezk-Gruppe Rinat Achmetow, der Anfang der 1990er Jahre die Leitung eines Unternehmens mit Namen Lux übernahm, das bei den ukrainischen Behörden für seine kriminellen Ursprünge und Verbindungen bekannt war. In der Region Dnipropetrowsk teilten zwei örtliche Geschäftsmänner bedeutende Anlagen der Hüttenindustrie unter sich auf: Wiktor Pintschuk, der später in die Familie von Präsident Kutschma einheiratete, und Ihor Kolomojskyj, der eine der ersten bedeutenden Privatbanken der Ukraine gründete. Auch andere profitierten von der postsowjetischen Privatisierung der Ukraine. Ungeachtet des korrupten und oft kriminellen Charakters des Privatisierungsprozesses fiel die »Oligarchisierung« der ukrainischen Wirtschaft dennoch mit dem Ende des wirtschaftlichen Verfalls zusammen. Die Ukraine begann das neue Jahrtausend mit einer raschen Erholung der Wirtschaft, und die Oligarchen waren wohl oder übel wichtige Figuren in dieser neuen Erfolgsgeschichte.

Der Großteil der Privatisierung der ukrainischen Industrie vollzog sich zwischen 1994 und 2004 unter der Aufsicht von Präsident Leonid Kutschma. Kutschma, der selbst ein »roter Direktor« gewesen war, waltete über den Prozess, der letztlich den Oligarchen zugutekam und ihm deren wirtschaftliche und politische Unterstützung einbrachte. Im Jahr 1999 sicherte sich Kutschma eine zweite Amtszeit, indem er sich als einziger Kandidat präsentierte, der in der Lage sei, die Kommunisten zu besiegen, die die wirtschaftliche Misere ausnutzten, nur um so selbst wieder an die Macht zu gelangen, und indem er den nationaldemokratischen Block spaltete: Sein Hauptgegner auf der »Rechten«, der Ruch-Anführer Wjatscheslaw Tschornowil, kam vor den Wahlen unter verdächtigen Umständen bei einem Autounfall ums Leben. Während seiner zweiten Amtszeit, die 1999 begann, erwies sich Kutschma als der oberste Vermittler zwischen den neuen Oligarchenclans in Wirtschaft und Politik. Er versuchte außerdem seine persönliche Macht zu festigen und das Parlament ins Abseits zu drängen. Es funktionierte nicht wie geplant: Die Ukraine war tatsächlich nicht Russland.

Der Niedergang Präsident Kutschmas setzte im Herbst 2000 ein, als der Oppositionsführer Oleksandr Moros, Vorsitzender der Sozialistischen Partei der Ukraine, Tonaufnahmen veröffentlichte, die in Kutschmas Büro heimlich von einem seiner Leibwächter gemacht worden waren. Die Bänder dokumentierten, dass Kutschma Geschäfte mit an undurchsichtigen Privatisierungsplänen beteiligten örtlichen Funktionären betrieben, Schmiergelder angenommen und oppositionelle Medien zu unterdrücken versucht hatte. Ein Journalist, dessen Name auf den Bändern erwähnt wurde, war Heorhij Gongadse, der 33 Jahre alte Gründer der Internetzeitung *Ukrajinska Prawda* (»Ukrainische Wahrheit«). Kutschma wollte ihn verhaften und nach Tschetschenien verbringen lassen, wo Aufständische gegen die russische Armee kämpften. Im September 2000 wurde Gongadses enthaupteter Leichnam in einem Wald bei Kyjiw gefunden. Kutschmas Beteiligung an dem Mord wurde nie vor einem Gericht bewiesen, doch wer die Bänder gehört hatte, zweifelte nicht daran, dass der Präsident selbst dem Innenminister aufgetragen hatte, dem Journalisten zu drohen und ihn zu entführen.

Das »Kutschma-Gate«, wie der Tonbandskandal in der Ukraine genannt wurde, war ein Wendepunkt in der ukrainischen Politik. Es bereitete den wachsenden autoritären Tendenzen im Präsidentschaftsamt ein Ende. Der Skandal enthüllte die korrupte Seite der Politik des Präsidenten, dem in seiner ersten Amtszeit zugeschrieben wurde, den Disput über die Schwarzmeerflotte beigelegt, die Krim befriedet,

Russland zur Anerkennung der ukrainischen Grenzen bewegt, sein Land nach Westen hin ausgerichtet und die lange hinausgezögerte Privatisierung in Gang gebracht zu haben. Nun zeigte sich, dass der Präsident auch ein Betrüger, vielleicht sogar ein Mörder war. Die Opposition, der auch ehemalige Nationaldemokraten, Sozialisten und sogar Kommunisten angehörten, startete eine politische Kampagne unter dem Wahlspruch »Ukraine ohne Kutschma«. Die Bürger reagierten positiv auf Forderungen nach einem harten Durchgreifen gegen politische und wirtschaftliche Korruption. Die sich entwickelnde Mittelschicht, die an die Stelle der vom Wirtschaftskollaps ausgelöschten Intelligenzija der Sowjetzeit trat, war der staatlichen Korruption, der Unterdrückung politischer Aktivität und der Beschneidungen der Redefreiheit überdrüssig. Die Ukraine wollte den Wandel.

Kutschma gelang es zwar, die unmittelbaren Nachwirkungen des Bänderskandals zu überstehen, doch er war nicht in der Lage, dem Aufstieg des politischen Aktivismus Einhalt zu gebieten. Eine neue Generation, die nicht von außerhalb des politischen Establishments kam wie zu Sowjetzeiten, sondern aus seinem Inneren, führte den Widerstand gegen sein Regime an. Diejenigen, die der Regierungskorruption ein Ende setzen, die durch das Kutschma-Gate belasteten Beziehungen zum Westen verbessern und ein Programm zur Eingliederung in die Europäische Union starten wollten, fanden in dem attraktiven 47 Jahre alten ehemaligen Premierminister Wiktor Juschtschenko einen Anführer, der keine Verbindungen zu den Polit- und Wirtschaftsclans der Ostukraine hatte und aus dem ländlich geprägten Nordosten stammte.

Wiktor Juschtschenko war maßgeblich für die beginnende wirtschaftliche Erholung verantwortlich gewesen. Während seiner kurzen Amtszeit als Premierminister von Dezember 1999 bis Mai 2001 schloss er zusammen mit seiner stellvertretenden Premierministerin Julija Tymoschenko Schlupflöcher, die es den Oligarchen erlaubt hatten, Steuerzahlungen zu entgehen. Der Staat senkte die Steuern für mittlere und kleinere Betriebe, machte so ein Gutteil der ukrainischen Wirtschaft wieder flott und erhöhte die Staatseinnahmen. Das ermöglichte Juschtschenkos Regierung, ausstehende Löhne und Pensionen zu zahlen. Unter Juschtschenkos Aufsicht konnte der Rückgang des Bruttoinlandsprodukts gestoppt werden, und im Jahr 2000 zeigte es sogar wieder ein solides Wachstum von 6 Prozent; auch die industrielle Produktion stieg um 12 Prozent. Diese Entwicklung sollte sich während des Großteils des Jahrzehnts fortsetzen. Juschtschenko, der inmitten des Kutschma-Gate aus seinem Amt entlassen worden war, wurde bald zum Vorsitzenden der Partei »Unsere Ukraine«, die bei den Parlamentswahlen von 2002 beinahe ein Viertel der Stimmen auf sich vereinen konnte.

Während der reformorientierte Teil der Ukraine seine Hoffnungen auf Juschtschenko stützte, setzte sich der ehemalige Gouverneur der Oblast Donezk und letzte Premierminister unter Kutschma, Wiktor Janukowytsch, für das Oligarchenregime von Präsident Kutschma ein. Auf ihn fiel auch die Wahl des russischen Präsidenten Wladimir Putin, der im Jahr 2000 das Amt von Jelzin übernahm und darauf erpicht war, in Kyjiw einen Verbündeten, wenn nicht gar Anhänger zu haben. Im Jahr 2004 standen Juschtschenko und Janukowytsch einander in der am stärksten umkämpften Präsidentschaftswahl der Ukraine seit Beginn der Unabhängigkeit gegenüber. Anfang September 2004 erkrankte der in Führung liegende Juschtschenko so unvermittelt wie heftig. Mit unklarer Diagnose und in Lebensgefahr schwebend, wurde er von seinen Helfern in eine Wiener Klinik gebracht, wo die Ärzte zu einer schockierenden Schlussfolgerung kamen. Der Präsidentschaftskandidat der Partei Unsere Ukraine war vergiftet worden, und das Gift war von einer bestimmten Art – ein Dioxin, wie es nur in einer Handvoll Länder produziert wurde, zu denen Russland zählte, nicht aber die Ukraine. Die korrekte Diagnose rettete Juschtschenko das Leben. Mit von der Vergiftung entstelltem Gesicht und auf starke Medikamente gegen die quälenden Schmerzen angewiesen, nahm Juschtschenko den Wahlkampf wieder auf und erhielt nur umso mehr Unterstützung.

Ende Oktober 2004, als die Ukrainer an die Urnen gingen, um zwischen 24 Präsidentschaftskandidaten zu wählen, lag Juschtschenko in Führung und Janukowytsch knapp dahinter: Beide erhielten annähernd 40 Prozent der Stimmen. Es folgte eine Stichwahl, in der Juschtschenko sich die Mehrheit der Wähler sichern konnte, deren Kandidaten nicht so weit gekommen waren. Nach dem zweiten Wahlgang am 21. November lag Juschtschenko unabhängigen Wählerbefragungen zufolge mit 53 Prozent klar vor Janukowytsch mit 44 Prozent. Doch als die von der Regierung kontrollierte Wahlkommission die offiziellen Ergebnisse bekannt gab, erlebten die meisten ukrainischen Wähler eine Überraschung. Dem offiziellen Bericht zufolge hatte Janukowytsch die Wahl mit 49,5 Prozent der Stimmen gegenüber Juschtschenko mit 46,9 Prozent für sich entschieden. Die offiziellen Ergebnisse waren manipuliert. Wie abgehörte Telefongespräche zwischen Mitgliedern von Janukowytschs Wahlkampfteam bewiesen, hatten sie sich am Server der staatlichen Wahlkommission zu schaffen gemacht, um die nach Kyjiw übermittelten Wahlergebnisse zu fälschen.

Juschtschenkos Unterstützer waren außer sich. Schätzungsweise 200 000 Kyjiwer strömten zum Maidan, Kyjiws Unabhängigkeitsplatz, um gegen die Wahlfälschung zu demonstrieren. Die nach den offiziellen Farben von Juschtschenkos Präsidentschaftswahlkampf benannte Orange Revolution hatte ihren Anfang genommen. In den darauffolgenden Tagen und Wochen kamen Demonstranten aus der übrigen Ukraine hinzu, und die Zahl der Teilnehmer an den Massenkundgebungen stieg auf eine Million. Während Fernsehkameras Bilder der Maidan-Proteste in die ganze Welt übertrugen, entdeckten europäische Zuschauer die Ukraine für sich und sahen in ihr erstmals etwas anderes als einen weit entfernten Ort auf der Landkarte. Die Bilder ließen keinen Zweifel daran, dass ihre Einwohner Freiheit und Gerechtigkeit wollten. Europa und die Welt konnten nicht tatenlos zusehen. Mit dem Rückhalt der Wähler ausgestattet, griffen europäische Politiker in die Ukraine-Krise ein und trugen entscheidend zu ihrer Auflösung bei. Die Schlüsselrolle fiel dabei dem polnischen Präsidenten Aleksander Kwaśniewski zu, der Präsident Kutschma überredete, die Entscheidung des Verfassungsgerichts zu unterstützen, wonach die offiziellen Ergebnisse der Wahl als gefälscht zu annullieren seien.

Am 26. Dezember 2004 gingen die Ukrainer zum dritten Mal innerhalb von zwei Monaten an die Urnen, um ihren neuen Präsidenten zu wählen. Wie erwartet, gewann Juschtschenko mit 52 Prozent gegenüber Janukowytsch mit 44 Prozent – Ergebnisse, die denen der während der zweiten Wahlrunde durchgeführten unabhängigen Wählerbefragungen nahekamen. Die Orange Revolution bekam ihren Präsidenten. Aber konnte er das Versprechen der Revolution einlösen – der Vetternwirtschaft zu Leibe zu rücken, das Land von der Korruption zu befreien und es näher an Europa heranzuführen? Juschtschenko traute es sich zu. Sein Weg zur Transformation der Ukraine führte durch die Europäische Union.

Präsident Juschtschenko gab der Außenpolitik höchste Priorität und vertraute einem seiner Mitarbeiter an, der EU-Beitritt sei ein Ziel, für das es sich zu leben lohne. Ukrainische Diplomaten taten ihr Bestes, um das durch die Orange Revolution im Westen entstandene positive Bild zu nutzen und auf den bereits rollenden Zug der EU-Erweiterung aufzuspringen – im Jahr 2004 nahm die Europäische Union zehn neue Länder als Mitglieder auf, sieben davon ehemalige Satellitenstaaten und Republiken der Sowjetunion. Doch es war zu spät: Der Zug hatte den Bahnhof verlassen. Zwar sprach sich das Europäische Parlament im Januar 2005 dafür aus, engere Beziehungen zur Ukraine zu knüpfen, auch im Hinblick auf eine zukünftige Mitgliedschaft, doch die Europäische Kommission, die über Erweiterungen entschied, zeigte sich deutlich zurückhaltender. Statt sich in Verhandlungen über den Beitritt zu dem Bündnis zu begeben, unterbreitete sie der Ukraine Pläne für eine engere Kooperation.

Dass der Triebwagen der Geschichte die Ukraine in der Folge der Orangen Revolution nicht gemeinsam mit einigen ihrer westlichen Nachbarn in die EU zog, hatte mehrere Gründe. Manche davon lagen außerhalb von Kyjiws Kontrolle. Deutschland und andere bedeutende Akteure in der Union waren besorgt über die wirtschaftlichen und politischen Konsequenzen der Erweiterung, die bereits stattgefunden hatte. Schlimmer noch, sie stellten den Status der Ukraine als »europäischer Staat« infrage. Die entscheidenden Gründe für Kyjiws

Scheitern am Beitritt zum europäischen Klub demokratischer Nationen hatten dennoch mit der Ukraine selbst zu tun. Die Jahre nach der Orangen Revolution waren voller innerer Widersprüche. Große Errungenschaften mischten sich mit spektakulär gescheiterten politischen Strategien der Regierung.

Die neue Regierung sorgte dafür, dass die Verfolgung politischer Gegner beendet wurde, und garantierte Bürgern und Medien Meinungsfreiheit. In wirtschaftlicher Hinsicht stand die Ukraine besser da als vielleicht erwartet. Zwischen 2000 und 2008, als ihre Wirtschaft die Auswirkungen der weltweiten Rezession zu spüren bekam, verdoppelte sich das Bruttoinlandsprodukt auf 400 Milliarden Dollar. Damit wurden die Zahlen von 1990 übertroffen, dem letzten vollständigen Jahr in der Geschichte der UdSSR. Doch die Regierung Juschtschenko scheiterte daran, die Ukraine zu einem gerechteren Lebens- und Geschäftsumfeld zu machen. Sie unternahm kaum etwas gegen die grassierende Korruption. Hinzu kam, dass die Verfassungsänderungen, denen Juschtschenkos Lager im Dezember 2004 zustimmte, um die gefälschten Wahlen zu annullieren, das Land schwer regierbar machten. Gemäß der von Janukowytschs Unterstützern geforderten und von Juschtschenko akzeptierten Verfassungszusätze büßte der Präsident das Recht ein, den Premierminister zu ernennen, sodass dieser, nunmehr vom Parlament bestimmt, zum unabhängigen Akteur in der ukrainischen Politik wurde. Weder der Präsident noch der Premierminister verfügten über genügend Macht, um eigene Reformen zu verwirklichen, und Juschtschenko tat sich schwer damit, eine gemeinsame Basis mit Premierministerin Julija Tymoschenko, seiner ehemaligen Mitrevolutionärin, zu finden.

Als Juschtschenkos Amtszeit Anfang 2010 endete, herrschte große Enttäuschung über seine Regentschaft. Seine Rivalität mit Tymoschenko hatte die ukrainische Politik in eine nicht enden wollende Seifenoper verwandelt und das Anliegen der Reform und der europäischen Integration in Misskredit gebracht. Der Versuch des Präsidenten, eine starke ukrainische Nationalidentität zu schaffen, indem man verstärkt an den Holodomor von 1932 und 1933 erinnerte und die Kämpfer der Ukrainischen Aufständischen Armee gegen das Sowjetregime feierte, schlug sich nicht in breitem Rückhalt beim Wahlvolk nieder. Vielmehr sorgte die Erinnerungspolitik für eine Spaltung der ukrainischen Gesellschaft. Besonders umstritten war Juschtschenkos posthume Ehrung von Stepan Bandera, dem Vorkämpfer des radikalen ukrainischen Nationalismus in den 1930er und 1940er Jahren, als »Helden der Ukraine«. Die Affäre Bandera stieß nicht nur im Osten und Süden des Landes, sondern auch unter der ukrainischen liberalen Intelligenzija in Kyjiw und Lwiw auf heftige Ablehnung und verprellte europäische Freunde der Ukraine. Juschtschenko, sagten seinerzeit Beobachter, versuche die Ukraine nach Europa zu bringen, doch er habe das Europa an der Schwelle zum 20. und nicht zum 21. Jahrhundert im Sinn.

Nicht nur die Ukraine, sondern die gesamte postsowjetische Region war im Hintertreffen, während sie versuchte, den Übergang vom imperialen Untertan zum unabhängigen Staat zuwege zu bringen, den die Länder Mitteleuropas beinahe hundert Jahre früher vollzogen hatten. Sehr bald schon würde die Ukraine sich inmitten einer Krise wiederfinden, die viele an die Probleme des 19. Jahrhunderts erinnerte. Diese Krise würde ausländische Intervention, Krieg, Annexion und den Gedanken der Teilung der Welt in Machtsphären mit sich bringen. Und nicht zuletzt würde sie sowohl die Entschlossenheit der Ukraine, unabhängig zu bleiben, als auch die Kernelemente ihrer nationalen Identität auf die Probe stellen.

KAPITEL 27

DER PREIS DER WAHRHEIT

Bohdan Soltschanyk kam am frühen Morgen des 20. Februar 2014 mit dem Zug von Lwiw nach Kyjiw. Der 28-jährige Historiker, Soziologe und aufstrebende Dichter unterrichtete an der Ukrainisch-katholischen Universität in Lwiw und arbeitete mit einem Doktorvater von der Universität Warschau an einer Dissertation über Wahlpraktiken in der Ukraine. Soltschanyk befand sich jedoch nicht auf Forschungsreise, als er an jenem kalten Februartag das Pflaster des Kyjiwer Bahnhofs betrat. In Kyjiw fanden keine Wahlen statt, sondern eine Revolution. Er hatte schon im Jahr 2008 davon geträumt, als er das Gedicht »Wo ist meine Revolution?« verfasst hatte, in dem er die Enttäuschung seiner Generation über die während der Orangen Revolution von 2004 gegebenen, aber nicht gehaltenen Versprechen zum Ausdruck brachte.

Nun hatte eine neue Revolution die Ukraine erreicht, und Ende November 2013 waren erneut Hunderttausende von Menschen in die Straßen der Kyjiwer Innenstadt geströmt, um Reformen, das Ende der Regierungskorruption und eine engere Verbindung zur Europäischen Union zu fordern. Soltschanyk fand, sein Platz sei inmitten der Demonstranten in Kyjiw. Der 20. Februar stellte seinen vierten Streifzug in die Revolution dar, und es sollte sein letzter sein. Wenige Stunden nach seiner Ankunft in Kyjiw wurde Soltschanyk zusammen mit Dutzenden weiterer Demonstranten von Scharfschützen erschossen. Im Tod sollte er zu einem der »Himmlischen Hundert« werden – jener über einhundert Demonstranten, die im Januar und Februar 2014 in Kyjiw getötet wurden. Diese Tötungen beendeten 22 Jahre weitgehend gewaltfreier Politik in der Ukraine und schlugen ein dramatisches neues Kapitel in ihrer Geschichte auf. Die in den letzten

Tagen der Sowjetunion auf friedliche Weise erlangte Demokratie und die im Dezember 1991 an den Wahlurnen errungene Unabhängigkeit würden nun nicht mehr nur mit Worten und Märschen, sondern auch mit Waffen verteidigt werden müssen.

Die Ereignisse, die zur massenhaften Tötung von Demonstranten auf dem Maidan führten, begannen im Februar 2010 mit dem Sieg von Wiktor Janukowytsch, dem die Maidan-Proteste hauptsächlich gegolten hatten, bei den Präsidentschaftswahlen. Der neue Präsident begann seine Amtszeit damit, die Regeln des politischen Spiels zu ändern. Sein Ideal war ein starkes autoritäres Regime, und er versuchte so viel Macht wie möglich auf sich selbst und seine Familie zu vereinen. Er änderte die Verfassung, indem er das Parlament zwang, die Zusätze von 2004 zu streichen und dem Präsidentschaftsamt mehr Macht zuzugestehen. Im Sommer 2011 ließ er dann seine politische Hauptgegnerin, die ehemalige Premierministerin Julija Tymoschenko, inhaftieren und verurteilen, weil sie ein Gasabkommen mit Russland unterzeichnet hatte, das der ukrainischen Wirtschaft schaden würde. Nun da er die ganze Macht in Händen hielt und die politische Opposition verstummt oder eingeschüchtert war, richteten Janukowytsch und seine Leute ihre Aufmerksamkeit auf die Bereicherung des Herrscherclans. Innerhalb kurzer Zeit häuften Janukowytsch und die Mitglieder seiner Familie und Entourage riesige Vermögen an, transferierten mehr als 70 Milliarden Dollar auf Konten im Ausland und bedrohten die wirtschaftliche und finanzielle Stabilität des Staates, der im Herbst 2013 an der Schwelle zum Bankrott stand.

Nachdem die Opposition zerschlagen oder vereinnahmt war, richtete die ukrainische Gesellschaft ihre Hoffnungen abermals auf Europa. Unter Präsident Wiktor Juschtschenko war die Ukraine in Verhandlungen mit der Europäischen Union über ein Assoziierungsabkommen getreten, das die Schaffung einer Freiwirtschaftszone und die Lockerung der Einreisebedingungen für ukrainische Bürger umfasste. Die Hoffnung war, dass das Abkommen die demokratischen Einrichtungen der Ukraine retten und stärken, die Rechte der Opposition schützen und europäische Geschäftsstandards in die Ukraine bringen würde, um so die grassierende Korruption zu begrenzen, die sich von der obersten Spitze der Staatspyramide nach unten ausbreitete. Einige Oligarchen, die die wachsende Macht des Präsidenten und seines Clans fürchteten und ihren Besitz durch Etablierung klarer politischer und wirtschaftlicher Regeln schützen wollten, unterstützten das Assoziierungsabkommen mit der EU. Auch die Großindustrie wollte Zugang zu den europäischen Märkten und fürchtete die Möglichkeit, von russischen Wettbewerbern geschluckt zu werden, sollte sich die Ukraine der von Russland geleiteten Eurasischen Wirtschaftsgemeinschaft anschließen.

Alles war bereit zu einer feierlichen Unterzeichnung im Rahmen des für den 28. November 2013 geplanten EU-Gipfels in Vilnius. Eine Woche vor dem Gipfel änderte die ukrainische Regierung dann plötzlich den Kurs und schlug vor, die Unterzeichnung des Assoziierungsabkommens zu verschieben. Janukowytsch kam nach Vilnius, weigerte sich jedoch, irgendetwas zu unterschreiben. Waren die europäischen Staatsoberhäupter enttäuscht, so waren viele ukrainische Bürger außer sich. Die Regierung hatte über das gesamte Jahr hinweg gegebene Versprechen gebrochen und die Hoffnung auf eine bessere europäische Zukunft zunichte gemacht. So empfanden es die Männer und Frauen – viele davon schon Teilnehmer bei den früheren Protesten –, die sich am Abend des 21. November auf dem Maidan, dem ukrainischen Unabhängigkeitsplatz versammelten, nachdem die Regierung erklärt hatte, das Abkommen nicht unterzeichnen zu wollen. Janukowytschs Berater wollten den Protesten schnellstmöglich ein Ende setzen, um eine neue Orange Revolution abzuwenden. In der Nacht des 30. November verübte die Bereitschaftspolizei einen brutalen Angriff auf die Studenten, die am Maidan zusammengekommen waren. Doch wenn es etwas gab, was die ukrainische Gesellschaft nicht hinzunehmen bereit war, dann das. Am Tag darauf strömte mehr als eine halbe Million Kyjiwer, unter ihnen Eltern und Verwandte der von der Polizei traktierten Studenten, in die Kyjiwer Innenstadt und machte den Maidan und seine Umgebung zu einem Raum der Freiheit von der korrupten Regierung und ihren Polizeikräften.

Was als Forderung nach dem Anschluss an Europa begonnen hatte, wurde zur »Revolution der Würde«, die vielfältige politische Kräfte zusammenbrachte, von Liberalen in gemäßigten Mitte-Parteien bis hin zu Radikalen und Nationalisten. Wie schon im Jahr 2004 weigerten sich die Demonstranten, die Straßen zu verlassen. Nachdem die Regierung versucht hatte, die Proteste zu verbieten, kam es von Mitte Januar 2014 an zu blutigen Auseinandersetzungen zwischen der Polizei und von der Regierung gedungenen Schlägern auf der einen und Demonstranten auf der anderen Seite. Am 18. Februar erreichte die Gewalt ihren Höhepunkt. Innerhalb von drei Tagen starben mindestens 77 Menschen – neun Polizeibeamte und 68 Demonstranten. Die tödlichen Übergriffe hatten eine grundlegende Wendung sowohl in der Ukraine als auch in der internationalen Gemeinschaft zur Folge. Die Androhung internationaler Sanktionen zwang Mitglieder des ukrainischen Parlaments, von denen viele fürchteten, die Sanktionen könnten auch sie treffen, die Angst vor Vergeltung durch den Präsidenten abzulegen und eine Resolution zu verabschieden, die den Einsatz von Gewalt seitens der Regierung untersagte. Der Präsident hatte das Parlament gegen sich, die Bereitschaftspolizei war aus der Kyjiwer Innenstadt zurückgewichen, und in der Nacht des 21. Februar floh Janukowytsch aus dem umstürzlerischen Kyjiw. Die Demonstranten waren erfolgreich gewesen. Der Tyrann war fort, die Revolution hatte gesiegt. Das ukrainische Parlament stimmte für Janukowytschs Absetzung, die Ernennung eines Nachfolgers und die Einsetzung einer neuen, provisorischen Regierung unter Vorsitz der Oppositionsführer.

Die Proteste in Kyjiw überraschten die politischen Beobachter, da sie den ungewöhnlichen Fall einer durch außenpolitische Fragen beflügelten Massenbewegung darstellten. Die Demonstranten wollten engere Verbindungen zu Europa und stellten sich gegen den Beitritt der Ukraine zu einer von Russland angeführten Wirtschaftsgemeinschaft.

Russlands Bestrebungen, die Ukraine zu beherrschen, waren ein wesentlicher Faktor der Demonstrationen auf dem Maidan. Präsident Wladimir Putin, der seit dem Jahr 2000 an der Spitze der russischen Regierung stand, erst als Präsident, dann als Premierminister und dann wieder als Präsident, hatte den Zusammenbruch der UdSSR öffentlich als die größte geopolitische Katastrophe des 20. Jahrhunderts bezeichnet. Vor seiner Rückkehr ins Präsidentenamt im Jahr 2012 erklärte Putin die Wiedervereinigung des postsowjetischen Raums zu einer seiner Hauptaufgaben. Wie schon im Jahr 1991 war dieser Raum ohne die Ukraine unvollständig. Putin wollte, dass Janukowytsch, den er bei den Präsidentschaftswahlen von 2004 und 2010 unterstützt hatte, der von Russland geleiteten Wirtschaftsgemeinschaft beitrat; diese sollte die Grundlage für ein zukünftiges, umfassenderes wirtschaftliches und politisches Bündnis der postsowjetischen Staaten sein. Janukowytsch hatte Russland Zugeständnisse gemacht, indem er Russlands Pacht des Marinestützpunkts Sewastopol um 25 Jahre verlängert hatte, doch er war nicht begierig darauf, einem von Russland angeführten Bündnis beizutreten. Stattdessen bewegte er sich in einem zum Scheitern verurteilten Versuch, ein Gegengewicht zu Russlands wachsendem Einfluss und Ehrgeiz zu schaffen, allmählich auf den Beitritt zur Europäischen Union zu und bereitete sich auf die Unterzeichnung des Abkommens vor.

Russland reagierte darauf, indem es im Sommer 2013 einen Handelskrieg gegen die Ukraine eröffnete und seine Märkte für einige ukrainische Güter sperrte. Moskau nutzte Zuckerbrot und Peitsche, um das Abdriften der Ukraine in Richtung Westen zu unterbinden. Zum Zuckerbrot gehörte das Versprechen eines Darlehens in Höhe von 15 Milliarden Dollar, um die wenig liquide und korruptionsgeplagte ukrainische Regierung vor dem drohenden Bankrott zu retten. Der erste Teilbetrag war ausgezahlt worden, nachdem Janukowytsch sich der Unterzeichnung des Assoziierungsabkommens mit der EU verweigert hatte. Doch die Proteste auf dem Maidan änderten die Pläne des Kremls. Laut einer später vom ukrainischen Sicherheitsdienst durchgeführten Untersuchung waren russische Sicherheitsbeamte in den Tagen unmittelbar vor der Tötung Dutzender Demonstranten auf dem Maidan anwesend gewesen. Diese Morde führten schließlich zur Amtsenthebung von Präsident Janukowytsch. Anfang Februar 2014 kursierte in der russischen Präsidialverwaltung der Vorschlag, die innenpolitische Krise in der Ukraine auszunutzen, um die Krim zu annektieren und dann Teile der Ost- und Südukraine zu destabilisieren und ebenfalls zu annektieren. Wie wir heute wissen, sind diese Vorhaben nie in Vergessenheit geraten. Wie Präsident Putin selbst erklärte, traf er während einer Sitzung mit seinen politischen Beratern und militärischen Befehlshabern in der Nacht des 22. Februar 2014 persönlich die Entscheidung, die Krim nach Russland »zurückzuholen«.

Vier Tage später, in der Nacht des 26. Februar, übernahm ein Trupp bewaffneter Männer die Kontrolle über das Parlament der Krim. Unter ihrem Schutz arrangierten die russischen Geheimdienste die Einsetzung des Vorsitzenden einer prorussischen Partei, die in den vorherigen Parlamentswahlen nur 4 Prozent der Stimmen erhalten hatte, als neuer Premierminister der Krim. Mit Hilfe vor Ort angeheuerter Milizen hinderten russische Truppen dann zusammen mit Söldnern und kosakischen Militärverbänden, die mindestens eine Woche vor Beginn der Operation aus der Russischen Föderation herbeigeholt worden waren, ukrainische Militäreinheiten am Verlassen ihrer Stützpunkte. Während die neue ukrainische Regierung sich um die Kontrolle über die zuvor Janukowytsch gegenüber loyalen Polizei- und Sicherheitskräfte bemühte, beschleunigte der Kreml die Vorbereitungen auf eine vollständige Übernahme der Halbinsel, indem hastig ein Referendum zu ihrer Zukunft einberufen wurde. Die neue Regierung der Krim kappte ukrainische Fernsehkanäle, verhinderte die Auslieferung ukrainischer Zeitungen an Abonnenten und betrieb eifrig Propaganda für die Trennung der Krim von der Ukraine. Gegner des Referendums, die zu einem großen Teil der Minderheit der Krimtataren angehörten, wurden eingeschüchtert oder entführt.

Mitte März 2014 wurden die Bewohner der Krim zu den Wahllokalen gerufen, um für die Wiedervereinigung mit Russland zu stimmen. Die Ergebnisse des von Moskau befürworteten Referendums erinnerten an die Abstimmungen der Ära Breschnew, als die

Wahlbeteiligung mit 99 Prozent beziffert und der Anteil der Wähler, die Regierungskandidaten unterstützt hätten, mit der gleichen Zahl angegeben wurde. Nun hieß es, 97 Prozent der Wähler würden die Vereinigung der Krim mit Russland unterstützen. In Sewastopol berichteten lokale Funktionäre von einem prorussischen Votum, demzufolge 123 Prozent der registrierten Wähler zur Urne gegangen waren. Die neuen Krim-Behörden gaben die Wahlbeteiligung mit 83 Prozent an, doch laut dem Menschenrechtsrat, der dem Büro des russischen Präsidenten angegliedert war, hatten weniger als 40 Prozent der registrierten Wähler an der Abstimmung teilgenommen. Am 18. März, zwei Tage nach dem Referendum, forderte Putin die russischen Gesetzgeber auf, die Krim in einem Akt historischer Gerechtigkeit zu annektieren und so einen Teil des Schadens zu beheben, der Russland durch die Auflösung der UdSSR entstanden sei.

Die ukrainische Regierung in Kyjiw erkannte die Volksabstimmung nicht an, war jedoch nicht in der Lage, viel dagegen zu unternehmen. Sie zog ihre Truppen von der Halbinsel ab, um keinen Krieg in einem Land zu riskieren, das noch immer aufgrund des politischen Aufruhrs der Revolution der Würde gespalten war. Die seit Jahrzehnten unterfinanzierte und nicht kriegserprobte ukrainische Armee hätte es mit den gut ausgebildeten und ausgerüsteten Truppen der Russischen Föderation nicht aufnehmen können, die in Tschetschenien einen längeren Krieg ausgefochten und die russische Invasion Georgiens von 2008 durchgeführt hatten. Kyjiw war außerdem damit beschäftigt, der Destabilisierung anderer Teile des Landes durch Moskau Einhalt zu gebieten. Der Kreml forderte offiziell die »Föderalisierung« der Ukraine, nach der unter anderem jede Region über ein Vetorecht bei der Unterzeichnung internationaler Abkommen verfügen sollte. Russland wollte nicht nur die Krim – es versuchte durch Beeinflussung lokaler Führungsschichten und Einwohner im Osten und Süden des Landes die Bewegung der Ukraine in Richtung Europa zu stoppen.

Sollte sich die Ukraine weigern, dem russischen »Föderalisierungs«-Szenario zu folgen, gab es noch eine weitere Option: das Land zu teilen, indem man die Ost- und Südukraine zu einem neuen Pufferstaat machte. Ein von Russland kontrolliertes politisches Gebilde namens Neurussland sollte die Gebiete Charkiw, Luhansk, Donezk, Dnipropetrowsk, Saporischschja, Mykolajiw, Cherson und Odesa umfassen und Russland einen Landweg zur frisch annektierten Krim sowie zur russisch kontrollierten moldauischen Region Transnistrien eröffnen. Das Ganze wirkte nicht sehr realistisch; im April 2014 befürworteten nur 15 Prozent der Bevölkerung dieses avisierten Neurusslands die Vereinigung mit Russland, während 70 Prozent dagegen waren. Doch der Südosten war diesbezüglich nicht gerade homogen. Besonders hoch war der Anteil der prorussisch Eingestellten in der ostukrainischen Industrieregion Donbas, wo sich 30 Prozent der Befragten für die Vereinigung mit Russland aussprachen, niedrig dagegen in der Oblast Dnipropetrowsk, wo die Russlandunterstützer weniger als 7 Prozent der Bevölkerung ausmachten.

Die russischen Geheimdienste leiteten die Destabilisierung der Ukraine vom Donbas aus im Frühling des Jahres 2014 ein. Der Donbas stach als eine der wirtschaftlich und gesellschaftlich schwierigsten Regionen der Ukraine heraus. Als Teil des »Rostgürtels« der Sowjetunion und dann der Ukraine hatte er enorme Subventionen von der Zentrale erhalten, um die sterbende Kohleindustrie zu unterstützen. Donezk, das eigentliche Zentrum der Region, war die einzige größere ukrainische Stadt, in der ethnische Russen eine relative Mehrheit bildeten – 48 Prozent der Bevölkerung. Viele Bewohner des Donbas waren sowjetischen Ideologien und Symbolen zugetan, Lenin-Denkmäler etwa blieben hier als Sinnbild der sowjetischen Identität der Region stehen, während sie in der Zentralukraine im Laufe der Revolution der Würde größtenteils niedergerissen wurden. Die Regierung von Präsident Janukowytsch erlangte die Macht und erhielt sie aufrecht, indem sie die sprachlichen, kulturellen und historischen Unterschiede ihrer ostukrainischen Wählerschaft zur mittleren und vor allem westlichen Ukraine betonte. Sie behauptete, von Kyjiw gehe eine Bedrohung für die in der Region vorherrschende russische Sprache aus, ebenso wie für das historische Andenken an den Großen Vaterländischen Krieg, das angeblich durch Anhänger der Ukrainischen Aufständischen Armee in der Westukraine gefährdet sei. Während die sprachliche Spaltung und die Ablehnung der historischen Erinnerung tatsächlich einen Keil zwischen den Osten und den Westen der Ukraine trieb, übertrieben Politiker die Unterschiede weit über deren tatsächliche Bedeutung hinaus, um Wahlen zu gewinnen. Politischer Opportunismus dieser Art bereitete dem russischen Einschreiten in der Ukraine den Boden.

Im April 2014 tauchten paramilitärische Einheiten im Donbas auf, die oft von der russischen Regierung ausgebildet und finanziert wurden und den Kreml-Oligarchen nahestanden. Bis zum Mai hatten sie die Kontrolle über die urbanen Zentren der Region erlangt. Der abgesetzte Präsident Janukowytsch nutzte seine verbliebenen politischen Verbindungen und beträchtlichen finanziellen Ressourcen, um sich an der Destabilisierung seiner Heimatregion zu beteiligen. In Kyjiw griffen Banden auf der Gehaltsliste des im Exil lebenden Präsidenten Unterstützer der neuen Regierung an, wobei ihnen korrupte Polizisten halfen, indem sie ihnen Namen und Adressen potenzieller Opfer lieferten. Die lokalen Führungsschichten unter der Leitung von Rinat Achmetow, einem Geschäftspartner des abgesetzten Janukowytsch und reichster Oligarch der Ukraine, spielten das Spiel mit. Sie hofften sich gegen die von Kyjiw ausgehenden umstürzlerischen Veränderungen wappnen zu können, indem sie den Donbas zu einer Art Apanage-Fürstentum unter der Flagge der selbst ernannten Volksrepubliken Donezk und Luhansk machten, entsprechend den beiden Oblasten, die die Industrieregion des Donbas bildeten. Allerdings verkalkulierten sie sich dabei, und bis Ende Mai hatten sie die Kontrolle an russische Nationalisten und lokale Aktivisten verloren, die eine antioligarchische Revolution anzettelten. Wie in Kyjiw waren auch die Menschen in Donezk der Korruption überdrüssig, jedoch orientierten sich viele im Donbas nach Russland und nicht nach Europa und setzen ihre Hoffnungen somit nicht auf eine korruptionsfreie Marktwirtschaft, sondern auf eine staatlich geführte Wirtschaft sowie soziale Gewährleistungen wie zu Sowjetzeiten. Sahen die Demonstranten auf dem Maidan ihr Land als Teil einer europäischen Zivilisation, so verstanden die prorussischen Aufständischen sich selbst als Angehörige einer umfassenderen »russischen Welt« und ihren Krieg als eine Verteidigung orthodoxer Werte gegen den Vorstoß des korrupten europäischen Westens.

Der Verlust der Krim und der Aufruhr im Donbas führten ebenso wie die russischen Bemühungen, die Lage in Charkiw und Odesa zu destabilisieren, zu einer neuen Mobilmachung der ukrainischen Zivilgesellschaft. Zehntausende von Ukrainern, viele von ihnen Teilnehmer an den Maidan-Protesten, schlossen sich Armeeeinheiten und neuen Freiwilligenverbänden an, um den russisch geführten Aufstand im Osten niederzuschlagen. Da die Regierung die Soldaten nur durch Waffen unterstützen konnte, entstanden in der gesamten Ukraine freiwillige Organisationen, die Spenden sammelten, Ausrüstungsgegenstände kauften und sie an die Front lieferten. Die ukrainische Gesellschaft nahm sich der Aufgabe an, die der ukrainische Staat nicht zu bewältigen vermochte. Zwischen Januar und März 2014 stieg der Anteil der Befürworter der ukrainischen Unabhängigkeit den Daten des Kyjiwer Soziologischen Instituts zufolge von 84 Prozent auf 90 Prozent der erwachsenen Bevölkerung. Der Anteil derjenigen, die wollten, dass sich die Ukraine Russland anschloss, fiel von 10 Prozent im Januar 2014 auf 5 Prozent im September. Selbst die Befragten im Donbas betrachteten ihre Region überwiegend als Teil des ukrainischen Staates. Der Prozentsatz der »Separatisten«, die entweder die Unabhängigkeit oder die Vereinigung mit Russland wollten, stieg zwischen April und September 2014 von unter 30 Prozent auf über 40 Prozent der Befragten im Donbas, erreichte aber nie die Mehrheit, was einerseits die meisten proeuropäischen Ukrainer darauf hoffen ließ, diese Gebiete nicht zu verlieren, andererseits aber auf künftige Probleme bei der Ausbildung einer gemeinsamen nationalen Identität hindeutete.

Bei den Präsidentschaftswahlen im Mai 2014 verhalfen die ukrainischen Wähler in einer Demonstration politischer Geschlossenheit einem der bekanntesten Geschäftsmänner der Ukraine und aktiven Teilnehmer an den Maidan-Protesten, dem 49-jährigen Petro Poroschenko, zum Sieg. Nach dem Ende der durch Janukowytschs Amtsenthebung herbeigeführten Legitimitätskrise war die Ukraine bereit, sowohl offenen als auch verdeckten Angriffen die Stirn zu bieten. Anfang Juli errang die ukrainische Armee ihren ersten großen Erfolg – die Befreiung der Stadt Slowjansk, die dem bekanntesten russischen Befehlshaber Igor Girkin (»Strelkow«), einem ehemaligen Oberstleutnant beim Abwehrdienst, als Hauptquartier gedient hatte. Im verzweifelten Versuch, den ukrainischen Vorstoß zu stoppen, begann Russland die Aufständischen mit neuem Rüstungsmaterial zu versorgen, darunter Flugabwehrraketen. Ukrainischen und amerikanischen Beamten zufolge wurde mit einer solchen Rakete am 17. Juli 2017 eine Boeing 777 der Malaysian Airlines mit 298 Menschen an Bord abgeschossen. Die Opfer stammten aus den Niederlanden, Malaysia, Australien, Indonesien, Großbritannien und einer Reihe weiterer Länder, was dem Ukraine-Konflikt einen wahrhaft globalen Charakter verlieh.

Die Tragödie um das malaysische Flugzeug bewegte westliche Staatsoberhäupter zur Unterstützung der Ukraine und brachte sie dazu, Wirtschaftssanktionen gegen russische Funktionäre und Unternehmen zu verhängen, die für den Angriff unmittelbar verantwortlich waren. Doch das war zu wenig und kam zu spät, wie sich zeigte. Als die beiden von Russland unterstützten separatistischen Volksrepubliken Donezk und Luhansk Mitte August kurz vor der Niederlage standen, verstärkte Moskau die Offensive und schickte neben Söldnern auch reguläre Truppen ins Gefecht.

Über 1000 Soldaten des ukrainischen Militärs und Mitglieder von Freiwilligenbataillonen wurden in der Stadt Ilowajsk von den vorrückenden russischen Streitkräften umstellt. Als sie mit den russischen Befehlshabern ein Abkommen zum Rückzug aus der Stadt erzielt hatten und daraufhin begannen sich zurückzuziehen, stellten die russischen Offiziere neue Forderungen und eröffneten das Feuer auf die zurückweichenden Truppen, was zu hohen Verlusten auf ukrainischer Seite führte. Anfang September 2014, als der ukrainische Vorstoß im Donbas zum Stillstand kam und russische Truppen in die Offensive gingen, traf sich der frisch gewählte Präsident der Ukraine Petro Poroschenko in der belarussischen Stadt Minsk mit seinem russischen Amtskollegen Wladimir Putin, um über ein Ende der

Kriegshandlungen zu sprechen. An den Verhandlungen waren auch die deutsche Kanzlerin Angela Merkel und der französische Präsident François Hollande beteiligt. Am 5. September unterzeichneten die Konfliktparteien das Protokoll von Minsk, ein komplexes Abkommen, das eine Waffenruhe bewirkte, aber darüber hinaus nicht viel mehr.

Im Januar 2015 befanden sich beide Seiten wieder im Krieg. Die Russen versuchten ihren Erfolg aus dem Vorjahr zu wiederholen und ukrainische Truppen an dem bedeutenden Eisenbahnknotenpunkt Debalzewe einzukesseln. Diesmal waren die Ukrainer vorbereitet. Die Schlacht zog sich bis in den Februar hin und ermöglichte ein weiteres Einschreiten Deutschlands und Frankreichs. Am 14. Februar einigten sich die Regierungschefs Deutschlands, Russlands, Frankreichs und der Ukraine auf ein neues Protokoll, das als »Minsk II« bekannt wurde. Obgleich ein Waffenstillstand zu den Grundbedingungen zählte, dauerten die Schusswechsel nach Unterzeichnung des Protokolls an. Der Kampf um Debalzewe tobte weiter, bis sich die ukrainischen Streitkräfte am 20. Februar aus der Stadt zurückzogen. Andere Bedingungen des Protokolls erwiesen sich als ebenso schwer umsetzbar. Sie beinhalteten die Zusicherung der Ukrainer, in der abtrünnigen Region Wahlen durchzuführen, und die Zusicherung der Russen, die Kontrolle über die ukrainisch-russische Grenze an ukrainische Truppen abzugeben. Die Frage, was zuerst geschehen sollte, würde noch jahrelang strittig bleiben.

Der Kreml bewahrte die selbst ernannten Republiken vor dem Zusammenbruch, konnte jedoch seinen ursprünglichen Plan eines Neurusslands – eines russisch kontrollierten Staatsgebildes, das sich von Donezk im Osten bis nach Odesa im Westen erstrecken und eine Landbrücke zwischen Russland und der Krim bilden sollte – nicht in die Tat umsetzen. Ebensowenig gelang es Russland, die Ukraine davon abzuhalten, ihre politischen und wirtschaftlichen Beziehungen zum Westen zu vertiefen. Da die Ukraine sich weigerte, irgendeinen Gebietsverlust anzuerkennen oder ihr Ziel des politischen, wirtschaftlichen und kulturellen Zusammenwachsens mit dem Westen aufzugeben, während wiederum die Russen sich weigerten, die Ukraine aus ihrer Einflusssphäre zu entlassen, und der Westen zwar über die Bedrohung der internationalen Ordnung besorgt, aber über die beste Strategie zur Zügelung der wachsenden russischen Ambitionen geteilter Ansicht war, wurde der Krieg in der Ostukraine zu einem Dauerkonflikt ohne absehbares Ende.

KAPITEL 28

EIN NEUER MORGEN BRICHT AN

Die Worte »Noch ist die Ukraine nicht untergegangen« aus der ukrainischen Hymne erwiesen sich als prophetisch und bekamen in der Folge des militärischen Konflikts mit Russland und seinen Stellvertretern einen eher optimistischen als pessimistischen Beiklang. Die heroische Verteidigung des Flughafens Donezk durch die ukrainischen Streitkräfte gegen die erdrückende Übermacht russisch unterstützter Truppen von Mai 2014 bis Januar 2015 fügte der Nation einen weiteren Mythos hinzu – die Verteidiger wurden weithin als »Cyborgs« bekannt – und verlieh ihr neuen Auftrieb.

Die unter Beweis gestellte Fähigkeit der Ukraine, sich in der Auseinandersetzung mit der Russischen Föderation zu behaupten und ihre Unabhängigkeit zu wahren, setzte das Land auf einen neuen Kurs. Die Stabilisierung der Front im Donbas ermöglichte es Präsident Petro Poroschenko und den beiden aufeinander folgenden Regierungen unter den Ministerpräsidenten Arsenij Jazenjuk und Wolodymyr Hrojsman, ein ambitioniertes, von den Erwartungen und Forderungen der Teilnehmer an den Maidan-Protesten bestimmtes Programm zu formulieren. Das Land wollte, dass die neue Regierung den zunehmenden autoritären Tendenzen an der Spitze der Staatspyramide ein Ende setzte, die Eingliederung in westliche politische und wirtschaftliche Strukturen durch Unterzeichnung eines Assoziierungsabkommens mit der Europäischen Union beschleunigte und zu guter Letzt die Korruption ausmerzte, die sich weit über die Zentralregierung der Ukraine hinaus ausgebreitet hatte.

Das Assoziierungsabkommen mit der Europäischen Union, dessen abrupte Aufgabe im Herbst 2013 zu Protesten geführt hatte, wurde im März 2014 von den Vertretern der Ukraine unterzeichnet, kurz nach dem Ende der Proteste und der russischen Annexion der Krim. Die EU sagte der Ukraine finanzielle und logistische Unterstützung zu, doch eine deutlich wichtigere Auswirkung des Abkommens war die Gründung einer Freihandelszone, die nicht nur zur politischen, sondern auch zur wirtschaftlichen Umorientierung der Ukraine in Richtung Westen beitrug. Zwischen 2013 und 2018 sollten die Exporte der Ukraine nach Russland von 26 auf 12 Prozent des gesamten Handelsvolumens fallen, während Exporte in die Europäische Union von 28 auf über 40 Prozent stiegen. Im Jahr 2017 wurden visafreie Reisen in die Europäische Union Realität – im Lichte der proeuropäischen Bestrebungen der Proteste von 2013 eine Entwicklung von hoher Symbolbedeutung –, und im Laufe der folgenden drei Jahre unternahmen die Ukrainer 49 Millionen Reisen in die EU.

Zusammen mit dem durch den Krieg noch stärker zutage getretenen ungelösten Problem des Regionalismus und sporadischen Separatismus brachte die Revolte gegen den Autoritarismus eine dringend notwendige Dezentralisierung und Reform der Kommunalverwaltung voran. Bis Mitte 2019 profitierten bereits 28 Prozent der Bevölkerung von einem neuen Kommunalverwaltungssystem, das die Entscheidungsgewalt und die Finanzhoheit von der Hauptstadt auf die kommunale und lokale Ebene verlagert. Diese Befugnisse und Verantwortlichkeiten wurden neu gebildeten, in der Ukraine als *hromady* bekannten Gemeinden übertragen. Die Bildung von *hromady* fand auf freiwilliger Basis statt und verringerte drastisch die Abhängigkeit lokaler Regierungen von den Behörden der Hauptstadt. Von nun an würden lokale Gemeinden selbst entscheiden, wie sie ihre schwer verdienten Kommunalsteuern investierten. Diese in der EU als Standard geltende Regelung wurde nun auch in der Ukraine zur Norm.

Während die Neuorientierung in Richtung der Europäischen Union die Moral in der Ukraine stärkte, führte der Widerstand gegen militärische Aggression und hybride Kriegsführung vonseiten Russlands dazu, dass die Bedeutung nationaler Kultur als einigendes Band stärker gewürdigt wurde. Im Jahr 2017 veranlasste das Außenministerium die Gründung des Ukrainischen Instituts – einer Regierungsbehörde, die ukrainische Kultur und generell das Image der Ukraine im Ausland fördern sollte. Die Gründung der Ukrainischen Kulturstiftung und des Ukrainischen Buch-Instituts resultierten in einer bescheidenen Investition der Regierung – der ersten seit Jahrzehnten – in die Förderung der ukrainischen Kultur und des Verlagswesens. Im Zuge dieser und anderer Maßnahmen wurde die ukrainische Filmindustrie wiederbelebt, und die zuvor von russischen Publikationen dominierten Regale ukrainischer Buchhandlungen wurden mit Büchern aus ukrainischen Verlagshäusern gefüllt.

Das allgemein als »Lenin-Sturz« bekannte Niederreißen von Lenin-Denkmälern, das während der Maidan-Proteste Ende 2013 begann und sich im Jahr 2014 fortsetzte, markierte einen symbolischen Bruch mit der kommunistischen Vergangenheit. Regierungsinstitutionen wie das von dem Maidan-Aktivisten Wolodymyr Wjatrowytsch geleitete Institut für Nationales Gedenken erwirkten die Zustimmung des Parlaments zu sogenannten Dekommunisierungsgesetzen, die das landesweite Entfernen von Denkmälern zu Ehren Lenins und anderer kommunistischer Führer verfügten. Von den 5500 Lenin-Denkmälern, die es vor 1990 im Land gab, wurden in der Folge 1300 entfernt. Man strich die aus kommunistischen Zeiten stammenden Namen von Straßen, Dörfern, Städten und ganzen Regionen, und die jeweiligen Kommunen durften selbstständig neue wählen. Die nach dem ukrainischen Kommunistenführer Hryhoryj Petrowskyj benannte Stadt Dnipropetrowsk wurde zu Dnipro und das nach Sergei Kirow, einem Sowjetführer ohne Verbindung zur Ukraine, benannte Kirowohrad zu Kropywnyzkyj, nun benannt nach Marko Kropywnyzkyj, einem in der Region geborenen Dramatiker und Schauspieler aus dem 19. Jahrhundert. Die ukrainische Landkarte veränderte sich buchstäblich über Nacht.

Auch in der religiösen Sphäre der Ukraine kam es zu historischen Veränderungen. Präsident Poroschenko spielte eine Schlüsselrolle bei der Zusammenführung zweier voneinander unabhängiger ukrainisch-orthodoxer Kirchen im Dezember 2018 und dabei, die Anerkennung der neuen Kirche durch den Patriarchen in Konstantinopel zu erwirken. Dies geschah gegen den Protest des Moskauer Patriarchats, das die meisten existierenden ukrainisch-orthodoxen Gemeinden kontrollierte und ihnen den Beitritt zu der neuen Kirche untersagte. Erstmals seit dem 17. Jahrhundert erkannten die führenden östlichen Patriarchen eine orthodoxe Kirche außerhalb des Moskauer Einflussbereichs an. Es war die Vollendung eines langen Prozesses, der mit der Gründung der ersten Ukrainischen Autokephalen Orthodoxen Kirche im Jahr 1921 und der Wiederherstellung unabhängiger Zweige der Kirche kurz vor und nach dem Fall der Sowjetunion begonnen hatte.

Nicht alle diese Veränderungen stießen auf bedingungslose Akzeptanz. Die Dekommunisierungsgesetze wurden im Land selbst wie auch außerhalb als Versuch kritisiert, die Vergangenheit per Gesetz zu regeln und ein nationalistisches Narrativ zu propagieren. Man hinterfragte die Rolle der Regierung bei der Gründung der neuen Kirche und äußerte Besorgnis hinsichtlich der Zukunft der russischen Sprache und Kultur in der Ukraine. Kritik dieser Art kam nicht nur von Verfechtern des alten Regimes und seiner Politik, sondern auch aus liberalen Kreisen, die die Maidan-Proteste unterstützt hatten und nun ein mögliches Erstarken des Nationalismus im Land fürchteten. Wenngleich der Krieg und der neue politische Kurs die nationale Identität der Ukraine stärkten und die ukrainische Sprache und Kultur förderten, so führten sie jedoch nicht zu einem merklichen Anstieg des Nationalismus. Die nationalistischen Parteien scheiterten bei den ukrainischen Parlamentswahlen von 2014 und 2019 an der Fünfprozenthürde und schafften es somit nicht ins Parlament – ein bemerkenswerter Unterschied zu den östlichen und westlichen Nachbarn der Ukraine. Patriotismus oder staatsbürgerlicher Nationalismus blieb die bestimmende Ideologie in der vom Krieg gezeichneten Ukraine.

Der Krieg im Donbas machte den Führungsschichten des Landes deutlich, dass die weitere Existenz der Ukraine als unabhängiger Staat weniger von internationalen Abkommen wie dem Budapester Memorandum abhing als vielmehr von der Fähigkeit der bewaffneten Streitkräfte des Landes, weiteren Angriffen standzuhalten.

Die Ukraine bedurfte einer gut ausgebildeten und kampfbereiten Armee, und so verwandelte man eine Armee aus Wehrpflichtigen in Streitkräfte mit Soldaten, die sich vertraglich zum Dienst verpflichteten. Eine weitere dringliche Aufgabe war die Demobilisierung beziehungsweise die Integration der Freiwilligenbataillone, die im Jahr 2014 das Blatt gewendet hatten, in die regulären Streitkräfte oder die Strukturen des Innenministeriums. Beides wurde bis 2016 erreicht. Die Wehrpflicht wurde in jenem Jahr abgeschafft, während zugleich 63 500 Verträge von Offizieren und Soldaten unterzeichnet wurden, die den ukrainischen Streitkräften beitraten. Die Armee wuchs von 140 000 auf 250 000 Männer und Frauen. Die Freiwilligenbataillone wurden zu disziplinierten Kampfeinheiten ausgebildet, wenn auch gegen den Widerstand einiger ihrer Befehlshaber und ihrer geschäftlichen und politischen Unterstützer.

Trotz einer Verdopplung der Verteidigungsausgaben hätte die Ukraine eine solche Transformation nicht aus eigener Kraft leisten können. Die Militärreform wurde von den Vereinigten Staaten und einigen NATO-Ländern unterstützt, wobei die Vereinigten Staaten während der ersten vier Jahre des Konflikts Sicherheitshilfen in Höhe von 1,6 Milliarden Dollar beisteuerten. US-amerikanische und kanadische Offiziere halfen bei der Ausbildung ihrer ukrainischen Partner, und es wurden gemeinsame Militärübungen an Land und zur See durchgeführt. Ziel war es, die ukrainischen Streitkräfte in die Lage zu versetzen, ihr Land zu verteidigen, nicht aber besetzte Gebiete zurückzuerobern oder Angriffe gegen andere Länder zu lancieren. Dieses Ziel wurde durch die Kategorie der Waffen unterstrichen, die die Vereinigten Staaten nach langen Diskussionen in die Ukraine lieferten: Dabei handelte es sich um Javelins – von einzelnen Soldaten getragene Panzerabwehrraketen –, Waffen, wie sie den Ukrainern in den Jahren 2014 und 2015 gefehlt hatten.

Ungeachtet der internationalen Unterstützung konnte der von Grund auf notwendige Wiederaufbau der ukrainischen Streitkräfte nicht ohne die Wiederbelebung der Wirtschaft des Landes geschehen. Die russische Annexion der Krim und der Verlust bedeutender urbaner Zentren im Donezbecken an die Marionetten-»Volksrepubliken« Donezk und Luhansk stellten massive Rückschläge für Staat, Gesellschaft und Wirtschaft dar. Die Annexion der Krim bedeutete einen Verlust von 3 Prozent des Staatsgebiets und 5 Prozent der Bevölkerung. Die Verluste im Donbas beliefen sich auf zusätzliche 7 Prozent des Territoriums und einen beträchtlichen (aber schwer zu berechnenden) Anteil der Bevölkerung. 1,7 Millionen Menschen verließen ihre Heimatstädte. Der Krieg und der Verlust von Gebieten, Menschen und Industrieunternehmen wirkten sich lähmend auf die übrige Wirtschaft des Landes aus.

Im Jahr 2014 schrumpfte das Bruttoinlandsprodukt der Ukraine um 6,6 Prozent. Im Jahr 2015 sank es um weitere knapp 10 Prozent. Bis zu zwei Millionen Ukrainer, die in der Heimat keine gut bezahlten Arbeitsstellen finden konnten, gingen zum Arbeiten ins Ausland, hauptsächlich in EU-Länder. Erschwerend kam hinzu, dass das Funktionieren der verbliebenen Wirtschaft in der Ukraine von Russland abhängig war, das soeben erst einen Teil des Landes an sich gerissen hatte. Der russische Markt machte 26 Prozent der ukrainischen Exporte aus. Importe aus Russland beliefen sich auf etwa 29 Prozent. Der Löwenanteil dieser Importe entfiel auf Erdgas, mit dem die Ukraine mehr als die Hälfte ihres Bedarfs deckte.

Der politische, gesellschaftliche und wirtschaftliche Schock des Krieges bedeutete, dass die Ukraine einen Weg finden musste, ihre chronisch angeschlagene Wirtschaft zu reformieren und umzustrukturieren, insbesondere den für Korruption und Missbrauch notorisch anfälligen Finanzsektor. Mit der Unterstützung einer mobilisierten Zivilgesellschaft vermochte die ukrainische Führung die Staatschefs der Europäischen Union und anderer Industrienationen zu beträchtlichen finanziellen Hilfeleistungen für die Ukraine zu bewegen. In den ersten Jahren der Krise konnte allein die EU bis zu 14 Milliarden Euro bereitstellen, darunter eine Milliarde Euro an Fördergeldern, um der ukrainischen Wirtschaft auf die Beine zu helfen. Die Vereinigten Staaten bewilligten 2,2 Milliarden Dollar, Kanada steuerte 785 Millionen Dollar bei, und Japan beteiligte sich mit einem Darlehen in Höhe von 1,5 Milliarden Dollar. Westliche Spender und die ukrainische Zivilgesellschaft drängten zugleich auf Reformen, die über den Wirtschaftsbereich hinausgingen und sich mit der Korruption auseinandersetzten, die die ukrainische Wirtschaft lähmte. Die von westlichen Fördermitteln abhängige Regierung zeigte sich bereit, entsprechende Maßnahmen zu ergreifen.

Die erste Aufgabe bestand darin, das Bankensystem der Ukraine zu bereinigen, in welchem die Banken, wie ein Kommentator bemerkte, oft als Geldautomaten für ihre Eigentümer fungierten. Von Sparern und Investoren eingezahltes Geld wurde an Unternehmen im Besitz der Bankeigentümer weitergeleitet, die anschließend den Bankrott erklärten und den Staat so zur Rückvergütung der Bankkunden zwangen. Das Finanzsystem funktionierte nicht, und Haushaltsdefizite waren an der Tagesordnung. Eine von der Chefin der Nationalbank der Ukraine Walerija Hontarewa und ihren Mitarbeitern angestoßene Reform beendete das Geldautomaten- / Geldwäschestadium des ukrainischen Bankwesens. Die Eigentümer mussten nun nachweisen, woher ihr Kapital stammte, und den Kapitalwert ihrer Banken ermitteln. Viele weigerten sich, das Geld zurückzuzahlen, und zwangen die Regierung damit, sie zu schließen. Von 185 Banken überlebten nur 85 die Reform.

Im Jahr 2016 verstaatlichte die Regierung die PryvatBank, die größte Bank der Ukraine, deren Miteigentümer Ihor Kolomojskyj war, ein Oligarch, der 2014 entscheidend dazu beigetragen hatte, eine russische Übernahme der östlichen und südlichen Regionen der Ukraine zu verhindern. Die Verluste der PryvatBank beliefen sich auf 5,5 Milliarden Dollar. Kolomojskyj wehrte sich von seinem selbst gewählten Schweizer Exil aus vehement gegen die Regierung und setzte dabei sein Medienimperium, seinen politischen Einfluss und sogar die paramilitärischen Einheiten ein, die er zu Beginn des Krieges mitfinanziert hatte. Am Ende verlor er aber. Die dringend notwendige Umstrukturierung des Finanzsektors und die Refinanzierung der Banken kostete das Land 12 Prozent seines Bruttoinlandsprodukts, doch sie gelang. Andernfalls wären die Wiederherstellung der gesamtwirtschaftlichen Stabilität der Ukraine und die Erholung und Weiterentwicklung ihrer Wirtschaft völlig unmöglich gewesen.

Als Nächstes folgte die Reform des Energiesektors der Ukraine, der wichtigsten Quelle des Oligarchenreichtums in den 1990er Jahren und der wohl korrupteste Bereich der ukrainischen Wirtschaft vor 2014. Unterschiedliche Erdgaspreise für Wirtschaftsunternehmen und Privathaushalte schufen unbegrenzte Möglichkeiten für Korruption. Einigen Schätzungen zufolge wurde das staatseigene Öl- und Gasunternehmen Naftohas jährlich um umgerechnet bis zu drei Milliarden US-Dollar geprellt. Im Jahr 2014 belief sich das Defizit des Unternehmens auf 5,5 Prozent des Bruttoinlandsprodukts der Ukraine. Der Sektor wurde reformiert, indem man den direkten Gaserwerb von Russland beendete und auf den Rücktransport des gleichen Gases aus osteuropäischen Ländern umstellte. Die Erhöhung der Preise für Endverbraucher – Privathaushalte zahlten im Schnitt nicht mehr als 12 Prozent der eigentlichen Kosten – war aus Regierungssicht mehr als unpopulär, wurde aber im Jahr 2018, dem letzten vollen Jahr von Poroschenkos Amtszeit, dennoch umgesetzt.

Reformen und wirtschaftliche Verwerfungen infolge des Krieges sorgten zusammengenommen dafür, dass sich die Eigentümerstruktur der ukrainischen Wirtschaft maßgeblich veränderte. Die Macht der Oligarchen, die sich nach ihrem Vermögen bemaß, wurde deutlich verringert. Zwischen 2013 und 2018 fiel das Vermögen der einhundert reichsten Ukrainer von 52 Prozent des Bruttoinlandsprodukts auf 20 Prozent, während das Vermögen der zehn reichsten Ukrainer von 29 Prozent auf 10 Prozent sank. Die Struktur der ukrainischen Wirtschaft, einer der ausschlaggebenden Faktoren für die Vermögensumverteilung, veränderte sich ebenfalls. Der Anteil des der Rentenökonomie zugerechneten und mit den alten Oligarchenclans assoziierten Bergbaus sank, während der Anteil der zum profitorientierten Bereich der Wirtschaft zählenden und nicht mit den traditionellen Oligarchengruppen in Verbindung stehenden Technologie- und Telekommunikationsbranche signifikant stieg.

Mehrere Reformen zielten speziell auf die Korruption ab. Die Einführung verpflichtender elektronischer Einkommenserklärungen für Regierungsbeamte, die Gründung spezieller Antikorruptionsermittlungsbehörden und die nach langen Verzögerungen erfolgte Schaffung eines Antikorruptionsgerichts waren das unmittelbare Resultat der gemeinsamen Anstrengungen von ukrainischer Zivilgesellschaft und westlichen Geldgebern. Eine der wirksamsten Antikorruptionsreformen, »ProZorro« (ein Wortspiel mit dem ukrainischen Begriff für »transparent«), mündete in der Einführung des wohl weltweit transparentesten Systems des öffentlichen Beschaffungswesens und schränkte die Möglichkeiten für Korruption in diesem Bereich drastisch ein. Im Laufe der Zeit stießen die in den ersten Jahren von Präsident Poroschenkos Amtszeit forcierten Antikorruptionsreformen jedoch auf zahlreiche Probleme. Das Justizsystem blieb weitgehend unverändert, und entsprechende Reformen wurden von der Spitze der Regierungspyramide blockiert.

Als die Bürger im Frühjahr 2019 zur nächsten Präsidentschaftswahl gingen, war die dringlichste Frage auf der politischen Agenda, ob es dem Land gelingen würde, den Weg in Richtung Europäischer Union und interner Reformen weiter zu beschreiten und sich zugleich gegen Russland zu verteidigen.

Der amtierende Präsident Petro Poroschenko, dessen Regierung das Land nach dem Quasi-Zusammenbruch von 2014 stabilisiert und daraufhin Reformen in Gang gebracht hatte, war in Nöten. Der Krieg im Donbas dezimierte weiterhin die nationalen Ressourcen und kostete ukrainischen Soldaten und Zivilisten das Leben. Wenngleich finanzielle und ökonomische Reformen zur Verbesserung der Lage beitrugen, erwiesen sie sich doch als schmerzhaft für die Durchschnittsbürger, die angesichts der drastischen Erhöhungen der Preise für Gas, Strom und andere Nebenkosten fassungslos waren. Beinahe ein Viertel der Bevölkerung lebte an oder unterhalb der Armutsgrenze; 5,5 Millionen ukrainische Bürger waren zum Bezug staatlicher Förderungen berechtigt. Präsident Poroschenko, dessen Entourage im Vorfeld der Wahlen in Korruptionsskandale verstrickt wurde, konnte die Wähler nicht davon überzeugen, dass die Reformen seiner Regierung die Korruption in Kernbereichen der Wirtschaft beseitigt hatten.

Im Mai 2019 wählte die Ukraine einen neuen Präsidenten, den 41-jährigen Wolodymyr Selenskyj, einen Komiker und Geschäftsmann mit Jura-Abschluss. Einer Bevölkerung, die von anhaltenden kriegerischen Auseinandersetzungen und wirtschaftlichen Nöten erschöpft war, versprach Selenskyj, Krieg, Armut und Korruption ein Ende zu setzen. Wie die Wähler in einer Reihe anderer Länder, die von einer Welle des Populismus betroffen waren, entschied sich das ukrainische Wahlvolk, seinen Protest zum Ausdruck zu bringen, und optierte für einen politischen Außenseiter. Mit seinem Sieg bei den Präsidentschaftswahlen schrieb Wolodymyr Selenskyj in mehr als einer Hinsicht Geschichte. Mit seinen 41 Jahren war er der jüngste Präsident in der Geschichte der Ukraine. Er war auch der erste jüdische Präsident des Landes. Im Sommer 2019 hatte die Ukraine kurzzeitig sowohl einen jüdischen Präsidenten als auch einen jüdischen Ministerpräsidenten – eine bemerkenswerte Tatsache für ein Land mit einer langen und oft tragischen Geschichte jüdisch-ukrainischer Beziehungen.

Was die Einstellungen der Wähler anging, offenbarte die Präsidentschaftswahl von 2019 mehr Kontinuität als Veränderung und zeigte, dass der Krieg die Ukraine zu einem einheitlicheren Land gemacht hatte. Hatten gegnerische Kandidaten bei Wahlen vor dem Krieg das Land wiederholt fast genau entlang der Linie zwischen Ost und West gespalten, so ließ die neue Wahl eine deutlich andere Geographie erkennen. Sowohl Poroschenko im Jahr 2014 als auch Selenskyj im Jahr 2019 konnten den Großteil des Landes auf sich vereinigen. Die Wähler unterstützten Selenskyj nun mit einer fast so großen Mehrheit wie 2014 Poroschenko. Diese Entwicklung setzte sich im Juli 2019 fort, als die Partei des Präsidenten, »Diener des Volkes«, bei den Parlamentswahlen die Mehrheit der Sitze gewann. Das völlig neue politische Gebilde war nach der satirischen Fernsehserie benannt, in der Selenskyj den Präsidenten der Ukraine gespielt hatte.

Trotz des Wechsels der politischen Garde in Kyjiw blieben die wesentlichen Herausforderungen der ukrainischen Gesellschaft die gleichen: Sicherheit, institutionelle Reform und die anhaltende Vorherrschaft der Oligarchen in der ukrainischen Wirtschaft und Politik. In den ersten Monaten seiner Präsidentschaft schloss Wolodymyr Selenskyj ein Bündnis mit den ukrainischen »Jungtürken«, einer

Gruppe junger und ambitionierter Reformer, die sich an ihn gewandt hatten, weil sie mit den Fortschritten der unter seinem Vorgänger angestoßenen Reformen unzufrieden waren. Die von dem 35-jährigen Ministerpräsidenten Oleksij Hontscharuk angeführte Regierung machte sich die Fortsetzung der Wirtschaftsreform und des Kampfes gegen die Korruption zur Aufgabe. Die Privatisierung von Staatseigentum erschien als der schnellste Weg, um beides zu erreichen. Die Liste zum Verkauf stehender staatlicher Unternehmen wurde drastisch verlängert, und 2020 wurde der Gesetzesentwurf zur Aufhebung des seit dem Jahr 2001 bestehenden Moratoriums auf den Verkauf von Ackerland dem Parlament zur Verabschiedung vorgelegt.

Die »Jungtürken« wurden im März 2020 nach weniger als einem halben Jahr aus dem Amt entlassen, da ihre Reformen den Oligarchenclans missfielen, während ihre Unerfahrenheit zu einem Rückgang der industriellen Produktion des Landes um 7 Prozent beitrug. Antikorruptionsmaßnahmen beim Zoll schlugen fehl, wodurch sich die Staatseinnahmen dramatisch verringerten und die Frage aufgeworfen wurde, wie ernst es dem Präsidenten tatsächlich mit den Antikorruptionsreformen war. Die unmittelbarste Herausforderung für das Antikorruptionsprogramm war der Einfluss von Ihor Kolomojskyj, dem ehemaligen Eigentümer der verstaatlichten PryvatBank, der umgehend nach Selenskyjs Sieg in die Ukraine zurückkehrte und die Bank zurückforderte. Die westlichen Regierungen und Institutionen, die die ukrainische Bankenreform unterstützten, schlugen Alarm. Die Bedingung des Internationalen Währungsfonds für eine weitere Zusammenarbeit mit der Ukraine war die Einführung eines Gesetzes, das die Rückgabe von Banken an Eigentümer untersagte, die sie in die Insolvenz getrieben hatten.

Im Mai 2020 erließ das Parlament ein Gesetz, das die gerichtliche Anfechtung der durch die Nationalbank getroffenen Insolvenzbeschlüsse gegen korrupte Banken verbot. Das als Sieg der ukrainischen Antikorruptionskräfte gefeierte Gesetz unterstrich zugleich, wo das Hauptproblem im Kampf der Regierung gegen die Korruption lag: Sie konnte sich nicht auf die ukrainischen Gerichte verlassen. Im Oktober 2020 entschied das ukrainische Verfassungsgericht, dass unzutreffende Vermögensangaben ukrainischer Beamter nicht weiter strafbar waren, was den Antikorruptionsbestrebungen der zurückliegenden Jahre einen schweren Schlag versetzte und eine Verfassungskrise auslöste. Die Krise machte deutlich, dass die dringend notwendige Reform des Rechtssystems die wohl größte Herausforderung der Ukraine zu Beginn des neuen Jahrzehnts darstellt. Von ihrer erfolgreichen Umsetzung hängt ab, ob sich die Ukraine hin zu einer prosperierenden gesetzesbasierten Gesellschaft bewegt oder nicht.

Kein Land ist für die Sicherung der politischen Eigenständigkeit der Ukraine im Rahmen ihres gegenwärtigen Konflikts mit Russland bedeutender als die Vereinigten Staaten. Seit 2014 haben diese eine führende Rolle bei der Bereitstellung politischer, militärischer und in einem beträchtlichen Maße auch wirtschaftlicher Unterstützung für den ukrainischen Staat übernommen. Doch um dieses Bündnis aufrechtzuerhalten und zu stärken, werden die beiden Länder eine Reihe von Problemen überwinden müssen, die im Laufe des vergangenen Jahrzehnts in ihrer Beziehung aufgetreten sind. Der gemeinsame Nenner dieser Probleme ist die Korruption, die die Zukunft der amerikanisch-ukrainischen Zukunft auf beiden Seiten des Atlantiks in Geiselhaft hält.

Die Ukraine wurde in der amerikanischen Innenpolitik erstmals während Donald Trumps Präsidentschaftswahlkampf von 2016 wahrgenommen. Zu jener Zeit sorgten belastende Informationen aus der Ukraine für den Rücktritt von Paul Manafort, dem Leiter von Trumps Wahlkampfteam. Der in den USA als politischer Berater tätige Manafort hatte Jahre zuvor für einen künftigen Präsidenten der Ukraine, Wiktor Janukowytsch, zu arbeiten begonnen, nachdem er eine Reihe von Verträgen mit einem der führenden russischen Oligarchen abgeschlossen hatte. Im Jahr 2010 half Manafort Janukowytsch, das Amt zu erlangen, doch im Zuge der Revolution der Würde, die Janukowytsch im Jahr 2014 zum Verlassen des Landes zwang, wurden auch Aufzeichnungen über Zahlungen in Höhe mehrerer Millionen Dollar vonseiten der ehemaligen Präsidentenpartei gefunden, die den ukrainischen oder amerikanischen Steuerbehörden niemals gemeldet worden waren. Manafort wurde zum Rücktritt als Leiter von Trumps Präsidentschaftswahlkampf gezwungen und später aufgrund von Vorwürfen, die mit seinen Aktivitäten in Russland und der Ukraine zusammenhingen, zunächst zu 47 und dann zu weiteren 43 Monaten Haft verurteilt.

Hatte der Manafort-Skandal Trumps Präsidentschaftswahlkampf von 2016 geschadet, so hoffte man im Weißen Haus, ein neuer ukrainischer Skandal, diesmal um den führenden Präsidentschaftskandidaten der Demokraten Joe Biden, könne Trumps Kampagne für die Wiederwahl 2020 förderlich sein. Als Vizepräsident unter Barack Obama war Biden von 2014 bis 2016 dessen Mann in der Ukraine gewesen und hatte eine entscheidende Rolle dabei gespielt, Kyjiw davon zu überzeugen, einen von den westlichen Regierungen für korrupt gehaltenen Generalstaatsanwalt abzusetzen. Als Biden in der ersten Hälfte des Jahres 2019 seine Kandidatur bekannt gab, schlugen ukrainische Offizielle zurück und bezichtigten ihn des Versuchs, die Ermittlungen gegen ein ukrainisches Unternehmen zu unterbinden, das seinem Sohn Hunter Biden eine Position im Verwaltungsrat angeboten hatte.

Präsident Trump warf die Frage nach Bidens Verstrickungen in der Ukraine während eines Telefongesprächs mit Präsident Selenskyj im Juli 2019 auf. Selenskyj nutzte das Telefonat, um den Verkauf weiterer Panzerabwehrraketen an die ukrainische Armee zu erbitten. Trump bat im Gegenzug um einen Gefallen. »Es gibt viel Gerede um Bidens Sohn«, erzählte er dem ukrainischen Präsidenten. »Biden soll die Strafverfolgung verhindert haben, und viele wollen herausfinden, ob das stimmt. Also, wenn Sie da zusammen mit dem [US-] Justizminister irgendetwas machen könnten, wäre das großartig.« Der ukrainische Präsident versprach zu helfen: »Da wir in unserem Parlament die absolute Mehrheit erlangt haben, wird der nächste Generalstaatsanwalt hundertprozentig aus meinem Lager kommen«, erklärte Selenskyj.

Die ukrainischen Behörden leiteten nie eine Untersuchung ein: Sie schoben diese so lange hinaus, bis bekannt wurde, dass ein Whistleblower Trump bezichtigt hatte, die Militärhilfe für die Ukraine zu seinem politischen Vorteil zu nutzen. Letztlich erhielt die Ukraine so Unterstützungen, ohne Trumps Bedingungen zu erfüllen. Das erste Amtsenthebungsverfahren gegen Trump, das sich auf ebenjene spezielle Episode in den ukrainisch-amerikanischen Beziehungen konzentrierte, stellte Letztere erneut auf die Probe. Es war den Hauptakteuren in Washington und Kyjiw zu verdanken, dass die engen Beziehungen zwischen den beiden Hauptstädten und Ländern den Aufruhr überdauerten. Kyjiws Bündnisse mit den Vereinigten Staaten und der Europäischen Union bleiben nicht nur für das Überleben der Ukraine als vollständig unabhängiger Staat von entscheidender Bedeutung, sondern auch für die Wiederherstellung und Stärkung der internationalen Ordnung, die durch Russlands Angriffe gegen die Ukraine und die Annexion ihrer Gebiete unterminiert worden ist.

Für die Ukraine warf die russische Aggression grundlegende Fragen zu ihrem Fortbestand als einheitlicher Staat, zu ihrer Unabhängigkeit als Nation und zu den demokratischen Grundlagen ihrer politischen Institutionen auf. Nicht weniger bedeutsam sind Fragen nach dem Charakter des ukrainischen Projekts der Nationenbildung, einschließlich der Rolle von Geschichte, Ethnie, Sprache und Kultur beim Aufbau der Ukraine als politischer Nation. Konnte ein Land, dessen Bürger unterschiedliche Ethnien repräsentierten, sich mehrerer Sprachen (oft im Wechsel) bedienten, vielen verschiedenen Kirchen angehörten und eine Reihe vielfältiger historischer Regionen bewohnten, nicht nur dem Ansturm einer militärisch stärkeren Imperialmacht standhalten, sondern sich auch gegen deren Forderung nach Loyalität all jener zur Wehr setzen, die Russisch sprachen oder orthodoxe Kirchen besuchten?

Die russischen Angriffe zielten darauf ab, die Ukrainer entlang sprachlicher, regionaler und ethnischer Linien zu spalten. Zwar ging diese Taktik mancherorts auf, doch der Großteil der ukrainischen Gesellschaft scharte sich um die Idee einer mehrsprachigen und multikulturellen Nation auf Grundlage gemeinsamer administrativer und politischer Bedingungen. Diese Idee, die aus den Lehren der schwierigen und oft tragischen Geschichte der Spaltungen innerhalb der Ukraine geboren wurde, beruht auf einer Tradition der Koexistenz verschiedener Sprachen, Kulturen und Religionen im Laufe der Jahrhunderte. Den Ukrainern gelang es, ihre belastete Geschichte auf eine Art und Weise zu lesen, die ihre Zukunft als politische Nation gewährleistete.

EPILOG

DIE BEDEUTUNGEN DER GESCHICHTE

D ie Geschichte ist während des russisch-ukrainischen Krieges mehr als einmal benutzt und missbraucht worden; sie hat diejenigen, die an ihr beteiligt sind, geprägt und inspiriert, aber auch als Rechtfertigung für Verstöße gegen internationale Gesetze, Menschenrechte und das Leben selbst gedient. Wenngleich der Konflikt unerwartet entflammt ist und viele, die in ihn verstrickt sind, überrascht hat, so ist er doch tief in der Geschichte verwurzelt und reich an historischen Bezügen und Anspielungen. Wenn wir die propagandistische Verwendung historischer Argumente einmal außer Acht lassen, so sind in der Ukraine gegenwärtig mindestens drei parallele, in der Vergangenheit verwurzelte Prozesse im Gange: Da sind Russlands Versuche, die politische, wirtschaftliche und militärische Kontrolle über den früheren, von Mitte des 17. Jahrhunderts an durch Moskau in Besitz genommenen imperialen Herrschaftsraum wiederzuerlangen; da ist die Herausbildung moderner nationaler Identitäten, die sowohl Russland als auch die Ukraine beschäftigt (wobei Letztere oft entlang regionaler Linien gespalten ist); und da sind schließlich die Kämpfe um historische und kulturelle Bruchlinien, die es den am Konflikt Beteiligten ermöglichen, ihn als einen Wettbewerb zwischen Ost und West, Europa und der russischen Welt zu betrachten.

Der russische Angriff auf die Ukraine rief der Welt die russische Annexion der Krim in den letzten Jahrzehnten des 18. Jahrhunderts und die Gründung der kurzlebigen kaiserlichen Provinz Neurussland in der Südukraine ins Gedächtnis. Diese Erinnerung an die Ausdehnung des Russischen Reichs auf das Gebiet wurde nicht von außenstehenden Beobachtern aufgezeigt, die das gegenwärtige Verhalten Russlands als imperial darzustellen versuchten, sondern von Ideologen des russischen Hybridkrieges. Sie versuchten ihre historische Ideologie auf den Grundlagen imperialer Eroberung und russischer Vorherrschaft in Gebieten zu entwickeln, die ursprünglich von den Krim- und Nogai-Tataren sowie den Saporischschja-Kosaken bewohnt wurden. Das trifft vor allem auf das Beharren von Sewastopol als Stadt russischen Ruhms zu – ein historischer Mythos, der im Krimkrieg von 1853–1856 (einem Desaster für das Russische Reich) wurzelt und den Heldenmut der multiethnischen Kaiserlich Russischen Armee, die die Stadt verteidigte, ausschließlich den Russen zuschreibt.

Die Gründung der »Volksrepubliken« Donezk und Luhansk 2014 sowie die Versuche, Odesa und Charkiw zu Republiken – den Bausteinen eines zukünftigen Neurusslands – zu erklären, wurzelten ebenfalls im historischen Gedächtnis. Sie gingen auf bolschewistische Versuche zurück, die Kontrolle über den Osten und Süden der Ukraine zu erlangen, und zwar kurz nach Unterzeichnung des Friedensvertrags von Brest-Litowsk mit Deutschland (im Februar 1918), der diese Gebiete der Ukraine zusprach. Damals benutzten die Bolschewiki selbst ernannte Staaten, darunter die Sowjetrepubliken Krim und Donez-Kriwoi Rog, um zu behaupten, dass diese kein Teil der Ukraine und daher nicht durch den Vertrag abgedeckt seien. Die Gründer der neuen Republik Donezk erklärten, sie würden die Symbole der Republik Donez-Kriwoi Rog von 1918 verwenden, da ihre wie die alte ohne Moskaus Förderung und Unterstützung nicht hätte entstehen oder überdauern können.

Zwar wurden Anspielungen auf die imperiale und revolutionäre Vergangenheit zum Bestandteil des historischen Diskurses, der die russische Aggression gegenüber der Ukraine rechtfertigte, doch deren historische Beweggründe sind jüngeren Ursprungs. Der rasche und unerwartete Zerfall der Sowjetunion, an den Präsident Wladimir Putin im Rahmen seiner Rede zur Annexion der Krim erinnerte, liefert den unmittelbarsten geschichtlichen Hintergrund der Krise. Die gegenwärtige russische Regierung behauptet weiterhin stur, die

Ukraine sei ein künstliches Gebilde, dessen Ostgebiete angeblich ein Geschenk der Bolschewiki an das Land gewesen seien, ebenso wie die Krim im Anschluss an den Zweiten Weltkrieg. Nach diesem Narrativ ist das einzige genuine und damit historisch legitime Staatsgebilde das Imperium – zuerst das Russische Reich und dann die Sowjetunion. Sämtliche historischen Traditionen und Erinnerungen, die die Legitimität des Imperiums untergraben, wie etwa das Andenken an die große ukrainische Hungersnot von 1932–1933 oder die Deportation der Krimtataren durch die Sowjetregierung im Jahr 1944, werden von der russischen Regierung aktiv bekämpft und unterdrückt; so geschehen beim Verbot der öffentlichen Gedenkfeier zum 70. Jahrestag der Deportation der Krimtataren, das die russischen Behörden im Mai 2014 erließen.

Heute scheint Russland in die Fußstapfen einiger seiner imperialen Vorgänger zu treten, die sich auch dann noch der Nostalgie für ihre Reiche hingaben, als diese längst untergegangen waren. Der Zusammenbruch der Sowjetunion ließ die russischen Führungsschichten voller Verbitterung über den Verlust ihres Status als Weltreich und Supermacht zurück; und so gaben sie sich der Illusion hin, das Geschehene sei ein Unfall gewesen, ausgelöst durch die Böswilligkeit des Westens oder durch Politiker wie Michail Gorbatschow und Boris Jelzin, die in einen törichten Machtstreit verwickelt gewesen seien. Mit einem solchen Blick auf das Ende der Sowjetunion lässt sich der Versuchung, die Geschichte umzuschreiben, nur schwer widerstehen.

Der russisch-ukrainische Krieg brachte noch ein weiteres bedeutendes Problem mit historischen Wurzeln und Verästelungen zum Vorschein: die Tatsache, dass die Bildung der modernen russischen und ukrainischen Nationen ein nicht abgeschlossener Prozess ist. Die Annexion der Krim durch Russland und die Propaganda, die die russischen Angriffe im Donbas rechtfertigen sollte, liefen unter der Losung, damit würden die Rechte ethnischer Russen und russischsprachiger Menschen im Allgemeinen verteidigt. Die Gleichsetzung der russischen Sprache nicht nur mit russischer Kultur, sondern auch mit der russischen Nationalität war ein wichtiger Aspekt der Weltsicht vieler russischer Freiwilliger, die in den Donbas gekommen sind. Ein Problem an dieser Auslegung des Russischseins ist, dass ethnische Russen zwar auf der Krim tatsächlich die Mehrheit und in Teilen des Donbas große Minderheiten bilden, dass die Bevölkerung des avisierten Neurusslands jedoch zum Großteil aus ethnischen Ukrainern besteht. Obgleich russische und separatistische Propaganda viele ethnische Ukrainer durchaus angesprochen hat, haben es die meisten abgelehnt, sich mit Russland oder mit russischer Volkszugehörigkeit zu identifizieren, selbst wenn sie weiterhin die russische Sprache benutzen. Das war einer der Hauptgründe für das Scheitern des Projekts Neurussland, das für seine Urheber völlig überraschend kam.

Die Auffassung, die Ukrainer seien ein wesentlicher Bestandteil der russischen Nation, geht auf den Gründungsmythos des modernen Russlands als einer in Kyjiw, der »Mutter der russischen Städte«, geborenen Nation zurück, bei dem die Rus mit Russland gleichgesetzt wird (richtiger wäre: »Mutter der Städte der Rus«). Die *Synopsis* von 1674, das erste gedruckte »Lehrbuch« der russischen Geschichte, zusammengestellt von Kyjiwer Mönchen, die die Protektion der Moskauer Zaren suchten, formulierte erstmals diesen Mythos und brachte ihn in Russland in Umlauf. Nahezu die gesamte Zeit des Kaiserreichs über wurden die Ukrainer als Kleinrussen betrachtet – eine Sichtweise, die die Existenz ukrainischer Volkskultur und mündlicher Sprache, aber keine Hochkultur oder moderne Literatur zuließ. Die Anerkennung der Ukrainer als eigenständige Nation in kultureller, wenn auch nicht in politischer Hinsicht in den Nachwehen der Revolution von 1917 stellte diese Sicht infrage. Die von der Ideologie der »russischen Welt« untermauerten Aggressionen bieten den heutigen Ukrainern einen rückblickenden Vergleich mit sowjetischen Praktiken. Die Nationenbildung, wie sie für ein zukünftiges Neurussland vorgesehen war, lässt keinen Raum für eine eigenständige ukrainische Ethnizität innerhalb einer umfassenderen russischen Nation. Das ist gewiss weder ein Versehen noch eine in der Hitze des Gefechts entstandene Maßlosigkeit. Weniger als ein Jahr vor der Annexion der Krim ließ Wladimir Putin selbst verlauten, Russen und Ukrainer seien ein Volk. Er wiederholte diese Äußerung im Rahmen einer am

18. März 2015 gehaltenen Rede zum ersten Jahrestag der Annexion der Krim. Im Juli 2021 legte er einen langen historischen Essay zu diesem Thema vor, der Beweggründe aus der Geschichte ableiten und als ideologische Rechtfertigung dienen soll für das, was im Februar 2022 folgte.

Seit dem Niedergang der UdSSR hat das russische Projekt der Nationenbildung seinen Fokus auf die Idee verlagert, eine einzige, nicht in unterschiedliche Zweige geteilte russische Nation zu schaffen und die Ostslawen auf Grundlage der russischen Sprache und Kultur zu vereinen. Die Ukraine ist zum ersten Versuchsgelände für dieses Modell außerhalb der Russischen Föderation geworden.

Das neue Modell russischer Identität, das die stark mit der russischen Sprache und Kultur verbundene Unteilbarkeit der russischen Nation hervorhebt, stellt das ukrainische Projekt der Nationenbildung vor eine elementare Herausforderung. Von seinen Anfängen im 19. Jahrhundert an drehte sich dieses Projekt um die ukrainische Sprache und Kultur, doch es ließ auch von Beginn an andere Sprachen und Kulturen zu, wovon beispielsweise die in russischer Sprache verfassten Schriften Taras Schewtschenkos zeugen, den viele als geistigen Vater der ukrainischen Nation betrachten. Zweisprachigkeit und Multikulturalismus sind in der postsowjetischen Ukraine zur Norm geworden und haben die Zugehörigkeit zur ukrainischen Nation auf Menschen mit unterschiedlichen ethnischen und religiösen Hintergründen ausgeweitet. Das hatte unmittelbaren Einfluss auf den Verlauf des russisch-ukrainischen Krieges. Entgegen den Erwartungen des Kremls erfuhren die russischen Angriffe 2014 nicht die Unterstützung ethnischer Russen außerhalb der unmittelbar von der russischen Armee kontrollierten Gebiete – der Krim und der Teile des Donbas, die von russischen Söldnern und von Russland unterstützten Aufständischen in Beschlag genommen wurden. Die Hoffnungen, bei der Invasion im Februar 2022 auf die Unterstützung ethnischer Russen und russischsprachiger Ukrainer im Land bauen zu können, wurden vom entschiedenen Widerstand der Ukrainer zunichte gemacht. Niemand in der Ukraine, egal welchen ethnischen Hintergrund er oder sie hatte, stellte sich auf die Straße, um die Russen mit Blumen zu begrüßen, wie sie es erwartet hatten. Selbst in mehrheitlich russischsprachigen Städten wie Cherson oder Melitopol gingen die Menschen den russischen Panzern mit ukrainischen Flaggen entgegen.

Obwohl Russen 17 Prozent der ukrainischen Bevölkerung ausmachen, betrachteten sich laut Umfragedaten des anerkannten Kyjiwer Internationalen Instituts für Soziologie nur 5 Prozent der Befragten als ausschließlich russisch: Die Übrigen identifizierten sich als gleichermaßen russisch wie ukrainisch. Selbst diejenigen, die sich als ausschließlich russisch betrachteten, waren oft gegen ein Eingreifen Russlands in ukrainische Angelegenheiten und wollten nicht mit Putins Regime in Verbindung gebracht werden. »Die Ukraine ist meine Heimat. Russisch ist meine Muttersprache. Und ich würde gern von Puschkin errettet werden. Und von Leid und Angst erlöst werden, auch durch Puschkin. Puschkin, nicht Putin«, schrieb eine ethnische Russin aus Kyjiw auf ihrer Facebook-Seite. Die Ideologie der »russischen Welt«, die russischen Nationalismus mit russischer Orthodoxie verbindet und die Moskau wie auch von Russland unterstützte Aufständische als eine Alternative zu der proeuropäischen Entscheidung der Maidan-Demonstranten propagiert haben, hat zur Stärkung des ukrainisch-jüdischen proeuropäischen Bündnisses beigetragen, das sich in der Ukraine seit 1991 entwickelt. »Ich sage seit langem, dass ein Bündnis zwischen Ukrainern und Juden ein Versprechen unserer gemeinsamen Zukunft ist«, postete ein Pro-Maidan-Aktivist auf seiner Facebook-Seite.

Die Geschichte hat die Ukraine zu einem Staat geeint, der jedoch entlang mehrerer regionaler Linien geteilt ist, die letztlich die kulturellen und politischen Grenzlinien der Vergangenheit widerspiegeln. Aus der Trennlinie zwischen den Parklandschaften der Zentralukraine und den südlichen Steppen wurde eine durchlässige Grenze zwischen den hauptsächlich landwirtschaftlichen Gebieten im Norden und den urbanen Zentren der mineralreichen Steppen im Süden. Die Grenze zwischen westlichem und östlichem Christentum wich, nachdem sie im 17. und 18. Jahrhundert den Dnipro erreicht hatte, nach Galizien zurück und erinnert heute an die Grenze zwischen dem Habsburger und dem Russischen Reich aus der Zeit vor dem Ersten Weltkrieg. Innerhalb der Habsburger Besitztümer hebt sich Galizien von dem überwiegend ungarisch beherrschten Transkarpatien und der ehemaligen moldauischen Provinz Bukowina ab. Innerhalb des ehemaligen Russischen Reichs unterscheidet sich das in der Zwischenkriegszeit polnisch regierte Wolhynien von Podolien, das wiederum während des 20. Jahrhunderts die meiste Zeit unter sowjetischer Herrschaft blieb. Es gibt auch einen Unterschied zwischen den ehemals von Polen regierten Landstrichen am rechten Ufer des Dnipro und denen des ehemaligen kosakischen Hetmanats am linken Ufer sowie zwischen den kosakischen Gebieten und denen, die im 18. und 19. Jahrhundert vor allem durch die zentralisierten Anstrengungen des Russischen Reichs kolonisiert wurden. Die Grenzen dieser Gebiete fungieren zugleich als Trennlinie zwischen Ukrainern, die sich mit der ukrainischen Sprache wohler fühlen, und denen, die das Russische als Alltagssprache vorziehen.

In der Realität ist der ukrainische Regionalismus sogar noch komplexer als soeben dargestellt. Es gibt Unterschiede zwischen den alten kosakischen Gebieten des ehemaligen Hetmanats und der Sloboda-Ukraine, während die südukrainische Provinz Mykolajiw in ethnischer Zusammensetzung, Sprachgebrauch und Wählerverhalten stark von der Krim abweicht, deren Anschluss an die Ukraine erst im Jahr 1954 erfolgte. Doch trotz all dieser Differenzen bleiben die verschiedenen Regionen der Ukraine verbunden, denn die oben erwähnten, in der Vergangenheit recht ausgeprägten Grenzen ließen sich heute beinahe unmöglich wiederherstellen. Wir sehen uns heute einem Flickenteppich aus sprachlichen, kulturellen, wirtschaftlichen und politischen Übergangsbereichen gegenüber, die verschiedene Regionen miteinander verbinden und das Land zusammenhalten. In der Praxis gibt es keine einfach auszumachende kulturelle Grenze, die die Krim von den benachbarten Regionen der Südukraine oder den Donbas von den anderen östlichen Regionen scheiden würde. Keine der historischen Regionen hat ein starkes Bedürfnis offenbart, die Ukraine zu verlassen, und ihren Führungsschichten ist es auch nicht gelungen, die Bürger zur Unterstützung der Sezession zu bewegen.

Zwar hat es entsprechende Mobilisierungsversuche auf der Krim und im Donbas gegeben, aber nur als Folge russischer Annexionen oder Interventionen.

Ein symbolischer Abschied von der sowjetischen Vergangenheit begleitete die Revolution der Würde – das Niederreißen verbliebener Lenin-Denkmäler, insgesamt mehr als 500 innerhalb weniger Wochen. Unter den gegen Kyjiw gerichteten Aufständischen im Donbas waren viele Verfechter der alten sowjetischen Werte. Doch russische Söldner und Freiwillige trugen eine übergreifende Idee von anderer Art in die Region. Wie Igor Girkin, der bekannteste der russischen Befehlshaber, kamen sie in den Donbas, um die Werte der »russischen Welt« gegen den Westen zu verteidigen. In diesem Kontext sahen sie die Ukraine als ein Schlachtfeld zwischen korrumpierten westlichen Werten – einschließlich der Demokratie, individueller Freiheit, Menschenrechte und insbesondere der Rechte sexueller Minderheiten – auf der einen Seite und traditionellen russischen Werten auf der anderen. Nach dieser Logik hatte die westliche Propaganda den Ukrainern schlicht den Geist verwirrt. Es war Aufgabe der Russen, ihnen den Weg aus dem Dunkel ans Licht zu zeigen.

Diese Interpretation des Konflikts ist tief in der russischen Kultur und intellektuellen Tradition verwurzelt. Zwar ist die moderne russische Geschichte ohne russische Teilhabe an der europäischen Kultur nur schwer vorstellbar, aber es ist auch eine Tatsache, dass Russland über Jahrhunderte hinweg vom Westen abgeschnitten oder in Auseinandersetzungen mit den Ländern Mittel- und Westeuropas verstrickt war. Welche historischen Erfahrungen sind am bezeichnendsten für Russlands von Hassliebe geprägte Beziehung zum Westen? In der andauernden intellektuellen Debatte in Russland zwischen Westlern und Slawophilen, die im frühen 19. Jahrhundert begann und in der sich die Auffassung von Russland als Teil Europas und die von Russland als eigenständiger Zivilisation mit einer weltweiten Mission gegenüberstehen, haben die Nachkommen der Slawophilen und Antiwestlichen nun die Oberhand.

Was die Ukraine betrifft, so ist ihr Anspruch auf Unabhängigkeit immer mit einer Orientierung in Richtung Europa verbunden gewesen, eine Folge der Erfahrung als ein Land an der Ost-West-Grenze zwischen Orthodoxie und Katholizismus, zwischen Mitteleuropa und eurasischen Reichen und den politischen und sozialen Praktiken, die sie mit sich brachten. Diese Lage an der Grenze zwischen mehreren Kulturräumen trug dazu bei, die Ukraine zu einer Kontaktzone zu machen, in der Ukrainer verschiedener Glaubensrichtungen lernen konnten zu koexistieren. Sie trug auch zur Entstehung regionaler Trennlinien bei, die in den gegenwärtigen Konflikt verstrickte Parteien ausgenutzt haben. Die Ukraine war immer bekannt und wurde in letzter Zeit viel gelobt für die kulturelle Hybridität, also Mischung, ihrer Gesellschaft, aber wie viel Hybridität eine Nation aushalten kann, sodass sie auch noch im Angesicht eines Hybridkrieges vereint bleibt, ist eine der bedeutenden Fragen, die nun im Konflikt zwischen Russland und der Ukraine entschieden werden.

Die proeuropäische Revolution in der Ukraine, die ein Vierteljahrhundert nach dem Ende des Kalten Krieges ausbrach, nahm sich ein Beispiel an der von den Dissidenten Polens, Tschechiens und anderer Länder der Region geteilten Kalter-Krieg-Faszination für den europäischen Westen und verwandelte diese Faszination mitunter in eine neue Nationalreligion. Die Revolution der Würde und der Krieg sorgten für eine geopolitische Neuorientierung der ukrainischen Gesellschaft. Der Anteil derjenigen mit einer positiven Einstellung zu Russland sank von 80 Prozent im Januar 2014 auf unter 50 Prozent im September desselben Jahres. Im November 2014 unterstützten 64 Prozent der Befragten den Beitritt der Ukraine zur Europäischen Union (im November 2013 hatte ihr Anteil noch bei 39 Prozent gelegen). Im April 2014 hatte nur ein Drittel der Ukrainer den NATO-Beitritt ihres Landes gewollt; im November 2014 unterstützte mehr als die Hälfte diesen Kurs. Es kann kaum Zweifel daran bestehen, dass die Kriegserfahrung nicht nur die meisten Ukrainer vereinte, sondern auch die Sympathien des Landes in Richtung Westen lenkte.

Historisch betrachtet, haben der Schock des Krieges, die Demütigung der Niederlage und die schwärende Wunde der verlorenen Gebiete entscheidend dazu beigetragen, dass sich eine starke nationale Solidarität entwickeln und eine ausgeprägte nationale Identität herausbilden konnte. Die polnischen Teilungen in der zweiten Hälfte des 18. Jahrhunderts tilgten den polnischen Staat von der europäischen Landkarte, dienten jedoch als Ausgangspunkt der Herausbildung des modernen polnischen Nationalismus, während Napoleons Einmarsch in Deutschland zu Beginn des 19. Jahrhunderts pangermanische Ideen aufkommen ließ und der Entwicklung des modernen deutschen Nationalismus Vorschub leistete. Erinnerungen an Niederlagen und Gebietsverluste haben die nationalen Phantasien der Franzosen und Polen, Serben und Tschechen befeuert. Die überfallene, gedemütigte und vom Krieg zerrüttete Ukraine scheint diesem allgemeinen Muster zu folgen.

Die Annexion der Krim durch Russland, der Hybridkrieg im Donbas und der folgende offene Krieg, der im Februar 2022 begonnen wurde, ließen in der Ukraine, aber auch in Europa insgesamt eine neue und gefährliche Situation entstehen. Zum ersten Mal seit dem Ende des Zweiten Weltkriegs führt eine große europäische Macht Krieg gegen einen schwächeren Nachbarn und annektierte dabei einen Teil des Territoriums eines eigenständigen Staates. Die russische Invasion verstieß nicht nur gegen den russisch-ukrainischen Freundschaftsvertrag von 1997, sondern auch gegen das Budapester Memorandum von 1994, das der Ukraine im Austausch gegen die Aufgabe ihrer Atomwaffen und der Einwilligung in den Atomwaffensperrvertrag als atomwaffenfreies Land Sicherheitszusagen gemacht hatte. Die grundlose russische Aggression gegen die Ukraine bedrohte die Grundlagen der internationalen Ordnung – eine Bedrohung, der die Europäische Union und der größte Teil der Welt zunächst nichts entgegenzusetzen hatten, die jedoch angemessener Gegenmaßnahmen bedarf. Welchen Ausgang der gegenwärtige russisch-ukrainische Krieg auch immer nehmen mag, von der Überwindung des Konflikts hängt nicht nur die Zukunft der Ukraine, sondern auch die der Beziehungen zwischen Ost- und Westeuropa – Russland und der Europäischen Union – und damit die Zukunft von ganz Europa ab.

DANK

I ch möchte Jill Kneerim dafür danken, dass sie eine vorzügliche Heimat für das Manuskript gefunden hat; Lara Heimert dafür, dass sie sich der Aufgabe, das Buch zu redigieren und zu veröffentlichen, voller Begeisterung gewidmet hat; ihrem Team bei Basic Books, vor allem Roger Labrie, dafür, das ermöglicht zu haben; Myroslav Yurkevich dafür, dass er verschiedene Fassungen des Manuskripts redigiert hat; meiner Frau Olena dafür, dass sie es kritisiert und schließlich für gut befunden hat; Volodymyr Kulyk und Roman Procyk dafür, dass sie peinliche Fehler korrigiert haben; meiner Doktorandin Megan Duncan Smith dafür, dass sie in meinem Kurs »Die Grenzen Europas: die Ukraine seit 1500«, in dem ich einige der in diesem Buch präsentierten Ideen erprobt habe, eine großartige Tutorin war; den Doktoranden und Studenten in Harvard, die diesen Kurs im Herbst 2014 belegten, für ihre Fragen, E-Mails, Erkundigungen und Anmerkungen auf der Website – sie haben alle ihren Weg in das Buch gefunden. Mein besonderer Dank gilt Vladyslav Rashkovan und Dominique Arel für ihre Literaturvorschläge zu den jüngsten Entwicklungen in der Ukraine. Dankbar bin ich auch Hennady Yefymenko für seine Kommentare zum Buch. Schließlich möchte ich allen danken, die mir während meiner langen Laufbahn als Historiker und Lehrer zu der Einsicht verholfen haben, wovon dieses Buch handeln sollte und wovon nicht. Für etwaige Unzulänglichkeiten sind sie selbstverständlich nicht verantwortlich.

ZEITTAFEL

45 000 V. CHR. Die ersten Menschen gelangen nach Südeuropa.

45 000 – 43 000 V. CHR. Neandertaler-Mammutjäger errichten Wohnstätten in der Ukraine.

4500 – 3000 V. CHR. Stämme der neolithischen Cucuteni-Trypillja-Kultur, die Tonstatuen und farbige Keramik fertigen, siedeln im Land zwischen Donau und Dnipro.

CA. 3500 V. CHR. Die Menschen zwischen Donau und Dnipro domestizieren das Pferd.

WELTGESCHICHTE: **3500 V. CHR.** Die Sumerer wandern nach Mesopotamien ein.

1300 – 750 V. CHR. Das Reich der Kimmerer, Heimat des fiktiven Conan des Barbaren, herrscht über die pontischen Steppen der Südukraine.

750 – 250 V. CHR. Das skythische Reitervolk vertreibt die Kimmerer.

750 – 500 V. CHR. An der Nordküste des Schwarzen Meeres entstehen griechische Handelskolonien; die Griechen glauben, dass mythische Gestalten wie Amazonenkriegerinnen die ukrainischen Steppen im Norden bevölkern.

WELTGESCHICHTE: **753 V. CHR.** Der Sage nach Gründung Roms.

512 V. CHR. Dareios der Große von Persien durchquert die pontischen Steppen in einem vergeblichen Versuch, das skythische Heer zu besiegen.

CA. 485 – 425 V. CHR. Lebenszeit des Herodot, der über Skythien berichtet und dessen Volk in verschiedene Schichten unterteilt, darunter die Königlichen Skythen und die skythischen Ackerbauern, die sesshafte Bevölkerung im Grenzland der Waldsteppe.

250 V. CHR. – 250 N. CHR. Die Sarmaten lösen die Skythen als Beherrscher der Steppen ab.

1 – 100 Die Römer übernehmen die Kontrolle über die griechischen Kolonien; Strabon bezeichnet den Don als Ostgrenze Europas, sodass die heutigen ukrainischen Gebiete auf der europäischen Seite der Trennlinie zwischen Europa und Asien liegen.

WELTGESCHICHTE: **CA. 30** Einzug Jesu in Jerusalem.

250 – 375 Die Goten besiegen die Sarmaten und errichten ihre Herrschaft über die ukrainischen Gebiete.

375 – 650 Zeit der großen Wanderungsbewegungen: Hunnen, Awaren und Bulgaren ziehen durch die pontischen Steppen.

CA. 551 Der Geschichtsschreiber Jordanes verortet die slawischen Stämme der Sklavinen und Anten zwischen Donau und Dnipro; zu Beginn des Jahrhunderts machen die Anten durch Angriffe auf das Römische Reich von sich reden.

650 – 900 Das Chasaren-Khaganat erhebt Tribut von den slawischen Stämmen in der Ukraine.

WELTGESCHICHTE: **800** Karl der Große wird zum römischen Kaiser gekrönt.

838 Erste Erwähnung der Rus-Wikinger in westlichen Quellen.

860 Erster Angriff der Rus auf Konstantinopel vom Nordufer des Schwarzen Meers aus.

950 Der byzantinische Kaiser Konstantin VII. Porphyrogenitos beschreibt die Handelsbeziehungen mit der Rus und die Dnipro-Schwarzmeer-Route, die sowohl für den Handel als auch für den Krieg genutzt wird.

971 Kaiser Johannes Tzimiskes trifft sich mit Fürst Swjatoslaw von Kyjiw an der Donau, um einen Waffenstillstand zwischen Byzanz und der Rus auszuhandeln.

987 – 989 Fürst Wolodymyr von Kyjiw belagert die byzantinische Festung Chersonesos auf der Krim, heiratet Anna, die Schwester von Kaiser Basileios II. von Byzanz, und tritt mitsamt seinem Reich zum Christentum über.

1037 Fürst Jaroslaw der Weise vollendet den Bau der Sophienkathedrale, Sitz der Metropoliten der Rus und Standort der ersten Bibliothek der Rus.

WELTGESCHICHTE: **1054** Spaltung der christlichen Kirche zwischen Rom und Konstantinopel.

1054 Tod von Fürst Jaroslaw dem Weisen. Historiker bezeichnen ihn wegen der Verheiratung seiner Töchter mit Mitgliedern europäischer Herrscherhäuser als »Schwiegervater Europas«. Sein Tod leitet den Zerfall der Kyjiwer Rus ein.

1113 – 1125 Fürst Wolodymyr Monomach stellt vorübergehend die Einheit der Kyjiwer Rus wieder her und fördert die Abfassung der *Nestorchronik*, Hauptquelle für die Geschichte der mittelalterlichen Ukraine.

1187 – 1189 Ein Kyjiwer Chronist verwendet zum ersten Mal das Wort »Ukraine« für das Steppengrenzgebiet von Perejaslaw im Osten bis Galizien im Westen.

WELTGESCHICHTE: **1215** Die Magna Charta wird vom englischen König Johann Ohneland besiegelt.

1238 – 1264 Fürst Danylo von Galizien-Wolhynien wird vom Papst zum »König der Rus« gekrönt und übernimmt die Kontrolle über die meisten ukrainischen Gebiete. Er spielt die Goldene Horde im Osten gegen die polnischen und ungarischen Königreiche im Westen aus und gründet die Stadt Lwiw.

1240 Kyjiw wird von den Mongolen erobert, und die Ukraine gerät in den Einflussbereich der Goldenen Horde.

1241–1261 Transkarpatien fällt unter die Herrschaft der Könige von Ungarn.

1299–1325 Der Metropolit der Rus verlegt seinen Sitz von Kyjiw, das von den Mongolen verwüstet wurde, nach Wladimir an der Kljasma und dann nach Moskau; in Galizien wird eine eigene Metropolie errichtet.

1340–1392 Das einst mächtige Fürstentum Galizien-Wolhynien wird geteilt: Galizien fällt an Polen, Wolhynien zusammen mit der Dnipro-Region an die litauischen Fürsten.

WELTGESCHICHTE: **1347** Der Schwarze Tod wütet in Europa.

1362 Heere der Litauer und der Rus fordern die Herrschaft der Khane der Goldenen Horde über die ukrainischen Steppen in der Schlacht von Syni Wody heraus; der größte Teil der ukrainischen Länder wird dem Großfürstentum Litauen einverleibt.

1386 Großfürst Jogaila von Litauen heiratet »König« Jadwiga von Polen, was den Übertritt der litauischen Eliten zum katholischen Glauben und die schrittweise Vereinigung des Königreich Polens mit dem Großfürstentum Litauen zur Folge hat.

1430–1434 Die Eliten der Rus (Ukraine und Belarus) im Großfürstentum Litauen rebellieren gegen die Benachteiligung durch ihre katholischen Herrscher.

1449–1478 Das Krim-Khanat wird unabhängig von der Goldenen Horde, gerät aber unter die Kontrolle des Osmanischen Reichs.

1492 Erste Erwähnung der ukrainischen Kosaken in historischen Quellen.

1514 In der Schlacht von Orscha besiegt Fürst Kostjantyn Ostroskyj die Armee des Großfürstentums Moskau. Damit erringt Litauen die Vorherrschaft über die ehemalige Kyjiwer Rus.

1569 Aus der Union von Lublin zwischen dem Königreich Polen und dem Großfürstentum Litauen entsteht die polnisch-litauische Adelsrepublik (*Rzeczpospolita*), in der Polen sein Rechtssystem auf die Ukraine ausdehnt und Litauen seine Herrschaft über Belarus beibehält, wodurch die erste Verwaltungsgrenze zwischen diesen beiden ostslawischen Ländern entsteht.

1581 In Ostroh erscheint die erste komplette kirchenslawische Übersetzung der Bibel.

1590–1638 Ära der Kosakenaufstände, in der die Kosaken zu großer militärischer Stärke finden und sich eine eigene Gesellschaftsordnung geben.

1596 Die Union von Brest unterstellt einen Teil der Kyjiwer orthodoxen Metropolie Rom und verursacht damit die bis heute bestehende Spaltung der Unierten (später griechisch-katholischen) Kirche von der Orthodoxen Kirche.

1632–1646 Metropolit Petro Mohyla von Kyjiw gründet das Kyjiwer Kolleg (die spätere Kyjiwer Mohyla-Akademie), reformiert seine Kirche nach dem Muster der katholischen Reformation und initiiert eine zeitgemäße Fassung der orthodoxen Glaubensgrundsätze.

1632 Der französische Ingenieur und Karthograph Guillaume Levasseur de Beauplan fertigt die erste Karte der Ukraine an, in der auch die jüngst erfolgte Besiedlung des Steppengrenzlands verzeichnet ist.

WELTGESCHICHTE: **1648** Der Westfälische Friede etabliert eine neue internationale Ordnung.

1648 Der Kosakenoffizier Bohdan Chmelnyzkyj führt einen Aufstand gegen die polnisch-litauische Adelsrepublik, die zur Vertreibung polnischer Landbesitzer, Massakern an Juden und Schaffung eines Kosakenstaats führt, der als Hetmanat bekannt wird.

1654 Kosakenoffiziere erkennen die Oberherrschaft des Zaren von Moskau an, was zu einer Dauerkonfrontation zwischen Moskau und Warschau über die Kontrolle der Ukraine führt.

1667 Der Vertrag von Andrussowo teilt die Ukraine entlang des Dnipro zwischen Moskau und Polen, was zu einem Aufstand der Kosaken gegen beide Mächte unter der Führung von Hetman Petro Doroschenko führt.

1672 – 1699 Die Osmanen beherrschen das rechte Ufer des Dnipro in der Ukraine.

1674 Mönche des Kyjiwer Höhlenklosters veröffentlichen die *Synopsis*, einen historischen Text, der Kyjiw als das Zentrum der russischen Monarchie und Nation darstellt und für die religiöse, dynastische und ethnonationale Einheit der Ostslawen angesichts der Bedrohungen durch Polen und das Osmanische Reich wirbt.

1685 Die Kyjiwer Metropolie untersteht nicht länger dem Patriarchen von Konstantinopel, sondern dem Patriarchen von Moskau.

1708 Empörung über die Missachtung der Rechte der Kosaken durch die Russen veranlasst Hetman Iwan Masepa zu einer Revolte gegen Peter den Großen und zu einem Bündnis mit Karl XII. von Schweden, der mit seiner Armee auf Moskau marschiert.

1709 Aus der Schlacht von Poltawa geht Russland als Sieger hervor, was die Abschaffung des Amts des Hetmans und weitere Beschneidungen der Autonomie des Hetmanats zur Folge hat.

WELTGESCHICHTE: **1721** Der Friede von Nystad etabliert Russland als europäische Macht.

1727 – 1734 Vorübergehende Wiederherstellung des Amts des Hetmans unter Danylo Apostol.

1740ER JAHRE Rabbi Israel ben Elieser, bekannt als Baal Schem Tov, sammelt in dem podolischen Ort Medschybisch Schüler und Anhänger um sich und beginnt die Lehre des Chassidismus zu verbreiten.

1764 – 1780 Auflösung des Hetmanats im Zuge der Zentralisierungsmaßnahmen Katharinas II. von Russland.

1768 Aufstände des polnischen Adels (Konföderation von Bar) und der ukrainischen Landbevölkerung (Hajdamakenaufstand), begleitet von Massakern an unierten Christen und an Juden in der rechtsufrigen Ukraine.

1775 Auflösung des Saporoger Heers am unteren Dnipro nach dem russisch-türkischen Krieg von 1768–1774, in dem das Russische Reich siegt.

1783 Russland annektiert die Krim.

WELTGESCHICHTE: **1789** Beginn der Französischen Revolution.

1772–1795 Im Zuge der Teilungen Polens fällt Galizien an die Habsburger, und das Russische Reich erlangt Herrschaft über die rechtsufrige Ukraine sowie Wolhynien.

1791 Katharina II. verbietet der jüdischen Bevölkerung aus dem früheren Polen-Litauen, in das russische Kernland zu ziehen, und richtet den Ansiedlungsrayon ein, der auch die Ukraine umfasst.

1792 Das Russische Reich gewinnt einen weiteren Krieg gegen die Osmanen und festigt seine Herrschaft über die Südukraine.

1798 Iwan Kotljarewskyj, ein Adliger aus Poltawa, veröffentlicht die *Enejida*, die erste literarische Dichtung in modernem Ukrainisch, mit der die moderne ukrainische Literatur beginnt.

1812 Ukrainische Kosaken kämpfen in den Reihen der kaiserlichen russischen Armee gegen Napoleon.

1818 Die erste Grammatik der ukrainischen Sprache erscheint.

1819 Die rasch wachsende Stadt Odesa wird Freihafen und zieht neue Unternehmen und Siedler an.

1830 Als Folge des polnischen Aufstands rivalisieren polnische Landbesitzer und die russische Regierung um die Loyalität der ukrainischen Bauernschaft.

1834 Zar Nikolaus I. gründet die Kyjiwer Universität; die Regierung arbeitet darauf hin, Kyjiw in ein Bollwerk der imperialen russischen Identität zu verwandeln.

1840 Der Künstler und Dichter Taras Schewtschenko, der vielen als Vater der ukrainischen Nation gilt, veröffentlicht den Gedichtband *Kobsar*.

1847 Mykola Kostomarow entwirft mit *Die Genesis des ukrainischen Volkes* das erste politische Programm der entstehenden ukrainischen Nationalbewegung. Er ruft darin zur Bildung einer slawischen Föderation mit der Ukraine als Zentrum auf.

WELTGESCHICHTE: Revolutionen von 1848.

1847 Der »Völkerfrühling« erschüttert das Habsburgerreich und ruft die polnische wie auch die ukrainische Nationalbewegung auf den Plan; die Ukrainer vereinen sich um den Obersten Ruthenischen Rat; die kaiserliche Regierung beschließt die Befreiung der Leibeigenen.

1850ER JAHRE Die Erdölförderung in Galizien beginnt und verwandelt die Region Drohobytsch in eines der produktivsten Erdölgebiete der Welt.

1854 Britische, französische und osmanische Streitkräfte landen auf der Krim, belagern Sewastopol und bauen die Eisenbahnstrecke Balaklawa nach Sewastopol – die erste auf dem Territorium der Ukraine. Russland verliert den Krimkrieg und seine Schwarzmeerflotte.

WELTGESCHICHTE: **1861** Beginn des amerikanischen Bürgerkriegs.

1861 Die Befreiung der Leibeigenen im Russischen Reich und die liberalen Reformen Alexanders II. verändern die wirtschaftliche, soziale und kulturelle Landschaft der Ukraine.

1863 Beunruhigt durch den neuen polnischen Aufstand und die Möglichkeit einer Aufspaltung der »gesamtrussischen Nationalität«, verhängt der russische Innenminister Pjotr Walujew ein Verbot ukrainischsprachiger Publikationen.

1870 Der walisische Unternehmer John James Hughes kommt in die Südukraine, um Hüttenwerke zu errichten. Damit setzen die Entwicklung des Industriegebiets im Donezbecken und die Migration russischer Arbeitskräfte in die Ukraine ein.

1876 Mit dem von Alexander II. unterzeichneten Emser Erlass treten weitere Einschränkungen beim Gebrauch der ukrainischen Sprache in Kraft. Mychajlo Drahomanow, ein junger Geschichtsprofessor an der Universität Kyjiw, wandert in die Schweiz aus, wo er die ideologischen Fundamente des ukrainischen Liberalismus und Sozialismus legt.

1890ER JAHRE Infolge von Landbedarf wandern immer mehr ukrainische Bauern aus Österreich-Ungarn in die USA oder Kanada und aus der russisch regierten Ukraine in den Nordkaukasus oder den russischen Fernen Osten aus.

1900 Mykola Michnowskyj, Rechtsanwalt aus Charkiw, formuliert die Idee der politischen Unabhängigkeit der Ukraine; ähnliche Ideen werden auch in Galizien laut.

1905 Die Revolution im Russischen Reich führt zur Aufhebung der Verbote bezüglich des Ukrainischen. Die Gründung politischer Parteien wird legalisiert. Infolge der revolutionären Unruhen nimmt der russische Nationalismus zu, und es kommt zu antijüdischen Pogromen; Scholem Alejchem emigriert aus Kyjiw nach New York.

WELTGESCHICHTE: **1914** Der Erste Weltkrieg beginnt.

1914 Der Ausbruch des Ersten Weltkriegs verwandelt die Ukraine zum Schlachtfeld, auf dem sich das Russische Reich, Österreich-Ungarn und Deutschland gegenüberstehen.

1917 Der Untergang der russischen Monarchie öffnet die Tür zur Schaffung eines ukrainischen Staats – ein Prozess, der von den Sozialisten in der Zentralna Rada, dem ukrainischen Revolutionsparlament, geleitet wird.

1918 – 1920 Ukrainische Regierungen in den vormals russischen und österreichischen Teilen des Landes erklären ihre Unabhängigkeit, verlieren aber den Krieg gegen ihre mächtigeren Nachbarn, das bolschewistische Russland und die neu gegründete Polnische Republik.

1920ER JAHRE Nationalkommunismus in der Sowjetukraine.

1921–1923 Ukrainische Gebiete werden unter Sowjetrussland, Polen, Rumänien und der Tschechoslowakei aufgeteilt.

1927–1929 Die bolschewistischen Machthaber beginnen mit einer umfassenden Industrialisierung, Kollektivierung und Kulturrevolution, um die kommunistische Transformation von Wirtschaft und Gesellschaft herbeizuführen.

WELTGESCHICHTE: **1929** Mit dem Schwarzen Freitag beginnt die Weltwirtschaftskrise.

1932–1933 Fast vier Millionen Menschen sterben in der Ukraine aufgrund der menschengemachten Hungersnot, die heute als Holodomor bekannt ist.

1934 Mitglieder der Organisation Ukrainischer Nationalisten ermorden Polens Innenminister Bronisław Pieracki und offenbaren damit die wachsende Unzufriedenheit in der ukrainischen Gesellschaft mit der polnischen Herrschaft und einen zunehmenden Einfluss des radikalen Nationalismus.

1937 Die stalinistischen Säuberungen, die Millionen in den Gulag bringen und für Hunderttausende das Todesurteil bedeuten, erreichen ihren Höhepunkt.

WELTGESCHICHTE: **1939** Der Zweite Weltkrieg beginnt.

1939 Infolge des Molotow-Ribbentrop-Pakts besetzen die Sowjets die ehemals polnischen Provinzen Wolhynien und Galizien sowie die ehemals rumänische Bukowina; das von Tschechen beherrschte Transkarpatien, wo ukrainische Aktivisten eine kurzlebige Unabhängigkeit ausrufen, geht an Ungarn.

1941 Die Invasion der Sowjetunion durch das nationalsozialistische Deutschland führt zu einer deutsch-rumänischen Besatzung in der Ukraine, macht diese zu einem Hauptschauplatz des Holocaust und kostet Millionen von Ukrainern aus allen ethnischen Gruppen das Leben.

1943 Mit den Sowjets kehrt die kommunistische Herrschaft in die Ukraine zurück; in der Westukraine beginnt ein langwieriger Krieg zwischen sowjetischen Sicherheitskräften und ukrainisch-nationalistischen Guerillas.

1944 Krimtataren werden der Kollaboration mit den Deutschen beschuldigt und von der Krim nach Zentralasien deportiert.

1945 Die Jalta-Konferenz legitimiert die neue polnisch-ukrainische Grenze auf internationaler Ebene, belässt Lwiw auf ukrainischer Seite und ermöglicht eine ukrainische Mitgliedschaft in den Vereinten Nationen; Transkarpatien geht an die Sowjetukraine, nachdem Moskau Prag zum Gehorsam gedrängt hatte.

1946 Zwangsauflösung der ukrainischen griechisch-katholischen Kirche, deren Oberhäupter beschuldigt werden, dem antikommunistischen Kurs des Vatikans zu folgen und Verbindungen zum nationalistischen Untergrund zu pflegen.

WELTGESCHICHTE: **1948** Beginn des Kalten Krieges.

1953 Stalins Tod beendet die zunehmende antisemitische Agitation und Verfolgung ukrainischer Kulturschaffender aufgrund angeblicher nationalistischer Umtriebe.

1954 Nikita Chruschtschow arrangiert die Abtretung der Krim von Russland an die Ukraine, um die wirtschaftliche Erholung der Halbinsel zu erleichtern, die von der Versorgung vom ukrainischen Festland abhängt.

1956 Beginn der Entstalinisierung und Auftritt der ukrainischen Parteielite als kleinerer Partner der russischen Führungsriege beim Regieren der Sowjetunion.

1964 Die Amtsenthebung Nikita Chruschtschows setzt den ideologischen und kulturellen Zugeständnissen des Regimes ein Ende und leitet eine partielle Rückkehr zu den politischen Normen des Spätstalinismus ein.

1970ER JAHRE Die durch die Verlangsamung des wirtschaftlichen Wachstums und zunehmende gesellschaftliche Probleme gekennzeichnete Ära der Stagnation bricht an.

1975–1981 Die Schlussakte von Helsinki ermutigt ukrainische Dissidenten, sich zur Verteidigung der Menschenrechte zusammenzuschließen; das KGB inhaftiert Mitglieder der Ukrainischen Helsinki-Gruppe.

1985 Michail Gorbatschow kommt an die Macht und stößt Reformen mit dem Ziel der Verbesserung des sowjetischen Politik- und Wirtschaftssystems an.

1986 Die Atomkatastrophe von Tschernobyl wirft Fragen bezüglich der Verantwortlichkeit der Zentralbehörden für die Umweltkatastrophe auf und führt zur Gründung der Grünen Partei, der ersten massenpolitischen Partei in der Sowjetukraine.

1990 Die ersten kompetitiven Wahlen des ukrainischen Parlaments münden in die Bildung einer parlamentarischen Opposition und die Erklärung der Eigenständigkeit der Republik, allerdings noch immer als Teil der UdSSR.

WELTGESCHICHTE: **1991** Zusammenbruch der Sowjetunion.

1991 Nach einem gescheiterten Staatsstreich in Moskau führt die Ukraine die anderen Sowjetrepubliken aus dem Bündnis und versetzt der UdSSR im Unabhängigkeitsreferendum vom 1. Dezember den Todesstoß.

1994 Russische, amerikanische und britische Zusicherungen der ukrainischen Eigenstaatlichkeit und territorialen Unversehrtheit folgen auf die Übergabe aus Sowjetzeiten stammender nuklearer Sprengköpfe an Russland.

1996 Die neue Verfassung garantiert demokratische Freiheiten und teilt die Macht zwischen dem Präsidentenamt und dem Parlament auf, wodurch das Parlament als wichtiger Akteur in der ukrainischen Politik etabliert wird.

1997 Russland und die Ukraine unterzeichnen ein Grenzabkommen, das die ukrainische Hoheit über die Krim anerkennt und den Marinestützpunkt Sewastopol an Russland verpachtet.

2004 Die demokratische Orange Revolution, befeuert durch die weitverbreitete Ablehnung der Regierungskorruption und des russischen Eingreifens in den Wahlvorgang, bringt die reformfreundliche und prowestliche Regierung von Präsident Wiktor Juschtschenko an die Macht.

2008 – 2009 Die Ukraine äußert den Wunsch, der Europäischen Union beizutreten, bewirbt sich für den Aktionsplan zum NATO-Beitritt und nimmt am Programm Östliche Partnerschaft der Europäischen Union teil.

2013 Russland erklärt der Ukraine den Handelskrieg und zwingt die Regierung von Präsident Wiktor Janukowytsch, auf die Unterzeichnung eines Assoziierungsabkommens mit der Europäischen Union zu verzichten, was zu Massenprotesten führt, die als EuroMaidan und Revolution der Würde bekannt werden.

2014 Während die Proteste auf den Straßen Kyjiws gewaltsam werden, entzieht das ukrainische Parlament Präsident Janukowytsch das Amt; zugleich eröffnet Russland einen Hybridkrieg gegen die Ukraine, indem es sich der Halbinsel Krim bemächtigt und seine Truppen und Versorgungsgüter in die Donbas-Region entsendet.

2015 Der russisch-ukrainische Konflikt löst die bis dato heftigste Krise der Ost-West-Beziehungen seit dem Ende des Kalten Krieges aus.

2022 Am 24. Februar greift Russland die Ukraine an. Es ist der erste militärische Konflikt zwischen zwei souveränen Staaten in Europa seit Ende des Zweiten Weltkriegs. Mit Stand Juli haben etwa 50 000 Menschen ihr Leben verloren. In Russland ist das Wort »Krieg« in diesem Zusammenhang verboten.

DAS WHO'S WHO DER UKRAINISCHEN GESCHICHTE

RELIGIÖSE FÜHRER UND FÖRDERER (1580 – 1648)

Iwan Fjodorow (ca. 1525–1583), Drucker der Ostroher Bibel (1581)

Fürst Konstjantyn (Wassyl) Ostroskyj (1526–1608), wolhynischer Magnat und Beförderer orthodoxer Reformen

Ipati (Hypatios) Pociej (1541–1613), Gründer und Metropolit der unierten Kirche

Meletij (Meletius) Smotrytskyj (ca. 1577–1633), religiöser Polemiker und Autor der ersten kirchenslawischen Grammatik

Petro Konaschewytsch-Sahajdatschnyj (ca. 1582–1622), Hetman der Kosaken und Förderer der orthodoxen Kirche

Petro Mohyla (1596–1647), orthodoxer Reformer und Metropolit von Kyjiw (1632–1646)

KOSAKENFÜHRER (HETMAN) (1648 – 1764)

Bohdan Chmelnyzkyj (1648–1657)

Iwan Wyhowskyj (1657–1659)

Jurij Chmelnyzkyj (1659–1663)

Pawlo Teterja (1663–1665)

Iwan Brjuchowezkyj (1663–1668)

Petro Doroschenko (1665–1676)

Demjan Mnohohrischnyj (1668–1672)

Iwan Samojlowytsch (1672–1687)

Iwan Masepa (1687–1709)

Iwan Skoropadskyj (1708–1721)

Danylo Apostol (1727–1734)

Kyrylo Rosumowskyj (Kirill Rasumowski) (1750–1764)

INTELLEKTUELLE VORDENKER (1648 – 1795)

Inokentij Gisel (Innozenz Giesel) (ca. 1600–1683), Archimandrit des Kyjiwer Höhlenklosters (1656–1683) und Verfasser der *Synopsis* (1674)

Nathan Hannover (ca. 1610–1683), Talmudlehrer, Kabbalist und Autor des historischen Werks *Jawen Mezula* (1653)

Samijlo Welytschko (1670–1728), Kosaken-Chronist

Teofan Prokopowytsch (1681–1736), Rektor der Kyjiwer Akademie und Berater Peters I.

Rabbi Baal Schem Tov (ca. 1700–1760), Begründer des Chassidismus

Hryhorij (Gregorius) Skoworoda (1722–1794), Philosoph, Dichter und Komponist

Oleksandr Besborodko (1747–1799), Kosaken-Offizier, Kanzler im Russischen Reich, forschte zur Geschichte des Hetmanats

WEGBEREITER DES UKRAINISCHEN NATIONALBEWUSSTSEINS (1798 – 1849)

Iwan Kotljarewskyj (1769–1838), Verfasser der *Enejida*

Oleksandr Duchnowytsch (1803–1865), transkarpatischer Priester, Dichter und Lehrer

Tadeusz Czacki (1765–1813), Gründer des Lyzeums Kremenez

Markijan Schaschkewytsch (1811–1843), Dichter und Autor des Almanachs *Die Dnister-Nymphe* (1837)

Mykola Hohol (Nikolai Gogol) (1809–1852), Schriftsteller und Förderer der ukrainischen Kultur und Geschichte

Taras Schewtschenko (1814–1861), Maler, Lyriker und Schriftsteller. Er gilt vielen als »Vater der Ukraine«.

Jakiw Holowazkyj (1814–1888), Historiker, Ethnograph, Verleger der *Dnister-Nymphe* (1837) und Führungsfigur der Russophilen

Mykola (Nikolai) Kostomarow (1817–1885). Historiker, Sozialaktivist und Autor des ersten politischen Manifests der ukrainischen Bewegung

STAATSMÄNNER UND UNTERNEHMER (1800 – 1900)

Armand Emmanuel, duc de Richelieu (1766–1822), französischer Staatsmann und Gouverneur von Odesa. Er gilt als wahrer Gründer der Stadt.

Nikolai Repnin-Wolkonski (1778–1845), General der russischen Armee und Gouverneur von Kleinrussland (1816–1834). Er bemühte sich um eine Verbesserung der Lebensverhältnisse der Leibeigenen und um die Erhaltung der Rechte der Kosaken.

Franz von Stadion (1806–1853), österreichischer Staatsmann und Gouverneur von Galizien (1847–1848), wo er die Leibeigenschaft abschaffte und den ukrainischen Freiheitskampf unterstützte

John James Hughes (1814–1889), walisischer Unternehmer. Gründer der Stadt Jusiwka (heute Donezk), maßgeblicher Initiator der Entwicklung des Donezbeckens zur Industrieregion

Platon Symyrenko (1821–1863), Unternehmer und Philanthrop, der den Druck von Taras Schewtschenkos Gedichtsammlung *Kobsar* finanzierte

Lasar Brodskyj (1848–1904), Unternehmer und Philanthrop, der den Bau von Kyjiws größter Synagoge finanzierte

Stanisław Szczepanowski (1846–1900), Geschäftsmann, Politiker, Autor von *Das galizische Elend* (1888). Er trug mit seinen Dampfbohrern maßgeblich zur Entwicklung der Ölindustrie in Galizien bei.

SOZIALAKTIVISTEN UND POLITISCHE AGITATOREN (1849 – 1917)

Mychajlo (Michail) Jusefowytsch (1802–1889), Pädagoge, anfangs Unterstützer, später Gegner der Bewegung der Ukrainophilen. Er war maßgeblich für den Emser Erlass verantwortlich.

Mychajlo Drahomanow (1841–1895), Historiker, politischer Aktivist und Denker. Begründer des ukrainischen Sozialismus

Ismajil Gasprynskyj (İsmail Gaspıralı) (1851–1914), Pädagoge, politischer Aktivist und Führungsfigur des Kampfes der Krimtataren um Selbstbestimmung

Iwan Franko (1856–1916), Dichter, Schriftsteller, Publizist und einer der Führungsfiguren der sozialistischen Bewegung in Galizien

Mykola Michnowskyj (1873–1924), Anwalt, politischer Aktivist und früher Unterstützer der ukrainischen Unabhängigkeitsbewegung

SCHRIFTSTELLER UND KÜNSTLER (1849–1917)

Jurij Fedkowytsch (1834–1888), Autor und Folklorist, bekannt für seine Erzählungen über die Bukowina

Leopold von Sacher-Masoch (1836–1895), Journalist, Schriftsteller und Autor romantischer Erzählungen über Galizien

Mykola Lyssenko (1842–1912), Komponist und Begründer der Nationalen Ukrainischen Musikschule

Ilja Repin (1844–1940), Maler des Realismus, bekannt für sein episches Gemälde *Die Saporoger Kosaken schreiben dem türkischen Sultan einen Brief* (1891)

Scholem Alejchem (Solomon Rabynowytsch) (1859–1916), bedeutender jiddischsprachiger Schriftsteller, bekannt für seinen Roman *Tewje, der Milchmann*, der als Vorlage für das Musical *Fiddler on the Roof* (deutsch als *Anatevka*) diente

Olha Kobyljanska (1863–1942), Schriftstellerin der Moderne und frühe Feministin

Heorhij Narbut (1886–1920), Graphiker und einer der Gründerväter der Ukrainischen Staatlichen Akademie der Künste (1917). Er war am Entwurf des Wappens der Ukraine beteiligt (1918).

FIGUREN DER REVOLUTIONSZEIT (1917 – 1921)

Jewhen Petruschewytsch (1863–1940), Rechtsanwalt, Politiker und faktisches Staatsoberhaupt der Westukrainischen Volksrepublik (1918–1919)

Mychajlo Hruschewskyj (1866–1934), bekannter Historiker und Präsident der Zentralna Rada, dem Parlament der revolutionären Ukraine (1917–1918)

Pawlo Skoropadskyj (1873–1945), Sprössling einer einflussreichen Kosakenfamilie, zaristischer Offizier und Hetman der Ukraine 1918

Symon Petljura (1879–1926), Journalist, Politiker, Generalsekretär für militärische Angelegenheiten der Zentralna Rada und Präsident der Ukrainischen Volksrepublik

Wolodymyr Wynnytschenko (1880–1951), Bestsellerautor und Staatsoberhaupt der Ukraine von 1917–1919

Nestor Machno (1888–1934), anarchistischer Revolutionär und Anführer einer aufständischen Bauernarmee in der Südukraine (1918–1921)

Isaak Babel (1894–1940), Journalist und Schriftsteller, Autor von *Die Reiterarmee* (1926)

Jurij Kozjubynskyj (1896–1937), Sohn des ukrainischen Schriftstellers Mychajlo Kozjubynskyj, Bolschewik, Kommandeur der Roten Armee in der Ukraine 1918

FIGUREN DER KULTURELLEN RENAISSANCE (1921 – 1933)

Mykola Skrypnyk (1872–1933), Kommunistenkader und Befürworter der Ukrainisierung. Beging auf dem Höhepunkt des Holodomor Selbstmord

Pawlo Tytschyna (1891–1967), vielleicht der herausragendste Dichter seiner Zeit. Sein Werk gliedert sich in Symbolismus und sozialistischen Realismus.

Mykola Chwyljowyj (Nikolai Fitiljow) (1893–1933), führender kommunistischer Autor und Begründer der proletarischen ukrainischen Literatur. Beging auf dem Höhepunkt des Holodomor Selbstmord

Oleksandr Dowschenko (1894–1956), Drehbuchautor, Regisseur und Vorreiter des Montageverfahrens im sowjetischen Film

Dsiga Wertow (David Kaufman) (1896–1954), Pionier des Dokumentarfilms, dessen beste Arbeiten (etwa *Der Mann mit der Kamera*, 1929) in der Ukraine entstanden

HELDEN UND MÖRDER IM ZWEITEN WELTKRIEG (1939 – 1945)

Metropolit Andrej Scheptyzkyj (Roman Maria Aleksander Szeptycki) (1865–1944), Führer der Ukrainischen Griechisch-Katholischen Kirche (1901–1944) und herausragende Persönlichkeit in der galizischen Gesellschaft

Sydir Kowpak (1887–1967), sowjetischer Partisanenführer

Mychajlo Kyrponos (1892–1941), Generaloberst der Roten Armee und Oberbefehlshaber bei der Schlacht um Kyjiw 1941

Erich Koch (1896–1986), Gauleiter der NSDAP in Ostpreußen (1928–1945) und Reichskommissar des Reichskommissariats Ukraine (1941–1943)

Nikolai Watutin (1901–1944), General und Kommandeur der Ukrainischen Front (Südwestfront) der Roten Armee

Otto Wächter (1901 1949), SS-Führer und Gouverneur des Distrikts Galizien

Roman Schuchewytsch (1907–1950), Führungsfigur der Organisation Ukrainischer Nationalisten und Kommandeur der Ukrainischen Aufstandsarmee (1943–1950)

Stepan Bandera (1909–1959), Vorsitzender der Organisation Ukrainischer Nationalisten und ihrer Einheiten in Westeuropa und Nordamerika (1933–1959)

PARTEICHEFS DER KOMMUNISTISCHEN PARTEI DER UKRAINE (1938–1990)

Nikita Chruschtschow (1938–1949)

Lasar Kaganowitsch (1925–1928, 1947)

Leonid Melnikow (1949–1953)

Oleksij Kyrytschenko (1953–1957)

Mykola Pidhornyj (Nikolai Podgorny) (1957–1963)

Petro Schelest (1963–1972)

Wolodymyr Schtscherbyzkyj (1972–1989)

Wolodymyr Iwaschko (1989–1990)

FÜHRENDE KÖPFE DER DISSIDENTENZEIT (1960ER BIS 1980ER JAHRE)

Lewko Lukjanenko (1928–2018), Anwalt und Bürgerrechtler, der mehr als 25 Jahre im Gefängnis und in der Verbannung verbrachte. Verfasser der Ukrainischen Unabhängigkeitserklärung (1991)

Georgij Vins (1928–1998), Baptistenpastor und religiöser Aktivist, wurde zweimal verhaftet und von sowjetischen Gerichten verurteilt, ehe er 1979 aus der UdSSR ausgewiesen wurde.

Wjatscheslaw Tschornowil (1937–1999), Journalist und Chronist des ukrainischen Dissidententums in den 1960er Jahren. Saß mehrfach in sowjetischen Gefängnissen und Lagern ein.

Mustafa Dschemiljew (*1943), Vorsitzender der Nationalen Bewegung der Krimtataren, wurde in der Sowjetzeit sechsmal verhaftet und verbrachte viele Jahren in Arbeitslagern und der Verbannung.

Semen Hlusman (*1946), Psychiater und Menschenrechtler. Wurde zu sieben Jahren Haft verurteilt, nachdem er den Missbrauch der Psychiatrie für politische Zwecke in der UdSSR öffentlich gemacht hatte.

PRÄSIDENTEN DER UKRAINE (AB 1991)

Leonid Krawtschuk (1991–1994)

Leonid Kutschma (1994–2005)

Wiktor Juschtschenko (2005–2010)

Wiktor Janukowytsch (2010–2014)

Petro Poroschenko (2014–2019)

Wolodymyr Selenskyj (seit 2019)

LITERATURVERZEICHNIS

EINLEITUNG: STANDARDWERKE ZUR UKRAINISCHEN GESCHICHTE

Dmytro Doroshenko, A Survey of Ukrainian History, mit einem Vorwort von Oleh Gerus, überarbeitete Aufl. (Winnipeg, 1975); Mykhailo Hrushevsky, A History of the Ukraine (New Haven, Connecticut, 1940; Hamden, Connecticut, 1970); ders., History of Ukraine-Rus', Bd. 1, 6–10 (Edmonton und Toronto, 1997–2014); Ivan Katchanovski et al., Historical Dictionary of Ukraine, 2. Aufl. (Lanham, Maryland, 2013); Paul Kubicek, The History of Ukraine (Westport, Connecticut, 2008); Paul Robert Magocsi, A History of Ukraine, 2. Aufl. (Toronto, 2010); ders., Ukraine: An Illustrated History (Toronto, 2007); Anna Reid, Borderland: A Journey Through the History of Ukraine (London, 1997); Orest Subtelny, Ukraine: A History, 4. Aufl. (Toronto, 2009); Roman Szporluk, Ukraine: A Brief History, 2. Aufl. (Detroit, Michigan, 1982); Andrew Wilson, The Ukrainians: Unexpected Nation, 3. Aufl. (New Haven, Connecticut, 2009); Serhy Yekelchyk, Ukraine: Birth of a Modern Nation (New York, 2007).

TEIL I AN DER PONTISCHEN GRENZE

Paul M. Barford, The Early Slavs: Culture and Society in Early Medieval Eastern Europe (Ithaca, New York, 2001); David Braund (Hrsg.), Scythians and Greeks: Cultural Interactions in Scythia, Athens and the Early Roman Empire (Exeter, England, 2005); Martin Dimnik, Mikhail, Prince of Chernigov and Grand Prince of Kiev, 1224–1246 (Toronto, 1981); ders., The Dynasty of Chernigov, 1146–1246 (Cambridge, 2003); Simon Franklin und Jonathan Shepard, The Emergence of Rus', 750–1200 (London, 1996); Edward L. Keenan, Josef Dobrovský and the Origins of the Igor' Tale (Cambridge, Massachusetts, 2003); Jukka Korpela, Prince, Saint and Apostle: Prince Vladimir Svjatoslavic of Kiev (Wiesbaden, 2001); Omeljan Pritsak, The Origin of Rus', Bd. 1 (Cambridge, Massachusetts, 1981); Christian Raffensperger, Reimagining Europe: Kievan Rus' in the Medieval World (Cambridge, Massachusetts, 2012); Renate Rolle, Die Welt der Skythen. Stutenmelker und Pferdebogner: Ein antikes Reitervolk in neuer Sicht (Luzern, 1980).

TEIL II BEGEGNUNGEN ZWISCHEN OST UND WEST

Ludmilla Charipova, Latin Books and the Eastern Orthodox Clerical Elite in Kiev, 1632–1780 (Manchester, England, 2006); Brian L. Davies, Warfare, State and Society on the Black Sea Steppe, 1500–1700 (London und New York, 2007); Linda Gordon, Cossack Rebellions: Social Turmoil in the Sixteenth-Century Ukraine (Albany, New York, 1983); Borys A. Gudziak, Crisis and Reform: The Kyivan Metropolitanate, the Patriarch of Constantinople, and the Genesis of the Union of Brest (Cambridge, Massachusetts, 1998); David A. Frick, Meletij Smotryc'kyj (Cambridge, Massachusetts, 1995); Iaroslav Isaievych, Voluntary Brotherhood: Confraternities of Laymen in Early Modern Ukraine (Edmonton und Toronto, 2006); The Kiev Mohyla Academy. Sonderausgabe der Harvard Ukrainian Studies, 8, Nr. 1–2 (1984); Paulina Lewin, Ukrainian Drama and Theater in the Seventeenth and Eighteenth Centuries (Edmonton, 2008); Jaroslaw Pelenski, The Contest for the Legacy of Kievan Rus' (Boulder, Colorado und New York, 1998); Serhii Plokhy, The Cossacks and Religion in Early Modern Ukraine (Oxford, 2001); ders., The Origins of the Slavic Nations: Premodern Identities in Russia, Ukraine and Belarus (Cambridge, England, 2006); Ihor Ševčenko, Ukraine Between East and West: Essays on Cultural History to the Early Eighteenth Century, 2. Aufl. (Edmonton und Toronto, 2009); Frank E. Sysyn, Between Poland and the Ukraine: The Dilemma of Adam Kysil, 1600–1653 (Cambridge, Massachusetts, 1985).

Daniel Beauvois, The Noble, the Serf, and the Revizor: The Polish Nobility Between Tsarist Imperialism and the Ukrainian Masses, 1831–1863 (New York, 1992); Serhiy Bilenky, Romantic Nationalism in Eastern Europe: Russian, Polish, and Ukrainian Political Imaginations (Stanford, Kalifornien, 2012); ders. (Hrsg.), Fashioning Modern Ukraine: Selected Writings of Mykola Kostomarov, Volodymyr Antonovych, and Mykhailo Drahomanov (Edmonton und Toronto, 2014); Martha Bohachevsky-Chomiak, Feminists Despite Themselves: Women in Ukrainian Community Life, 1894–1939 (Edmonton, 1988); Alan W. Fisher, The Russian Annexation of the Crimea, 1772–1783 (Cambridge, England, 1970); Alison Frank, Oil Empire: Visions of Prosperity in Austrian Galicia (Cambridge, Massachusetts, 2005); Leonard G. Friesen, Rural Revolutions in Southern Ukraine: Peasants, Nobles, and Colonists, 1774–1905 (Cambridge, Massachusetts, 2008); George G. Grabowicz, The Poet as Mythmaker: A Study of Symbolic Meaning in Taras Ševčenko (Cambridge, Massachusetts, 1982); Patricia Herlihy, Odessa: A History, 1794–1914 (Cambridge, Massachusetts, 1986); Faith Hillis, Children of Rus': Right-Bank Ukraine and the Invention of a Russian Nation (Ithaca, New York und London, 2013); John-Paul Himka, Socialism in Galicia: The Emergence of Polish Social Democracy and Ukrainian Radicalism, 1860–1890 (Cambridge, Massachusetts, 1983); ders., Galician Villagers and the Ukrainian National Movement in the Nineteenth Century (New York, 1988); ders., Religion and Nationality in Western Ukraine: The Greek Catholic Church and the Ruthenian National Movement in Galicia, 1867–1900 (Montreal und Kingston, Ontario, 1999); Zenon E. Kohut, Russian Centralism and Ukrainian Autonomy: Imperial Absorption of the Hetmanate, 1760s–1830s (Cambridge, Massachusetts, 1988); ders., Making Ukraine (Edmonton und Toronto, 2011); Natan M. Meir, Kiev, Jewish Metropolis: A History, 1859–1914 (Bloomington, Indiana, 2010); Alexei Miller, The Ukrainian Question: Russian Nationalism in the Nineteenth Century (Budapest und New York, 2003); Serhii Plokhy, Tsars and Cossacks: A Study in Historiography (Cambridge, Massachusetts, 2003); ders., The Cossack Myth: History and Nationhood in the Age of Empires (Cambridge, 2012); Thomas Prymak, Mykola Kostomarov: A Biography (Toronto, 1996); Ivan L. Rudnytsky, Essays in Modern Ukrainian History (Edmonton, 1987); David Saunders, The Ukrainian Impact on Russian Culture, 1750–1850 (Edmonton, 1985); Orest Subtelny, The Mazepists: Ukrainian Separatism in the Early Eighteenth Century (Boulder, Colorado, und New York, 1981); Willard Sunderland, Taming the Wild Field: Colonization and Empire on the Russian Steppe (Ithaca, New York und London, 2004); Stephen Velychenko, National History as Cultural Process: A Survey of the Interpretations of Ukraine's Past in Polish, Russian, and Ukrainian Historical Writing from the Earliest Times to 1914 (Edmonton, 1992); Larry Wolff, The Idea of Galicia: History and Fantasy in Habsburg Political Culture (Stanford, Kalifornien, 2010); Charters Wynn, Workers, Strikes, and Pogroms: The Donbass-Dnepr Bend in Late Imperial Russia, 1870–1905 (Princeton, New Jersey, 1992); Andriy Zayarnyuk, Framing the Ukrainian Peasantry in Habsburg Galicia, 1846–1914 (Edmonton, 2013); Sergei I. Zhuk, Russia's Lost Reformation: Peasants, Millennialism, and Radical Sects in Southern Russia and Ukraine, 1830–1917 (Washington, D. C., Baltimore und London, 2004); Steven J. Zipperstein, The Jews of Odessa: A Cultural History, 1794–1881 (Stanford, Kalifornien, 1985).

TEIL IV DIE KRIEGE DER WELTEN

Henry Abramson, A Prayer for the Government: Ukrainians and Jews in Revolutionary Times, 1917–1920 (Cambridge, Massachusetts, 1999); John A. Armstrong, Ukrainian Nationalism, 3. Aufl. (Englewood, Colorado, 1990); Karel C. Berkhoff, Harvest of Despair: Life and Death in Ukraine Under Nazi Rule (Cambridge, Massachusetts, 2004); Bohdan Bociurkiw, The Ukrainian Greek Catholic Church and the Soviet State, 1939–1950 (Edmonton, 1996); Kate Brown, A Biography of No Place: From Ethnic Borderland to Soviet Heartland (Cambridge, Massachusetts und London, 2004); Robert Conquest,

Ernte des Todes: Stalins Holocaust in der Ukraine 1929–1933 (München, 1988); Theodore H. Friedgut, Iuzovka and Revolution: Life and Work / Politics and Revolution in Russia's Donbass, 1869–1924, 2 Bde. (Princeton, New Jersey, 1989–1994); Andrea Graziosi, The Great Soviet Peasant War: Bolsheviks and Peasants, 1917–1933 (Cambridge, Massachusetts, 1996); Jan T. Gross, Und wehe, du hoffst …: Die Sowjetisierung Ostpolens nach dem Hitler-Stalin-Pakt (Freiburg, 1988); Mark von Hagen, War in a European Borderland: Occupations and Occupation Plans in Galicia and Ukraine, 1914–1918 (Seattle, Washington, 2007); Halyna Hryn (Hrsg.), Hunger by Design: The Great Ukrainian Famine and Its Soviet Context (Cambridge, Massachusetts, 2008); Bohdan Klid und Alexander J. Motyl (Hrsg.), The Holodomor Reader: A Sourcebook on the Famine of 1932–1933 in Ukraine (Edmonton, 2012); Bohdan Krawchenko, Social Change and National Consciousness in Twentieth-Century Ukraine (London, 1985); Andrii Krawchuk, Christian Social Ethics in Ukraine: The Legacy of Andrei Sheptytsky (Edmonton, 1997); Hiroaki Kuromiya, Freedom and Terror in the Donbas: A Ukrainian-Russian Borderland, 1870s–1990s (Cambridge, 1998); ders., Conscience on Trial: The Fate of Fourteen Pacifists in Stalin's Ukraine, 1952–1953 (Toronto, 2012); George Liber, Alexander Dovzhenko: A Life in Soviet Film (London, 2002); Wendy Lower, Nazi Empire-Building and the Holocaust in Ukraine (Chapel Hill, North Carolina, 2005); James E. Mace, Communism and the Dilemmas of National Liberation: National Communism in Soviet Ukraine, 1918–1933 (Cambridge, Massachusetts, 1983); Paul Robert Magocsi, The Shaping of a National Identity: Subcarpathian Rus', 1848–1948 (Cambridge, Massachusetts, 1978); Terry Martin, The Affirmative Action Empire: Nations and Nationalism in the Soviet Union, 1923–1939 (Ithaca, New York und London, 2001); Alexander J. Motyl, The Turn to the Right: The Ideological Origins and Development of Ukrainian Nationalism, 1919–1929 (Boulder, Colorado und New York, 1980); Yohanan Petrovsky-Shtern, The Anti-Imperial Choice: The Making of the Ukrainian Jew (New Haven, Connecticut, 2009); ders., The Golden Age Shtetl: A New History of Jewish Life in East Europe (Princeton, New

Jersey, 2014); Serhii Plokhy, Unmaking Imperial Russia: Mykhailo Hrushevsky and the Writing of Ukrainian History (Toronto, 2005); ders., Yalta: The Price of Peace (New York, 2010); Anna Procyk, Russian Nationalism and Ukraine: The Nationality Policy of the Volunteer Army During the Civil War (Edmonton, 1995); Thomas Prymak, Mykhailo Hrushevsky: The Politics of National Culture (Toronto, 1987); George Y. Shevelov, The Ukrainian Language in the First Half of the Twentieth Century, 1900–1941: Its State and Status (Cambridge, Massachusetts, 1989); Timothy Snyder, The Reconstruction of Nations: Poland, Ukraine, Lithuania, Belarus, 1569–1999 (New Haven, Connecticut, 2003); ders., Bloodlands: Europa zwischen Hitler und Stalin (München, 2015); Stephen Velychenko, State Building in Revolutionary Ukraine: A Comparative Study of Governments and Bureaucrats, 1917–1922 (Toronto, 2011); Serhy Yekelchyk, Stalin's Empire of Memory: Russian-Ukrainian Relations in the Soviet Historical Imagination (Toronto, 2004); ders., Stalin's Citizens: Everyday Politics in the Wake of Total War (New York, 2014).

TEIL V DER WEG IN DIE EIGENSTAATLICHKEIT

Anne Applebaum, Between East and West: Across the Borderlands of Europe (New York, 1994); Timothy Ash, Janet Gunn, John Lough, Orysia Lutsevych, James Nixey, James Sherr und Kataryna Wolczuk, The Struggle for Ukraine (London: Chatham House, 2017); Omer Bartov, Erased: Vanishing Traces of Jewish Galicia in Present-Day Ukraine (Princeton, New Jersey, 2007); Yaroslav Bilinsky, The Second Soviet Republic: The Ukraine After World War II (New Brunswick, New Jersey, 1964); Marek Dabrowski, Marta Domínguez-Jiménez und Georg Zachmann, »Six Years after Ukraine's Euromaidan: Reforms and Challenges Ahead«, in Policy Contribution 2020/14 (2020); Marta Dyczok, The Grand Alliance and Ukrainian Refugees (New York, 2000); dies., Ukraine: Movement Without Change, Change Without Movement (New York, 2000); Valeria Gontareva und Yevhen Stepaniuk, Mission Possible: The True Story of Ukraine's Comprehensive Banking Reform and Practical Manual for Other

Nations (London 2020); Andrea Graziosi, Lubomyr A. Hajda und Halyna Hryn (Hrsg.), After the Holodomor: The Enduring Impact of the Great Famine on Ukraine (Cambridge, Massachusetts, 2013); Bohdan Harasymiw, Post-Communist Ukraine (Edmonton und Toronto, 2002); Askold Krushelnycky, An Orange Revolution: A Personal Journey Through Ukrainian History (London, 2006); Taras Kuzio, Ukraine: State and Nation Building (London und New York, 1998); Borys Lewytzkyj, Politics and Society in Soviet Ukraine, 1953–1980 (Edmonton, 1984); Paul Robert Magocsi, This Blessed Land: Crimea and the Crimean Tatars (Toronto, 2014); David Marples, The Social Impact of the Chernobyl Disaster (New York, 1988); ders., Ukraine Under Perestroika (Edmonton, 1991); ders., Stalinism in Ukraine in the 1940s (Edmonton, 1992); ders., Heroes and Villains: Creating National History in Contemporary Ukraine (Budapest, 2007); Ivan Miklos und Pavlo Kukhta (Hrsg.), Reforms in Ukraine after Revolution of Dignity: What Was Done, Why Not More and What to Do Next (o. O., 2019); Kostiantyn P. Morozov, Above and Beyond: From Soviet General to Ukrainian State Builder (Cambridge, Massachusetts, 2001); Alexander J. Motyl, Dilemmas of Independence: Ukraine After Totalitarianism (New York, 1993); Olga Onuch, Mapping Mass Mobilization: Understanding Revolutionary Moments in Argentina and Ukraine (New York, 2014); Serhii Plokhy, The Last Empire: The Final Days of the Soviet Union (New York, 2014); Serhii Plokhy und M. E. Sarotte, »The Sholas of Ukraine: Where American Illusions and Great-Power Politics Collide«, in Foreign Affairs (Januar / Februar 2020): S. 81–92; William J. Risch, The Ukrainian West: Culture and the Fate of Empire in Soviet Lviv (Cambridge, Massachusetts, 2011); Gwendolyn Sasse, The Crimea Question: Identity, Transition and Conflict (Cambridge, Massachusetts, 2014); Roman Szporluk, Russia, Ukraine, and the Breakup of the Soviet Union (Stanford, Kalifornien, 2000); Alberto Veira-Ramos, Tatiana Liubyva und Ievhenii Golovakha (Hrsg.), Ukraine in Transformation: From Soviet Republic to European Society (London, 2020); Yuriy Vitrenko, National Joint Stock Company Naftogaz of Ukraine vs Gazprom: An internal perspective on the largest commercial arbitration in world history with an amount of claims against both parties higher than the national economy of Ukraine (Stockholm, 2020); Catherine Wanner, Burden of Dreams: History and Identity in Post-Soviet Ukraine (University Park, Pennsylvania, 1998); dies., Communities of the Converted: Ukrainians and Global Evangelism (Ithaca, New York und London, 2007); Amir Weiner, Making Sense of War: The Second World War and the Fate of the Bolshevik Revolution (Princeton, New Jersey, 2001); Andrew Wilson, Ukrainian Nationalism in the 1990s: A Minority Faith (Cambridge, 1997); ders., Ukraine's Orange Revolution (New Haven, Connecticut und London, 2005); Kataryna Wolczuk, The Moulding of Ukraine: The Constitutional Politics of State Formation (Budapest, 2001); Sergei Zhuk, Rock and Roll in the Rocket City: The West, Identity, and Ideology in Soviet Dniepropetrovsk, 1960–1985 (Washington, D. C., Baltimore und London, 2010).

EPILOG: DIE BEDEUTUNGEN DER GESCHICHTE

John-Paul Himka, »The History Behind the Regional Conflict in Ukraine«, in Kritika 16, Nr. 1 (2015): S. 129–136; Volodymyr Kulyk, »Ukrainian Nationalism Since the Outbreak of EuroMaidan«, in Ab Imperio, Nr. 3 (2014): S. 94–122; Edward Lucas, Der Kalte Krieg des Kreml: Wie das Putin-System Russland und den Westen bedroht (München, 2008); Alexander J. Motyl, Imperial Ends: The Decay, Collapse, and Revival of Empires (New York, 2001); Richard Sakwa, Frontline Ukraine: Crisis in the Borderlands (London, 2014); Andrew Wilson, Ukraine Crisis: What It Means for the West (New Haven, Connecticut und London, 2014).

REGISTER

Belarus 62, 104, 112, 117, 146, 163, 165,
168, 214–216, 220, 226, 228, 315 f., 326,
366, 368, 374 f., 399 f., 434
Berestetschko (Schlacht 1651) 162
Beria, Lawrenti 415
Besborodko, Oleksandr 201, 207–211,
213, 217
Bessarabien 370, 381
Bibel 38, 120 f.
Biden, Hunter 494
Biden, Joseph 494
Bogoljubski, Andrei 87–89, 92, 95
Bojaren 90 f., 97, 105 f., 113, 116
Bolesław von Masowia 105
Bolschewiki 188, 263, 271, 275 f.,
297–301, 304, 308 f., 311–314, 317, 321 f.,
326, 333, 337, 351, 362, 366, 498 f.
Bonaparte, Napoleon 219–221
Borezkyj, Jow 149 f.
Borotba (Kampf) (Zeitung) 314
Borotbisten 314
Borotbisten 327
Borys (Bruder Jaroslaws) 84
Botschafterkonferenz (1923) 334
Brajtschewskyj, Mychajlo 427
Breschnew, Ilja 263
Breschnew, Leonid 263, 265, 409 f., 416,
423 f., 426–431, 434–436, 438 f., 458,
474
Brjullow, Karl 233
Brody (Schlacht 1944) 397
Brussilow, Alexei 293
Bucharin, Nikolai 361
Budapester Memorandum (1994) 454,
485, 506
Budjonny, Semjon 315 f., 318
Bukowina 214, 242, 245, 251, 253, 266 f.,
291, 293, 304, 322 f., 343, 370, 381
Bulgaren / Bulgarien 54, 67–69, 73, 78,
87, 95
Bush, George H. W. 25, 442–444
Buturlin, Wassili 165 f.

Byzanz / Byzantinisches Reich 48–51,
55, 60–64, 68, 71–73, 75 f., 80–82, 90,
103 f., 125, 142
Byzanz / Byzantinisches Reich *Siehe auch*
Konstantinopel

C

Calvinismus 120 f., 141
Charkiw 206, 223 f., 229, 257, 264, 276,
299, 331 f., 360, 389 f., 498
Ermordung der jüd. Bevölkerung 381
Hungersnot 358
Chasaren 54–56, 63 f., 68, 70, 73–75,
93, 195
Chilbudius (röm. Heerführer) 50 f.
Chișinău 274
Chmelnyzkyj, Bohdan 155–159, 161–172,
174 f., 177–179, 183, 186 f., 190 f., 196,
223, 248, 277, 422
Chmelnyzkyj, Jurij 169 f., 175–178, 186
Chmelnyzkyj, Tymofij 162–164
Chmelnyzkyj-Aufstand 155 f., 164, 169,
173, 206, 208
Chmelnyzkyj-Aufstand *Siehe auch*
Kosakenaufstände
Cholm (Chełm, Polen) 99 f., 103, 341,
398
Chotyn (Schlacht 1621) 136 f., 149, 161,
179
Christentum 29, 57 f., 74–76, 78, 80 f.,
89–91, 112, 140, 154, 158, 201
Chruschtschow, Nikita 263, 265, 362,
368, 388–390, 392–394, 397–399, 401,
410–412, 415 f., 418–426, 429 f., 435 f.
Chruschtschow, Sergei 263
Churchill, Winston 399
Chwyljowyj, Mykola 330, 453
Clemens VIII. (Papst) 143
Comuleo, Alessandro 133
Cooper, Hugh Lincoln 350–352
Cucuteni-Tripolje-Kultur 37
Czartoryski, Adam Jerzy 229 f.

Puschkin, Alexander 180, 187, 222, 224, 226 f., 230, 233, 247, 502
Boris Godunow 169
Putin, Wladimir 450, 464, 473–475, 479, 498, 500, 502

R

Radvila Juodasis, Mikalojus (der Schwarze) 120
Radvila Rudasis, Mikalojus (der Rote) 116, 120 f.
Referendum (Krim) 474 f.
Referendum (1991) 25, 443, 446, 448
Reformation 141, 143, 147, 151 f., 165, 170
Revolution der Würde 472, 475 f., 493, 504 f.
Revolution von 1848 240–244, 338
Revolution von 1905 271–273, 278 f., 284 f., 291, 294 f., 308
Revolution von 1917 134, 294, 298, 302, 310 f., 327, 402, 500
Riwne (Ukraine) 384, 394
Roman von Galizien-Wolhynien 97
Römisches Reich 29, 35, 42, 44, 46, 48, 50, 75 f.
Römisch-katholische Kirche 106, 143, 151, 341, 402
Roosevelt, Franklin Delano 399
Rosenberg, Alfred 374
Rosumowskyj, Kyrylo 203–205
Rosumowskyj, Olexij 203 f.
Rothschild, James Mayer de 257
Roxelane 126 f.
Roxolanen (Nomaden) 43, 45
Rudolf II. (HRR) 133
Rumänien 161, 325, 343, 370 f., 392
Rumjanzew, Pjotr 205, 207, 209
Rurikiden 85, 89 f., 133
Rus 62, 68 f., 71, 73, 76, 78, 80 f., 88 f., 94, 96 f., 99 f., 102–108, 112–114, 118, 121 f.
Christianisierung 74–76, 78, 80, 90

Kleine Rus 103–105
Land der Rus 85, 92 f., 96
Metropolie der Rus 75, 94
mongolische Invasion 93
polnische Rus 121 f.
Wikinger 60, 62–68, 75
Rusalka Dnistrowaja (Die Dnister-Nymphe) 243
Ruska Prawda (Russische Wahrheit) (Gesetzeskodex) 79, 108
Ruska trijza (Ruthenische Triade) 243 f., 252
Ruski sobor (Ruthenische Versammlung) 244
Russisches Reich 46, 168, 182, 185, 194, 201 f., 209–212, 214–216, 221, 229, 238 f., 243, 245, 247–249, 252, 254, 256, 259 f., 264, 268, 276, 281, 284 f., 291, 294, 313, 322, 497–499, 503
Russisch-orthodoxe Kirche 99, 228, 284, 402
Russisch-Türkischer Krieg 207 f., 212, 214, 217, 221
Russland
  Duma 273, 279–281, 284 f., 294, 340
  Großrussland 191, 204, 224, 293
  Kleinrussland 182, 187, 196, 203–205, 207, 227, 247
  Mongolenherrschaft 94, 103
  »Neurussland« 476, 480, 497 f., 500
  Neurussland 212 f.
  Rote Armee 312, 315–318, 322
  russische Marine 256 f., 259, 473
  Ruthenen 31, 195, 238, 240, 251 f., 254, 344 f.
  Schwarzmeerflotte 257, 452 f., 462
  Weiße Armee 311–314, 317 f., 321 f.
Russophile 244, 250 f., 253 f., 283, 291–293, 345
Ruxandra (Tochter von Vasile Lupu) 162
Ruzkoi, Alexander 447